Nachhaltigkeitsethik

Peter Carnau

# Nachhaltigkeitsethik

## Normativer Gestaltungsansatz für eine global zukunftsfähige Entwicklung in Theorie und Praxis





Rainer Hampp Verlag München, Mering 2011

**Bibliografische Information der Deutschen Nationalbibliothek**

Die Deutsche Nationalbibliothek verzeichnet diese Publikation in der Deutschen Nationalbibliografie; detaillierte bibliografische Daten sind im Internet über http://dnb.d-nb.de abrufbar.

ISBN 978-3-86618-622-4 (print)
ISBN 978-3-86618-722-1 (e-book)
DOI 10.1688/9783866187221
1. Auflage, 2011
Zugl.: Dissertation, Karlsruher Institut für Technologie, 2010


Rainer Hampp Verlag München und Mering
Marktplatz 5 D – 86415 Mering
www.Hampp-Verlag.de



∞ *Dieses Buch ist auf säurefreiem und chlorfrei gebleichtem Papier gedruckt.*

*Liebe Leserinnen und Leser!*
*Wir wollen Ihnen ein gutes Buch liefern. Wenn Sie aus irgendwelchen Gründen nicht zufrieden sind, wenden Sie sich bitte an uns.*

## Vorwort

Anlass zur Auseinandersetzung mit der Nachhaltigkeitsforschung waren insbesondere meine Berufserfahrungen als Umweltexperte, die mir an meinem ehemaligen Arbeitsplatz in der Papier- und Zellstoffindustrie eine Mitgestaltung der wesentlichen Entwicklungsphasen des Umweltschutzes vom nachgeschalteten bis zum produktionsintegrierten Umweltschutz und des Aufbaus eines Umweltmanagements ermöglichten. Meine spezielle Motivation zu der Dissertation war der Wunsch nach einer theoretischen Aufarbeitung und Ergänzung meiner langjährigen Berufserfahrungen, einer Fortführung meiner interdisziplinären Studien durch Herstellung eines Anschlusses an mein damaliges ingenieur- und sozialwissenschaftliches Studium und die Absicht, mit meiner Dissertation einen wissenschaftlichen Beitrag zur notwendigen Verbesserung der gesellschaftlichen Verhältnisse zu leisten. Schon während meiner Berufstätigkeit hatte ich erkannt, dass die Berücksichtigung der Umweltdimension für eine zukunftsfähige Entwicklung auf Dauer allein nicht ausreicht und die soziale und ökonomische Dimension zusätzlich zu berücksichtigen sind. Zu Beginn meiner Dissertation hatte ich ursprünglich die Absicht, ein integriertes Managementsystem für Qualität, Umwelt und Arbeitssicherheit in Richtung Nachhaltigkeitsmanagement anwendungsbezogen weiterzuentwickeln. Diese Absicht wurde jedoch in der Anfangsphase meines interdisziplinären Promotionsstudiums der Philosophie sowie der Umwelt-, Wirtschafts- und Sozialwissenschaften von einer neuen Erkenntnis durchkreuzt: Die im Rahmen der Ursachenklärung für die unzureichende Umsetzung des gesellschaftlich notwendigen Nachhaltigkeitsleitbilds festgestellten Barrieren relativierten meine bisherige Einschätzung maßgeblich, dass bereits das Leitbild in Verbindung mit der Nachhaltigkeitstheorie als Orientierungsrahmen für eine global zukunftsfähige Entwicklung hinreichend sei. Trotz der allgemeinen Anerkennung des Leitbilds deuteten die seit dem globalen Rio-Prozess im Jahr 1992 bestehenden Umsetzungsprobleme für mich vor allem auf Orientierungs- und Verhaltensdefizite der gesellschaftlichen Akteure hin, die in der Nachhaltigkeitsforschung bisher zu wenig berücksichtigt werden. Daher habe ich frühzeitig die Entscheidung getroffen, die Umsetzung des Nachhaltigkeitsleitbilds nicht auf der anwendungsbezogenen strategisch-operativen, sondern vorrangig auf der normativen Ebene der Moralphilosophie zu suchen. Dadurch erfolgte ein Wechsel zu einer schwerpunktmäßig theoretischen Arbeit, bei der auf einem ethisch erweiterten Fundament ein normativer Gestaltungsansatz Nachhaltigkeitsethik zu entwickeln war, der die Anforderungen aus den drei Dimensionen der Nachhaltigkeit konsequent aufgreift und gleichzeitig zu einer universellen moralphilosophischen Handlungsorientierung führt. Zur Überprüfung der Anwendbarkeit dieses theoretischen Ansatzes auf Unternehmen wurde unter erneutem Rückgriff auf die vorliegende Berufspraxis eine Konkretisierung des Gestaltungsansatzes vorgenommen und anhand eines Fallbeispiels dem eingeführten Nachhaltigkeitsmanagement eines global tätigen Industriekonzerns gegenübergestellt. Damit soll eine Verbindung aus der Unternehmenspraxis mit der nachhaltigkeitsethischen Theorie hergestellt werden, die anschließend in Form einer Anwendung des theoretischen Ansatzes den Bogen zur Praxis wieder schließt. Die vorgenommene Fokussierung auf Unternehmen ist dabei exemplarisch zu verstehen und soll auch zu Anwendungen des normativen Gestaltungsansatzes in anderen Gesellschaftsbereichen anregen.

An dieser Stelle möchte ich mich für die vielen Unterstützungen bedanken, ohne die ich mein Vorhaben nicht hätte umsetzen können:

In erster Linie gilt mein Dank Herrn Prof. Dr. Armin Grunwald als Erstgutachter und Herrn Prof. Dr. Harald Spehl als Zweitgutachter der Dissertation, die mir beide wertvolle Anregungen für die Durchführung meiner Arbeit gaben. Besonders möchte ich jedoch den intensiven Gedankenaustausch mit meinem Doktorvater über das komplexe Thema Nachhaltigkeit erwähnen, der trotz der Zeitdauer meiner Arbeit nicht nachließ und mir viel Gelegenheit zur wissenschaftlichen Weiterentwicklung gab. Erste Anregungen zu dem Dissertationsvorhaben erhielt ich als Gast an der Universität Heidelberg von Herrn Prof. Dr. Dietfried G. Liesegang und im Rahmen des Ökologisch-ökonomischen Kolloquiums des Graduiertenkollegs „Umwelt- und Ressourcenökonomik“ von Herrn Prof. Dr. Malte Faber. Weitere wichtige Anregungen erhielt ich im Rahmen meines Promotionsstudiums an der Universität Koblenz-Landau von Herrn Prof. Dr. Heinz Jansohn und von Frau Prof. Dr. Renate Neubäumer. In diesem Zusammenhang möchte ich neben den umweltökonomischen Diskussionen mit Herrn Dr. Thomas Göllinger auch die philosophischen mit Frau Dr. Gabriele Neuhäuser erwähnen, die mich bei meiner Absicht unterstützte, die Moralphilosophie als Metawissenschaft für die normative Ausrichtung und Verknüpfung der Fachdisziplinen Umwelt-, Wirtschafts- und Sozialwissenschaft zu nutzen. Eine wesentliche Rolle im Vorfeld und während meines Vorhabens spielte Herr Prof. Dr. Udo Wiesmann von der Technischen Universität Berlin. Herr Prof. Wiesmann war der wichtigste Betreuer und Förderer während meines gesellschaftsbezogenen ingenieurwissenschaftlichen Studiums und blieb die vielen Jahre immer ein Ansprechpartner für mich. Er machte mir Mut zu einer interdisziplinären Dissertation und zu einer moralphilosophischen Reflexion meiner Berufserfahrungen, mit der eine Verbindung zwischen Theorie und Praxis hergestellt werden konnte. Wichtige fachliche Anregungen zu den Fallbeispielen aus der Papier- und Forstindustrie gaben mir Herr Dipl.-Ing. Oscar Alvarado, Firma E. Holtzmann & Cie. AG, zur Technologie und Frau Eija Pitkänen, Firma Stora Enso Oyi, zum Nachhaltigkeitsmanagement. Als weitere außeruniversitäre Unterstützung möchte ich die vielen Fachgespräche und Erörterungen im Rahmen meiner Mitgliedschaft in der Vereinigung für Ökologische Ökonomie e. V., Heidelberg, erwähnen, die mich vor allem zu einer meinem Werdegang entsprechenden transdisziplinären Vorgehensweise ermunterten. Ein sehr spezieller Dank gilt schließlich meiner Ehefrau Hannegret, der ich diese Arbeit widme.

Landau in der Pfalz, Juli 2010

Peter Carnau

# Inhaltsverzeichnis

# Abbildungsverzeichnis

# Abkürzungsverzeichnis

| | |
|---|---|
| AbwAG | Abwasserabgabengesetz |
| AfA | Abschreibung für Abnutzung |
| AOX | (an Aktivkohle) Adsorbierbare organische Halogenverbindungen |
| Attac | Association pour une Taxation des Transactions financières pour l'Aide aux Citoyens |
| BCSD | Business Council for Sustainable Development |
| BDI | Bundesverband der Deutschen Industrie |
| BImSchG | Bundes-Immissionsschutzgesetz |
| BIP | Bruttoinlandsprodukt |
| BMU | Bundesumweltministerium |
| BOD | Board of Directors |
| BOP | Begin-of-pipe |
| $BSB_5$ | Biologischer Sauerstoffbedarf nach 5 Tagen |
| BSC | Balanced Scorecard |
| BUND | Bund für Umwelt und Naturschutz Deutschland |
| CEO | Chief Executive Officer |
| CERES | Coalition for Environmentally Responsible Economics |
| $CO_2$ | Kohlendioxid |
| CSB | Chemischer Sauerstoffbedarf |
| CSD | UN-Kommission für nachhaltige Entwicklung |
| CSR | Corporate Social Responsibility |
| DIN | Deutsche Industrienorm |
| DIW | Deutsches Institut für Wirtschaftsforschung |
| EDV | Elektronische Datenverarbeitung |
| EFQM | European Foundation for Quality Management |
| EMAS | Environmental Management and Audit Scheme |
| EOP | End-of-pipe |
| ESIA | Environmental and Social Impact Assessments |
| EU | Europäische Union |
| FAO | Food and Agriculture Organization |
| FSC | Forest Stewardship Council |
| FuE | Forschung und Entwicklung |
| GET | Group Executive Team |
| GG | Grundgesetz |
| GRI | Global Reporting Iniative |
| HGF | Helmholtz-Gemeinschaft deutscher Forschungszentren |
| HIV | Human Immunodeficiency Virus |
| ILO | International Labour Organization |
| INEF | Institut für Entwicklung und Frieden |
| IöB | Institut für ökologische Betriebswirtschaft |

| | |
|---|---|
| IÖW | Institut für ökologische Wirtschaftsforschung |
| IPPC | Intergovernmental Panel on Climate Change |
| ISO | International Organization for Standardization |
| IT | Informationstechnologie |
| ITAS | Institut für Technikfolgenabschätzung und Systemanalyse |
| IWF | Internationaler Währungsfond |
| IWÖ | Institut für Wirtschaft und Ökologie |
| KVP | Kontinuierlicher Verbesserungsprozess |
| NGFN | Nationales Genomforschungsnetz |
| NGO | Nongovernmental Organization |
| $NO_x$ | Stickoxide |
| OECD | Organization for Economic Cooperation and Development |
| OHSAS | Occupational Health and Safety |
| PDCA | Plan Do Check Act |
| PEFC | Programme for Endorsement of Forest Certification Schemes |
| R&D | Research and Development |
| ROCE | Return on Capital Employed |
| SAT | Sustainability Action Team |
| SBSC | Sustainability Balanced Scorecard |
| SCM | Supply Chain Management |
| SIGMA | Sustainability Integrated Guidelines for Management |
| $SO_2$ | Schwefeldioxid |
| TAB | Technikfolgenabschätzung |
| TMP | Thermo Mechanical Pulp |
| TQM | Total Quality Management |
| UBA | Umweltbundesamt |
| UN | United Nations |
| UNCED | UN Conference on Environment and Development |
| UNCTAD | UN Conference on Trade and Development |
| UNDP | UN Development Programme |
| UNEP | UN Environmental Programme |
| UNICEF | United Nations International Children´s Fund |
| VDI | Verein Deutscher Ingenieure |
| VDP | Verband Deutscher Papierfabriken |
| WBGU | Wissenschaftlicher Beirat der Bundesregierung für globale Umweltveränderungen |
| WBSCD | World Business Council for Sustainable Development |
| WCED | World Commission on Environment and Development |
| WIR | World Resource Institute |
| WTO | World Trade Organization |
| WWF | World Wide Fund for Nature |
| ZEW | Zentrum für Europäische Wirtschaftsforschung |

# 1. Einleitung

## 1.1 Anlass und Zielsetzung der Arbeit

Der seit fast zwei Jahrzehnten vorrangig unter Experten geführte Nachhaltigkeitsdiskurs wird inzwischen von Krisen, die von gesellschaftlichen Fehlentwicklungen ausgehen und immer konkreter unsere Zukunftsfähigkeit in Frage stellen, nahezu überrollt. Nach der hier vertretenen Einschätzung weist diese problematische Entwicklung besonders auf *ethische Defizite* in unserem Denken und Handeln hin, die mit dem Nachhaltigkeitsleitbild selbst und seiner politischen Umsetzung in die gesellschaftliche Realität in einem Zusammenhang stehen. Mit der vorliegenden Arbeit soll daher versucht werden, die ethische Fundierung dieses Leitbildes im Hinblick auf die komplexen Anforderungen zu erweitern und zur Handlungsorientierung für notwendig erachtete Veränderungen in Richtung einer nachhaltigen Entwicklung beizutragen. Damit das skizzierte *Vorhaben* nicht bei einem neuen theoretischen Ansatz stehen bleibt, soll dieser zusätzlich für den Wirtschaftsbereich anwendungsbezogen konkretisiert werden.

Seit Jahrzehnten wird angesichts einer ständig wachsenden Weltbevölkerung und einer endlichen Belastbarkeit unserer Umwelt vor einem Festhalten an einer einseitigen Ausrichtung unserer Lebens- und Wirtschaftsweise gewarnt, die zwangsläufig zu einer Verschärfung der sozialen und ökologischen Bedingungen auf unserem Planeten führt und damit unsere Zukunftsfähigkeit gefährdet.[1] Die mit einer Vernachlässigung der elementaren Grundbedürfnisse[2] weiter Teile der Weltbevölkerung [3] und einer fehlenden Vorsorge für dauerhaft humane Lebensbedingungen zu allem Überfluss einhergehende *Ressourcenverschwendung* einer energie- und materialintensiven Produktion von Waren und Dienstleistungen – sowie einer diese erst ermöglichenden Konsumption – hat inzwischen zu erheblichen Umweltgefährdungen wie die globale *Klimakrise* geführt. Als Folge ergeben sich für die Biosphäre Belastungen mit bereits irreversiblen Veränderungen, die ganzheitliche Lösungen zur Begrenzung der nachteiligen Auswirkungen immer schwieriger machen. Letztere beziehen sich auch auf die Folgen der inzwischen *gescheiterten Ideologie* eines ungebremsten, selbst in die Krise gekommenen Kapitalismus, die ihr oberstes Ziel vorrangig in einer kurzfristig angelegten Gewinnmaximierung und nicht in langfristig angelegten Wirtschaftszielen und humanen Lebensbedingungen für die gesamte Bevölkerung sieht, von denen die Entwicklungsländer besonders weit entfernt sind. Denn 2008 ist die ebenfalls maßgeblich von staatlichen und nichtstaatlichen Akteuren der Industrieländer verursachte globale

---

1 Vgl. u. a. Meadows 1972, Hauff 1987 und Daly 1996.

2 Vgl. Ulrich 1997, S. 210 und 265.

3 Das auf der ersten *Welternährungskonferenz* 1996 beschlossene Milleniumsziel der Vereinten Nationen, die Zahl der von Hunger Betroffenen bis 2015 zu halbieren, rückt immer weiter in die Ferne. Die Zahl der Hungernden ist weltweit inzwischen auf mehr als eine Milliarde Menschen gestiegen (vgl. Liebrich 2009, S. 17).

*Finanz- und Wirtschaftskrise* [4] als weitere gravierende Belastung hinzugekommen, für die ebenfalls nicht nur die heutige Generation aufzukommen hat. Sie ist die seit acht Jahrzehnten größte und muss zusätzlich zu den bereits vorhandenen Krisen – jedoch nicht zu deren Lasten – gelöst werden.

Sowohl die Ressourcen- und Klimakrise als auch die auf analogen Ursachen beruhende Finanz- und Wirtschaftskrise sind im Wesentlichen von *verhaltensbedingten Nachhaltigkeitsdefiziten* gekennzeichnet und tragen mit ihren Auswirkungen erheblich zur Gefährdung des sozialen Zusammenhalts einerseits zwischen Industrie- und Entwicklungsländern sowie andererseits zwischen heutigen und künftigen Generationen bei. Angesichts einer dadurch weltweit ausgelösten gesellschaftlichen Betroffenheit und *Zuspitzung dieser anthropogenen Krisen*, die ihrerseits zahlreiche Interdependenzen aufweisen und zunehmend umfangreicher und komplexer werden, besteht die Gefahr, dass die Menschheit die Kontrolle über diese immer schwerer greif- und veränderbare Entwicklung sowie das entstandene Konflikt- und Gefährdungspotenzial verliert. Für vergleichbar *komplexe Bedrohungen* hat Hans Jonas schon frühzeitig im Rahmen seiner Verantwortungs- und Zukunftsethik für die technologische Zivilisation die Futurologie mit ihrem Sach- und Wertwissen als Problemlösungsansatz vorgeschlagen.[5] Dieser zukunftsorientierte Ansatz brachte zwar wichtige Denkanstöße, letztlich jedoch noch weniger praktische Erfolge als die später durch die Konferenz der Vereinten Nationen für Umwelt und Entwicklung in Rio de Janeiro angestoßenen wesentlich konkreteren Überlegungen für eine *nachhaltige Entwicklung* und die von der Staatengemeinschaft im Rahmen der Agenda 21 eingegangene Umsetzungsverpflichtung. Das bereits 1992 in Rio für verbindlich erklärte Leitbild einer nachhaltigen Entwicklung[6] ist heute weitgehend anerkannt, ohne dass die Umsetzung in die gesellschaftliche Praxis jedoch wesentlich vorangekommen ist. Trotz weiterer gesellschaftlicher Gestaltungsbemühungen ist die Zeit zum Umdenken und zu einer grundlegenden *Verhaltensänderung* auf Basis der praktischen Vernunft [7] inzwischen überfällig geworden: Die anstehenden Probleme müssen jetzt beginnend gelöst und eine Wiederholung der bisherigen Verhaltensfehler sowie eine Verlagerung der Probleme auf kommende Generationen, die dann für die Umweltlasten und Schulden aufzukommen haben, vermieden werden. Hierfür kann und muss die bisher von den gesellschaftlichen Akteuren in Theorie und Praxis zu wenig berücksichtigte *normative Ethik* im theoretischen Vorfeld ihren Beitrag zu einer ganzheitlichen Handlungsorientierung leisten. Dieser moralphilosophisch in Richtung Universalismus weisende Gedanke wird hier aufgegriffen, um unter dem *Begriff „Nachhaltigkeitsethik“* eine Konzeption zu entwickeln, die

[4] Vgl. Schäfer 2009, S. 26. Eine zusammenfassende Darstellung der globalen *Finanz- und Wirtschaftskrise*, die in Amerikas Vorstädten begann und inzwischen die ganze Welt erfasst, befindet sich mit einer Darstellung von Ursachen, Ausmaß und Konsequenzen u. a. bei Beise/Schäfer 2008.

[5] Weitere Einzelheiten zur von Hans Jonas vorgeschlagenen *Futurologie* und zu seiner *Verantwortungs- und Zukunftsethik* gehen aus Kapitel 3.2 „Normative Ethik und Diskursmethode“ hervor.

[6] Das *Leitbild der Nachhaltigkeit* orientiert sich an den Ergebnissen der Brundtland-Kommission und wird nachfolgend behandelt.

[7] Auf den von Immanuel Kant im Rahmen seiner Pflichtethik verwendeten Begriff *„praktische Vernunft“* wird im Kapitel 3.2 „Normative Ethik und Diskursmethode“ näher eingegangen.

die Dimensionen der Nachhaltigkeit unter einer neuen präskriptiven ethischen Perspektive für eine global zukunftsfähige Entwicklung integriert. Damit sollen Anknüpfungspunkte für eine allgemein akzeptierte *Orientierung* im aktiven und interaktiven Handeln geschaffen werden. Die von den politisch Verantwortlichen in diesem Zusammenhang als Beitrag zur Krisenlösung national wie international besonders im Bereich der Bildung [8] und der Wirtschaft praktisch zu leistenden *Regulierungsaufgaben* sind konsequent unter die nachhaltigkeitsethische Perspektive zu stellen und im Rahmen eines Global-Governance-Prozesses unter Partizipation der Betroffenen einer Lösung näher zu bringen.

Die vorliegende Arbeit steht angesichts dieser Problemlage unter der *Zielsetzung*, einen normativen Gestaltungsansatz Nachhaltigkeitsethik zu entwickeln und diesen anschließend für einen ausgewählten gesellschaftlichen Bereich anwendungsbezogen zu konkretisieren. Dazu soll unter Rückgriff auf die Alltagspraxis in einem Unternehmen der Papierindustrie auf einer universal raumzeitlichen ethischen Grundlage in einem *ersten Schritt* die ökologische, ökonomische und soziale Rationalität normativ integriert werden. Die auf diese Art und Weise entstehenden fachspezifischen Einzelethiken – die Umwelt-, Wirtschafts- und Sozialethik – sollen anschließend auf der Grundlage eines Konfliktmodells mit Hilfe eines geeigneten Konfliktlösungs- und Integrationskonzeptes zu einer interdisziplinären *Nachhaltigkeitsethik* integrativ zusammengeführt werden. Damit soll eine ganzheitliche Handlungsorientierung als Ausgangsbasis für die gesellschaftliche Anwendung generiert werden, die mit Hilfe der kommunikativen Rationalität [9] die Anforderungen an Objektivität und allgemeine Akzeptanz erfüllt und einen dauerhaften Wandel in Richtung Zukunftsfähigkeit im menschlichen Verhalten als Reaktion auf die kritisierte Lebens- und Wirtschaftsweise ermöglicht. Dieser moralphilosophische Gestaltungsansatz soll anschließend in einem *zweiten Schritt* mit Hilfe eines Managementmodells und unter erneutem Rückgriff auf die Alltagspraxis für den gesellschaftsrelevanten Bereich der Wirtschaftsunternehmen *konkretisiert* werden. Das auf diesem Weg entwickelte Konzept für eine nachhaltige Unternehmensentwicklung soll bei geeigneten institutionellen Rahmenbedingungen wesentlich zu einer global zukunftsfähigen Entwicklung beitragen. Ziel dieses Praxis gestützten und auf sie bezogenen Vorgehens ist es, einerseits eine Konzeption für ein integratives Nachhaltigkeitsmanagement für die universelle Anwendung in Wirtschaftsunternehmen zur Verfügung zu stellen und andererseits die grundsätzliche Eignung des normativen Gestaltungsansatzes als Ausgangspunkt für die gesellschaftsbezogene Nutzung zu bestätigen. Die vorgenommene Konzeptualisierung soll schließlich unter dem Blickwinkel der *Transdisziplinarität* dem eingeführten Nachhaltigkeitsmanagement in dem Unternehmen des angesprochenen Fallbeispiels gegenübergestellt werden können, das sich inzwischen von einem deutschen zu einem führenden internationalen Konzerns der Papierindustrie weiterentwickelt hat. Mit beiden Gestaltungsansätzen soll

---

[8] Die problematisierten *Bildungsdefizite* betreffen nicht nur den Bereich der Ökonomie. Dennoch zeigt sich in der aktuellen Finanz- und Wirtschaftskrise besonders deutlich, wie selten einseitig neoklassisch ausgebildete Ökonomen den Anforderungen des realen Wirtschaftslebens gewachsen sind (vgl. Scheer 2009, S. 2).

[9] Die *kommunikative Rationalität* wird im Kapitel 3.2 „Normative Ethik und Diskursmethode“ ausführlich behandelt.

vor allem argumentativ zur *Umorientierung des Verhaltens* der maßgeblichen Akteure beigetragen werden. Damit soll die überfällige Änderung des bisher dominierenden, die gesellschaftlichen und naturbezogenen Zusammenhänge zu sehr negierenden Kurzzeitdenkens schrittweise herbeigeführt werden. Außerdem sollen Anregungen für durchzuführende Veränderungen gegeben werden, die im Ergebnis ein auf Dauer für die Biosphäre tragfähiges, demokratisch abgestimmtes, menschenwürdiges Verhalten ermöglichen, das sich lokal wie global an den Grundbedürfnissen der heutigen und künftigen Generationen orientiert. Am Schluss der Arbeit wird zur nachfolgend aufgestellten forschungsleitenden Fragestellung Stellung genommen, und nach einer Zusammenfassung der wesentlichen Ergebnisse werden die daraus zu ziehenden Schlussfolgerungen mit einem Ausblick auf daran anzuschließende Forschungsarbeiten verbunden.

Vor dem Hintergrund der dargestellten gesellschaftlichen Problematik und Zielsetzung der Arbeit wird folgende *forschungsleitende Fragestellung* formuliert:

*Besteht Bedarf an einer ganzheitlichen Handlungsorientierung für eine Neuausrichtung des Denkens und Handelns in einer sich ständig ändernden globalen Gesellschaft? Stellt der hier zu entwickelnde normative Gestaltungsansatz Nachhaltigkeitsethik das Leitbild einer nachhaltigen Entwicklung auf eine neue ethische Grundlage? Deckt dieser Ansatz damit die ethischen Anforderungen aus den Dimensionen der Nachhaltigkeit in der gesellschaftlichen Realität ab und eignet er sich als Ausgangsbasis für eine verantwortliche Zukunftsgestaltung? Lässt sich der zu einem Konzept für eine nachhaltige Unternehmensentwicklung zu konkretisierende normative Gestaltungsansatz über den gesellschaftlich wichtigen Bereich von Wirtschaftsunternehmen hinaus als theoretische Grundlage für ein Nachhaltigkeitsmanagement anwenden?*

*Unterstützt der Rückgriff auf die Alltagspraxis anhand zweier Fallbeispiele die Entwicklung eines normativen Gestaltungsansatzes und dessen anwendungsbezogene Konkretisierung? Lässt sich der konkretisierte Gestaltungsansatz für eine nachhaltige Unternehmensentwicklung mit einem eingeführten unternehmensspezifischen Nachhaltigkeitsmanagement vergleichen? Wird mit den Faktizitäten dieser Fallbeispiele eine transdisziplinäre Brücke zwischen Theorie und Praxis unter der Perspektive einer global zukunftsfähigen Entwicklung hergestellt?*

## 1.2 Aufbau und Methodik

Für die in der darzustellenden Einleitung der Gesamtarbeit bereits skizzierte Gefährdung der gesellschaftlichen Entwicklung und die daraus abgeleitete Aufgabenstellung wurde eine forschungsleitende Fragestellung formuliert, die im Verlauf der Arbeit zu beantworten ist. Im Anschluss an die Darstellung des Aufbaus der Arbeit wird die zu wählende Methodik geklärt. Die weiteren Ausführungen erfordern begriffliche und inhaltliche Vorklärungen für die Themen Nachhaltigkeit, Globalisierung und Innovation, wobei Letztere als Gestaltungsinstrument für notwendige Veränderungen im Bereich von Technik und Gesellschaft eingestuft wird (vgl. Kapitel 1). Als methodischer *Ausgangspunkt* der Arbeit wird die Alltagspraxis gewählt, die anhand zweier Fallbeispiele aus der Papierindustrie expliziert wird. Im Fallbeispiel 1 geht es um den mitgestalteten ökologischen Umbau der Rohstoffversorgung (vgl. Kapitel 2). Die beim ökologischen Umbau und bei der späteren Veränderung der Organisation des Unternehmens gewonnenen Erfahrungen führten zu Erkenntnissen, die über die unternehmensbezogene Ebene hinausweisen und wesentliche Impulse für das Generieren eines Beitrags zur Umsetzung des Nachhaltigkeitsleitbilds lieferten: Den *Schwerpunkt der Arbeit* bildet die Entwicklung des normativen Gestaltungsansatzes Nachhaltigkeitsethik. Dieser theoretische Ansatz wird auf dem ethischen Fundament der teleologischen Deontologie, zu deren Wahl ein Rückgriff auf die eigene Berufspraxis im Unternehmen des Fallbeispiels 1 beiträgt, durch normative Integration der fachspezifischen Rationalitäten und deren anschließende Verknüpfung generiert. Die Integration der Umwelt-, Wirtschafts- und Sozialethik zur Nachhaltigkeitsethik erfolgt mit Hilfe eines konsensualen Konfliktlösungskonzepts als normative Genese eines Systems von interdependenten Zwecken, der das Tetraeder der Nachhaltigkeitsethik als Konfliktmodell zugrunde gelegt wird (vgl. Kapitel 3). Zur Anwendung der *Theorie in der Alltagspraxis* wird zunächst der ganzheitliche Wandel erörtert, in dem sich die Wirtschaftsunternehmen und ihre Akteure seit Beginn der Globalisierung befinden. Nach dieser Klärung wird der normative Gestaltungsansatz Nachhaltigkeitsethik mit Hilfe eines Managementmodells für Unternehmen im Hinblick auf einen Beitrag zu einer global zukunftsfähigen Entwicklung konkretisiert, wozu die Erfahrungen aus der in beiden Fallbeispielen erworbenen Alltagspraxis einfließen. In einem Rückgriff auf das Fallbeispiel 2, das sich infolge durchgeführter struktureller Änderungsprozesse vom Fallbeispiel 1 grundlegend unterscheidet, wird der in dem organisatorisch veränderten Unternehmen erfolgte mehrjährige Umbau des Managementsystems zu einem Nachhaltigkeitsmanagement dargestellt. Die eigenen Berufserfahrungen beschränken sich hierbei auf die Anfangsphase dieses Systemumbaus, in dem bereits wesentliche Weichenstellungen vorgenommen wurden. Das schließlich aus einem jahrelangen Entwicklungsprozess mit kontinuierlichen Verbesserungen hervorgegangene unternehmensspezifische Managementsystem bietet sich grundsätzlich für eine Gegenüberstellung mit dem konkretisierten universellen Konzept für eine nachhaltige Unternehmensentwicklung an (vgl. Kapitel 4). Im Schlussteil werden die Ergebnisse der Arbeit zusammengefasst, eine abschließende Beurteilung vorgenommen und ein Ausblick auf die weitere Entwicklung mit Empfehlungen für anzuschließende Forschungsarbeiten gegeben (vgl. Kapitel 5). Der Aufbau der Arbeit lässt sich mit den bestehenden Zusammenhängen in einem Schema veranschaulichen (vgl. Abb. 1):

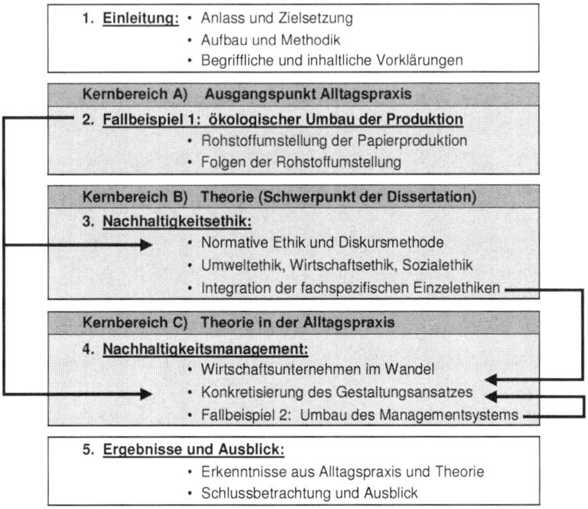


**Abbildung 1: Inhaltsbezogene Struktur und Vorgehensweise der Dissertation**

Aus dem Schema der Struktur und Vorgehensweise wird der Aufbau der Arbeit mit seinem *dreigliedrigen Kernbereich* deutlich. Außerdem wird die Rolle der beiden Fallbeispiele aufgezeigt, die einerseits als Ausgangspunkt für die Entwicklung des theoretischen Gestaltungsansatzes Nachhaltigkeitsethik sowie dessen Konkretisierung und andererseits als – wenn auch prinzipiell eingeschränkte – Vergleichsmöglichkeit für den konkretisierten Gestaltungsansatz fungieren. Damit wird eine *Verbindung* von der Praxis in die Theorie und von dort zurück in die Praxis hergestellt.

Angesichts der komplexen Thematik, der nur ein ganzheitlicher Ansatz gerecht werden kann, und dem vertretenen Anspruch, einem realitätsfernen Idealismus bei der theoretischen Darstellung vorzubeugen, variiert die *Methodik* im Verlauf der vorliegenden Arbeit. Eine wesentliche Grundlage der Arbeit, in der die fachspezifischen Rationalitäten aus einer *transdisziplinären Perspektive* für die Entwicklung des normativen Gestaltungsansatzes Nachhaltigkeitsethik und dessen anwendungsbezogene Konkretisierung genutzt werden sollen, bilden einerseits die in verschiedenen Wirtschaftsunternehmen in der Umweltplanung und im Umweltmanagement erworbenen Berufserfahrungen und andererseits die in verschiedenen Fachdisziplinen aus den Hochschulstudien vor und nach der Berufspraxis erworbenen theoretischen Kenntnisse. Für die Methodik und Vorgehensweise existiert insofern eine *zweiseitige Ausgangsbasis*, die eine rekonstruktive Entwicklung der Theorie im Rahmen der Alltagspraxis ermöglicht. (1) Erkenntnis aus den *Berufserfahrungen*: Eine ökologische Unternehmensführung ist nach den empirischen Feststellungen machbar und notwendig. Sie muss jedoch um eine interdependent verstandene ökonomische und soziale Dimension, die den globalen Hintergrund berücksichtigt, ergänzt werden, um mit Hilfe eines Nachhaltigkeitsmanagements zu einer zukunftsfähigen Unternehmensentwicklung zu kommen. (2) Erkenntnis aus den *theoretischen Kenntnissen*: Die bei der Umsetzung des Nachhaltigkeitsleitbildes in die gesellschaftliche Realität festgestellten Barrieren erfordern vor allem eine gesellschaftskritische Auseinandersetzung mit den ökologischen, ökonomischen und sozialen Prinzipien, die unsere Lebensbedingungen maßgeblich bestimmen, um dann mit Hilfe der normativen Ethik den Gestaltungsansatz Nachhaltigkeitsethik als Ausgangsbasis einer weiterführenden Handlungsorientierung zu entwickeln. Der Gestaltungsansatz muss hierfür in Bezug auf die Nachhaltigkeitsdimensionen konkretisiert werden.

Die in diesen beiden Bereichen entstandenen *Ideen* werden unter dem *Postulat* einer sozial-ökologischen Marktwirtschaft[10] – die sowohl der Kultur als auch der Natur einen intrinsischen Wert beimisst – für die Bearbeitung des Themas zusammengefasst und zu Beginn der normativ ausgerichteten Kapitel jeweils als *Arbeitshypothese* formuliert, die die Zielorientierung der Arbeit unterstützen soll und deren inhaltliche Aussagen im weiteren Verlauf soweit wie möglich theoretisch bestätigt, begründet und systematisch erweitert werden sollen. Die zu Beginn vorhandenen Gedanken sollen die gesamte Bearbeitung weitgehend prägen und von neu hinzukommenden ergänzt werden. Bei der Bearbeitung festgestellte Interdependenzen werden dabei im Interesse der *ganzheitlichen Thematik*, soweit im vorliegenden Rahmen möglich und zweckmäßig, berücksichtigt. Die von der eingenommenen Ausgangsposition im Verlauf der Bearbeitung auftretenden Abweichungen sollen schrittweise im jeweiligen Kontext geklärt und die notwendigen Anpassungen entsprechend dem Erkenntnisfortschritt vorgenommen werden. Mit Hilfe dieses heuristischen Vorgehens soll aus dem vorliegenden Erfahrungs- und Kenntnisstand eine realitätsnahe *theoretische Darstellung* mit ausreichendem *Praxisbezug* systematisch generiert werden. Da ein problemorientierter Standpunkt eingenommen wird, kommt der induktiven Methode von vornherein einige Bedeutung zu. Die gewählte Vorgehensweise kommt ohne Praxis bezogene *Analogieschlüsse* und Analysen des Untersuchungsgegenstandes und eine im Einzelfall erforderlich werdende Synthese spezieller Aussagen nicht aus. Sofern nicht dialektisch angelegte Sachverhalte vorliegen, die als solche erhalten bleiben und herausgestellt werden. Unter der eingenommenen *moralitätsethischen Perspektive*, die neben dem Sollen ein über die eigentliche Handlung hinausweisendes Wollen erfordert, um letztlich die beabsichtigte Universalierbarkeit der Handlungsorientierung zu ermöglichen,[11] geht die Darstellung und Argumentation der Arbeit von einer *kritischen Reflexion* der heutigen Lebens- und Wirtschaftsweise aus. Diese soll sich angesichts unzureichender Zukunftsfähigkeit der Erkenntnisse und wichtigen Ansätze der Umwelt-, Wirtschafts- und Sozialethik sowie der angewandten Ethik mit ihren vielfältigen Wechselbezügen bedienen.

---

[10] Weitere Einzelheiten zu einer *sozial-ökologischen Marktwirtschaft* befinden sich u. a. bei Groll 2004, S. 94 ff.

[11] Einzelheiten hierzu gehen aus der Darstellung des *kategorischen Imperativs* im Kapitel 3.2 „Normative Ethik und Diskursmethode“ hervor.

Entsprechend dem vertretenen *konstruktivistischen Anspruch* [12] sollen die Anforderungen an eine zukunftsorientierte Gestaltung der Lebensbedingungen auf den verschiedenen gesellschaftlichen Ebenen anstelle monodisziplinärer und moralistischer Verkürzungen *ganzheitlich* im Praxiskontext berücksichtigt werden: Die eine nachhaltige Entwicklung maßgeblich bestimmenden fachspezifischen Prinzipien bzw. Rationalitäten werden hierfür unter Rückgriff auf die *Alltagspraxis* in ein Verhältnis zur ethischen Rationalität gesetzt und mit methodischer Unterstützung durch das konsensuale Dialogprinzip integrativ zusammengeführt. Bei Bedarf erfolgt darüber hinaus ein *Rekurs auf Modelle*: Für die Entwicklung des normativen Gestaltungsansatzes wird im Wesentlichen ein Konfliktmodell und für dessen Konkretisierung ein Managementmodell angewendet. In beiden Fällen entstehen daraus *integrative Ansätze*, die dem raumzeitlichen Nachhaltigkeitshintergrund angemessen sein und der Zielsetzung der Arbeit gerecht werden sollen. Zur Unterstützung der Argumentation erfolgt fallweise ein Rückgriff auf die Ergebnisse einer punktuell durchgeführten Recherche der einschlägigen *Fachliteratur*. Im Unterschied zu einer Literaturarbeit wird die Fachliteratur vorrangig zur Unterstützung des eigenen Gedankenganges bzw. eigener Schlüsse und zur ergänzenden Darstellung des im vorliegenden Kontext für notwendig erachteten Wissensstandes verwendet. *Empirische Sachverhalte* werden exemplarisch im Rahmen des *Fallbeispiels* aus der Papierindustrie für Analogieschlüsse und den Anwendungsbezug der theoretischen Darstellung genutzt: Dazu werden bei der Darstellung des ökologischen Umbaus eigene Berufserfahrungen eingebracht, die auch für die Entwicklung des Gestaltungsansatzes und dessen Konkretisierung genutzt werden. Bei dem zu einem späteren Zeitpunkt erfolgenden Umbau des Managementsystems wird eine Durchsicht und Dokumentenanalyse von öffentlich zugänglichen Geschäftsberichten, Nachhaltigkeitsberichten, Rundschreiben und Firmenbroschüren durchgeführt. Die im Rahmen der Arbeit angewendete *Methode variiert* also je nach Bearbeitungsstand und -gegenstand und tritt einerseits als analytische bzw. synthetische und andererseits als induktive bzw. deduktive Methode in Erscheinung. Aus diesen fallspezifisch angewendeten methodischen Ansätzen ergibt sich im Verlauf der Bearbeitung eine Mischform. *Zusammenfassend* lässt sich angesichts der interdisziplinären Thematik und der transdisziplinären Vorgehensweise feststellen, dass es sich hier um eine *erfahrungsfundierte theoretische Arbeit* handelt, bei der ein pluralistischer Methodenmix mit variierenden methodischen Schwerpunkten angewendet wird, entsprechend den bei der Darstellung jeweils angesprochenen Einzelthemen und Argumentationsschritten.

## 1.3 Begriffliche und inhaltliche Vorklärungen

Seit dem Ende des 20. Jahrhunderts spielen zwei grundlegende Entwicklungen auf dem Planeten Erde eine wichtige Rolle in der öffentlichen Diskussion. Auf der einen Seite vollzieht sich ein umfassender dynamischer Strukturwandel, der dem gesellschaftlichen Zusammenleben eine vorrangig räumliche Dimension verleiht und die Grenzen zwischen einzelnen Ländern und Kulturräumen immer mehr aufhebt: die *Globalisierung*, für

[12] Weitere Ausführungen zum *Konstruktivismus* befinden sich im Kapitel 3.2.3 „Konsensprinzip und ethischer Diskurs als methodischer Ansatz“.

die es seit der Antike bereits Vorformen gegeben hat. Auf der anderen Seite ist seit dem Beginn der Industrialisierung eine veränderte Lebens- und Wirtschaftsweise mit steigenden Bevölkerungszahlen zu beobachten, die inzwischen weltweit zu folgenschweren Eingriffen in die Natur und ihre Kreisläufe geführt haben, die die Lebensgrundlagen unserer sowie künftiger Generationen zunehmend beeinträchtigen und eine durch *Nachhaltigkeit* geprägte Entwicklung unabdingbar machen. Die mit diesen Veränderungen verbundenen Probleme erfordern ein grundlegendes Umdenken und Lösungsstrategien, bei denen neben technologischen auch sozioökonomische und institutionelle Innovationen eine wesentliche Rolle spielen. Vor einer moralphilosophischen Vertiefung dieser Thematik bietet sich eine *begriffliche und inhaltliche Vorklärung* der im vorliegenden Zusammenhang wichtigen Sachverhalte und Grundaussagen an. Dazu werden, ausgehend von der gesellschaftlichen Realität, anwendungsbezogene Ansätze und Strategien für Änderungen unter der Zielsetzung einer global zukunftsfähigen Entwicklung erörtert und die diesbezüglichen innovativen Gestaltungsmöglichkeiten in ihren wesentlichen Ausprägungen vorgestellt. Methodisch kommt in diesem Rahmen ein Grundmodell mit einem Dreischritt zur Anwendung, das bereits die *Vorgehensweise* für den weiteren Verlauf der Arbeit *vorzeichnet* und sich in Form eines Schemas darstellen lässt (vgl. Abb. 2):

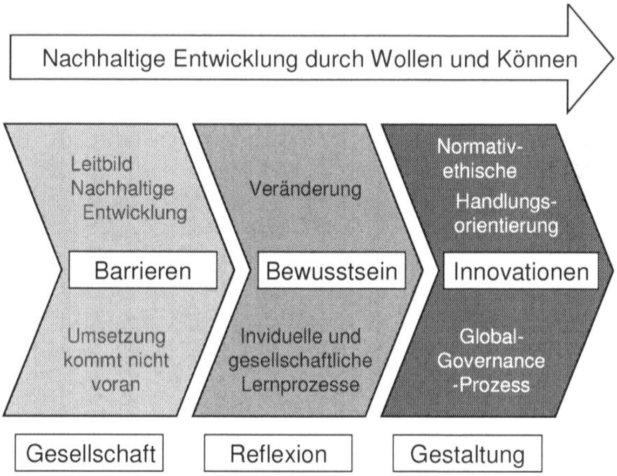


**Abbildung 2: Grundmodell Zukunftssicherung als Wegweiser für die Arbeit**

Der in diesem *Grundmodell* idealtypisch dargestellte Weg einer gesellschaftsbezogenen Zukunftssicherung geht vom *Ist-Zustand* erkannter Barrieren bei der Umsetzung des allgemein anerkannten Leitbildes einer nachhaltigen Entwicklung in einer global vernetzten Gesellschaft aus, führt zu einem *Wollen* bei den maßgeblichen Akteuren durch Veränderung des Bewusstseins als Ergebnis individueller und gesellschaftlicher Lernprozesse in den drei Dimensionen der Nachhaltigkeit, um schließlich auf der

Grundlage erworbener *Fähigkeiten* (Stichwort: Können) mit Hilfe eines tatsächlich gewollten Verbesserungsprozesses die notwendigen Handlungsschritte für technische, soziale und institutionelle Innovationen zu ermöglichen. Wegweisend für die beabsichtigte Erreichung des *Soll-Zustands* einer global zukunftsfähigen Entwicklung sind einerseits die hier zu erarbeitende normativ-ethischen Handlungsorientierung und andererseits die hier nicht zu behandelnden politischen Handlungsbeiträge durch eine demokratisch legitimierte Erd- bzw. Weltordnungspolitik im Rahmen eines *Global-Governance-Prozesses*, die eine autoritäre Weltpolitik überflüssig macht.[13] Die im Zusammenhang mit den programmatischen Schritten für diese *raumzeitliche Aufgabenstellung* wesentlichen Begriffe „Nachhaltigkeit", „Globalisierung" und „Innovation" werden in den folgenden Abschnitten formal und inhaltlich geklärt und anschließend für die Entwicklung und Konkretisierung des normativen Gestaltungsansatzes Nachhaltigkeitsethik genutzt.

### 1.3.1 Exkurs: Bedeutung von Raum und Zeit

Zur strukturierten Erfassung der komplexen Umwelt- und Entwicklungsprobleme sowie der in diesem Zusammenhang wesentlichen Begriffe „Nachhaltigkeit" und „Globalisierung" wird auf die grundlegenden Bestimmungsgrößen *Raum* und *Zeit* zurückgegriffen, die keine empirischen Begriffe, sondern als apriorische Prinzipien der Erkenntnis zwei Formen sinnlicher Anschauung darstellen, wie sie in unserer Erfahrung auftreten. Sie sind unendliche gegebene Größen, die eine notwendige Vorstellung *a priori* darstellen und allen äußeren Anschauungen zugrunde liegen.[14] Mit den Anschauungsformen Raum und Zeit lassen sich daher auch über die komplexen Sachverhalte einer nachhaltigen Entwicklung fundiertere Urteile bilden und begründen, wovon im Verlauf der Arbeit wiederholt Gebrauch gemacht werden soll. Die seinerzeit zur Lösung der genannten Probleme von den Vereinten Nationen eingesetzte Brundtland-Kommission[15] und die in deren Auftrag auf den nachfolgenden Konferenzen für Umwelt und Entwicklung in Rio de Janeiro und 10 Jahre später in Johannesburg konkretisierten Strategien weisen räumliche und zeitliche Bezüge auf, die auch im Hinblick auf die nicht nur globale Dimension der Probleme für einen auf Dauer angelegten Lösungsbeitrag auf unserem Planeten von Bedeutung sind (vgl. Abb. 3).

---

[13] Auf den *Global-Governance-Prozess* wird im Zusammenhang mit der Globalisierung noch näher eingegangen.

[14] Vgl. Kant 1787, S. 51 ff. (orig. S. 37 ff.).

[15] Auf die Rolle der *Brundtland-Kommission* und die damit im Zusammenhang stehenden Konsequenzen wird im folgenden Abschnitt näher eingegangen.

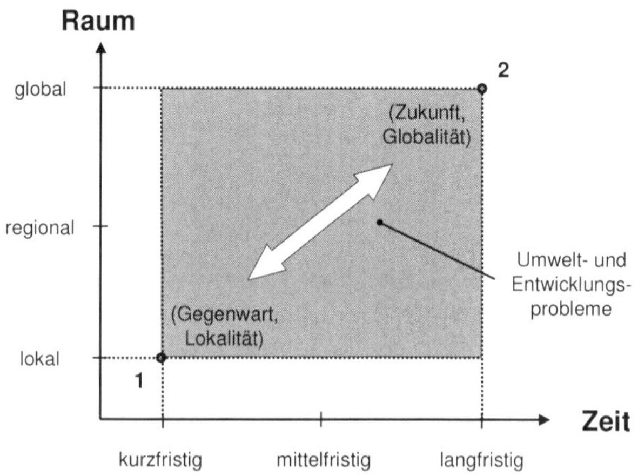


**Abbildung 3: Umwelt- und Entwicklungsprobleme in Raum und Zeit**

Die für eine nachhaltige Entwicklung charakteristischen Umwelt- und Entwicklungsprobleme erfordern also *raumzeitliche Lösungen* in einem von interdependenten Zusammenhängen gekennzeichneten Feld, das durch die Eckpunkte 1 und 2 der schematischen Darstellung begrenzt ist. In Fällen, in denen die Ursachen der Probleme weiter spürbar fortwirken, muss außerdem eine zeitliche Rückverfolgung bis in die Vergangenheit in die Lösungsstrategie einbezogen werden, um die Fehler bleibend abstellen zu können. Das Interesse der Öffentlichkeit richtet sich naturgemäß vorrangig auf aktuelle und lokal wirkende Einflüsse, da diese direkt und kurzfristig zu erfassen sind. Die Wahrnehmung und Berücksichtigung längerfristiger und entfernter Auswirkungen erfordern dagegen eine diesbezügliche Bereitschaft und Fähigkeiten, verbunden mit Prognosen und Planungen für die Zukunft, selbst wenn diese wegen mentaler Grenzen mit entsprechenden Unsicherheiten behaftet sind. Als *praktische Beispiele* für Umweltauswirkungen im Bereich des Punktes 1 werden die Freisetzung von Geruchsstoffen aus einer unregelmäßig arbeitenden Kompostierungsanlage in einer süddeutschen Stadt oder die temporäre Einleitung ungeklärter Abwässer in einen See im Ruhrgebiet genannt, die beide lokal und kurz- bis maximal mittelfristig wirken. Sie stellen daher für Schwellen- und Entwicklungsländer keine Gefährdung dar. Die Zerstörung der Ozonschicht durch klimaschädigende Gase aus den technischen Anlagen von Industrieländern oder die großflächige radioaktive Belastung durch die Betriebskatastrophe des Kernreaktors in Tschernobyl wirken hingegen global und langfristig. Sie liegen daher im Bereich des Punktes 2 und erfordern eine zusätzliche Auseinandersetzung mit den bereits in der Vergangenheit falsch gestellten Weichen. Analoge Beispiele mit sozioökonomischen Auswirkungen im Punkt 1 sind beispielsweise die einmalige Entrichtung einer Umweltabgabe für die Nichteinhaltung von Schadstoffgrenzwerten anlässlich einer amtlichen Überprüfung in einem deutschen Regierungsbezirk und die überfällige Erhebung einer weltweit geltenden Transfersteuer auf Devisentransaktionen[16] für den Punkt 2, die angesichts der aktuellen globalen Finanz- und Wirtschaftskrise erneut als Regulierungsinstrument diskutiert wird. Auf weitere Beispiele wie prospektive Maßnahmen nach dem Vorsorgeprinzip[17] und – mit einer Umkehrung der Zeitrichtung – retrospektive Maßnahmen nach dem Nachsorgeprinzip d. h. Reparaturmaßnahmen wird später noch eingegangen.

### 1.3.2 Nachhaltigkeit

#### 1.3.2.1 Nachhaltigkeitsbegriff

Der Begriff „Nachhaltigkeit", für den sich erst in unserer Zeit der englische Begriff *„Sustainability"* herausbildete, entstand bereits Anfang des 18. Jahrhunderts in der deutschen Forstwirtschaft: Eine nachhaltige Forstwirtschaft beruht demnach „auf dem Grundsatz, dass in einem bestimmten Zeitraum nur so viel Holz geschlagen werden darf, wie durch Baumneupflanzungen nachwachsen kann." [18] Dieses Prinzip einer intertemporalen Ressourcennutzung zielt auf eine *Bestandserhaltung* von natürlichem und künstlichem Kapital. Es wurde bis ins 20. Jahrhundert nur in wenigen Wirtschaftsbereichen angewendet: z. B. in der Fischereiwirtschaft – d. h. Erzielung dauerhafter Fischfänge unter Rücksichtnahme auf die vorhandenen Bestände – und der Finanzwirtschaft – d. h. mit der Abschreibung für Abnutzung (AfA) bei Sachgütern so viel zu sparen, dass eine Ersatzinvestition zur Kapitalerhaltung erfolgen kann.[19] Diese Beispiele zur Bestandserhaltung zeigen, dass der *Grundgedanke der Nachhaltigkeit* einerseits dem *ökonomischen Prinzip* der Kapitalerhaltung entspricht, also von den Zinsen und nicht vom Kapital zu leben bzw. die Erträge und nicht die Substanz selbst zu nutzen. Andererseits geht es im vorliegenden Zusammenhang um das *soziale Prinzip*, unter der Zielvorstellung Menschenwürde die Rechte künftiger mit denen der heutigen Generationen in Einklang zu bringen, also intra- und intergenerationelle Gerechtigkeit [20] im Interesse eines demokratischen Konfliktmanagements zu realisieren. Um Nachhaltigkeit programmatisch als Prinzip zum Erhalt menschenwürdiger Lebensgrundlagen definieren zu können, muss außerdem das *ökologische Prinzip* einer naturverträglichen Lebens- und Wirtschaftsweise gleichermaßen berücksichtigt werden,

---

[16] Die *Transfersteuer* wird nachfolgend im Zusammenhang mit der Globalisierung unter dem Stichwort „Tobin-Steuer" behandelt.

[17] Eine Erläuterung des *Vorsorgeprinzips* mit aktuellen Risikobeispielen aus den Bereichen Fischerei, Radioaktivität, umweltschädigende Chemikalien und gesundheitsgefährdende Nahrungsmittelerzeugung liefern die Beiträge von Harremoes et al. 2002. Weitere Ausführungen zur Thematik Vorsorge und Nachsorge folgen im Kapitel 3.2 „Normative Ethik und Diskursmethode".

[18] Kopfmüller et al. 2001, S. 20.

[19] Vgl. Kopfmüller et al. 2001, S. 21.

[20] Die *intra- und intergenerationelle Gerechtigkeit* ist für die nachhaltige Entwicklung von grundlegender Bedeutung und wird nachfolgend und im Kapitel 3.5 „Sozialethik" behandelt. Eine gleichrangige Einstufung der intra- und intergenerationellen Gerechtigkeit kann als wesentlicher Ausgangspunkt für ein „integratives Konzept der Nachhaltigkeit" gewählt werden (vgl. Kopfmüller et al. 2001, S. 14).

um dauerhaft die Voraussetzungen für eine global zukunftsfähige Entwicklung zu schaffen.

Wie kam es nun zur Verwendung des Begriffs „Nachhaltigkeit" im internationalen Sprachgebrauch? Im Jahr 1972 trugen mehrere internationale Umweltaktivitäten maßgeblich dazu bei, dass über die Folgen menschlicher Wirtschafts- und Lebensweisen weltweit verstärkt nachgedacht wurde: Vom Club of Rome wurde das berühmt gewordene Buch „Die Grenzen des Wachstums" veröffentlicht und von den Vereinten Nationen (UN) in Stockholm die erste UN-Umweltkonferenz durchgeführt. Diese Konferenz, die unter dem Titel *„Human Environment. One World"* stand [21] und auf der die Entwicklungsländer ihre Interessen gegenüber den Industrieländern deutlich artikulierten, führte zur Verabschiedung einer „Erklärung über die Umwelt des Menschen" mit richtungsweisenden umweltpolitischen Grundsätzen und zur Gründung des UN-Umweltprogramms (UNEP).[22] Im Rahmen der Aktivitäten des UNEP wurde 1973 der Begriff „Ecodevelopment" geprägt. Der *Ecodevelopment-Ansatz* berücksichtigt erstmals die sozialen und ökonomischen Aspekte der Umweltproblematik. Er kommt auch den Ansprüchen der Entwicklungsländer entgegen, denen aufgrund der materiellen Rückstände gegenüber Industrieländern eine Bestandserhaltung kaum reichen kann. Der Ansatz geriet wegen der weitreichenden politischen Implikationen, in denen auch Macht- und Verteilungsfragen angesprochen werden, jedoch in die Kritik.[23] Anfang der 80er Jahre des 20. Jahrhunderts wurde von internationalen Organisationen, an denen auch die Vereinten Nationen beteiligt waren, eine „World Conservation Strategy" erarbeitet und der Begriff *„Sustainable Development"* erstmals verbreitet.[24] Die Begriffe „Nachhaltigkeit" und „Nachhaltige Entwicklung" werden trotz einiger Unterschiede häufig synonym verwendet. Hierbei wird vernachlässigt, dass eigentlich zwei komplementäre Aspekte zu berücksichtigen sind: Zum einen geht es um die Beschreibung des Wunschzustands Nachhaltigkeit, zum anderen um einen Entwicklungsprozess, der in die gewünschte Richtung führen soll.[25]

Vor dem Hintergrund international geführter Entwicklungsdebatten und weltweit wachsender Probleme im ökologischen (Klimakrise, Ozon-Loch, Abfallberge, Wasserverschmutzung, Artensterben etc.) sowie im sozialen und ökonomischen Bereich (Armut, Hungersnöte, weltweite Rezession, internationale Schuldenkrise, Arbeitslosigkeit etc.) wurde 1983 von den Vereinten Nationen die Weltkommission für Umwelt und Entwicklung (*„Brundtland-Kommission"*) eingesetzt, die 1987 ihren Abschlussbericht „Unsere gemeinsame Zukunft" veröffentlichte.[26] Die Brundtland-Kommission musste zwischen verschiedenen Positionen vermitteln und *definierte Nachhaltigkeit* wegen der

---

[21] Vgl. Huber 1999, S.193.

[22] Vgl. Gareis/Varwick 2003, S. 273.

[23] Vgl. Harborth 1993, S. 26.

[24] Vgl. Kopfmüller et al. 2001, S. 22 f.

[25] Vgl. Hediger 1997, S. 17.

[26] Vgl. Hauff 1987.

notwendigen Zustimmungsfähigkeit auf einem niedrigen Konkretisierungsniveau: *„Dauerhafte Entwicklung ist Entwicklung, die die Bedürfnisse der Gegenwart befriedigt, ohne zu riskieren, dass künftige Generationen ihre eigenen Bedürfnisse nicht befriedigen können.“*[27] Sustainable Development wurde bei dieser Definition statt mit „nachhaltiger“ mit „dauerhafter“ Entwicklung übersetzt. Dem Brundtland-Bericht wird allgemein bescheinigt, den Begriff „Sustainable Development“ einer breiten Öffentlichkeit bekannt gemacht und eine wichtige Grundlage für die 1992 in Rio de Janeiro stattgefundene UN-Konferenz für Umwelt und Entwicklung (UNCED) geliefert zu haben. Der verbreiteten Kritik an der Unverbindlichkeit – nicht nur – dieser häufig zitierten Definition von Nachhaltigkeit lässt sich entgegen halten, dass diese in die falsche Richtung zeigt. Beim *Konzept Nachhaltigkeit* geht es weniger um eine exakte Definition von Nachhaltigkeit, sondern um die Bestimmung dessen, was Bestand haben soll und um die Verknüpfung der zeitlichen und räumlichen Ebene, die eine Nachhaltigkeitspolitik einzubeziehen hat. Die *Grundidee* basiert also auf der einfachen Einsicht, dass ein System dann nachhaltig ist, wenn es selber überlebt und langfristig Bestand hat. Wie es konkret auszusehen hat, muss im Einzelfall geklärt werden.[28]

Der Brundtland-Bericht enthält auch heute noch aktuelle grundlegende Aussagen für die Konzeptualisierung einer nachhaltigen Entwicklung. Von *essenzieller Bedeutung* ist in diesem Rahmen die Beseitigung von ungleich verteilter Armut und die *Sicherstellung der Grundbedürfnisse* der Weltbevölkerung bei einer angemessenen Lebensqualität: „Eine Welt, in der Armut und Ungerechtigkeit herrschen, wird immer ökologischen und anderen Krisen ausgesetzt sein. Dauerhafte Entwicklung erfordert, die Grundbedürfnisse aller zu befriedigen und für alle die Möglichkeiten zu schaffen, ihren Wunsch nach einem besseren Leben zu befriedigen.“ [29] Dauerhaftigkeit bedeutet für die Kommission „die Verantwortung für soziale Gerechtigkeit zwischen den Generationen, die sich logischerweise auch bezieht auf die Gerechtigkeit innerhalb jeder Generation.“ [30] Nachhaltigkeit setzt also eine Gerechtigkeit sowohl zwischen den Generationen – *„intergenerationelle“* Gerechtigkeit – als auch innerhalb jeder Generation – *„intragenerationelle“* Gerechtigkeit – voraus. Als Grundbegriff der Ethik und der Sozialphilosophie erscheint *Gerechtigkeit* für die Beurteilung von Handlungsnormen und als Weg zu einer vernünftigen Gestaltung des Zusammenlebens geradezu prädestiniert. Im vorliegenden Zusammenhang besitzt Gerechtigkeit eine in mehrfacher Hinsicht umfassende Bedeutung und weist neben der *zeitlichen* Dimension von gegenwärtig bis zukünftig auch eine *räumliche* Dimension von lokal bis global auf, die sich sowohl auf individuelle als auch auf gesellschaftliche Handlungen bezieht.[31]

---

27 Hauff 1987, S. 46.

28 Diese Einschätzung geht im Wesentlichen auf Robert Costanza und B. C. Patten zurück (vgl. Petschow et al. 1997, S. 115). Eine diesbezügliche Konkretisierung erfolgt im weiteren Verlauf der Arbeit im Kapitel 4.2 „Konzept für eine nachhaltige Unternehmensentwicklung“.

29 Hauff 1987, S. 47.

30 Hauff 1987, S. 46.

31 Das Thema *„Gerechtigkeit“* hat für die folgenden Ausführungen einen hohen Stellenwert und wird im Kapitel 3.5 „Sozialethik“ vertieft.

Über eine weltweit dauerhafte Erhaltung der Lebensbedingungen gibt es jedoch unterschiedliche Interpretationen, die zu einer begrifflichen Unterscheidung in „schwache“ und „starke“ Nachhaltigkeit geführt haben.[32] Dabei geht es um die Frage, ob einzelne Elemente der gesamten Natur, die aus ökologisch-ökonomischer Sicht als natürlicher Kapitalstock angesehen wird, durch künstliches d. h. von Menschen produziertes Kapital substituiert werden können: Die neoklassisch ausgerichtete Position[33] *„schwache Nachhaltigkeit“*[34] geht von der Annahme einer vollständigen Substituierbarkeit von Ressourcen aus, wozu lediglich die Summe von künstlichem und natürlichem Kapital als aggregierte Größen konstant gehalten werden muss. Damit lässt sich beispielsweise ein unveränderter Verbrauch an fossilen Brennstoffen rechtfertigen, wenn davon ausgegangen wird, dass der Energiebedarf künftiger Generationen mit regenerativen Energien gedeckt kann.[35] Dabei wird jedoch übersehen, dass dafür die Voraussetzungen noch nicht vollständig gegeben und alle Prognosen mit Unsicherheit behaftet sind. Als andere Extremposition impliziert hingegen die fundamental-ökologisch ausgerichtete *„starke Nachhaltigkeit“*[36], dass sich natürliches und künstliches Kapital komplementär verhalten und keinerlei Substitution untereinander zulassen. Damit könnten beispielsweise fossile nicht durch regenerative Energieträger ersetzt werden. Obwohl die schwache nicht so weit wie die starke Nachhaltigkeit geht, ist schon die schwache Nachhaltigkeit in der gesellschaftlichen Praxis kaum haltbar. Denn in beiden Fällen würde die Lebens- und Wirtschaftsweise künftiger Generationen letztlich erheblich eingeschränkt werden: Bei der schwachen Nachhaltigkeit wird die Tatsache verkannt, dass bei technischen Produktionsprozessen das natürliche Kapital immer nur in begrenztem Umfang durch künstliches Kapital substituiert werden kann (z. B. Recyclingprozesse wie bei der im Fallbeispiel 1 zu behandelnden Altpapieraufbereitung). Bei der starken Nachhaltigkeit würde sich die Nutzung der Ressourcen letztlich auf die erneuerbaren beschränken. Die nicht-erneuerbaren Ressourcen (Beispiel: Erdöl) stünden dann weder den heutigen noch den künftigen Generationen zur Verfügung.

---

[32] Eine theoretische Erörterung mit einer detaillierten Gegenüberstellung von *schwacher* und *starker Nachhaltigkeit* findet sich bei Ott/Döring 2004, S. 97 ff.

[33] Die *neoklassische Ökonomie* bietet ein konsistentes Analysensystem und zeichnet sich durch formale Eleganz und hohen Abstraktionsgrad aus, ohne dadurch die ökonomische Realität ausreichend wiedergeben zu können. Die *„Neoklassik“* ist im Wesentlichen gekennzeichnet durch partialanalytische Gleichgewichtsmodelle, die Marginalanalyse (u. a. Grenznutzenbetrachtung) und die Annahme neutralen Geldes (vgl. Maier-Rigaud 1999, S. 170).

[34] Die *„schwache Nachhaltigkeit“* wird u. a. von R. Solow vertreten und auch als „Solow-Sustainability“ bezeichnet (vgl. Hediger 1997, S. 25).

[35] Vgl. Kanning 2009, S. 20 f.

[36] Die *„starke Nachhaltigkeit“* wird u. a. von Herman E. Daly vertreten (vgl. Daly 1996/1999, S. 110 ff.) Er stellte hierzu folgende These auf: „ Die Welt bewegt sich von einer Ära, in der das vom Menschen produzierte Kapital der beschränkende Faktor war, hin zu einer Ära, in der das verbliebene natürliche Kapital der beschränkende Faktor ist“ (ebenda, S. 113). Als anschauliches Beispiel ergänzte Daly: „Die Fischproduktion wird derzeit durch die verbliebenen Fischbestände beschränkt, nicht durch die Anzahl der Fischerboote“ (ebenda).

Im Hinblick auf den hier zu entwickelnden Gestaltungsansatz Nachhaltigkeitsethik und die beabsichtigte anwendungsbezogene Konkretisierung in Form eines Konzepts für eine nachhaltige Unternehmensentwicklung wird eine *pragmatische Position* zur Nachhaltigkeit eingenommen, die aus einer kritischen Distanz zur schwachen und starken Nachhaltigkeit die Möglichkeiten beider Ansätze unter weitgehender Vermeidung erkannter Nachteile nutzt und auf innovative Nachhaltigkeitsstrategien wie z. B. die *Entkopplung* des Wirtschaftswachstums vom Stoffwechsel bzw. Ressourcenverbrauch setzt.[37] Danach müsste die als notwendig anerkannte *Substitution* von natürlichem durch künstliches Kapital in einem kontrollierten Umfang von einer unabhängigen, international anerkannten Institution genehmigt werden. Dabei wäre sicherzustellen, dass die materiellen und immateriellen Funktionen der Natur ohne große Einschränkungen erhalten bleiben.[38] Irreversible Eingriffe in die Natur müssen im Interesse künftiger Generationen jedoch in den Fällen vermieden werden, in denen Nachteile für die Betroffenen zu befürchten sind. Entsprechend dem Vorsorgeprinzip ist daher im Umgang mit nicht-nachwachsenden Ressourcen größtmögliche Zurückhaltung geboten.[39]

### 1.3.2.2 Leitbild der Nachhaltigkeit

Das Leitbild der Nachhaltigkeit,[40] das neben lokalen und kurzfristigen vor allem globale und langfristige Aspekte einbezieht, steht unter der Zielperspektive einer *global zukunftsfähigen Entwicklung* und orientiert sich maßgeblich an den Empfehlungen der Brundtland-Kommission. Auf der Konferenz der Vereinten Nationen für Umwelt und Entwicklung (UNCED) in Rio de Janeiro verpflichtete sich die internationale Staatengemeinschaft 1992, dieses Leitbild auf nationaler Ebene in enger Abstimmung mit ebenfalls betroffenen Ländern in konkrete Politik umzusetzen. Mit dem dort verabschiedeten Aktionsprogramm *„Agenda 21"* wurden in 40 Kapiteln „detaillierte Handlungsaufträge gegeben, um einer weiteren Verschlechterung der Situation entgegenzuwirken, eine schrittweise Verbesserung zu erreichen und eine nachhaltige Nutzung der natürlichen Ressourcen sicherzustellen." [41] Trotz der staatlichen Umsetzungsverpflichtungen gemäß Agenda 21, der weltweit erfolgten Vorarbeiten durch UN-Kommissionen, der Einrichtung einer UN-Kommission für nachhaltige Entwicklung (CSD) im Anschluss an die Rio-Konferenz, einer umfangreichen Nachhaltigkeitsforschung und Pionierleistungen einiger Kommunen und Großunternehmen sowie nichtkommerzieller Nichtregierungsorganisationen (NGOs) kommt die Umsetzung des Leitbildes Nachhaltigkeit weiterhin nur schleppend voran. Diese im weiteren Verlauf der

[37] Das Thema *„Entkopplung"* wird nachfolgend unter dem Thema „Effizienzstrategien" vertieft.

[38] Siehe hierzu die Erläuterungen im Abschnitt „Verhältnis Mensch-Natur" im Kapitel 3.3 „Umweltethik".

[39] Weitere Ausführungen zu den beiden Extrempositionen *schwache und starke Nachhaltigkeit* finden sich u. a. bei Hediger 1997, S. 24 ff., Kopfmüller et al. 2001, S.60 f. und Ott/Döring 2004, S. 97 ff.

[40] Beim Nachhaltigkeitsleitbild handelt es sich um einen *moralitätsethischen Ansatz*, auf den im Kapitel 3.2 „Normative Ethik und Diskursmethode" noch eingegangen wird.

[41] Bundesministerium für Umwelt, Naturschutz und Reaktorsicherheit 1997, Vorwort.

Arbeit zu berücksichtigende *Umsetzungsproblematik* lässt sich nicht allein damit erklären, dass die strukturellen Wirtschaftsprobleme im Zusammenhang mit der Globalisierung oder die aktuelle globale Finanz- und Wirtschaftskrise das Thema Nachhaltigkeit in den Hintergrund drängen. Hinzu kommt, dass Letztere die bestehenden Nachhaltigkeitsdefizite eher verdeutlicht und insofern zusätzliche Argumente für eine nachhaltige Entwicklung liefert, die für die Umsetzung zwar notwendig, jedoch nicht hinreichend sind. Denn die Zielsetzung Nachhaltigkeit im Sinne einer global zukunftsfähigen Entwicklung ist mit ihrer raumzeitlichen Dimension sehr weit gefasst und erfordert daher eine *Komplexitätsreduzierung*: Denn das Nachhaltigkeitsleitbild kann nur unter Mitwirkung der Akteure aus Politik und Gesellschaft in einem global abgestimmten Gemeinschaftsprojekt unter geeigneten Rahmenbedingungen (Stichwort: Global-Governance) *schrittweise* mit jeweils *konkreten Teilzielen* umgesetzt werden, und zwar über einen längeren Zeitraum im Rahmen eines kontinuierlichen Verbesserungsprozesses.[42]

Angesichts der grundsätzlichen Schwierigkeit, wesentliche Bestandteile des umfassenden Nachhaltigkeitsziels sowie einzelne Schritte zu seiner Umsetzung festzulegen und hierfür in einem *diskursiven Prozess*[43] die erforderliche Akzeptanz durch die Betroffenen zu erhalten, könnte bei diesem komplexen Projekt auch die These „Der Weg ist das Ziel" aufgestellt werden. Diese Sichtweise kommt zwar der Langfristigkeit einer nachhaltigen Entwicklung entgegen, hilft allein jedoch nicht weiter, da sie die *Gefahr der Unverbindlichkeit* und unzureichenden Handlungsunterstützung birgt. Hier wird daher der Standpunkt eingenommen, dass durch die Definition von konsensfähigen Teilzielen in überschaubaren Teilbereichen und die konsequente Nutzung aller institutionellen Möglichkeiten bei der Strategieentwicklung und -umsetzung jeder Form von Unverbindlich- oder Beliebigkeit durch konkrete Zielorientierung gegengesteuert werden muss, ohne dabei die ganzheitliche Perspektive aus dem Auge zu verlieren. Nachhaltigkeit wird dabei zu einer Richtschnur oder Vision, die man in Analogie zur Freiheit oder Gerechtigkeit auch als *„regulative Idee"* bezeichnen kann. Der strategische Rückgriff auf diesen erkenntnistheoretischen Begriff Immanuel Kants[44] erfolgt in dem Bewusstsein, dass dieser angesichts fehlender konkreter Anschauung – im Unterschied zu einzelnen Bausteinen der Nachhaltigkeit – nicht konstitutiv in unsere Erkenntnis eingehen und handlungsleitend zeigen kann, wie Nachhaltigkeit auf Dauer real beschaffen sein soll. Er kann jedoch in der gesellschaftlichen Praxis den *Suchprozess* in Richtung einer nachhaltigen Entwicklung *regulierend unterstützen.* Denn regulative Ideen „lenken die Such-, Forschungs- und Lernprozesse in eine bestimmte Richtung und unter einen bestimmten Fokus und bewahren auf diese Weise davor, zusammen-

---

[42] Der *kontinuierliche Verbesserungsprozess* wird im Rahmen des Nachhaltigkeitsmanagements im Kapitel 4.2 „Konzept für eine nachhaltige Unternehmensentwicklung" behandelt. Das Thema „Global Governance" wird im Kapitel 1.3.3 „Globalisierung" vertieft.

[43] Auf den *konsensualen Dialog* wird im Kapitel 3.2 „Normative Ethik und Diskursmethode" näher eingegangen.

[44] Immanuel Kant befasste sich im „Anhang zur transzendentalen Dialektik" ausführlich mit dem *regulativen Gebrauch der Ideen* der reinen Vernunft sowie den Hintergründen und Zusammenhängen regulativer und nicht konstitutiver Ideen und Prinzipien (vgl. Kant 1787, S. 426 ff. (orig. S. 670 ff.)).

hangslos und zufällig mit der Stange im Nebel herumzustochern. Man braucht wenigstens eine intuitive Vorstellung davon, was man sucht.“ [45]

### 1.3.2.3 Nachhaltigkeitsdimensionen

Die Diskussion einer global zukunftsfähigen Entwicklung erfolgte historisch in mehreren Phasen, die auch in den erwähnten UN-Aktivitäten ihren Niederschlag fanden: Den wohl entscheidenden Impuls für den Start gab vor allem die Veröffentlichung des Berichts des Club of Rome im Jahr 1972, in dem die Begrenzung der Entwicklungsmöglichkeiten der Menschheit durch knapper werdende Ressourcen,[46] d. h. die *„Quellenproblematik“*, dargestellt wurde. In den 80er Jahren des 20. Jahrhundert wiesen Umweltexperten zusätzlich auf die eingeschränkte Aufnahmefähigkeit der Umwelt für Schadstoffe hin und thematisierten damit die *„Senkenproblematik“* als weitere limitierende Einflussgröße. Diesem Thema widmet sich u. a. auch das 1992 unter dem Titel „Die neuen Grenzen des Wachstums“ erschienene Folgewerk des erwähnten Weltbestsellers.[47] Anfang der 90er Jahre des vergangenen Jahrhunderts setzte sich schließlich die Erkenntnis durch, dass eine ausschließlich ökologische Sicht den Entwicklungsproblemen nicht gerecht wird und auch im ökonomischen und sozialen Bereich die *Belastungsfähigkeit* durch eine zukunftsgefährdende Lebens- und Wirtschaftsweise nicht unendlich sein kann.[48] Auch wenn die zugehörigen Grenzen in diesem sensiblen Bereich noch schwieriger bzw. letztlich erst dann nachzuweisen sind, wenn es bereits zu spät ist, also eine konkrete Überlastung schon aufgetreten ist, müssen bei sich abzeichnenden Fehlentwicklungen wie z. B. der Massenarbeitslosigkeit oder den unkontrollierten Finanztransaktionen rechtzeitig ausreichende *Vorsorgemaßnahmen* getroffen werden, um im Interesse unserer und nachfolgender Generationen bleibend nachteilige Auswirkungen zu vermeiden. Die ökologischen, ökonomischen und sozialen Aspekte bzw. *Dimensionen* einer nachhaltigen Entwicklung und die zwischen ihnen bestehenden Interdependenzen gehen sowohl aus dem Brundtland-Bericht als auch aus den Dokumenten der Konferenz der Vereinten Nationen in Rio de Janeiro hervor.[49] Neben einigen Kommunalverwaltungen haben auch einige große Wirtschaftsunternehmen bereits vor Jahren damit begonnen, das Nachhaltigkeitsleitbild schrittweise in den betrieblichen Alltag umzusetzen und mit einer regelmäßigen Berichterstattung zu erzielten Nachhaltigkeitsfortschritten und geplanten Verbesserungen zu unterstützen. Beispielsweise gibt die BASF in Ludwigshafen, die inzwischen einen Nachhaltigkeitsrat institutionalisiert hat, seit einiger Zeit Jahresberichte zu den ökologischen, ökonomischen und sozialen Dimensionen der Nachhaltigkeit heraus.[50] Ent-

[45] Homann 1996, S. 38.

[46] Vgl. Meadows et al. 1972.

[47] Vgl. Meadows et al. 1992.

[48] Vgl. Enquete-Kommission „Schutz des Menschen und der Umwelt“ des 13. Bundestages 1998, S. 30.

[49] Vgl. Hauff 1987 und Bundesministerium für Umwelt, Naturschutz und Reaktorsicherheit 1997.

[50] Vgl. BASF Aktiengesellschaft 2002 und 2003, Hinweis: Die Berichte erschienen anfangs alternierend (alle 2 Jahre) und seit 2008 jedes Jahr als integrierte Gesamtberichte.

sprechendes gilt auch für das skandinavische Unternehmen des noch zu behandelnden Fallbeispiels 2, das inzwischen ebenfalls ein Nachhaltigkeitsmanagement für seine globalen Aktivitäten aufgebaut hat. Weiteres Anschauungsmaterial zur nachfolgenden Darstellung liefern die Produktionsumstellung im Fallbeispiel 1 und ihre ökologischen, ökonomischen und sozialen Folgen. Die Nachhaltigkeitsdimensionen stellen eine wichtige *strukturelle Unterstützung* zur Erfassung des komplexen gesellschaftlichen Gesamtproblems dar:

Die *ökologische Dimension* der Nachhaltigkeit stellt die Auswirkungen der Aneignung der Natur durch den Menschen in den Mittelpunkt. Die damit verbundenen Umweltbelastungen mit ihren zum Teil irreversiblen Folgen schreiten ebenso wie ihre Kumulation ständig voran, so dass unser Planet Erde sich den Grenzen seiner Belastbarkeit nähert und die Lebensbedingungen zunehmend eingeschränkt werden. Je weniger wir bzw. die gesellschaftlichen Akteure mit sowohl vorsorgenden als auch nachsorgenden Maßnahmen gegensteuern und diesen negativen Trend aufhalten, desto mehr findet die Position „starke Nachhaltigkeit" ihre Fürsprecher. In der Fachliteratur stehen die ökologischen Aspekte der Nachhaltigkeit bisher noch im Vordergrund.[51] Das wird sich ändern, denn in Folge der Globalisierung und des gesellschaftlichen Strukturwandels steigt die Betroffenheit und Sensibilität für ökonomische und soziale Fragen zunehmend.[52] Bei der *ökonomischen Dimension* der Nachhaltigkeit geht es um die Aufrechterhaltung der materiellen Bedürfnisbefriedigung der verschiedenen gesellschaftlichen Glieder und Gruppen im Sinne einer umfassenden Wohlfahrt. Das in der Neoklassik immer noch verwendete Modell vom „Homo oeconomicus", das dem Menschen im Streben nach Nutzenmaximierung ein uneingeschränkt rationales Verhalten unterstellt, hat sich in der gesellschaftlichen Realität als ungeeignet erwiesen.[53] In globaler Sicht kann wirtschaftliche Entwicklungsfähigkeit nur dann erreicht und sichergestellt werden, wenn es gelingt, weltweit für Geldwertstabilität, Vollbeschäftigung und wirtschaftliche Ausgeglichenheit innerhalb sowie außerhalb der Volkswirtschaft zu sorgen[54] und die natürliche Umwelt zu schonen. Die *soziale Dimension* der Nachhaltigkeit orientiert sich besonders am Prinzip der intra- und intergenerationellen Gerechtigkeit.[55] Die dauerhafte Bereitstellung und gerechte Verteilung sozialer Grundgüter wie z. B. Einrichtungen für die Gesundheit und Bildung, Grundversorgung mit Lebensmitteln, Wohnraum und Kleidung sowie Menschenrechte und Arbeitsplätze ist bisher nur einzelnen Bevölkerungsgruppen vorbehalten. Die Schaffung der Voraussetzungen einer Teilhabe aller Menschen an diesen Erfordernissen für ein humanes Leben verlangt sowohl lokale als auch globale Solidarität der Menschen unterein-

---

51 Weitere Ausführungen zu den *ökologischen Aspekten* befinden sich im Kapitel 3.3 „Umweltethik".

52 Auf die Folgen der *Globalisierung* wird im Folgenden und auf den *Strukturwandel der Industriegesellschaft* im Kapitel 4.1 „Wirtschaftsunternehmen und ihre Akteure im ganzheitlichen Wandel" näher eingegangen.

53 Die *ökonomischen Aspekte* und das Modell des *„Homo oeconomicus"* werden im Kapitel 3.4 „Wirtschaftsethik" weiter behandelt.

54 Vgl. Minsch 1997, S. 300.

55 Die *intra- und intergenerationelle Gerechtigkeit* wird nachfolgend und im Kapitel 3.5.2 „Gerechtigkeit als zentrales Anliegen der Sozialethik" vertieft.

ander.[56] Das ist – wie auch bei den Defiziten in den übrigen Nachhaltigkeitsdimensionen – ohne grundlegendes Umdenken und institutionelle Innovationen nicht möglich.[57]

Für den Diskurs und die Umsetzung des Nachhaltigkeitsleitbildes wurden Ein- und Mehr-Säulen-Modelle entwickelt, die unterschiedliche Auffassungen über den Stellenwert und das Verhältnis der Nachhaltigkeitsdimensionen repräsentieren.[58] Beispielsweise orientiert sich die Enquete-Kommission „Schutz des Menschen und der Umwelt" des 13. Deutschen Bundestages für die Umsetzung des Nachhaltigkeitsleitbilds an einem *„Drei-Säulen-Modell",*[59] das im Unterschied zum vorrangig ökologisch ausgerichteten Einsäulenmodell bei ausreichender Differenzierung der gesellschaftlichen Zusammenhänge eher für die Konzeptualisierung einer nachhaltigen Entwicklung geeignet und im Hinblick auf die mit einer *Integration der Nachhaltigkeitsdimensionen* verbundenen Interessenunterschiede grundsätzlich anwendbar erscheint. Im Drei-Säulen-Modell werden die ökologische, die ökonomische und die soziale Dimension der Nachhaltigkeit *gleichrangig* berücksichtigt, d. h. ohne eine der Dimensionen auf Dauer zu präferieren bzw. deren grundsätzlich bestehende Autonomie in Frage zu stellen.[60] Selbst wenn die ökologische Dimension die Basis allen Lebens verkörpert und damit die übrigen Dimensionen zu Teilmengen reduziert. Die Problematik des Drei-Säulen-Modells wird jedoch darin gesehen, die realitätsferne Vorstellung von drei parallelen Säulen zu überwinden und die Nachhaltigkeitsdimensionen *ganzheitlich* in ihren Interdependenzen zu berücksichtigen, so dass sie für die Umsetzung des Nachhaltigkeitsleitbilds integrativ zusammengefügt bzw. in die Alltagspraxis integriert werden können. Bei Kenntnis der Komplexität der Zusammenhänge geht die Enquete-Kommission zur Umsetzung des Leitbilds einer nachhaltigen Entwicklung von einem *integrativen Konzept* [61] aus, das die Dimensionen Ökologie, Ökonomie und Soziales vernetzt. „Dabei geht es – bildhaft gesprochen – nicht um die Zusammenführung dreier nebeneinander stehender Säulen, sondern um die Entwicklung einer dreidimensionalen Perspektive aus der Erfahrungswirklichkeit." [62] An diese *Modellvorstellungen* schließen

---

[56] Weitere Ausführungen zu den *sozialen Aspekten* befinden sich im Kapitel 3.5 „Sozialethik".

[57] Auf die *institutionellen Innovationen* wird im Folgenden noch eingegangen. Deren Bedeutung kann auch die Einführung einer *„institutionellen"* als vierter *Dimension* nahe legen (vgl. Minsch et al. 1998).

[58] Vgl. u. a. Kopfmüller et al. 2001, S. 47 ff., Pfeiffer/Walther 2003, S. 447 ff. und Koplin/Müller 2009, S. 33.

[59] Vgl. Enquete-Kommission „Schutz des Menschen und der Umwelt" des 13. Deutschen Bundestages 1998, S. 30 f.

[60] Auf die Prämisse *Gleichrangigkeit* der Nachhaltigkeitsdimensionen wird auch im Kapitel 3.1 „Grundannahmen und Ausgangsbasis des Gestaltungsansatzes" zurückgegriffen.

[61] Einen anderen Weg repräsentiert der *integrative Ansatz* des HGF-Projektes „Global zukunftsfähige Entwicklung – Perspektiven für Deutschland", der auf den drei konstitutiven Nachhaltigkeitselementen *Gerechtigkeit, Globalität* und *Anthropozentrik* basiert (vgl. Kopfmüller et al. 2001, S. 117 ff.).

[62] Enquete-Kommission „Schutz des Menschen und der Umwelt" des 13. Deutschen Bundestages 1998, S. 32.

die weiteren Ausführungen an, greifen jedoch zur Unterstützung der Integration der Nachhaltigkeitsdimensionen auf ein im weiteren Verlauf zu präzisierendes Konfliktmodell zurück: Der hier zu entwickelnde Gestaltungsansatz geht von den untereinander in Wechselbeziehungen und -wirkungen stehenden Dimensionen *Natürliche Umwelt*, *Wirtschaft* und *Soziales* aus. Die angenommene Gleichrangigkeit der Nachhaltigkeitsdimensionen scheint zunächst der fachspezifischen Ausrichtung und dem Stellenwert der repräsentierten Sachgebiete zu widersprechen. Die hier vertretene *Prämisse* erweist sich jedoch aus ganzheitlicher Sicht gerade wegen des zu bewältigenden Interessen bedingten *Konfliktpotenzials*, das wesentlich von den unterschiedlichen Anforderungen der einzelnen Dimensionen ausgeht, für die Umsetzung des Nachhaltigkeitsleitbildes mit dem vorgesehenen Gestaltungsansatz als hilfreich und strategisch notwendig. Dieser Zusammenhang lässt sich anschaulich in Form eines *Spannungsdreiecks* darstellen,[63] das die Problematik einer gleichrangigen Verwirklichung der Dimensionen bezogenen Teilziele wiedergibt und als Ausgangsbasis dem im Folgenden zu einem Tetraeder der Nachhaltigkeitsethik weiterzuentwickelnden *Konfliktmodell* zugrunde gelegt wird.[64] Die Umsetzung des Leitbildes Nachhaltigkeit muss sich demnach den damit verbundenen Zielkonflikten stellen und erfordert zu deren Lösung einen moralphilosophisch noch zu ergänzenden koordinierten Einsatz innovativer Strategien[65] mit dem Ziel einer *Balance* zwischen grundsätzlich gleichrangigen Dimensionen (vgl. Abb. 4).

---

[63] In der Fachliteratur werden hierfür u. a. die Begriffe *„Spannungsdreieck der Leistungserstellung"* mit den Polen „ökonomische", „ökologische" und „soziale" Dimension (vgl. Hopfenbeck 2000, S. 79) und *„Ziel- bzw. Anforderungsdreieck"* mit den Polen „wirtschaftliche Leistungsfähigkeit", „ökologische Nachhaltigkeit" und „sozialer Zusammenhalt" (vgl. Zukunftskommission der Friedrich-Ebert-Stiftung 1999, S. 152) mit entsprechenden graphischen Darstellungen verwendet.

[64] Auf das *Konfliktmodell* wird im Kapitel 3.1 „Grundannahmen und Ausgangsbasis des Gestaltungsansatzes" näher eingegangen wird.

[65] Die in diesem Zusammenhang wichtige *Öko-Effizienz* und *Sozio-Effizienz* werden nachfolgend mit weiteren innovativen Strategien behandelt.

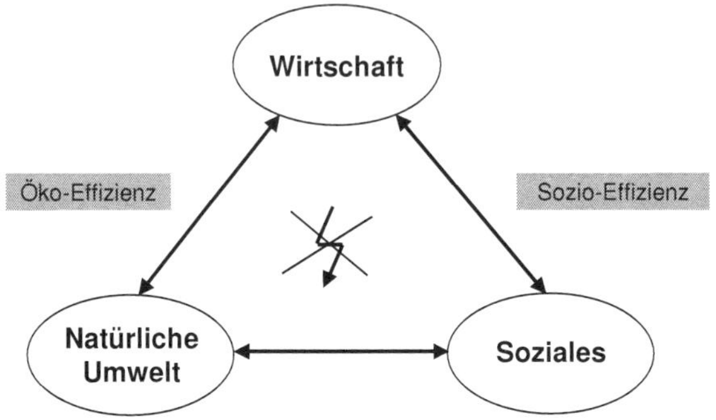


**Abbildung 4: Konsensuales Spannungsdreieck Nachhaltigkeit mit Strategien**

Die *partikulare* Verfolgung nur eines Ziels dieses Spannungs- oder Zieldreiecks würde – ohne ausreichende Rücksicht auf die übrigen – gegen die *ganzheitliche* Perspektive verstoßen und dieses Ziel spätestens in einer längerfristigen Perspektive, wie sie nicht nur für eine nachhaltige Entwicklung erforderlich ist, selbst gefährden: Wenn beispielsweise einseitig auf die wirtschaftliche Leistungsfähigkeit gesetzt wird,[66] werden sowohl die sozialen als auch die ökologischen Voraussetzungen des Wirtschaftens untergraben und damit langfristig das Wirtschaften selbst in Frage gestellt. Die Zukunftskommission der Friedrich-Ebert-Stiftung lehnt daher zur Vermeidung einer derartigen ökologischen, ökonomischen oder sozialen „Falle" isolierte Lösungsstrategien ab und „sieht eine wünschenswertere Lösung darin, daß wirtschaftliche Leistungsfähigkeit, soziale Integration und ökologische Stabilität simultan beachtet und angestrebt werden. Ein solcher ausbalancierter Lösungsansatz nimmt alle drei Zielaspekte in den Blick und respektiert sie in ihrem Gewicht." [67] Die im Nachhaltigkeitskontext neben der langfristigen außerdem notwendige globale Orientierung verschärft die Interessendifferenzen und damit deren Ausgleich zusätzlich. In der politischen Realität sind Zielkonflikte zwischen unterschiedlichen Positionen jedoch eher der Normalfall. Daher geht es bei der *Umsetzung des Nachhaltigkeitsleitbilds* in die gesellschaftliche Realität besonders darum, die damit zusammenhängenden Interessen bedingten *Konflikte* zu identifizieren und durch geeignete Strategien auf Dauer zu bewältigen. Bei der Erfüllung dieser Aufgabe ist darauf zu achten, dass die Konflikte *im System* bleiben und

66 Die Problematik einer *Präferenz ökonomischer Aspekte* wird im Zusammenhang mit der Darstellung des Nachhaltigkeitsmanagements in Wirtschaftsunternehmen im Kapitel 4.2 „Konzept für eine nachhaltige Unternehmensentwicklung" behandelt.

67 Zukunftskommission der Friedrich-Ebert-Stiftung 1999, S. 151.

im Konsens soweit wie erforderlich minimiert werden.[68] Dazu müssen die *Nachhaltigkeitsdimensionen* bei der *schrittweise* erfolgenden Annäherung an das angestrebte Ziel einer nachhaltigen Entwicklung – soweit es die situativen Voraussetzungen zulassen – gleichrangig berücksichtigt und mit Hilfe eines konsensualen Dialogs[69] *in eine Balance* gebracht werden. Auf diese Art und Weise können im Interesse einer nachhaltigen Entwicklung bereits auf der Systemebene geeignete Voraussetzungen für einen dauerhaften *Interessenausgleich* geschaffen und Fehlentwicklungen durch eine kurzfristig angelegte, partikulare Vorgehensweise mit monodisziplinären Präferenzen weitgehend vermieden werden. Zur Unterstützung der Operationalisierung des Nachhaltigkeitsleitbilds bietet sich für die – je nach Themenschwerpunkt auf verschiedenen Wegen zu erreichende – Komplexitätsreduzierung ein Rückgriff auf die Empfehlungen des erwähnten HGF-Verbundprojektes an: Danach sollten für diese Aufgabenstellung *generelle Ziele* festgelegt und diese durch *Regeln*, mit denen die Mindestanforderungen der Nachhaltigkeit erfasst werden, und zugehörige *Indikatoren* konkretisiert werden.[70]

Diese ersten Vorstellungen zur *Umsetzung des Nachhaltigkeitsleitbilds* sollen im Anschluss an einige weitere Vorklärungen und die noch vorzunehmenden moralphilosophischen Ergänzungen in die Entwicklung des normativen Gestaltungsansatzes Nachhaltigkeitsethik und seine anwendungsbezogene Konkretisierung für einen ausgewählten Bereich der Wirtschaft einfließen.

#### 1.3.2.4 Nachhaltigkeitsstrategien

Das Leitbild der Nachhaltigkeit lässt grundsätzlich verschiedene Interpretations- und Operationalisierungsansätze zu. Für die praktische Umsetzung müssen jedoch auch die Mittel, mit denen die Zielgröße Nachhaltigkeit erreicht werden soll, geklärt werden. Als Instrumente für die allgemeine Anwendung eignen sich vor allem Nachhaltigkeitsstrategien,[71] die anschlussfähig sind und einen innovativen Charakter aufweisen. Denn mit einem Instrument bzw. einer Strategie allein ist das Nachhaltigkeitsziel nicht zu erreichen und ohne Innovationen der hierfür notwendige Wandel der bisherigen Lebens- und Wirtschaftsweise nicht herbeizuführen. Im Hinblick auf das Ziel Nachhaltig-

68 Auf ein Lösungskonzept für die *Konfliktbewältigung* wird Kapitel 3.6 „Integration der fachspezifischen Einzelethiken" näher eingegangen.

69 Die Methode des *konsensualen Dialogs* wird im Kapitel 3.2 „Normative Ethik und Diskursmethode" behandelt.

70 Im Rahmen des HGF-Verbundprojektes wurden zur Operationalisierung des Nachhaltigkeitsleitbilds für drei generelle *Ziele* nachhaltiger Entwicklung – Sicherung der menschlichen Existenz, Erhaltung des gesellschaftlichen Produktivkapitals, Bewahrung der Entwicklungs- und Handlungsmöglichkeiten der Gesellschaft – substanzielle (was) sowie instrumentelle (wie) *Regeln* definiert und diesen jeweils Schlüssel- und zusätzliche *Indikatoren* zugeordnet, auf die hier wegen anderer Schwerpunkte nicht näher eingegangen wird (vgl. Kopfmüller et al. 2001, S. 164, S. 171 ff. und S. 330 ff.).

71 Auf die für ein Nachhaltigkeitsmanagement benötigten *spezifischen Strategien* und Instrumente wird im Kapitel 4.2 „Konzept für eine nachhaltige Unternehmensentwicklung" eingegangen.

keit werden hier daher drei *komplementäre* innovative *Nachhaltigkeitsstrategien* vorgestellt:

## (1) Effizienzstrategien

Effizienzstrategien basieren auf dem ökonomischen Prinzip, angesichts knapper Ressourcen und unbeschränkter Bedürfnisse ein optimales Verhältnis zwischen Aufwand und Nutzen bzw. *Input* und *Output* herzustellen. *Effizienz* ist damit quantifizierbar und bedeutet im Prinzip, dass ein gewünschtes Produktions- oder Dienstleistungsergebnis mit einem minimalen Einsatz von Produktionsfaktoren bzw. Kosten erreicht werden soll. Auf die unterschiedlichen Nachhaltigkeitsdimensionen bezogen, kann zwischen „Öko-Effizienz" und „Sozio-Effizienz" unterschieden werden.[72] Mit Blick auf die externen Effekte wirtschaftlichen Handelns lässt sich analog der ökonomischen Wertschöpfung eine „ökologische Schadschöpfung" ermitteln. Die Schadschöpfung wird definiert als „Summe aller durch (betriebliche) Leistungserstellungsprozesse (direkt oder direkt und indirekt) verursachten und bezüglich ihrer relativen Schädlichkeit gewichteten Umwelteinwirkungen." [73]

*Öko-Effizienz* wird unterschiedlich definiert und bedeutet im Prinzip eine Minimierung des Stoff- und Energieeinsatzes bzw. eine Steigerung der *Ressourcenproduktivität*, z. B. eine Reduzierung des Inputs bei unverändertem Output. Bei der Öko-Effizienz steht also eine Optimierung des Verhältnisses von ökonomischer Wertschöpfung zu ökologischer Schadschöpfung im Vordergrund. Aus ökologischer Sicht besteht das Ziel der Öko-Effizienz vorrangig darin, die ökologische Schadschöpfung im Verhältnis zur ökonomischen Wertschöpfung zu reduzieren. Die ökonomische lässt sich insofern ohne Probleme mit der ökologischen Sicht der Öko-Effizienz vereinbaren. Mit dieser Balance der Interessen genießt die Öko-Effizienz eine allgemeine Anerkennung und Verbreitung. Nicht zuletzt deshalb, weil mit einer Steigerung der Effizienz – es wird in diesem Zusammenhang auch von „Effizienzrevolution" [74] gesprochen – auch die Hoffnung verbunden wird, dass *Wachstum* auch in der Zukunft möglich sein wird, wenn auch mehr in Richtung eines qualitativen Wachstums. Für die Fortdauer eines moderaten Wachstums, das nicht nur für die Finanzierung von Umweltschutzmaßnahmen eine wesentliche Voraussetzung darstellt, sondern ohnehin im Nachhaltigkeitsansatz der Brundtland-Kommission enthalten ist, sind in erster Linie *Innovationen* erforderlich. Damit werden strukturelle und technologische Veränderungen ermöglicht, die zu einer *Entkopplung* der Umweltbelastung vom Wirtschaftswachstum – ausgedrückt durch den Wachstumsindikator Bruttoinlandsprodukt (BIP) – führen. Entkopplung bedeutet in diesem Zusammenhang, dass die durch unsere Wirtschaftsweise und Lebensgewohnheiten erzeugte Umweltbelastung in einem vorgegebenen Zeitraum weniger ansteigt als das BIP. Wenn das BIP aufgrund eines einseitig ausgerichteten Verhaltens der beteiligten Akteure jedoch trotz erfolgter Entkopplung so stark ansteigt,

---

[72] Vgl. Schmidt/Czymmek 2009, S. 140 ff.

[73] Brandt/Schaltegger 2000, S.125.

[74] Vgl. BUND/Misereor 1997, S. 81.

dass auch bei größtmöglicher Ressourcenproduktivität der Stoff- und Energieeinsatz weiter wächst oder auf einem zu hohen Niveau bleibt, kommt es zu einer Überbeanspruchung der Ressourcen- und Aufnahmekapazität unserer Umwelt.[75] In der Studie „Zukunftsfähiges Deutschland" des Wuppertal Instituts für Klima, Umwelt, Energie werden kurz- und langfristige Umweltziele quantifiziert: Beispielsweise soll der Primärenergieverbrauch bis 2010 um mindestens 30 % und bis 2050 um mindestens 50 % gesenkt werden. Die Autoren zweifeln jedoch an, dass die Entkopplung ihren Anspruch erfüllen kann und die notwendige Effizienzrevolution allein ausreichen wird.[76] Unterschiedliche Auffassungen gibt es vor allem bei der Frage, in welchem Ausmaß die Öko-Effizienz gesteigert werden sollte. Von Ernst Ulrich von Weizsäcker werden unter Hinweis auf zahlreiche Praxisbeispiele eine Erhöhung der Ressourcenproduktivität um den *Faktor 4* – d. h. Reduzierung des Ressourceneinsatzes auf ein Viertel des bisherigen Wertes bei unverändertem Wohlstand bzw. programmatisch formuliert als „doppelter Wohlstand bei halbiertem Naturverbrauch" – gefordert.[77] Noch weiter geht eine *Dematerialisierung* der Wirtschaft durch eine Erhöhung der Ressourcenproduktivität um den Faktor 10 im Verlauf der nächsten Jahrzehnte.[78]

*Sozio-Effizienz* bewegt sich im Unterschied zur Öko-Effizienz auf einem Terrain, auf dem mit größeren Interessenunterschieden zu rechnen ist. Es handelt sich dabei in erster Linie um eine unternehmerische Herausforderung, unter der Zielsetzung einer nachhaltigen Unternehmensführung eine Balance zwischen den Nachhaltigkeitsdimensionen Ökonomie und Soziales herzustellen. Dafür muss die soziale Leistung unternehmerischen Handelns unter Reduzierung negativer sozialer Effekte erhöht werden.[79] Auf dem Weg zu einer nachhaltigen Entwicklung müssen also neben den ökologischen auch die sozialen als weitere externe Effekte internalisiert werden. Mit der Öko- wie auch mit der Sozio-Effizienz werden *„Win-win"*-Situationen im Hinblick auf Ökonomie und Ökologie bzw. Ökonomie und Soziales angestrebt, die aufgrund quantifizierbarer Input- und Outputgrößen zu überprüfen und in die gewünschte Richtung zu steuern sind. Durch eine umfassende Effizienzsteigerung im Sinne einer ökologischen und sozialen Optimierung können auf betrieblicher Ebene Wettbewerbsvorteile und auf gesellschaftlicher Ebene Wohlfahrtsvorteile erzielt werden, die beide zur Zukunftsfähigkeit beitragen.

### (2) Konsistenzstrategie

Öko-Effizienzstrategien bieten trotz ihrer vorrangigen Bedeutung keine vollständigen Lösungen für eine nachhaltige Entwicklung. Denn im Hinblick auf die Umweltverträglichkeit muss neben der Optimierung der Quantität von Stoffströmen und Ressour-

---

[75] Vgl. BUND/Misereor 1997, S. 370 f.

[76] Vgl. BUND/Misereor 1997, S. 79 f.

[77] Vgl. Weizsäcker et al. 1995.

[78] Vgl. Schmidt-Bleek 1998.

[79] Vgl. Bieker/Dyllick et al. 2001, S. 21.

cennutzungen auch verstärkt über die der *Qualität* nachgedacht werden. Als Probleme erweisen sich bei Effizienzstrategien einerseits die Gefahr der Überkompensation der zuvor erreichten Ressourcen- und Kosteneinsparung durch weitere Konsumsteigerungen der Verbraucher (Stichwort: „Rebound-Effect“ [80]) und andererseits das auch auf den Effizienzfortschritt anwendbare ökonomische Gesetz des abnehmenden Grenznutzens. Dieses besagt, dass ab einem bestimmten Stadium jede weitere Verbesserung der Effizienz zu einem unvertretbaren Aufwand führt. Spätestens dann bieten sich *Basisinnovationen* mit konsistenten Stoffströmen an, für die Joseph Huber 1995 den Begriff „Konsistenz-Strategie“ eingeführt hat. Als anschauliches Beispiel wird von ihm hierfür das an seine Grenze kommende 3-Liter-Auto erwähnt, das nur noch mit grundlegend veränderten Antriebsaggregaten und einem weitgehenden Verzicht auf fossile Energieträger ökologisch verbessert werden kann. *Konsistenz* bezieht sich „auf die Beschaffenheit von Stoffen. Im übertragenen Sinn heißt Konsistenz Vereinbarkeit, Verträglichkeit, Stimmigkeit. Auf die ökologische Frage angewendet, bedeutet Konsistenz eine Beschaffenheit der Stoffströme und Energieformen, die geeignet ist, in einer industriellen Ökologie dauerhaft zu bestehen. Es bedeutet, dass industrielle und natürliche Stoffwechselprozesse einander nicht stören oder dass sie einander komplementieren. Konsistente Stoffströme sind solche, die einerseits weitgehend störsicher im abgeschlossenen technischen Eigenkreislauf geführt werden, und andererseits – an den Schnittstellen zwischen Anthropo- und Biosphäre – mit den Stoffwechselprozessen der umgebenden Natur so übereinstimmen, dass sie sich, auch in großen Volumina, relativ problemlos darin einfügen.“ [81] Die Konsistenzstrategie zielt auf eine am *„Vorbild Natur“* orientierte umweltverträgliche Beschaffenheit nicht zu vermeidender Stoff- und Energieströme. Anstelle einer Minimierung der anthropogenen Stoff- und Energieströme geht es um deren Anpassung an Naturkreisläufe und an die Assimilationsfähigkeit der Ökosysteme. Hierunter fällt auch die Substitution nicht erneuerbarer durch erneuerbare Ressourcen. Nach der Konsistenzstrategie „sollen die Ströme so gestaltet werden, dass eine Re-Integration in die Kreisläufe der Natur erfolgt, in denen dann auch vergleichsweise hohe Stoffumsätze getätigt werden können.“ [82] Analog der Öko-Effizienz geht die Konsistenzstrategie ebenfalls von technologischen Innovationen zur Verbesserung der Input-Output-Bilanzen aus und betrachtet die sozioökonomischen Verhaltensformen und Lebensweisen der Bevölkerung als gegeben.

### (3) Suffizienzstrategie

Die Suffizienzstrategie zielt dagegen auf eine Entlastung der Umwelt, indem sie von der Bewirtschaftung eines vorhandenen Bestandes mit einem reduzierten Ressourcenverbrauch ausgeht. Da ein umweltverträglicher Konsum allein nicht die auf Dauer erforderliche Entlastungswirkung bringt, ist außerdem eine *„neue Bescheidenheit“* mit weniger Konsum angesagt. Als Akteure werden damit die Konsumenten besonders angesprochen. Eine derartige Veränderung der Lebens- und Konsumgewohnheiten, die

---

80 Vgl. Kopfmüller et al. 2001, S. 101.

81 Huber 1999, S. 206.

82 Schmid 1997, S. 33.

deutlich über einen bewussteren Umgang mit Umweltgütern hinausgeht, stößt bei der Mehrheit der Bevölkerung jedoch auf geringe Akzeptanz und erfordert Bewusstseinsänderungen im Rahmen eines grundlegenden *Wertewandels*. Der von Kritikern der Suffizienzstrategie häufig geäußerte Vorwurf der Askese lässt sich mit einer Verhaltensweise der Konsumenten entkräften, die davon geprägt ist, durch bewussteres Genießen nicht auf Genuss zu verzichten. Bei einer Orientierung an mehr Lebensqualität bei weniger Konsum könnte man auch von einer tendenziellen Substitution von Quantität durch Qualität sprechen. Diese Position wird von Reinhard Pfriem unterstützt, indem er eine Nachhaltigkeitsstrategie kritisiert, die sich auf Öko-Effizienz beschränkt, weil damit qualitative Resultate auf quantitative Inputfaktoren reduziert werden. Daher fordert er „grundlegende Leitideen einer nicht mehr produkt-, sondern *„funktionsorientierten“* Wirtschaftspolitik, die Bedürfnisse mit ökologisch verträglicheren materiellen Gütern durch Dienstleistungen, in sozialen Netzen bzw. Eigenarbeit, durch kulturelle Artikulation (d. h. Verlagerung von ökonomischen auf kulturelle Produkte) und mit Hilfe individueller und gemeinschaftlicher Selbstverwirklichung *„ohne Produkte“* anstrebt.“ [83] Die Suffizienzstrategie stellt zwar keine Alternative zur Öko-Effizienzstrategie dar, kann diese jedoch durch ein *entmaterialisiertes* Verständnis von Bedürfnisbefriedigung sinnvoll ergänzen. Sie erweist sich damit längerfristig als ein nicht zu vernachlässigender Baustein einer ökologischen Strukturreform, wird aber vor allem in der globalen Perspektive zu Umsetzungsproblemen und einer eingeschränkten Wirkung führen. Denn die materiellen Lebensbedingungen in den Entwicklungsländern befinden sich auf einem deutlich niedrigeren Niveau als in den Industrieländern. Die Suffizienzpotentiale steigen dagegen mit dem Wohlstand und der Aufklärung der Bevölkerung, sofern sie nicht schon ausreichend in der Kultur vertreten sind.

### 1.3.3 Globalisierung

#### 1.3.3.1 Globalisierungsbegriff

Der Begriff *„Globalisierung“* etablierte sich erst im Zuge der weltpolitischen Zeitenwende von 1989/1990 mit dem Ende der bipolaren Weltordnung. Darunter wird seither die aufgrund von dynamischen Veränderungsprozessen entstandene neue Qualität der *Internationalisierung* verstanden,[84] die sich vorrangig auf die Wirtschaft der zunehmend an Bedeutung verlierenden Nationalstaaten bezieht. Das ökonomische Handeln bekam jedoch schon viel früher eine weltumspannende Dimension, und zwar besonders durch die mit neuen *Transport- und Informationstechnologien* ermöglichte Entdeckung Amerikas auf dem Wasserweg und den Beginn der Industrialisierung vor über 200 Jahren. Aus den ehemaligen Kolonien der alten Imperialmächte gingen schließlich Entwicklungsländer hervor, deren wirtschaftliches Geschehen heute überwiegend von reichen Industrieländern bzw. international agierenden Unternehmen bestimmt wird (Stichwort: Nord-Süd-Gefälle). Da sich der Globalisierungsprozess nicht auf die Wirtschaft beschränkt, lässt er sich besser durch eine beschleunigt stattfindende *globale*

[83] Hopfenbeck 2000, S. 910.

[84] Vgl. German et al. 1999, S. 2.

*Vernetzung* von Akteuren und Aktionsfeldern charakterisieren.[85] Die den Globus umspannende ökonomische, soziale und kulturelle Verflechtung weist ökologische und politisch-institutionelle Interdependenzen auf und wird maßgeblich von Wirtschaftssubjekten bestimmt. Globalisierung weist also eine *räumliche Dimension* auf, die von „weltweit auftretend" bis „räumlich verknüpft" reicht. Sie basiert auf *Prozessen*, in deren Folge die Nationalstaaten und ihre Souveränität durch transnationale Akteure bezüglich der Marktchancen, Orientierungen sowie Identitäten unterlaufen und durch Netzwerke querverbunden werden.[86] Dahinter verbirgt sich mehr als eine Handelsbeziehung: „Globalisierung ist ein höchst widersprüchlicher Prozess, der immensen Reichtum und Warenfülle schafft und zugleich Verarmung und Ungleichheit erzeugt. Oberstes Gebot im globalen Wettbewerb um hochmobiles Kapital ist es, die Rendite zu steigern. Dies hat Folgen für die Umwelt und die Verteilung der natürlichen Ressourcen." [87]

Die Intensivierung der globalen wechselseitigen Verflechtungen erfolgt einerseits auf der mikroökonomischen Ebene durch Aktivitäten von transnationalen Unternehmen in den strategisch wichtigen Ländern und Märkten der Erde. Auf der makroökonomischen Ebene bezieht sich Globalisierung andererseits auf möglichst viele Länder und ausgewählte Märkte, die so miteinander verknüpft sind, dass die Unternehmen auf ihnen weltweit konkurrieren können. Im Hinblick auf die räumliche Ausdehnung der internationalen Aktivitäten wird zwischen zwei interdependenten Komplementen unterschieden: Eine die Globalisierung kennzeichnende *„Entgrenzung"* durch Öffnung der nationalen Grenzen für internationale Wirtschaftsbeziehungen und eine die Regionalisierung kennzeichnende *„Begrenzung"* des Wirtschaftsraums und seiner Organisationen.[88] In der Regel handelt es sich bei der *Regionalisierung* um Wirtschaftsverpflechtungen geografisch benachbarter Länder wie der Europäischen Union (EU). Regionen können jedoch auch kleinere Einheiten unterhalb der nationalstaatlichen Ebene bilden und sowohl nach wirtschaftlich-funktionalen als auch nach administrativen, historischen, kulturellen oder naturräumlichen Kriterien abgegrenzt werden.[89] Unter den Bedingungen der Globalisierung lösen sich auf der einen Seite alte Zentren und Strukturen als Folge eines Internationalisierungsprozesses auf, auf der anderen Seite bilden sich wiederum neue Formen einer Regionalisierung heraus. In diesem Kontext erfordern die Aktivitäten von Unternehmen sowohl regionale Verankerung als auch Anpassung in wirtschaftlicher und kultureller Hinsicht. Trotz dieser gegenläufigen Entwicklungen liegt kein Gegensatz vor.[90]

---

[85] Vgl. Gareis/Varwick 2003, S. 33.

[86] Vgl. Beck 1997, S. 28.

[87] Unmüßig/Haas 2003, S. 11.

[88] Vgl. Schmidt 1999, S.12.

[89] Vgl. Hey/Schleicher-Tappeser 1998, S. 30.

[90] Vgl. Mittelstraß 1999, S. 223.

#### 1.3.3.2 Globalisierung der Wirtschaft und ihre Folgen

In der öffentlichen Meinung wird die wirtschaftliche Globalisierung nicht selten mit einer *Verschärfung des Wettbewerbs* und dem damit zusammenhängenden Abbau von heimischen Arbeitsplätzen einschließlich deren Verlagerung in Niedriglohnländer in Zusammenhang gebracht. Dabei wird leicht der umfassende Einfluss der Globalisierung auf die Volkswirtschaften, die Märkte, die Produktion von Waren und Dienstleistungen, die Finanzströme, die Informationen, die Verkehrswege, die Umwelt, die politischen Institutionen und nicht zuletzt auf den Kulturbereich übersehen. Auch die Akteure von Wirtschaft, Politik und Gesellschaft, die teilweise selbst zu Betroffenen werden, können sich diesem steigenden Einfluss nicht entziehen. Die *Globalisierung der Wirtschaft* übt zweifellos auch auf den Standort Deutschland einen nicht geringen Anpassungsdruck aus. Dennoch hängt das wirtschaftliche Wohlergehen eines Landes nicht allein von seinem Erfolg auf den Weltmärkten ab. Denn der im Unternehmenskontext übliche Begriff „Wettbewerbsfähigkeit" kann nicht uneingeschränkt auf Nationalstaaten übertragen werden, zumal die Gefahr besteht, dass mit dieser Position selbst Trends geschaffen werden und von strukturellen Problemen – wie z. B. unzureichende Infrastruktur, Innovationsdefizite und Managementfehler – im eigenen Land abgelenkt wird. Im Zusammenhang mit dem beobachteten Übergang von einer ausgeglichenen Angebots- und Nachfragesituation zu einer angebotsorientierten Wirtschaftspolitik spricht der Ökonom Paul Krugmann etwas pointiert von einem „Wettlauf der Besessenen".[91] Gerade die Unternehmen in hochentwickelten Industrieländer neigen dazu, die sozioökonomischen Schwierigkeiten in ihren Ländern einseitig auf ein Versagen auf den Weltmärkten zurückzuführen und durch eine Flucht in einen unbegrenzten internationalen Wettbewerb lösen zu wollen. Andererseits ist die *Intensivierung des Kostendrucks* als Folge der Globalisierung der Wirtschaft nicht zu übersehen. Dieser Einfluss nimmt mit dem Grad der Verflechtungen zwischen den Wirtschaftssubjekten verschiedener Volkswirtschaften sogar noch zu. „Unter den Bedingungen ökonomischer Globalisierung werden sowohl Unternehmen und einzelne Wertschöpfungsglieder als auch ganze nationale Räume mit ihren Produktions-, Sozial- und Umweltstandards miteinander in Konkurrenz gesetzt. Die Akteure sind dabei Treiber und Getriebene zugleich." [92] Angesichts weiter zunehmender internationaler Verflechtungen verringert sich die politische Steuerungsfähigkeit des Nationalstaates zunehmend. Denn die Globalisierung führt auf der einen Seite zu einer *sinkenden Souveränität* des Staates – verbunden mit einem Bedeutungsverlust der jeweiligen Volkswirtschaften – und auf der anderen Seite zu steigenden Gestaltungsmöglichkeiten nichtstaatlicher Akteure wie den internationalen Unternehmen (Global Player).[93]

Die *Folgen dieser Entwicklung* sind national wie international gesehen recht unterschiedlich: In den Industrieländern ergeben sich auf der einen Seite Preisvorteile für die Produzenten sowie Konsumenten, ein erleichterter Informationszugang und eine

---

[91] Vgl. Hey/Schleicher-Tappeser 1998, S. 46.

[92] Petschow et al. 1997, S. 112.

[93] Die Rolle eines *Global Players* wird im Kapitel 4.2 „Konzept für eine nachhaltige Unternehmensentwicklung" exemplarisch dargestellt.

erhöhte Mobilität, auf der anderen Seite nachteilige Auswirkungen auf die Arbeitsmärkte, Sozialsysteme und Kultureinrichtungen. Für die Bevölkerung der Entwicklungsländer können sich vor allem die Voraussetzungen für Menschenrechte, Demokratie, Lebensstandard und Gesundheits- sowie Umweltschutz verbessern, sofern keine institutionellen Hemmnisse – z. B. durch Willkürherrschaft, Korruption, fehlende Rechtssicherheit – und einseitige Marktbedingungen bestehen. Wieweit die Globalisierung zu einer Verringerung oder Vergrößerung *globaler Umweltprobleme* wie Klimaverschlechterung, Unfällen an kerntechnischen Anlagen und Kriegsfolgen sowie insgesamt zu einer mehr oder weniger nachhaltigen Entwicklung auf unserem Planeten beiträgt, hängt einerseits von den maßgeblichen nationalen und internationalen Akteuren sowie deren Dialog- und Konsensfähigkeit und andererseits von den institutionellen Rahmenbedingungen ab. In diesem Zusammenhang muss auch die Gefahr einer Verschärfung der Situation für die Umwelt als Folge einer *nachholenden Entwicklung* in den Schwellen- und Entwicklungsländern berücksichtigt werden. Wenn beispielsweise bevölkerungsreiche Länder wie China und Indien das gegenwärtige Wohlstandsmodell der westlichen Industrieländer kopieren, können selbst bei Einsatz moderner Umwelttechnologien schwer lösbare Probleme globaler Dimension entstehen.[94] Der Prozess der Globalisierung enthält also sowohl Risiken als auch neue Konstellationen und Chancen, deren Ausmaß durch eine vor allem institutionell unterstützte Gestaltung mit innovativer Ausrichtung positiv zu beeinflussen ist.[95] Deutschland als hochentwickeltes Industrieland hat mit seinen leistungsfähigen Unternehmen weiterhin die Voraussetzungen, im Wettbewerb auf dem Weltmarkt zu bestehen und analog zum ökologischen auch auf dem sozialen Feld eine Vorbildfunktion auszuüben. Analog zur Bedeutung für eine nachhaltige Entwicklung wird das Bestehen im Globalisierungsprozess durch eine Forcierung der technischen, sozialen und institutionellen *Innovationen* unterstützt,[96] auf die nachfolgend noch näher eingegangen wird.

#### 1.3.3.3 Unternehmen und Märkte

Der Grad der Globalisierung der produzierenden Unternehmen ist unterschiedlich und kann nach den *„Verflechtungsmerkmalen"* Außenhandel, Produktionsverlagerung von Vorprodukten ins Ausland („global sourcing"), Auslandsproduktion durch Direktinvestitionen und verschiedene Formen von Unternehmenskooperationen wie z. B. Joint Ventures unterschieden werden.[97] Im Unterschied zu den Staaten wie USA und Japan sind die deutschen Außenhandelsstrukturen weit weniger global ausgerichtet, da etwa 70 % des Außenhandels mit westeuropäischen Ländern abgewickelt wird. In diesem Zusammenhang wird anstelle von Globalisierung richtiger von „Regionalisierung" oder

---

94 Vgl. Zukunftskommission der Friedrich-Ebert-Stiftung 1999, S. 58.

95 Vgl. Enquete-Kommission „Schutz des Menschen und der Umwelt" des 13. Deutschen Bundestages 1998, S. 378 f.

96 Vgl. Becher et al. 1997, S. 221 ff. und Enquete-Kommission „Schutz des Menschen und der Umwelt" des 13. Deutschen Bundestages 1998, S. 19 und 355 ff.

97 Vgl. Zukunftskommission der Friedrich-Ebert-Stiftung 1999, S. 62 ff.

*„Europäisierung“* gesprochen. Die Direktinvestitionen deutscher Unternehmen im Ausland liegen, gemessen am Inlandsprodukt, nur geringfügig über dem durchschnittlichen Anteil der wichtigen Industrienationen. „Die Motive der investierenden Unternehmen reichen von Markterschließung, der Umgehung von Handelshemmnissen, dem Ausweichen von Währungsrisiken, der Erlangung technologischer Kompetenz bis hin zur Ausnutzung von Kostenunterschieden.“ [98] Mit der Auslandsproduktion durch Direktinvestitionen und der Kosten bedingten Produktionsverlagerung von Vorprodukten ins Ausland nutzen deutsche Unternehmen in erster Linie bestehende *Kostenvorteile*, die sich nicht allein auf Niedriglöhne beschränken. Aus beschäftigungspolitischer Sicht sind derartige Direktinvestitionen und Produktionsverlagerungen nicht unproblematisch, zumal sie einer ständig steigenden Tendenz unterliegen. Andererseits können diese Maßnahmen längerfristig auch dazu beitragen, inländische Arbeitsplätze abzusichern. Weltweit tätige Unternehmen können durch ihre technologischen, finanziellen und kommerziellen Möglichkeiten die Standortvorteile ausländischer Produktionsstätten besonders effizient nutzen. Ein längerfristig angelegtes Auslandsengagement muss jedoch über die Nutzung von Kostenvorteilen deutlich hinausgehen. Beispielsweise hat sich die BASF gemeinsam mit anderen international agierenden Unternehmen und NGOs zu den Prinzipien eines „Globalen Paktes“ bekannt.[99] In dessen Mittelpunkt stehen Grundsätze zu den Handlungsfeldern Menschenrechte, Arbeitsbeziehungen und Umwelt.[100]

**Exkurs Finanzmärkte:** Als Konsequenz aus den negativen Wirtschaftserfahrungen nach dem ersten Weltkrieg wurde im Jahr 1944 in Bretton Woods, USA, ein Weltwährungssystem unter der Zielsetzung beschlossen, dem internationalen Güteraustausch sichere Voraussetzungen zu schaffen.[101] Dabei wurden der „Internationale Währungsfond“ (IWF) und die „Weltbank“ als *globale Institutionen* gegründet sowie Maßnahmen zur Minimierung von Wechselkursschwankungen, Kontrollen von Wechselkursänderungen und Zahlungsbilanzen sowie eine Sicherung der Währungsreserven vereinbart. Die einseitig von den USA vorgenommene Aufhebung ihrer Goldeintauschzusage und die Freigabe des Dollar-Kurses führten 1973 zum Zusammenbruch des Bretton-Woods-Systems[102] und leiteten eine problematische *Liberalisierung* der Finanzmärkte ein, die zu einer beispiellosen Dynamisierung der Weltwirtschaft führte, die nicht ohne nachteilige Folgen blieb. Im Vergleich zu den Gütermärkten verlief die Entwicklung auf den Finanzmärkten wesentlich rasanter und wegen fehlender institutioneller Hemmnisse nahezu unkontrolliert. Verstärkt wurde diese Entwicklung durch die neuen Informations- und Kommunikationstechnologien, mit denen sich Geld problemlos virtuell transferieren lässt. Die *Finanzmärkte* haben sich inzwischen zum *eigentlichen Problem* der Globalisierung entwickelt: Die weiter ansteigende Eigen-

---

98 Zukunftskommission der Friedrich-Ebert-Stiftung 1999, S. 67 f.

99 Vgl. BASF Aktiengesellschaft 2002, S. 47.

100 Auf den *„Globalen Pakt“* wird im Rahmen des Fallbeispiels 2 näher eingegangen (vgl. Kapitel 4.2 „Konzept für eine nachhaltige Unternehmensentwicklung“).

101 Vgl. Trinczek 1999, S. 58.

102 Vgl. Neubäumer/Hewel 2001, S. 574 ff.

dynamik der Finanzmärkte ist insofern Besorgnis erregend, als sie tendenziell zur *Abkopplung* des Finanzbereichs von der Realwirtschaft führt – ein Sachverhalt, der 2008 durch die globale Finanzkrise eindrucksvoll bestätigt wurde.[103] „Ein wesentliches Gefahrenmoment der Abkopplung des Finanzkreislaufs von güterwirtschaftlichen Bedingungen liegt in der Verselbstständigung des Wachstums der Finanzmärkte.“ [104] Diese Entwicklung wirkt sich nachteilig auf die Gütermärkte aus, da die Geldvermögen schneller als die Sachvermögen wachsen und die Renditen, die sich mit Sachvermögen erzielen lassen, dadurch unter Druck geraten. Einen vergleichbaren Einfluss auf die Gütermärkte üben Preis-, Kurs- und Renditeschwankungen an den Vermögensmärkten aus. Seit den 80er Jahren des 20. Jahrhunderts wachsen die Zins- und Wechselkursrisiken bei global steigenden Zinsen, die ihrerseits die wirtschaftlichen Aktivitäten an den Gütermärkten einschränken. Die Möglichkeiten, *Spekulationsgewinne* zu erzielen, fördern die Umschichtungsvorgänge zugunsten der Geldvermögen zusätzlich. Außerdem werden die Unternehmen durch die Orientierung internationaler Anleger und Investmentfonds am Shareholder-Value einseitig in Richtung eines *kurzfristigen Rentabilitätsdenkens* beeinflusst, dem sich auch die notwendigen Innovations- und Rationalisierungsmaßnahmen anpassen müssen. Kurzfristiges Rentabilitätsdenken gefährdet jedoch die für eine nachhaltige Entwicklung notwendige Langzeitorientierung.

Die weltweite Verflechtung der Finanzmärkte lässt der Wirtschaftspolitik der Nationalstaaten angesichts des erreichten Grades der Liberalisierung des Kapitalverkehrs immer weniger Handlungsspielräume und wird damit zur wesentlichen Ursache für den Rückgang der nationalen Souveränität einzelner Länder bzw. ihrer Volkswirtschaften. Von dieser Entwicklung sind auch die jeweiligen Wirtschaftsakteure und die Adressaten der Wirtschaftspolitik betroffen. Diese vielfältigen, miteinander im Zusammenhang stehenden *Fehlentwicklungen* auf den Finanzmärkten erfordern im Interesse der Nachhaltigkeit mehr Transparenz und grundlegende *institutionelle Korrekturen*, die vor nationalen Grenzen nicht Halt machen dürfen. Beispielsweise hat James Tobin bereits im Jahr 1978 eine einprozentige Transfersteuer[105] auf Devisentransaktionen vorgeschlagen, mit der vor allem spekulative Finanzgeschäfte bei diesen Transaktionen eingedämmt werden sollen. Diese „Tobin-Steuer“ [106] wird seit Jahren als Mittel der Armutsbekämpfung in den Entwicklungsländern diskutiert, eine nach wie vor innovative Idee, die von *Globalisierungskritikern* wie „Attac“ [107] und angesichts der aktuellen Finanz- und Wirtschaftskrise sogar von der deutschen Bundesregierung wieder aufgegriffen wird.[108]

---

[103] Vgl. Schäfer 2008, S. 4.

[104] Zukunftskommission der Friedrich-Ebert-Stiftung 1999, S. 74.

[105] Vgl. Trinczek 1999, S. 60.

[106] Eine ausführliche Darstellung zur *Tobin-Steuer* findet sich u. a. bei Petschow et al.1998, S. 239 f.

[107] Vgl. Kessler 2003, S. 5.

[108] Vgl. Hulverscheidt 2009, S. 1 und Gammelin/Völklein 2009, S. 32.

#### 1.3.3.4 Kulturelle Dimension

Der in der Nachhaltigkeitspolitik strategisch verwendete Slogan *„global denken, lokal handeln“* wurde bereits in den 30er Jahren des 20. Jahrhunderts von Coca Cola kreiert und trägt noch immer nicht unwesentlich zur weltweiten Verbreitung des bekannten Getränks sowie des damit in Verbindung gebrachten „american way of life“ bei, der spätestens seit der Klima- sowie der Finanz- und Wirtschaftskrise wegen fehlender Zukunftsfähigkeit endgültig in die Kritik geraten ist. Die *kulturelle Dimension* weist also über den Kernbereich von Globalisierung sowie Nachhaltigkeit hinaus und stellt global agierende Akteure der unterschiedlichen Institutionen vor besondere Herausforderungen. Beispielsweise kommen auf die Angehörigen international tätiger Unternehmen durch die notwendige Auseinandersetzung mit den fremden Kulturen ihres erweiterten Geschäftsbereichs neue Anforderungen zu, die sich nicht auf das Lernen und Kommunizieren in fremden Sprachen beschränken. Sie partizipieren vielmehr mit anderen Betroffenen im Umfeld dieser Unternehmen an den Chancen und Risiken der nicht aufzuhaltenden Globalisierung.[109] Die technologischen Fortschritte im Informations- und Verkehrssektor lassen die realen und virtuellen Entfernungen schwinden und begünstigen den Dialog der weltweit existierenden Kulturen. Die Folgen dieses Prozesses, den man als *„kulturelle Globalisierung“* bezeichnen kann, sind jedoch ambivalent: Die in die einzelnen National- bzw. regionalen Kulturbereiche transportierten Kulturen der Welt tragen in Form von Wissenschaft, Kunst und Lebensgewohnheiten einerseits zu einer Bereicherung bei und erhöhen die *kulturelle Vielfalt* einer Region. Andererseits bergen international verbreitete kommerzialisierte Massenkulturbeiträge, z. B. in Form von Esskulturen à la McDonald, Filmen im Hollywood-Stil, Welttourismus und Populärmusik in Verbindung mit der angloamerikanischen Sprache, das Risiko einer ubiquitären *Einheitskultur.*[110] Diese beraubt die Heimat der dort lebenden Bevölkerung ihres Stellenwertes und erschwert die regionale Identität der Menschen. Die weltweite Ausbreitung westlicher Kulturwerte kann einerseits durch den Export demokratischen Gedankenguts zur Freiheit in politisch rückständigen Regionen der Welt beitragen und den gesellschaftlichen Fortschritt fördern. Eine einseitige Ausrichtung der Interessen und des Verhaltens – wie das Streben nach Vergrößerung des Machteinflusses auf regionale Ressourcen oder fehlendes Einfühlungsvermögen in die Sitten, Gebräuche und besonderen Verhaltensformen fremder Völker – kann andererseits in den betroffenen Gebieten auf Ablehnung der dort ansässigen Bevölkerung stoßen. Im Extremfall können damit Gegenbewegungen provoziert werden, die zu Terrorismus und kriegerischen Auseinandersetzungen führen oder derartige Entwicklungen zumindest begünstigen. Die *Auswirkungen* des globalen ökonomischen Handelns und der zunehmenden Bedeutungslosigkeit von Raum und Zeit für die Kulturen, Identitäten und Lebensgewohnheiten gehen jedoch bisher nicht soweit, dass man von einer Konvergenz globaler Kulturen sprechen kann: [111] „Den weltweiten Modernisierungsprozessen folgen zwar wachsende Gemeinsamkeiten im Sinne

---

[109] Die besonderen Anforderungen an einen *globalen Konzern* werden im Kapitel 4.2 „Konzept für eine nachhaltige Unternehmensentwicklung“ näher ausgeführt.

[110] Manche Autoren sprechen in diesem Zusammenhang auch kulturkritisch von *„McDonaldization“* (vgl. Schmidt 1999, S. 14).

[111] Vgl. Beck 1997, S. 80 f. und S. 206.

anerkannter, universaler Wertvorstellungen ..., doch lösen sie auch Prozesse der kulturellen und ideologischen Fragmentierung aus, die bis zum Zerfall von politischen Strukturen reichen. Die Bedrohung historisch gewachsener Identitäten begünstigt damit zweifellos partikulare Tendenzen, die ihre Ausprägung in fundamentalistischen und ethno-nationalistischen Bewegungen finden.“ [112] Weitere Überlegungen zur Notwendigkeit und zu den Chancen einer stärkeren kulturpolitischen Berücksichtigung finden sich in dem Beitrag „Kultur: der verdrängte Schwerpunkt des Nachhaltigkeitsleitbildes.“ [113]

#### 1.3.3.5 Global Governance

Der Versuch, die vielfältigen globalen Herausforderungen an unsere und künftige Generationen zu bewältigen, wird unter dem Begriff *„Global Governance“* diskutiert. Darunter wird im Unterschied zu einer Weltregierung (Global Government) ein Steuerungsmodell der internationalen Systemzusammenhänge verstanden, das sowohl international agierende Organisationen als auch informelle Regelungen und Normen umfasst, mit denen die Akteure ihre gemeinsamen Angelegenheiten im institutionellen Kontext regeln. Denn eine Politik der herkömmlichen Zusammenarbeit zwischen den Staaten reicht heute nicht mehr aus. Stattdessen ist ein *neues Politikmodell* jenseits eines Mehr an Multilateralismus und globalen Denkens gefragt, bei dem Interdependenzen das vorherrschende Grundmuster und Strukturprinzip darstellen.[114] Auf dieser Grundlage können *staatliche* und *nichtstaatliche Akteure* auf den verschiedenen Ebenen grenzüberschreitend kooperieren. Diese Konzeption entspricht einer *„Weltordnungspolitik“*, darf jedoch keinesfalls mit einer Weltregierung verwechselt werden.[115] In einer Weltordnungspolitik, die eine erweiterte Form des Multilateralismus darstellt, spielen die *Vereinten Nationen* mit ihren verschiedenen Organisationen eine zentrale Rolle, auf deren institutionelle Möglichkeiten eine Politik der Nachhaltigkeit nicht verzichten kann.[116] Die internationale Organisation der Vereinten Nationen beruht auf dem Prinzip der multilateralen Zusammenarbeit, bei dem die teilnehmenden Staaten zwischenstaatlich kooperieren, ohne ihre Souveränitätsrechte zu verlieren. Die einzelnen Regierungen als Hauptakteure internationaler Politik müssen sich daher für einvernehmlich zu erzielende Lösungen in globalen Problemfällen innerhalb dieses institutionellen Rahmens dem aufwendigen, nicht immer erfolgreichen Global-Governance-Prozess unterziehen. Das *Konstrukt Global Governance* ist vor allem aus der Einsicht entstanden, dass der einzelne Nationalstaat angesichts der zunehmenden grenzüberschreitenden Transaktionen, einer steigenden Entgrenzung der Territorialstaaten und der komplexen Herausforderungen durch globale Risiken und Krisen überfordert

[112] Woyke 2000, S. 143.

[113] Vgl. Kurt/Wehrspaun 2001, S. 16 ff.

[114] Vgl. Messner/Nuscheler 2003, S. 5 ff.

[115] Vgl. Gareis/Varwick 2003, S. 33 und S. 332.

[116] Vgl. Simonis 2003, S. 84 ff.

ist.[117] Außerdem werden die bisherigen Formen *internationalen Konflikt- und Krisenmanagements* den weiter steigenden Anforderungen nicht mehr gerecht. Aktuelle Beispiele liefern die globale Finanz- und Wirtschaftskrise und die schon länger bestehende Klimakrise, die beide erhebliche Lösungsdefizite aufweisen. Erfolgreiches Regieren über die Ebene des Nationalstaates hinaus ist vor allem mit vielfältigen *Problemen* verbunden: Neben den üblichen Abstimmungsproblemen mangelt es besonders an einer international wirksamen Verbindlichkeit getroffener Entscheidungen, die im nationalen Rahmen viel eher zu erreichen ist.

Für die Umsetzung des Global-Governance-Konzepts müssen *elementare Voraussetzungen* erfüllt sein, die schon von Immanuel Kant in seinem philosophischen Entwurf „Zum ewigen Frieden" in drei ersten Definitivartikeln gefordert wurden:[118] (1) Ein langfristig gesicherter Frieden kann nur in und zwischen rechtsstaatlich verfassten – von Kant als „republikanisch" bezeichneten[119] – Staaten entstehen. (2) Eine friedensfähige Weltpolitik braucht zwar keinen Weltstaat, aber die regulierende Kraft eines verbindlichen Völkerrechts innerhalb der Föderation freier Republiken. (3) Eine sich herausbildende Weltgesellschaft muss auf einer „weltbürgerlichen Verfassung" mit Weltbürgerrechten aufbauen, also auf dem Fundament universeller Menschenrechte.[120] Auch wenn die Chancen für eine *multilaterale Ordnungspolitik* angesichts der bestehenden Interessen- sowie Machtverhältnisse und Bewusstseinsstände bisher nicht hoch einzustufen sind, existieren für die überfällige Bewältigung der akkumulierten globalen Probleme und Krisen keine Alternativen. Der Global-Governance-Ansatz zielt neben der Verrechtlichung der internationalen Beziehungen auf die Intensivierung der internationalen *Kooperation*, die teilweise mit Souveränitätsverzichten verbunden ist, dem sich auch die Großmächte unterwerfen müssen. Außerdem erfordert sie eine verstärkte Einbeziehung zivilgesellschaftlicher Akteure, um die globalen Probleme vor Ort überhaupt lösen zu können (Stichwort: *Partizipation*). Die inzwischen weitgehend international organisierten Nichtregierungsorganisationen (NGOs) stellen längst einen wesentlichen Akteur – vergleichbar mit einem komplexen Netzwerk – auf den Weltkonferenzen. Diese Konferenzen decken inzwischen alle Nachhaltigkeitsdimensionen thematisch ab. Dort betreiben die NGOs nicht nur Interessenpolitik, sondern unterstützen die Regierungsvertreter mit ihrer Teilnahme am Beratungsprozess. In der globalen Umwelt- und Entwicklungspolitik haben sie heute eine sowohl konsultative als auch korrektive und gestaltende Funktion übernommen.[121] Eine Weltregierung ist hingegen weder erstrebenswert noch realistisch. Denn eine solche bürokratische Superinstitution kann kaum die für eine universelle Akzeptanz notwendige demokratische Legitimität erringen oder zukunftsfähige Problemlösungen erzielen. Bei raum-

---

117 Vgl. Gareis/Varwick 2003, S. 330.

118 Vgl. Kant 1795, S. 349 ff.

119 „Der Republikanism ist das Staatsprinzip der Absonderung der ausführenden Gewalt (der Regierung) von der gesetzgebenden; der Despotism ist das der eigenständigen Vollziehung des Staates von Gesetzen, die er selbst gegeben hat..."(Kant 1795, S. 352).

120 Vgl. Nuscheler 2000b, S. 244.

121 Vgl. Nuscheler 2000a, S. 22.

zeitlichen Reformvorhaben kommt es vielmehr auf *dezentrale Strukturen* an: Der besonders von der wirtschaftlichen Globalisierung ausgehende Druck fördert die regionalen Organisationen. Und er mobilisiert auf lokaler Ebene das Bedürfnis autonomen Handelns, bei der die zentralen Formen von Staatlichkeit auf das notwendige Minimum reduziert werden, ohne dabei auf Rechtsstaatlichkeit im Sinne des Kantschen Republikanismus zu verzichten. *Rechtsstaatlichkeit* bedeutet auf der nationalen Ebene vor allem Rechenschaftspflicht der Regierenden, eine unabhängige Justiz sowie Achtung der Menschenrechte und auf der internationalen Ebene eine Vorherrschaft des Völkerrechts. In beiden Fällen bilden verbindliche Regelwerke eine notwendige Voraussetzung.

### 1.3.4 Innovation

#### 1.3.4.1 Innovationsbegriff

Der für Neuerung verwendete Terminus *„Innovation"* ging in Deutschland erst mit Beginn der industriellen Revolution in den allgemeinen Sprachgebrauch über. Er wird heute im sozioökonomischen Zusammenhang meistens als volkswirtschaftliche Größe im Sinne eines zusätzlichen Produktionsfaktors verwendet.[122] Als *Neuerungen* erfordern Innovationen einerseits eine *kreative Phase*, in der Ideen für etwas Neues generiert werden, und andererseits eine *Anwendungsphase*, in der diese Neuschöpfungen nach erfolgter Akzeptanz durch die Anwender in die Praxis umgesetzt werden. Für die Umsetzung kommt es dabei nicht darauf an, dass etwas absolut Neues erfunden wurde, was in der Alltagspraxis ohnehin selten vorkommt: Es kann sich auch um eine relative Neuerung wie z. B. eine Imitation handeln („the doing of new things or doing of things that are already being done in an new way").[123] Die für die *Gestaltung* einer nachhaltigen Entwicklung in den einzelnen Nachhaltigkeitsdimensionen herbeizuführenden Änderungen erfordern neben technischen vor allem auch soziale und institutionelle *Innovationen*. Zur weiteren Differenzierung bietet sich unter diesem Blickwinkel eine Unterscheidung des Begriffs „Innovation" in die Ebenen Prozess und Ergebnis an: Als *Erneuerungsprozess* entstehen Innovationen aus den Wechselwirkungen zwischen unterschiedlichen Sachverhalten und den handlungsleitenden Strategien der daran Beteiligten.[124] Dieser Prozess wird vor allem durch das Wissen über Missstände, Fehlentwicklungen, Bedürfnisse und Lösungswege sowie die gesellschaftlichen Rahmenbedingungen beeinflusst. Transparenz und geeignete institutionelle Voraussetzungen wirken hierbei unterstützend. Bei den im Nachhaltigkeitskontext untergeordneten *Innovationen als Ergebnis* geht es hingegen „um neue Produkte, Verfahren und Dienstleistungen, aber auch um Resultate des gesellschaftlichen oder

---

122 Vgl. Prechtl/Burkard 1999, S. 261.

123 Schumpeter 1947, S. 151.

124 Auf umfassende *Erneuerungsprozesse* im Bereich der Produktion wird im Kapitel 2 „Fallbeispiel 1: ökologischer Umbau einer Produktion" und auf analoge Prozesse im Bereich des Nachhaltigkeitsmanagements wird im Kapitel 4.2 „Konzept für eine nachhaltige Unternehmensentwicklung" exemplarisch eingegangen.

organisatorischen Wandels. Man unterscheidet zwischen Basisinnovationen, die einen neuen Entwicklungspfad eröffnen, und Verbesserungsinnovationen, bei denen die Ergebnisse von Aktivitäten schrittweise entlang bestehender Entwicklungslinien optimiert werden."[125]

### 1.3.4.2 Innovation als Gestaltungsinstrument für Veränderungen

Das Thema Innovation steht schon länger auf der Agenda der deutschen Politik: Dazu wurde 2003 eine vorrangig technologisch ausgerichtete *Innovationsoffensive* initiiert, um die Bedingungen des Standortes Deutschland im internationalen Wettbewerb zu verbessern und das Wirtschaftswachstum anzukurbeln.[126] Die Berufung eines Innovationsrates erfolgte unter der Erkenntnis, dass sich ein rohstoffarmes und lohnintensives Land wie Deutschland nur durch innovative Produkte, durch Wissen und Kompetenz zukunftsfähig entwickeln kann. Eine Verbesserung der Wirtschaftsleistung erfordert vorrangig *technische Innovationen*, die sich auf den Produktausstoß und den Faktoreinsatz der Unternehmen beziehen. Unter der Voraussetzung funktionsfähiger Güter- und Faktormärkte können Unternehmen auf diese Weise ihre Erlöse steigern und Kosten einsparen.[127] Dazu bieten sich einerseits *Produktinnovationen* mit einem verbesserten Güter- und Dienstleistungsangebot und andererseits *Verfahrensinnovationen* für den Produktions- und Organisationsprozess an.[128] Verfahrensinnovationen beziehen neben der eigentlichen Leistungserstellung auch organisatorische Prozesse ein, wie sie für den noch zu behandelnden Aufbau eines neuen Unternehmensmanagementsystems von Bedeutung sind. Produktinnovationen werden oft von Verfahrens- und Sozialinnovationen begleitet. Letztere beziehen sich auf Änderungen im Humanbereich unter der Zielsetzung, die Leistungen der Unternehmensangehörigen u. a. durch Aus- und Weiterbildung, Anreizsysteme und Führungsverhalten zu verbessern. Bei Innovationen stellt sich das Problem, dass Gewinne auf dem Markt nur so lange zu realisieren sind, wie die betreffende Innovation neu ist. Innovationen schaffen daher für Wirtschaftsakteure häufig nur einen Zeitgewinn. Sobald sich Nachahmer gefunden haben, verringern sich die Gewinnmöglichkeiten, und die betroffene Unternehmung wird zu weiteren Innovationen gezwungen.[129] Die durch technische Innovationen als Wachstumsmotor ausgelöste Dynamik beschleunigt den Wandel und die Entwicklung von Wirtschaft und Gesellschaft, stellt allein jedoch keine hinreichende Bedingung für die hier beabsichtigte global zukunftsfähige Entwicklung dar. Für diese weitreichende Zielsetzung sind im weltweiten Maßstab vor allem eine dauerhafte Ressourcenschonung, die Erhaltung der Artenvielfalt und der Aufnahmefähigkeit der natürlichen Umwelt für Schadstoffe sowie eine Angleichung der Einkommensent-

---

[125] Enquete-Kommission „Schutz des Menschen und der Umwelt" des 13. Deutschen Bundestages 1998, S. 356.

[126] Vgl. Eichhorn 2003.

[127] Vgl. Luckenbach 1994, S. 63.

[128] Vgl. Thommen et al. 1999, S. 248.

[129] Vgl. Luckenbach 1994, S. 64.

wicklung zwischen Arm und Reich erforderlich, für die weitere Neuerungen gefragt sind. Hierfür sollten die technischen um *soziale* und *institutionelle Innovationen* ergänzt werden,[130] um die Umsetzung des Leitbildes Nachhaltigkeit unter Berücksichtigung der zunehmenden Globalisierungseinflüsse mit einer umfassenden Strategie voranzubringen und vorhandene Barrieren zu überwinden.[131] In der raumzeitlichen Perspektive sind die unterschiedlichen Kulturen und Infrastrukturvoraussetzungen zwischen den verschiedenen Industrie-, Schwellen- und Entwicklungsländern sowohl im FuE- als auch im Produktions- und Konsumbereich besonders zu berücksichtigen, damit die Potenziale des durch Innovationen erreichbaren Fortschritts dauerhaft genutzt werden können. Zukunftsorientierung erfordert auch für Wirtschaftsunternehmen einerseits Systemoffenheit und andererseits einen grundlegenden *Wandel* durch umfassende Innovationen, denn eine nachhaltige Unternehmensführung ist ohne Beschreiten neuer Wege nicht zu realisieren.[132] Hierbei „geht es ... um prinzipielle Veränderungen, die notwendig werden, um sich in Sprüngen an eine neue Technologie, neue Produkte, Organisationsformen, Führungssysteme usw. anzupassen.“ [133] Die nachfolgend vorgenommene *Fokussierung auf drei* wesentliche *Innovationsarten* stellt angesichts vorhandener Überschneidungen und Wechselwirkungen zwischen verschiedenartigen Innovationen zwar eine Vereinfachung dar, erscheint jedoch der gesellschaftlichen Praxis angemessen.

### 1.3.4.3 Technische Innovation

Am Beispiel verschiedener technischer Ansätze lässt sich zeigen, wie ergänzend zu Änderungen des Verhaltens und der gesellschaftlichen Rahmenbedingungen auch mit *technologischem Fortschritt* erhebliche Umweltentlastungen erreicht werden können:

Die in den letzten Jahrzehnten mit Erfolg zur Einhaltung von Umweltschutzauflagen eingesetzten EOP (End-of-pipe)-Techniken sind inzwischen aus mehreren Gründen an ihre Grenzen gekommen. Als *additive Technologien* verlagern sie in der Regel die zu reduzierenden Schadstoffemissionen lediglich von einem Umweltmedium auf das andere, ohne sie damit zu beseitigen. Außerdem steigt der technische Aufwand mit zunehmendem Reinigungsgrad überproportional an. Die Unternehmen könnten ihre Ausgaben für Umweltschutzinvestitionen, die denen der Produktion nachgeordnet werden, und den Betrieb dieser Anlagen im Produktionsbereich sinnvoller einsetzen. Man spricht

---

[130] Vgl. Enquete-Kommission „Schutz des Menschen und der Umwelt“ des 13. Deutschen Bundestages 1998, S. 356 ff.

[131] In einer Vorstellung der neuen VDI-Richtlinie 4090 „Systemtechnische Methoden zur Planung und Steuerung umweltrelevanter Prozesse in der betrieblichen Praxis: Grundlagen und Allgemeines“ wird u. a. darauf hingewiesen, dass neben *technischen* insbesondere *organisatorische* und *soziale Innovationen* im Vordergrund stehen: „Diese erlauben, die Zukunftsfähigkeit von Unternehmen im globalen Wettbewerb bereits heute zu festigen“ (Haasis 2004, S. 12).

[132] Auf den *Wandel*, dem Unternehmen im Interesse ihrer Zukunftsfähigkeit unterliegen, wird in den Kapiteln 4.1 „Wirtschaftsunternehmen und ihre Akteure im ganzheitlichen Wandel“ und 4.2 „Konzept für eine nachhaltige Unternehmensentwicklung“ näher eingegangen.

[133] Bleicher 1999a, S. 627.

in diesem Zusammenhang auch von „defensiven Kosten".[134] Hinzu kommt, dass nachgeschaltete Reinigungsanlagen selber stoffliche und energetische Ressourcen verbrauchen und entsprechende Emissionen verursachen. Für eine nachhaltige Entwicklung sind die additiven daher – so weit wie im Einzelfall möglich – schrittweise durch fortschrittliche *integrierte Technologien* zu ersetzen, um den Ressourcen- und Kapitalverbrauch sowie die Schadstoffbelastung für Mensch und natürliche Umwelt entsprechend zu reduzieren.[135] Bei der Umsetzung dieser Überlegungen in die Praxis ist jedoch zu berücksichtigen, dass einerseits das Risiko eines Fehlschlags bei neuen, in der Regel anspruchsvollen Technologien grundsätzlich groß ist. Andererseits sind die Folgen eines Versagens bei integrierten weitreichender als bei EOP-Technologien, da ein integriertes System mit dem Produktionsprozess vielfältig verknüpft ist und bei Störungen zwangsläufig der gesamte betroffene Produktionsbereich zum Stillstand kommt.[136] Dieser Einwand darf jedoch nicht den Blick für die Vorteile integrierter Technologien versperren, die auch im *organisatorischen* Bereich liegen. Bei nachgeschalteten Umweltschutzanlagen besteht u. a. die Gefahr, dass die Verantwortung für den Anlagenbetrieb an eine produktionsunabhängige Stelle delegiert wird, die nicht den notwendigen Einblick in die Produktionszusammenhänge besitzt. Bei integrierten Produktionsprozessen sind die Zuständigkeiten dagegen eindeutig geregelt. Entsprechende Umweltschutztechniken setzen schon am Beginn des Produktionsprozesses an, man kann daher auch von BOP (Begin-of-pipe)-Technologien sprechen: Sie beziehen den gesamten Weg von der Ressourcenallokation über den Produktionsprozess bis zum Endprodukt ein und minimieren Ressourcenverbräuche sowie Schadstoffemissionen durch Vermeidungsstrategien, zu denen auch die Substitution und Kreislaufführung der Stoff- und Energieströme zählen. Für diese anspruchsvolle Aufgabe ist eine *verfahrenstechnische Optimierung* des gesamten Produktionsprozesses unter besonderer Berücksichtigung der Öko-Effizienz durchzuführen, die durch organisatorische Maßnahmen entsprechend zu unterstützen ist. Beispielsweise gehen bei Produktionsprozessen in der chemischen Industrie im Schnitt etwa 60 % des Rohstoffeinsatzes in Form von Abfällen verloren.[137] Angesichts derartiger Prokuktivitätseinbußen und der mit einer unzureichenden Materialnutzung verbundenen Entsorgungsprobleme wird ein effizientes Stoffstrommanagement neben der ökologischen Notwendigkeit zu einem entscheidenden Wettbewerbsfaktor.[138] Mit dem *Stoffstrommanagement* sind aufeinander abgestimmte Konzepte und Methoden verbunden, vor allem im Zusammenhang mit der Ökobilanzierung. Dieser Ansatz geht davon aus, dass regionale und globale Umweltveränderungen eine Folge anthropogener Stoff- und Energieströme sind.[139]

---

[134] Vgl. Göllinger 1997, S. 13.

[135] *Additive* sowie *integrierte Technologien* und die damit verbundenen Probleme werden im Kapitel 2 „Fallbeispiel 1: ökologischer Umbau einer Produktion" exemplarisch behandelt.

[136] Vgl. Zimmermann 1993, S. 316.

[137] Vgl. Steinbach/Ehmsen 2004, S. 24.

[138] Die Enquete-Kommission hat sich schon frühzeitig mit dem nachhaltigen Umgang von *Stoff- und Materialströmen* befasst (vgl. Enquete-Kommission „Schutz des Menschen und der Umwelt" des 12. Deutschen Bundestages 1994).

[139] Vgl. Möller 2004, S. 51 ff.

Als technische Hilfsmittel dienen den BOP- und den nicht vollständig substituierbaren EOP-Technologien auch die Neuentwicklungen auf dem Gebiet der Informations-, der Kommunikations-, der Energie-, der Bio-, der Werkstoff- und der Nanotechnologien. Die Nutzung der vielfältigen FuE-Möglichkeiten erfordert eine Koordinierung und Ausrichtung dieser Aktivitäten auf das Nachhaltigkeitsziel im Rahmen eines unterstützenden *Innovationsmanagements*. Die Aufgabe des Innovationsmanagements besteht in erster Linie darin, eine geeignete Arbeitsteilung und funktionsübergreifende Steuerung des Innovationsprozesses zu finden:[140] „Einem skeptischen Beobachter drängt sich die Vermutung auf, dass die Schwachstelle eher im Know-how-Bereich des Innovationsmanagements liegt als in der technologischen Entwicklung der Anlagen selbst. Es bedarf also nicht nur der Ingenuität der Ingenieure und Naturwissenschaftler, sondern auch geeigneter organisatorischer Bedingungen des Innovationsmanagements." [141] Im Rahmen dieser Querschnittsaufgabe erfolgt die Steuerung des Innovationsprozesses – von der Ideenfindung bis zur praktischen Anwendung – und die Abstimmung der Innovationsstrategien mit den betreffenden Unternehmensbereichen.[142] Dennoch werden selbst mit optimierten technologischen Innovationen nicht alle Chancen und Effizienzpotenziale ausgeschöpft, da die soziokulturellen Möglichkeiten des Wirtschaftens hierbei nur unzureichend genutzt werden. Angesichts der *Ambivalenz des technischen Fortschritts* sind in die technologischen Überlegungen darüber hinaus kritische Fragen nach der Produktgestaltung, der Verwendung der Produkte, der Umweltbelastung sowie der Abfallentsorgung einzubeziehen und bei Bedarf eine Technikfolgenabschätzung vorzunehmen.[143] Damit soll erreicht werden, dass tatsächlich nützliche, Verbraucher freundliche nachhaltige Produkte in den Wirtschaftskreislauf gelangen und ein Beitrag zur Entkopplung des Wirtschaftswachstums von der Umweltbelastung geleistet werden kann. Denn der besondere *Stellenwert der Technik* impliziert nicht unerhebliche Folgen für ihre praktische Anwendung:[144] „Das Wissen, das Macht ist, kennt keine Schranken ... steht den Unternehmenden ohne Ansehen der Herkunft zu Gebot. Die Könige verfügen über die Technik nicht unmittelbarer als die Kaufleute: sie ist so demokratisch wie das Wirtschaftssystem, mit dem sie sich entfaltet. Technik ist das Wesen dieses Wissens. Es zielt nicht auf Begriffe und Bilder, nicht auf das Glück der Einsicht, sondern auf Methode, Ausnutzung der Arbeit anderer, Kapital."[145]

---

140 Vgl. Kreikebaum 1993, S. 299.

141 Kreikebaum 1993, S. 307.

142 Vgl. Göllinger 1998, S. 60 f.

143 Für weitere Ausführungen zur *Technikfolgenabschätzung* wird auf die einschlägige Literatur verwiesen (vgl. u. a. Skorupinski/Ott 2000).

144 Mit dem *Stellenwert der Technik* setzt sich Hans Jonas unter dem Blickwinkel der Verantwortungsethik kritisch auseinander (vgl. Jonas 1979). Weitere Einzelheiten hierzu finden sich im Kapitel 3.2 „Normative Ethik und Diskursmethode".

145 Horkheimer/Adorno 1969, S. 10.

### 1.3.4.4 Soziale Innovationen

*Soziale Innovationen* beziehen sich auf den sensiblen Bereich des menschlichen Zusammenlebens und wirken sich vor allem auf Wertvorstellungen und Verhaltensweisen der Mitglieder einer Gesellschaft aus. Im funktionalistischen Sinne kann die Gesellschaft als ein vernetztes System von Institutionen und Interaktionen interpretiert werden: Die Gesellschaft nimmt damit anstelle einer statischen Größe oder Substanz den Charakter eines dynamischen, dauernd aktiven Kräftespiels an.[146] Daher sollten soziale Innovationen bei erkannten gesellschaftlichen Fehlentwicklungen wie z. B. der sich weiter öffnenden Schere zwischen Arm und Reich an der Verteilungsproblematik und im Wirtschaftsbereich vorrangig beim *Nutzen* der produzierten Güter und Dienstleistungen für die Verbraucher ansetzen. Denn für den tatsächlich geleisteten Beitrag zu einer global zukunftsfähigen Entwicklung ist neben der Produktions- und Produktgestaltung vor allem entscheidend, wie der *Konsument* die auf dem Markt angebotenen, tatsächlich benötigten Produkte nutzen kann und welche Nebenwirkungen auf die natürliche Umwelt damit verbunden sind. Ein Verbraucher wird mit einem gemäß Nachhaltigkeitskriterien entwickelten und hergestellten Produkt nur dann den gewünschten Beitrag liefern können, wenn er für seine Entscheidung mit den entsprechenden Informationen und finanziellen Mitteln ausgestattet ist und geeignete infrastrukturelle Voraussetzungen vorliegen.[147] Angesichts der in diesem Kontext vorliegenden *Bedeutung der Verhaltensweisen* der Akteure stellt das Umweltbewusstsein ein nicht zu vernachlässigendes Innovationspotenzial dar, das mit geeigneten Fördermaßnahmen aktiviert werden kann.[148] Außerdem muss für den Konsumenten ein Nutzenvorteil gegenüber einem preiswerteren oder bereits bewährten Produkt erkennbar sein. Die für eine nachhaltige Entwicklung erforderliche Änderung des sozioökonomischen Verhaltens – vor allem eines *veränderten Umgangs* mit materiellen Werten im gesellschaftlichen Kontext – kommt letztlich erst als Folge einer Aufklärung und eines ethisch motivierten Wertewandels zustande.[149] Dabei ist zu berücksichtigen, dass das Entscheidungsverhalten durch ökonomische Anreize und Stimmungen maßgeblich zu beeinflussen ist.

Für den erreichten Nachhaltigkeitsbeitrag ist das Motiv der sozialen Innovation gegenüber der praktizierten Verhaltensänderung letztlich von untergeordneter Bedeutung: So kann beispielsweise eine Veränderung des Mobilitätsverhaltens durch verstärkte Nutzung des Fahrrads zu Lasten des Autos auf ökonomische Ursachen wie hohe Benzinpreise, den Wunsch nach körperlicher Betätigung oder auf ein ausgeprägtes Umweltbewusstsein zurückzuführen sein. Soziale Innovationen basieren also neben der dargestellten Suffizienzstrategie wesentlich auf einer *funktionsorientierten Sichtweise*, die zusätzliche Effizienzpotenziale erschließt. Durch eine kritische Prüfung des Nutzens

---

[146] Vgl. Prechtl/Burkard 1999, S. 206.

[147] Vgl. Loske 1997, S. 266.

[148] Vgl. Enquete-Kommission „Schutz des Menschen und der Umwelt" des 13. Deutschen Bundestages 1998, S. 375.

[149] Auf den *Wertewandel* wird im Kapitel 3.2 „Normative Ethik und Diskursmethode" eingegangen.

eines Produkts können Alternativen generiert werden, die einerseits zu anderen Gütern bzw. Dienstleistungen und andererseits zu einer geänderten Bedürfnisbefriedigung führen, bei der im Sinne der Nachhaltigkeit qualitative Gesichtspunkte mehr im Vordergrund stehen. Eine effiziente *Bedürfnisbefriedigung* ist ein grundlegendes Anliegen des Wirtschaftens,[150] kann unter der Zielsetzung Nachhaltigkeit jedoch von einer Produktdurchaus zu einer Funktionsorientierung führen. Am Beispiel des erwähnten Mobilitätsverhaltens wurde bereits deutlich, dass der Zusammenhang zwischen Bedürfnis und Produkt bei einer durchgeführten Nutzenprüfung seine vordergründig vorhandene Eindeutigkeit verliert. Denn Güter und Dienstleistungen können erst dann ihren vollen Nutzen entfalten, wenn sie bedarfsgerecht miteinander oder mit einer passenden Infrastruktur verbunden werden. Im vorliegenden Zusammenhang wird auf folgende Differenzierung hingewiesen: „Zwischen dem *Bedürfnis* (an Freiheit und Mobilität allgemein), dem *Bedarf* (an kurzen Wegen oder an Verkehrsträgern zur Überwindung längerer Wege) und dem *Produkt* gilt es also grundsätzlich zu unterscheiden."[151] Aus einem *Bedürfnis* entsteht ein zu befriedigender *Bedarf*, der zu einer Nachfrage nach Gütern oder Dienstleistungen wie z. B. einem Auto oder einer Bahnverbindung führt. Bedürfnisse stehen dabei in enger Verbindung zur Sinnhaftigkeit, wohingegen der Bedarf eher auf der Funktionsebene angesiedelt ist und für die Funktionserfüllung schließlich Produkte nachgefragt werden.[152]

### 1.3.4.5 Institutionelle Innovationen

Ihre global zukunftsfähige Wirkung können sowohl technische als auch soziale Innovationen erst mit einer Unterstützung durch *institutionelle Innovationen* entfalten, die sowohl die Organisationen der gesellschaftlichen Akteure als auch deren Ordnungsprinzipien betreffen: „Sie umfassen das Entstehen bzw. die Setzung von (neuen) Regeln, die aufgrund von Anreiz- und Hemmwirkungen gesellschaftliche Akteure zu mehr technischen, sozialen und wieder neuen institutionellen Innovationen anregen können. Unter Institutionen werden hierbei sowohl formgebundene (Verträge) als auch formungebundene Regeln (Sitten, Gewohnheiten) verstanden." [153] Institutionelle Innovationen stellen also eine notwendige Ergänzung dar, um diese unter der Zielsetzung Nachhaltigkeit wirkungsvoll in einen gesellschaftlichen Suchprozess einzubetten und nicht als isolierte Einzelmaßnahmen verpuffen zu lassen.[154] Dass auf diesem Terrain noch großer *Nachholbedarf* besteht, ist auch an der schon angesprochenen Ambivalenz des technischen Fortschritts erkennbar. Denn er hat unter den gegebenen institutionellen Bedingungen nicht nur zu Wohlstand, sondern auch zu den heute vor-

---

[150] Weitere Ausführungen zur *Bedürfnisbefriedigung* und zu einem sinnvollen Wirtschaften finden sich im Kapitel 3.4 „Wirtschaftsethik".

[151] Pfriem 1995, S. 265.

[152] Vgl. Pfriem 1995, S. 264 f.

[153] Enquete-Kommission „Schutz des Menschen und der Umwelt" des 13. Deutschen Bundestages 1998, S. 356 f.

[154] Vgl. Minsch 1997, S. 298.

liegenden globalen Umweltproblemen, dem Wegfall von Arbeitsplätzen sowie weiteren Sozialproblemen bis hin zu bewaffneten Auseinandersetzungen beigetragen. *Institutionen* stellen eine wichtige Brücke zwischen dem Individuum und der Gesellschaft dar. Der Begriff „Institution" – das lateinische Wort *institutio* bedeutet Einrichtung – wird vor allem in den Bereichen Politik, Wirtschaft und Gesellschaft verwendet und weist keine allgemein anerkannte Definition auf. Im Nachhaltigkeitskontext deckt er ein weites Feld ab, das man als „soziale Gebilde und sozial normierte Verhaltensmuster" [155] definieren kann. Institutionen zeichnen sich dadurch aus, dass sie menschliches Verhalten strukturieren und regulierend zu einer gesellschaftlichen Ordnung beitragen. In diesem Zusammenhang ist festzustellen, dass „solche folgenreichen Transformationen *kontingenter* Strukturierungen in *‚notwendige'* Ordnungen das entscheidende Merkmal des Institutionellen sind. So verstanden können Institutionen idealtypisch als kulturelle Vermittlungsinstanzen zwischen Sozialstruktur und Sinnproduktion, zwischen kollektiven Ordnungen und den sie bedingenden Menschen verstanden werden, als Feld von *‚Wechselwirkungen'*, denn sie sind handlungsleitend und motivbildend." [156] Damit dienen sie in der Regel dem Wohl des Einzelnen und der Allgemeinheit. Das Leitbild einer nachhaltigen Entwicklung wird erst durch seine Integration in den institutionellen Rahmen einer Gesellschaft in konkrete Handlungen umsetzbar. *Gesellschaftlichen Institutionen* wird die Fähigkeit zugesprochen, einen Beitrag zur Verhaltensregulierung leisten zu können. Daher richtet sich die Frage nach dem „Wie" einer zukunftsfähigen Entwicklung inzwischen auch auf die Frage nach geeigneten Institutionen, wobei noch immer nicht ausreichend geklärt ist, welche Rolle Institutionen im Einzelnen übernehmen können und sollten.[157] Durch allgemein gültige politische und rechtliche *Rahmenbedingungen* – diese tragen auch zur Erhöhung der Investitionssicherheit und zukünftigen Entwicklung von Unternehmen bei – können die individuellen Interessen reguliert und in eine mehrheitlich akzeptierte Norm transformiert werden. Insofern können Institutionen als „systematischer Ort der Nachhaltigkeit" [158] bezeichnet werden. Institutionen verstehen sich als verfestigte Erwartungshaltungen und zielen auf eine dauerhaft regulierende und steuernde Wirkung.[159] Die hierfür notwendige Ordnung sowie eine längerfristige und über die Landesgrenzen hinausgehende Geltung können Institutionen nur mit einem abgestimmten *Durchsetzungsmechanismus*, der im wesentlichen aus den Elementen Überwachung und Sanktionen besteht, erreichen. Dieser kann von einer Selbstüberwachung über eine private, auf Freiwilligkeit basierende, bis zu einer staatlichen Überwachung reichen.

In Deutschland wird beispielsweise eine marktwirtschaftlich ausgerichtete Umweltpolitik praktiziert, die ordnungspolitische Vorgaben mit Instrumenten der Umweltökonomie wie Abwasserabgabe, Ökosteuer, Subventionierung erneuerbarer Energien und handelbaren Emissionszertifikaten kombiniert. Die damit beabsichtigte Steuerungswirkung ist

[155] Mayntz/Scharpf 1995, S. 40.

[156] Rehberg 1997, S. 103.

[157] Vgl. Kopfmüller et al. 2001, S. 102.

[158] Minsch 1997, S. 301 f.

[159] Vgl. Kopfmüller et al. 2001, S. 105.

trotz einiger Teilerfolge – wie den verstärkten Investitionen in Maßnahmen des technischen Umweltschutzes – noch nicht im gewünschten Umfang eingetreten. Das kann darauf zurückgeführt werden, dass für diese Vorgehensweise bisher einerseits eine weitreichende institutionelle Verankerung fehlt und andererseits sowohl Akzeptanzprobleme als auch Barrieren für die Implementation bestehen, wie das Beispiel handelbarer Emissionszertifikate zeigt. Analoge Aussagen lassen sich auch für Maßnahmen in der Wirtschafts- und Sozialpolitik treffen. Ohne eine Verständigung auf Regeln und deren Einhaltung können Regulierungsmaßnahmen weder durch private Akteure selbstgesteuert noch durch den Staat fremdgesteuert durchgesetzt werden. Die *Selbststeuerung*, die allein wegen ihrer Kreativitätspotenziale für den gesellschaftlichen Fortschritt und ihrer größeren Systemoffenheit unverzichtbar ist, stellt jedoch keine Alternative, sondern ein Komplement zur *Fremdsteuerung* dar,[160] da die Rechte Dritter ordnungspolitisch gesichert und im Sinne der Nachhaltigkeit nachteilige Handlungen grundsätzlich erschwert sowie allgemein gültige Anreize für nachhaltiges Verhalten gegeben werden müssen.[161] Im Interesse einzelner Gruppen bzw. der Allgemeinheit kann es bei Steuerungsprozessen naturgemäß zu Einschränkungen der individuellen Freiheit kommen. Der Anwendung formungebundener d. h. informeller Regeln kommt in diesem Zusammenhang eine Konsens fördernde Bedeutung zu. Der heute erreichte Grad der *gesellschaftlichen Ausdifferenzierung* in eine Vielzahl von Teilsystemen wie Wirtschaft, Politik, Forschung etc. ermöglicht zweifelsohne effiziente Kommunikations- und Entscheidungsprozesse innerhalb der Teilsysteme. Die Folge für das Gesamtsystem sind jedoch *desintegrierte Entscheidungen*, bei denen die Handlungsfolgen – ähnlich wie beim additiven Umweltschutz – in andere Systeme verlagert werden und sich nicht zu einem positiven Ganzen zusammenfügen. Ökologische und soziale Gefährdungen lassen sich insofern „als nichtverarbeitete Nebenfolgen des funktionellen Ausdifferenzierungsprozesses interpretieren, die nun Ausmaße anzunehmen drohen, die zunehmend die Stabilität der Gesamtgesellschaft gefährden."[162]

Eine weitere Erschwernis ergibt sich aus der *Globalisierung*, die sich heute im Wesentlichen auf die Teilsysteme Politik und Wirtschaft konzentriert. Mit ihrem in die Kritik geratenen Deregulierungsstreben trägt sie dazu bei, dass integrierend wirkende institutionelle Regelungen in den nachhaltigkeitsrelevanten Bereichen – insbesondere unter global ausgerichteten Wettbewerbsgesichtspunkten – stagnieren und zunehmend wegbrechen. Bisher wurde es versäumt, hierfür einen institutionellen Ersatz zu schaffen, um auch über die Landesgrenzen hinaus wirkungsvoll gegensteuern zu können. Global wirksame Einrichtungen und Abstimmungen im Rahmen der bereits vorgestellten *„Global Governance"* sind trotz erster positiver Ansätze – aber auch einiger Rückschläge wie z. B. auf dem Kopenhagener Weltklimagipfel[163] – noch nicht im ausreichenden Umfang in Sicht. Die von den Akteuren der Nationalstaaten selbst

---

[160] Auf die *Selbst- und Fremdsteuerung* wird im Rahmen des Nachhaltigkeitsmanagements im Kapitel 4.2 „Konzept für eine nachhaltige Unternehmensentwicklung" näher eingegangen.

[161] Vgl. Minsch 1997, S. 308.

[162] Vgl. Minsch 1997, S. 305.

[163] Vgl. Bauchmüller 2009, S. 4.

verursachte oder tolerierte Schwächung der politischen Handlungsfähigkeit erfordert dringend institutionelle Innovationen, um eine global zukunftsfähige Entwicklung nicht zu gefährden bzw. überhaupt erst zu ermöglichen. Hierfür sind verstärkte Initiativen und ein Zusammenspiel *privater* Akteure wie z. B. transnationale Unternehmen, NGOs wie der Business Council for Sustainable Development (BCSD)[164] und *staatlicher* Stellen auf nationaler sowie internationaler Ebene unverzichtbar. Auf beiden Ebenen sind Institutionen gefragt, die die Integration der gesellschaftlichen Teilsysteme fördern und das Thema Nachhaltigkeit in politische Entscheidungsgremien tragen, die auch die erforderliche Langzeitverantwortung übernehmen können. Im *nationalen Rahmen* eignet sich eine institutionelle Unterstützung der Legislative mit einem Nachhaltigkeitsausschuss und der Exekutive mit einem Nachhaltigkeitsrat.[165] Die notwendige fachliche Beratung liefern vor allem Hochschulen, Forschungseinrichtungen sowie Gremien des Deutschen Bundestages wie das Büro für Technikfolgen-Abschätzung und die für die Dauer von zwei Wahlperioden eingesetzte Enquete-Kommission „Schutz des Menschen und der Umwelt". Die institutionelle Verankerung im *internationalen Rahmen* erfordert sowohl regionale als auch globale Lösungen. Für Deutschland ist die Europäische Union (EU) nicht nur regional die wichtigste Institution. Mit ihren Organen und Ausschüssen bietet die EU sowohl in der Legislative als auch in der Exekutive „Ankerplätze" für eine institutionelle Integration der Nachhaltigkeitsbelange. Global stehen die Vereinten Nationen (UN), bei denen sich bereits mehrere Körperschaften mit Nachhaltigkeitsfragen befassen, trotz ihrer institutionellen Schwäche im Mittelpunkt. Angesichts der Zersplitterung und Zuständigkeitsprobleme der *UN-Institutionen* wird eine verbesserte Kohärenz und daher eine Straffung sowie effektive Koordination der Aktivitäten im Bereich der Nachhaltigkeit empfohlen.[166] Das Hauptziel der UN ist nach wie vor die Wahrung des Friedens und der internationalen Sicherheit. Da sich der Sicherheitsbegriff in den letzten zwanzig Jahren jedoch gewandelt hat und heute mit der Gewährleistung von Menschenrechten, dem Recht auf Entwicklung und auf eine lebenswerte Umwelt verbunden wird, liegt es nahe, die Kompetenzen des Sicherheitsrates um Nachhaltigkeitsaspekte zu erweitern und unter dem Blickwinkel einer nachhaltigen Entwicklung zu bündeln.[167] Mit derartigen Überlegungen könnten die *Regulierungsdefizite* bei globalen Umwelt-, Wirtschafts- und Sozialproblemen aus institutioneller Sicht eher verringert und die in viele Einzelorgane und Programme aufgeteilten Nachhaltigkeitsthemen besser koordiniert und global vorangetrieben werden. Im Hinblick auf die unterschiedlichen Interessen und die schwierige internationale Abstimmung kann jedoch bei anstehenden globalen Themen wie der Finanz- und Klimaproblematik auf eine Initiative mit Vorleistungen von einzelnen Staaten oder regionalen Institutionen wie der EU nicht verzichtet werden.

---

[164] Vgl. Schmidheiny 1992, S. 21 ff. Diese Thematik wird im Kapitel 4 „Nachhaltigkeitsmanagement als Anwendung der Nachhaltigkeitsethik" vertieft.

[165] Vgl. Rat für Nachhaltige Entwicklung 2009, S. 49 ff.

[166] Vgl. Enquete-Kommission „Schutz des Menschen und der Umwelt" des 13. Deutschen Bundestages 1998, S. 380 und Simonis 2003, S. 84 f.

[167] Vgl. Gareis/Varwick 2003, S. 35 und Simonis 2000, S. 210 f.

### 1.3.5 Nachhaltigkeit und Globalisierung mit Innovationen

Die begrifflichen und inhaltlichen Vorklärungen der vorangegangenen Kapitel legen die Auffassung nahe, angesichts der ihnen zu Grunde liegenden Sachverhalte, der zwischen ihnen bestehenden Interdependenzen und ihrer Potenziale für Veränderungen programmatisch von *„Nachhaltigkeit mit Globalisierung*“ zu sprechen und hierfür die notwendigen Gestaltungsschritte mit Hilfe von technischen, sozialen und institutionellen *Innovationen* umzusetzen. Eine nachhaltige Entwicklung wirkt sich auf den mit vielen Problemen verbundenen Prozess der Globalisierung grundsätzlich vorteilhaft aus, umgekehrt lässt sich das jedoch bisher kaum feststellen. Denn obwohl die Globalisierung eine dynamische Entwicklung mit kurzfristigen wirtschaftlichen Auswirkungen ermöglicht, die neben einem Zusammenwachsen der Weltbevölkerung in den letzten 20 Jahren zu einem erhöhten Lebensstandard in einigen Entwicklungsländern geführt hat, bestehen nach wie vor erhebliche *Defizite* im Umweltschutz und in der Armutsbekämpfung, die im Zusammenhang mit der intra- und intergenerationellen Gerechtigkeit stehen. Die Grenzen einer weitgehend unregulierten Globalisierung der Wirtschaft werden schon daran deutlich, dass bisher nur wenige wohlhabende Akteure von der Globalisierung profitiert haben und der Wohlstandsabstand sowohl zwischen den Industrie- und Entwicklungsländern (Stichwort: „Nord-Süd-Gefälle“) als auch innerhalb dieser Länder weiterhin besteht. Ferner führt ein grenzenloses, einseitig auf quantitatives Wachstum ausgerichtetes Verhalten von Wirtschaftssubjekten zu einer fortschreitenden Ausbeutung der nichterneuerbaren Ressourcen unseres Planeten mit irreversiblen Folgen für die natürliche Umwelt, die unsere Zukunftsfähigkeit grundlegend in Frage stellen. Eine konsequente, vor allem auf institutionellen Innovationen basierende globale Politik für Umwelt und Entwicklung im Rahmen eines *Global-Governance-Prozesses* kann hier wirkungsvoll gegensteuern, wenn sowohl auf der formellen als auch auf der informellen Ebene die vorhandenen Potenziale von den privaten *und* staatlichen Akteuren genutzt werden. Die nicht selten anzutreffende Meinung, dass der einzelne Staat die nationalen Rahmenbedingungen auf Kosten der ökologischen und sozialen Standards an den Globalisierungsprozess anzupassen habe, um für die Unternehmen seiner Wirtschaft die *internationale Wettbewerbsfähigkeit* zu erhalten, basiert auf dem Fehlurteil eines Gegensatzes von Volks- und Weltwirtschaft und einer Unterschätzung der Gestaltungsmöglichkeiten.[168] Vielmehr bestehen auf Akteursebene individuelle und im Rahmen der Global Governance politisch-institutionelle Einflussmöglichkeiten. Hinzu kommen vielfältige regionale und globale Verflechtungen der Wirtschaft, die durch global tätige Konzerne und Netzwerke von Unternehmen sowie sonstigen Nichtregierungsorganisationen wie WWF, ILO etc. zunehmend verstärkt werden.[169] Nachhaltigkeit und Globalisierung weisen trotz formaler und inhaltlicher Unterschiede mehr *Gemeinsamkeiten* auf als häufig angenommen wird. Mit ihrer raumzeitlichen Orientierung können sich beide sogar in mehreren Punkten ergänzen, wobei die Schnittmenge durch technische, soziale und

[168] Vgl. Hey/Schleicher-Tappeser 1998, S. 39 ff.

[169] Über die Anforderungen und das Verhalten *transnationaler Wirtschaftsunternehmen* auf den globalen Märkten wird im Kapitel 4.1 „Wirtschaftsunternehmen und ihre Akteure im ganzheitlichen Wandel“ allgemein und im Kapitel 4.2 „Konzept für eine nachhaltige Unternehmensentwicklung“ anhand des Fallbeispiels 2 berichtet.

institutionelle Innovationen zum Vorteil unserer und künftiger Generationen gezielt vergrößert werden kann. Bleiben innovative Initiativen und Gestaltungsschritte jedoch aus, wird einerseits die nachhaltige Entwicklung gebremst und andererseits kann sich die Globalisierung wie beispielsweise bei unkontrollierten Finanzmärkten oder unbegrenzten Klimagasemissionen zum Nachteil für die Mehrheit der Weltbevölkerung entwickeln. Außerdem fehlt die notwendige Unterstützung vorhandener Gestaltungspotenziale, wenn es durch normativ-ethische Handlungsorientierung und politisch-institutionelle Maßnahmen nicht gelingt, die Globalisierung mit ihren Möglichkeiten ganzheitlich zu nutzen und im Interesse dieser sowie künftiger Generationen strategisch auf eine nachhaltige Entwicklung auszurichten.

Nach diesen begrifflichen und inhaltlichen Vorklärungen bietet sich ein exemplarischer Einstieg in die gesellschaftliche Praxis an. Dazu wird nachfolgend im Rahmen des Fallbeispiels 1 der ökologische Umbau der Produktion eines Unternehmens der Papierindustrie mit seinen nachhaltigkeitsspezifischen Auswirkungen behandelt.

# 2. Fallbeispiel 1: ökologischer Umbau einer Produktion

Für die praxisnahe Konzeptualisierung des normativen Gestaltungsansatzes Nachhaltigkeitsethik bietet sich ein Rückgriff auf die industrielle Praxis an, der auch für die anschließende Konkretisierung genutzt werden kann. Denn der über die partikulare Sichtweise einer Dimension hinausgehende integrative Ansatz, der die mit unterschiedlichen Interessen verbundenen drei Dimensionen der Nachhaltigkeit in eine zustimmungsfähige Balance bringen soll, stellt schon ohne die hinzukommende normative Ausrichtung auf eine global zukunftsfähige Entwicklung ein ziemlich abstraktes Konzept dar. Dieses wird durch den Realitätsbezug zu einem *Fallbeispiel aus der Industrie*, das sich als Fallbeispiel 1 mit dem ökologischen Umbau der Rohstoffversorgung einer speziellen Produktion befasst, zweifellos konkreter. Das gewählte Fallbeispiel 1 betrifft die *Rohstoffumstellung einer integrierten Papierproduktion*, die in einem deutschen Industrieunternehmen in den 1990er Jahren wegen gestiegener Umweltanforderungen durchgeführt werden musste und die mit einer weitreichenden Veränderung der vorhandenen Produktion sowie zugehörigen Infrastruktur verbunden war. Bei dem über mehrere Jahre reichenden Umbauprojekt waren neben einer Erfüllung der ökologischen, ökonomischen und sozialen Anforderungen auch Entscheidungen mit Auswirkungen auf die Zukunftsfähigkeit des Unternehmens zu treffen, ohne dass bereits – wie im noch zu behandelnden Fallbeispiel 2 – auf eine vorhandene nachhaltige Unternehmenspolitik zurückgegriffen werden konnte.[170] Für diesen in seinen grundlegenden Aussagen auch heute noch richtungsweisenden Fall liegen konkrete *Interdependenzen* in Bezug auf die *Dimensionen der Nachhaltigkeit* und deren Umsetzung vor, die exemplarischen Charakter haben. Die in diesem Kontext notwendige Berücksichtigung der Interessen der verschiedenen Stakeholder erforderte Kooperationen, die von einem *konsensualen Dialog* geprägt waren. Aufgrund der einschlägigen Berufserfahrungen ermöglichen die empirischen Erkenntnisse – in einem Rückblick mit ausreichender zeitlicher Distanz – eine kritische Einschätzung aus heutiger Sicht, mit den daraus für die Einwicklung des normativen Gestaltungsansatzes und dessen Konkretisierung zu ziehenden Schlussfolgerungen, auf die im Folgenden noch eingegangen wird.

## 2.1 Anlass des ökologischen Umbaus

Das seit den 1970er Jahren in der Bundesrepublik Deutschland zunehmende *Umweltbewusstsein* in der Bevölkerung trug maßgeblich zu einem Umdenken bei, das sich auch auf die Unternehmenstätigkeit von Industrieunternehmen auswirkte, die im Interesse eines dauerhaften Geschäftserfolgs auf ein entspanntes Verhältnis zu den *internen und externen Stakeholdern* (Anspruchsgruppen) angewiesen sind. Bei dem hier zu behandelnden Fallbeispiel aus der Papierindustrie zeigte sich außerdem, dass

---

170 Eine *nachhaltige Unternehmenspolitik* war erst in den 2000er Jahren unter veränderten organisatorischen Voraussetzungen möglich. Auf das *Fallbeispiel 2* des inzwischen zu einem internationalen Konzern mit einem erweiterten Produktionsprogramm *gewandelten Unternehmens* wird im Kapitel 4 „Nachhaltigkeitsmanagement als Anwendung der Nachhaltigkeitsethik" erneut eingegangen.

die mit der Unternehmenstätigkeit verbundenen *Umweltprobleme* nicht immer an der Landesgrenze halt machen und nachgeschaltete Reinigungsmaßnahmen allein nicht ausreichend sein müssen. Außerdem gingen damit noch darzustellende ökonomische und soziale Probleme einher, so dass es sich nach heutigem Wissensstand um eine *Nachhaltigkeitsproblematik* handelte. Am Karlsruher Standort des Fallbeispiels wurde der für die Herstellung des Papiers benötigte Zellstoff auf dem gleichen Betriebsgelände in einem Zellstoffwerk hergestellt. Diese technisch vorteilhafte Verbundlösung hatte jedoch den Nachteil, dass die bei der Herstellung anfallenden *Zellstoffabwässer* in der biologischen Kläranlage des Standortes nicht in erforderlichem Umfang gereinigt werden konnten und zu einer nicht zu vernachlässigenden Abwasserbelastung des bereits belasteten Vorfluters Rhein beitrugen.[171] Ein weiteres Umweltproblem stellte ein schwefelhaltiger Teilstrom des Zellstoffabwassers dar, der in der anschließenden aeroben Abwasserreinigung Schwefelwasserstoff-Emissionen verursachte. Diese Geruchsemissionen führten je nach Wetterlage zu wiederholten *Beschwerden* aus der benachbarten Bevölkerung. Hinzu kamen die von der Öffentlichkeit weniger wahrgenommenen Entsorgungsprobleme der mit chlororganischen Verbindungen aus der Zellstoffproduktion verunreinigten Klärschlämme.

Der vorhandene *öffentliche Druck* kam auch in zunehmend verschärften Vorgaben des Umweltrechts zum Ausdruck und wurde 1986 von einer Umweltschutzorganisation erstmalig mit einer öffentlichkeitswirksamen Aktion gezielt verstärkt: Die Aktivisten dieser Organisation ketteten sich für mehrere Stunden an der Schranke des Karlsruher Werkstors fest und behinderten damit den für die Produktion und für die Betriebsangehörigen wichtigen Werksverkehr. Sie sorgten über die *Medien* Presse, Funk und Fernsehen für entsprechende Aufmerksamkeit im Umfeld des Unternehmens und bei den Werksangehörigen einerseits spontan für heftige Reaktionen und andererseits für Beunruhigung, die zu einer Sensibilisierung für die Probleme beitrug. Bei einer zweiten Aktion im Jahr 1990 schafften *Umweltschutz-Aktivisten* Fässer auf einem LKW herbei, die als Giftfässer gekennzeichnet das Abwasser des Werkes symbolisieren sollten und zusammen mit einem großen Transparent mit Angabe der Verantwortlichen vor der Werkszufahrt aufgestellt wurden. Für diese Veranstaltung wurden von den Aktivisten gleich Mitarbeiter eines öffentlich-rechtlichen Fernsehsenders mitgebracht, die alles entsprechend dokumentierten. Außerdem wurde in der Presse ausführlich über diese Aktion berichtet. Damit waren die ungelösten Umweltprobleme des Standortes endgültig auch bei den Kunden angekommen, denn der Hauptteil der Karlsruher Papierproduktion wird an Hersteller von Zeitungen und Zeitschriften geliefert. Angesichts eines derartigen *publik Machens* der nachteiligen Umwelteinwirkungen der miteinander verbundenen Papier- und Zellstoffherstellung wurde auch der Druck der Genehmigungsbehörden auf die Unternehmensleitung weiter erhöht. Nachdem die vom Unternehmen durchgeführten Erweiterungen der Abwasserbehandlung und die FuE-Maßnahmen für eine umweltverträglichere Zellstoffherstellung – ohne Qualitätseinbußen für die Papierherstellung – nicht zu den notwendigen Verbesserungen führten, entschloss sich die Geschäftsführung zur Vermeidung weiterer Konflikte mit externen Stakeholdern zu einer vollständigen *Umstellung der Rohstoffbasis* der Papierproduktion in Karlsruhe, die

[171] Vgl. Der Spiegel 1986, S. 37 ff.

letztlich einem ökologischen Umbau der Produktion entsprach und eine zukunftsfähige Entwicklung dieses Standortes ermöglichte.

## 2.2 Rohstoffumstellung der Papierproduktion

Für die Papierherstellung ist der *Rohstoff Holz* als Faserstoffquelle maßgeblich, der aufgrund seiner Herkunft und Materialeigenschaften eine *besondere Rolle* spielt, und zwar von seiner Entstehung in der Natur bis zu seiner Verwendung als wesentlicher Produktbestandteil und seiner anschließenden Entsorgung mit dem verbrauchten Konsumgut. Ohne frei von ambivalenten Einflüssen auf die Umwelt zu sein, schafft eine Produktion auf dieser Grundlage gute Voraussetzungen für einen sicheren Umgang und einen hohen gesellschaftlichen Nutzen mit dem daraus hergestellten Endprodukt Papier: Das für die Papierherstellung als Fasergerüst benötigte Holz ist einerseits ein *nachwachsender Rohstoff* und andererseits verursacht seine Verwendung auf dem Ressourcen und Energie intensiven Weg bis zum Endprodukt nennenswerte *Umwelteinwirkungen*. Diese können während der Herstellung durch produktionsintegrierte Kreislaufprozesse und anschließend als Produkt entlang des Lebenszyklus durch die umfassende Recyclingfähigkeit des natürlichen Faserstoffes nicht unwesentlich kompensiert werden. Außerdem können die faserhaltigen Abfälle der Produktions- und Abwasserreinigungsprozesse aus Gründen des heute stärker berücksichtigten Klimaschutzes für eine $CO_2$-neutrale Energieversorgung genutzt werden. Das gewählte Fallbeispiel bezieht sich auf eine *integrierte Produktion*, bei der das für die Papierherstellung benötigte hochwertige Fasermaterial Zellstoff – zusammen mit anderen Faserstoffen, auf die später eingegangen wird – auf dem gleichen Betriebsgelände hergestellt wurde. Diese Integration ermöglichte wegen teilweise wegfallender Transportwege, der Nähe zur Rohstoffquelle, eines geringeren Energiebedarfs und der Nutzung gemeinsamer Betriebseinrichtungen eine weitgehend autarke sowie insgesamt effizientere Produktion, die im Falle des notwendigen Zukaufs eines extern hergestellten Faserstoffes nicht gegeben wäre. Die Art und Weise der *Faserstoffversorgung* weist für die Papierherstellung also einen hohen Stellenwert auf, der wie im Fallbeispiel bei einer notwendigen *Umstellung* dieser Versorgung besonders zum Ausdruck kommt. Zur Erläuterung der betriebsspezifischen Zusammenhänge erfolgt zunächst eine kurze Darstellung der Herstellung des Zellstoffs und seiner Weiterverarbeitung zu Papier.

Erste persönliche Berührungspunkte zur *integrierten Papierproduktion* vermittelte im Jahre 1983 die Teilnahme an Planung und Bau der Chemikalien- und Wärmerückgewinnung für das Kochereiabwasser einer Zellstofffabrik, die zusammen mit einer Papierfabrik auf dem gleichen Betriebsgelände für die zu diesem Zwecke gegründete Firma Papel del Tucumán in Nord-Argentinien neu errichtet wurde. Die *Zellstofferzeugung* erfolgt auch hier aus einem nachwachsenden faserhaltigen Rohstoff: Anstelle von sonst üblichem Holz kommt jedoch ausgepresstes Zuckerrohr (Bagasse) aus der ansässigen Zuckerindustrie zum Einsatz. Diese stoffliche Verwertung eines pflanzlichen Abfallstoffes löst seither auf den landwirtschaftlichen Feldern der Region Tucumán die seit Jahrzehnten in weiten Teilen Lateinamerikas praktizierte Form der Abfallbeseitigung durch umweltbelastende Verbrennung der Bagasse ab, die in Mittel-

Europa nicht denkbar wäre. Im *Werk Tucumán* des argentinischen Unternehmens wird die Bagasse mechanisch zerfasert und in einem Koch-, Wasch- und Bleichprozess von den Lignin-Bestandteilen befreit und so zu reinem Zellstoff aufgeschlossen. Die für den Kochprozess benötigten Chemikalien werden in einem weitgehend geschlossenen Kreislaufbetrieb durch stoffliche Aufbereitung zusammen mit einer thermischen Verwertung des Kochereiabwassers in einer gemeinsamen Rückgewinnungsanlage gewonnen. Dazu muss das Kochereiabwasser mit einer Eindampfanlage aufkonzentriert, das Konzentrat (Schwarzlauge) verbrannt und die Schmelze aus der Verbrennung unter Zugabe von Ergänzungschemikalien zu neuer Kochlauge (NaOH als Weißlauge) aufbereitet werden. Der nach diesem Herstellungsverfahren vollständig delignifizierte Zellstoff wird schließlich als reines Fasermaterial in Form einer heißen Suspension in die integrierte Papierproduktion gepumpt und unter Zugabe weiterer Einsatzstoffe in mehreren Prozessschritten zu Zeitungsdruckpapier verarbeitet.[172] Die dabei gewonnenen Erfahrungen konnten später in Deutschland bei der Lösung der Umweltschutzprobleme des Fallbeispiels 1 unmittelbar genutzt werden:

Unter anderen Ausgangs- und Rahmenbedingungen wurde bis 1000 nach einem vergleichbaren Grundschema von dem deutschen Konzern E. Holtzmann & Cie. AG im *Werk Karlsruhe* eine integrierte Papier- und Zellstofffabrik betrieben. Dieser Standort bestand seit Jahrzehnten nur aus einem Zellstoffwerk, in dem die aus den benachbarten Wäldern durch Windbruch und Durchforstung anfallenden Abfallhölzer der Forstwirtschaft zusammen mit denen aus Sägewerken als Rohmaterial zu Zellstoff, aus dem Holz zur Hälfte besteht, und zu verkaufsfähigem Industriealkohol als Nebenprodukt verarbeitet wurden. Das Kochereiabwasser der *Zellstofferzeugung* wurde ebenfalls in einer Eindampfanlage aufkonzentriert und das Konzentrat in einem Kessel zur Wärmerückgewinnung verbrannt. Wegen des anderen Kochprozesses auf Basis von Calciumbisulfit war jedoch eine Chemikalienrückgewinnung hier nicht möglich. Im Zuge der Errichtung einer Papierfabrik auf dem gleichen Werksgelände wurde ein zusätzliches Kraftwerk gebaut und die Kochereiabwasserbehandlung und Energieversorgung der Zellstofffabrik grundlegend geändert: Der Verbrennungskessel für das Konzentrat wurde u. a. wegen der Emission schwefelhaltiger Verbindungen stillgelegt, die Abwassererfassung sowie die Eindampfung erweitert und die Firma Holmen dafür gewonnen, auf dem benachbarten Betriebsgelände eine neue Fabrik für die Abnahme und Weiterverarbeitung des gesamten anfallenden Eindampfkonzentrats zu errichten. Das Konzentrat bestand im Wesentlichen aus Ligninsulfonaten, die nach ihrer Aufbereitung vor allem in der Futtermittelindustrie verwendet werden können.[173] Infolge der in den Folgejahren schrittweise erfolgenden Vergrößerung der Papierfabrik wurden neben der Faserstoffversorgung vor allem auch die *Kraftwerks- und Abwasserreinigungsanlagen* des Standortes bedarfsgerecht erweitert. Letztere um eine aerobe Reinigung, die eine Mitbehandlung der organisch belasteten Eindampfkondensate (Brüdenkondensate) aus der Konzentrierung des Kochereiabwassers ermöglichte. Wegen der dabei frei werdenden Geruchsemissionen wurde bei einer weiteren Vergrößerung der Papierfabrik und Abwasserreinigung die Behandlung der Brüden-

[172] Vgl. Papel del Tucumán 1983.

[173] Vgl. E. Holtzmann & Cie. AG 1986, S. 8.

kondensate separiert und umgestellt auf eine geschlossene anaerobe Reinigung mit nachgeschalteter aerober Stufe. Die feststoffhaltigen Abwässer aus der Wäsche, Filtration und Sortierung des ungebleichten Zellstoffs wurden dagegen physikalisch-chemisch gereinigt. Seit der Inbetriebnahme der Papierfabrik im Jahr 1969 wurde die Hauptmenge des erzeugten Zellstoffs in steigender Menge unmittelbar als bereits aufbereiteter Faserstoff in Form einer Suspension direkt in der Papierherstellung eingesetzt, die in den Folgejahren wegen der guten Standortbedingungen des direkt am Rhein in Nachbarschaft zu weiteren Betrieben der Großindustrie gelegenen Betriebsgeländes konsequent ausgebaut wurde. Die wesentlichen Prozessschritte der Karlsruher *Zellstoffherstellung* mit ihren Einsatzstoffen, anfallenden Abwässern, verkaufsfähigen Produkten und *produktseitigen Verknüpfungen* zur integrierten Papierproduktion sowie zur separaten Futtermittelproduktion gehen aus einem vereinfachten technologischen Schema hervor (vgl. Abb. 5):[174]

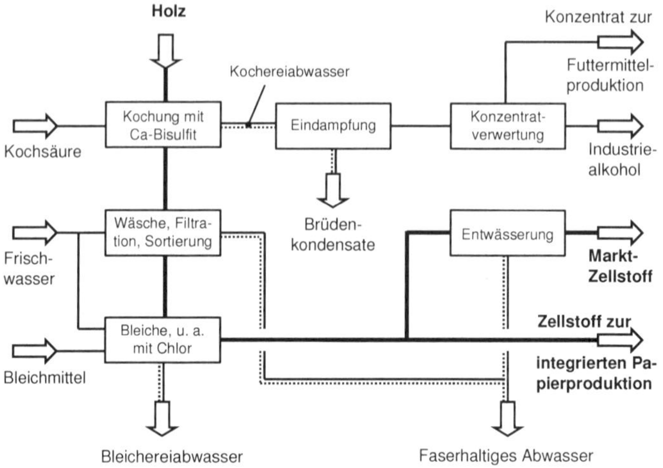


**Abbildung 5: Schema der Zellstoffherstellung vor der Umstellung**

Als nicht lösbares *Problem* der Zellstoffherstellung blieben jedoch trotz umfangreicher Forschungsarbeiten die *Bleichereiabwässer*, die aus der für die Restdelignifizierung des aufbereiteten Zellstoffs notwendigen Bleichstufe anfielen. Wegen der geforderten Faserqualität für die Papierherstellung wurde in der zugehörigen *Bleichsequenz* neben der Alkaliextraktion *Chlor* eingesetzt, das allerdings zur Bildung persistenter Chlororganischer Verbindungen im Abwasser (Parameter AOX) führte. Die nach einer Verschärfung der Abwassereinleitungswerte erforderliche AOX-Reduzierung des Bleichereiabwassers war jedoch weder physikalisch-chemisch noch biologisch im erforderlichen Umfang möglich. Außerdem stellte die bei der biologischen Abwasser-

174 Vgl. Carnau 1995, S. 93.

reinigung erfolgende Adsorption Chlor-organischer Verbindungen an die Biomasse eine inakzeptable Problemverlagerung auf die Schlammseite dar. Auch die von Biologen der Technischen Universität Berlin mit diesem Abwasser bei unterschiedlichen Bleichsequenzen und Chlor-Gehalten alternativ durchgeführten Abbauversuche mit Hilfe von adaptierten Weißfäule- und Moderfäulepilzen[175] brachten ebenso wie die parallel durchgeführten Eigenversuche mit verschiedenen Bakterien keine großtechnisch anwendbaren Lösungen für dieses komplexe Produktions- und Abwasserproblem. Daher wurden die *Möglichkeiten der Vermeidung* abschließend überprüft: Eine Umstellung des Kochverfahrens vom Sulfit- auf das Sulfat-Verfahren hätte zwar zu höheren Festigkeiten des aufgeschlossenen Faserstoffs und einer größeren Gestaltungsfreiheit des unverzichtbaren Bleichverfahrens geführt, war jedoch immissionsschutzrechtlich nicht genehmigungsfähig. Daher wurden Versuche zur Veränderung der Bleichsequenz für den bestehenden Zellstoffaufschluss durchgeführt, deren Ergebnisse großtechnisch überprüft wurden. Ziel war die *Substitution von Chlor* durch umweltfreundlichere Bleichmittel wie Sauerstoff und Wasserstoffperoxid, die jedoch nicht so selektiv und damit weniger Faser schonend wirkten. Das Ergebnis war eine Erfüllung der Umweltanforderungen bei gleichzeitiger Nichterfüllung der Qualitätsanforderungen an den gebleichten Zellstoff. Denn für den Einsatz in der integrierten Papierproduktion mit ihren schnell laufenden Papiermaschinen reichte die erzielte Festigkeit der Fasern nicht aus.

Daher war 1993 eine umfassende Faserstoffumstellung der Papierproduktion erforderlich, die zur *Stilllegung des Zellstoffwerkes* und zum Aufbau einer alternativen Faserstoffversorgung der Papierherstellung auf dem Betriebsgelände in Karlsruhe führte. Dazu wurde u. a. die bereits vorhandene Altpapieraufbereitung um eine weitere Deinking-Anlage (Entfernung der Druckfarben) ergänzt und eine neue TMP-Anlage (Thermo Mechanical Pulp) errichtet. Der für die Herstellung von Pressepapieren (Zeitungsdruck- und Zeitschriftenpapier) in geringeren Mengen weiterhin benötigte herkömmliche Zellstoff muss seither importiert und als angelieferte Ballenware für den nachfolgenden Einsatz aufgelöst werden. Die *Anpassung der Papierproduktion* an die neue diversifizierte Rohstoffversorgung mit ihrer veränderten Rezeptur ist in einem vereinfachten technologischen Schema der Papierherstellung mit den wichtigsten Prozessschritten und Kreislaufführungen dargestellt (Abb. 6):[176]

175 Vgl. Bergbauer/Eggert 1995, S. 132.

176 Vgl. Carnau 1995, S. 94.

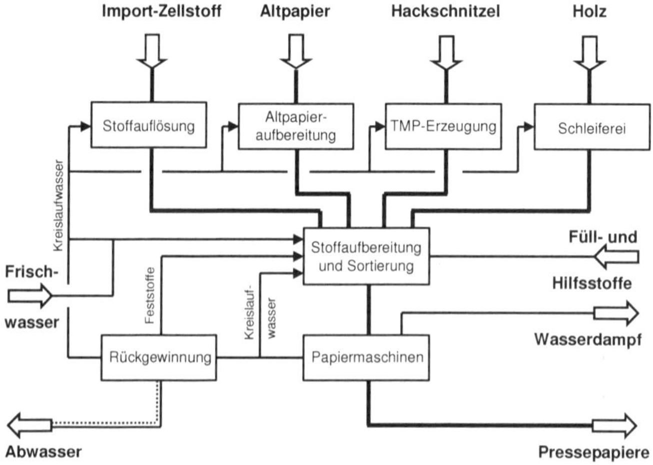


**Abbildung 6: Schema der Papierherstellung nach der Umstellung**

Als Folge der Faserstoffumstellung wurde die Anzahl der für die *Papierherstellung* benötigten Faserstoffe von bisher drei auf vier erhöht und der Anteil der Versorgung mit deinktem Altpapier aus ökologischen und ökonomischen Gründen schrittweise gesteigert, was nicht ohne weitere Entwicklungsarbeiten und Veränderungen der angewandten Papiertechnologie und ihrer Umweltschutzanlagen möglich war. Im Vorgriff auf die nachfolgenden Ausführungen zu den ökologischen Auswirkungen, wird auf folgende *Technologie bedingten Besonderheiten* hingewiesen: Da sowohl die Zellstoff- als auch die Papierproduktion zu den *Energie intensiven* Industriebranchen gehören, die sich angesichts steigender Energiekosten heute um Sonderregelungen für den EU-Emissionshandel mit $CO_2$-Zertifikaten bemühen,[177] spielt die energetische Verwertung der in der Papierproduktion als Abfälle aus nachwachsenden Rohstoffen anfallenden Rinden und Restfaserstoffe neben der Nutzung von Einsparpotenzialen eine besondere Rolle.[178] Daher wurde das noch zu behandelnde betriebseigene Kraftwerk schon frühzeitig mit einem Rindenkessel für die bei der Entrindung des Holzes vor der Schleifereistufe anfallende Rinde ausgerüstet.[179] Für die faserhaltigen Abwasserschlämme werden hingegen externe stoffliche und thermische Verwertungsmöglichkeiten in der Landwirtschaft (Bodenverbesserungsmittel) und Ziegelindustrie (Porosierungsmittel) genutzt, die wegen steigender Energiekosten und zur Abmilderung des Klimawandels inzwischen jedoch auf dem Prüfstand gekommen sind.[180] Die

177 Vgl. Verband Deutscher Papierfabriken 2008, S. 25.

178 Vgl. Stora Enso Oyj und Stora Enso AB 2008, S. 68.

179 Vgl. E. Holtzmann & Cie. AG 1986, S. 9.

180 Vgl. Stora Enso Oyj und Stora Enso AB 2007, S. 22 f.

unmittelbare Lage des Werkes an einem großen Fluss lässt neben der Möglichkeit des Schiffsverkehrs bei – wie im vorliegenden Fall – eigenem Hafen auf eine *Wasser intensive* Produktion schließen. Neben dem Einsatz als Kühlmittel im Kraftwerksbetrieb wird Wasser vor allem für die einzelnen Prozessstufen und den Fasertransport benötigt. Letzterer endet für den Gesamtprozess mit der Bildung einer feuchten Papierbahn in den Papiermaschinen, aus der das Wasser nach der mechanischen Entwässerung in der Nasspartie mit hohem Energieaufwand in der Trockenpartie verdampft werden muss. Die im Schema der Papierherstellung dargestellten Wasserkreisläufe weisen bereits auf die Bedeutung des Wassers hin, dessen technologisch nicht wieder verwendeter Teil einen entsprechend höheren Frischwasserbedarf und Abwasseranfall zur Folge hat. Für die Zellstoffherstellung hat sich dieses u. a. wegen der Inhaltsstoffe der Prozesswasserströme ungleich schwerer zu lösende Problem durch die Stillegung geklärt. Für die Papierherstellung bleibt die Schließung von Wasserkreisläufen dagegen eine zentrale Aufgabe, auf die nachfolgend noch eingegangen wird.

Anhand dieses Fallbeispiels aus einem Industrieunternehmen sollen Notwendigkeit und Erfolgsaussichten einer *integrierten Vorgehensweise* veranschaulicht werden, die unter Berücksichtigung der Nachhaltigkeitsdimensionen und der Möglichkeiten der kommunikativen Rationalität [181] kurzfristiges mit langfristigem Denken und Handeln im Interesse der Zukunftsfähigkeit verbindet. Die in diesem Zusammenhang gesammelten *Berufserfahrungen* trugen wesentlich zur Erkenntnis grundlegender *Analogien* bei, die über das Fallbeispiel in die gesellschaftliche Realität und deren Gestaltung hinausweisen: Diese Analogien bestehen bei der Realisierung komplexer gesellschaftlicher Sachverhalte einerseits in Bezug auf eine immanente bzw. latent vorhandene *Tendenz zur Problemverlagerung* sowohl zwischen den Umweltmedien als auch analog zwischen den Nachhaltigkeitsdimensionen, die im Interesse einer dauerhaften Lösung in beiden Fällen durch ganzheitliches Vorgehen überwunden werden muss. Und sie bestehen andererseits in *methodischer Hinsicht* zwischen der anzuwendenden Strategie des produktionsintegrierten Umweltschutzes und der ethischen Fundierung des normativen Gestaltungsansatzes für eine nachhaltige Entwicklung, die im Rahmen der Alltagspraxis rekonstruktiv entwickelt wurde.[182]

## 2.3 Folgen der Rohstoffumstellung der Papierproduktion

Die Rohstoffumstellung der Papierproduktion beschränkte sich nicht auf technologische Aspekte, sondern wirkte sich auch auf das Unternehmen und seine gesellschaftliche und natürliche Umwelt aus. Diese *Technikfolgen* werden nachfolgend anhand der Nachhaltigkeitsdimensionen erörtert.

---

[181] Die *kommunikative Rationalität* wird im Zusammenhang mit dem Konsensprinzip und ethischen Diskurs im Kapitel 3.2.3 behandelt.

[182] Weitere Einzelheiten zur angewandten *Methode der rekonstruktiven Entwicklung* im Rahmen der Alltagspraxis, nach der strategische Erfahrungen mit Primär- und Sekundärmaßnahmen im Umweltschutz für die Verknüpfung der Deontologie und Teleologie als wesentliche normative Fundamente des integrativen Ansatzes genutzt werden, befinden sich im Kapitel 3.2 „Normative Ethik und Diskursmethode“.

### 2.3.1 Ökologische Auswirkungen

Die Papierherstellung erfordert in Abhängigkeit von der nachgefragten Papiersorte unterschiedliche Faserstoffe und Prozesstechnologien, was wiederum zu ungleichen ökologischen Belastungen des jeweiligen Herstellungsprozesses führt. Dieser Sachverhalt wird durch eine vereinfachte Umweltbilanz bestätigt, in der die wichtigsten Einsatzstoffe, Energieverbräuche und Abwasserbelastungen bei Einleitung in den Vorfluter aufgeführt sind (vgl. Abb. 7):

| Umweltparameter / Papier | Holzverbrauch kg Holz / t Faserstoff | Energieverbrauch Giga-Joule / t Papier | Frischwassergebrauch $m^3$ / t Papier | $BSB_5$ kg / t | CSB kg / t | AOX kg / t |
|---|---|---|---|---|---|---|
| Papier aus Holzstoff | 1020 – 1111 | 29,1 – 36,8 | 5 – 30 | 2.5 – 50 | 2,7 – 90 | 0 – 0,02 |
| Papier aus Zellstoff * | 1666 – 2325 | 34,6 – 53,4 | 20 – 400 | 1 – 81 | 20 – 290 | 0 – 10 |
| Papier aus 100 % Altpapier | 0 ** | 13,0 – 16,8 | 5,0 – 16,5 | 0,1 – 1,5 | 0.8 – 5,0 | 0,012 – 0,2 |

* Die z. T. großen Schwankungen ergeben sich aus unterschiedlichen Herstellungs- und Bleichverfahren

** Zur Herstellung von 1 t Papier (Recyclingpapier) werden 1100 kg Altpapier benötigt

**Abbildung 7: Vereinfachte Umweltbilanz verschiedener Papiersorten**[183]

Für die *Herstellung* von Papier und Faserstoffen, die wie die Faserstoffquelle Holz als produktqualitätsbestimmende Einsatzstoffe benötigt werden, wird in der Regel viel *Wasser* und viel *Energie* verbraucht – im vorliegenden Fall in der Größenordnung einer Großstadt wie Karlsruhe. Die Höhe dieser Verbräuche ist *charakteristisch* für die Faserstoffbasis der Papierherstellung, die nach Frischfasern (Zellstoff, TMP-Stoff und Holzschliff) und nach Recyclingfasern (Altpapier) unterschieden wird. Für die jeweilige Papiersorte ergeben sich also unterschiedliche Verbräuche an Einsatzstoffen und Energie sowie damit zusammenhängende Umweltbelastungen, deren Ausmaß auf unterschiedliche Art und Weise zu beeinflussen ist: Im Produktionsprozess fallen in großen Mengen feststoffhaltige sowie organisch belastete Abwässer (Parameter u. a. $BSB_5$-, CSB- und AOX) und in den Abwasserreinigungsanlagen Schlämme als Abfälle in entsprechenden Mengen an. Die Verbräuche und Umweltbelastungen können durch die Art der Faserstoffversorgung und einen *produktionsintegrierten Umweltschutz*, d. h.

[183] Vgl. Umweltbundesamt 1993.

durch die Wahl der Faserstoffe, deren Herstellung und eine geeignete Verfahrenstechnik der einzelnen Prozessschritte teilweise vermieden bzw. insgesamt minimiert werden: Dazu wurde ergänzend zur weitgehenden Integration der Faserstofferzeugung die Papiertechnologie auf eine Rezeptur der Faserstoffversorgung mit einem maximal möglichen Recyclingfaseranteil ausgerichtet und eine weitgehende *Schließung der Wasserkreisläufe* mit entsprechenden Reinigungsstufen durchgeführt, die zu einer wesentlichen Reduzierung des Frischwasserverbrauchs und Abwasser- bzw. Schlammanfalls führten. Außerdem werden durch die Reinigung der Prozesswässer Faser-, Füll- und Hilfsstoffe zurückgewonnen, die direkt in der Papierherstellung eingesetzt werden. Diese Recyclingmaßnahmen werden jedoch einerseits durch die für die Papierherstellung benötigte Festigkeit des Fasermaterials, die bei Frischfasern höher als bei den kürzeren Recyclingfasern ist, und andererseits durch die benötigte Stoffreinheit und die zulässige Materialbelastung der Anlagenteile infolge der Konzentration der Inhaltsstoffe der Prozesswasserkreisläufe begrenzt. Bei einer *integrierten Energieversorgung* mit einem eigenen Kraftwerk kommt es vorrangig darauf an, den Verbrauch an fossilen Brennstoffen und die Emissionen der Kraftwerkskessel durch die Wahl der Brennstoffe sowie eine emissionsarme Verbrennung unter Nutzung der Möglichkeiten der vorhandenen Infrastruktur zu minimieren. Dazu werden u. a. nachwachsende Rohstoffe wie die anfallende Rinde, schwefelarme Brennstoffe mit günstigem Kohlenstoff/Wasserstoff-Verhältnis wie Raffineriegas aus der benachbarten Raffinerie und $NO_x$–arme Brenner in den Kraftwerkskesseln eingesetzt. Durch diese *Vermeidungsmaßnahmen* werden – wie bei der parallel durchgeführten Minimierung der Wärmeverluste der Produktions- und Kraftwerksprozesse – neben den Verbräuchen auch die Klimabelastungen und Aufwendungen für die nachgeschaltete Abluftreinigung und deren Abfallmengen reduziert. Da für die Faserstoff- und Papierherstellung sowohl elektrischer Strom als auch Wärme in Form von Dampf benötigt werden, wurde von vornherein die *Kraft-Wärme-Kopplung* im Kraftwerksbetrieb realisiert, mit der die Energieverluste wesentlich verringert werden.[184]

Die *industrielle Herstellung eines Produktes* wie Zellstoff oder Papier hat während des gesamten Produktlebenszyklus – von der Wiege bis zur Bahre – eine Nutzung der Natur als Rohstoffquelle und Schadstoffsenke zur Folge, durch die die Lebens- und Wirtschaftsbedingungen in dem betroffenen Teil der Biosphäre nachhaltig beeinflusst werden. Damit verbunden sind vielfältige, über die lokale Dimension hinausweisende *Interdependenzen*, die einerseits zwischen den Einsatzstoffen, der eingesetzten Energie, den Produktions-, Reinigungs- und Entsorgungsprozessen, den hergestellten Produkten, den Menschen und der natürlichen Umwelt sowie andererseits zwischen den Umweltmedien Wasser, Boden und Luft bestehen. Sie lassen sich vereinfacht in Form eines Schemas darstellen (vgl. Abb. 8): [185]

---

[184] Vgl. Verband Deutscher Papierfabriken 2008, S. 3.

[185] Vgl. Carnau 1995, S. 90.

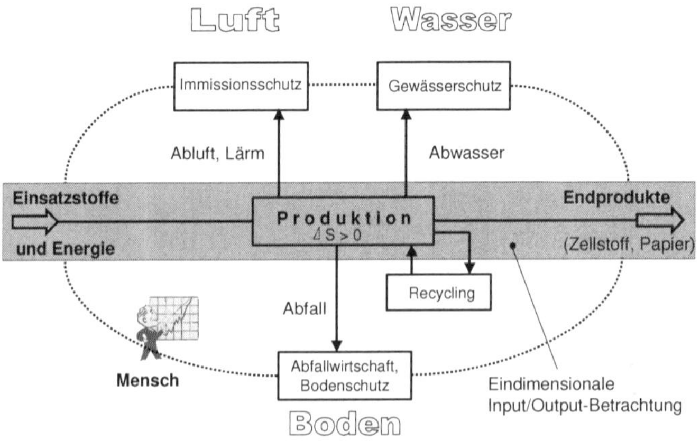


**Abbildung 8: Herstellung von Zellstoff und Papier mit den Wechselwirkungen**

Die schematische Darstellung der Herstellung von Zellstoff und Papier beschränkt sich hier auf die wesentlichen Stoffströme, in denen die Energie mit den im Produktionsprozess irreversibel auftretenden Energieverlusten bzw. Entropieanstiegen ($\Delta S > 0$) bereits berücksichtigt ist. Neben den bestehenden *Wechselwirkungen* soll das Schema verdeutlichen, dass die gelegentlich in der Anfangsphase des Umweltschutzes in den 1970/80er Jahren noch anzutreffende eindimensionale *Input/Output-Betrachtung* längs des gekennzeichneten Hauptstroms der Herstellung eines Produktes nicht gerecht wird. Denn Letztere verursacht selbst interdependente Emissionen in die Umwelt, die sich auch auf die Gesundheit von Lebewesen innerhalb und außerhalb des Unternehmens auswirken können. Wichtige Umweltschutzmaßnahmen wie beispielsweise die zum Bereich Gewässerschutz gehörige Abwasserreinigung unterliegen selbst mehreren Wechselbeziehungen, die in eine *integrierte Lösungsstrategie* einzubeziehen sind. Dazu müssen zunächst die grundsätzlich bestehenden Möglichkeiten der produktionsintegrierten Vermeidungsmaßnahmen (*„Primärmaßnahmen“*), die mit der Wahl der Einsatzstoffe beginnen, ausgeschöpft werden, bevor die dann gegebenenfalls noch erforderlichen Umweltweltschutzmaßnahmen (*„Sekundärmaßnahmen“*) ergänzend angewendet werden. Denn letztere sind wiederum mit dem Verbrauch von Einsatzstoffen und Energie sowie mit dem Anfall von flüssigen, festen und gasförmigen Emissionen verbunden. Außerdem besteht die Gefahr, dass die bestehenden *Probleme* dabei von einem Umweltmedium in ein anderes *verlagert* werden: Beispielsweise kann aus einer Abwasserreinigungsmaßnahme leicht ein zusätzlicher Ressourcenverbrauch bzw. ein Abfall- oder Abluftproblem entstehen, das nicht an der Werksgrenze endet.

Vor dem dargestellten Hintergrund musste im Werk Karlsruhe eine Lösung für eine zukunftsfähige Faserstoffversorgung der Papierherstellung gefunden werden, die aus den angegebenen Gründen zur *Stilllegung des Zellstoffwerkes* führte. Für die integrierte Papierproduktion bedeutete diese einschneidende Konsequenz, dass die zugehörige *Faserstoffversorgung vollständig umgestellt* werden musste. Damit verbunden war die Durchführung weiterer technologischer Untersuchungen für die Änderung der Rezeptur der eingesetzten Faserstoffe, die Errichtung neuer Anlagen für die *Substitution* der Zellstoff- durch eine veränderte Faserstoffherstellung sowie eine Anpassung der Abwasserreinigungs- und Kraftwerksanlagen an die neuen Prozessbedingungen. Wegen der Direkteinleitung aller Fabrikabwässer führte die Stilllegung des Zellstoffwerkes zu einer wesentlichen *Entlastung des Rheins*. Denn der Wegfall der Zellstoffabwässer wurde nicht durch eine zusätzliche Abwasserbelastung der veränderten Papierproduktion mit ihrer neuen Faserstoffversorgung aufgewogen, da sich einerseits die produktionsinternen Maßnahmen mit ihren weitgehenden Schließungen von Wasserkreisläufen und andererseits die durchgeführten Veränderungen an den nachgeschalteten Abwasserreinigungsanlagen entlastend auswirkten. Als Folge dieser Maßnahmen wurden die Menge des Gesamtabwassers bei der Umstellung mehr als halbiert und die Schadstofffrachten der Abwasserströme soweit reduziert, dass sich der Gütezustand des Vorfluters eindeutig verbesserte. Der Einfluss der Abwassereinleitung auf die Biozönose des betroffenen Rheinabschnitts wurde im Zeitraum *vor und nach der Faserstoffumstellung* im Rahmen eines Forschungsprojekts mit der Universität Karlsruhe[186] und der Landesanstalt für Umweltschutz Baden-Württemberg[187] gemeinsam mit der betrieblichen Eigenkontrolle überwacht. Dazu wurde ergänzend zu der üblichen chemisch-physikalischen und ökologischen Zustandsbeobachtung des Rheins durch Wasseranalytik und passives Biomonitoring ein *aktives Biomonitoring* durch in-situ-Hälterungen mit verschiedenen Monitororganismen und makrozoobenthischen Begleituntersuchungen *im Bereich der Abwasserfahne* des Werkes durchgeführt, die hierzu mit einem Schiff vermessen wurde. An den im Flussbett ausgebrachten Hälterungskäfigen wurden die Letalitäten der Prüforganismen bestimmt und in der Abwasserfahne ein eindeutiger Letalitätsrückgang der Organismen infolge der Produktionsumstellung festgestellt. Außerdem wurde im Untersuchungszeitraum eine eindeutige Verbesserung der Lebensbedingungen der Tier- und Pflanzenwelt im Flussbett (Benthos) des Abwassereinflussbereichs nachgewiesen. Als Ergebnis der Faserstoffumstellung bestätigte die Landesanstalt für Umweltschutz schließlich die *Verbesserung des Gütezustands des nördlichen Oberrheins* um eine Güteklasse von kritisch auf mäßig belastet.[188] Dieser ökologische Fortschritt hatte jedoch auch ökonomische und soziale Konsequenzen, auf die nachfolgend eingegangen wird.

### 2.3.2 Ökonomische Auswirkungen

Die mit der erfolgreichen Umstellung der Faserstoffversorgung verbundene Stilllegung des Zellstoffwerkes in Karlsruhe bewirkte einerseits eine Verschiebung des bisherigen Produktionsschwerpunktes in Richtung einer integrierten Papierproduktion mit stärker

---

186 Vgl. Gorka 1993.

187 Vgl. Landesanstalt für Umweltschutz Baden-Württemberg 1993.

188 Vgl. Carnau 1995, S. 103 ff.

diversifiziertem Frischfaser- und zunehmend steigendem Recyclingfasereinsatz. Und sie bewirkte andererseits eine Erweiterung der Produktions- und Absatzmöglichkeiten. Diese zur *längerfristigen Sicherung der Rentabilität und Existenz* des Standortes – auf einer auch für die Zukunft gesicherten Rohstoffbasis – notwendige Entscheidung erfolgte im mittel- und langfristigen Interesse der Betriebsangehörigen sowie der externen Stake- und Shareholder, wozu auch die an der Finanzierung des Projektes beteiligten Kreditgeber gehörten. Sie war für das Unternehmen neben den wegfallenden Erlösen für den hergestellten Marktzellstoff und die Nebenprodukte mit erheblichen *Investitionskosten* verbunden, die nicht nur für die Errichtung neuer Anlagen und Betriebseinrichtungen, sondern auch für Umbauten an vorhandenen Anlagen sowie den Abriss des Zellstoffwerkes und die Entsorgung des Abbruchmaterials aufzubringen waren. Die auf der anderen Seite *wegfallenden Kosten* für Personal, Betrieb, Abwasser- und Schlammanfall sowie Umweltabgaben der Zellstoffherstellung wirkten sich hierauf reduzierend aus. Zu einem größeren Anteil an der Kompensation des Investitionsaufwandes trug jedoch vor allem die vom Gesetzgeber geschaffene *Anreizfunktion* bei, Ausnahmen von der Abwasserabgabepflicht für geleistete Umweltschutzmaßnahmen zu ermöglichen: Gemäß § 10 Abs. 3 AbwAG konnte die für die Dauer von drei Jahren *geschuldete Abwasserabgabe* mit den zur Minderung der Schadstofffracht (Produkt aus Abwassermenge und Schadstoffkonzentration) errichteten Anlagen verrechnet werden.[189] Außerdem reduzierte sich die ab dem Zeitpunkt der Umstellung *zu leistende Abwasserabgabe* wegen der erzielten Entlastung der Umwelt durch die geringeren Schadstofffrachten der Produktionsstätte.

Die Einstellung der Zellstoffherstellung wirkte sich in ökonomischer Hinsicht nicht nur auf die Shareholder, sondern auch auf die von Entlassung betroffenen Mitarbeiter und auf weitere Stakeholder aus: Auf die *Lieferanten* von Sägewerksabfällen und Durchforstungshölzern, deren Abfallhölzer nicht mehr abgenommen und entsorgt, und die *Abnehmer der Nebenprodukte* Industriealkohol und Eindampfkonzentrat, die nicht mehr beliefert werden konnten. Wobei der letztere Abnehmer als Weiterverarbeiter wirtschaftlich besonders betroffen war, da seine auf dem benachbarten Betriebsgelände durchgeführte Futtermittelherstellung bisher auf das Eindampfkonzentrat des Zellstoffwerkes ausgerichtet war. Für den Fortbestand des hoch spezialisierten Betriebs mussten daher Ersatzlieferanten für vergleichbare Konzentrate erst gefunden werden, was dem weiterverarbeitenden Betrieb nach einer Überarbeitung des Produktangebotes und der zugehörigen technischen Einrichtungen schließlich bei der für Massentransporte – per Schiff, Bahn oder LKW – günstigen Verkehrsanbindung gelang. Weniger problematisch war hingegen die veränderte *Zellstoffbelieferung der eigenen Papierfabrik*: Infolge der Reduzierung des Zellstoffeinsatzes in der Papierproduktion fielen die Versorgungsprobleme und zusätzlichen Kosten für den erforderlich gewordenen *Import von Zellstoff* weniger ins Gewicht. Nachteilig, aber überschaubar ist der Aufwand für das Auflösen und Aufbereiten des teuren, von den jeweiligen Marktverhältnissen abhängigen Import-Zellstoffs. Vorteilhaft wirkt sich dagegen die höhere Festigkeit des neuen Zellstoffs aus, die bei einem weiterhin selbst hergestellten Zellstoff – in der aus Umweltgründen erforderlichen chlorfrei gebleichten Qualität – nicht möglich gewesen wäre. Letzterer hätte die *Effizienz* der Herstellung und externen Weiterverarbeitung der

[189] Vgl. Abwasserabgabengesetz – AbwAG 1994.

Pressepapiere durch Abrisse der Papierbahnen in den Papiermaschinen der Papierfabrik und den Druckmaschinen der Kunden kostenwirksam reduziert. Außerdem hätte dieser so verhinderte Qualitätsmangel die *Marktposition* des Unternehmens als bedeutender Lieferant für Pressepapiere beeinträchtigt. Stattdessen ist es mit der durchgeführten Faserstoffumstellung gelungen, eine *zukunftsfähige integrierte Papierproduktion* mit sicheren Arbeitsplätzen am Standort Karlsruhe zu schaffen, woran neben ortsansässigen Bau-, Montage- und Zuliefererbetrieben auch die öffentliche Hand als Empfänger von Steuerzahlungen und Abgaben interessiert ist. Diese auch in sozialer Hinsicht wichtige *Erhöhung des Standortwertes* hatte eine Weichenstellung zur Folge, die sich später angesichts einer zunehmenden Verschärfung der internationalen Wettbewerbsbedingungen günstig auf die Integration des deutschen Unternehmens in einen global agierenden internationalen Großkonzern auswirkte.[190]

### 2.3.3 Soziale Auswirkungen

Mit der Stilllegung des Zellstoffwerkes war ein nicht zu vermeidender *Verlust von Arbeitsplätzen* verbunden, der durch eine sozialverträgliche Gestaltung für die hiervon Betroffenen abgemildert wurde. Zur Erleichterung trug außerdem die Möglichkeit bei, dass ein Teil der Betriebsangehörigen dieses Produktionsbereichs in der integrierten Papierproduktion mit ihrer erweiterten Faserstoffherstellung übernommen werden konnte. Hinzu kommt, dass die Arbeitsplätze in diesem Bereich wegen des Wegfalls des chemischen Faseraufschlusses und der Chlorbleiche von vornherein mit weniger Risiken für die Gesundheit und die Sicherheit der übernommenen Mitarbeiter verbunden waren. Ansonsten wirkte sich die mit einem großen ökonomischen Aufwand erreichte Umstellung der Faserstoffversorgung und Umweltentlastung in sozialer Hinsicht überwiegend positiv aus: Vor allem sicherte das Unternehmen mit dieser Maßnahme einerseits den Erhalt sowie Fortbestand der Papierproduktion und Arbeitsplätze. Andererseits diente sie der Schaffung von Standortvoraussetzungen für *zukunftsfähige Produktionsbedingungen und Arbeitsplätze*, die weiterhin für die Lieferung gesellschaftlich relevanter Produkte und für Aufträge an wirtschaftlich verbundene Unternehmen sorgten. Hinzu kommen gesicherte Steuerzahlungen sowie Sozial- und Umweltabgaben zu Gunsten der Allgemeinheit. Dadurch kann an diesem Standort mit der Herstellung und Lieferung von Pressepapieren langfristig Einkommen erzielt werden, das nicht nur den Shareholdern zugute kommt. Auch die erreichte nachhaltige *Verbesserung der Gewässergüte* des Rheins liegt im Interesse des Gemeinwohls, und zwar weit über den lokalen Bereich hinausreichend: Dieser große Fluss, dessen Wasserqualität die Flora und Fauna bis in die Nordsee hinein beeinflusst,[191] dient u. a. den Anwohnern als Erholungsraum, den kommunalen Wasserwerken via Uferfiltrat als Trinkwasserreservoir und den Industriebetrieben als wichtiger Brauchwasserlieferant. Aus diesem Grunde hatten sich nicht nur Umweltverbände, sondern auch Initiativen der Rhein-Anliegerstaaten *grenzübergreifend* für

[190] Weitere Einzelheiten zur *späteren Integration* werden in dem Kapitel 4 „Nachhaltigkeitsmanagement als Anwendung der Nachhaltigkeitsethik" behandelt.

[191] Vgl. Der Spiegel 1986, S. 37 ff.

eine Verbesserung der Gewässergüte eingesetzt und alle relevanten Einleiter kontaktiert. Den niederländischen Vertretern ging es neben der organischen Belastung vor allem um die suspendierten Feststoffe der eingeleiteten Abwässer, die von der Strömung transportiert stromabwärts in der Summe der Einleitungen zu nennenswerten Schlammmengen führten, die aufwendig entsorgt werden mussten. Diese vielfältigen, von Medien unterstützten Initiativen blieben auch bei weiteren kommunalen und industriellen Abwassereinleitern nicht ohne Resonanz, so dass der Rhein und andere europäische Flüsse heute eine wesentlich höhere Wasserqualität aufweisen, von der nicht nur die Anwohner profitieren. Allerdings darf dabei nicht übersehen werden, dass im vorliegenden Fall mit der Stilllegung des Zellstoffwerkes ökologische *Probleme* zum Teil auch auf Standorte der Produzenten von Import-Zellstoff *verlagert* wurden, selbst wenn diese und ihre Umgebung in Regionen mit geringerer Besiedelungsdichte liegen und die Bevölkerung weniger belasten. Auch wenn die am Standort eingesetzte Zellstoffmenge nach der Umstellung verringert wurde, kommen dennoch Umweltbelastungen durch die erforderlich gewordenen Transporte hinzu, auch wenn diese zum großen Teil per Schiff erfolgen.

Die umfangreichen Vorbereitungsarbeiten für die Umstellung der Faserstoffversorgung führten neben wirtschafts- auch zu umweltbezogenen *Kooperationen* mit sozialen Auswirkungen: Mit den regional zuständigen Umwelt- und Genehmigungsbehörden wurden die durchzuführenden Maßnahmen letztlich im öffentlichen Interesse abgestimmt, wobei auch Anliegen der Nachbarschaft berücksichtigt wurden. Die Kooperationen mit universitären Forschungseinrichtungen wie der Technischen Universität Berlin und der Universität Karlsruhe (TH) ergaben für alle Seiten wichtige Erkenntnisse, die für weitere Untersuchungen und Entscheidungen genutzt werden konnten, auch außerhalb des vorliegenden Projektes. Außerdem wurde dadurch die öffentliche Umweltforschung unterstützt, indem den daran beteiligten Biologen ein Einblick in die großindustrielle Zellstofftechnologie und die damit verbundenen Produktionszusammenhänge gegeben wurde. Vor diesem Hintergrund wurden auch die Möglichkeiten und Grenzen umwelttechnischer Maßnahmen diskutiert. Ferner sorgten die für Forschungszwecke zur Verfügung gestellten Originalproben und Eigenkontrollwerte für die gewünschte Praxisnähe. Alle Kooperationen waren von einem – in sonst nicht immer üblichem Maße – *offenen Dialog* gekennzeichnet, der sich positiv auf die anstehende Problemlösung auswirkte. Durch die mit der Umstellung erreichte Umweltentlastung wurden außerdem die *Interessen der Stakeholder* insoweit berücksichtigt, dass sich bei unterschiedlichen Positionen ein weitgehender Konsens einstellte, der auf dauerhafte Lösungen angelegt war:[192] Sei es mit der vorher von nicht seltenen Geruchsimmissionen betroffenen Nachbarschaft, den die Interessen der Allgemeinheit vertretenden Behörden, den Vertretern der Rhein-Anliegerstaaten und den Umweltverbänden. In der Folge ergab sich eine spürbare Verbesserung des *Unternehmensimages*. Weniger zufrieden waren hingegen einige Hobbyangler, denen die bisherige organische Abwasserbelastung für ihre Fangquote recht war und die

[192] Die *Interessen der Stakeholder* und die von einem *offenen Dialog* gekennzeichneten Kooperationen stellen wichtige Bausteine eines im Rahmen der Konkretisierung des Gestaltungsansatzes Nachhaltigkeitsethik zu entwickelnden Konzepts für eine nachhaltige Unternehmensentwicklung dar. Darauf wird im Kapitel 4 „Nachhaltigkeitsmanagement als Anwendung der Nachhaltigkeitsethik“ näher eingegangen.

angesichts des „magereren" Abwassers nach der Umstellung den mengenmäßigen Rückgang an Fischen im Bereich der Einleitestelle in den Rhein beklagten. Die Zunahme des Artenreichtums im weiteren Flussverlauf blieb bei dieser partikularen Ansicht allerdings unberücksichtigt.

## 2.4 Vom ökologischen Umbau zur nachhaltigen Entwicklung

Die im Unternehmen des Fallbeispiels 1 im Rahmen des ökologischen Umbaus erworbenen Berufserfahrungen, die in dem noch zu behandelnden Fallbeispiel 2 durch die Mitwirkung am Aufbau eines Umweltmanagementsystems und seiner Einbettung in ein integriertes Managementsystem ergänzt wurden, ermöglichten dem Verfasser nach dem Ausscheiden aus dem organisatorisch grundlegend veränderten Unternehmen neue Erkenntnisse. Diese resultierten aus einer anderen Position sowie Wissensbasis und lieferten wesentliche Impulse für das Generieren eines *Beitrags zur Umsetzung des Nachhaltigkeitsleitbilds* in die gesellschaftliche Realität, der im weiteren Verlauf der Arbeit in zwei Schritten erfolgen soll. Im Vorfeld trugen diese Erkenntnisse einerseits zu einer Auseinandersetzung mit den Möglichkeiten des produktionsintegrierten Umweltschutzes und einer Erweiterung um die Integration der Nachhaltigkeitsanforderungen in die Tätigkeit von Unternehmen bei. Andererseits schafften sie die Voraussetzungen für eine kritische Reflexion der bisherigen Lebens- und Wirtschaftsweise unserer Gesellschaft, die als nicht hinreichend zukunftsfähig eingestuft wird. Vor diesem Hintergrund sollen im *ersten Schritt* die Möglichkeiten der normativen Ethik mit ihrem Orientierungswissen in Verbindung mit den ökologischen, ökonomischen und sozialen Rationalitäten bzw. Prinzipien mit ihrem fachspezifischen Wissen genutzt werden. Die Zielsetzung dabei ist, einen ganzheitlichen normativen Gestaltungsansatz Nachhaltigkeitsethik mit methodischer Unterstützung durch die kommunikative Rationalität bzw. einen konsensualen Dialog zu entwickeln. Dieser integrative Gestaltungsansatz soll im *zweiten Schritt* anwendungsbezogen zu einem Konzept für eine nachhaltige Unternehmensentwicklung konkretisiert werden, in den unter Berücksichtigung des gesellschaftlichen Wandels das aktuelle Managementwissen einfließen soll. Diesen für die universelle Anwendung auf verschiedene Unternehmen zu konzipierenden theoretischen Ansatz soll ein bereits in einem Wirtschaftsunternehmen eingeführtes Nachhaltigkeitsmanagement veranschaulichen. Dazu soll im Rahmen des Fallbeispiels 2 das spezielle Managementsystem des zu einem globalen Forstindustrieunternehmen veränderten Unternehmens realitätsnah dargestellt und dem universellen Ansatz anschließend gegenübergestellt werden. Diese Gegenüberstellung soll außerdem zeigen, ob und inwieweit sich das Nachhaltigkeitsleitbild in einem gesellschaftsrelevanten Bereich unter den bestehenden Rahmenbedingungen umsetzen lässt.

Im ersten Schritt des Weges vom ökologischen Umbau zur nachhaltigen Entwicklung erfolgt mit der nachfolgenden Konzeptualisierung des normativen Gestaltungsansatzes Nachhaltigkeitsethik der Einstieg in den aus mehreren Abschnitten bestehenden theoretischen Teil. Auf dieser Grundlage soll dann im zweiten Schritt die erwähnte Konkretisierung des Gestaltungsansatzes erfolgen.

# 3. Nachhaltigkeitsethik: Entwicklung eines Gestaltungsansatzes

Die bereits in der Einleitung behandelten Nachhaltigkeitsdimensionen, die im Fallbeispiel 1 als Folgen der grundlegenden Produktionsumstellung eines Unternehmens aus der Papierindustrie veranschaulicht wurden,[193] müssen im Hinblick auf die *angestrebte globale Zukunftsfähigkeit* unserer Lebens- und Wirtschaftsweise über die partikulare Sichtweise hinaus verallgemeinert und mit ihren Interdependenzen in einen ganzheitlichen Zusammenhang gestellt werden. Der Konzeptualisierung des *normativen Gestaltungsansatzes Nachhaltigkeitsethik* liegen dabei folgende Vorstellungen zugrunde:

Der *Begriff „Nachhaltigkeitsethik“* wird im vorliegenden Rahmen für einen zu entwickelnden normativen Gestaltungsansatz verwendet, der die Dimensionen der Nachhaltigkeit unter einer neuen Ethikperspektive zusammenführen soll, indem er die Gegenstandsbereiche der anschließend darzustellenden Einzelethiken *Umwelt-, Wirtschafts- und Sozialethik* auf einer erweiterten ethischen Grundlage zu einem integrativen Ansatz verknüpft. Damit soll durch eine alle Nachhaltigkeitsdimensionen erfassende konkretere Orientierung zu einer Verhaltensänderung in Richtung einer nachhaltigen Entwicklung beigetragen werden, die es auch den nachfolgenden Generationen noch ermöglicht, ein Leben unter menschenwürdigen Bedingungen zu führen. Für diese anspruchsvolle *Aufgabenstellung*, die außerdem global und langfristig ausgerichteten gesellschaftlichen Anforderungen unter sich ständig ändernden gesellschaftlichen Rahmenbedingungen Rechnung tragen muss, soll der normative Gestaltungsansatz Nachhaltigkeitsethik entwickelt werden. Dabei wird davon ausgegangen, dass das *Nachhaltigkeitsleitbild* bereits selbst einen ethischen Ansatz darstellt. Wegen seiner Abstraktion und einer damit verbundenen Unverbindlichkeit soll es dahingehend *konkretisiert* werden, dass die Möglichkeiten der Umsetzung durch eine weitergehende moralphilosophische Handlungsorientierung unter Einschluss dreier *fachspezifischer Zielsysteme* verbessert werden.[194] Die Nachhaltigkeitsethik geht dabei in ihren einzelnen Dimensionen d. h. Einzelethiken in der gesellschaftlichen Praxis in der Regel fachspezifisch nicht so weit, wie diese in partikularer Hinsicht selbst gehen könnten. Denn sie muss im Interesse eines *ganzheitlichen Erfolges* bei ihrer praktischen Umsetzung *Kompromisse* entsprechend den jeweils vorliegenden Situationen und Rahmenbedingungen eingehen. Ein so konzipierter Gestaltungsansatz wendet sich an handlungsbereite Individuen und gesellschaftliche Gruppen, also besonders an Umwelt-, Wirtschafts- und Sozialexperten, Konsumenten, Unternehmen, Interessenverbände, Politiker, Forschungs- und Bildungseinrichtungen und Medien als *Adressaten*.

---

[193] Auf die *weitere Entwicklung* des im *Fallbeispiel 1* exemplarisch behandelten Unternehmens, das nach der weitgehenden Veränderung der Rohstoffversorgung von dem globalen Konzern des Fallbeispiels 2 übernommen und organisatorisch ins Nachhaltigkeitsmanagement des Gesamtunternehmens integriert wurde, wird im Kapitel 4.2 „Konzept für eine nachhaltige Unternehmensentwicklung“ eingegangen.

[194] Auf die drei *fachspezifischen Zielsysteme* wird anlässlich der normativen Integration der fachspezifischen Rationalitäten in den Kapiteln 3.3 „Umweltethik“, 3.4 „Wirtschaftsethik“ und 3.5 „Sozialethik“ eingegangen.

Das an sich überzeugende und weitgehend akzeptierte *Leitbild einer nachhaltigen Entwicklung* wird bisher trotz vielfach bekundeter Absichten noch nicht in nennenswertem Umfang in die Praxis umgesetzt: Stattdessen zeigen viele Entscheidungsträger in Wirtschaft und Gesellschaft ebenso wie die Mehrheit der Bevölkerung wenig Bereitschaft, ihre mehr oder weniger bewussten Werthaltungen bezüglich einer zukunftsfähigen Entwicklung in praktisches Handeln umsetzen. Damit die Überwindung der angesprochenen *Hemmnisse* nicht zu idealistische Züge annimmt, ist grundsätzlich von den tatsächlichen Gegebenheiten und von Lösungswegen mit ausreichender Berücksichtigung rationaler Aspekte sowie den spezifischen Möglichkeiten der jeweiligen Verhältnisse auszugehen. Auf diese Differenzierung darf angesichts der weitreichenden raumzeitlichen Zusammenhänge in einem gesellschaftlich dynamischen Umfeld nicht verzichtet werden. Die überall festzustellenden Nachhaltigkeitsdefizite werden hier als *vorrangig ethische Defizite* eingestuft, die als kulturelle Defizite wesentlich aus einer weit verbreiteten Orientierungslosigkeit entstanden sind. Im Kern wird in der vorliegenden Arbeit die Ansicht vertreten, dass eine nachhaltige Entwicklung letztlich nur über ethisch fundierte Motive und Handlungen zu realisieren ist. Dabei wirken fallweise bestehende rationale Argumente unterstützend, die jedoch erst einmal in den Nachhaltigkeitskontext gestellt werden müssen. Ethisches Verhalten muss im Interesse der Wirksamkeit soweit wie möglich durch rationales Verhalten ergänzt, also *Normativität* mit *Rationalität* auf den unterschiedlichen gesellschaftlichen Ebenen in Einklang gebracht werden. Beispielsweise wird die normativ-ethisch angelegte ökologische Verantwortung von Unternehmen leichter wahrgenommen, wenn bei ihnen das Bewusstsein über die damit verbundene ökonomisch notwendige Ressourcenverantwortung und -sicherung vorhanden ist. Entgegen einer verbreiteten Auffassung wird hier die Position eingenommen, dass sich Ethik im Hinblick auf offenkundige Nachhaltigkeitsdefizite nicht nur als Reparaturmaßnahme bzw. *Nachsorge* von Fehlentwicklungen eignet, sondern vor allem auch zu ihrer *Vorsorge*. In Analogie zur Umweltschutztechnologie kann daher sowohl von einer „primären" Pflichtenethik als auch von einer „sekundären" Folgen- bzw. Verantwortungsethik gesprochen werden. Wie beim Umweltschutz müssen jedoch beide Strategien bzw. Ansätze entsprechend den jeweiligen Erfordernissen miteinander verknüpft werden, da in der gesellschaftlichen Praxis nicht nur das eine oder das andere vorhanden und notwendig ist (Stichwort: teleologische Deontologie).[195]

*Ziel:* Mit der nachfolgenden Ausarbeitung soll also der normative Gestaltungsansatz Nachhaltigkeitsethik auf der Grundlage der normativen Ethik und der fachspezifischen Prinzipien bzw. Rationalitäten entwickelt werden. *Planung:* Dazu sollen Letztere mit ihren fachlichen Grundlagen erörtert und normativ integriert werden, um daraus die für eine nachhaltige Entwicklung relevanten Einzelethiken zu erhalten.[196] Die Einzelethiken sollen anschließend mit Hilfe eines konsensualen Konfliktlösungs- und Integrationskonzeptes zu einem normativen Gestaltungsansatz Nachhaltigkeitsethik integrativ

[195] Weitere Einzelheiten zu den *ethischen Grundlagen* gehen aus dem Kapitel 3.2 „Normative Ethik und Diskursmethode" hervor.

[196] Die Einzelethiken *Umweltethik, Wirtschaftsethik und Sozialethik* werden in den Kapiteln 3.3 bis 3.5 dargestellt.

zusammengefügt werden.[197] *Anwendung:* Der nach dieser Vorgehensweise für die allgemeine Anwendung zu entwickelnde theoretische Ansatz soll als Grundlage handlungsleitender Beiträge für eine global zukunftsfähige Entwicklung in konkreten Anwendungsfällen im Bereich von Wirtschaft und Gesellschaft genutzt werden können.[198]

## 3.1 Grundannahmen und Ausgangsbasis des Gestaltungsansatzes

Die Idee zur Entwicklung eines vierdimensionalen Konfliktmodells ist aus den noch darzustellenden interdependenten Zusammenhängen zwischen natürlicher Umwelt und Ethik (Umweltethik), Wirtschaft und Ethik (Wirtschaftsethik) sowie Soziales und Ethik (Sozialethik) entstanden, die entsprechend dem ganzheitlichen Zusammenhang zu einem *Tetraeder der Nachhaltigkeitsethik* miteinander verknüpft wurden.[199] Dieses als Grundlage für die Entwicklung des normativen Gestaltungsansatzes Nachhaltigkeitsethik gewählte *Konfliktmodell* basiert zum einen auf dem mit einem konkreten Subjekt- und Objektbezug ausgestatteten *Dreiecksverhältnis Mensch-Natur-Mensch.* Das Dreiecksverhältnis wird von dem auf einer Ebene liegenden Spannungsverhältnis Mensch-Mensch und dem auf zwei Ebenen liegenden weniger direkten, jedoch durch die Naturabhängigkeit des Menschen geprägten Spannungsverhältnis Mensch-Natur bestimmt.[200] Zum anderen basiert das Tetraeder der Nachhaltigkeitsethik auf dem unter einer Gleichrangigkeitsprämisse stehenden *konsensualen Spannungsdreieck der Nachhaltigkeit,*[201] das hier um die Ethik als vierter Dimension erweitert wurde: Demzufolge besteht das Tetraeder der Nachhaltigkeitsethik einerseits aus den als grundsätzlich gleichrangig eingestuften Nachhaltigkeitsdimensionen natürliche Umwelt, Wirtschaft und Soziales und andererseits aus den nicht-instrumentellen normativen Anforderungen, vertreten durch die Ethik. Das Verhältnis zwischen den genannten fachspezifischen Wissenschaftsbereichen und der Ethik wird unter Verzicht auf gegenseitige Dominanz ebenfalls als grundsätzlich *gleichrangig* eingestuft, worauf bei den fachspezifischen Einzelethiken noch näher eingegangen wird. Diese *doppelte Gleichrangigkeit* trägt sowohl den in den drei Nachhaltigkeitsdimensionen mehr oder weniger deutlich vorhandenen Grenzen der Belastbarkeit als auch den Anforderungen an eine nachhaltige Entwicklung Rechnung, die mit Hilfe eines konsensualen Dialogs zwischen grundsätzlich gleichberechtigten Partnern gesellschaftlich erreicht werden soll. Darüber

[197] Das *konsensuale Konfliktlösungs- und Integrationskonzept* wird im Kapitel 3.6 „Integration der fachspezifischen Einzelethiken" vorgestellt.

[198] Auf die *Konkretisierung* des Ansatzes und ein *Anwendungsbeispiel* wird im Rahmen des Nachhaltigkeitsmanagements im Kapitel 4.2 „Konzept für eine nachhaltige Unternehmensentwicklung" näher eingegangen.

[199] Die *Interdependenzen* zwischen den fachspezifischen Wissenschaftsbereichen und der Ethik werden in den Kapiteln 3.3 bis 3.5 behandelt.

[200] Das *Dreiecksverhältnis Mensch-Natur-Mensch* wird im Kapitel 3.5.1 „Grundprobleme der Sozialethik" behandelt.

[201] Weitere Einzelheiten zum *konsensualen Spannungsdreieck der Nachhaltigkeit* und seiner Gleichrangigkeitsprämisse befinden sich im Kapitel 1.3 „Begriffliche und inhaltliche Vorklärungen".

hinaus wird damit verhindert, dass der nicht-instrumentellen ethischen Rationalität gegenüber der jeweiligen fachspezifischen Rationalität und umgekehrt im vorliegenden Zusammenhang eine Vorrangstellung eingeräumt wird. Auf diese Weise soll auch einer nicht weiterführenden Diskussion über Prioritäten zwischen der Ethik und den fachspezifischen Wissenschaften begegnet werden, zumal Letztere bereits normative Aspekte in ihrer jeweiligen Disziplin aufweisen und Prioritäten mit einer Reichweite der vertretenen Wissenschaftsbereiche nicht zu begründen sind. Unter diesen Voraussetzungen kommt der Ethik hier lediglich eine noch zu erläuternde Korrektur- und Koordinierungsfunktion zu, die im noch darzustellenden konsensualen Konfliktlösungs- und Integrationskonzept besonders deutlich wird.[202] Die vier *Spannungspole* des Tetraeders und die aus ihnen unmittelbar hervorgehenden drei *Spannungsverhältnisse* – vertreten durch die Umwelt-, Wirtschafts- und Sozialethik – stehen jeweils in einem mehrfachen Wechselverhältnis mit unterschiedlichen Ansprüchen und müssen zur Konfliktreduzierung und Zielerfüllung wie beim Spannungsdreieck der Nachhaltigkeit im Rahmen eines konsensualen Dialogs schrittweise in eine *Balance* gebracht werden (vgl. Abb.9).[203]

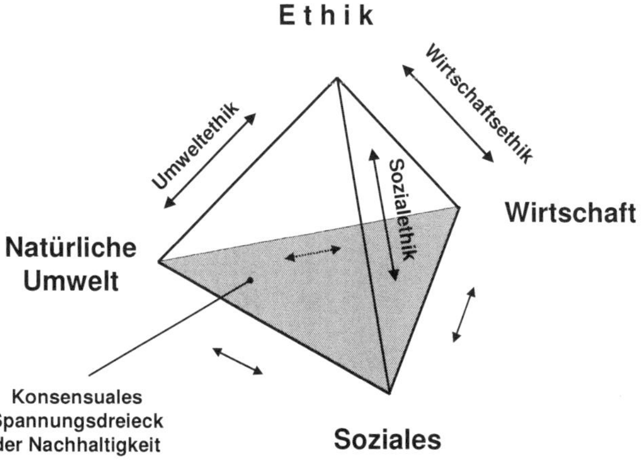


**Abbildung 9: Konsensuales Konfliktmodell Tetraeder der Nachhaltigkeitsethik**

In der *gesellschaftlichen Realität* wird sich gedanklich anstelle eines ausbalancierten Tetraeders nicht selten ein unproportionierter Körper mit nicht nur gleichseitigen Drei-

---

[202] Auf die *Rolle der Ethik* im Zusammenhang mit dem konsensualen Konfliktlösungs- und Integrationskonzept wird im Kapitel 3.6 „Integration der fachspezifischen Einzelethiken" näher eingegangen.

[203] Auf den *Ausgleich unterschiedlicher Interessen* wird auch im Zusammenhang mit der Gleichheit und Gerechtigkeit näher eingegangen (vgl. Kapitel 3.5.2 „Gerechtigkeit als zentrales Anliegen der Sozialethik").

ecken ergeben: Wenn beispielsweise in einem Entwicklungsland extreme Armutsprobleme vorliegen, müssen aus ethischer Sicht im sozialen Interesse zumindest vorübergehend Kompromisse bei den ökologischen und ökonomischen Anforderungen akzeptiert werden, um zu einer *praktischen Verbesserung* der Gesamtsituation für die Betroffenen zu kommen. Oder im erwähnten Fallbeispiel 1 mussten vom Unternehmen angesichts der ökologischen Defizite Kompromisse bei den ökonomischen und sozialen Anforderungen in Kauf genommen werden. In jedem Fall soll die *Ethik* in diesem Spannungstetraeder mit Unterstützung durch die Diskursmethode zu einer Abstimmung der verschiedenen fachspezifischen Anforderungen entsprechend den jeweils gegebenen Voraussetzungen beitragen.[204] Die sich jeweils aus den interdependenten Beziehungen zwischen fachspezifischer und nicht-instrumenteller ethischer Rationalität ergebenden *Einzelethiken* werden ebenfalls als grundsätzlich gleichrangig eingestuft. Sie verbinden sich wiederum in der Ethik als Oberzweck, worin sich das noch zu behandelnde Konfliktlösungsverfahren der Nachhaltigkeitsethik bereits andeutet. Die im Rahmen der Einzelethiken vertretenen Belange sind wegen der divergierenden fachspezifischen Vorstellungen und Interessen auf Dauer nur mit einer ganzheitlich ausgerichteten *Nachhaltigkeitsethik* zu bewältigen. Auf deren ethischer Grundlage können allgemein zustimmungsfähige Handlungsvorschläge erarbeitet werden, damit die jeweils zu leistenden Beiträge situationsgerecht erbracht werden, ohne dabei den Gesamtzusammenhang zu vernachlässigen.

**Zwischenfazit:** Für den Gestaltungsansatz Nachhaltigkeitsethik wurde von folgenden Grundannahmen ausgegangen: Auf der Basis des noch darzustellenden Dreiecksverhältnisses Mensch-Natur-Mensch und des konsensualen Spannungsdreiecks der Nachhaltigkeit wurde das *Konfliktmodell Tetraeder der Nachhaltigkeitsethik* entwickelt, dessen als grundsätzlich gleichrangig eingestufte Dimensionen natürliche Umwelt, Wirtschaft und Soziales mit der Ethik in eine Balance gebracht werden müssen, um die Entwicklung des Gestaltungsansatzes und seine konfliktreduzierende Anwendung in der Gesellschaft zu ermöglichen. In der von Konflikten geprägten gesellschaftlichen Realität kann im Interesse notwendiger Kompromisse von der *Gleichrangigkeitsprämisse* fallweise abgewichen werden. Das gilt auch für die ebenfalls gleichrangigen fachspezifischen Einzelethiken, die sich in diesem Konfliktmodell jeweils aus den Wechselbeziehungen von Nachhaltigkeitsdimension und Ethik ergeben. Letzterer kommt im Rahmen des Spannungstetraeders eine diskursiv zu vermittelnde normative Korrektur- und Koordinierungsfunktion ohne Dominanzansprüche zu.

## 3.2 Normative Ethik und Diskursmethode

Die sich angesichts der Gefährdung einer zukunftsfähigen Entwicklung aufdrängende, auch von der Nachhaltigkeitsforschung bisher zu wenig berücksichtigte *philosophische*

[204] Die *Diskursmethode* wird im Kapitel 3.2.3 „Konsensprinzip und ethischer Diskurs als methodischer Ansatz“ behandelt.

*Kernfrage* „Was soll ich tun?“ [205] wird hier entsprechend den Anforderungen unserer Zeit um die intersubjektiv transformierte Fassung „Was sollen wir tun?“ erweitert. Sie erfordert eine moralphilosophische Beantwortung, bei der der *Vernunft* eine entscheidende Rolle zukommt. Mit dem im Folgenden beabsichtigten Versuch einer Beantwortung dieser Fragen soll ausgehend von einer ethischen Reflexion menschlichen Handelns bzw. Nichthandelns ein Beitrag zu einer ganzheitlichen Krisenüberwindung aus der Sicht der präskriptiven, d. h. normativen Ethik geliefert werden: Sie beginnt bei einer *Aufklärung* über das Ausmaß und die sozialökologischen Hintergründe der Gefährdung und endet bei einer universell anwendbaren und akzeptierten *Handlungsorientierung*, die auf eine dauerhafte Lösung der Probleme ausgerichtet und im politischen Prozess global umzusetzen ist.[206] Angesichts der zu einem großen Teil auf unterschiedliche Interessen und Kenntnisse der tatsächlichen Situation zurückzuführenden *Konflikte* und auf verschiedenen Ebenen existierenden *Hemmnisse* bei der praktischen Überwindung der Krise sind räumlich und zeitlich weitreichende Lösungen gesucht, die auf einem demokratischen Weg die Abstimmung mit und die Einbeziehung von Akteuren und Betroffenen erfordert. Dazu sollen die Gestaltungspotenziale der *normativen Ethik* mit dem Ziel einer ethischen Fundierung reflektiert und für die im weiteren Verlauf zu entwickelnde Handlungsorientierung *kommunikativ* geklärt und vermittelt werden. Die bereits in der Einleitung dargestellte Problemlage erfordert sowohl eine Klärung der moralphilosophischen als auch der methodischen Grundlagen für die Anwendung und Umsetzung des zu entwickelnden *integrativen Ansatzes für eine nachhaltige Entwicklung.* Damit soll die angestrebte Handlungsorientierung in eine global zustimmungsfähige und anwendbare Form gebracht werden. Unter dieser Zielvorstellung wird folgende *Arbeitshypothese* aufgestellt:

*Als Antwort auf die angesichts der fortschreitenden Gefährdung unserer Zukunftsfähigkeit im Interesse des Gemeinwohls gestellte Frage „Was sollen wir tun?“ ergibt sich mit Hilfe der normativen Ethik und der Methode des ethischen Diskurses die theoretische Basis zur Entwicklung einer Handlungsorientierung für eine ganzheitliche Krisenüberwindung im Sinne einer global zukunftsfähigen Entwicklung. Hierfür eignen sich als regulative Idee das moralitätsethische Leitbild der Nachhaltigkeit und als ethische Fundierung die normativen Ansätze der Teleologie und Deontologie, die sich im konsensualen Dialog mit den anschließend zu klärenden fachspezifischen Anforderungen zu einem ganzheitlichen Gestaltungsansatz zusammenführen lassen. Dieses Vorgehen ermöglicht mit dem als Ausgangsbasis zugrunde gelegten Konfliktmodell Tetraeder der Nachhaltigkeitsethik einen Lösungsweg mit demokratischen Mitteln.*

Als *Vorgehensweise* bietet sich für die skizzierte Aufgabenstellung zunächst eine Auseinandersetzung mit dem *Leitbild der Nachhaltigkeit* an. Diese erfordert eine ethische

[205] Mit dieser zuerst in seiner „Kritik der reinen Vernunft“ formulierten *Kernfrage* setzte sich Immanuel Kant aus der Sicht des autonomen Subjektes eingehend in seiner *„Kritik der praktischen Vernunft“* auseinander (vgl. Kant 1788).

[206] Ausmaß und Hintergründe der *Gefährdung* sowie mögliche *Lösungswege* für die Überwindung der genannten Probleme werden unter dem jeweiligen Schwerpunkt in den Kapiteln 3.3 „Umweltethik“, 3.4 „Wirtschaftsethik“, 3.5 „Sozialethik“ und 3.6 „Integration der fachspezifischen Einzelethiken“ behandelt.

Reflexion nicht nur des für die Handlungsorientierung gewählten Leitbilds, sondern auch des menschlichen Handelns. Weitere grundlegende Klärungspunkte sind im Handlungskontext die Verantwortung und die Pflicht, zu der auch eine Gegenüberstellung von *Verantwortungsethik* und *Gesinnungsethik* gehört.[207] In diesem Zusammenhang ist auch zu klären, ob der Fokus auf die Wirkungen der Handlungen gerichtet oder schon vorher bei der Gesinnung bzw. Pflicht des Handelnden angesetzt werden sollte. Das für das mit dem Nachhaltigkeitsleitbild verbundene *Gestaltungsziel* in jedem Fall aufzubringende Engagement fordert neben dem Willen und den Möglichkeiten zur Veränderung auch die grundsätzliche Bereitschaft zum Verzicht: Dieses Ziel wird ohne bewusste Anerkennung der Werthaltigkeit des Seins bzw. der Biosphäre nicht auskommen,[208] darf jedoch bei der *Erhaltung* nicht stehen bleiben, sondern muss außerdem der *Entwicklung* der Lebensbedingungen der weniger Privilegierten Rechnung tragen. Die aus noch darzustellenden Gründen naheliegende Entscheidung für die teleologische Deontologie als ethische Fundierung des zu entwickelnden integrativen Ansatzes erfordert eine Überprüfung der Eignung der auf Zwecke, Konsequenzen und Pflicht ausgerichteten normativen Ansätze der *Teleologie und Deontologie* nebst ihren wichtigsten Anwendungsformen. Für die methodische Zusammenführung dieser Ansätze ist ein Rückgriff auf das *Konsensprinzip* und den *ethischen Diskurs* geplant. Die zugehörige Theorie des kommunikativen Handelns,[209] die im Hinblick auf die im Nachhaltigkeitskontext vorliegenden Interessengegensätze unverzichtbar erscheint, ergibt sich im Wesentlichen durch Rekonstruktion von Sprechhandlungen aus der Alltagspraxis sozialen Handelns. Mit dieser *methodischen Ergänzung* soll ein Lösungsweg für das bereits vorgestellte Konfliktmodell Tetraeder der Nachhaltigkeitsethik aufgezeigt und die formale Grundlage für die Entwicklung des integrativen Ansatzes für eine nachhaltige Entwicklung geschaffen werden.

### 3.2.1 Leitbild der Nachhaltigkeit als moralitätsethischer Ansatz

Das *Leitbild der Nachhaltigkeit*, das neben lokalen und kurzfristigen auch globale und langfristige Aspekte einbezieht, steht unter der politischen Zielperspektive einer global zukunftsfähigen Entwicklung. Ausgehend von einer kritischen Reflexion der für die Lebensbedingungen problematischen individuellen und gesellschaftlichen Verhaltensweisen der Weltbevölkerung kann das Nachhaltigkeitsleitbild eine Prinzipien gestützte Leitidee für die Überwindung einer als krisenhaft erkannten nicht-nachhaltigen Entwicklung mit Hilfe zukunftsweisender Handlungsstrategien anbieten, ohne dabei das Vernünftige und Erhaltenswerte der bestehenden Verhältnisse zu verkennen. Dieses ethische Reflexions- und Argumentationsmodell wird daher in Abgrenzung zu einem nur an bestehenden, geschichtlich gewachsenen Moralen orientierten hier als *„moralitätsethischer Ansatz“* bezeichnet.[210] Denn Nachhaltigkeitsdefizite lassen sich nicht allein mit

[207] Vgl. Weber 1919, S. 80 ff.

[208] Vgl. Jonas 1997, S. 166 und Jonas 1979, S. 26 ff.

[209] Vgl. Habermas 1987.

[210] Vgl. Gil 1993, S. XI ff.

gegenwärtig in einem Kulturraum als richtig erkannten Handlungsregeln und Verhaltensmustern beseitigen, sondern erfordern stattdessen weitergehende Ansätze, die sich neben ihrer ethischen Orientierung kritisch mit den Grenzen der Lebens- und Wirtschaftsweise nicht nur unserer Generation auseinander setzen. Und die zu deren Überwindung alternative Vorstellungen sowie Handlungsstrategien mit universeller Gültigkeit und Akzeptanz durch die Betroffenen entwickeln, um die notwendigen Änderungen global und dauerhaft wirksam auf den Weg zu bringen. Diesen kritischen Anstoß kann nur ein moralitätsethischer Ansatz liefern, der sich keinesfalls mit dem gegenwärtig Vorhandenen abfindet, sondern von subjektiv wie intersubjektiv erkannten Defiziten ausgehend sich auf die Entwicklungspotenziale des Gegenwärtigen und des für die Zukunft Angenommenen konzentriert, um darauf eine moralitätsgestützte Handlungsorientierung aufbauen zu können.

*Moralisch* ist an dieser Position im Hinblick auf die genannten Grenzen der „zugrundeliegende Grundimpuls, der sich nicht mit den faktischen Gegebenheiten abfindet und mittels kontrafaktischer Unterstellungen und Fiktionalisierungsentwürfe prinzipiell zu denken wagt." [211] Mit einem kritischen Denken *auf Basis der Vernunft*, das die Bedingungen und die Berechtigung der jeweils vorliegenden Verhaltensweisen prinzipien- und ideengeleitet prüft, können Fehlentwicklungen erkannt werden. Zu deren Überwindung können mit Unterstützung des noch zu behandelnden ethischen Diskurses schließlich verallgemeinerungs- und zustimmungsfähige Gestaltungsvorschläge für eine zukunftsfähige Entwicklung entworfen werden. Die mit dem Leitbild der Nachhaltigkeit implizit angesprochene Zielvorstellung, die physischen Lebensbedingungen in Verbindung mit einem Zugewinn an Humanität und Gerechtigkeit global zukunftsfähig zu entwickeln, akzeptiert keine Abstriche am Gestaltungspotenzial der Vernunft. Denn *Vernunft* ist die besondere, den Menschen auszeichnende intellektuelle Fähigkeit und letztlich die Instanz, die allein *Moralität* erzeugen kann und im weiteren Verlauf der Arbeit daher eine zentrale Position einnehmen wird.[212] Angesichts der sehr weit gefassten Zielsetzung ist eine Orientierungshilfe für die Gestaltungsaufgabe unverzichtbar: Das Nachhaltigkeitsleitbild fungiert zu diesem Zweck als Richtschnur bzw. *regulative Idee*, die in einem global abgestimmten Zusammenwirken der Akteure aus Politik und Gesellschaft im Rahmen eines Global-Governance-Prozesses unter Berücksichtigung der Interessen der Betroffenen schrittweise umgesetzt werden soll.

### 3.2.2 Handlungsleitende Potenziale der normativen Ethik

Die beabsichtigte Handlungsorientierung zur moralphilosophischen Unterstützung der Umsetzung des Nachhaltigkeitsleitbildes stellt eine große Herausforderung an die *praktische Vernunft* dar, für die die *normative Ethik* – im Unterschied zu der in der Antike vorherrschenden eudämonistisch ausgerichteten Ethik, die ein auf das eigene Glück bzw. Wohl ausgerichtetes Wollen ins Zentrum ihrer Überlegungen stellt – unter der

---

[211] Gil 1993, S. XIII.

[212] Weitere Ausführungen zur *Moralität* finden sich im nachfolgenden Abschnitt und zu den *intellektuellen Fähigkeiten* des Menschen im Kapitel 3.5.1 „Grundprobleme der Sozialethik" im Zusammenhang mit der philosophischen Anthropologie.

Perspektive des Gemeinwohls wichtige Grundlagen liefern kann: Nutzung ihrer *handlungsleitenden Potenziale* für die ethische Ausrichtung und Fundierung des zu entwickelnden integrativen Ansatzes für eine nachhaltige Entwicklung.

### 3.2.2.1 Ethische Reflexion und menschliches Handeln

Ethik geht als philosophische Einzeldisziplin auf Aristoteles zurück und leitet sich aus dem griechischen Wort *ethos* – Sitte, Brauch, Gewohnheit – ab. (In dieser ursprünglichen Bedeutung konzentrierte sie sich noch auf das Vorhandene.) Er fasste die drei Wissenschaften Ethik, Politik und Ökonomie unter der praktischen Philosophie zusammen, die sich alle mit den *Ergebnissen menschlichen Handelns* beschäftigen. Davon grenzte er die theoretische Philosophie mit ihren Disziplinen Physik, Mathematik und Metaphysik ab, die sich mit den vom Menschen unabhängigen, seinsmäßig autonomen Dingen – wie z. B. die Bewegung der Planeten – auseinandersetzt.[213] Seither hat sich die *Ethik* historisch weiter entwickelt und ihre Gestaltungspotenziale entsprechend den gesellschaftlichen Anforderungen in Richtung Globalität und Zukunft ausgedehnt: Als Moralphilosophie hat sie inzwischen eine erneute und weiterhin *anhaltende Renaissance* erfahren, und zwar insbesondere seit dem Erkennen der vor allem wachstumsbedingten Zunahme der globalen Umweltprobleme Anfang der 70er [214] sowie seit dem Aufleben einer ungebremsten Kapitalismus ermöglichenden globalen Ökonomie. Diese Entwicklung erhielt mit dem Ende der Systemkonkurrenz der bipolaren Welt des Kalten Krieges Ende der 80er Jahre des 20. Jahrhunderts einen deutlichen Aufschwung.[215] Wegen solcher Veränderungen können gelebte Sitten und Bräuche ihrer *handlungsorientierenden Funktion* nicht mehr im erforderlichen Umfang gerecht werden. Umgekehrt steigt die Bedeutung der Ethik, wie das in den letzten Jahrzehnten daran erwachte Interesse der informierten Öffentlichkeit angesichts der erkannten Tragweite der gegenwärtigen gesellschaftlichen Probleme und ihrer Risiken verdeutlicht: Beispielhaft erwähnt werden hier die Gründung von Enquete- bzw. Ethikkommissionen für unterschiedliche Themenschwerpunkte und die zunehmenden Presseberichte über moralisch fragwürdiges Verhalten von gesellschaftlichen Akteuren, das durch die aktuelle globale Finanz- und Wirtschaftskrise noch einmal verstärkt wurde. Denn auch diese Krise ist wie die globale Klimakrise anthropogen: Sie wurde durch menschliches Fehlverhalten verursacht und ist daher nur durch normativ-ethische Vorgaben zu lösen, die zu entsprechenden *Verhaltensänderungen* führen. Ethik versteht sich heute „als Theorie der Praxis im Sinne einer methodisch-reflexiven Analyse von Handlungen, sofern sie hinsichtlich ihrer allgemeinen Verbindlichkeit und damit unter moralischem Gesichtspunkt beurteilt werden.“ [216] Bei dieser Interpretation

---

[213] Vgl. Apel 1984, S. 13.

[214] Die *Grenzen des Wachstums* wurden besonders vom Club of Rome vertreten und bekannt gemacht (vgl. Meadows et al. 1972).

[215] Die angesprochene *bipolare Welt* bezieht sich auf die vorherige Systemkonkurrenz der staatssozialistisch und kapitalistisch ausgerichteten Wirtschaftssysteme sowie die damit verbundenen politischen Blöcke und Barrieren.

[216] Pieper/Thurnherr 1998, S. 7.

stehen die *Begründungen* unserer Auffassungen vom moralisch Richtigen und Guten im Vordergrund, die sich nach *drei Funktionen* unterscheiden lassen:

(1) Wie die Geschichts- und Sozialwissenschaften stellt die *deskriptive Ethik* eine *empirische Disziplin* dar, die sich auf eine sachliche Beschreibung vorhandener Moralen sowie ihrer Einflussgrößen im gesellschaftlichen Kontext beschränkt und sich dabei moralischer Wertungen über die dargestellten Sachverhalte konsequent enthält. Die für einen gesellschaftlichen Fortschritt wichtige Aufgabe, Vorgaben für einen besseren Soll-Zustand zu formulieren und Menschen zu einem darauf ausgerichteten moralischen Handeln zu veranlassen, kann daher nur eine präskriptive, d. h. normative Ethik erfüllen. Dennoch kann auch im vorliegenden Zusammenhang auf einen Tatsachenbericht nicht verzichtet werden, da die Deskription des gesellschaftlichen *Ist-Zustands* mit seinen moralischen Defiziten und Fehlentwicklungen eine notwendige Voraussetzung sowohl für die Bildung eines moralischen Bewusstseins als auch für die Formulierung von Handlungsvorgaben im Rahmen der normativen Ethik darstellt.

(2) Die *normative Ethik* übernimmt eine handlungsorientierende Funktion, indem sie mit Hilfe von Reflexionen gesellschaftsrelevanter Zusammenhänge klären will, wie wir handeln sollen. Für die Ausrichtung auf einen *Soll-Zustand* müssen wir wissen, was richtig und was falsch ist, d. h. „was uns als letztes Kriterium unseres Verhaltens im moralischen Bereich dienen kann: Wir suchen nach den grundlegenden *Normen* menschlichen Verhaltens. Die normative Ethik ist somit eine Theorie, die Normen aufstellt und deren Gegenstand Handlungen sind.“ [217] Für die praktische Anwendung ist es dabei wichtig zu wissen, wann Handlungsnormen und -beurteilungen moralischer Natur sind, um sie von außermoralischen abgrenzen zu können. Hierfür sind wenigstens folgende *Kriterien* zu erfüllen: Ethisch fundierte moralische Urteile müssen kategorisch also bedingungslos sein und Anspruch auf allgemeine Gültigkeit erheben.[218]

(3) Die Methoden zur Begründung und Rechtfertigung moralischer Urteile über Handlungen, die wir im Alltag nach normativ-ethischen Positionen treffen, werden auf einer theoretisch höheren Ebene durch die *Metaethik* analysiert und gegebenenfalls korrigiert.[219] Gegenstand ist hierbei nicht das menschliche Handeln selbst, sondern die Beurteilung der Handlungen bzw. die Bedeutung gewählter moralischer Ausdrücke wie „richtig“ oder „gut“. Diese *wissenschaftstheoretische* Funktion können *Sprachanalysen* übernehmen, die unter dem Vorbehalt der Neutralität in Bezug auf ihre normativen Gehalte stehen. Metaethische Betrachtungen treten daher bei der Beurteilung von konkreten Verhaltensweisen, wie sie im Zusammenhang mit der Lösung von ökologischen, ökonomischen und sozialen Problemen in der gesellschaftlichen Praxis gefor-

---

217 Birnbacher/Hoerster 2003, S. 10.

218 Vgl. Birnbacher/Hoerster 2003, S. 17 ff.

219 *Metaethik* wird auch als „Wissenschaftstheorie der Ethik“ bezeichnet, eine umfassende Sichtweise, die über die im angloamerikanischen Sprachraum seit Beginn des 20. Jahrhunderts bekannt gewordene Richtung in der Ethik hinausgeht (vgl. Pieper 2007, S. 86). Weitere Ausführungen zur Metaethik finden sich bei Birnbacher/Hoerster 2003, S. 10 ff.

dert werden, erwartungsgemäß in den Hintergrund, ohne dabei jedoch ihre Bedeutung für methodische Fragen zu verlieren.

*Menschliches Handeln* zeichnet sich durch eine intentionale Struktur aus, die in einem situativen Kontext vollzogen wird. Da jede Handlungsabsicht auf die Realisierung eines gesetzten Zweckes ausgerichtet ist, liegt dem Handeln in der Regel eine *teleologische Struktur* zugrunde.[220] Als formales Situationsmerkmal stellt sich die Zeitlichkeit des Handelns dar, die es unmöglich macht, dass eine Handlung im Nachhinein ungeschehen gemacht wird. Mit jeder Handlung wird eine neue Situation geschaffen, die durch erneutes Handeln zwar die Folgen verändern jedoch die Handlung nur bedingt rückgängig machen kann. Auch Nichthandeln, das ebenfalls einen Handlungscharakter besitzt, ist hiervon nicht ausgenommen. Die Ausrichtung des Handelns auf die Verwirklichung eines Ziels ist ohne Handlungsorientierung nicht denkbar.[221] Die den Handlungen *zugrunde liegenden Normen* und sonstigen Orientierungen können externalistisch aus der Beobachterperspektive oder internalistisch aus der Akteursperspektive beschrieben werden. Diese empirische Aufgabe übernehmen die Kultur- und Sozialwissenschaften. Hiervon trennen muss man die *ethische Reflexion*, die nicht die faktische Geltung von Orientierungsgrößen, sondern die Klärung der Gültigkeit und Berechtigung von Handlungsregulativen, Wertpräferenzen und Lebensformen zum Gegenstand der Untersuchung hat: „Die ethische Reflexion hat es primär mit Begründungen und rationalen Rechtfertigungen von Handlungsweisen und -programmen zu tun“ [222] und kann auf eine lange Tradition zurückblicken. Dabei werden die Gründe und Argumentationen bestimmter Handlungsalternativen vor dem Hintergrund des menschlich *richtigen Handelns* praktisch reflektiert: Durch kritische Prüfung und Beurteilung von faktisch Geltendem wird geklärt, ob dieses berechtigterweise gilt, wobei als richtig angenommenes Handeln im metaethischen Sinne nicht automatisch gut sein muss. Denn die *moralische Richtigkeit* einer Handlung „sieht von den Bestimmungsgründen ab, ist daher noch nicht uneingeschränkt gut. Das metaethische Kriterium der Moral, das uneingeschränkte Gutsein, wird erst dort erfüllt, wo man das moralisch Richtige nur aus dem Grund erfüllt, weil es moralisch richtig ist. Hier, wo es selbst gewollt ist und als solches erfüllt wird, steigert es die (moralische) Legalität zur Moralität.“ [223] Die traditionell vermittelten normativen Gehalte einer Handlung sind ebenfalls Gegenstand der Reflexion. Der Anspruch auf uneingeschränkte Gültigkeit schließt letztlich auch die Notwendigkeit einer Begründung der Normativität ein, d. h. die Entwicklung eines Maßstabs, an dem die Berechtigung geltender Normen im konkreten Fall überprüft werden kann. Treten hierbei neue Aspekte und Argumente auf, muss die erfolgte Beurteilung entsprechend angepasst werden.[224] Ethische Reflexionen können

---

[220] Jürgen Habermas spricht im Handlungskontext auch von *teleologischer Rationalität* (vgl. Habermas 1999, S. 109).

[221] Vgl. Prechtl/Burkard 1999, S. 225 f.

[222] Gil 1993, S. X.

[223] Höffe 2007, S. 309.

[224] Vgl. Birnbacher/Hoerster 2003, S. 22.

also verschiedenartig erfolgen und dabei je nach Anwendungsfall entweder der Metaethik oder der normativen Ethik zugeordnet werden.

#### 3.2.2.2 Moral und Moralität als Gegenstand der Ethik

In der Umgangssprache wird zwischen den im vorliegenden Zusammenhang wichtigen Begriffen „Moral“, „Moralität“ und „Ethik“ kaum unterschieden. An dieser sprachlichen Unschärfe ist sicher auch die Herkunft des Begriffes „Moral“, der aus dem Lateinischen „mos“ (Plural: mores) stammt und wie das Griechische „ethos“ für Sitte bzw. Sittlichkeit steht, nicht unbeteiligt. Die zwischen ihnen tatsächlich bestehenden Unterschiede sind jedoch so groß, dass im Rahmen der ethischen Reflexion menschlichen Handelns und Entwicklung einer Handlungsorientierung mit dem Ziel einer nachhaltigen Entwicklung auf eine Klärung und *Differenzierung der Begriffe* nicht verzichtet werden kann:

Im Alltagsgeschehen werden wir immer wieder mit der *Moral* konfrontiert, die darüber hinaus ein Wesensmerkmal des Menschen darstellt. Denn der Mensch verfügt im Unterschied zum Tier über ein Bewusstsein für Recht und Unrecht. Aus evolutionsbiologischer Sicht lässt sich der Mensch als *„moralfähiges Tier“* interpretieren, das sich mit seiner Moralfähigkeit von anderen Tieren deutlich abhebt. Wäre seine Instinktreduktion nicht mit der Herausbildung intellektueller Fähigkeiten wie Reflexion und Sprache einhergegangen, hätte er sich in der Natur weder entwickeln noch überleben können.[225] Menschliches Verhalten zeichnet sich dadurch aus, dass der Mensch sich anderen Menschen und seiner Umwelt gegenüber nicht gleichgültig verhält, sondern Position bezieht: Er artikuliert seine Wertvorstellungen, indem er die ihn betreffenden Vorgänge als richtig oder falsch, zulässig oder unzulässig etc. kennzeichnet. Mit dieser Differenzierung fundamentiert der sprach- und handlungsfähige *Mensch* letztlich die Freiheit und damit die Qualität seiner Lebensbedingungen.[226] Denn ohne eine konkrete Auseinandersetzung mit der moralischen Qualität von Handlungen können diese leicht ins Gegenteil umschlagen, weil die Handlungen – bzw. die ihnen mehr oder wenig ausgeprägt zugrunde liegende moralische Kompetenz oder Verantwortung – sehr verschiedene Auswirkungen zeigen können. *Freiheit* bedeutet hier nicht, dass der Mensch nach Belieben schalten und walten kann. Denn als Teil einer Gesellschaft der gleichen Spezies und Teil der Natur bestehen für den Menschen vielfältige Abhängigkeiten, ohne deren Berücksichtigung er auf Dauer kein humanes Leben führen kann. Als auch von Bedürfnissen und Trieben bestimmtes Wesen ist der Mensch zur Erhaltung eines Maximums an Freiheit auf *Regeln und deren Befolgung* angewiesen: „Erst durch die Selbstbindung an solche Regeln der Freiheit entsteht so etwas wie Verbindlichkeit und Moral.“ [227] Das bedeutet keinesfalls, dass für alle möglichen Anlässe und Tatbestände Regeln aufgestellt und in jeder Situation befolgt werden müssten.

---

[225] Vgl. Engels 2007, S. 164 ff.

[226] Weitere Einzelheiten zu dem mit besonderen Fähigkeiten ausgestatteten Menschen finden sich unter den Ausführungen zur *philosophischen Anthropologie* im Kapitel 3.5.1 „Grundprobleme der Sozialethik“.

[227] Pieper 2007, S. 32.

Denn das würde die Freiheit des Einzelnen letztlich gefährden und wäre damit unmoralisch. Freiheit im moralischen Sinne setzt daher eine *freiwillige Bindung* an Regeln voraus, vergleichbar einem *Spiel*, das ohne Spielregeln nicht erfolgreich ablaufen kann. „Eine Moral ist der Inbegriff jener Normen und Werte, die durch gemeinsame Anerkennung als verbindlich gesetzt worden sind und in Form von Geboten (Du sollst ...) oder Verboten (Du sollst nicht ...) an die Gemeinschaft der Handelnden appellieren. Jede Moral ist somit als geschichtlich entstandener und ... sich mit dem Freiheitsverständnis von Menschen verändernder Regelkanon immer eine Gruppenmoral ..." [228] Die Regelungen beziehen sich also darauf, was der Mensch als nicht nur von sozialen Bindungen abhängiges Wesen tun oder nicht tun *soll*.

Angesichts weltweiter anthropogener Krisen und der unzureichenden Maßnahmen zu deren Bewältigung, gewinnt die allgemein anerkannte Klärung der selbst verursachten Fehlentwicklungen und die Ausdehnung des Geltungsbereichs der Moral zunehmend an Bedeutung. Nach der hier vertretenen Position wird erst eine allgemeine konstitutive *Akzeptanz des Stellenwertes* einer ethisch fundierten Moral letztlich die Voraussetzungen für eine praktikable Handlungsorientierung als Beitrag zur notwendigen Umsetzung des Leitbilds der Nachhaltigkeit schaffen. Denn globale Lösungsstrategien erfordern nicht nur eine allgemein anerkannte Analyse des Fehlverhaltens und Abstimmung über die Entwicklungsziele sowie geplanten Maßnahmen, sondern auch eine Verständigung über *grundlegende Werte und Normen*, die von allen Menschen des Planeten Erde akzeptiert und befolgt werden können, d. h. ein *weltumfassendes Ethos* auf der Grundlage einer universalistisch ausgerichteten Moral.[229] Obwohl die Ansichten über wesentliche Grundorientierungen wie z. B. Freiheit, Menschenwürde und Gerechtigkeit weltweit nicht grundlegend differieren, ist die kommunikative Vermittlung universalistischer Moralvorstellungen vor dem Hintergrund verschiedener, historisch gewachsener Kulturen sowie unterschiedlicher Lebensbedingungen schwierig und birgt ohne ausreichende demokratische Kontrollen die Gefahr von Bevormundungen oder gar eines Missbrauchs im Rahmen totalitärer Weltmachtstrukturen. Bei dem damit angesprochenen *Unilateralismus* behalten sich einzelne Staaten vor, je nach ihrer Interessenlage für sich oder auch gegen andere Staaten zu agieren. Wie die Weltpolitik der letzten Jahrzehnte eindrucksvoll gezeigt hat, neigen vor allem große und mächtige Staaten zu unilateralem Handeln, um ihre Interessen zu maximieren.[230] Dennoch erfordert das Nachhaltigkeitsleitbild wegen seiner weitreichenden Zielsetzung eine *universalistisch ausgerichtete Ethik*, die ohne den nachfolgend noch zu behandelnden ethischen Diskurs weder verallgemeinerungs- und zustimmungsfähig noch dauerhaft umzusetzen ist.

---

[228] Pieper 2007, S. 32.

[229] Weitere Ausführungen zum „*Weltethos*" finden sich unter Küng 1997. Über die Frage, ob sich eine *universalistische Moral* angesichts eines faktisch bestehenden Ethos-Pluralismus überhaupt verwirklichen lässt und ob diese auch wünschenswert ist, diskutieren Vertreter aus verschiedenen Wissenschaftsdisziplinen in dem Sammelband „Eine Welt – eine Moral?" (vgl. Lütterfelds/Mohr 1997).

[230] Vgl. Gareis/Varwick 2003, S. 327.

Trotz der Normenvielfalt, die mit den weltweit vorliegenden Kultur- und Lebensbedingungen korrespondiert, ist eine Rückführung auf formale Grundsätze, die als *Moralkriterium* fungieren, durchaus möglich. Ein Beispiel hierfür stellt die seit der Antike bekannte „goldene Regel“ – „Was du nicht willst, das man dir tu, das füg´ auch keinem andern zu“ – dar, die selbst keine moralische Norm ist, da sie nur einen formalen Handlungsrahmen abgibt und auf konkrete inhaltliche Festlegungen verzichtet.[231] Bei der Definition des Begriffs „Nachhaltige Entwicklung“ stand die Brundtland-Kommission vor der schwierigen Aufgabe, auf einem niedrigen Konkretisierungsniveau weltweit Verständnis und Zustimmung für ein global ausgerichtetes Handlungsprogramm zu erreichen: Über den formalen Rahmen einer „goldenen Regel“ hinausweisend, wurde dazu von der Kommission ein Programm formuliert, wie generell gehandelt werden soll, damit die intendierten *Handlungen* allgemein *moralisch* anerkannt und umgesetzt werden. Denn eine Handlung gilt in Anlehnung an Kant „dann als moralisch, wenn sie nicht Folge eines bloß subjektiven, unmittelbaren Wollens (Bedürfnisses oder Interesses) ist, sondern Ausdruck eines sich von seinem unmittelbaren Begehren distanzierenden und auf den Willen anderer Subjekte beziehenden intersubjektiv vermittelten Willens.“ [232] Dem *Nachhaltigkeitsansatz* der Brundtland-Kommission liegt also eine moralische Aufforderung an die Weltbevölkerung und ihre Verantwortungsträger zugrunde, lokal wie global für eine dauerhafte Entwicklung zu sorgen, die es sowohl den gegenwärtigen als auch den künftigen Generationen ohne wesentliche Einschränkungen ermöglicht, ihre Bedürfnisse belastungsneutral zu befriedigen: „Eine Welt, in der Armut und Ungerechtigkeit herrschen, wird immer ökologischen und anderen Krisen ausgesetzt sein. Dauerhafte Entwicklung erfordert, die Grundbedürfnisse aller zu befriedigen und für alle die Möglichkeiten zu schaffen, ihren Wunsch nach einem besseren Leben zu befriedigen.“ [233] Die Brundtland-Kommission beschränkt sich damit nicht auf die Artikulation eines *Willens*, sondern schließt auch die *Folgen des Handelns* bzw. Nichthandelns ein. Es liegen also unterschiedliche Ansätze der normativen Ethik zugrunde, die im Folgenden als *deontologische* und *teleologische Ansätze* konkretisiert werden. Die Forderung nach einer nachhaltigen Entwicklung setzt vor allem *Gerechtigkeit* sowohl zwischen heutigen und künftigen als auch innerhalb der bereits existierenden Generationen voraus. Das auf diese Weise konkretisierte *Prinzip der Verallgemeinerung*, das neben der räumlichen auch die zeitliche Dimension der Nachhaltigkeitsstrategie berücksichtigt, erhöht den moralischen Anspruch und macht die Umsetzung dieses weltumfassenden Vorhabens keinesfalls leichter.

Die *Unterscheidung* von *Moral* und *Moralität* ist für eine Darstellung der philosophischen Grundlagen der Nachhaltigkeitsethik und nachhaltigen Unternehmensentwicklung unverzichtbar, damit die Akteure ihre gesellschaftskritische Funktion erfüllen können: nämlich in einem das moralische Handeln kennzeichnenden *Wechselverhältnis* von bedingten Ansprüchen der Moral einerseits und dem unbedingten Anspruch des Moralitätsprinzips andererseits, den für eine nachhaltige Entwicklung notwendigen

---

[231] Die *goldene Regel* geht auf das Alte Testament zurück (vgl. Pieper 2007, S. 40).

[232] Pieper 2007, S. 40.

[233] Hauff 1987, S. 47.

Aufklärungsprozess in Gang zu setzen. *Moral als Ordnungsbegriff* basiert auf einem Regelsystem materialer Normen und Wertvorstellungen, dessen Inhalt räumlich und zeitlich veränderlich, seinem jeweiligen Anspruch nach jedoch unveränderlich ist. Die damit unterstellte Ordnung setzt einen Sinn voraus, der einer Begründung mit Hilfe von *Prinzipienbegriffen* wie z. B. Gerechtigkeit und Solidarität bedarf. Mit diesen Prinzipien werden Bedingungen genannt, unter denen die mit umweltfreundlich, sozialverträglich, zukunftsfähig etc. charakterisierbaren Anforderungen an eine nachhaltige Entwicklung als ein sinnvolles Ganzes aufgefasst und der zugrunde liegende Sinnanspruch eingelöst werden kann.[234] Als Ordnungsbegriff kennzeichnet Moral somit die Qualität bestimmter Handlungen, ohne sie zu begründen. Hinter der *Moralität als Prinzipienbegriff* steht hier das Leitbild der Nachhaltigkeit als ein unbedingter Anspruch, für Mensch und natürliche Umwelt eine global zukunftsfähige Entwicklung auf Dauer zu sichern. Moralität basiert also auf *Vernunft* und ist nicht aus empirischen Phänomenen abzuleiten. Damit wird außerdem ein „naturalistischer Fehlschluss" im Sinne George Edward Moores´ vermieden, nach dem aus einem Sein grundsätzlich kein Sollen logisch hergeleitet werden darf.[235] Trotz der vorgenommenen Differenzierung gehören Moral und Moralität in einer dauerhaft auf Humanität ausgerichteten gesellschaftlichen Praxis, wie sie die nachhaltige Entwicklung erfordert, untrennbar zusammen. Denn die nachfolgend für alle Dimensionen der Nachhaltigkeitsethik darzustellenden *spezifischen Prinzipien* prägen deren ethisches Fundament [236] von der fachlichen Seite und blieben ohne Anbindung an eine Moral, deren Sinn sie in der Lebenswirklichkeit verbürgen, bloße Gedankenspielerei. Auch die zur Anwendung kommenden Moralen würden ohne ein normatives Prinzip, das ihre Geltung erst legitimiert, relativ und unverbindlich bleiben.[237]

Diese Wechselbeziehung von Moral und Moralität stellt den eigentlichen *Gegenstand der Ethik* als einer Wissenschaft vom moralischen Handeln dar, das sich erst mit Hilfe der Moralität als sittlich gutes Tun legitimieren lässt. Mit einer kritischen Reflexion zwischen den Ansprüchen der Moral und denen des Moralitätsprinzips kann die Ethik zu einer für die Entwicklung einer Handlungsorientierung notwendigen *Aufklärung* beitragen, die frei von dogmatischen Festlegungen sowie handlungserschwerenden Vorurteilen ist und nach Kant den „Ausgang des Menschen aus seiner selbst verschuldeten Unmündigkeit" darstellt.[238] Als *Moralphilosophie* thematisiert Ethik also die Moral, sie reflektiert moralisches Handeln und liefert die Grundlagen der erforderlichen *Handlungsorientierung*, ohne dabei selbst moralisch zu sein. Eine konsequent durchgeführte Reflexion läuft letztendlich auf eine *Kritik des Ist-Zustands* und normative *Formulierung eines Soll-Zustands* hinaus, der im Nachhaltigkeitskontext

---

234 Vgl. Pieper 2007, S. 42 ff.

235 Vgl. Birnbacher 1997, S. 222 ff.

236 Die *spezifischen Prinzipien* der hier als *Dimensionen der Nachhaltigkeitsethik* eingestuften Umwelt-, Wirtschafts- und Sozialethik werden in den Kapiteln 3.3 bis 3.5 dargestellt.

237 Pieper 2007, S. 59.

238 Kant 1784, S. 35. Im Rahmen seiner berühmten Definition der *Aufklärung* werden außerdem die Begriffe „Unmündigkeit" und „selbstverschuldet" erklärt.

sowohl die Vermeidung einer Verschlechterung der Lebensbedingungen als auch eine Verbesserung der gesellschaftlichen Verhältnisse für die Benachteiligten zum Ziel hat. Insofern erinnert das Verhältnis von Ethik zur Moral an einen *Leitfaden der Vernunft* im Sinne einer regulativen Idee: „... ethische Normen stellen Aufforderungen zur Verbesserung der Moral dar, die schrittweise und der historischen Situation angemessen in Gang zu bringen sind. Die Unterscheidung von *„Ethik"* und *„Moral"* bedeutet nicht ein *„Alles-oder-Nichts"*, sondern impliziert die realistische Einsicht, daß Moralen überall wirksam, aber auch grundsätzlich verbesserungsfähig sind." [239] Das anspruchsvolle Nachhaltigkeitsleitbild erfordert jedoch *mehr als Moralen*, die sich lediglich durch moralische Richtigkeit in einer regional und historisch geltenden Situation auszeichnen. Letztere muss darüber hinaus auch auf Dauer einer *Moralität* entsprechen, die nicht auf der Ebene eines eingeübten Verhaltens bzw. seiner Regeln stehen bleibt, sondern die in Anlehnung an Kants´ Moralphilosophie neben dem Sollen ein *Wollen* erfordert, das über die Handlung selbst hinausweist, um letztlich eine Universalisierbarkeit nicht schon tatsächlich befolgter, sondern erst vom jeweiligen Subjekt sich zu eigen gemachter Handlungsregeln (Maximen) zu ermöglichen.[240] An diesem *Qualitätsanspruch für ein globales moralisches Handeln*, das sich einem unbedingten Anspruch zur Moralerfüllung verpflichtet weiß und bei Bedarf auch eine geltende Moral wegen ihrer Unzulänglichkeit in Frage stellt, werden die nachfolgenden ethischen Ansätze zu messen sein.

### 3.2.2.3 Verantwortung für Handlungsfolgen

Der mit unserer Lebens- und Wirtschaftsweise ursächlich verbundene *technisch-wissenschaftliche Fortschritt* hat im Zuge der Aneignung der Natur durch den Menschen das heute erreichte Ausmaß der globalen Gefährdung unseres Planeten erst ermöglicht, ohne wesentliche Beiträge zur Reduzierung des Gefährdungsgrades zu leisten: Und das, obwohl technische Innovationen über große *Potenziale* verfügen, die sich nicht nur für eine unbegrenzte Wohlstandsmehrung, sondern auch für humane und zukunftsfähige Lebensbedingungen instrumentalisieren lassen. Letzteres geschieht bisher jedoch noch unzureichend und erfordert eine grundlegende *Änderung des Verhaltens*. Angesichts der Verhaltensproblematik und der Ambivalenz des Fortschritts wird im vorliegenden Zusammenhang die *Frage nach der Verantwortung* für das die einseitige Anwendung verursachende Fehlverhalten gestellt und nach Ansatzpunkten für eine *Lösungsperspektive* zur Überwindung der krisenhaften Entwicklung gesucht. Zu dieser Frage- bzw. Aufgabenstellung kann eine *Ethik der Verantwortung* für Handlungsfolgen einen Beitrag leisten, die sich entsprechend den gesellschaftlichen Anforderungen sowohl mit vergangenen Handlungen als auch mit zukünftigen Sachverhalten und deren Gestaltung befasst: Neben der Zurechnung und Perspektive der Verantwortung gehört dazu vor allem die Klärung dieser Entwicklung bezüglich der moralischen Dimension und der zu übernehmenden Verantwortlichkeiten, um die Möglichkeiten zur Generierung von Handlungsregulativen für eine Problemlösung aus

[239] Steinmann/Löhr 1994, S. 10.

[240] Vgl. Höffe 2007, S. 309.

moralphilosophischer Sicht zu schaffen. Auf die in diesem Zusammenhang zu erwähnende Verantwortungsethik wird später anlässlich der Erörterung der teleologischen und deontologischen Ansätze eingegangen.

### (1) Verantwortungsbegriff

Die Bedeutung des Verantwortungsbegriffs in der Ethik ist erst in den letzten hundert Jahren hervorgetreten. Woran liegt das? Das vorherige Fehlen dieses Begriffs ist historisch bedingt und bedeutet nicht, dass es damals nicht schon Zuweisungen für moralische Verpflichtungen zu einer gewissenhaften Pflichten- und Folgenbeurteilung in konflikthaltigen Entscheidungssituationen gegeben hätte: Man verwendete hierfür Begriffe wie „Zurechnung", „Schuld" und „Pflicht". In der Gerichtssprache des späten Mittelalters wurde der Begriff „Verantworten" erstmalig gebraucht und kennzeichnete das Ablegen von Rechenschaft, Begründen und Verteidigen des eigenen Handelns. Dementsprechend hat der *Begriff „Verantwortung"* in der Moralphilosophie von Aristoteles bis Immanuel Kant, im Unterschied zu dem zu Grunde liegenden Sachverhalt, keine Rolle gespielt.[241] Im Verlauf der Geschichte gab es schon immer Beweggründe und Verhaltensformen, die zu *negativen Folgen* – positive spielen bei der Verantwortung hingegen keine Rolle – menschlichen Handelns führten. Sofern die jeder Handlung zugrunde liegende Kausalität als Ursache und Wirkung mit dem handelnden Subjekt in Verbindung gebracht werden konnte, sprach man insbesondere von *Schuld* als Resultat einer moralischen Reflexion und Beurteilung der Handlung, ohne dabei die Möglichkeit einer Rechtfertigung im Sinne eines sich Verantwortens zu berücksichtigen. Mit der Ende des 18. Jahrhunderts einsetzenden Industrialisierung veränderten sich jedoch die *sozioökonomischen Rahmenbedingungen* und damit der *Gegenstand*, auf den sich diese Beurteilung bezog. Die Struktur des gesellschaftlichen Handelns veränderte sich vor allem durch die Arbeit und ihre Ergebnisse. Mit Hilfe einer systematischen Arbeitsteilung und Nutzung des technischen Fortschritts erfolgte eine erhebliche Ausdehnung der materiellen Produktion. Die mit dieser *Entwicklung der gesellschaftlichen Arbeit* einhergehende Komplexitätssteigerung der Produktion und ihrer Rahmenbedingungen *erschweren* jedoch die Erkenntnis des Zusammenhangs zwischen dem jeweiligen Produzenten und seinem Produkt bzw. dem *Akteur* und den *Folgen seines Handelns*. Die im Zuge der Entwicklung der industriellen Produktionsbedingungen ständig steigende Produktivität und Reichweite des Handelns erschweren immer mehr die eindeutige *Zurechnung der Handlungsfolgen* zu den jeweiligen Akteuren. Die negativen Folgen der Industrialisierung – die positiven wie Arbeitserleichterung und Wohlstandssteigerung werden im vorliegenden Zusammenhang nicht berücksichtigt – führten im 19. Jahrhundert für große Teile der Bevölkerung schließlich zu verheerenden Arbeits- und Lebensbedingungen, so dass zunehmend der *Ruf nach* den hierfür *„Verantwortlichen"* laut wurde. Aufgrund dieser Strukturveränderungen bildete sich letztlich der heutige Begriff „Verantwortung" heraus.

Trotz der seither auf einem Teil unseres Planeten deutlich verbesserten Lebensvoraussetzungen sind die negativen Handlungsfolgen der menschlichen Lebens- und Wirt-

---

[241] Vgl. Bayertz 1995, S. 3 und 24.

schaftsweise keinesfalls geringer geworden: Sie haben sogar zugenommen und sich erneut strukturell verändert: Die nahezu unbegrenzte *Ausbeutung der Ressourcen*, die heute weltweit stattfindet, bringt die Natur inzwischen sowohl für die Entnahme von Rohstoffen (Quelle) als auch für die Aufnahme von Schadstoffen (Senke) an ihre Kapazitätsgrenzen. Darüber hinaus führen die *Wohlstandsunterschiede* zwischen reichen Industrie- und armen Entwicklungsländern – entsprechende Unterschiede existieren auch innerhalb dieser Länder – zu kaum noch zu beherrschenden Sozialproblemen. Diese sowohl quantitativen als auch qualitativen Strukturveränderungen und das damit erreichte Ausmaß der Gerechtigkeitslücke gefährden eine global zukunftsfähige Entwicklung und *erhöhen* für die heute lebenden Menschen die *Verantwortung* erheblich, die geeigneten Handlungsschritte zur Lösung der Probleme zu unternehmen. Damit ist die *Aufgabenstellung* für eine anforderungsgerechte Ethik der Verantwortung skizziert. Das deutliche Verlangen nach Übernahme von mehr Verantwortung für die entstandenen Probleme und deren Lösung erfordert zunächst eine Präzisierung des Verantwortungsbegriffs: *Verantwortung* wird demnach durch eine *mehrstellige Relation* charakterisiert, die sich nicht darauf beschränken lässt, dass jemand für die Folgen einer Handlung oder einer zukünftigen Entwicklung verantwortlich ist. Angesichts der Komplexität der heutigen gesellschaftlichen Verhältnisse und ihrer Nachhaltigkeitsdefizite müssen zur Charakterisierung der Verantwortung in der Regel *vier Elemente* zueinander in Beziehung gesetzt werden: [242] (1) das *Subjekt* als Träger von Verantwortung (wer?), (2) das *Objekt* als Adressat bzw. Bereich von Verantwortung (wofür?), (3) das System von *Bewertungskriterien* (welche Norm?) und (4) die *Instanz*, vor der sich das Subjekt verantwortet (wovor?). Die Anwendung dieser Charakteristika der Verantwortungsrelation stellen eine methodisch-strukturelle Voraussetzung für die nachfolgende Darstellung der ethischen Reflexion menschlichen Handelns im Verantwortungskontext dar, die im Rahmen der später zu behandelnden nachhaltigen Unternehmensentwicklung konkretisiert wird.

### (2) Verantwortung als ethische Reflexion menschlichen Handelns

Die nachfolgenden Beispiele sollen zeigen, dass der Umgang mit dem Verantwortungsbegriff in der gesellschaftlichen Praxis schon in relativ einfachen Fällen der *Zurechnung von Verantwortung* einigen Differenzierungsaufwand erfordert: Wenn beispielsweise eine Person einer anderen einen Schaden zugefügt hat, also der auf zwei Individuen begrenzten Handlung ein *kausaler Zusammenhang* zugrunde liegt, lassen sich die negativen Folgen der Handlung auf das verursachende Subjekt zurückführen. Dennoch müssen für die konkrete Zuschreibung der Handlungsfolgen die *subjektiven Voraussetzungen* zusätzlich berücksichtigt werden. Dazu gehören insbesondere die Intention des Handelnden, die Voraussehbarkeit der Handlungsfolgen und der freie Wille zur Durchführung der Handlung. Wenn dagegen die Folgen einer Handlung nicht vorhersehbar waren und/oder die Handlung unter Zwang geschah, reduziert sich die Verantwortlichkeit des handelnden Subjekts gegenüber dem Betroffenen entsprechend.

---

[242] Kurt Bayertz hält *mindestens drei Elemente* zur Kennzeichnung der Verantwortungsrelation für erforderlich, erwähnt jedoch, dass eine weitere Differenzierung in zusätzliche Dimensionen wie beispielsweise eine sechsstellige Relation möglich ist (vgl. Bayertz 1995, S. 15).

Die Zurechnung der Verantwortung geht über die Deskription des Handlungszusammenhangs hinaus: In ihrer normativen Dimension ist sie mit einem *moralischen Werturteil* verknüpft, das auf ein von der kulturellen Gemeinschaft anerkanntes System von Normen und Werten bezogen wird. Sobald im erwähnten Beispiel der verursachte Schaden größer ist und Meinungsverschiedenheiten zwischen dem verursachenden Subjekt und dem Geschädigten auftreten, wird zur Wahrnehmung der normativen Funktion eine *unabhängige Instanz* benötigt. In der Regel handelt es sich um ein Gericht, vor dem sich der Verursacher verantworten muss und von dem der Geschädigte einen Ausgleich für den entstandenen Schaden erwarten kann. Die Bewertung der Handlungsfolgen nimmt dann ein Richter auf der Grundlage eines Gesetzes vor.[243] Unabhängig davon und außerdem in Fällen, in denen der Adressat keine außenstehende Person ist oder der Schaden geringer ausfällt, kommt als weitere wichtige Instanz das *denkende Ich* in Form des Gewissens ins Spiel. Im Hinblick auf die abendländische Geschichte lässt sich das *Gewissen* auch so interpretieren, dass es die Rolle eines „verinnerlichten Gottes" als höchsten Richter übernimmt: „Diese Instanz, so sagt man wohl, wenn man an keine göttliche mehr glaubt, ist das Gewissen." [244] Die Zuschreibung der Verantwortung wandelt sich dann zu einer *Selbstverantwortung*, d. h. einer Verantwortung vor dem Gewissen, wodurch sowohl die primär soziale Funktion der Verantwortungszuschreibung als auch die Verantwortungsrelation minimalisiert werden: „Indem Verantwortung auf Selbstverantwortung reduziert wird, schmilzt das Geflecht des vierfachen Bezuges zwischen Subjekt, Objekt, Instanz und Normensystem auf *einen* Punkt des individuellen Gewissens zusammen." [245]

Die *strukturellen Veränderungen* des menschlichen Handelns in der heutigen Industrie- und Dienstleistungsgesellschaft führen neben der erschwerten Zurechnung der negativen Handlungsfolgen auf verantwortliche Individuen auch zu einer *anderen Ausrichtung der Verantwortung* selbst:

Die im Rahmen der ökonomischen *Globalisierung* immer weitreichendere Ausmaße annehmenden sozialen und ökologischen Probleme der ohnehin vielschichtigen Produktionsbedingungen – mit ihren *vielseitigen Verflechtungen* und immer *längeren Handlungsketten* – erschweren die Identifikation individuell Verantwortlicher zusätzlich. Kommt es beispielsweise infolge des gestiegenen Risikopotenzials heute zu Arbeitsunfällen oder Umweltschäden, ist eine aufwändige Analyse der meist komplizierten Verkettung von Einzelereignissen erforderlich, um ein *individuelles Versagen* als kausale Folge für die Schadenszurechnung *nachweisen* zu können. In Fällen, in denen diese grundlegende Voraussetzung wegen einer Vielzahl beteiligter Individuen und Ereignisse oder Unklarheiten über Zuständigkeiten infolge vieler Zwischenglieder in den Handlungsketten jedoch nicht gegeben ist, *verlagert* sich das Verantwortungsproblem von der *individuellen* auf eine gesellschaftliche bzw. *institutionelle Ebene*, bei der es primär um die künftige Vermeidung eines derartigen Systemversagens geht. Entsprechende Aufgaben werden vor allem von staatlichen Institutionen im Rahmen

243 Vgl. Bayertz 1995, S. 13 ff.

244 Jonas 1997, S. 165.

245 Bayertz 1995, S. 19.

gesetzlicher Regelungen wahrgenommen, wenn Nichtregierungsorganisationen (NGOs) wie Unternehmen oder andere gesellschaftliche Gruppierungen die Prävention der Risiken und Beseitigung ihrer Folgen nicht gewährleisten können oder wollen. Angesichts dieses gesellschaftlichen Wandels, der neben den Trägern und Adressaten auch die übrigen Elemente der Verantwortungsrelation betrifft, erfolgt eine Neuorientierung von einer auf vergangene Handlungen und Unterlassungen bezogenen *„Ex-post-Verantwortung"* hin zu einer auf zukünftige Ereignisse und Zustände bezogenen *„Ex-ante-Verantwortung"* [246], bei der es den Verantwortungsträgern beispielsweise um den Ausgleich des Nord-Süd-Gefälles zwischen Industrie- und Entwicklungsländern oder die Reduzierung von Treibhausgasen geht, also um zukunftsorientiertes Verhalten, das neben der Schadensvermeidung vor allem das Engagement für positive Zustände in der Zukunft einschließt. Das kumulierte Risikopotenzial, das von den sozialen und ökologischen Problemen der Lebens- und Wirtschaftsweise der lebenden Generationen ausgeht, zwingt die Träger von Verantwortung, die auf die Vergangenheit gerichtete und damit der Nachsorge dienende *retrospektive* Handlungsfolgenverantwortung um eine auf die Zukunft gerichtete und damit der Vorsorge dienende *prospektive* Schutz- bzw. Fürsorgeverantwortung zu ergänzen. Letztere weist im Unterschied zur retrospektiven Verantwortung eine immanent teleologische bzw. konsequentialistische Struktur auf.[247] Durch eine neue Verantwortlichkeit für positive Zustände wird die Handlungsfolgenorientierung der Verantwortung keinesfalls ersetzt, sondern lediglich an die heutigen gesellschaftlichen Erfordernisse zukunftsgerecht angepasst. Denn auf der hier wiederholt angesprochenen Schattenseite der Industrie- und Dienstleistungsgesellschaft wird es nach wie vor *negative Handlungsfolgen* geben, für die man die Verantwortlichen bestimmen und zur Rechenschaft ziehen kann und muss. Auch die präventive Fürsorgeverantwortung d. h. Vorsorgeverantwortung basiert trotz der beabsichtigten Herstellung und Erhaltung positiver Entwicklungen und Zustände zunächst auf wahrgenommenen negativen Handlungsfolgen. In der *Zurechnung* und der *Perspektive* bestehen jedoch grundlegende Unterschiede zwischen beiden Formen der Verantwortung.

Der auf diese Art und Weise erweiterte Anwendungsbereich des Verantwortungsbegriffs ist nicht nur Ausdruck für die u. a. durch Nachhaltigkeitsdefizite entstandenen Probleme, sondern auch für die allgemeine *Komplexitätszunahme der Gesellschaft* selbst: Im Verlauf der technisch-wissenschaftlichen Entwicklung sind an die Stelle hierarchisch strukturierter zunehmend funktional ausdifferenzierte Gesellschaften getreten, die zwar innerhalb überschaubarer Teilsysteme wie z. B. einzelnen Wirtschaftsunternehmen effiziente Kommunikations- und Entscheidungsprozesse ermöglichen, insgesamt jedoch immer schwieriger zu steuern sind.[248] An diesem Unterschied muss eine Ethik der Verantwortung ansetzen, indem sie die Überschaubarkeit kleinerer Einheiten für die

---

246 Vgl. Birnbacher 1995, S. 145 ff. Die Unterscheidung zwischen *Ex-post- und Ex-ante-Verantwortung* geht vor allem auf Hans Jonas zurück, der zwischen einer „Verantwortung als kausale Zurechnung begangener Taten" und einer „Verantwortung für Zu-Tuendes" unterscheidet (Jonas 1979, S. 172 und 174).

247 Vgl. Birnbacher 1995, S. 148.

248 Auf die angesprochenen *Kommunikations- und Entscheidungsprozesse* wird in dem Kapitel 4.1 „Wirtschaftsunternehmen und ihre Akteure im ganzheitlichen Wandel" noch eingegangen.

Klärung der Verantwortlichkeit und Zurechnung der Handlungsfolgen so weit wie möglich nutzt, bevor die Systemebene mit ihren erschwerten Bedingungen erreicht wird.[249] Die früher üblicherweise aus Brauchtum und Sitten entstandenen *Normensysteme* können ihre Orientierungsfunktion angesichts der inzwischen erreichten Vielfalt gesellschaftlicher Subsysteme und ihrer laufenden Veränderungen durch technische, soziale und institutionelle Innovationen heute in der Regel nicht mehr erfüllen. Sie müssen daher durch ethische Reflexion und Entwicklung neuer Vorgaben für verantwortliches Handeln an die gegebenen Verhältnisse angepasst werden. Die damit verbundene Neuorientierung und differenzierte Anwendung der Verantwortung zeigen anschaulich, wie mit veränderten gesellschaftlichen Rahmenbedingungen die *funktionale Bedeutung* der Verantwortung *steigt*.

Für die Lösung der ökologischen, ökonomischen und sozialen Probleme bieten sich Nachhaltigkeitsstrategien an, die sich im wesentlichen nach den Kriterien Effizienz und Suffizienz unterscheiden lassen. Die tendenziell vorwärts gerichtete *Effizienzstrategie* – angesichts knapper Ressourcen und nahezu unbeschränkter menschlicher Bedürfnisse mit einem innovationsgestützten minimalen Aufwand einen größtmöglichen Nutzen herzustellen – lässt sich mit Ernst Blochs utopischem *„Prinzip Hoffnung"*[250] für eine bessere Gesellschaft vergleichen, ohne damit das angesprochene Emanzipationsprinzip durch eine substanziell utopische Programmatik im Geiste Blochs relativieren zu wollen. Die tendenziell rückwärts gerichtete *Suffizienzstrategie* – die Umwelt verhaltensgestützt durch reduzierten Ressourcenverbrauch, also Bescheidenheit mit weniger Konsum, zu entlasten – lässt sich trotz der Zukunftsorientierung ihrer Zielsetzung mit dem bewahrenden *„Prinzip Verantwortung"* der bestehenden Natur bzw. Gesellschaft von Hans Jonas [251] vergleichen. Die Umsetzung dieser Nachhaltigkeitsstrategien versteht sich nicht alternativ sondern komplementär. Demnach führen nur beide Strategien letztlich zum Erfolg, wobei die jeweilige Anwendung aufgrund der konkreten Situation zeitlich verschoben sein kann. Angesichts des letztlich gemeinsamen gesellschaftlichen Hintergrunds beider Prinzipien, der historischen Erfahrung, dass weder der eine noch der andere Ansatz für die Problemlösung allein hinreichend ist, und der grundsätzlich vorhandenen Ergänzungsfähigkeit ihrer Kernaussagen lässt sich daher mit Hilfe einer Analogiebetrachtung folgende These aufstellen: Die genannten philosophischen *Prinzipien* verhalten sich entsprechend und sollten *komplementär* angewendet werden. Vereinfacht ausgedrückt: ohne Emanzipation durch Fortschritt keine dauerhafte Bewahrung von Natur und Kultur und umgekehrt.[252] Eine komplementäre Anwendung oder wenigstens ein Wettbewerb dieser beiden Ansätze ergäbe darüber hinaus handlungsleitende Potenziale für die langfristig angelegte Strategie einer global zukunftsfähigen Entwicklung. Die zuerst genannte *Fortschrittsstrategie*, die die Verantwortung für künftige Generationen u. a. durch den Einsatz des, weitgehend

---

249 Die *Verantwortungsfrage* in überschaubaren Teilsystemen wird im Kapitel 4.2 „Konzept für eine nachhaltige Unternehmensentwicklung" erneut aufgegriffen.

250 Das *„Prinzip Hoffnung"* (vgl. Bloch 1959) wird im vorliegenden Rahmen nicht weiter vertieft.

251 Das *„Prinzip Verantwortung"* wird nachfolgend erörtert.

252 Aus Sicht der Diskursethik wird das gegenseitige Ausspielen von *Bewahrungs- und Emanzipationsprinzip* wegen ihrer wechselseitigen Bedingtheit abgelehnt (vgl. Apel 1988, S. 142).

von gesellschaftlichen Bedingungen unabhängigen, technischen Fortschritts *für bessere Lebensbedingungen* zu erreichen beabsichtigt, bleibt trotz angesprochener Bedenken weiterhin unverzichtbar. Im Hinblick auf die kritischen globalen Entwicklungen der letzten Jahrzehnte gerät sie jedoch in Gefahr, von einer eher konservativen *Erhaltungsstrategie* verdrängt zu werden, die durch ihre Verpflichtung zur Selbstbeschränkung und Bewahrung des Bestehenden eine Schlechterstellung nicht nur künftiger Generationen, sondern auch der Benachteiligten der heutigen Generation in Kauf nimmt. Der aus diesem Ansatz sprechende Pessimismus, der primär in der ausschließlich intendierten Schadensvermeidung und *Vorsorge gegen künftige Risiken* seinen Ausdruck findet, tritt in der von Hans Jonas vertretenen „Heuristik der Furcht" offen zu Tage,[253] auf die im folgenden Abschnitt näher eingegangen wird.

### (3) Verantwortung als Prinzip

Hans Jonas hat sein Hauptwerk *„Prinzip Verantwortung"* [254] nicht zufällig mit dem Untertitel „Versuch einer Ethik für die technologische Zivilisation" versehen und dieses Prinzip in einer zum gleichen Thema erschienenen Kurzfassung mit dem Untertitel „Zur Grundlegung einer Zukunftsethik" [255] um einen weiteren Aspekt seines Anliegens ergänzt. Der Begriff „Prinzip" ist hier weniger im Kant´schen Sinne von Grundsatz, sondern mehr als letzter Grund des Seins, Werdens und Erkennens zu verstehen,[256] von dem die wahrzunehmende Verantwortung als Gegenstand der Betrachtung ihren Ausgang nimmt. Die *Ausgangsthese* seines Hauptwerks verdeutlicht den Ansatz der aus dem Nachhaltigkeitsdiskurs nicht mehr wegzudenkenden Ethik der Verantwortung: „Der endgültig entfesselte Prometheus, dem die Wissenschaft nie gekannte Kräfte und die Wirtschaft den rastlosen Antrieb gibt, ruft nach einer Ethik, die durch freiwillige Zügel seine Macht davor zurückhält, dem Menschen zum Unheil zu werden ... Die dem Menschenglück zugedachte Unterwerfung der Natur hat im Übermaß ihres Erfolges, der sich nun auch auf die Natur des Menschen selbst erstreckt, zur größten Herausforderung geführt, die je dem menschlichen Sein aus eigenem Tun erwachsen ist." [257] Vor diesem Hintergrund entwickelt Hans Jonas sein Prinzip Verantwortung unter Zuhilfenahme der *Metaphysik* und versucht eine ethische Antwort auf die Fragestellungen, die sich aus den nicht nur ökologischen Problemen unserer Industrie- und Dienstleistungsgesellschaft und ihrer weiteren Entwicklung in der Zukunft ergeben. Durch seine teilweise ontologische Argumentation ergeben sich interessante Positionen, die die Verantwortungsdiskussion vertiefen, wenn auch auf Kosten der Praxisnähe. *Verantwortung* wird von ihm als ethische Vermittlung zwischen zwei ontologischen Polen verstanden: der menschlichen *Freiheit*, die einer zu verantwortenden Handlung vorausgesetzt ist, und der *Werthaltigkeit des Seins*, für die sich das Leben und folglich ein

---

[253] Vgl. Birnbacher/Schicha 1996, S. 142 f.

[254] Vgl. Jonas 1979.

[255] Vgl. Jonas 1997.

[256] Vgl. Prechtl/Burkard 1999, S. 467 f.

[257] Jonas 1979, S. 7.

Erhalt der Lebensbedingungen lohnt. Die Verantwortung wird dabei als komplementär zur menschlichen Freiheit und der Werthaltigkeit des Seins sowie als gemeinsame Funktion beider interpretiert, denn mehr Verantwortung geht immer zu Lasten der Freiheit, zwischen Handlungsalternativen wählen zu können, und umgekehrt.[258]

Der von Hans Jonas verwendete *Verantwortungsbegriff* weicht von dem heute üblichen insofern ab, als er sich auf eine Verantwortungsrelation mit den beiden Elementen Objekt (wofür?) und Instanz (wovor?) reduziert und die Reziprozität des Verantwortungsbegriffs bewusst ausblendet.[259] Der nicht unproblematische *Fortfall der Reziprozität* wird mit der *Zukunftsethik* begründet: Indem er der Natur einen inhärenten Wert zuspricht, kann er den Typus der Fürsorgeverantwortung – wie er sich beispielhaft in der elterlichen Verantwortung für das Wohl der Kinder darstellt – auf die Natur übertragen. Insofern muss nach seinem Ansatz das Prinzip Verantwortung von der herkömmlichen Idee eines Rechtes wie auch einer Reziprozität unabhängig sein: Denn das Zukünftige existiert noch nicht und kann daher keine Ansprüche stellen und nicht in seinen Rechten verletzt werden.[260] Ein derartig verkürzter und *einseitiger Verantwortungsbegriff* verhindert jedoch jede zwischen einzelnen Subjekten zu vermittelnde Klärung moralischer Verpflichtungen. Die *Operationalisierung* von *Verantwortung* wird in der gesellschaftlichen Praxis nicht nur durch den fehlenden Subjektbezug, sondern auch noch durch den problematischen Ersatz eines konkreten Subjekts der Verantwortung durch die von Hans Jonas verwendeten Begriffe „der Mensch" oder „die Menschheit" gefährdet. Denn der Erhalt menschlicher Lebensbedingungen in der Zukunft erfordert verantwortliche Weichenstellungen bereits in der Gegenwart, um zukunftswirksam zu werden. Die von ihm ohnehin nur auf den Erhalt menschlichen Lebens ausgerichtete Verantwortung wird dadurch beliebig, weil letztlich niemand mehr angesprochen wird: „Es bleibt beim Appell ohne Adressat." [261] Ihre Anwendbarkeit auf konkrete Fälle der fachspezifischen Ethiken wird dadurch zusätzlich eingeschränkt.[262]

Eine *Theorie der Verantwortung* mit unmittelbarem Gesellschaftsbezug kommt jedoch nicht ohne vollständige *Verantwortungsrelationen* – von den genannten vier Elementen fehlen bei Hans Jonas ein eindeutiges Subjekt der Verantwortung und gesellschaftlich akzeptierte Bewertungskriterien für die Zurechnung von Verantwortung – und eine *Begründung* aus. Für Letztere greift Hans Jonas auf die Metaphysik zurück. In Analogie

---

[258] Zur Begründung der These von der „*Werthaltigkeit des Seins*" wird von Hans Jonas in der Kurzfassung auf das dritte und vierte Kapitel seines 1979 erschienenen Hauptwerks verwiesen (vgl. Jonas 1997, S. 166).

[259] Vgl. Jonas 1997, S. 165.

[260] Vgl. Jonas 1979, S. 84. In seiner Darstellung der „Theorie der Verantwortung" beschreibt Hans Jonas die Verantwortung als ein nicht *nicht-reziprokes Verhältnis*, das er von einem gegenseitigen Verantwortungsverhältnis unterscheidet und mit der vertikalen Verantwortung der Eltern für die Kinder vergleicht (ebenda, S. 177 f.).

[261] Bayertz 1995, S. 67.

[262] Weitere Ausführungen zur *Operationalisierung von Verantwortung* finden sich in den Kapiteln 3.3 „Umweltethik", 3.4 „Wirtschaftethik", 3.5 „Sozialethik" und 4.2 „Konzept für eine nachhaltige Unternehmensentwicklung".

zur bereits erwähnten Moralfähigkeit, die den Menschen vom Tier unterscheidet, beginnt er seine Argumentation mit dem Satz „Der Mensch ist das einzig uns bekannte Wesen, das Verantwortung haben kann.“ Hieraus folgert er: „Indem er sie haben kann, hat er sie. Die Fähigkeit zur Verantwortung bedeutet schon das Unterstelltsein unter ihr Gebot: das Können selbst führt mit sich das Sollen.“ [263] Damit leitet er letztlich aus einem empirischen Sein ein moralisches Sollen ab („naturalistischer Fehlschluss“). Hans Jonas ist sich dieser Argumentationsschwäche offenbar bewusst und weist an anderer Stelle darauf hin, dass es sich hierbei um ein Dogma unserer Zeit handele, das nie ernsthaft geprüft worden sei und nur auf einen anderen Begriff von Sein zuträfe.[264] Die *Verantwortungsfähigkeit* des Menschen stellt für Hans Jonas einen *Wert* dar, der die Werthaltigkeit des Seins qualitativ steigert und den Menschen in letzter Konsequenz zur Verantwortung für eine permanente Existenz der Menschheit verpflichtet – eine angesichts der Evolutionsgeschichte extreme Position. Die Herleitung dieser *Verantwortungspflicht* erfolgt durch eine *metaphysische Deduktion* aus dem Phänomen der Verantwortung selbst, indem die Verantwortungspflicht für die Zukunft der Menschen quasi als Inhalt aus dem Begriff der Verantwortungsfähigkeit gezogen wird, um auch Letztere damit zu erhalten. Den naheliegenden Vorwurf des Zirkelschlusses versucht Hans Jonas dadurch zu entkräften, dass er die *Verantwortungsfähigkeit* als empirische Tatsache einstuft und insofern aus der Essenz von etwas Gegebenem auf die Existenz von etwas Gefordertem geschlossen wird. Er gibt allerdings zu, dass die vorgenommene Deduktion keinen Beweischarakter aufweist, denn der logische Schluss ist an axiomatische Prämissen gebunden: die Verantwortungsfähigkeit wird als ein Gut an sich und das Sein als objektiv werthaltig unterstellt.[265] Die Theorie der Verantwortung von Hans Jonas stellt zweifellos eine wichtige *Grundlage der* noch zu behandelnden *Umweltethik* dar und liefert außerdem Hinweise für damit zusammenhängende Nachhaltigkeitsaspekte. Neben einer Anerkennung der sprachlichen Ausdruckskraft lassen die genannten Unzulänglichkeiten seiner Theorie auch Zweifel am dargestellten Prinzip Verantwortung aufkommen. Sie sollten jedoch den Blick auf das hohe umweltethische Engagement seiner *vorrangig auf Vorsorge* ausgerichteten Verantwortung für eine einmalige, des Schutzes bedürfende und werte Natur nicht versperren.

Die Grundlegung der Zukunftsethik sieht Hans Jonas ganz im Zeichen der Technik: Der *technisch-wissenschaftliche Fortschritt* hat zweifellos zur Ausdehnung der Macht geführt, über die der Mensch in Gefahr gerät, zunehmend die Kontrolle zu verlieren. Katastrophenpotenziale wie Atomkriege und irreversible Klimaveränderungen stellen für die Menschheit und ihre vergleichbar wichtigen Lebensbedingungen eine erhebliche Bedrohung dar, so dass der von Hans Jonas als Problemlösung vorgeschlagenen *Futurologie* mit ihrem Sach- und Wertwissen eine steigende Bedeutung zukommt. Das technisch-wissenschaftliche *Sachwissen* kann das notwendige Verständnis für die Handhabung der sensiblen Zusammenhänge liefern und uns zum verantwortlichen

263 Jonas 1997, S. 165.

264 Hans Jonas geht in dem Kapitel <Zwei Dogmen: „keine metaphysische Wahrheit“; „kein Weg vom Ist zum Sollen“> auf diese Problematik näher ein (vgl. Jonas 1979, S. 92 f.).

265 Vgl. Jonas 1997, S. 172.

Handeln motivieren. Das trifft zumindest dann zu, wenn Klarheit über die Maßnahmen und Zuständigkeiten besteht. Das schwieriger zu vermittelnde *Wertwissen* über das ontologische Wesen des Menschen trägt zur Sensibilisierung der Betroffenen für den *Wert ihres Daseins* und für eine *Ethik der Zukunftsverantwortung* bei, die sich an einen neuen Typ von Handlungssubjekt mit dem *Imperativ* wendet: „Handle so, daß die Wirkungen deiner Handlungen verträglich sind mit der Permanenz echten menschlichen Lebens auf Erden.“ [266] Sowohl bei dieser wie auch bei den übrigen von Hans Jonas verwendeten Formulierungen des Imperativs bleibt allerdings unklar, ob es bei dem geforderten Erhalt menschlichen Lebens auch um menschenwürdige Lebensbedingungen geht. Ein *Erhalt menschlichen Lebens* um jeden Preis – wie mit der noch auszuführenden Tyrannei zur Abwehr eines Untergangs – wird hier jedoch abgelehnt.

Angesichts der weiterhin bestehenden Gefährdungspotenziale gewinnt die von ihm in Verbindung mit dem für die Zukunftsethik wichtigen Sachwissen der Futurologie angesprochene Furcht eine neue Bedeutung. *Furcht* stellte sich früher eher als Schwäche der Furchtsamen dar und erscheint heute als notwendige Tugend einer neuen Bescheidenheit in unseren Zielen, Erwartungen und unserer Lebensführung: Sie kann das richtige Gefühl zur Unterstützung des notwendigen Handelns zur Überwindung der krisenhaften Entwicklung liefern und gewinnt auf diese Weise einen moralischen Wert. Hans Jonas spricht in diesem Zusammenhang von einer *„Heuristik der Furcht“*, die uns angesichts des heutigen Risikopotenzials im Zweifel ein vorsorgendes Verhalten – *in dubio pro malo* – nahe legt.[267] Als Konzept gegen Ressourcenverschwendung und Umweltbelastung schlägt er eine neue *„Frugalität“* in unserem Konsumverhalten vor, die im wesentlichen der Suffizienz der Nachhaltigkeitsstrategie entspricht. Diese Aufforderung zur Enthaltsamkeit und Mäßigung, die den gesamten Bereich von der Genuss- bis zur Machtgier abdeckt, stößt naturgemäß bei angesprochenen Individuen auf Widerstände und stellt den systemimmanenten Produktions- und Konsumkreislauf heutiger Wirtschaftssysteme in Frage. Andererseits können wir unserer Verantwortung für den Erhalt humaner Lebensbedingungen *nicht ohne Einschränkungen* und ohne Freiheitseinbußen gerecht werden. Dazu muss man nicht so weit wie Hans Jonas gehen und notfalls – wenn wir zur Einsicht und Selbstdisziplin nicht fähig sind – die Tyrannei als Alternative zur physischen Vernichtung zulassen und auf die ontologische Befähigung zur Freiheit als Wesenszug der Menschen vertrauen.[268] Denn neben grundsätzlichen Bedenken hat die Geschichte genügend Beispiele dafür geliefert, dass tyrannische Herrschaftssysteme über lange Zeiträume Bestand haben können und dem vorhandenen Freiheitsdrang betroffener Menschen in dieser Phase keine Chance lassen.

#### 3.2.2.4 Pflicht zum moralischen Handeln

Der Pflichtgedanke wurde bereits im Zusammenhang mit der Verantwortungsfähigkeit angesprochen, die für Hans Jonas einen besonderen Wert darstellt: Der mit dieser

---

266 Jonas 1979, S. 36.

267 Vgl. Jonas 1997, S. 174 f.

268 Vgl. Jonas 1997, S. 180.

Fähigkeit ausgestattete Mensch ist demnach letztlich zur Verantwortung für die menschliche Existenz verpflichtet. Die Verantwortung bezieht sich immer auf einen zu verantwortenden Bereich, die Pflicht hingegen ist universeller ausgerichtet und kann mehrere Bereiche umfassen: Beispielsweise ist der Mensch, nach der hier vertretenen Position einer nachhaltigen Entwicklung, nicht nur zur Erhaltung seiner Existenz, sondern auch zur Verbesserung problematischer Lebensbedingungen verpflichtet. Für den Gesellschaftsbereich gibt es analoge Beispiele, in denen Menschen zu einem grundlegenden Verhalten, wie für sauberes Trinkwasser einzutreten, verpflichtet sind und mehrere Mitarbeiter eines Unternehmens, wie dem eines Wasserwerkes, entsprechend ihrem Arbeits- bzw. Verantwortungsbereich für die Sicherung der Trinkwasserqualität verantwortlich sind. „Verantwortung ergibt sich aus Verpflichtung durch <moralische Arbeitsteilung>.“ [269] Im Handlungskontext muss das moralische Prinzip *Verantwortung* also in jedem Fall *um* das der *Pflicht ergänzt* werden. Dieser Zusammenhang wird nachfolgend im Rahmen einer Gegenüberstellung der teleologischen und deontologischen Ansätze sowie der teleologischen Deontologie vertieft. Da die Verantwortungsfähigkeit als empirisches Sein nicht automatisch die *Pflicht* als moralisches Sollen impliziert, damit also der Mensch der von Jonas formulierten Anforderung gerecht werden kann, muss er auf die *Vernunft* als weitere intellektuelle Fähigkeit und Ausgangsgröße für moralisches Handeln zurückgreifen. Denn er muss sich der Pflicht – im Falle Jonas der Vorsorgepflicht – zunächst bewusst werden, um sie in eine moralisch ausgerichtete Handlung umsetzen zu können. Andernfalls bliebe der Mensch deterministisch auf seiner Verantwortungsfähigkeit sitzen. Die *Verpflichtung* als Notwendigkeit und bestimmende Grundlage für moralisches Handeln kann sich grundsätzlich aus unterschiedlichen Motiven ergeben und zu verschiedenen Beurteilungen, Handlungsweisen und Konsequenzen führen. Dazu ist es notwendig, sich mit dem Pflichtgedanken und vor allem mit Immanuel Kant näher auseinander zu setzen, der die Pflicht ins Zentrum seiner Moralphilosophie stellte und bis heute als eigentlicher Architekt der Deontologie gilt.

### (1) Pflicht als Prinzip

Den Begriff der *„Pflicht“* (griechisch *deon*) gibt es seit die intellektuellen Fähigkeit bzw. das moralische Bewusstsein der Menschen so weit entwickelt waren, dass sie die *Notwendigkeit* erkannten, die natürliche und damit auch die soziale Umwelt im Interesse ihrer Lebens- bzw. Überlebensbedingungen *gestalten* zu müssen. Bekannt wurde die Pflicht zuerst bei den Stoikern, die ihre moralphilosophischen Kenntnisse zum Thema Pflicht in einer Schrift niederlegten, auf deren Inhalt Cicero später unter dem lateinischen Begriff *„officium“* einging.[270] In diesem Sinne wurde er von Kant aufgegriffen und weiterentwickelt. Heute entspricht die *Pflicht zum moralischen Handeln* der Notwendigkeit, vor dem Hintergrund der Moralität eine Aufgabe verbindlich zu erfüllen, die einerseits *intern* aus einer *Pflicht gegen sich* selbst quasi als Stimme des Gewissens und andererseits *extern* aus einer *Pflicht gegen Andere* als soziale Ver-

[269] Gethmann 1993, S. 16.

[270] Vgl. Ebert 2004, S. 60.

pflichtung erfolgen kann. Die dafür notwendige Motivation lässt sich insbesondere durch eine moralisch akzeptierte Handlungsorientierung oder einen erzeugten Druck wie das Recht unterstützen. Wenn beispielsweise ein Nichtschwimmer durch einen Unfall in einen Fluss gestürzt und sein Leben in Gefahr ist, kann er demnach von einem Anderen aus Gewissensgründen oder aus rechtlichen Gründen gerettet werden, sofern die Voraussetzungen zur *Hilfeleistung* gegeben sind. Die dann zu treffende Wahlentscheidung wird neben der persönlichen Einstellung des Handelnden wesentlich von den persönlichen Voraussetzungen der Beteiligten sowie gegebenen Umständen des Vorfalls abhängen und die moralische Qualität des Handelns oder Nichthandelns entsprechend beeinflussen. Mit dem Pflichtbegriff wird im Alltagsverständnis häufig die Vorstellung von *Zwang* oder auch Abneigung verbunden, was besonders auf negative historische Erfahrungen u. a. mit Gehorsamspflichten autoritärer Herrschaftsformen, aber auch schon auf den angesprochenen Druck durch das ausgeübte Recht zurückzuführen ist. Darüber hinaus wird von aufgeklärten Menschen die Notwendigkeit erkannt, dass man sich und den anderen etwas schuldig ist. Dass Kant unter Pflicht eine durch *Freiheit* gekennzeichnete Handlung verstand, bedarf weiterer Ausführungen und neben der vorausgesetzten Vernunft einen Rückgriff auf die noch zu behandelnde Autonomie.

Das menschliche Verhalten und damit auch die dieses thematisierende Ethik wird maßgeblich von der *Doppelnatur des Menschen* – einerseits als Naturwesen und andererseits als Vernunft- bzw. Kulturwesen – beeinflusst.[271] Vor diesem Hintergrund ist auch Kants Einschätzung zu sehen: Danach liegt der größte Fehler der Moralphilosophie in der Verwischung der Grenzen zwischen einer Verfolgung des Glücks, das a posteriori als empirische Qualität unmittelbar von den Gesetzmäßigkeiten der menschlichen Natur (Naturwesen) bestimmt ist, und der Moral bzw. Tugend, die als apriorische Qualität allein von der den Menschen auszeichnenden Vernunft bestimmt ist (Vernunftwesen), und zwar unabhängig von der Erfahrung.[272] Daher suchte Kant nach einer *von empirischen Elementen befreiten Moralphilosophie*: „... denn daß es eine solche geben müsse, leuchtet von selbst aus der gemeinsamen Idee der Pflicht und der sittlichen Gesetze ein. Jedermann muß eingestehen, daß ein Gesetz, wenn es moralisch, d. i. als Grund einer Verbindlichkeit, gelten soll, absolute Notwendigkeit bei sich führen müsse ... daß mithin der Grund der Verbindlichkeit hier nicht in der Natur des Menschen ... gesucht werden müsse, sondern a priori lediglich in Begriffen der reinen Vernunft ...“ [273] Die Verbindlichkeit der Pflicht entspricht hierbei einem uneingeschränkten Gebot. – Auch aus dieser Überlegung rührt der von Kant eingeführte Begriff „kategorischer Imperativ“, auf den nachfolgend noch eingegangen wird. – Damit wird die *Pflicht zum Prinzip* erhoben, und zwar als Pflicht um der Pflicht willen: „Denn bei dem, was moralisch gut sein soll, ist es nicht genug, daß es dem sittlichen Gesetze *gemäß* sei,

[271] Weitere Einzelheiten zur *Doppelnatur* des Menschen befinden sich in den Kapiteln 3.3.1 „Grundprobleme der Umweltethik“ und 3.5.1 „Grundprobleme der Sozialethik“. Auf eine weitere Darstellung im Kapitel 3.4 „Wirtschaftsethik“ wurde verzichtet, obwohl sie auch dort nicht ohne Bedeutung ist.

[272] Vgl. Almond 2006, S. 465.

[273] Kant 1785, S. 389.

sondern es muß auch *um desselben willen* geschehen ..." [274] Mit dem guten Willen wird die *Motivation* zum maßgeblichen Kriterium der Moralität des Handelns.[275]

Aus immer neuen Anlässen wird bis heute in der Betriebswirtschaft das Leitbild vom *„ehrbaren Kaufmann"* verwendet. In einer schon vor der aktuellen Finanz- und Wirtschaftskrise geführten Debatte führte der BDI-Präsident hierzu u. a. aus: „Wir Unternehmer und Manager orientieren uns an klaren Werten. Moral lässt sich nicht in Zahlen gießen, aber wir folgen dem Leitbild des ehrbaren Kaufmanns." [276] An dem also immer noch aktuellen Beispiel des Krämers zeigte Kant, dass die Ehrlichkeit eines Kaufmanns, der einen gerechten Preis erhebt, nur dann als moralisch einzustufen ist, wenn sie durch die uneingeschränkte Überzeugung motiviert ist, auch im Falle uninformierter oder auf andere Weise in einer schwächeren Position befindlicher Kunden diese Ehrlichkeit beizubehalten, und nicht unter der Absicht ehrlich zu sein, wenn dieses Verhalten sich als Vorteil für das Geschäft erweist.[277] Kant unterscheidet in diesem Zusammenhang zwischen den Begriffen *„aus Pflicht"* und *„pflichtmäßig"* (heute: pflichtgemäß), da äußerlich nicht zu erkennen ist, ob die Handlung aus ehrlichen Grundsätzen oder aus Vorteilsdenken geschieht. Im letzteren Fall liegt keine Handlung aus Pflicht vor, sondern nur eine pflichtgemäße mit eigennütziger Absicht. Mit dem Pflichtbegriff verdeutlichte Kant, dass faktische Wünsche in Form von Neigungen nicht als moralische Gründe für eine Handlung herangezogen werden können, sondern immer nur das noch zu behandelnde Moralgesetz: [278] „Die Handlung, die nach diesem Gesetze, mit Ausschließung aller Bestimmungsgründe aus Neigung, objektiv praktisch ist, heißt *Pflicht*, welche um dieser Ausschließung willen in ihrem Begriffe praktische *Nötigung*, d. i. Bestimmung zu Handlungen so *ungerne*, wie sie auch geschehen mögen, enthält." [279]

Pflicht und Neigung stellen häufig einen Gegensatz dar. Daher sollen Handlungen grundsätzlich nicht nur danach beurteilt werden, ob sie pflichtgemäß sind, sondern auch, ob sie aus Pflicht und damit ohne Berufung auf Neigung allein nach diesem moralischen Gesetz erfolgen. Diese *Doppelbestimmung der Moralität* einer Handlung durch ihre *objektive* Pflichtgemäßheit als Übereinstimmung mit dem Gesetz und ihre *subjektive* Gesinnung als Motivation aus Pflicht, zeigt die zweifache Grundlage des Kant´schen Pflichtbegriffs: [280] „Der Begriff der Pflicht fordert also an der Handlung

---

[274] Kant 1785, S. 390.

[275] Vgl. Almond 2006, S. 465.

[276] Bovensiepen 2007, S. 20. Anlässlich einer öffentlichen Diskussion um *überhöhte Managergehälter* und das belastete Gerechtigkeitsempfinden der Bürger reagierte der Präsident des Bundesverbandes der Deutschen Industrie mit diesen Worten in einem offenen Brief auf die zahlreichen Vorwürfe aus der Öffentlichkeit. Das moralische Leitbild vom *„ehrbaren Kaufmann"* wird im Kapitel 4.2 „Konzept für eine nachhaltige Unternehmensentwicklung" konkretisiert.

[277] Vgl. Kant 1785, S. 395.

[278] Vgl. Schwemmer 1995c, S. 110.

[279] Kant 1788, S. 80.

[280] Vgl. Schwemmer 1995c, S. 110.

*objektiv* Übereinstimmung mit dem Gesetze, an der Maxime derselben aber subjektiv Achtung fürs Gesetz, als die alleinige Bestimmungsart des Willens durch dasselbe. Und darauf beruht der Unterschied zwischen dem Bewußtsein, *pflichtmäßig* und *aus Pflicht*, d. i. aus Achtung fürs Gesetz, gehandelt zu haben, davon die erstere (die *Legalität*) auch möglich ist, wenn Neigungen bloß die Bestimmungsgründe des Willens gewesen wären, das zweite aber (die *Moralität*), der moralische Wert, lediglich darin gesetzt werden muß, daß die Handlung aus Pflicht, d. i. bloß um des Gesetzes willen, geschehe.“ [281] Unter dem Blickwinkel der Vernunft folgt daraus, dass nicht der Gegenstand des Willens wie Ehrlichkeit oder Mut, sondern der *gute Wille* selbst, der einer Handlung zugrunde liegt, für die moralische Beurteilung entscheidend ist. Demnach ist eine Handlung moralisch, wenn sie nicht pflichtgemäß sondern aus Pflicht geschieht und wenn sie aus Achtung vor dem Sittengesetz erfolgt. Dieses moralische Gesetz erfordert, dass die Maxime des Handelns a priori auf eine allgemeine Gesetzmäßigkeit ausgerichtet wird (Stichwort: kategorischer Imperativ). Pflichten ergeben sich also zum einen aus den tatsächlichen, empirisch bestimmbaren gesellschaftlichen Verhältnissen als universelle Pflichten komplementär zu den gesetzlichen Bestimmungen eines vorhandenen Rechtssystems. Und zum anderen ergeben sie sich als unmittelbares Resultat der Einsicht eines von der Vernunft – bzw. einer Maxime des Handelns – bestimmten Handelns. Problematisch ist daran jedoch, dass diese Einsicht über eine Vorstellung a priori in Form einer von Neigungen befreiten Willensbildung erfolgt, die Ergebnisse dieser Antizipation aber subjektiv geprägt sind. Dadurch kann es in einzelnen Fällen zu *Irritationen* kommen, da jemand ein bestimmtes Verhalten für seine Pflicht halten kann, obwohl es objektiv gegen die gesetzlich definierten Vorschriften verstößt.[282]

Neben der von sich aus schwierigen Umsetzung der von Kant auf einer Metaebene angesiedelten formalistischen Moralitätsvorstellungen in die Praxis, kann es in der gesellschaftlichen Realität außerdem zu Problemen kommen, wenn in einem konkreten Fall mehrere Pflichten miteinander konkurrieren und es dabei zu dem moralischen Dilemma einer *„Pflichtenkollision“* kommt: [283] Wenn beispielsweise eine Person einer anderen ein Versprechen gegeben hat, die sich in einer Gefahrensituation befindet und die nur dadurch geschützt werden könnte, indem die erstgenannte Person dieses Versprechen brechen würde. In einem derartigen Fall liegen zwei Pflichten vor: einerseits das gegebene Versprechen zu halten und andererseits einen Schaden von der

281 Kant 1788, S. 81.

282 Vgl. Schwemmer 1995c, S. 110.

283 Ein aktuelles Beispiel zur *Pflichtenkollision* auf dem Gebiet des Rechts stellt die Problematik von Folterungen in Extremsituationen vor dem Hintergrund der *Menschenwürde* dar, die nach dem Grundgesetz unantastbar ist: Einerseits besteht für den Rechtsstaat die Pflicht, alles für das Leben eines Opfers zu tun, und andererseits die Pflicht, einen Tatverdächtigen nicht zu foltern. In dieser Konstellation wäre es immerhin denkbar, dass das Folterverbot fallweise zurücktreten müsste. Dadurch würde jedoch das Grundrecht der Menschenwürde unzulässig beeinträchtigt werden. Für den Gesetzgeber entsteht hier eine schwierige Aufgabe, für eine Balance zwischen Freiheit und Sicherheit zu sorgen. *Grundlegend* bleibt im vorliegenden Fall jedoch die Achtung, die jedem Menschen um seiner selbst willen geschuldet wird, und zwar sowohl als Täter als auch als Opfer (Stichwort: stärkerer Verpflichtungsgrund, auf den nachfolgend noch eingegangen wird). Weitere Einzelheiten zu diesem Beispiel befinden sich unter Prantl 2008a, S. 4.

gefährdeten Person abzuwenden.[284] Aus deontologischer Sicht, könnte man bei einer so gelagerten Pflichtenkollision die goldene Regel anwenden, wonach die andere Person so zu behandeln wäre, wie die erste Person selbst behandelt werden möchte. Für Kant wäre so eine Situation, zumindest auf der theoretischen Ebene, kein Problem gewesen, da für ihn bei widerstreitenden Pflichten der *stärkere Verpflichtungsgrund* entscheidend wäre und er in diesem Kontext ausführte: „... so ist eine Kollision von Pflichten und Verbindlichkeiten gar nicht denkbar ..." [285] Kant setzte dabei u. a. voraus, dass sich *divergierende moralische Ansprüche* in einer hierarchischen Abstufung von Verpflichtungsgründen bzw. Verpflichtungen klären ließen, und zwar mit der in jeder Situation anwendbaren Grundformel des kategorischen Imperativs.[286] Mit seiner Hilfe lässt sich eine Handlung moralisch beurteilen, wie nachfolgend noch zu zeigen ist.

Der materiale Pflichtethiker David Ross ging über 100 Jahre später nicht so rigoros wie Kant vor: [287] Für ihn war es immerhin denkbar, dass in dem genannten Beispiel der beiden Pflichten bestimmte Umstände die Abwendung des Schadens zur wichtigeren Pflicht machen. Er postulierte deshalb eine Kategorie von unmittelbar einsichtigen *bedingten Pflichten*, die zwar absolut erscheinen, aber unter dem Vorbehalt des – in der Wirtschaftstheorie häufig angewendeten – „ceteris paribus" stehen, d. h. analog dem ökonomischen Modell bleiben nicht untersuchte Einflussgrößen und Begleitumstände unverändert.[288] Als bedingte Pflichten geben sie jedoch nur einen Teil der Situation wieder. Was sich dagegen als *wirkliche Pflicht* darstellt, hängt von der Betrachtung der Gesamtsituation ab. Für die bedingten Pflichten erstellte Ross einen Katalog und nannte sie wegen ihres vorläufigen Charakters *„Prima-facie-Pflichten"*, die je nach den Umständen des Einzelfalles bis zu einem gewissen Grad zu erfüllen sind.[289] In einem konkreten Anwendungsfall aus dem Umweltschutzbereich – wie beispielsweise der Reduzierung des Verbrauchs einer nicht erneuerbaren Ressource auf ein bestimmtes Minimum – kommen hierfür nicht nur eine, sondern gleich mehrere dieser Pflichten in Betracht. Die in diesem Fall am ehesten zutreffende Prima-facie-Pflicht ist aufgrund der vorliegenden Situtationsmerkmale dann zu erfüllen. Aber auch mit dieser *inhaltsbezogenen Konstruktion* bleibt für die praktische Anwendung dieses kompromissfähigen Pflichtansatzes manches offen: Denn die von Ross formulierten Pflichtprinzipien liefern keine unmittelbaren Aussagen über die Pflichtmäßigkeit einzelner Handlungen, sondern nur über bestimmte Handlungsaspekte. Daher kann es dazu kommen, dass im

---

[284] Vgl. Birnbacher/Hoerster 2003, S. 254.

[285] Kant 1797, S. 224.

[286] Vgl. Wimmer 1995, S. 111.

[287] Vgl. Ross 1930.

[288] Weitere Einzelheiten zur Ceteris-paribus-Bedingung des in der Wirtschaftstheorie verwendeten *ökonomischen Modells* befinden sich im Kapitel 3.4.2 „Wirtschaftsethik auf der Makro-, Meso- und Mikroebene".

[289] David Ross hat eine Liste mit *Prima-facie-Pflichten* nach 6 Situationsmerkmalen aufgestellt, von denen nur ein Pflichtmerkmal – „Anderen keinen Schaden zufügen" – negativ formuliert ist. Bei den übrigen handelt es sich um Pflichten der Wahrhaftigkeit, Wiedergutmachung, Dankbarkeit, Gerechtigkeit, Wohltätigkeit und Selbstvervollkommnung (vgl. Birnbacher/Hoerster 2003, S. 257).

konkreten Fall – dieser ist in der Regel nicht allein durch eine moralische Norm zu erfassen – mehrere Normen miteinander konkurrieren. Ross lässt jedoch offen, welche Beurteilungsaspekte einer Handlung im Konfliktfall Priorität haben.[290] In seiner Theorie eines „universellen Präskriptivismus" greift Richard M. Hare den Gedanken der Suche nach einem *Kompromiss bei divergierenden Pflichten* auf [291] und plädiert – unter Beibehaltung des Kant´schen Universalisierungsansatzes – für einfache Prinzipien der Pflicht, die auf einer intuitiven Ebene im Alltag befolgt werden können. Ferner empfiehlt er, Folgenkalküle als letztes Entscheidungskriterium für moralisch richtiges Handeln einzubeziehen, wenn die Möglichkeit zur Berücksichtigung aller Umstände im konkreten Fall gegeben ist.[292]

### (2) Kategorischer Imperativ

Menschen müssen wie alle Lebewesen handeln, um leben zu können, und sie wollen in der Regel ein gutes Leben. Zumindest existiert bei den meisten der Wille, das Beste aus den bestehenden Möglichkeiten zu machen. Angesichts ihrer *Doppelnatur* als Natur- und Vernunftwesen fällt es den Menschen jedoch grundsätzlich nicht leicht, aus der Fülle ihrer unterschiedlichen Neigungen und Fähigkeiten den richtigen Weg und die geeigneten Mittel zu wählen sowie die von Natur und auch von Kultur aus gegebenen Erfordernisse mit den individuellen Wunschvorstellungen jeweils so in Einklang zu bringen, dass möglichst alle Menschen auf Dauer ein gutes Leben führen können. Diese Zielvorstellung läuft auf einen *ethischen Universalismus* hinaus, der prinzipiell alle Menschen als Anspruchsberechtigte anerkennt und sich auch auf zukünftige Generationen erstreckt.[293] Um der angesprochenen Problematik im Hinblick auf die angestrebte nachhaltige Entwicklung gerecht zu werden, ist in Ergänzung eines unreflektierten und/oder zur Korrektur eines für die Natur und Gesellschaft nachteiligen Handelns ein universell ausgerichtetes *moralisches Handeln* mit Unterstützung der *Vernunft* gefordert, die allen Vernunftwesen zur Steuerung ihres Willens prinzipiell zur Verfügung steht. Dafür bietet sich folgendes *Gedankenexperiment* an: In der Rolle eines handlungs- und vernunftfähigen, mit einem guten Willen [294] ausgestatteten Subjekts denke ich eine geplante Handlungsweise versuchsweise als *formale Vorschrift*, mit der ich will, dass sie nicht nur für mich und nicht nur für heute gilt, sondern *universell* als selbst gegebenes *moralisches Gesetz* mit einer angenommenen Gesetzmäßigkeit – vergleichbar einem Naturgesetz – von allen Menschen akzeptiert und verbindlich gelten sowie befolgt werden kann und soll. Ausgangspunkt hierfür ist der persönliche

[290] Vgl. Birnbacher/Hoerster 2003, S. 235.

[291] Vgl. Hare 1981.

[292] Vgl. Almond, 2006, S. 468.

[293] Vgl. Gethmann 1993, S. 1 ff.

[294] Der *gute Wille* ist im vorliegenden Zusammenhang eine unerlässliche Bedingung, da die inneren Werte einer Person auch ins Negative umschlagen, d. h. böse werden können (vgl. Kant 1785, S. 393 f.). Von Bedeutung ist außerdem, dass der von Kant verwendete Begriff der Pflicht bereits den eines guten Willens enthält (vgl. Kant 1785, S. 397).

Grundsatz, die *Maxime* als subjektives Prinzip des Wollens,[295] die die Gesinnung und damit letzte *subjektive* inhaltliche Ziele des Akteurs ausdrückt.[296] Für die sich daraus nach dem Gebot der Vernunft *objektiv* ergebende unbedingte (kategorische) Aufforderung (Imperativ) zum moralischen Handeln, die in allen denkbaren Situationen gelten soll, hat Kant als höchstes Kriterium und Moralprinzip den *„kategorischen Imperativ"* entwickelt, den er auch als Sittengesetz und Formel bezeichnet. Hinter dieser a priori geltenden Formel, die das Verhältnis objektiver Gesetze des Wollens zur subjektiven Unvollkommenheit des Willens artikuliert,[297] verbirgt sich der Gedanke der den guten Willen bereits enthaltenden *Pflicht*: Das Nötigende der Pflicht teilt sich sprachlich im kategorischen Imperativ als dem „Prinzip aller Pflicht" mit,[298] das die freie Selbstbestimmung in Erinnerung ruft und „dazu auffordert, unsere jeweilige Handlungsmaxime daraufhin zu prüfen, ob sie sich auf das Sittengesetz zurückführen und dadurch als ein Regelfall von Autonomie erweisen läßt." [299] Die kategorische Verbindlichkeit wird hierbei durch die Vernünftigkeit des Wollens erzeugt, da die Vernunft von Kant als oberstes Maß und höchster Wert für das Leben und Handeln unterstellt wird.[300] Dadurch nimmt die Pflichtethik letztlich die Rolle einer *Vernunftethik* an.

Als Grundgesetz eines von empirischen Bedingungen unabhängigen Begehrungsvermögens, dessen Ursprung in der noch zu behandelnden Autonomie des Willens liegt,[301] stellt der *kategorische Imperativ* damit das *oberste Prinzip* bzw. höchste Sollen praktischer Überlegungen dar. Er fungiert als Beurteilungskriterium der jedem moralischen Handeln zugrunde liegenden Motivation bzw. der Gesinnung, also zur Vernunft gestützten Beurteilung der moralischen Qualität einer Handlung. Er ist *rein formal* und enthält *kein materiales Ziel*, so dass er nicht unmittelbar zum Handeln anleiten kann (und zur Vermeidung von störenden Beeinflussungen durch individuelle Neigungen und Bedürfnisse auch nicht will). Denn konkretes Handeln setzt inhaltliche Ziele voraus, die im Verlauf der Handlung verwirklicht werden können und die im Hinblick auf die beabsichtigte Allgemeingültigkeit nicht unbedingt erwünscht sind. Insofern ist der kategorische Imperativ mit einem formal-ethischen Testverfahren vergleichbar, das – ohne selbst beliebig zu sein – auf beliebige Sollensforderungen anwendbar ist und die Klärung der Verbindlichkeit einer moralischen Forderung durch ihre *Verallgemeinerbarkeit* ermöglicht. Allerdings gibt die Verallgemeinerbarkeit der Kant´schen Maxime

---

[295] Vgl. Kant 1785, S. 400. Die Bedeutung der *Maxime* präzisiert Kant im Zusammenhang mit der Darstellung des kategorischen Imperativs als obersten Grundsatz der Sittenlehre: „Maxime ist das subjektive Prinzip zu handeln, was sich das Subjekt selbst zur Regel macht (wie es nämlich handeln will)... Jede Maxime, die sich hierzu nicht qualifiziert, ist der Moral zuwider" (Kant 1797, S. 225 f.).

[296] Vgl. Ricken 2003, S. 136.

[297] Vgl. Kant 1785, S. 414.

[298] Vgl. Kant 1785, S. 425.

[299] Pieper 1988, S. 375.

[300] Vgl. Schwemmer 1995b, S. 206.

[301] Vgl. Höffe 1997, S. 150.

allein noch keine hinreichende, sondern nur eine notwendige Bedingung ihrer moralischen Gültigkeit.[302] Wenn man von der durchaus problematischen Möglichkeit absieht, dass der bewusste Verzicht auf materiale Festlegungen theoretisch auch zur Anwendung dieser formalistischen Konstruktion auf unmoralische Handlungsabsichten führen kann und damit unmoralische Handlungen legitimieren würde, ist diese formale und für die inhaltliche Gestaltung noch *offene Methode* für komplexe Anwendungen sogar von Vorteil, wie noch zu zeigen ist.

Vom kategorischen Imperativ existieren mehrere Formulierungen,[303] von denen im Nachhaltigkeitskontext insbesondere die beiden folgenden von grundlegender Bedeutung sind: Die als *Grundgesetz* der reinen praktischen Vernunft bezeichnete Formel *„Handle so, daß die Maxime deines Willens jederzeit zugleich als Prinzip einer allgemeinen Gesetzgebung gelten könne“* [304] und die als „praktischer Imperativ“ bezeichnete *Selbstzweckformel „Handle so, daß du die Menschheit sowohl in deiner Person, als in der Person eines jeden andern jederzeit zugleich als Zweck, niemals bloß als Mittel brauchest.“* [305] In der *ersten Formel* ergibt sich die Pflicht als eine aus moralischer Reflexion erwachsenden Handlungsvorschrift, die dem freien *Willen* gegenüber ein unbedingtes *Sollen* zum Ausdruck bringt, ohne jedoch selbst ein Kriterium für die Beurteilung von Maximen zu liefern. Dieses bietet die *zweite Formel* mit ihrer *Zweckorientierung*, denn der Wille braucht einen Zweck, um etwas wollen zu können. Hierzu fordert die Zweckformel implizit eine Kooperation aller Handelnden, damit sich die Zwecke einzelner Akteure nicht ausschließen, sondern einander ergänzen und unterstützen.[306] Auf die Nachhaltigkeit bezogen, ist die erste Formel des kategorischen Imperativs von besonderer Bedeutung, da sie ihre formale Handlungsaufforderung über das genannte *„jederzeit“* nicht nur intra- sondern auch intergenerationell versteht. Das darüber hinaus für eine global zukunftsfähige Entwicklung notwendige Jedermann geht aus der nachfolgenden Bezeichnung *„allgemeines Gesetz“* hervor, wird jedoch für die Anwendung in der Selbstzweckformel deutlicher, da darin die gesamte *„Menschheit“* ausdrücklich genannt und die globale Kooperation indirekt angesprochen wird. Die von Hans Jonas anlässlich der Darstellung seines Prinzips Verantwortung gegebene Einschätzung – „Kants kategorischer Imperativ war an das Individuum gerichtet und sein Kriterium war augenblicklich.“ [307] – bleibt daher unverständlich. Selbst wenn der kategorische Imperativ vorrangig auf ein Handeln des Individuums aus Pflicht abzielt, bei dem Neigungen, Zweckvorstellungen und Folgen per se ausgeschlossen sind, verschließt sich die Anwendung der Kant´schen Pflichtethik wegen ihrer universalistischen Ausrichtung weder einer räumlichen noch einer zeitlichen Öffnung. *Beide*

[302] Vgl. Birnbacher/Hoerster 2003, S. 234 f.

[303] Weitere Einzelheiten und Erläuterungen zu den *verschiedenen Formulierungen* des kategorischen Imperativs befinden sich unter Ricken 2003, S. 138 ff.

[304] Kant 1788, S. 30.

[305] Kant 1785, S. 429.

[306] Vgl. Ricken 2003, S. 146 ff.

[307] Jonas 1979, S. 37.

*Formulierungen* des kategorischen Imperativs eignen sich deshalb besonders als moralphilosophische *Grundlage* für eine nachhaltigkeitsbezogene *Handlungsorientierung*. Denn sie sind sowohl *formal* als auch *universell*, beschränken sich also weder auf das hier und jetzt noch auf situationsabhängige inhaltliche Festlegungen. Und sie ermöglichen daher sowohl die Entwicklung als auch die Umsetzung konkreter Handlungsvorgaben in einem diskursiven Argumentationsprozess, auf den noch näher eingegangen wird.

### (3) Autonomie der Vernunft und des Willens

Der auf die griechische Antike zurückgehende Begriff *„Autonomie"* als Bezeichnung für die *Selbstgesetzgebung* (griechisch *autos* = selbst, *nomos* = Gesetz) wurde seinerzeit vorrangig im Sinne von politischer Freiheit gegen innere sowie äußere Herrschaft verwendet. Im Rahmen der Aufklärung wurde er von Kant als *Selbstbestimmung des Willens* im Gegensatz zur Heteronomie (Fremdbestimmung) neu in die Moralphilosophie eingeführt. Autonomie wird nach seiner Position dadurch erreicht, dass einerseits die *Unabhängigkeit der Willensbildung* von faktischen Bedürfnissen und von Autoritäten durch die Selbstbestimmung des Willens zum Prinzip der Willensbildung erhoben wird. Andererseits übernimmt die *Eignung einer Maxime unseres Wollens* zum allgemeinen Gesetz die Rolle des entscheidenden Kriteriums dieser Selbstbestimmung. Eine bloß individualistische Ausrichtung der praktischen Vernunft entfällt damit,[308] wodurch die Anwendungsmöglichkeit entsprechend erweitert wird. Auch im Hinblick auf die mit der dargestellten Position erneut thematisierten Begriffe der Pflicht und des kategorischen Imperativs bietet sich im Folgenden eine Auseinandersetzung mit den Gedanken Kants zur *Autonomie der Vernunft und des Willens* an, die angesichts der aufgetretenen Zweifel und der Bedeutung für das Verständnis ethischer Zusammenhänge sowie zur Klärung der eigenen Position um einige *natur- und sozialwissenschaftliche Erkenntnisse* ergänzt werden soll:

„Die *Autonomie* des Willens ist das alleinige Prinzip aller moralischen Gesetze und ihnen gemäßen Pflichten: Alle *Heteronomie* der Willkür ... ist vielmehr dem Prinzip derselben und der Sittlichkeit des Willens entgegen. In der Unabhängigkeit nämlich von aller Materie des Gesetzes (nämlich einem begehrten Objekte) und zugleich doch Bestimmung der Willkür durch die bloße allgemeine gesetzgebende Form, deren eine Maxime fähig sein muss, besteht das alleinige Prinzip der Sittlichkeit. Jene *Unabhängigkeit* aber ist Freiheit im *negativen*, diese eigene Gesetzgebung aber der reinen, und als solche, praktischen Vernunft, ist Freiheit im *positiven* Verstande. Also drückt das moralische Gesetz nichts anderes aus, als die *Autonomie* der reinen praktischen Vernunft, d. i. der Freiheit ..." [309] Mit Hilfe der so explizierten *Autonomie* des *Willens*, die entsprechend auch für die *Vernunft* als der entscheidenden menschlichen Fähigkeit und deren Voraussetzung gilt, lässt sich darstellen, warum die Pflicht entgegen der verbreiteten Vorstellung von Zwang eine *freie Handlung* charakterisiert. Denn die den

---

308 Vgl. Schwemmer 1995a, S. 232 f.

309 Kant 1788, S. 33.

Menschen prägende Natur und Vernunft treffen in seinem Willen als Seins- und Sollensprinzip aufeinander: [310] Das auf den Ist-Zustand bezogene *Seinsprinzip* erhebt empirisch feststellbare Ansprüche, wonach der Mensch nach Glück streben *muss*: „Seine eigene Glückseligkeit sichern, ist Pflicht (wenigstens indirekt), denn der Mangel der Zufriedenheit ... mitten unter unbefriedigten Bedürfnissen könnte leicht eine große *Versuchung zu Übertretung der Pflichten* werden.“ [311] Das auf den Soll-Zustand bezogene *Sollensprinzip* erhebt hingegen unbedingte normative Ansprüche, wonach der Mensch vernünftigerweise nach Sittlichkeit streben *soll* und das Sollen als „praktische Nötigung, d. i. Pflicht“ [312] verstanden wird. Entsprechend seiner *Doppelnatur* wirkt einerseits die Sicherung der eigenen Glückseligkeit bzw. der Existenzbedingungen als Naturgesetz kausal auf den Willen ein – mit moralisch ungewissem Ausgang – und andererseits nötigt das Streben nach Sittlichkeit den im Sinne eines allgemein geltenden Vernunftgesetzes handelnden Menschen zu moralisch richtigem Handeln. Demnach soll der Wille mit seinem handlungsleitenden Streben bejahen, was sich als Pflicht darstellt, aber er *muss es nicht*. Mit dem Sollen kommt also *Freiheit* ins Spiel: Der Wille des Vernunftwesens Mensch erfährt sich nur bis zu dem Grade als unfrei, bis zu dem er durch die Bedürfnisstruktur des Naturwesens Mensch bestimmt wird. Die den Willen ständig nötigende *Vernunft* erschließt dem Menschen mit ihrem Vermögen, über die empirische Ebene der Gegenstände und Sinne hinauszugehen, hingegen einen Bereich der Freiheit, in dem er selber wählen und entscheiden kann.[313] Freiheit bedeutet aber nicht, Freiheit der Willkür oder Anarchie auf Kosten der Vernunft zu ermöglichen. Damit die Freiheit in der Gesellschaft – das gilt im Nachhaltigkeitskontext auch für die internationale Staatengemeinschaft – gewährleistet werden kann, bedarf es einer gesetzlichen Regelung, die entsprechend dem formalen Rahmen eines moralischen Gesetzes (Stichwort: kategorischer Imperativ) allgemein und verbindlich anerkannt werden kann. Angesichts der mit Gesetzen häufig verbundenen Einschränkungen muss die Freiheit für diese Regelung selbst die Grundlage darstellen.

Kant interessierte sich also weniger für die empirischen als vielmehr für die moralisch verbindlichen Bestimmungsgründe einer Handlung, d. h. es ging ihm um die Klärung der *Bedingungen*, unter denen moralisches Handeln *möglich* ist, also um Erkenntnis a priori. Bei diesem *transzendentalen Ansatz* seiner als Pflicht-, Willens- oder Vernunftethik zu bezeichnenden Moralphilosophie ging es ihm vorrangig um einen Leitfaden und eine *oberste Norm*, mit der Handlungen hinsichtlich ihres moralischen Geltungsanspruchs beurteilt werden können.[314] Bei der Suche nach der obersten Norm tritt die zur Erlangung von Wissen notwendige theoretische Vernunft (vgl. Kants Kritik der reinen Vernunft) hinter die moralisch relevante praktische Vernunft (vgl. Kants Kritik der praktischen Vernunft) zurück: „Ein jedes Ding wirkt nach Gesetzen. Nur ein vernünftiges Wesen hat das Vermögen, *nach der Vorstellung* der Gesetze, d. i. nach Prinzipien, zu

---

310 Vgl. Pieper 1988, S. 374.

311 Kant 1785, S. 399.

312 Kant 1785, S. 434.

313 Vgl. Pieper 1988, S. 374.

314 Vgl. Kant 1785, S. 389 f.

handeln, oder einen *Willen*. Da zur Ableitung der Handlungen von Gesetzen *Vernunft* erfordert wird, so ist der Wille nichts anderes als praktische Vernunft." [315] Für die moralische Beurteilung stellt Kant den *Willen* in den Mittelpunkt, da sich eine *Handlung* nicht *aus sich selbst* heraus oder durch *ihre Folgen* als moralisch erweist, sondern durch den guten Willen, der ihr zugrunde liegt: [316] „Der gute Wille ist nicht durch das, was er bewirkt ... sondern allein durch das Wollen, d. i. an sich gut ..." [317] Das Gutsein des Willens besteht also ganz unteleologisch weder in der Vorstellung eines erstrebenswerten Zweckes noch in den Mitteln zur Erreichung des Zweckes. Stattdessen besteht es darin, nach Prinzipien bzw. analog der Natur nach Gesetzen zu handeln, die jedoch im Unterschied zu Naturgesetzen nicht vorgegeben, d. h. fremdbestimmt sind, sondern die der Wille mit Unterstützung der Vernunft generiert hat. Aufgrund seiner immanenten Vernünftigkeit ist der *Wille autonom*: „Die Autonomie des Willens ist die Beschaffenheit des Willens, dadurch derselbe ihm selbst (unabhängig von aller Beschaffenheit der Gegenstände des Wollens) ein Gesetz ist. Das Prinzip der Autonomie ist also: nicht anders zu wählen als so, daß die Maximen seiner Wahl in demselben Wollen zugleich als allgemeines Gesetz mit begriffen seien." [318] Das angesprochene Gesetz bedeutet damit, sich nur solche Maximen zum Maßstab des Handelns zu machen, die auf das autonome Gesetz des Willens zurückzuführen sind: [319] „Der Wille wird als Vermögen gedacht, der *Vorstellung gewisser Gesetze gemäß*, sich selbst zum Handeln zu bestimmen." [320] Die *Autonomie* wird damit zum Prinzip der Moralität der Willensbestimmung und zur obersten Norm für die moralische Beurteilung von Handlungen, wobei die Freiheit als Eigenschaft des Willens aller Vernunftwesen vorausgesetzt wird.[321] Die *Freiheit* ist dabei einerseits der *Grund* und andererseits die *Folge des Gesetzes*, das sich der Wille selber gibt, um Freiheit der Freiheit willen zu wollen, und auf diese Weise sich als guter Wille qualifiziert. Mit seiner nicht zu beweisenden Idee der Freiheit ist Kant bei einem nicht weiter zu reduzierenden *Letztpunkt* seiner *transzendentalen Begründung* angekommen. Denn der moralisches Handeln begründende gute Wille hat seinen Grund im *Prinzip der Freiheit*,[322] das nicht als Seinsprinzip auf Basis der gesellschaftlichen Realität gedacht ist, sondern *normativ* als praktisches Sollensprinzip mit einer regulativen Funktion für die moralische Willensbildung.

Der aufklärerische Anspruch, sich seiner eigenen Vernunft zu bedienen, ist nicht unter allen Umständen zu realisieren und kann in sein Gegenteil umschlagen, d. h. zur Fremdbestimmung führen: Die *Heteronomie* stellt sich für den Menschen als Resultat

---

315 Kant 1785, S. 412.

316 Vgl. Pieper 2007, S. 270.

317 Kant 1785, S. 394.

318 Kant 1785, S. 440.

319 Vgl. Pieper 2007, S. 271.

320 Kant 1785, S. 427.

321 Vgl. Kant 1785, S. 447.

322 Vgl. Pieper 2007, S. 272.

einer völligen Abhängigkeit ihn determinierender Faktoren dar, so dass dann anstelle von Freiheit *Determination* vorliegt. Diese kann sein Wollen sowohl durch politische Abhängigkeit als auch durch seine damit ursächlich zusammenhängende sinnliche Veranlagung mit ihren Trieben und Bedürfnissen sowie durch sonstige empirische Einflussgrößen bestimmen. Aber sie muss es nicht. Denn im Unterschied zu anderen Lebewesen kann der Mensch als nicht nur *Natur-* sondern auch *Vernunftwesen* die seinen Willen determinierenden Fakten von verursachenden Naturgesetzen sowie vorgegebenen gesellschaftlichen Bedingungen erkennen und entsprechend handeln, diese jedoch nur bis zu einem situationsabhängigen Grad aufheben oder kompensieren. Er kann sich zwar den die Freiheit begrenzenden physikalischen, chemischen, biologischen, sozialwissenschaftlichen und sonstigen empirischen Voraussetzungen nicht entziehen, jedoch wegen seiner intellektuellen Fähigkeiten eine kritische Distanz zu diesen einnehmen (Stichwort: exzentrische Positionalität).[323] Und er kann sich aus dieser heraus *autonom* entscheiden, ob er dem als Natur- und Sozialwesen empirisch Gewollten auch als Vernunftwesen zustimmen kann, und was er davon gegebenenfalls umsetzen will bzw. soll. Dadurch ergibt sich für seinen Willen ein *Entscheidungsspielraum* zwischen Fremd- und Selbstbestimmung,[324] den er entsprechend seinen Möglichkeiten *gestalterisch nutzen* kann. Wenn es hingegen zutreffen sollte, dass die von einigen Sozialwissenschaftlern – wie den das Bewusstsein negierenden verhaltensorientierten Behavioristen [325] – oder von einigen Naturwissenschaftlern – wie den noch zu behandelnden Genetikern und Hirnforschern – unterstellten *Zweifel an der Willensfreiheit* berechtigt sind, wäre moralisches Handeln von vornherein sinnlos. Denn Moralität setzt sowohl *Freiheit* als auch die empirisch ebenfalls nicht zu erfassende *Verantwortung* voraus. Die Folgen wären fatal und würden zu einer Begrenzung der Entwicklungsmöglichkeiten der Menschen auf eine rein biologische Evolution von Individuen als raumzeitlich determinierten Einheiten führen, da die für das Zusammenleben notwendige Gestaltung und kulturelle Entwicklung der Gesellschaft ohne Nutzung der Vernunftpotenziale nicht mehr möglich wäre. In diesem *Spannungsfeld* von *Determination* und *Freiheit* entscheidet sich also, ob und in welchem Umfang Moral bzw. moralisches Handeln möglich ist.

**Kritische Einschätzung:** Kant hat der *Autonomie der Willensbildung* zu Recht eine Vorrangstellung in seiner Moralphilosophie eingeräumt, da diese eine wesentliche Voraussetzung für die Gestaltung der Lebensbedingungen und das moralische Handeln darstellt. Diese zweifellos idealistische und fortschrittsbejahende Position aus der Perspektive des Subjekts darf jedoch nicht darüber hinwegtäuschen, dass der *Mensch als Teil der Natur* neben dem Vernunft- auch Natur- und Sozialwesen ist und daher

[323] Weitere Einzelheiten zu den anthropologischen Voraussetzungen und zur *exzentrischen Positionalität*, die den Menschen von der zentrischen Positionalität der Tiere abgrenzt, befinden sich im Kapitel 3.5.1 „Grundprobleme der Sozialethik".

[324] Vgl. Pieper 2007, S. 170.

[325] Weitere Ausführungen zu der aus der amerikanischen *Psychologie* stammenden Position des bewusstseinsnegierenden und auf Deskription des Verhaltens ausgerichteten *Behaviorismus* finden sich u. a. bei Skinner 1973. Andere Methoden der Selbstbeobachtung und des Sinnverstehens werden von Behavioristen abgelehnt, da derartige Bewusstseinsphänomene empirisch nicht zu erfassen sind und für sie als unwissenschaftlich gelten.

auch die naturgesetzlichen sowie gesellschaftlichen Interdependenzen und Voraussetzungen moralphilosophisch zu berücksichtigen sind. Das muss nicht gleich so weit gehen, dass die Modellvorstellung der Doppelnatur des Menschen aufgegeben wird und die Ethik aufgrund neuer natur- und sozialwissenschaftlicher Erkenntnisse jetzt biologisch und soziologisch uminterpretiert wird: Aber wissenschaftliche Erkenntnisse müssen im Hinblick auf ihre Anwendbarkeit soweit wie notwendig und vertretbar berücksichtigt werden, selbst wenn sich dadurch die ethische Position der Autonomie relativieren sollte. Die *naturwissenschaftliche Relativierung* der Autonomie – und damit auch der Pflicht und des moralischen Gesetzes bzw. der Bedeutung des Vernunftwesens – ergibt sich heute insbesondere aus den *Neurowissenschaften*,[326] nachdem die Einwände der Genetiker inzwischen weitgehend ausgeräumt sind: Molekularbiologen haben das menschliche Genom, das alle Gene mit den zugehörigen Erbinformationen eines Organismus enthält,[327] als Bauplan des Organismus und Steuerungsinstrument der körperlichen Prozesse identifiziert.[328] Das *Genom* jedes Menschen ist zwar teleologisch auf sein Leben programmiert.[329] Es wirkt jedoch nur bis zu einem gewissen Grade auf die Steuerung und Realisierung seines Überlebens ein, da der menschliche Organismus mit seinen interdependenten Bausteinen sowie Funktionen ganzheitlich zu interpretieren und außerdem der Einfluss der Umweltbedingungen zur berücksichtigen ist.[330] Gene bestimmen die individuelle Entwicklung eines Organismus also immer nur zusammen mit der Umwelt, so dass es übertrieben wäre, von einem genetischen Determinismus zu sprechen. Etwas anders sieht es hingegen bei der Hirnforschung aus: Neurowissenschaftler interpretieren ihre empirischen Forschungsergebnisse zu den Leistungen des Gehirns wie Wahrnehmen, Denken und Fühlen als *neuronale Aktivitäten* durch physikalisch-chemische Interaktionen in den aus Neuronen (Nervenzellen) und Synapsen (Verbindungsstellen) gebildeten Nervennetzen, die strukturelle bzw. funktionelle Analogien zum Computer aufweisen. Hierbei ist jedoch ebenfalls zu berücksichtigen, dass nicht allein das Organ Gehirn, sondern der Mensch als integraler – mit anderen Lebewesen in Wechselbeziehungen stehender – *Organismus* diese kognitiven Leistungen erbringt und man diese nicht unmittelbar sehen kann.[331] Denn es entspricht letztlich dem empirischen Sachverhalt, „dass sich bisher noch kein Hirnforscher mit einem Gehirn ohne Sinnesorgane und ohne motorische Ausdrucksorgane verständigen konnte – das Gehirn braucht den Körper und der Körper braucht die Umwelt.“ [332] Die Behauptung einiger Neurobiologen, dass die

326 Vgl. Höffe 2007, S. 246 ff.

327 Weitere Einzelheiten zu den *Genen* und den *genetischen Informationen*, die bei Organismen von Generation zu Generation übertragen werden, werden im Kapitel 3.3.2 „Ökologische Prinzipien“ behandelt. In diesem Zusammenhang werden u. a. auch die *Wechselwirkungen* zwischen Organismen dargestellt.

328 Nationales Genomforschungsnetz NGFN 2006, S. 7.

329 Vgl. Pieper 2007, S. 128.

330 Auf die interdependenten Elemente und Funktionen des *Organismus* wird im Kapitel 3.3.2 „Ökologische Prinzipien“ näher eingegangen.

331 Vgl. Höffe 2007, S. 247.

332 Tretter 2008, S. 14.

Gehirnfunktionen durch Naturgesetze bestimmt werden, hätte einen *neuronalen Determinismus* zur Folge: „Keiner kann anders als er ist." [333] Demnach würden von Menschen als frei angenommene Entscheidungen ebenso wie fremdbestimmtes Handeln auf determinierenden neuronalen Prozessen beruhen.

Pointiert formuliert steht daher die Frage im Raum, ob sich der Mensch mit Hilfe der Moralphilosophie von den durch natur- und sozialwissenschaftliche Erkenntnisse auf seinen Willen ausgeübten Zwängen befreien kann. Oder ob er sich angesichts einer Determination durch seine faktischen Lebensbedingungen von der *Idee des freien Willens* verabschieden muss.[334] In der Freiheitsproblematik geht es also um Sein *und* Sollen. Die auf einem Willensbildungsprozess und Selbstbestimmungsanspruch gründende Autonomie des Menschen kann aus der natur- und sozialwissenschaftlichen Seinsperspektive allerdings nur bedingt in Frage gestellt werden, da *Freiheit* ein normativer und *kein empirischer Begriff* ist. Aus gesamtwissenschaftlicher Sicht werden die naturwissenschaftlichen und gesellschaftlichen Zwänge hinsichtlich des Freiheitsbegriffs gegenstandslos. Denn Freiheit im eigentlichen Sinne von Autonomie steht dem Wesen des Menschen von vornherein zu und wurde nicht erst bei aktuellen Gestaltungsansätzen, sondern bereits seit der Ethik der Aufklärung als Prinzip und wesentliches Kriterium für moralisches Handeln angewandt, das auf die Aufrechterhaltung freier Ausgangsbedingungen ausgerichtet ist: Wer Freiheit für sich beansprucht, hat die Pflicht so zu handeln, dass diese nicht auf Kosten anderer erreicht wird, also allen Menschen zugute kommt.[335] Oder wer eine vertragliche Vereinbarung eingeht, setzt voraus, dass die Vertragspartner diese aus freiem Willen schließen (Stichwort: *natürlicher Urzustand*).[336] Tatsache ist, dass es den Menschen in ihrer bisherigen Geschichte trotz oder sogar wegen faktischer Beschränkungen gelungen ist, die eigene sowie außermenschliche Natur zu kultivieren und sich dadurch bis zu einem bestimmten – wesentlich von den Umweltbedingungen abhängigen – Grade von den kausalen Gesetzen der Natur *unabhängig* zu machen. Wenn einige Sozialwissenschaftler und Biologen mit ihren Thesen über empirisch erfassbare Faktizitäten hinausgehend die Freiheit des Willens infrage stellen, folgt daraus noch lange nicht, dass die Menschen aufgrund der unterstellten Bewusstseins-, genetischen und neuronalen Prägungen zur Freiheit nicht fähig sind. Denn die Psychologie, Biologie und Soziologie als Seinswissenschaften können Freiheit – auch mit Unterstützung durch die Physik und Chemie – weder beobachten noch nachweisen. Sie können zum *Freiheitsbegriff der Ethik* als einer Sollenswissenschaft lediglich empirische Beiträge zu den Organen, dem Organismus, den Wechselbeziehungen des Menschen mit anderen

---

333 Singer 2005, S. 159. Aus *neurophysiologischer Sicht* interpretiert Wolf Singer Selbsterfahrung und neurobiologische Fremdbestimmung als konfliktträchtige Erkenntnisquelle.

334 In diesem Zusammenhang wird auch auf aktuelle Stellungnahmen zur *Infragestellung des freien Willens* aus philosophischer Sicht (vgl. u. a. Pauen 2008, S. 13) und aus soziologischer Sicht (vgl. u.a. Nassehi 2008, S. 13) verwiesen.

335 Vgl. Pieper 2007, S. 129 ff.

336 Der vertragstheoretische Begriff *„natürlicher Urzustand"*, der in John Rawls´ Theorie der Gerechtigkeit zum Konstrukt „Schleier des Nichtwissens" wird, stellt die Ausgangsbasis für den im Kapitel 3.5.2 „Gerechtigkeit als zentrales Anliegen der Sozialethik" behandelten *Gesellschaftsvertrag* dar.

Organismen und zu Einzelphänomenen der integralen Bestandteile seiner philosophisch unterstellten Doppelnatur beisteuern. Kant hat hier bereits vorgesorgt und im Bewusstsein einer teilweise *zeitgebundenen* – denn Zeit ist irreversibel – und *empirischen Determination* des Menschen seine Theorie der moralischen Freiheit unter die Prämisse der Unabhängigkeit von allem Empirischen und den Gegebenheiten der Natur gestellt.

Im Hinblick auf die gesellschaftliche Realität wird die *Freiheitsproblematik* mit dieser Abstraktion und mit der methodisch-formalistischen Unterscheidung nach empirischer und normativer Bestimmung jedoch nicht vollständig erfasst. Denn die real vorhandenen *Einschränkungen* der auf die Willensbildung folgenden *Freiheit des Handelns* bleiben weder für das „Naturwesen" noch für das „Vernunftwesen" ohne Einfluss. Und diese wirken wiederum auf die natürliche und soziale Umwelt ein. Die beiden Seiten der Doppelnatur sind zwar ein hilfreiches Konstrukt, das jedoch nicht darüber hinwegtäuschen kann, dass Natur- und Vernunftwesen – ebenso wie der von Descartes angenommene Leib-Seele-Dualismus [337] – im menschlichen Körper *organisch integriert* sind. Außerdem stehen die ihnen zugewiesenen Funktionen in einem ständigen Wechselwirkungs- und Veränderungsprozess, der durch die Selbstorganisation des Organismus zusätzlich biologisch beeinflusst ist.[338] Nach der *hier vertretenen Position* erschweren die nicht weiter vertieften sozialwissenschaftlichen sowie die noch in der Entwicklung befindlichen naturwissenschaftlichen Erkenntnisse zur Autonomie des Willens und der Vernunft zwar die letztlich als Handlungsorientierung beabsichtigte Nutzungsmöglichkeit des abstrakt-formalen Ansatzes der Kant´schen Transzendental- bzw. Pflichtethik. Sie stellen diesen dadurch jedoch nicht in Frage. Denn sein *transzendentaler Ansatz* ist trotz der genannten Einschränkungen nach wie vor von grundlegender Bedeutung und stellt die *theoretische Ausgangsbasis* für die auf der Grundlage der komplexen gesellschaftlichen Verhältnisse unserer Zeit entwickelte Vertragstheorie [339] und diskursethische Methode dar. Mit der noch darzustellenden Ergänzung der normativen Ethik um die diskursethische Methode soll auch einer *sozialwissenschaftlichen Relativierung* vorgebeugt werden, vor allem indem die Kant´sche Subjektperspektive unter Nutzung der Möglichkeiten der Kommunikation *intersubjektiv* erweitert wird.

### 3.2.2.5 Teleologischer versus deontologischer Ansatz

Nach erfolgter Klärung der wesentlichen Grundlagen können jetzt die darauf aufbauenden *normativ-ethischen Grundpositionen* dargestellt werden. Angesichts des zu-

---

[337] Vgl. Prechtl/Burkard 1999, S. 323 f. Der sich auf den Körper und Geist des Menschen beziehende *Leib-Seele-Dualismus* wird im Zusammenhang mit der anthropologischen Darstellung im Kapitel 3.5.1 „Grundprobleme der Sozialethik" vertieft.

[338] Weitere Ausführungen zum *Wechselwirkungs- und Veränderungsprozess* des Organismus als einem selbstorganisierten System befinden sich im Kapitel 3.3.2 „Ökologische Prinzipien".

[339] Die ebenfalls auf einem freien Willen basierende *Vertragstheorie* wird im Zusammenhang mit der formalen Bestimmung der Gerechtigkeit im Kapitel 3.5.2 „Gerechtigkeit als zentrales Anliegen der Sozialethik" behandelt.

kunftsgefährdenden Umgangs der Menschen mit der sie umgebenden Natur und untereinander [340] soll die normative Ethik unter der hier vertretenen Nachhaltigkeitsperspektive einen kultur- und generationenübergreifenden Gestaltungsansatz mit *universalem Geltungsanspruch* ermöglichen, der den unterschiedlichen Bedürfnissen Rechnung tragen kann.[341] Für diese anspruchsvolle Aufgabenstellung bieten sich *zwei Positionen* an, die sich vom Ansatz her grundlegend unterscheiden, in der gesellschaftlichen Praxis jedoch komplementär zu verwenden sind:

Die *erste Grundposition* richtet menschliches Handeln *inhaltlich* an den empirischen Bedingungen der zugrunde liegenden *Zielsetzung* aus und berücksichtigt die schon seit der griechischen Antike vorhandene Erkenntnis, dass die verschiedenen Zweckausrichtungen der Menschen in ihrem zu durchlaufenden Lebensprozess alle einem mehr oder weniger ähnlichen Motiv unterliegen: Danach vermittelt das von ihnen jeweils für erstrebenswert Gehaltene in der Regel eine Form von *Wohlbefinden*, das sowohl auf das eigene Wohl als auch zunächst auf das Wohl der näherstehenden Anderen und im Laufe der Geschichte zunehmend auch auf das Gemeinwohl zielen kann. Hinter den verschiedenen Erscheinungsformen des angestrebten Wohlbefindens steht immer ein *außermoralisches Gutes* im Sinne des *Hedonismus*, der das natürliche Streben nach Glück bzw. Lust und die Vermeidung von Unglück bzw. Unlust als oberstes Ziel menschlichen Handelns sieht.[342] Diese intentionale Struktur menschlichen Handelns legt also eine Ziel orientierte, vorerst nicht weiter differenzierte *teleologische Ethik (Teleologie)* – das griechische Wort *telos* bedeutet Ziel, Zweck – nahe, die die Richtigkeit einer Handlung nach ihrem Zweck bzw. ihrem Ergebnis beurteilt. Hierbei ist zu prüfen, ob mit der Handlung ein Zustand herbeigeführt wird, der unabhängig von ihrer Durchführung und ohne Rückgriff auf moralische Pflichten als erstrebenswertes Ziel gilt.[343] Das jedem Lebewesen ursprünglich innewohnende Streben, ein seiner Natur bzw. seinem Wesen entsprechendes Ziel zu erreichen, wird als *ontologische Teleologie* bezeichnet.[344] Im Unterschied zu den übrigen Lebewesen ist der mit intellektuellen Fähigkeiten ausgestattete Mensch nicht durch seine Natur determiniert, sondern abhängig von den gegebenen Voraussetzungen mehr oder weniger an seinen eigenen Zielvorgaben selbst beteiligt. Die ontologische Ausrichtung der Teleologie hat zur Folge, dass der Mensch entsprechend seiner Wesensnatur zweckgerichtet lebt und handelt, um das Beste aus seinem Leben zu machen. Dieses auf die genannten Ursprünge zurückgehende Weltbild, das sich auf den *praktischen Lebensvollzug* konzentriert und eine Differenzierung des Handelns nach dem moralisch Richtigen und dem außermoralisch Guten überflüssig macht, ist spätestens seit der Zeit der Aufklärung als

---

340 Weitere Ausführungen zum Verhältnis *Mensch-Natur* und *Mensch-Mensch* finden sich vor allem im Kapitel 3.5.1 „Grundprobleme der Sozialethik".

341 Auf den angesprochenen *universalen Geltungsanspruch* und die Berücksichtigung unterschiedlicher Interessen wird auch im Kapitel 3.2.3 „Konsensprinzip und ethischer Diskurs als methodischer Ansatz" eingegangen.

342 Für weitere Angaben zum *Hedonismus* und zur damit zusammenhängenden *Eudämonie* wird u. a. auf Prechtl/Burkard 1999, S. 229 und S. 623 verwiesen.

343 Vgl. Prechtl/Burkard 1999, S. 591.

344 Vgl. Hübenthal 2006, S. 62.

überholt anzusehen. Denn es wird den im Verlauf der Geschichte gestiegenen gesellschaftlichen Anforderungen, die eine *Entkopplung* von gesetzten Zwecken und Handlungen zur Verwirklichung dieser Zwecke erfordern, nicht mehr gerecht. Die Natur kennt keine eigenen Zwecke. Diese können einzig vom Menschen mit seinen spezifischen Fähigkeiten entsprechend seiner Doppelnatur selbst gesetzt und umgesetzt werden.

Das in dieser Erkenntnis bereits angelegte *emanzipative Potenzial* impliziert einerseits ein noch zu behandelndes deontologisches und andererseits ein konsequentialistisch-teleologisches Denken. In einer zeitgemäß transformierten Teleologie kann das allen Zwecksetzungen zugrunde liegende Charakteristikum so verwendet werden, dass Handlungen moralisch danach beurteilt werden, welchen *Nutzen* sie im Sinne eines hedonistisch interpretierten Guten aufweisen. Der Nutzen erweitert sich dann vom naheliegenden individuellen Nutzen zum erwarteten Gesamtnutzen. Er wird auf diese Weise weitgehend quantifizierbar und intersubjektiv vergleichbar, so dass er sich als *universalistisches* Beurteilungskriterium eignet. Eine Handlung ist nach diesem Verständnis dann moralisch richtig, wenn davon auszugehen ist, dass sie für „alle" Beteiligten den größten Nutzen bringt. Eine Annahme, die für Minderheiten und Benachteiligte allerdings nicht immer umzusetzen ist. Die Ausrichtung auf durchgängig hedonistische Beweggründe verschiedenartiger Zwecksetzungen führte im Verlauf der gesellschaftlichen Entwicklung zu einer *konsequentialistischen Teleologie*, deren bekannteste Anwendungsform der noch zu behandelnde klassische Utilitarismus darstellt.[345] Die moralische Beurteilung einer Handlung konzentriert sich bei der konsequentialistischen Teleologie auf deren *Folgen* im Hinblick auf ein als Nutzen interpretiertes *Ziel*. Diese den Anforderungen unserer Zeit entsprechende Form der Teleologie kann ihren universalen Geltungsanspruch allerdings nur dann einlösen, wenn sie kompromisslos zwischen außermoralisch Gutem und moralisch Richtigem unterscheidet. Das *moralisch Richtige* wird demnach funktional dadurch bestimmt, dass es das *außermoralisch Gute* optimal fördert. Neuere Formen der konsequentialistischen Teleologie gehen nicht mehr ausschließlich von Nutzen orientierten Zwecksetzungen sowie von hedonistischen Grundüberzeugungen aus. Sie verzichten in der Regel auch auf eine uneingeschränkte Maximierung des außermoralisch Guten und sind sowohl für onto-teleologische als auch für deontologische Ergänzungen aufnahmefähig.[346] Wenn man von derartigen, hier nicht weiter vertieften Entwicklungen wie der Wertethik absieht,[347] provoziert die immanente Zweckorientierung eines teleologischen Ansatzes, die moralische Einstellungen als Handlungsmotiv unberücksichtigt lässt und stattdessen ihren Fokus auf die Handlungsfolgen ausrichtet, geradezu einen deontologischen Ansatz als Gegenposition:

---

345 Auf den *Utilitarismus* wird nachfolgend im Zusammenhang mit der Pflichtethik eingegangen.

346 Vgl. Hübenthal 2006, S. 66.

347 In der *Wertethik* wird in der Regel unterschieden nach einer formalen Ausrichtung im Geiste des von Nicolai Hartmann u. a. vertretenen *„Neukantianismus"* und einer von Max Scheler vertretenen phänomenologisch ausgerichteten *„materialen Wertethik"* (vgl. u. a. Bohlken 2006, S. 108 ff.).

Die *zweite Grundposition* richtet menschliches Handeln *formal* mit Hilfe der Vernunft an einem selbstbestimmten Handeln nach dem *Prinzip der Freiheit* aus. Es ist kein Zufall, dass sich diese ursprünglich aus dem jüdisch-christlichen Raum stammende Position (Stichwort: Dekalog) erst im Zuge der Aufklärung zu ihrer heutigen Bedeutung entwickeln konnte. Ein Bewusstsein von Freiheit setzt allerdings voraus, dass der Mensch dazu bereit und fähig ist, sich zu seiner moralischen Verpflichtung zu bekennen und die Freiheit als freiwillige Selbstbindung an eine selbst gegebene, von Zwecksetzungen vollständig unabhängige Norm oder Regel in Form eines *allgemeinen Moralgesetzes* zu verstehen, das die Voraussetzung für eine *universale Gültigkeit* besitzt (Stichwort: kategorischer Imperativ). Auf dieser Grundlage entwickelte Kant die bedeutsame und nach wie vor aktuelle *deontologische Ethik (Deontologie)* – das griechische Wort *deon* bedeutet Pflicht, Erfordernis –, die den Pflichtgedanken zum zentralen Beurteilungskriterium macht: Danach bemisst sich die moralische Qualität einer Handlung *unabhängig von der empirischen Zielsetzung* nach der normativen Verpflichtung des Handelnden für eine bestimmte Handlungsentscheidung. Auslöser einer Handlung ist also die *moralische Verpflichtung* zu einer konkreten Verhaltensweise anstelle der Zweckmäßigkeit.[348] Im Unterschied zur ersten Grundposition wird das moralisch Richtige nicht über ihre Funktion für ein außermoralisch Gutes bestimmt. Die sich stattdessen im moralischen Gesetz explizierende *Autonomie des Willens* weist der *Vernunft* einen besonderen Stellenwert zu und lässt keine Gedanken an Determination und Abhängigkeit von empirischen Gegebenheiten aufkommen. Bei der u. a. auch als Willens- und Pflichtethik bezeichneten Deontologie spielen die Handlungsfolgen im Unterschied zur Teleologie (fast) keine bzw. eine sehr untergeordnete Rolle. Sie beschränken sich lediglich auf *handlungsinterne Folgenüberlegungen* wie sie beispielsweise zur Klärung der Frage, wer und was eine notwendige Hilfeleistung zu erbringen vermag. Die Berücksichtigung relevanter handlungsexterner Folgen – wie nach einer erwarteten finanziellen Belohnung – bleibt im Unterschied zur ersten Grundposition von vornherein ausgeschlossen, da sie mit dem moralischen Anspruch nicht in Einklang zu bringen ist.[349]

In Analogie zur konsequentialistisch-teleologischen Ethik, die eine Differenzierung in den noch darzustellenden Handlungs- und Regelutilitarismus vornimmt, unterscheiden sich deontologische Ethiken ebenfalls nach dem Vorhandensein bzw. der Funktion der zugrunde liegenden *Regeln*: Wenn Verpflichtungsurteile auf reinen Einzelbeurteilungen basieren, wie im Einzelfall konkret zu handeln ist, wird allgemein von *„Handlungsdeontologie“* gesprochen. Wenn anstelle spezifischer Handlungsweisen das moralische Verhalten auf entweder konkreten oder abstrakten Regeln beruht und damit Handlungstypen beurteilt werden, handelt es sich dagegen um die von Kant ausschließlich vertretene *„Regeldeontologie“*. Das grundlegende Problem für Handlungsdeontologen besteht trotz der geforderten besonderen Kenntnisse einer möglicherweise einmaligen Handlungssituation gerade darin, dass sie *keinerlei Kriterium* besitzen, um eine einzelne Handlung als moralisch richtig oder falsch einzustufen. Stattdessen sind von ihnen in jeder Situation von Neuem Einzelurteile zu fällen, die einen gesicherten

---

348 Vgl. Pieper 2007, S. 321 und Prechtl/Burkard 1999, S. 101.

349 Vgl. Höffe 2007, S. 279.

Kenntnisstand über die Umstände des Einzelfalls und hohe intuitive Fähigkeiten voraussetzen, was letztlich weder praktikabel noch haltbar erscheint. Die Regeldeontologen befinden sich dagegen in einer ungleich günstigeren Position und haben sich daher durchgesetzt. Denn sie können auf *Regeln* oder Prinzipien zurückgreifen, die bei moralischen Urteilen grundsätzlich eine zumindest implizit vorhandene Bedeutung haben und die nicht ohne Weiteres aus Einzelfällen herzuleiten sind.[350] Hierbei wird unter einem *Prinzip* eine Regel verstanden, „die unabhängig von der Verschiedenheit der Situation ... aufgestellt werden kann und die nicht mit Hilfe einer allgemeineren Regel abgeleitet wird.“ [351] Auch wenn es bei allen Regeln die Möglichkeit von Ausnahmen geben muss, liefern Regeln dennoch einen zuverlässigen Maßstab oder ein Leitprinzip dafür, wie in einer bestimmten Art und Weise zu handeln ist und erfüllen zudem den im vorliegenden Kontext geforderten universalen Geltungsanspruch. Eine weitere Differenzierung ergibt sich im Rahmen der Regeldeontologie nach der *Verbindlichkeit* der moralischen Verpflichtungen. Danach können *Pflichten* wie bereits dargestellt *uneingeschränkt* (vgl. Kant) und *prima facie* d. h. bedingt (vgl. Ross) gültig sein.

In struktureller Hinsicht werden teleologische und deontologische als gegensätzliche Ansätze der normativen Ethik verstanden. Am deutlichsten wurde dieser Unterschied von William K. Frankena herausgearbeitet, auf den sich u. a. auch John Rawls und Julian Nida-Rümelin beziehen. In seinen Ausführungen zur analytischen Ethik teilt Frankena die normative Ethik in eine *Theorie des moralischen Wertes* und eine *Theorie der Verpflichtung* ein, denen moralische Wert- und moralische Verpflichtungsurteile zugrunde liegen. Von den moralischen unterscheidet er die außermoralischen Werturteile.[352] Unter Bezug auf den außermoralischen Wert definierte er die *Teleologie* als: „Eine teleologische Theorie behauptet, daß das grundlegende Kriterium dafür, was moralisch richtig, falsch, verpflichtend usw. ist, der außermoralische Wert ist, der geschaffen wird. Danach muß man sich ... letzten Endes auf die vergleichsweise Summe guter Konsequenzen berufen oder vielmehr auf das vergleichsweise Übergewicht von guten gegenüber schlechten Konsequenzen.“ [353] In dieser relativ eng gefassten Definition, die sich auf *konsequentialistisch-teleologische Ansätze* beschränkt und onto-teleologische ausschließt, handelt es sich demnach dann um eine teleologische Ethik, wenn das *moralisch Richtige* (Rawls: das Rechte) eine Funktion des *außermoralisch Guten* (Rawls: das Gute) darstellt. Also eine Handlung moralisch richtig ist, wenn sie das außermoralisch Gute – unter Verzicht auf moralische Kriterien – maximiert. Rawls, der sich im Rahmen seiner Gerechtigkeitstheorie kritisch mit dem Utilitarismus auseinandersetzt und sich trotz der im angelsächsischen Sprachraum populären Teleologie zum Deontologen gewandelt hat, greift diesen Gedanken wie folgt auf: „Die beiden Hauptbegriffe der Ethik sind das Rechte und das Gute ... Die Struktur einer ethischen Theorie hängt dann in hohem Maße davon ab, wie sie diese beiden

350 Vgl. Frankena 1963, S. 43 ff.

351 Lorenzen/Schwemmer 1975, S. 150.

352 Vgl. Frankena 1963, S. 28 ff.

353 Frankena 1963, S. 32.

Grundbegriffe definiert und zueinander in Beziehung setzt. Die einfachste Beziehung scheinen teleologische Theorien herzustellen: das Gute wird unabhängig vom Rechten definiert, und dann wird das Rechte als das definiert, was das Gute maximiert.“ [354] Unter Einführung des als Unterscheidungskriterium für alternative Theorien der normativen Ethik verwendeten Begriffs *„Konsequentialismus“*, der von ihm vorrangig im Sinne eines Begründungsmodells und nicht als eigenständiger ethischer Ansatz verwendet wird, ergänzt Nida-Rümelin hierzu: „Teleologische Theorien sind ein Spezialfall konsequentialistischer Theorien. Das Prädikat „konsequentialistisch“ zeichnet solche Theorien aus, für die sich der moralische Wert einer Handlung ausschließlich nach dem Wert ihrer Folgen bemißt, und zwar unabhängig davon, ob diese Werte einen außermoralischen (wie die teleologischen Theorien) oder einen moralischen Status haben.“ [355]

Die von Rawls im moralischen Kontext besonders hervorgehobene Beziehung zwischen dem (moralisch) Richtigen und dem (außermoralisch) Guten lässt sich auch als Unterscheidungs- bzw. Beurteilungskriterium für eine prägnante *Definition der Deontologie* verwenden: Es handelt sich dann um eine deontologische Theorie, wenn für eine normative Theorie das moralisch Gute vom moralisch Richtigen abhängt.[356] Frankena gewinnt seine grundlegende Definition der deontologischen Theorie, die ebenfalls auf einem Vorrang des moralisch Richtigen vor dem außermoralisch Guten hinausläuft, durch *Negation der teleologischen Theorie*: „Deontologische Theorien bestreiten, was teleologische Theorien behaupten. Sie bestreiten, daß das Richtige, das Pflichtgemäße und das moralisch Gute *ausschließlich* ... eine Funktion dessen sind, was im außermoralischen Sinne gut ist ... Sie behaupten stattdessen, daß es jedenfalls auch andere Gesichtspunkte gibt, welche eine Handlung oder Regel zu einer richtigen oder pflichtgemäßen machen – Gesichtspunkte, die mit dem positiven bzw. negativen Wert ihrer Konsequenzen nichts zu tun haben: gewisse Eigenschaften der Handlung selbst, abgesehen von den Werten, die sie schafft ...“ [357] Dieser Formulierung schließt sich Rawls weitgehend an und bezeichnet eine Theorie als deontologisch, „die entweder das Gute nicht unabhängig vom Rechten oder das Rechte nicht als Maximierung des Guten bestimmt.“ [358] Die nach strukturellen Gesichtspunkten im wesentlichen aus der Negation des teleologischen Ansatzes abgeleiteten Definitionen für den deontologischen Ansatz geben die zuvor im moralphilosophischen Zusammenhang vorgenommene Darstellung dieser beiden entscheidenden Ansätze durchaus wieder. Sie dürfen jedoch nicht so interpretiert werden, dass damit jeder nicht-teleologische Ansatz deontologisch ist. Denn es gibt darüber hinaus weitere Ansätze wie beispielsweise die Tugend- und Motivationsethiken, für die weder das eine noch das andere zutrifft.[359]

---

[354] Rawls 1971, S. 42.

[355] Nida-Rümelin 1995, S. 87.

[356] Vgl. Nida-Rümelin 1995, S. 87.

[357] Frankena 1963, S. 33 f.

[358] Rawls 1971, S. 48.

[359] Vgl. Nida-Rümelin 1995, S. 65.

**Kritische Einschätzung:** Bei einer ausschließlich *teleologisch* und damit konsequentialistisch ausgerichteten Vorgehensweise birgt die fehlende Berücksichtigung der ethischen Motivation und der Qualität einer Handlung das Risiko, dass der vom Handelnden zugrundegelegte Zweck die Mittel heiligt und auch fragwürdige Zwecke verantwortbar macht, da die moralische Verpflichtung angesichts der Handlungs- und Folgenorientierung für die zu beurteilende Handlung keine Rolle spielt. Bei einer ausschließlich *deontologisch* ausgerichteten Vorgehensweise kann hingegen die fehlende Berücksichtigung der empirischen Zielsetzung und der zu erwartenden Handlungsfolgen dazu führen, dass die Handlung moralisch indifferent oder gar problematisch wird, da hierbei gerade das zulässig ist, was aus einer wie auch immer gearteten Gesinnung des Handelnden geschieht. Außerdem kann die im deontologischen Ansatz begründete Vernachlässigung von Handlungsfolgen – trotz der hier fehlenden Minderheitenproblematik teleologischer Ansätze – dazu führen, dass das Wohlergehen einzelner Menschen nicht genügend berücksichtigt wird. Für eine komplexe Aufgabenstellung wie der gesuchten Handlungsorientierung sind beide Ansätze notwendig, aber jeweils allein nicht hinreichend. Unter Vorgriff auf die nachfolgenden Ausführungen ist ein moralphilosophischer Beitrag zu einer nachhaltigen Entwicklung daher *nur im Verbund* von Teleologie und Deontologie – wenn auch jeweils mit unterschiedlichen Schwerpunkten – zu erreichen. Hierauf und auf die Gründe für eine Präferenz der Deontologie wird noch im Zusammenhang mit der *teleologischen Deontologie* näher eingegangen.

Zur moralphilosophischen Unterstützung einer global zukunftsfähigen Entwicklung kommen also wegen ihrer Zweck- und Handlungsorientierung grundsätzlich *teleologische* und *deontologische Ansätze* in Betracht, die im Folgenden zunächst in ihren anwendungsbezogenen Versionen dargestellt werden, um sie dann zu einem neuen normativen Ansatz zusammenzufügen. Da der zu entwickelnde integrative Gestaltungsansatz für eine nachhaltige Entwicklung letztlich auf dem Konfliktmodell Tetraeder der Nachhaltigkeitsethik basiert, soll anschließend eine methodische Unterstützung für die nicht konfliktfreie Integration ihrer Bausteine durch das dialogische Konsensprinzip und den ethischen Diskurs untersucht werden. Zur Bestätigung des geplanten Vorgehens ist zu erwähnen, dass Ortwin Renn anlässlich eines Gutachtens „Welt im Wandel: Umwelt und Ethik" neben den teleologischen und deontologischen Ansätzen als weiteres ethisches Bewertungskonzept einen *konsensualen Ansatz* vorschlägt, der über die faktisch gelebte Sittlichkeit hinausweist und die explizite Zustimmung der an einer Handlung Beteiligten voraussetzt: Nach diesem die normative Ethik ergänzenden Ansatz, der aus methodischer Sicht noch als Konsensprinzip und ethischer Diskurs konkretisiert wird, ist fast alles erlaubt, solange alle Betroffenen freiwillig zustimmen.[360] Andere Positionen wie beispielsweise ein religiöser Ansatz entfallen bei diesem konkreten, auf die vorrangig anthropogenen Krisen auf unserem Planeten bezogenen Thema, das anthropogene Lösungen erfordert. Hier ist der verursachende Mensch mit seinen Gestaltungspotenzialen unmittelbar gefordert, und er sollte keinesfalls durch einen Rückgriff auf außermenschliche Machtkonstellationen oder Wesen aus seiner *Verantwortung* und seinen *Pflichten* entlassen werden. Die thematisierte Problematik

[360] Vgl. Wissenschaftlicher Beirat der Bundesregierung Globale Umweltveränderungen 1999, S. 20 f.

erfordert somit eine aufgeklärt anthropozentrisch ausgerichtete normative Handlungsstrategie,[361] die die *Vernunft* für den Erhalt und die Entwicklung humaner Lebensbedingungen in Gegenwart und Zukunft konsequent nutzt.

### (1) Verantwortungsethik und Gesinnungsethik

Die beiden dargestellten normativ-ethischen Grundpositionen brachte Max Weber 1919 anlässlich einer Auseinandersetzung mit den politischen Machtverhältnissen – Deutschland befand sich damals in einem grundlegenden Umbruch – in seinem Vortrag „Politik als Beruf" als *Gesinnungsethik* und *Verantwortungsethik* auf den Punkt: „Wir müssen uns klar machen, daß alles ethisch orientierte Handeln unter *zwei* voneinander grundverschiedenen, unaustragbar gegensätzlichen Maximen stehen kann: es kann *„gesinnungsethisch"* oder *„verantwortungsethisch"* orientiert sein. Nicht daß Gesinnungsethik mit Verantwortungslosigkeit und Verantwortungsethik mit Gesinnungslosigkeit identisch wäre ... Aber es ist ein abgrundtiefer Gegensatz, ob man unter der gesinnungsethischen Maxime handelt ... oder unter der verantwortungsethischen: daß man für die (voraussehbaren) *Folgen* seines Handelns aufzukommen hat. Sie mögen einem überzeugten Syndikalisten noch so überzeugend darlegen: daß die Folgen seines Tuns die Steigerung der Chancen der Reaktion ... sein werden, – und es wird auf ihn gar keinen Eindruck machen. Wenn die Folgen einer aus reiner Gesinnung fließenden Handlung üble sind, so gilt ihm nicht der Handelnde, sondern die Welt dafür verantwortlich, die Dummheit der anderen Menschen ... Der Verantwortungsethiker dagegen rechnet mit eben jenen durchschnittlichen Defekten der Menschen, – er hat ... gar kein Recht, ihre Güte und Vollkommenheit vorauszusetzen, er fühlt sich nicht in der Lage, die Folgen eigenen Tuns, soweit er sie voraussehen konnte, auf andere abzuwälzen. Er wird sagen: diese Folgen werden meinem Tun zugerechnet." [362] Die von Max Weber gegenübergestellten Positionen des Gesinnungsethikers und Verantwortungsethikers lassen sich auf die von ihm verwendete Methode der Bildung von *Idealtypen* zurückführen, die von ihm auch im vorliegenden Fall als Mittel des Sinnverstehens eingesetzt wurde. Der Idealtypus hat dabei „die Bedeutung eines rein idealen Grenzbegriffs ..., an welchem die Wirklichkeit zur Verdeutlichung bestimmter bedeutsamer Bestandteile ihres empirischen Gehalts gemessen, mit dem sie verglichen wird." [363] Am Schluss des zitierten Vortrags relativierte Max Weber dann seine anfangs vorgenommene idealtypische Unterscheidung der Positionen und sieht *in der Realität* durchaus auch *Brücken* zwischen ihnen: „Insofern sind Gesinnungsethik und Verantwortungsethik nicht absolute Gegensätze, sondern Ergänzungen, die zusammen erst den echten Menschen ausma-

---

[361] Weitere Ausführungen zum aufgeklärten *Anthropozentrismus* finden sich im Kapitel 3.3.1 „Grundprobleme der Umweltethik".

[362] Weber 1919, S. 80. Der aus dem Vortrag Max Webers zitierte Begriff *„Syndikalist"* hatte die Bedeutung eines Anhängers sozialrevolutionärer Bestrebungen durch autonome Gewerkschaften. Auf die Verhältnisse am Ende des vergangenen Jahrhunderts übertragen, kann darunter auch der radikale Anhänger eines Ökologieutopismus verstanden werden. Die Ausführungen Max Webers sind also nach wie vor aktuell, selbst wenn sein Verständnis von Verantwortung auf die Handlungsfolgen fokussiert ist.

[363] Weber 1951, S. 154.

chen." [364] Dieser Gedanke wird im Hinblick auf die gesuchte ethische Fundierung für den zu entwickelnden *integrativen Ansatz* einer nachhaltigen Entwicklung aufgegriffen. Dafür sollen trotz bestehender Unterschiede die Brücken zwischen den theoretischen Ansätzen der teleologischen und deontologischen Ethik sowie ihren praktischen Anwendungsformen nachfolgend geklärt werden. Denn nach den vorliegenden Kenntnissen und Erfahrungen aus der Alltagspraxis kommt hier nur ein Ansatz in Frage, der zwischen den *beiden Polen* der beschriebenen Ansätze liegt und diese entsprechend der komplexen Aufgabenstellung miteinander verbindet.

Die *Verantwortungsethik* beurteilt verschiedene Handlungsmöglichkeiten vorrangig nach deren *Folgen*, indem sie diese bezüglich der *inhaltlichen Zielvorstellungen* prüft, die aus eingenommenen *Wertvorstellungen* wie Nutzen, Gerechtigkeit etc. resultieren. Wenn man von dem Sonderfall der Selbstverantwortung vor dem eigenen Gewissen mit seiner Nähe zur Gesinnung absieht, handelt es sich um einen *teleologischen Ansatz*. Wegen ihrer Ziel- und Folgenorientierung hat sie eine große Bedeutung für politische Entscheidungen und Handlungen. Ihre Grenzen zeigen sich jedoch darin, dass sie über den normativen Bezugspunkt zur Verantwortung der Handlungsfolgen selbst nichts aussagt. Zur Unterstützung der Lösung von Nachhaltigkeitsproblemen wird sie daher auf eine Ergänzung durch die *Gesinnungsethik* – diese entspricht letztlich der nachfolgend noch zu vertiefenden Pflichtethik – angewiesen sein, die die bisher nicht berücksichtigte innere *Motivation* des Akteurs ins Zentrum der Betrachtung stellt. Entsprechend ihrem *deontologischen Ansatz* beurteilt sie die eingenommenen Gesinnungshaltungen als moralisch richtig oder falsch, indem sie sich *formal* auf entsprechende *Normen* bezieht, zu deren Einhaltung sie sich verpflichtet. Für die moralische Beurteilung einer Handlung ist also im Falle der Verantwortungsethik die inhaltliche und im Falle der Gesinnungsethik die formale Ausrichtung grundlegend und damit handlungsleitend.

### (2) Utilitarismus und Pflichtethik

Bereits im 18. Jahrhundert wurden zwei *universalistische*, heute noch relevante ethische Ansätze entwickelt, die sich grundlegend unterscheiden: Der Utilitarismus von Jeremy Bentham und die Pflichtethik von Immanuel Kant. Der *Utilitarismus* stellt die allgemein wichtigste und speziell für ökonomische Zusammenhänge klassischer Ausprägung charakteristische Position der *teleologischen Ethik* dar, der die moralische Richtigkeit einer menschlichen Handlung ergebnisorientiert nach der Nützlichkeit ihrer Folgen beurteilt. Das Handeln orientiert sich dabei an einer größtmöglichen Erfüllung menschlicher Bedürfnisse und Interessen. Die Vertreter des klassischen Utilitarismus – wie Jeremy Bentham und John Stuart Mill – machen das Prinzip *Nützlichkeit* zu einem moralischen Kriterium für die Bewertung von Handlungen, die demnach richtig oder falsch sein können. Dieses Grundprinzip ist *empirisch* angelegt, da es sich wesentlich auf die Erfahrung stützt: „*Nützlich* im Sinne des Utilitarismus ist das, was dazu beiträgt, Glückserfahrung, Interessenbefriedigung und Genuss eines lebenswerten Lebens zu ermöglichen, und die moralisch richtige Handlung ist eben die, die in diesem Sinne die

[364] Weber 1919, S. 90.

jeweils nützlichste von allen ist.“ [365] Anthropologisch gesehen, basiert dieser Ansatz auf dem *hedonistischen Prinzip*. Dieses Prinzip trägt durch seine Negation von Gerechtigkeitsvorstellungen nicht unwesentlich zum Entstehen von Nachhaltigkeitsdefiziten bei und erfordert daher im vorliegenden Zusammenhang eine kritische Überprüfung.

Die moralische Richtigkeit bzw. Falschheit einer Handlung wird beim Utilitarismus also danach bemessen, welches Ausmaß an Glück bzw. Unglück sie insgesamt bewirkt. Dazu stellten die klassischen Utilitaristen ein *Kalkül* auf, mit dem „bilanziert“ werden kann, wie viel Glück verschiedene Menschen mit einer bestimmten Handlungsweise in der Summe erfahren. Methodisch könnte man von einer Erteilung von „Glücksquanten“ an die Betroffenen einer Handlung sprechen, um den Grad der Vereinfachung gegenüber der gesellschaftlichen Realität zu verdeutlichen. Mit der auf diese Weise kalkulierten gesellschaftlichen Gesamtgröße an Glück wird also die Handlung als moralisch richtig ermittelt, mit der der größtmögliche Gesamtnutzen zu realisieren ist.[366] Mit diesem Ansatz wird vom individuell *für jeden Einzelnen* errechneten auf den *kollektiven Glückswert* geschlossen und diejenige Handlung ausgewählt, die im Vergleich zu anderen Handlungsmöglichkeiten den höchsten Wert aufweist. Mit Hilfe dieses Kalküls überträgt Bentham das primär auf eigenen Lustgewinn ausgerichtete hedonistische Prinzip in ein universalistisches Beurteilungsprinzip, das diejenige Handlung ethisch am höchsten einstuft, die das *größtmögliche Glück der größten Zahl* zur Folge hat. Durch diese Verknüpfung wird ein aufgeklärtes Eigeninteresse der Menschen unterstellt, mit dem entsprechend der gesellschaftlichen Abhängigkeitsverhältnisse eine Übereinstimmung von persönlichem und allgemeinem Wohlergehen ermöglicht wird. Eigennütziges Verhalten lässt sich schwerlich zu einem „ethischen Egoismus“ verklären. Es gibt jedoch Fälle, in denen es sinnvoll ist, nach dem *Klugheitsgebot* die eigenen Interessen zu verfolgen. Für den Bereich der Wirtschaft kann beispielsweise ein Anreizsystem, das das *Eigeninteresse* unmittelbar anspricht, im Sinne der Wohlfahrtsökonomie von gesamtgesellschaftlichem Vorteil sein.[367] Selbst der Utilitarist, der das größte Glück der größten Zahl anstrebt, muss hierbei auch das eigene Wohlergehen berücksichtigen.[368] Eine Modifikation des utilitaristischen Kalküls – diese führt nicht gerade zu einer Vereinfachung der ethischen Beurteilung – ergibt sich aus der Forderung Mill´s, die Bewertung der durch eine Handlung erreichten Gesamtgröße an Glück nicht nur quantitativ, sondern auch qualitativ vorzunehmen. Denn er ging davon aus, dass es besser sei, ein unzufriedener Mensch zu sein als ein „zufriedengestelltes Schwein“.[369] Auf diese Weise werden geistige Freuden höher als das leibliche

---

[365] Vgl. Birnbacher/Hoerster 2003, S. 198.

[366] Vgl. Birnbacher/Hoerster 2003, S. 199.

[367] Weitere Einzelheiten zu der wesentlich auf Adam Smith zurückgehenden *Wohlfahrtsökonomie* und zu ihren Grenzen befinden sich im Kapitel 3.4.1 „Grenzen der heutigen Lebens- und Wirtschaftsweise“.

[368] Vgl. Birnbacher/Hoerster 2003, S. 166 ff. und Prechtl /Burkard 1999, S. 623 f.

[369] Mit dieser deutlichen Position wird auf den griechischen Philosophen *Epikur* Bezug genommen, dessen Anhänger von ihren Kritikern zu unrecht mit Schweinen gleichgesetzt wurden (vgl. Birnbacher/Hoerster 2003, S. 204 ff.).

Lustempfinden bewertet. Wie diese Differenzierung rechnerisch vorzunehmen ist, ließ Mill allerdings offen.

Die Diskussion der klassischen utilitaristischen Ansätze führt zu einer Differenzierung in Handlungs- und Regelutilitarismus. Beim *Handlungsutilitarismus*, der den Positionen des klassischen Utilitarismus entspricht, wird die einzelne Handlung unmittelbar nach den aus ihr folgenden *Konsequenzen* beurteilt und die Qualität der vorliegenden Handlung nicht berücksichtigt. So kann der Handlungsutilitarist beispielsweise im Nachhaltigkeitskontext eine konkrete Umweltschädigung durch eine Freisetzung von Stoffen als moralisch vorteilhafter beurteilen als eine andere Handlung mit geringeren Emissionen, sofern erstere insgesamt nützlicher für eine nachhaltige Entwicklung ausfällt, obwohl sie zu Lasten der ökologischen Dimension der Nachhaltigkeit ginge. Beim *Regelutilitarismus* hängt die Beurteilung der einzelnen Handlung dagegen von ihrer Übereinstimmung mit Handlungsregeln – diese werden auch als „Sekundärregeln" bezeichnet [370] – ab. Der Regelutilitarist verlangt auch dann noch die Einhaltung der *Sekundärregeln*, wenn ihre Befolgung im Einzelfall nicht zu den bestmöglichen Konsequenzen führen würde. Denn die Befolgung der entsprechenden Sekundärregeln haben sich in diesem Fall bisher als überwiegend nützlich erwiesen. Erst wenn die Befolgung unvertretbar nachteilige Folgen hätte und damit das Nützlichkeitsprinzip selbst in Frage gestellt würde, kann hiervon Abstand genommen werden. Für den Handlungsutilitaristen kann es dagegen einen derartigen Kompromiss nicht geben, da für ihn das Nützlichkeitsprinzip unmittelbar gilt. Sekundärregeln dienen ihm dann lediglich als *Faustregeln* zur einfacheren Abschätzung der Handlungsfolgen. Für das zuvor erwähnte Beispiel wird hier exemplarisch auf die substanzielle Nachhaltigkeitsregel „Nachhaltige Nutzung der Umwelt als Senke" zurückgegriffen, bei der die Freisetzung von Stoffen die Aufnahmefähigkeit der Umweltmedien und Ökosysteme nicht überschreiten darf.[371] Danach ist aus utilitaristischer Sicht jede Handlung prinzipiell erlaubt, wenn sie mit der entsprechenden Handlungsregel übereinstimmt. Am gewählten Beispiel wird deutlich, dass der Regelutilitarismus eine Weiterentwicklung des Handlungsutilitarismus darstellt und für die praktische Anwendung insofern eher geeignet ist, als er das Risiko eines moralischen Fehlurteils verringert. Der *methodische Rückgriff auf Regeln* mit dem Ziel einer besseren moralischen Beurteilung wird nicht nur beim Regelutilitarismus, sondern auch bei der noch zu behandelnden, von David Ross vertretenen materialen Pflichtethik angewendet, indem die erwähnten Pflichtmerkmale zugrundegelegt werden.

**Kritische Einschätzung:** Trotz seiner einleuchtenden Konstruktion – von Kritikern auch als mangelnder Tiefgang gesehen – und seiner großen Verbreitung zeigen sich vor allem am klassischen *Utilitarismus* mehrere *konstitutive Schwächen*,[372] die im Nach-

---

[370] Vgl. Birnbacher/Hoerster 2003, S. 201.

[371] Vgl. Grunwald/Coenen et al. 2001, S. 92. Die zitierten Autoren haben zur Klärung der Mindestanforderungen einer nachhaltigen Entwicklung eine detaillierte Liste mit *substanziellen Nachhaltigkeitsregeln* veröffentlicht, mit denen drei generelle Ziele zur Umsetzung des Leitbildes präzisiert werden (ebenda, S. 89 ff.).

[372] Prechtl/Burkard 1999, S. 624.

haltigkeitskontext inakzeptabel sind: (a) Problem der Verallgemeinerbarkeit: Individuelle Beurteilungen der Lust und der Befriedigung von Bedürfnissen gelten nicht automatisch für die Allgemeinheit; (b) Problem der Quantifizierung und Vergleichbarkeit: Für die konkrete Unterscheidung zwischen mehreren Handlungsalternativen reichen die Maßstäbe und Kriterien in der Regel nicht; (c) Problem der Unbestimmtheit: Das Prinzip des größten Nutzens für die größte Zahl der Betroffenen lässt in der Regel offen, wer tatsächlich zum Kreis der Betroffenen zählt und kann zu einer Benachteiligung von Minderheiten führen; (d) Problem *Gerechtigkeitslücke*: Zur Vermeidung einer Benachteiligung einzelner Personen oder gesellschaftlicher Gruppen muss das im Utilitarismus fehlende Prinzip Gerechtigkeit zusätzlich ergänzt werden. Andernfalls bleibt das auf der intra- und intergenerationellen Gerechtigkeit basierende Nachhaltigkeitsleitbild eine Fiktion; [373] (e) Problem des logischen Schlusses: Indem das erstrebenswerte Glück als natürliche Eigenschaft angenommen wird, unterliegt es einem naturalistischen Fehlschluss. Denn zur ethischen Bewertung des Wünschenswerten erfolgt ein Rückgriff auf das empirische Streben nach Lust als dem natürlich Gewünschten. Der anwendungsbezogenen Position des teleologischen Ansatzes wird im Folgenden wieder die entsprechende Position des deontologischen Ansatzes gegenübergestellt:

Die von Kant vertretene *Pflichtethik* entspricht der erwähnten Gesinnungsethik. In beiden Fällen werden Handlungen insbesondere danach beurteilt, ob sie aus Pflicht geschehen: Moralisch richtig ist demnach eine Handlung nur dann, wenn sie in Übereinstimmung mit der Pflicht erfolgt und außerdem durch ein Pflichtgefühl motiviert ist. Die Pflichtethik ist also eine *deontologische Ethik*, die im Gegensatz zur teleologischen Ethik die moralische Qualität einer Handlung weder nach den zugrunde liegenden Zielvorstellungen noch nach handlungsexternen Folgen,[374] sondern nach der inneren Beschaffenheit der jeweiligen Handlung bewertet. Für die Pflichtethik sind moralische Normen – zum Beispiel ein gegebenes Versprechen zu halten – ungeachtet der jeweiligen Folgen in sich selbst gültig und „büßen auch in solchen Fällen nichts von ihrer Verbindlichkeit ein, in denen die Konsequenzen ihrer Befolgung in irgendeinem Sinne schlechter sind als die ihrer Nichtbefolgung. Das heißt jedoch nicht, daß der deontologische Ethiker ein Pflichtfanatiker sein müsste ... nur um seinem Prinzip Genüge zu tun. Die deontologische Ethik ist der teleologischen Ethik nicht diametral entgegengesetzt. Vielmehr enthalten alle deontologischen Moraltheorien, die wir kennen, ausdrücklich oder unausdrücklich teleologische und ... utilitaristische Elemente." [375] Sowohl Kants kompromissloser Pflichtansatz als auch Ross´ teleologisch geprägte Variante der *materialen Pflichtethik* sind der utilitaristischen Ethik überlegen. Denn die Pflichtethik kann der Nützlichkeit das gesellschaftsrelevante Prinzip Gerechtigkeit zur Seite stellen und Handlungsnormen begründen, die aus in der Vergangenheit eingegangenen Verpflichtungen resultieren. Der Utilitarist kann eine Verpflichtung hingegen nicht unmittelbar durch eine in der Vergangenheit erfolgte Handlung begründen, sondern nur

[373] Auf die verschiedenen *Gerechtigkeitsaspekte* und John Rawls´ „Theorie der Gerechtigkeit" wird im Kapitel 3.5.2 „Gerechtigkeit als zentrales Anliegen der Sozialethik" näher eingegangen.

[374] Vgl. Höffe 2007, S. 279.

[375] Birnbacher/Hoerster 2003, S. 230.

durch die in der Zukunft liegenden Folgen,[376] soweit sie entsprechend der Vorhersage tatsächlich eintreten wird.

Die Aussagen der *Pflichtethiker* Kant und Ross stimmen neben einzelnen normativen Prinzipien auch erkenntnistheoretisch darin überein, dass die von ihnen vertretenen unbedingten und bedingten Pflichten als ihre obersten Prinzipien nicht nur Meinungen oder Setzungen, sondern Wahrheiten repräsentieren, die durch rationale Intuition einsichtig gemacht werden können. Ihre Pflichtlehren weisen jedoch auch grundlegende Unterschiede auf: (a) Während Kant auf teleologische Argumentationen konsequent verzichtet, lässt Ross teleologische Prinzipien gelten. Zumindest in Fällen, in denen eine Pflichterfüllung ungewöhnlich nachteilige Konsequenzen hätte. (b) Der kategorische Imperativ Kants weist einen *formalen* Charakter auf, wohingegen Ross seinem normativen Ansatz die *materiale* d. h. inhaltliche Bestimmtheit der Pflichtprinzipien zugrunde legt.[377] In der gesellschaftlichen Praxis ist neben dem Prinzip der *Gerechtigkeit* vor allem das Prinzip der Achtung der *menschlichen Würde* als moralisches Grundprinzip unverzichtbar, das ebenfalls nur deontologisch zu begründen und mit dem Utilitarismus unvereinbar ist. Die Würde steht dem Menschen als ein zur Sittlichkeit fähiges Wesen unmittelbar zu. Das Prinzip ihrer Achtung bleibt dennoch unbestimmt, wird jedoch durch die von Kant, wie bereits erwähnt, als praktischer Imperativ bezeichnete Selbstzweckformel präzisiert. Allerdings ohne dadurch auszuschließen, eine andere Person gegebenenfalls auch als Mittel einsetzen zu können. Beide genannten Prinzipien [378] stellen für das Leitbild der Nachhaltigkeit und seine Umsetzung *Mindestanforderungen* dar und verdeutlichen die eingeschränkte Eignung des utilitaristischen Ansatzes. Im vorliegenden Anwendungsfall ist daher eine deontologische Ergänzung unverzichtbar, um *für alle Menschen* Möglichkeiten zu schaffen, „ihren Wunsch nach einem besseren Leben zu befriedigen.“ [379]

### 3.2.2.6 Teleologische Deontologie für die ethische Fundierung

Die Entscheidung für die Auswahl und Überprüfung der *Teleologie* und *Deontologie* als wesentliche normative Fundamente des zu entwickelnden integrativen Ansatzes einer nachhaltigen Entwicklung geht ebenso wie deren als notwendig erkannte *Verknüpfung* – einschließlich der später zu behandelnden normativen Integration der fachspezifischen Rationalitäten zu den zugehörigen Einzelethiken – methodisch aus einer *rekonstruktiven Entwicklung* im Rahmen der Alltagspraxis des Verfassers im industriellen Umweltschutz hervor: Danach wird nach primärer Vorsorge und sekundärer Nachsorge bzw. Primär- und Sekundärmaßnahmen unterschieden, die trotz unterschiedlicher Prioritäten eine sich ergänzende Einheit darstellen und damit die Wirk-

---

376 Vgl. Birnbacher/Hoerster 2003, S. 231 f.

377 Vgl. Birnbacher/Hoerster 2003, S. 233 f.

378 Auf die Prinzipien *Gerechtigkeit* und *Menschenwürde* wird im Kapitel 3.5.2 „Gerechtigkeit als zentrales Anliegen der Sozialethik“ näher eingegangen.

379 Hauff 1987, S. 47.

samkeit der Umweltmaßnahmen insgesamt verstärken (Stichwort: Produktionsintegrierter Umweltschutz).[380] Diese für die Entwicklung gesellschaftsbezogener Strukturen zu nutzende *Erfahrung* bezieht sich dabei insbesondere auf größere mittel- und längerfristig angelegte Maßnahmen, wie sie auch für eine nachhaltige Entwicklung kennzeichnend sind. Die entsprechende *Idee* wurde bei der theoretischen Klärung der geeigneten normativen Ansätze aufgegriffen und konzeptionell weitergeführt. Als Ergebnis einer ganzheitlichen Betrachtung zeigte sich, dass analog den primären und sekundären Bausteinen der Umweltstrategie auch die Deontologie und die Teleologie sich nicht eindeutig voneinander abgrenzen lassen und gemeinsam eine größere, moralisch motivierte Kraft entfalten können, die der Umsetzung zugute kommt (Stichwort: Synergieeffekte). Ferner besteht auch bei der Anwendung von Deontologie und Teleologie eine Rangfolge in Bezug auf die Konzeptualisierung.

Zur Klärung ihrer Potenziale für die *ethische Fundierung* des zu entwickelnden integrativen Ansatzes wurden im vorangegangen Abschnitt zunächst die Besonderheiten der eigenständigen Ansätze *Teleologie* und *Deontologie* einschließlich der zwischen ihnen bestehenden Unterschiede getrennt herausgearbeitet. Anschließend wurde gezeigt, dass diese letztlich *keine Gegensätze* darstellen müssen und sie trotz aller Differenzen komplementär anzuwenden sind. Vielmehr existieren zwischen ihnen genügend Interdependenzen und Überschneidungen, die einen gemeinsamen Ansatz mit erweiterten Potenzialen nahe legen und für die vorliegende Aufgabenstellung genutzt werden können. Deshalb und im Hinblick auf die angesprochene Rangfolge werden die Teleologie und Deontologie in der vorliegenden Arbeit für eine ethische Fundierung mit unterschiedlicher Gewichtung zu einem neuen Ansatz zusammengeführt und dafür der Begriff *„teleologische Deontologie"* gewählt: Auch in der Zeit nach Kant ist der hier als ethischer Schwerpunkt genutzte, durch das moralische Gesetz gekennzeichnete deontologische Ansatz in der normativen Ethik noch immer maßgeblich und in seiner universalen formalabstrakten Ausprägung unmittelbar als Grundlage für eine Handlungsorientierung in Richtung nachhaltige Entwicklung geeignet. Denn unter dieser Perspektive bieten sowohl eine *Norm* als auch ein Prinzip insbesondere bei einer komplexen raumzeitlich ausgerichteten Aufgabenstellung eine zuverlässigere Basis für eine moralische Beurteilung als ein den teleologischen Ansatz kennzeichnender *Wert*, unter dem jeder angesichts unterschiedlicher Voraussetzungen etwas Anderes verstehen kann. Der akteursbezogenen, theoretisch konsistenten *Deontologie* wird daher hier – auch im Hinblick auf den unterstützten Vorrang des moralisch Richtigen vor dem außermoralisch Guten – *Präferenz eingeräumt*, ohne auf die Potenziale der weniger präzise ausgerichteten Teleologie zu verzichten. Das Handeln eines Subjektes erschöpft sich nicht in einem Vernunft gesteuerten Umgang mit Objekten. Daher muss die jeweils bestehende Vielfalt der Handlungsmöglichkeiten unter einem *Zweck* zusammengefasst werden, wenn diese nicht ihren Sinn verlieren und in Aktionismus abgleiten sollen. Ein moralphilosophischer Beitrag zu einer maßgeblich auf dem Gerechtigkeitsprinzip basierenden nachhaltigen Entwicklung ist daher

---

[380] Auf die *Primär- und Sekundärmaßnahmen* wird im Zusammenhang mit dem *Produktionsintegrierten Umweltschutz* in den Kapiteln 1.3.4 „Innovation", 2.3 „Folgen der Rohstoffumstellung der Papierproduktion" und 4.2.2 „Fallbeispiel 2: Umbau des Managementsystems eines Unternehmens" näher eingegangen.

nur im *Verbund beider Ansätze* zu erreichen. Wobei die der Deontologie hier zugewiesene Präferenz auch damit begründet wird, dass sich in der gesellschaftlichen Praxis notwendige Folgenüberlegungen in diese integrieren lassen, wohingegen sich deontologische Gesichtspunkte nur schwer in einen teleologischen Ansatz integrieren lassen. Auch Rawls hat mit seiner bekannten, im vorliegenden Zusammenhang wichtigen Theorie der Gerechtigkeit nicht unwesentlich zur Durchsetzung deontologischer Gedanken beigetragen. Die Struktur der für den zu entwickelnden Ansatz gewählten *ethischen Fundierung* lässt sich mit ihren wesentlichen Elementen in Form eines Schemas veranschaulichen (vgl. Abb. 10):

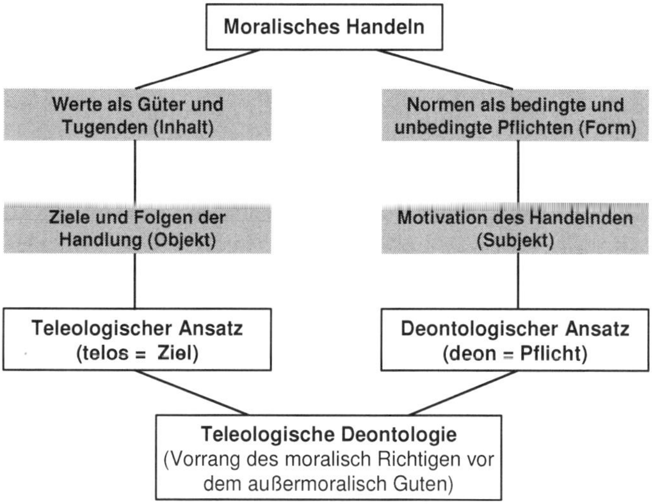


**Abbildung 10: Teleologische Deontologie für universal ethische Fundierung**

Die Deontologie wird hier als normativer Schwerpunkt und damit primärer Bestandteil des Begriffspaares *„teleologische Deontologie“* aufgefasst, ohne dadurch jedoch die Ziel- und Folgenorientierung der ethischen Fundierung geringer einzustufen. Damit soll auch zum Ausdruck gebracht werden, dass die *Pflicht (deon)* im Nachhaltigkeitskontext der entscheidende Grundbegriff für die ethische Reflexion ist: Angesichts der dort vorliegenden Handlungsdefizite wird mit der Pflicht die notwendige *Aufforderung zum moralischen Handeln* für das *Ziel (telos)* einer global zukunftsfähigen Entwicklung verbunden. Diese Aufforderung wird vorrangig durch das formale Prinzip des *kategorischen Imperativs* als Moralprinzip ausgedrückt, der universell und wegen der Vernünftigkeit des Wollens als höchstes Kriterium zur Beurteilung der Richtigkeit der notwendigen Handlungen fungiert, und zwar als *jederzeit* und *für jedermann* akzeptierbare und verbindlich geltende *Maxime* der handlungsfähigen und -willigen *Akteure*. Die moralische Richtigkeit der Handlungen wird dabei nach der Erfüllung des ihr jeweils zugrunde liegenden Prinzips bewertet. Die für eine zukunftsfähige Entwicklung im Einzelnen durchzuführenden Handlungen ergeben sich schließlich aus den noch zu behandelnden *Einzelethiken* (Umwelt-, Wirtschafts- und Sozialethik) [381] als fachspezifische Unterzwecke, die in der Nachhaltigkeitsethik und dem zugehörigen Leitbild als Oberzweck integrativ zusammengeführt sind.[382] Dafür ist eine methodische Unterstützung durch einen ethischen Diskurs erforderlich, auf den nachfolgend eingegangen wird.

### 3.2.3 Konsensprinzip und ethischer Diskurs als methodischer Ansatz

Nach der Darstellung der handlungsleitenden Potenziale der normativen Ethik im Nachhaltigkeitskontext stellt sich die Frage, mit welcher *Methode* die Entwicklung – diese soll anschließend durch normative Integration der fachspezifischen Rationalitäten zu Einzelethiken und Zusammenfügung der Einzelethiken zur Nachhaltigkeitsethik erfolgen – und spätere Anwendung des integrativen Ansatzes angesichts absehbarer Interessen bedingter *Konflikte* unterstützt werden kann. Dieser komplexe Ansatz, der die um fachspezifische Prinzipien zu ergänzende teleologische Deontologie als ethische Basis nutzt, erfordert einerseits eine *Objektivierung* der normativen Ausrichtung und andererseits eine allgemeine *Akzeptanz* der beabsichtigten Handlungsorientierung. Die gesuchte Methode muss dafür über die Ebene der Subjektivität hinausgehen und erfordert diesbezüglich einen *Kommunikationsprozess*, der in seinem Verlauf die Partizipation der Betroffenen einschließt: Erst mit einer weitgehenden intersubjektiven Bestätigung dieser *zweiseitigen Aufgabenstellung* in einem argumentativ und mit dem Ziel geführten Dialog, zwischen den Diskurspartnern trotz der in der gesellschaftlichen Praxis zu erwartenden Schwierigkeiten einen *Dissens* zu vermeiden und soweit wie möglich einen *Konsens* über die von ihnen vertretenen Positionen herbeizuführen,[383] ist ein wesentlicher Beitrag zur Gestaltung einer global zukunftsfähigen Entwicklung auf demokratischer Grundlage möglich. Unter dieser normativen Zielorientierung wird der argumentative Dialog, der die Grundlage für eine als *Diskurs* bezeichnete Form der Kommunikation darstellt, zu einem *ethischen Diskurs*. Für die daran anschließende Umsetzung der auf diese Weise generierten Handlungsregeln und Normen entfällt in demokratischen Gesellschaften ebenfalls die Option einer autoritären Vermittlung und Vorgabe, so dass sich auch hierfür als Erfolg versprechendes Verfahren eine *rationale Argumentation* in Form eines *Dialoges* mit den Betroffenen anbietet. In dem auf Dialoge bzw. Zieldiskurse angewiesenen, Kultur, Raum und Zeit übergreifenden Nachhaltigkeitskontext kommt der *Öffentlichkeit* eine besondere Bedeutung zu.[384] Durch deren

---

[381] Weitere Einzelheiten zu den Einzelethiken *Umwelt-, Wirtschafts- und Sozialethik* finden sich in den Kapiteln 3.3 bis 3.5.

[382] Auf die für die Entwicklung des normativen Gestaltungsansatzes *Nachhaltigkeitsethik* wichtigen fachspezifischen *Unterzwecke* und den *Oberzweck* wird im Kapitel 3.6 „Integration der fachspezifischen Einzelethiken" eingegangen.

[383] In der gesellschaftlichen Realität kann der angestrebte *Konsens* häufig nur mit Einschränkungen erreicht werden und durchaus in einen an sich zu vermeidenden *Dissens* münden. Auf diese *Relativierung* wird in der kritischen Einschätzung am Ende des Abschnitts näher eingegangen. Für den Umgang mit Dissensen im Rahmen eines *Dissensmanagements*, für den entsprechende Strategien bereitzustellen sind, wird auf die Fachliteratur verwiesen (vgl. Hubig 2007, S. 147 ff.).

[384] Vgl. Renn 2002, S. 222. Die Bedeutung der *Öffentlichkeit* wird im Rahmen des *Stakeholderdialogs* im Kapitel 4.2 „Konzept für eine nachhaltige Unternehmensentwicklung" vertieft.

Einbeziehung kann zum einen die Anwendbarkeit der weit gefassten, zwangsläufig mit Konflikten behafteten Handlungsorientierung unterstützt und zum anderen der notwendige Druck auf die Umsetzung sowie die damit notwendigerweise verbundenen Innovations- und Wandlungsprozesse erhöht werden. Mit diesen zunächst eher thesenhaft formulierten Feststellungen wird neben der Absicht, für den zu entwickelnden integrativen Ansatz und seine spätere Umsetzung die gesuchte *methodische Ergänzung* der normativen Basis zu klären, bereits auf einen möglichen Weg zur Lösung potenzieller Konflikte hingewiesen.

Die in diesem Zusammenhang *grundlegende Vernunft* ist im – nicht allein von Vernunftmomenten bestimmten – Handlungskontext weder allein über eine im Monolog erfolgende Überprüfung der Verallgemeinerungsfähigkeit von Maximen noch allein über eine Beurteilung der Handlungsfolgen zu erreichen. Stattdessen erfordert der an ethisch motivierte Handlungen grundsätzlich zu stellende Vernunftanspruch, der bei dauerhaften Lösungen von besonderer Bedeutung ist, eine *intersubjektive Verständigung* über das normative Vorgehen. Im Falle der Akzeptanz der Handlungsorientierung handelt es sich um die unmittelbar von den Handlungsregeln und Normen Betroffenen, die diese trotz realer Interessenunterschiede und hiermit verbundener *Konfliktpotenziale* auf breiter Basis unter der zugrunde gelegten Zielsetzung akzeptieren und mittragen sollen. Sobald ein derartiger, mit vielen praktischen Problemen konfrontierter Verständigungsprozess zur Handlungsklärung sowie -koordinierung initiiert und durch intersubjektive *Anerkennung von Geltungsansprüchen* erfolgreich durchzuführen ist, kann das Leitbild einer nachhaltigen Entwicklung das Stadium der regulativen Idee transzendieren. Im Rahmen der globalen Umsetzung (Stichwort: Global-Governance-Prozess) sind allerdings auch Abstimmungen mit undemokratischen Systemen notwendig, die den zu führenden Dialog zusätzlich erschweren und im vorliegenden Rahmen nur als nicht weiter zu vertiefende Randbedingung erwähnt werden. Wie die methodische Unterstützung durch *kommunikative Prozesse* für die vorliegende Aufgabenstellung im Einzelnen aussehen kann und mit welchen *Möglichkeiten* und *Grenzen* dabei zu rechnen ist, soll im Folgenden unter Berücksichtigung formaler und materialer Aspekte geklärt werden.

#### 3.2.3.1 Dialogisches Konsensprinzip für kommunikative Rationalität

Unter einem *dialogischen Konsensprinzip* wird hier der Grundsatz verstanden, in einem argumentativen Dialog das Ziel eines rational motivierten Konsenses zwischen gleichberechtigten Dialogpartnern zu erreichen, der in seiner Objektivierungsfunktion umso mehr der *Wahrheitsfindung* dient je weiter die intersubjektiv ausgetauschten Meinungen zur Übereinstimmung gebracht werden. Der *Dialog* kann dabei sowohl nach der diskursiven als auch nach der dialektischen Methode erfolgen. In beiden Fällen übernimmt der Dialog eine vermittelnde Funktion, indem er ein argumentierendes Hin- und Hergehen zwischen Aussage und Gegenaussage ermöglicht [385] und sich in diesem Verlauf aus Meinungen schrittweise Wahrheit entwickeln lässt. Denn ein Einzelner kann sich bezüglich des von ihm Wahrgenommenen nie sicher sein, ob seine darauf be-

[385] Vgl. Pieper, 2007, S. 216.

zogene Äußerung lediglich eine Meinung oder eine wahre Aussage darstellt, und ist folglich auf einen Austausch mit Anderen angewiesen. Die Teilnehmer an einem Diskurs sind sich bei einer rationalen Argumentation der Relativität ihrer Aussagen bewusst und haben daher eine undogmatische Einstellung zur Wahrheit, der sie sich im Dialog prozesshaft nähern. In diesem *ideal gedachten* rationalen *Kommunikationsprozess*, in dem die Vernunft zeitgemäß interpretiert wird und neben einer Prüfung aufgestellter Behauptungen auch die Bedingungen und Zwecke der Konsensbildung reflektiert werden können, dient der Diskurs als Mittel der Verständigung über unterschiedliche Standpunkte der Beteiligten anstelle einseitiger machtbetonter Positionen und Vereinbarungen. Bei unzureichender Verständigungsbereitschaft kommt es hingegen zu einem Dissens bei den Beteiligten, der schon deshalb vermieden werden sollte, weil das damit einhergehende Konfliktpotenzial sich in der Regel einer gewaltfreien Lösung entzieht. Der hier stattdessen angestrebte *Konsens* wird dabei keinesfalls als Nivellierungsinstrument für zu Recht bestehende Differenzen in den Anschauungen und Interessen gesehen. Sondern er erscheint in seiner Akzeptanzfunktion einerseits als Zielvorstellung einer demokratischen, gewaltfreien *Konfliktregelung* und andererseits als Mittel zur *Validierung der Geltungsansprüche*, die sich sowohl auf die im Diskurs geprüfte normative Richtigkeit eines Handlungszusammenhangs als auch Wahrheit eines Aussageinhalts beziehen können. Denn nur für den Fall, dass die diskutierten Normen und Sachverhalte im Interesse aller liegen, sind sie auch verallgemeinerungsfähig und damit im globalen Kontext uneingeschränkt anwendbar. Andernfalls handelt es sich um mehr oder weniger unbeabsichtigte Kompromisse, wie sie als Ausdruck von Machtverhältnissen und Abstimmungsergebnissen in der Gesellschaft nicht selten vorkommen. Die Diskursmethode beruht hingegen auf dialogischer Vernunft und rekonstruiert den Vernunftbegriff im Sinne einer mit Hilfe der Argumentation ermöglichten *kommunikativen Rationalität,*[386] die den Gebrauch der Sprache als Medium von Verständigungsprozessen voraussetzt: „Nicht die Sprache per se, sondern der kommunikativen Verwendung sprachlicher Ausdrücke wohnt eine eigentümliche Rationalität inne, die sich weder ... auf die epistemische Rationalität des Wissens ... noch auf die Zweckrationalität des Handelns zurückführen läßt. Diese *kommunikative Rationalität* drückt sich in der einigenden Kraft der verständigungsorientierten Rede aus, die für die beteiligten Sprecher gleichzeitig eine intersubjektiv geteilte Lebenswelt und damit den Horizont sichert, innerhalb dessen sich alle auf ein und dieselbe objektive Welt beziehen können.“ [387] Mit ihrer *interaktiven Reflexionsleistung* ermöglicht die diskursive Methode also einerseits Wahrheitsfindung und andererseits gewaltfreie Konfliktlösungen anstelle zeitlich und räumlich von vornherein begrenzter Abstimmungen und kann damit wesentlich zu Natur- und Sozialverträglichkeit auf unserem Planeten beitragen, die im vorliegenden Bedarfsfall unter einer Langzeitperspektive stehen.

[386] Vgl. Habermas 1987a, S. 3.

[387] Habermas 1999, S. 110.

Denn Menschen besitzen aufgrund ihrer intellektuellen Potenziale,[388] neben der Fähigkeit zur Vernunft, auch die Möglichkeit, diese als sprach- und handlungsfähige Subjekte zielgerichtet für die Zukunftsvoraussicht und für *kommunikatives Handeln* einzusetzen, das eine notwendige ethische Voraussetzung und Ergänzung des getrennt zu betrachtenden strategischen Verhaltens darstellt. Kooperation kann zwar aus *strategischem Handeln* – bei dem jeder das Verhalten des Anderen als Mittel zum Erreichen seiner eigenen Ziele benutzt und desgleichen auch von den Anderen annimmt – im Falle der Fortdauer übereinstimmender Interessen durchaus entstehen. Diese reicht jedoch allein nicht aus, wenn Handlungsnormen und Vereinbarungen, wie die über die *Gestaltung* einer global zukunftsfähigen Entwicklung, auch längerfristig Bestand haben sollen. In diesem Fall muss stattdessen in einem fortgesetzt zu führenden *evolutionären Kommunikationsprozess* immer wieder ein *erneuter Konsens* über die Handlungspläne zwischen den am Dialog Beteiligten herbeigeführt werden, auf dessen Grundlage eine einvernehmliche Gestaltung und strategische Umsetzung seitens der Verantwortlichen in Wirtschaft und Gesellschaft erfolgen kann. Eine mit dieser Zielsetzung geführte sprachliche Verständigung setzt *Interaktionen* voraus, in der nicht die subjektiven Vorstellungen und Interessen der Einzelnen, die durch das Mittel der Kommunikation verfolgt werden, „sondern die Konsensbildung selbst der transsubjektive Zweck aller Sprechhandlungen sein muß.“ [389] Erst unter diesen idealen Voraussetzungen wird für eine Handlungsorientierung das notwendige Maß an *Objektivität* und allgemeiner *Akzeptanz* erreicht, mit dem die vorhandenen Barrieren infolge von Einzelinteressen und kulturellen Besonderheiten überwunden und wesentliche Fortschritte in der politischen Umsetzung des Nachhaltigkeitsleitbildes erzielt werden können.

### 3.2.3.2 Möglichkeiten und Grenzen des ethischen Diskurses

Mit Hilfe des *ethischen Diskurses* ist es grundsätzlich möglich, die Gefahr einer realitätsfernen Theorieentwicklung infolge der in jedem gesellschaftlichen Bereich vorhandenen Unterschiede zwischen Theorie und Praxis zu minimieren. Dazu wird in einem problemorientierten, pragmatisch angelegten Kommunikationsprozess die im Alltagsleben in Ansätzen schon umgesetzte praktische Vernunft durch *Rekonstruktion* und begriffliche Erfassung unmittelbar genutzt und mit den Kommunikationspartnern *diskursiv* – d. h. zwischen ihnen hin- und herlaufend, also schrittweise und mittelbar – überprüft.[390] Mit dieser *Prozeduralisierung des Vernunftbegriffs* kann die Entwicklung einer praxisfernen Theorie weitgehend vermieden werden, wie sie sonst durch formallogische Deduktion aus mehr oder weniger geeigneten Prämissen nicht nur in der neoklassischen Ökonomik anzutreffen ist.[391] Einer Vernachlässigung der für eine

[388] Weitere Einzelheiten zu den besonderen Fähigkeiten des Menschen finden sich unter den *anthropologischen* Ausführungen im Kapitel 3.5.1 „Grundprobleme der Sozialethik“.

[389] Apel 1984, S. 34.

[390] Vgl. Hügli/Lübcke 2001, S. 154.

[391] Weitere Ausführungen zur *neoklassischen Ökonomik* befinden sich in dem Kapitel 3.4 „Wirtschaftsethik“.

Theorie unverzichtbaren methodischen und normativen Strenge wird auf diese Art und Weise ebenfalls vorgebeugt.[392] Denn die aus einer diskursiv ausgerichteten Theorie hervorgehenden Normen werden durch *intersubjektive Überprüfung* sowohl rational als auch methodisch gerechtfertigt. Dadurch werden auf dem Wege der Approximation einerseits Praxisnähe und andererseits gesellschaftliche Relevanz der theoretischen Aussagen erreicht. Der ethische Diskurs geht jedoch weiter, indem er nicht nur verschiedene Standpunkte, sondern auch schwerwiegende Interessengegensätze, wie sie in *Konflikten* häufig sind, einer Lösung rational zugänglich macht. Der dafür erforderliche *Verständigungsprozess* zwischen den am Diskurs Beteiligten kann sich daher nicht auf einen bloßen Informationsaustausch beschränken, da er die *formalen Anforderungen* für die Durchführung des Kommunikationsprozesses erfüllen muss, auf die nachfolgend noch eingegangen wird.

Ausgangspunkt und Orientierungsmaßstab des ethischen Diskurses bildet die kantische Moralphilosophie mit ihrem *transzendentalen Ansatz*, bei dem die Frage im Vordergrund steht, unter welchen Bedingungen moralisches Handeln möglich ist. Es geht also primär um eine allgemein gültige Regel, mit der Handlungen bezüglich ihrer Moralität bzw. ihres moralischen Geltungsanspruches beurteilt werden können.[393] In diesem Rahmen sind die spezifischen Merkmale der kantischen Ethik gefragt: Sie ist (a) *deontologisch* wegen der Sollgeltung der moralischen Normen; (b) *kognitivistisch* wegen des wahrheitsanalogen Geltungsanspruchs an die Richtigkeit der Normen; (c) *formalistisch* wegen der formelhaften Handlungsaufforderung, die zumindest ansatzweise die Rolle eines Rechtfertigungsprinzips für die Gültigkeit verallgemeinerungsfähiger Normen übernimmt, und (d) *universalistisch* wegen der allgemeinen Gültigkeit und Akzeptanz der vertretenen Normen über einzelne Kulturen und Epochen hinaus. An die Stelle des kategorischen Imperativs, den Kant einerseits mit der Vernunft und andererseits mit der Autonomie und dem freien Willen zu begründen versucht,[394] tritt beim ethischen Diskurs das Verfahren der moralischen Argumentation.[395] Die in diesem Zusammenhang geforderte Normenbegründung wird kommunikationstheoretisch unterschiedlich interpretiert, wobei sich im Wesentlichen *zwei Richtungen* herausgebildet haben: die von Paul Lorenzen et al. vertretene, auch als Konstruktivismus bezeichnete *konstruktive Ethik* der „Erlanger Schule“ [396] und die von Jürgen Habermas und Karl-Otto Apel vertretene, ebenfalls Dialog orientierte *Diskursethik* der „Frankfurter Schule“.[397] Trotz vielfältiger Überschneidungen werden beide Richtungen weiterhin im Bereich der angewandten Ethik diskutiert und genutzt, wobei sich Habermas´ Position inzwischen stärker in der Literatur durchgesetzt hat. Beiden Positionen geht es im Wesentlichen darum, den *Ich-betonten* erkenntnistheoretischen *Standpunkt* und den auf die geistigen

392 Vgl. Wuchterl 2003, S. 736.

393 Vgl. Pieper 2007, S. 269 f.

394 Vgl. Habermas 1983a, S. 89.

395 Vgl. Habermas 1991, S. 11 ff.

396 Vgl. Grabner-Kräuter 1998, S. 37 f.

397 Vgl. Wuchterl 2003, S. 736.

Potenziale bezogenen Mentalismus der kantischen Prägung mit Hilfe der Kommunikation realitätsnah zu *transformieren* und damit zum *„linguistischen Paradigma"* überzugehen.[398] Denn viele Dinge sind erst durch die Sprache zu begreifen und zu klären. Im Diskurs ist es hinreichend möglich, mit Hilfe der Sprache Wissen auszutauschen und zu einem höheren Erkenntnisstand zu gelangen.[399] Durch das von den Vertretern beider Richtungen gesetzte *Apriori der Kommunikationsgemeinschaft* soll das Ich und damit die transzendentale Einheit des Bewusstseins [400] mit Hilfe der *Intersubjektivität* im Sinne einer positiven Erweiterung überwunden werden. Denn im vorliegenden Zusammenhang kann auf die Potenziale emanzipierter Akteure ebenso wenig wie auf die der Gemeinschaft verzichtet werden. Im Hinblick auf die außerdem vorhandene Nähe zur konstruktivistischen Methode der vorliegenden Arbeit sollen im nachfolgend darzustellenden wissenschaftstheoretischen Diskurs die wesentlichen *Merkmale* und *Unterschiede* der beiden kommunikativen Ansätze herausgearbeitet werden:

Die *konstruktive Ethik* bzw. der *dialogische Konstruktivismus* von Paul Lorenzen et al. besteht methodisch gesehen aus einer schrittweise erfolgenden, intersubjektiv überprüfbaren Rekonstruktion von Grundregeln und -begriffen des rationalen Argumentierens. Wie jede andere Form der Generierung von Wissen gilt auch sie nicht als Mitteilung persönlicher Handlungsvorschläge, sondern als begründ- und lehrbare Tätigkeit.[401] Die *Basis* der Begründung der *konstruktivistischen Methode* ist die *vorwissenschaftliche Praxis*, die der Theorie vorausgeht. Die Begründung nimmt im Kommunikationskontext die Form einer systematischen *Rekonstruktion* der *sprachlichen Ausdrucksmittel* an, die ursprünglich auf eine Idee von Ludwig Wittgenstein über Sprachspiele zurückgeht. Dadurch werden der Wissenschaft transparente und intersubjektiv erlernbare sprachliche Hilfsmittel zur Verfügung gestellt, die rationale Dialoge über aufgestellte Thesen und Sachverhalte auf einer gemeinsamen Wissens- und Argumentationsgrundlage ermöglichen. Aus der angenommenen Nähe von Sprache und Wirklichkeit wird die Rekonstruktion der sprachlichen Mittel zugleich als Konstruktion ihrer Gegenstände interpretiert und die *wissenschaftstheoretische Grundlage* als *konstruktiv* bezeichnet.[402] Im Unterschied zum philosophischen Realismus [403] wird der Erkenntnisvorgang auf diese Weise in den Vordergrund gerückt, da jede Form der

---

[398] In der Philosophie lassen sich historisch gesehen drei Denkrichtungen unterscheiden: das ontologische, das mentalistische und das *linguistische Paradigma* (vgl. Schnädelbach 1998, S. 69), wobei der letzte Übergang auch als „sprachkritische Wende" bezeichnet wird, die wesentlich von Ludwig Wittgenstein beeinflusst ist.

[399] Vgl. Kreikebaum 1996, S. 82 f.

[400] Weitere Ausführungen zur philosophischen *Anthropologie* befinden sich im Kapitel 3.5.1 „Grundprobleme der Sozialethik".

[401] Vgl. Höffe 1997, S. 160 und Rähme 2006, S. 420 f.

[402] Vgl. Hügli/Lübcke 2001, S. 188.

[403] Der *Realismus* ist als eine Gegenposition zum kantischen Idealismus bzw. *Konstruktivismus* einzustufen. Beim Realismus wird die hier grundsätzlich abgelehnte Position vertreten, dass die Wirklichkeit von den geistigen Fähigkeiten des Subjekts – wie dem Denken oder der Sprache – unabhängig ist. Weitere Ausführungen hierzu befinden sich u. a. bei Hartmann 1965, S. 133 ff.

Wahrnehmung und Erkenntnis vom Beobachter als aktive Konstruktion und nicht als passive Abbildung eines Gegenstandes oder Sachverhaltes aufgefasst wird. Mit diesem *konstruktiven Verfahren* wird das dialogische Konsensprinzip systematisch ergänzt und den Diskurspartnern damit die Gelegenheit zur Infragestellung der Anfangskonventionen und Argumentationsschritte gegeben.[404] Vor diesem Hintergrund schlägt die konstruktive Ethik Regeln für eine Argumentation vor, die für rationales Handeln grundlegend sind. Sie geht von einem elementaren Interesse an einem weitgehend konfliktfreien Miteinander aus und konzentriert sich auf die Analyse und Begründung von *Beratungsregeln*, die zu einem argumentativ vermittelten, gewaltlosen gemeinsamen Handeln führen. In diesem Zusammenhang wird von der sowohl diskursiven als auch konstruktiven Methode der *transsubjektiven Beratung* gesprochen, die auf Paul Lorenzen und Oswald Schwemmer zurückgeht.[405] Die Beratungsregeln für eine rationale Konfliktbewältigung orientieren sich grundlegend am *Vernunftprinzip* als Transsubjektivität von Zwecksetzungen und am *Moralprinzip* als Aufsuchen gemeinsamer normativer Oberzwecke. Dazu müssen die Argumente rational und unabhängig von der Person des Argumentierenden sein und als gemeinsame Zielsetzung *Oberzwecke* mit dazu passenden *Unterzwecken* aufweisen, die ebenso von menschlichen Bedürfnissen ausgehen und sich dem gemeinsamen Oberzweck zuordnen lassen.[406] Auf diese Weise werden sowohl das Vernunft- als auch das Moralprinzip bei der Aufstellung von konsensorientierten Handlungsregeln berücksichtigt und für deren Begründung verwendet, woraus sich ein *Ansatz* für die noch zu behandelnde *Lösungsmethode* der Nachhaltigkeitsethik ergibt.[407]

Die ebenfalls kommunikativ, auf rationale Argumentation zur gewaltfreien Konfliktlösung ausgerichtete *Diskursethik* setzt ihre Schwerpunkte anders. Habermas verbindet mit seinem Ansatz eine einzelnen Subjekten zuzurechnende *Handlungstheorie* mit einer von Strukturen ausgehenden *Systemtheorie*, indem er weder die Motive und Orientierungen der Subjekte noch das soziale System – „Jeder soziale Kontakt wird als System begriffen bis bin zur Gesellschaft als Gesamtheit der Berücksichtigung aller möglichen Kontakte.“ [408] – in den Mittelpunkt stellt. Stattdessen geht es ihm bei seinem kommunikationstheoretischen Ansatz vorrangig um die ganze Welt mit ihrem alltäglichen Hintergrund: „Einen solchen Horizont an intersubjektiv geteilten Hintergrundannahmen, in die jeder Kommunikationsprozess vorgängig eingebettet ist, nennt Habermas Lebenswelt.“ [409] Aus einer rekonstruktiven Forschungspraxis führt er dazu den Begriff der *„Lebenswelt“* ein, der für ihn den Komplementärbegriff zum kommunikativen Handeln und den Gegenbegriff zum *„System“* darstellt, mit dem die sozialen Kontakte einer Ge-

---

404 Vgl. Prechtl/Burkard 1999, S. 299.

405 Vgl. Pieper 2007, S. 210 ff und Schwemmer 1971, S. 127.

406 Vgl. Höffe 1997, S. 160 und Lorenzen/Schwemmer 1975, S. 166 f.

407 Auf die im Rahmen der Entwicklung des Gestaltungsansatzes Nachhaltigkeitsethik angewandte *Lösungsmethode* wird im Kapitel 3.6.1 „Ganzheitliche Integration“ eingegangen.

408 Luhmann 1994, S. 33.

409 Honneth 1989, S. 318.

sellschaft erfasst werden. Damit wird die naturale Umgebung des wahrnehmenden, erfahrenden Ich als Naivität des Alltags gegen die Anforderungen gesellschaftlicher Funktionssysteme gesetzt, die Habermas zu entkoppeln versucht.[410] Die Lebenswelt ist erlebenden Subjekten unmittelbar gegeben, obwohl sie selbst stets im Hintergrund bleibt. Die Gewissheit einer intersubjektiv geteilten Welt verdankt die Lebenswelt dem *sozialen Apriori der Intersubjektivität* sprachlicher Verständigung. Die Situationen können sich ändern, die Grenzen der Lebenswelt sind jedoch nicht zu überschreiten.[411] Die Unterscheidung nach Lebenswelt und System ist für Habermas´ Theorie des kommunikativen Handelns grundlegend, wobei er die Privatsphäre und die Öffentlichkeit als institutionelle Ordnungen der Lebenswelt in Austauschbeziehungen zur Wirtschaft (Steuermedium: Geld) und zum Verwaltungssystem Staat (Steuermedium: Macht) als Medien gesteuerte Subsysteme setzt.[412] Das *kommunikative Handeln*, das sich auf eine Alltagspraxis bezieht, in der Informationen vor dem als selbstverständlich angenommenen Hintergrund geltender Normen ausgetauscht werden, stellt sich für ihn somit als Grundstruktur der Lebenswelt dar. Das sich davon abgrenzende *strategische Handeln* steht hingegen im Mittelpunkt der *Systembetrachtung*. Die Dialogpartner streben im Diskurs eine Verständigung an, mit der sie ihre Vorstellungen aufeinander abstimmen. Dazu stellen sie mit Hilfe der rationalen Argumentation zunächst einen Konsens über gemeinsam anzuwendende Handlungsnormen her, die im weiteren Diskursverlauf eine gewaltfreie, allgemein zustimmungsfähige Lösung von Konflikten ermöglichen und von allen Mitgliedern der Kommunikationsgemeinschaft akzeptiert werden müssen.[413] Dieser formalprozeduralen Vorgehensweise sollen letztlich *alle öffentlichen Verfahren der Konfliktlösung* kultur- und zeitunabhängig folgen. Aufgrund dieser universalistischen Ausrichtung und ihrer kritischen Distanz zu individuellen Glücks- und Vorteilserwartungen wird die Nähe zur kantischen Ethik und die methodische Eignung für den hier zu entwickelnden normativen Gestaltungsansatz deutlich. Habermas verbindet die *kommunikationstheoretische Transformation* der kantischen Ethik – und damit der Vernunft – zusätzlich mit universalistischen Theorieansätzen in den Sozial- bzw. Kulturwissenschaften [414] und erhöht dadurch die Attraktivität für die praktische Anwendung.

Das Ergebnis dieser Transformation ist eine Diskursethik, in der der von den Vertretern der Frankfurter Schule konzipierte *praktische Diskurs* eine zentrale Funktion einnimmt und folgende Besonderheiten aufweist: (1) Die Diskursteilnehmer müssen in ihren Argumentationen davon ausgehen, dass im Prinzip alle Betroffenen frei und gleichberechtigt bei der Wahrheitssuche zusammenarbeiten und allein das bessere Argument zählt. (2) Die Richtigkeit des normativen Einverständnisses soll allein aufgrund der vorausgesetzten Kommunikationsbedingungen garantiert werden, mit dem Ergebnis einer anspruchsvollen Form der Willensbildung. (3) Der Verständigungsprozess, der

---

410 Vgl. Reese-Schäfer 2001, S. 191.

411 Vgl. Habermas 1987b, S. 182 ff.

412 Vgl. Habermas 1987b. S. 473.

413 Vgl. Kreikebaum 1996, S. 83.

414 Vgl. Gil 1993, S. 136.

alle Beteiligten der Form nach gleichzeitig zu einer idealen – d. h. sich in die Lage der Betroffenen hineinversetzenden – Rollenübernahme anhält, ermöglicht allen eine öffentliche, intersubjektiv ausgerichtete Veranstaltung, die über individuelle Beurteilungsmöglichkeiten hinausgeht.[415] Mit Hilfe dieser – in der gesellschaftlichen Realität nur schwer zu schaffenden [416] – Voraussetzungen können die *Geltungsansprüche* in Bezug auf praktische Fragestellungen und Handlungsnormen kritisch thematisiert und weitgehend *geregelt* werden: Indem von den Diskursteilnehmern zunächst die Ansprüche bezüglich ihrer Geltung in Frage gestellt werden, um dann von dieser Ausgangsbasis ausgehend hierüber im nächsten Diskursschritt mit Hilfe einer überzeugenden Argumentation einen Konsens herzustellen, den jeder der Vernunft zugängliche Betroffene grundsätzlich akzeptieren kann. Diese *zwei Ebenen der Argumentation* muss jeder praktische Diskurs grundsätzlich durchlaufen, um ein begründetes Ergebnis zu erzielen.[417]

Damit eine *symmetrische Kommunikationssituation* für einen Dialog zwischen gleichberechtigten Gesprächspartnern erreicht wird, mit dem als Folge des dialogischen Verständigungsprozesses *verallgemeinerungsfähige Normen* geschaffen werden, dürfen keine Bevorzugungen und Verzerrungen zugelassen werden, die die Gesprächsbalance und Vorrangstellung des besseren Arguments beeinträchtigen. Dazu ist eine herrschaftsfreie Kommunikationsatmosphäre und ein freier Zugang für alle Interessenten am Dialog erforderlich, die sich den formalen Anforderungen an eine rationale Argumentation und Gesprächsführung unterwerfen. Nur die Normen und Handlungsregeln, die der argumentativen Überprüfung in einem solchen Gesprächsrahmen bzw. -ablauf standhalten, können im moralischen Sinne als konsens- und verallgemeinerungsfähig gelten. Für tradierte Normen und Handlungsvorgaben kann das den Verlust ihrer faktischen Geltung bedeuten. Die am (gedachten) praktischen Diskurs Beteiligten verfolgen keine eigenen Interessen, sondern bemühen sich im Kommunikationsprozess um eine objektive Prüfung der auf Basis der Vernunft diskutierten *Geltungsansprüche* und um *Wahrheitsfindung*. Das setzt natürlich ideale Sprech- und Argumentationsbedingungen voraus, unter denen sich die Diskutierenden ständig um die Vermeidung und Beseitigung möglicher bzw. vorhandener Störeinflüsse bemühen. Unter diesen Diskursvoraussetzungen, die von Apel als *„ideale Kommunikationsgemeinschaft“* und von Habermas als *„ideale Sprechsituation“* bezeichnet werden,[418] ist ein vernünftiger Konsens unter den Beteiligten und Betroffenen möglich. Aus dieser für langfristig angelegte ethisch fundierte Handlungsstrategien grundsätzlich unverzichtbaren Anforderung lassen sich zwei *regulative Prinzipien* ableiten: „Erstens muß es in allem Tun und Lassen darum gehen, das *Überleben* der menschlichen Gattung als der *realen* Kommunikationsgemeinschaft sicherzustellen, zweitens darum, in der realen die *ideale*

[415] Vgl. Habermas 1991, S. 11 ff.

[416] Weitere Ausführungen zu den *idealen Annahmen* finden sich unter der nachfolgenden kritischen Einschätzung.

[417] Vgl. Pieper 2007, S. 213 f.

[418] Vgl. Pieper 2007, S. 273.

Kommunikationsgemeinschaft zu verwirklichen.“ [419] Das zweite Prinzip ist im Nachhaltigkeitskontext zwar ebenfalls erstrebenswert, wird sich im Rahmen der zu generierenden Handlungsorientierung für eine global zukunftsfähige Entwicklung jedoch kaum umsetzen lassen.

Neben den Geltungsansprüchen für die Berechtigung bestimmter Handlungen und diesbezüglicher Normen gibt es entsprechende Ansprüche auch für aufgestellte Behauptungen im Zusammenhang mit theoretischen oder empirischen Sachverhalten. Die Berechtigung bzw. der Wahrheitsgehalt von theoretischen Aussagen wird unter vergleichbaren formalen Anforderungen in einem *theoretischen Diskurs* geklärt: Im theoretischen Diskurs geht es im Unterschied zum praktischen Diskurs um konkrete, inhaltliche Sachverhalte, über die im Diskursverlauf zwischen den Beteiligten ebenfalls durch das Mittel der Argumentation ein Konsens herbeigeführt werden muss. Die diskursive Prüfung einer aufgestellten Behauptung kann jedoch in der gesellschaftlichen Realität nicht immer in Übereinstimmung mit allen formalen Anforderungen erfolgen. Kommunikationstheoretisch denkbar ist u. a. eine Situation, in der die Prüfung und Verbesserung des Wahrheitsgehalts unter eingeschränkten Bedingungen temporär auch ohne persönlich anwesenden Diskurspartner durchgeführt wird: zum Beispiel bei einer Auseinandersetzung mit unterschiedlichen Expertenmeinungen, die wie im vorliegenden Fall überwiegend virtuell vom eigenen Schreibtisch aus erfolgt. Mit dem *Anspruch auf Wahrheit* einer bestimmten Aussage oder These provoziert der einen derartigen Anspruch Vertretende allerdings grundsätzlich einen theoretischen Diskurs zwischen den Dialogpartnern.[420] Je qualifizierter die ausgetauschten Argumente und je leichter die an diesem Kommunikationsprozess Beteiligten einen Konsens über die unterschiedlichen Standpunkte herbeiführen können, desto mehr unterstützen sie damit die *approximative Annäherung* an den Wahrheitsgehalt der von ihnen vertretenen Positionen – eine gerade für theoretische Arbeiten wichtige Randbedingung.

Mit seiner *„Transzendentalpragmatik“* trägt Apel einerseits der Begründung für die Geltung handlungsleitender Normen und andererseits dem Geltungsanspruch für deskriptive Sachverhalte Rechnung. Dieser Ansatz steht unter dem Anspruch, bestimmte Grundnormen als unbedingt gültig und deren Einhaltung als für jeden notwendig verbindlich auszuweisen. Unbedingt gültig sind Normen, wenn sie allgemein anerkannt werden und nicht weiter begründet werden müssen. Ihre Verbindlichkeit ist dann gegeben, wenn die Normen von keiner Person hintergangen werden können. In der Begründung seines Ansatzes geht Apel davon aus, dass die Dialogpartner für sich in Anspruch nehmen, dass sie die behaupteten Aussagen für wahr halten. Ferner zählen im Diskurs ausschließlich Argumente, und die am Diskurs Beteiligten erkennen sich gegenseitig als gleichberechtigt an. Diese Annahmen für eine auf der Grundlage der Vernunft geführte Argumentation entsprechen der *transzendentalen* Bedingung für die Möglichkeit eines Konsenses und stellen als Apriori der Kommunikationsgemeinschaft die notwendige Voraussetzung für eine Dialogsituation dar, mit der die Übereinstimmung der Gültigkeit sowohl von Normativitäts- als auch von Wahrheitsan-

[419] Vgl. Apel 1993, S. 431.

[420] Vgl. Böhler 1984, S. 331 f.

sprüchen erreicht werden. Als *pragmatischer* Aspekt stellt sich dabei die Tatsache dar, dass wir uns von vornherein in einer Kommunikationsgemeinschaft befinden, wenn sich Personen durch Sprechhandlungen verständigen. Die in diesem Rahmen von den Diskursteilnehmern vertretenen Geltungsansprüche müssen durch rationale Argumentation eingelöst werden, die an bestimmte Argumentationsregeln gebunden ist.[421] Analog reagiert Habermas auf die genannten Anforderungen mit seiner *„Universalpragmatik"*, die im Wesentlichen auf einem Regelsystem basiert, das für jede Sprechhandlung eine notwendige Voraussetzung darstellt. Im Unterschied zu Apel, dem er sogar unterstellt, dass dieser sich „hartnäckig am Letztbegründungsanspruch der Transzendentalpragmatik festhält," [422] verzichtet er pragmatisch auf eine Letztbegründung universell gültiger Normen.[423] Das kann er sich mit seiner *Rekonstruktion moralischer Intentionen* aus der Lebenswelt erlauben, die einen Rückgriff auf Fundamentalnormen erübrigt. Denn Habermas legt die notwendigen Regeln einer Sprechhandlung auf der Grundlage der *rekonstruktiven Methode* fest, nach der Sprechhandlungen bereits grundlegende Bestandteile einer auf Verständigung ausgerichteten Kommunikation darstellen und das handelnde Subjekt sich in diesem Prozess auf implizit vorhandene Fähigkeiten und Kenntnisse stützt.[424] Diese Vorgehensweise ist im vorliegenden Fall zweifellos anschlussfähiger und zielt darauf ab, die notwendigen Regeln, die für einen erfolgreichen Diskurs bereits anerkannt sein müssen, als allgemeine Voraussetzungen konsensualen Handelns auszuweisen.[425]

Die von Habermas und Apel gemeinsam entwickelte Diskursethik arbeitet mit zwei Kerngrundsätzen: [426] (1) mit dem *Universalisierungsgrundsatz (U)* „als Brückenprinzip", nach dem gültige Normen im Argumentationsprozess eine Zustimmung finden müssen, indem die Folgen und Nebenwirkungen, die sich aus deren Befolgung für die Befriedigung der Interessen und Bedürfnisse eines jeden ergeben, von allen Betroffenen zwanglos akzeptiert werden müssen, und (2) mit dem *diskursethischen Grundsatz (D)*,[427] demzufolge „eine Norm nur dann Geltung beanspruchen (darf), wenn alle von ihr möglicherweise Betroffenen als Teilnehmer eines praktischen Diskurses Einverständnis

---

421 Vgl. Prechtl/Burkard 1999, S. 605 f. Für weitere Ausführungen zu Apels Ansatz einer rationalen Begründung der Ethik, den er als *"Transzendentalpragmatik"* bezeichnet, wird auf Band 2 seiner „Transformation der Philosophie" und darin auf das Kapitel „Das Apriori der Kommunikationsgemeinschaft und die Grundlagen der Ethik" verwiesen, in dem er auch auf die Problematik einer Letztbegründung eingeht (vgl. Apel 1993, S. 358-435).

422 Habermas 1983a, S. 106.

423 Vgl. Habermas, 1983a, S. 107 f.

424 Vgl. Prechtl/Burkard 1999, S. 618.

425 Seinen Ansatz der *„Universalpragmatik"* in Form eines Regelsystems, das jeder Konsens orientierten Sprechhandlung notwendigerweise zugrunde liegt, beschreibt Habermas in seinen „Vorstudien und Ergänzungen zur Theorie des kommunikativen Handelns" im Kapitel „Was heißt Universalpragmatik?" (vgl. Habermas 1984, S. 353-440).

426 Vgl. Habermas 1983a, S. 53 ff.

427 Auf die *zwei Kerngrundsätze* geht Habermas in dem wichtigen Kapitel „Diskursethik – Notizen zu einem Begründungsprogramm" im Rahmen seiner komprimierten Darstellung von „Moralbewußtsein und kommunikatives Handeln" näher ein (vgl. Habermas 1983a, S. 53-125).

darüber erzielen (bzw. erzielen würden), daß diese Norm gilt.“ [428] Mit diesen Grundsätzen wird eine *Verfahrensanweisung* über den *Umgang mit Normen* gegeben, die die besonderen Möglichkeiten der Diskursethik verdeutlichen. Auf der anderen Seite werden bereits die zu erwartenden *Grenzen* bei einer Anwendung auf konkrete Probleme sichtbar: Die *formalen* Vorgaben zur Normenbegründung und -verifikation führen in der gesellschaftlichen Praxis wegen dort nicht immer gegebener Voraussetzungen und wegen fehlender inhaltlicher Aussagen zwangsläufig zu *Umsetzungsproblemen* bzw. Konkretisierungsdefiziten, die dann von den Betroffenen zu lösen sind. Die angesprochenen Probleme erfordern daher *Kompromisse* an den Diskursablauf *und* entsprechende organisatorische und ethische *Ergänzungen*, um den ursprünglichen Diskursintentionen so weit wie möglich gerecht zu werden.[429] Die vorhandenen Defizite können insbesondere dadurch verringert werden, dass die den einzelnen Anwendungsfällen zugrunde liegende Handlungslogik entsprechend berücksichtigt wird und die kommunikationsbezogenen Vorgaben durch inhaltliche Aussagen und Prinzipien ergänzt werden.[430] Die von Habermas selbst angesprochenen Grenzen der Anwendung zeigen sich für ihn auch aus *hermeneutischer Sicht*: „Mit dem diskursethischen Grundsatz verhält es sich wie mit anderen Prinzipien: er kann nicht die Probleme der eigenen Anwendung regeln. Die Anwendung von Regeln verlangt eine praktische Klugheit, die der diskursethisch ausgelegten praktischen Vernunft *vorgeordnet* ist, jedenfalls nicht ihrerseits Diskursregeln untersteht.“ [431]

**Kritische Einschätzung:** Ein ethischer Diskurs mit dem Ziel eines rational motivierten Konsenses zwischen den Beteiligten erfordert viele *ideale Annahmen*, die als Orientierungspunkte für das Diskursverfahren zwar hilfreich und unverzichtbar, in der Realität aber schwer zu erfüllen sind. Die insbesondere von den Vertretern der Frankfurter Schule aufgestellte Forderung, dass sich die von den Diskurspartnern ausgetauschten *Argumente* durch Wahrheit, Richtigkeit und Wahrhaftigkeit auszeichnen sollen, wird zweifellos die Vernünftigkeit des Diskurses und die seines Anliegens – und damit das Anliegen selbst – unterstützen. Entsprechend verhält es sich mit den *Regeln für den Diskurs*: Danach kann grundsätzlich jedes sprach- und handlungsfähige Subjekt am Diskurs teilnehmen, jede aufgestellte Behauptung problematisieren, jede These einbringen, eigene Positionen, Wünsche und Bedürfnisse zwanglos äußern sowie zusammen mit den Diskurspartnern unabhängig von der eigenen Willensbildung das Thema bestimmen und gemeinsame Festlegungen treffen. Derartige aus dialogischer Vernunft und radikaldemokratischer Einstellung resultierende Bedingungen sind nur vorstellbar, wenn sich der Diskursprozess durch Machtfreiheit, gegenseitige Anerkennung als mündige Subjekte und durch Vorrangstellung des rational besseren

[428] Habermas 1983a, S. 76.

[429] Auf die notwendigen *organisatorischen* und *ethischen Ergänzungen* wird nachfolgend und im Kapitel 4 „Nachhaltigkeitsmanagement als Anwendung der Nachhaltigkeitsethik“ eingegangen.

[430] Die *inhaltlichen Aussagen* und *Prinzipien* werden im Zusammenhang mit den fachspezifischen Einzelethiken in den Kapiteln 3.3 „Umweltethik“, 3.4 „Wirtschaftsethik“ und 3.5 „Sozialethik“ behandelt und im Rahmen der Konkretisierung des Gestaltungsansatzes Nachhaltigkeitsethik angewendet (vgl. Kapitel 4.2.1).

[431] Habermas 1983a, S. 114.

Arguments auszeichnet. Diese Forderungen *abstrahieren* jedoch sehr *von realen Diskursbedingungen* und dem jeweiligen situativ gebundenen Handlungszusammenhang. Die im globalen Kontext besonders wichtigen kulturellen Vorprägungen und realen Interessen(unterschiede) der Diskurspartner, die in den Argumentationsprozessen der gesellschaftlichen Praxis nicht wegzudenken sind, bleiben dadurch nur unzureichend berücksichtigt. Auch die Vertreter der Erlanger Schule gehen von sehr abstrakten Annahmen aus, indem sie u. a. eine von Eigenmotiven und -interessen absehende Grundhaltung der Diskurspartner fordern. Gerade unter ethischen Gesichtspunkten ist es jedoch sinnvoll, diejenigen Vorprägungen angemessen zu berücksichtigen, die den Konsens beeinflussen bzw. die hinter den vielfältigen Erscheinungsformen einer institutionalisierten Unmoral stehen. Ebenso *wenig realistisch* ist die Forderung eines allgemeinen, freien Konsenses, solange die hierarchischen Abhängigkeiten in realen Handlungssituationen unberücksichtigt bleiben.[432] Weitere Bedenken zum diskursethischen Ansatz ergeben sich aus der ihm zugrundeliegenden Annahme, dass jeder Konflikt rational gelöst werden kann. *Moralische Dilemmata*, bei denen in einem Konfliktfall von mehreren einzuhaltenden Verpflichtungen nicht alle eingehalten werden können, bleiben dadurch von vornherein unberücksichtigt.

Andererseits sollten in realen Dialogen die *idealen Annahmen* und Regeln als *Orientierungshilfen* für eine ethisch fundierte Gesprächsführung genutzt werden, auch wenn sie nicht immer vollständig einzuhalten sind. Unter Rückgriff auf die Berufspraxis wird folgende Analogiebetrachtung angestellt: Diskursregeln über einen idealerweise zu führenden Diskurs sind mit *Konstruktionsregeln* vergleichbar, wie sie aus anderen Bereichen be- und anerkannt sind: In der *technischen Praxis* dienen Konstruktionsvorschriften wie z. B. DIN-Normen als Handlungsregeln, nach denen ein technisches Produkt entworfen und gefertigt wird. Das auf diese Weise realisierte Produkt wird immer mehr oder weniger von den idealen Konstruktionsvorschriften abweichen, ohne dass diese dadurch ihren handlungsleitenden Sinn verlieren (Stichwort: Orientierungsfunktion). Entsprechend verhält es sich mit den *Diskursregeln*: Ohne sie verliert man den Maßstab, an dem sich richtige Diskursführung und Handlungsweise orientieren können.[433] In der *betrieblichen Praxis* eines Wirtschaftsunternehmens gelten analoge Anforderungen an den zu führenden Diskurs.[434] Unter Wettbewerbsbedingungen oder bei besonderen betrieblichen Ereignissen können jedoch fallweise Entscheidungen erforderlich werden, die zu einer Einschränkung der Diskursregeln führen: beispielweise zur Erwägung *partieller Diskurssuspendierungen*, wenn andernfalls die Durchführung notwendiger Maßnahmen gefährdet würde,[435] oder zur notwendigen *ethischen Ergänzung* der Diskursethik, wenn der Unterschied zwischen realer und idealer Kommunikationsgemeinschaft nicht zu überbrücken ist.[436] Solange das zugrunde liegende Moral-

---

432 Vgl. Kreikebaum 1996, S. 83 ff.

433 Steinmann/Löhr 1994, S. 81.

434 Über die in der *betrieblichen Praxis* zu führenden Dialoge, die in der Regel eine *Orientierungsfunktion* mit Hilfe idealer Annahmen erfordern, wird im Kapitel 4.2 „Konzept für eine nachhaltige Unternehmensentwicklung" berichtet.

435 Vgl. Beiner 1999, S. 105.

436 Vgl. Nussbaum 1995, S. 28.

prinzip beachtet wird, geht auch in derartigen Fällen mit ihren situationsbedingt notwendigen Abstrichen vom Idealzustand die ethische Zielsetzung der durchzuführenden Handlungen nicht verloren.

**Resümee:** Was folgt aus der kommunikationstheoretischen und anwendungsbezogenen Erörterung des ethischen Diskurses in Bezug auf den zu entwickelnden integrativen Gestaltungsansatz für eine nachhaltige Entwicklung? Trotz der unbestrittenen *Möglichkeiten* eines konsensualen kommunikativen Verfahrens – zu dem es bisher keine wirkliche Alternative gibt – bleibt es angesichts der aufgezeigten Grenzen zweifelhaft, was und wie viel im konkreten Anwendungsfall von den idealen Annahmen für die Durchführung eines ethischen Diskurses umzusetzen ist. Und ob es angesichts der vielen *Einschränkungen* überhaupt gerechtfertigt ist, diesbezüglich von einer eigenständigen Ethik auszugehen. Aus dieser kritischen Einschätzung heraus wird im vorliegenden Rahmen die *Position* vertreten, dass die zwei grundlegenden normativen Ethiken der Deontologie und Teleologie keine Diskursethik als zusätzliche dritte Ethikvariante benötigen. Stattdessen und im Hinblick darauf, dass die *diskursive Methode* im Nachhaltigkeitskontext unverzichtbar ist, werden für die Entwicklung des normativen Gestaltungsansatzes Nachhaltigkeitsethik und dessen anwendungsbezogene Konkretisierung das Konsensprinzip und der ethische Diskurs als *methodische Ergänzung* der ethischen Fundierung gewählt.

## 3.3 Umweltethik

Nach Klärung der allgemeinen ethischen und methodischen Grundlagen geht es im Folgenden um die noch fehlende *fachspezifische Basis* für zukunftsfähiges Verhalten gegenüber der natürlichen Umwelt, um mit diesen Voraussetzungen die Umweltethik als *erste* zu behandelnde *Einzelethik* konzeptualisieren zu können. Im Hinblick auf die hier vertretene ganzheitliche Perspektive wird die Bearbeitung jedoch nicht im Ökologischen stehen bleiben und stattdessen den kulturellen Hintergrund mit den gesellschaftlichen Anforderungen einbeziehen. Mit dialogischer Unterstützung sollen auf diesem Weg, der von den Polen *Natur* und *Kultur* geprägt ist, die *ökologische Rationalität* normativ integriert sowie die noch darzustellende Wirtschafts- und Sozialethik als weitere interdependente Bestandteile bzw. Dimensionen der Nachhaltigkeitsethik bereits vorab berücksichtigt werden. Der im umweltethischen Teil der Arbeit zentrale Begriff *„Natur“* wird in diesem Rahmen verstanden im Sinne von dem, was nicht vom Menschen gemacht wurde, bereits selbst da ist und sich in einem ständigen Veränderungsprozess selbst reproduziert. Insofern stellt die Natur daher nicht nur ein Objekt der menschlichen Erkenntnis und des Handelns dar, sondern der *Mensch* ist erst mit dem Entstehen für ihn geeigneter Lebensbedingungen als neuer interdependenter Teil in eine schon lange vorhandene Natur hinzugekommen – quasi als Gast und trotz aller bisherigen Anstrengungen nicht als Beherrscher der Natur. Insofern kann die ganze Natur als die Summe einzelner Ökosysteme mit belebten und unbelebten Teilen, als vielfältig in sich strukturierte, sich weitgehend selbst regulierende Ganzheiten interpretiert werden. Unter einem *Ökosystem* wird in der vorliegenden Arbeit also ein Wirkungszusammenhang zwischen Lebewesen und ihrem Lebensraum verstanden. Diese Interpretation geht davon aus, „daß es auf unserem Planeten Erde abgrenzbare funktionelle Einheiten gibt, die als Wirkungsgefüge aus verschiedenen Organismenarten und unbelebten Bestandteilen aufzufassen sind. Die Organismen stehen untereinander und mit den unbelebten Bedingungen des Lebensraumes in so enger Beziehung, daß ein übergeordnetes Ganzes entsteht, eben das Ökosystem. Die verschiedenen Ökosysteme der Erde können miteinander in Kontakt treten und ein globales Ökosystem bilden.“ [437] Dieser komplexe Sachverhalt wird im Zusammenhang mit den *ökologischen Prinzipien*, deren Beachtung eine umweltethische Mindestanforderung darstellt, noch näher ausgeführt. Die Natur, um deren Erhaltung und nachhaltige Nutzung – bei einer weiter stattfindenden natürlichen Evolution – es im vorliegenden Zusammenhang vorrangig geht, ist um eine ebenfalls zu berücksichtigende *kulturelle Dimension* erweitert, seit der Mensch mit seinen geistigen Fähigkeiten hinzugekommen ist. Sie ist also von wenigen Ausnahmen abgesehen keine reine und unberührte mehr, sondern eine durch den Menschen beeinflusste und veränderte bzw. veränderbare Natur. Im Bewusstsein der *Grenzen* einer nur *naturalistischen Betrachtung* werden die ökologischen Prinzipien und anthropogenen Einflüsse auf die natürliche Umwelt im Folgenden ganzheitlich reflektiert.

Angesichts der bereits angesprochenen verhaltensbedingten Gefährdung unserer Lebensbedingungen soll mit Hilfe der notwendigen Grundlagen der normativen Ethik, der Diskursmethode und der noch darzustellenden Naturwissenschaften für den Bereich der natürlichen Umwelt ein Gestaltungsansatz *Umweltethik* entwickelt werden, der sowohl für die Wirtschafts- und Sozialethik als weitere fachspezifische Bereichsethiken anschlussfähig als auch für eine ganzheitliche Erweiterung in Richtung eines integrativen Gestaltungsansatzes für die angestrebte nachhaltige Entwicklung grundsätzlich geeignet ist. Unter dieser Zielsetzung wird folgende *Arbeitshypothese* aufgestellt:

*Eine ganzheitlich orientierte Umweltethik, die für die Interdependenzen zur Wirtschafts- und Sozialtethik anschlussfähig ist, liefert im Hinblick auf die zunehmenden anthropogenen Gefährdungen der natürlichen Umwelt auf unserem Planeten Ansatzpunkte für eine zur Erhaltung sowie nachhaltigen Nutzung der belebten und unbelebten Umwelt notwendige Handlungsorientierung. Für diesen Gestaltungsansatz ist die Klärung der ökologischen Prinzipien, der Rolle sowie des Verhaltens der Menschen in der Natur und die Integration der ethischen in die fachspezifischen Anforderungen hinreichend. Mit einer so verstandenen Umweltethik kann den materiellen und immateriellen Bedürfnissen heutiger und künftiger Generationen auf Dauer Rechnung getragen werden, ohne die Funktionsfähigkeit der Ökosysteme der Biosphäre zu beeinträchtigen.*

Als Einstieg in die Thematik sollen zunächst die *Grundprobleme der Umweltethik* erörtert werden: Dazu werden das Verhältnis Mensch-Natur vor seinem kulturellen Hintergrund und der Zusammenhang zwischen natürlicher Umwelt und Ethik in einem Konfliktmodell dargestellt, aus dem die relevanten Interdependenzen hervorgehen. Im Hinblick auf die globale, nicht auf das Klimaproblem beschränkte Umweltkrise bietet sich für die Entwicklung adäquater Vorstellungen zunächst eine Auseinandersetzung mit den umweltethischen Grundpositionen an. Damit soll das Bewusstsein für die

[437] Bick 1998, S. 5.

Notwendigkeit eines zielgerichteten sowie verantwortlichen Handelns geschärft und strategische Unterstützung durch eine ethisch fundierte Argumentation erreicht werden. Diese vom Ansatz her *anthropozentrische Position* wird zur Klärung der Stärken und Schwächen mit dem holistisch orientierten Physiozentrismus als Gegenposition konfrontiert, um eine differenziertere Beurteilung im Rahmen der ganzheitlichen Ausrichtung der vorliegenden Arbeit zu erreichen. Zur Entwicklung des umweltethischen Ansatzes werden im ersten Schritt die hierfür wesentlichen ökologischen Prinzipien dargestellt, um auf dieser fachspezifischen Basis die ökologische Rationalität normativ integrieren und anschließend unter Hinzunahme weiterer spezifischer Prinzipien bzw. Rationalitäten eine Erweiterung des Ansatzes in Richtung einer global zukunftsfähigen Entwicklung vornehmen zu können. Am Schluss wird ein *Ausblick* auf die geplante Erweiterung des umweltethischen Ansatzes um die Wirtschafts- und Sozialethik als weitere fachspezifische Einzelethiken des normativen Gestaltungsansatzes Nachhaltigkeitsethik gegeben. Dieser soll dann mit Hilfe des Konfliktmodells Tetraeder der Nachhaltigkeitsethik und des anlässlich der Integration der Einzelethiken darzustellenden konsensualen Konfliktlösungsansatzes entwickelt werden.

### 3.3.1 Grundprobleme der Umweltethik

Als Teilgebiet der praktischen Philosophie – und im Speziellen der angewandten Ethik – macht die Umweltethik den moralisch richtigen Umgang des Menschen mit der Natur als Ganzem zu ihrem zentralen Anliegen. Zunächst werden daher die *Grundprobleme der Umweltethik* schwerpunktmäßig im Spannungsfeld von natürlicher Umwelt und Ethik mit ihren mehr oder weniger ausgeprägten anthropozentrischen Prämissen diskutiert. In der hier vertretenen weitergehenden Perspektive wird die Ethik anschließend in ein Verhältnis zu den übrigen Dimensionen der Nachhaltigkeit gestellt, die selbst wiederum in Wechselbeziehungen zueinander stehen.

#### 3.3.1.1 Verhältnis Mensch-Natur im Kontext von Natur und Kultur

In der langen Entwicklungsgeschichte der Natur ist der *Mensch* erst relativ spät hinzugekommen, d. h. die Natur kann auch ohne ihn existieren, nicht aber der Mensch ohne die Natur. Seine Lebensbedingungen machen den Menschen in vieler Hinsicht abhängig von der Natur, ohne dass diese Abhängigkeit bisher einen nachhaltigen Einfluss auf sein Bewusstsein gehabt hätte: Statt seine Gast- bzw. Partnerrolle zu erkennen, hat er die eines Herrschers immer noch nicht abgelegt. Als *Teil der Natur* bedient sich der Mensch – möglicherweise nur auf Zeit, denn eine Epoche ohne den Menschen ist nicht nur für die Phase bis zur Entstehung des Homo sapiens denkbar, sondern auch nach dem Aussterben seiner Spezies – dagegen mit zunehmendem Fortschritt der technisch-wissenschaftlichen Erkenntnis weiterhin und immer mehr der Natur. Wie kein anderes Lebewesen ist der Mensch wegen seiner Verstandespotenziale in der Lage, die außermenschliche Natur zu verändern.[438] Aus dem ursprünglichen Kampf um die Sicherung

---

[438] Vgl. Enquete-Kommission „Schutz des Menschen und der Umwelt" des 12. Deutschen Bundestages 1994, S. 431.

menschlichen Überlebens, bei dem es anfänglich vor allem um eine Überwindung der Gefahren und Schrecken unverstandener Naturgewalten ging, ist längst eine Form der *Naturbeherrschung* geworden, die immer näher an ihre Grenzen kommt. Mit zunehmender Erkenntnis der Zusammenhänge und Gesetzmäßigkeiten der Natur – hierzu soll die nachfolgende Darstellung der ökologischen Prinzipien einen Beitrag leisten – steigt das Wissen einerseits über die Beherrschung der Natur und andererseits über die Notwendigkeit eines verantwortungsvollen Verhaltens gegenüber der Natur sowie einer darauf abgestimmten Gestaltung für den dauerhaften Erhalt der natürlichen Lebensgrundlagen und Funktionsfähigkeit der Ökosysteme. Für diese Aufgabe kommt es wesentlich darauf an, dass die Menschen sich bei ihrem Umgang mit der Natur sowohl den damit verbundenen *Nutzen* und die entstehenden *Schäden* verdeutlichen als auch die notwendigen Korrekturmaßnahmen durchführen.

Das Verständnis der dargestellten Zusammenhänge kann durch einen Rückgriff auf die vorhandene *Doppelnatur des Menschen* erleichtert werden: Der Mensch ist einerseits *Bestandteil der Natur* und andererseits *Sozial- bzw. Kulturwesen.*[439] Als Teil der Natur ist der Mensch für seine Existenz auf eine funktionierende Quellen- und Senkenfunktion der Natur angewiesen, bei der es im Sinne der Nachhaltigkeit darum geht, dass sowohl die Ressourcennutzung als auch die Schadstoffaufnahme umweltverträglich erfolgen, um die Funktionsfähigkeit der natürlichen Systeme auf Dauer aufrechtzuerhalten. Darüber hinaus stellt die Natur eine faszinierende Erscheinung dar, deren Einzigartigkeit sich schon frühzeitig in Formulierungen wie „Ehrfurcht vor der Schöpfung" ausdrückte.[440] Diese bietet den mit geistigen Fähigkeiten ausgestatteten Menschen [441] seit ihrem Erscheinen in der Natur eine Quelle von Erkenntnissen, Fähigkeiten und ästhetischen Gefühlen, aber auch Bedrohungen: Hierzu tragen die einzigartige Vielfalt und Schönheit der belebten und unbelebten Natur, deren Bedingungen und Zustandsformen aufgrund von Naturgesetzen ständig variieren, und die Autonomie der Natur, die in ihrer konkreten Ausgestaltung zwar vom Menschen beeinflusst wird, aber unabhängig von ihm existieren, sich entwickeln und auf Veränderungen reagieren kann, wesentlich bei. Ein ganzheitliches Naturverständnis wird durch den naheliegenden, schon auf Platon zurückgehenden *dualistischen Ansatz* erschwert, der bei René Descartes zu einer Unterscheidung zwischen einem materiellen, ausgedehnten Sein (res extensa) und einem immateriellen, nicht ausgedehnten, bewussten Sein (res cogitans) führte und im Zeitalter der Aufklärung seinen Höhepunkt erlebte. Denn eine begriffliche Differenzierung entsprechend der dualistischen Tradition begünstigt die nicht unproblematische Position, dass die über unseren Planeten Erde nachdenkende *Seele* gewissermaßen von diesem *Körper* losgelöst sei. Solange die Welt des Geistes jedoch gedanklich von der physischen Basis getrennt wird, kann die Umweltethik keine praxisrelevanten Erkenntnisse liefern: „Erst wenn sich der Mensch trotz aller kulturellen

---

439 Vgl. Enquete-Kommission „Schutz des Menschen und der Umwelt" des 12. Deutschen Bundestages 1994, S. 430.

440 Beispielsweise sieht Hans Jonas in der *„Werthaltigkeit des Seins"* eine Instanz für die Verantwortung (vgl. Jonas 1997, S. 166).

441 Die *Sonderrolle*, die der Mensch unter den Lebewesen einnimmt, wird aus anthropologischer Sicht im Kapitel 3.5.1 „Grundprobleme der Sozialethik" vertieft. In diesem Zusammenhang wird auch noch einmal auf den angesprochenen *Dualismus* eingegangen.

Besonderheiten seine Einbindung in die übergeordneten Lebenszusammenhänge vergegenwärtigt, ist er in der Lage, die Notwendigkeit des Schutzes der natürlichen Systeme in vollem Umfang zu erfassen.“ [442] Neuere Erkenntnisse aus dem Bereich der Naturwissenschaften wie dem der bereits angesprochenen Hirnforschung kommen dieser Position entgegen, da deren Forschungsergebnisse den auf Trennung eines zusammenhängenden Ganzen ausgerichteten dualistischen Ansatz inzwischen nicht unerheblich *relativieren*, ohne jedoch die zugrunde liegenden Gedanken damit überflüssig gemacht zu haben.[443]

### 3.3.1.2 Umwelt als kulturalistischer Begriff

Die Position des Menschen in der Natur und sein Umgang mit ihr liefern die entscheidenden Anknüpfungspunkte für die Umweltethik. In diesem Zusammenhang wird *Natur* nicht als unveränderliche Natürlichkeit im Sinne einer kreativen Instanz – Aristoteles prägte hierfür den Begriff „natura naturans“ und meinte damit eine eigenständig schaffende Natur – verstanden, sondern als Umwelt, der der Mensch trotz seiner natürlichen Abhängigkeit nicht einfach unterworfen ist. Der seinerzeit durch Jakob von Uexküll eher psychologisch verstandene *Begriff „Umwelt“* bezieht sich hingegen auf die lebensnotwendige Umgebung einer Spezies, die als Gesamtheit ihrer Merkmale („Merkwelt“) wahrgenommen wird und als Gesamtheit ihrer wirkenden Elemente („Wirkwelt“) alle Faktoren der Umgebung umfasst, mit denen die jeweilige Spezies in eine aktive Wechselbeziehung tritt. Heute ist für den Menschen neben der physiologischen Umwelt, die alle auf einen Organismus wirkenden Faktoren der natürlichen Außenwelt berücksichtigt, vor allem die technische und soziale Umwelt von Bedeutung.[444] Im Unterschied zu den übrigen Organismen kann der Mensch dank seiner *geistigen Fähigkeiten* über sich und seine Lebensweise weitgehend selbst bestimmen und seine Umgebung gestalten. Er hat das im Laufe seiner Entwicklungsgeschichte mit seinen in der *Natur* und der *Kultur* hinterlassenen Spuren eindrucksvoll bewiesen. Solange die Spezies Mensch existiert, ist ihre Umwelt daher nie reine – durch unabhängig von ihrer Gattung bestehende Strukturen und Gesetzmäßigkeiten der Natur determinierte – Natur gewesen, sondern immer auch vom Menschen beeinflusste und dadurch kultivierte Natur.[445] Insofern stellt *Umwelt* keinen naturalistischen, sondern einen *kulturalistischen Begriff* dar, in dem sich im vorliegenden Kontext natur- und kulturwissenschaftliche Erkenntnisse in normativer Absicht verbinden und die historisch bedingte Trennung zwischen Geistes- und Naturwissenschaften bewusst in Frage stellen. Der so verstandene Umweltbegriff lässt sich im Hinblick auf die Doppelnatur des

---

442 Enquete-Kommission „Schutz des Menschen und der Umwelt“ des 12. Deutschen Bundestages 1994, S. 430.

443 Auf das mit dem Verhältnis *Mensch-Natur* im Zusammenhang stehende Verhältnis *Mensch-Mensch* wird im Kapitel 3.5 „Sozialethik“ vor dem Hintergrund von Natur und Kultur eingegangen.

444 Vgl. Brockhaus 1999, S. 555 f. Wenn es in der vorliegenden Arbeit auf eine bewusste Unterscheidung von der sozialen Umwelt ankommt, wird der Begriff *„natürliche Umwelt“* verwendet, wie beispielsweise beim Tetraeder der Nachhaltigkeitsethik.

445 Vgl. Mittelstraß 1998, S. 21 f.

Menschen weder vollständig noch eindeutig aus unserem naturwissenschaftlichen Wissen ableiten. „Fragen der Art, in welcher Umwelt wir leben, leben werden, leben wollen und leben sollen (vor allem im Blick auf zukünftige Generationen), sind keine Fragen, die sich abschließend durch wissenschaftlichen Verstand bzw. *„naturalistisch"* in dem Sinne beantworten ließen, daß dabei erhobene Geltungsansprüche sich allein auf natürliche Tatsachen oder Entwicklungen stützen könnten." [446]

Dieser Zusammenhang lässt sich am Beispiel des Begriffs *„Umweltstandard"* verdeutlichen, der als quantifizierbares Schutzziel der Umweltpolitik auf einer fachlichen Bewertung beruht, sich jedoch aus der Natur nicht selbst ableiten lässt. Denn aus der Natur ergeben sich für einzelne Stoffe – die Natur sagt uns nicht, welche davon gefährlich sind – weder deduktiv aus Gesetzmäßigkeiten noch induktiv aus Beobachtungen feste *Grenzwerte* für eine Schwellendosis, ab der beispielsweise bestimmte Populationen gefährdet bzw. im Verlauf der Evolution beseitigt werden. Grenzwerte für verschiedene Stoffe werden stattdessen von Experten kulturalistisch als genau quantifizierte Größen festgelegt, die dem Schutz des Menschen und seiner Umwelt als Vorsorge dienen und entsprechend dem vorliegenden Wissensstand ständig aktualisiert werden. Entsprechend ihrem *Schutzziel* regeln Umweltstandards als Handlungsbeschränkungen, die als Instrumente der Umweltpolitik in Form rechtlicher Vorgaben festgelegt sind, unseren Umgang mit der Umwelt, die sich nicht nur auf die belebte und unbelebte Natur, sondern auch auf Artefakte beziehen kann.[447] Umweltstandards sind daher trotz ihrer naturwissenschaftlichen Wurzeln kulturalistisch und tragen als herzustellende *Konventionen* – z. B. in Form gesellschaftlich akzeptierter, in der Regel jedoch global differenzierter Schadstoffgrenzwerte – dazu bei, den Stoffwechsel des Menschen mit seiner Umwelt naturverträglich zu regeln. Dafür muss der Mensch den Preis zahlen, seine natürlichen Anlagen entsprechend den soziokulturellen Bedingungen einzuschränken. Hieran zeigt sich die *ambivalente Stellung des Menschen* in der Natur: Einerseits kann der Mensch wegen seiner vielfältigen Bindungen an die Natur seine eigene Natur nicht leugnen und ist damit Teil eines Ökosystems. Andererseits ist er wegen seiner kulturellen und sozialen Ausrichtung eine regulierende Größe, die der Natur ihren Willen weitgehend aufzwingt und damit nicht mehr Teil eines Ökosystems im Sinne eines weitgehend selbst regulierenden Wirkungszusammenhangs von belebter und unbelebter Natur.[448] Aus dieser Ambivalenz erklären sich auch die kaum noch zu beherrschenden *Umweltprobleme*, die zeigen, wie schwer es dem Menschen mit seiner Lebensweise fällt, die beiden Seiten der Medaille in Einklang zu bringen. Der Begriff *Umwelt* weist daher nicht allein einen deskriptiven, sondern im umweltethischen

---

[446] Vgl. Mittelstraß 1998, S. 23.

[447] Beispielsweise ist es der Zweck des *Bundesimmissionsschutzgesetzes*, „Menschen, Tiere und Pflanzen, den Boden, das Wasser, die Atmosphäre sowie Kultur- und sonstige Sachgüter vor schädlichen Umwelteinwirkungen und ... auch vor Gefahren, erheblichen Nachteilen und erheblichen Belästigungen ... zu schützen und dem Entstehen schädlicher Umwelteinwirkungen vorzubeugen" (vgl. §1 BImschG). Dieses Gesetz liefert außerdem die Grundlagen für die Festlegung bestimmter Grenzwerte und weiterer Umweltstandards, die ständig an den technisch-wissenschaftlichen Kenntnisstand angepasst und in entsprechenden Rechtsverordnungen veröffentlicht werden.

[448] Weitere Einzelheiten zum *Ökosystem* und dem selbst regulierenden Wirkungszusammenhang werden im Rahmen der nachfolgenden Ausführungen zu den „ökologischen Prinzipien" dargestellt.

Kontext vor allem einen *normativen Charakter* auf.[449] Denn der Mensch ist zur Sicherung seiner Überlebensfähigkeit auf einen umweltverträglichen Umgang mit der Natur angewiesen, den er ohne eine entsprechende Handlungsorientierung nicht erreichen kann.

Anstelle des Umweltbegriffs wird gelegentlich der Begriff „Mitwelt" verwendet, um deutlicher auf die Eingebundenheit des Menschen in die Natur anstelle seiner Hervorhebung hinzuweisen. Denn mit dem Mitweltbegriff werden die zweifellos vorhandenen Unterschiede zwischen den Menschen und den übrigen Teilen der belebten und unbelebten Natur nivelliert. Eine derartige Sichtweise, die im Zusammenhang mit den verschiedenen umweltethischen Ansätzen noch diskutiert wird, ist jedoch nicht unumstritten. Das Mensch-Natur-Verhältnis legt in der dargestellten Form eine bevorzugte Verwendung des Umweltbegriffs nahe.[450]

#### 3.3.1.3 Zusammenhang von natürlicher Umwelt und Ethik

Als Moralphilosophie befasst sich die *Ethik* im Wesentlichen mit der Fragestellung, an welchen Zielsetzungen und Werten wir uns orientieren sollen. Als Wissenschaft vom Stoff- und Energiehaushalt der Biosphäre und ihrer Ökosysteme als zugehörige Teilmengen befasst sich die Ökologie (griechisch *oikos* bedeutet Haus, Haushalt) hingegen mit der *natürlichen Umwelt*. Die Ökologie thematisiert dabei die Wechselbeziehungen zwischen den Organismen und ihrer Umwelt, auf die nachfolgend im Rahmen der ökologischen Prinzipien näher eingegangen wird. Sie beschränkt sich also auf den von Organismen besiedelten, d. h. bewohnbaren Raum unseres Planeten. Angesichts der schon heute problematischen Umwelt- und Entwicklungskrise wird bei einer prognostizierten weiterhin zunehmenden Bevölkerungszahl auf der Erde deutlich, dass den Menschen – unabhängig von einer hierarchischen Denkweise – im ökologischen Geschehen ein zentraler Stellenwert zukommt und die *anthropogenen* gegenüber den *natürlichen Umweltfaktoren* immer mehr an Bedeutung gewinnen.[451] Unter dem Begriff „Umweltfaktoren" werden hier die Einflussgrößen der belebten und unbelebten Umwelt verstanden, die auf Lebewesen einwirken. Dabei wird zwischen natürlichen, auch ohne menschliches Zutun vorhandenen Umweltfaktoren und anthropogenen, also von Menschen künstlich hergestellten oder in ihrer Wirkung veränderten Umweltfaktoren (z. B. synthetische Stoffe, Holzeinschlag) unterschieden. „Die Ökologie hat die wissenschaftlichen Grundlagen für Umweltschutzmaßnahmen im weiteren Sinne zu schaffen. Fassen wir Umwelt als die Gesamtheit der für Menschen, Tiere und Pflanzen lebensnotwendigen Faktoren auf, so hat die Ökologie sich sowohl mit Fragen des Menschenschutzes ... als auch mit Fragen des Naturschutzes ... zu befassen." [452] Ökologisches

[449] Vgl. Mittelstraß 1998, S. 25.

[450] Vgl. Schlitt 1992, S. 16.

[451] Die natürlichen Umweltfaktoren werden wiederum in *biotische* d. h. belebte (z. B. Pflanzen, Nahrung, Parasiten) und *abiotische* d. h. unbelebte (z. B. Klimagrößen, Chemikalien, Strömung) eingeteilt.

[452] Bick 1998, S. 7. Auf die Begriffe *„Umweltschutz"* und *„Naturschutz"* wird in der nachfolgenden Darstellung noch näher eingegangen.

Wissen ist für die Aufstellung von Standards und Strategien zum Schutz des Menschen und seiner Umwelt als Informationslieferant unverzichtbar. Da die Ökologie jedoch selbst keine Aussagen darüber liefert, wie die Umwelt jetzt und in Zukunft beschaffen sein soll, kann sie auch nicht als Ethikersatz dienen. Denn die *Vorstellungen über einen Sollzustand* fallen grundsätzlich in den Aufgabenbereich der Ethik. Umweltprobleme erinnern insofern an menschliche Versäumnisse bzw. an noch zu erledigende Aufgaben einer *Umweltethik*, die sich den Rationalitäten von Natur und Kultur d. h. Gesellschaft tatsächlich stellt. Daher könnte man an ihrer Stelle auch allgemeiner von *Vernunftethik* sprechen, die sich von vornherein nicht dem Verdacht eines wie auch immer gearteten fachspezifischen Dogmatismus aussetzt.[453] Entsprechendes gilt nicht nur bei speziellen Ansätzen der Umweltethik, sondern auch bei denen der noch zu behandelnden Wirtschafts- und Sozialethik. Ohne ausreichende Berücksichtigung der Möglichkeiten und Grenzen der *Vernunft* kann letztlich jede angewandte Ethik dogmatisch werden, was am Beispiel der nachfolgenden Darstellung umweltethischer Ansätze noch zu zeigen ist.

Der interdependente Zusammenhang zwischen Ethik und natürlicher Umwelt erweitert sich im Hinblick auf die hier verfolgte *Nachhaltigkeitsperspektive* um die Dimensionen Wirtschaft und Soziales. Dadurch wird die Umweltethik mit der Wirtschaftsethik und der Sozialethik in einem Konfliktmodell integrativ zusammengeführt, das bereits als konsensuales Tetraeder der Nachhaltigkeitsethik vorgestellt wurde (vgl. Abb. 11):

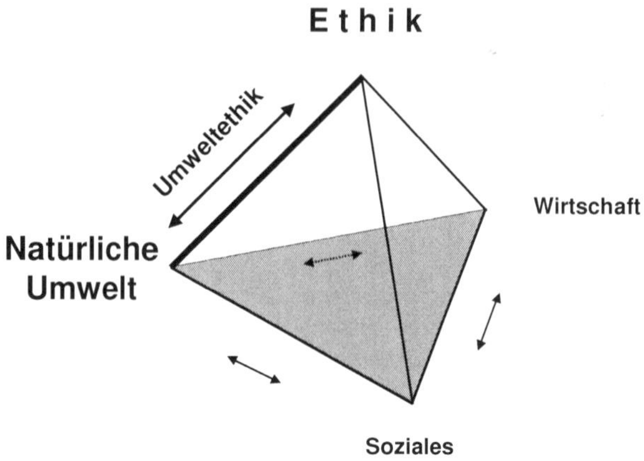


**Abbildung 11: Zusammenhang natürliche Umwelt und Ethik mit Interdependenzen**

---

453 Die *Vernunftethik* schließt die Umweltethik ein, wenn sie den ökologischen Belangen Rechnung trägt, ohne dabei die gesellschaftlichen Realitäten zu vernachlässigen (vgl. Mittelstraß 1998, S. 30 f.).

Entsprechend diesem *ganzheitlichen Zusammenhang* stehen im schematisch dargestellten Tetraeder die natürliche Umwelt, die Wirtschaft und das Soziale als Dimensionen der Nachhaltigkeit in einer Wechselbeziehung sowohl untereinander als auch jeweils zur Ethik als vierter Dimension. Die *Umweltethik* ergibt sich nach diesem Ansatz unmittelbar aus dem Wechselverhältnis von Ethik und natürlicher Umwelt als ihrem zugehörigen fachspezifischen Gegenstandsbereich, die beide unter Verzicht auf Dominanzansprüche als gleichrangig eingestuft werden.[454] Aus dem Tetraeder geht außerdem hervor, dass die Umweltethik direkte *Interdependenzen* zur *Wirtschaft* sowie zum *Sozialen* als weiteren fachspezifischen Gegenstandsbereichen aufweist und folglich für diese im vorliegenden Nachhaltigkeitskontext anschlussfähig sein muss. Die nicht ohne Konfliktregulierungen zu erreichende Zielsetzung einer global zukunftsfähigen Entwicklung kann auf Dauer nur in einem *diskursiven Verständigungsprozess* der jeweiligen Repräsentanten bzw. Akteure der vier untereinander in Wechselbeziehungen stehenden Dimensionen natürliche Umwelt, Wirtschaft, Soziales und Ethik erfolgreich umgesetzt werden.[455] Von daher wird die Notwendigkeit einer gleichzeitigen Berücksichtigung der im *Zielkonflikt* miteinander stehenden Einzelprobleme gesehen, indem eine Balance der unterschiedlichen Interessen und Anforderungen zwischen den vier Dimensionen und damit ihren Repräsentanten im konsensualen Dialog angestrebt wird, um einen möglichst *dauerhaften Ausgleich* als Ergebnis demokratisch erzielter Kompromisse zu erreichen, der den unterschiedlichen Belangen gerecht wird. Wie schon erwähnt, kann dabei in Einzelfällen vorübergehend von dieser Idealvorstellung im Interesse einer praktischen Verbesserung der Gesamtsituation für die Betroffenen abgewichen werden. Die Verfolgung nur eines Ziels – ohne Rücksicht auf die übrigen und sich ergebende Veränderungen – würde dieses anspruchsvolle Vorhaben dagegen in einer längerfristigen Perspektive selbst gefährden: Wenn beispielsweise in einer bestimmten Situation aus ethischer Sicht einseitig auf ökologische Verbesserungen gesetzt wird, werden sowohl die sozialen und ökonomischen Anforderungen an eine nachhaltige Entwicklung untergraben und damit langfristig die ökologischen Verbesserungen für Mensch und Umwelt selbst in Frage gestellt. Aus diesem Grund wurde der umweltethische Ansatz in dem Schema nicht als isolierte Wechselbeziehung zwischen natürlicher Umwelt und Ethik konzeptualisiert, was bereits auf den hier eingenommenen anthropozentrischen Standpunkt hinweist. Im Nachhaltigkeitskontext konkretisiert sich die Ethik also fachspezifisch in Form der Umweltethik, Wirtschaftsethik und Sozialethik, von denen zunächst das Wechselverhältnis zwischen Ethik und natürlicher Umwelt im Fokus der vorliegenden Darstellung steht. *Grenzfallbetrachtung* in Bezug auf denkbare *Dominanzen*: Mit abnehmender Bedeutung der Ethik würde das Tetraeder in das zugrundeliegende Spannungsdreieck der Nachhaltigkeit übergehen (Dominanz des Fachspezifischen) – eine schon im Hinblick auf eine gesellschaftliche Realität mit verhaltensbedingten Nachhaltigkeitsdefiziten nicht zu vertretende Position. Eine angesichts der fortschreitenden Gefährdung unserer Lebensbedingungen er-

[454] Die *Gleichrangigkeitsprämisse* wurde bei der Darstellung des konsensualen Konfliktmodells Tetraeder der Nachhaltigkeitsethik im Kapitel 3.1 „Grundannahmen und Ausgangsbasis des Gestaltungsansatzes“ behandelt.

[455] Auf das *dialogische Konsensprinzip* und den *ethischen Diskurs* wurde im Kapitel 3.2.3 „Konsensprinzip und ethischer Diskurs als methodischer Ansatz“ näher eingegangen.

folgende Überbetonung der Ethik als anderes Extremum würde dagegen aus dem Tetraeder eine Pyramide mit in die Höhe verlängerten Dreiecken machen (Dominanz der Ethik) – eine ebenfalls nicht wünschenswerte Position, da die für eine Umsetzung des Nachhaltigkeitsleitbilds erforderliche Berücksichtigung fachspezifischer Anforderungen zu kurz kämen. Daher wurde hier das Tetraeder der Nachhaltigkeitsethik als *konsensuales Konfliktmodell* konzipiert, bei der die Ethik und der fachspezifische Gegenstandsbereich als jeweils grundsätzlich gleichrangige Pole in einer Balance stehen.

Im Rahmen der Umweltethik findet eine Berührung zwischen der naturwissenschaftlichen *Ökologie* und der den Geisteswissenschaften zuzurechnenden *Ethik* am ehesten dort statt, wo der Selbstregulierungsmechanismus eines Ökosystems durch menschliche Eingriffe auf Dauer gestört wird. Obwohl sich Ökosysteme in der Regel nie in einem vollständigen Gleichgewichtszustand befinden, was einem Ende der natürlichen Evolution gleichkäme, stehen ihnen Regelungsmöglichkeiten zur Verfügung. Mit deren Hilfe reagieren sie bis zu einem gewissen Grade auf äußere Störeinflüsse und nähern sich erneut einem Gleichgewicht an (Stichwort: *ökologisches Gleichgewicht*).[456] Wenn beispielsweise schadstoffhaltige Abwässer nicht nur vorübergehend in ein Gewässer eingeleitet werden, werden dort einerseits die vorhandene Biozönose (Lebensgemeinschaft) – und damit das zugehörige Ökosystem – zerstört sowie andererseits die Lebensgrundlagen für die betroffenen Menschen, Tiere und Pflanzen zumindest beeinträchtigt. Ein derartiger Eingriff kann im Interesse der Überlebensfähigkeit natürlich nicht hingenommen werden. In einem gedachten Idealfall, für den zur Vereinfachung die Vernachlässigung der Wechselbeziehungen zu den übrigen Dimensionen der Nachhaltigkeit angenommen wird, könnte die Ökologie die analytischen Informationen liefern, welche *technischen Maßnahmen* zum Erhalt des Ökosystems und der Lebensbedingungen der betroffenen Spezies zu ergreifen sind. Und die Ethik könnte die Frage beantworten, wie sich die Störung des Gleichgewichtszustands im erwähnten Beispiel durch moralisch richtiges Verhalten der die Störung verursachenden Menschen vermeiden bzw. beseitigen lässt. In der Praxis führt die Klärung der normativen Grundlagen meist zu *rechtlichen Vorgaben* für situationsgerechtes menschliches Verhalten, im erwähnten Beispiel zu entsprechenden Abwasservorschriften. Wenn es gelingt, natürliche Umwelt und Ethik in eine Balance zu bringen, indem sich beide entsprechend den tatsächlichen Anforderungen ergänzen und über ihre fachspezifischen Grenzen aufeinander zubewegen, wäre die Natur wieder weitgehend in einem Fließgleichgewicht.[457]

Dass es in der Regel so einfach nicht gehen kann, liegt vor allem – im vorliegenden Zusammenhang sind außerdem noch die Anforderungen aus den Bereichen Wirtschaft und Soziales zu berücksichtigen – daran, dass die Menschen unterschiedliche Interessen und Kenntnisse der zugrunde liegenden Sachverhalte haben und nicht alle Gleichgewichtsstörungen anthropogenen Ursprungs sein müssen (z. B. Vulkanaus-

[456] Weitere Ausführungen zum *Selbstregulierungsmechanismus* und zum *ökologischen Gleichgewicht* finden sich unter Kapitel 3.3.2 „Ökologische Prinzipien".

[457] Vgl. Mittelstraß 1998, S. 20.

brüche, Erdbeben). Die Tatsache, dass es immer noch erhebliche *Umweltprobleme* – mit eher steigender Tendenz – gibt, bestätigt, dass das Zusammenspiel von natürlicher Umwelt und Ethik nicht so einfach funktioniert: Als problematisch erweist sich in diesem Kontext zum einen eine einseitig ökologisch ausgerichtete *Umweltethik*, die ihre Sichtweise vermeintlichen *ökologischen Belangen* unterordnet und dabei Gefahr läuft, die Umweltprobleme und ihren Nachhaltigkeitskontext aus den Augen zu verlieren. Das kann so weit gehen, dass die Umweltethik auf ihren autonomen Status als angewandte Ethik weitgehend verzichtet und statt zu lehren bzw. zu gestalten sich in einem Stadium des Lernens von der Ökologie befindet, wodurch sich Unklarheiten über die Aufgaben und die Möglichkeiten von Ökologie und Ethik ergeben.[458] Zum anderen kann die Tatsache von wesentlichem Einfluss sein, dass der Zusammenhang der natürlichen Umwelt mit den übrigen Dimensionen der Nachhaltigkeit unberücksichtigt bleibt. Denn das würde der *ganzheitlichen Problematik* nicht gerecht und würde die Wirksamkeit umweltethischen Engagements in der gesellschaftlichen Praxis auf Dauer eher einschränken. Die Umweltethik muss sich daher den heutigen Kenntnissen und prognostizierten Anforderungen der Nachhaltigkeitsforschung stellen und ihre Ansätze darauf abstimmen, wenn sie nicht in den Verdacht der Träumerei und Praxisferne geraten will. Denn eine Umweltethik, die diesen Namen verdient, wird „Handlungsbilder entwerfen müssen, die unter den Bedingungen der wissenschaftlich-technologischen Zivilisation und der ökologischen Krise die prinzipielle Fähigkeit zu Nachhaltigkeit besitzen.“ [459] Weitere Schwierigkeiten ergeben sich sowohl aus einer unreflektierten Anwendung des Umweltbegriffs, die sich über den kulturalistischen bzw. normativen Charakter des Begriffs hinwegsetzt, als auch aus einer unzureichenden Berücksichtigung unterschiedlicher moralischer Stellenwerte und Verantwortungen bezüglich einzelner zu schützender *Naturbereiche* im Rahmen der grundlegenden umweltethischen Ansätze, wie sie im Folgenden thematisiert werden.

### 3.3.1.4 Umweltethische Ansätze

Die Bewertung der Stellung des Menschen in der Natur und seines Umgangs mit ihr führt zu *unterschiedlichen umweltethischen Ansätzen*, die zwischen den Polen Vorrangstellung und Eingebundenheit des Menschen in Bezug auf die Natur liegen und damit über die tradierte anthropozentrische Sicht des Mensch-Natur-Verhältnisses hinausweisen. Die einzelnen Ansätze, denen die Bemühung um einen moralisch richtigen Umgang mit der Natur vom Grundsatz gemein ist, werden – in Anlehnung an Frankenas Klassifikation umweltethischer Ansätze [460] – einerseits nach den *Naturbereichen*, denen

---

[458] Vgl. Mittelstraß 1998, S. 21.

[459] Brenner 1998, S. 37.

[460] William K. Frankena hat in seiner Darstellung des Themas „Ethik und Umwelt“ eine *Unterteilung der Ethik* in acht Typen vorgenommen, von denen auch zwei oder mehr miteinander kombiniert werden können. Auf die sonst eher gebräuchliche Unterscheidung zwischen teleologischer und deontologischer Ethik bzw. Verantwortungs- und Pflichtethik hat er dabei bewusst verzichtet (vgl. Frankena 1979).

als Objekten der Moral ein *Eigenwert* zuerkannt wird,[461] und andererseits nach den diese Bereiche charakterisierenden *Moralkriterien* unterschieden. Trotz der grundsätzlich anerkannten Werthaftigkeit der Natur und aller Differenzen in den Paradigmen, die den unterschiedlichen Ansätzen zugrunde liegen, kommen sie letztlich ohne den Menschen als Einflussgröße und als notwendigen Akteur nicht aus und weisen insofern alle ein *anthropozentrisches Element* auf. Denn es ist immer der Mensch, der einerseits als Naturnutzer einen unerwünschten Zustand in der Natur verursacht, der in der Regel den Anlass für moralisch richtiges Handeln liefert. Und der andererseits als Vernunft begabtes Wesen den unerwünschten Zustand erkennt, mit Begriffen beschreibt, mit moralischen Werten ausstattet und ihn anschließend mit dem Ziel beseitigt, die kritischen in sichere Lebensbedingungen zu überführen. Insofern kann man schon aus epistemischer Sicht allgemein von Anthropozentrismus sprechen. Dennoch macht es im Hinblick auf die Klärung der verschiedenen Denkmuster und Handlungsorientierungen – allein schon zur Erhöhung der Sensibilität für die vorliegenden Probleme – Sinn, von *verschiedenen Trägern moralischer Werte* auszugehen und, entsprechend der getroffenen Klassifikation, aus moralphilosophischer Sicht eine Unterscheidung der umweltethischen Ansätze nach der Reichweite der menschlichen Verantwortung vorzunehmen, von der im wesentlichen *vier Bereiche* unterschieden werden (vgl. Abb. 12):

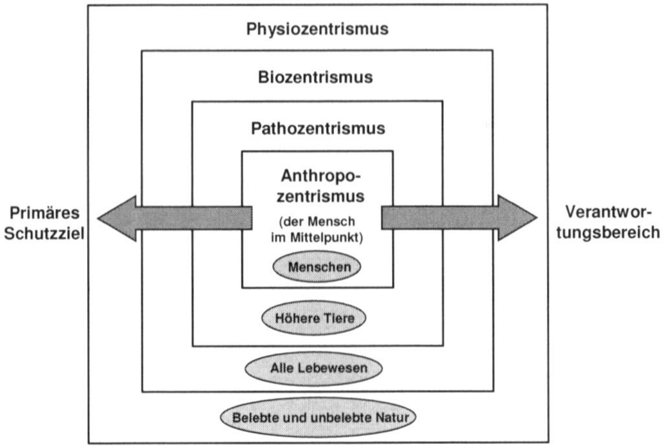


**Abbildung 12: Grundtypen der Umweltethik[462] mit Verantwortung und Schutzziel**

[461] Der *Eigenwert* kennzeichnet einen eigenständigen, *intrinsischen Wert*, der den thematisierten Naturbereichen über ihren Wert für andere hinaus zukommt (vgl. Birnbacher 1991, S. 281). Der zu berücksichtigende Eigenwert macht aus dem jeweiligen Naturbereich einen Bereich menschlicher Verantwortung.

[462] Vgl. Gorke 2000, S. 84 ff.

Diese Abbildung zeigt einerseits, dass die umweltethischen Ansätze jeweils ein eigenes Schutzziel vertreten. Mit dem dafür eingeführten Begriff *„primäres Schutzziel“* soll zum Ausdruck gebracht werden, dass bei dem vom jeweiligen Ansatz vertretenen Schutzbereich – mit Ausnahme vom physiozentrischen Ansatz – auch ein sekundäres Schutzziel existiert: Wenn beispielsweise beim Umweltschutz die natürlichen Lebensgrundlagen des Menschen zu sichern sind, geht es zwar primär um den Menschen. Die Realisierung dieses primären Schutzziels erfordert jedoch außerdem eine Erweiterung um die belebte und unbelebte Natur als *sekundäres Schutzziel*, denn nur so kann die Überlebensfähigkeit des Menschen auf Dauer gesichert werden. An diesem Beispiel zeigen sich auch die zwischen *Umweltschutz* und *Naturschutz* bestehenden Wechselbeziehungen, die Grenzziehungen zwischen beiden Gebieten eher erschweren. Die Begründungen ihrer Schutzziele weisen ebenfalls Überschneidungen auf: Beim Umweltschutz können die Zielsetzungen bezüglich der Natur zwar eindeutig anthropozentrisch begründet werden, während sich die Ziele des Naturschutzes sowohl anthropozentrisch als auch pathozentrisch, biozentrisch und physiozentrisch begründen lassen. Dennoch ist bei der praktischen Umsetzung des Naturschutzes eine anthropozentrische Begründung zweckmäßiger und wird hier vorgezogen. Die Abbildung zeigt andererseits, dass der Umfang der zu schützenden Natur bzw. die Beschränkungen der Naturnutzungen mit der Größe des menschlichen *Verantwortungsbereichs* steigen. Daraus jedoch entsprechend den primären Schutzzielen ein „Stufenmodell“ Umweltschutz – Tierschutz – Naturschutz ableiten zu wollen, wird hier nicht unterstützt. Denn dieses wäre nicht praktikabel und würde die Tatsache verkennen, dass nicht die Naturschutz- sondern die *Umweltprobleme* den Anstoß zur relativ jungen Disziplin der Umweltethik geliefert haben. Außerdem stellt die Aufteilung in vier unterschiedliche Ansätze eine Vereinfachung dar, die aufgrund der vielen Querverbindungen zwischen den einzelnen Elementen und Bereichen der Natur in der Realität nicht gegeben ist und eine eindeutige Zuordnung zu einem Ansatz erschwert. Insofern stehen auch bei den nachfolgenden *vier umweltethischen Ansätzen* die jeweiligen Positionen unter einem gewissen Vorbehalt:

(1) Dem *Anthropozentrismus* [463] liegt der kleinste Verantwortungsbereich zu Grunde: In unserem Kulturbereich steht die mit Vernunft ausgestattete Spezies *Mensch* – hier als Naturbereich mit zuerkanntem Eigenwert bzw. als primäres Schutzziel – seit der Antike im Mittelpunkt. Diese zentrale Position spiegelt sich auch in dem Begriff „Umwelt“ bzw. *„Umweltschutz“* als die um das Zentrum Mensch herum zu schützende Welt (Um-Welt). In seiner *Personalität* als Moralkriterium des Menschseins [464] stellt der Mensch einen intrinsischen Wert d. h. Eigenwert dar, der sich bezüglich seiner Interessen und Rechte deutlich von den übrigen Naturbereichen unterscheidet. Beim Anthropozentrismus wird

---

[463] Nach der auf den Menschen ausgerichteten Moralphilosophie Immanuel Kants (vgl. Kant 1788 und 1797) wird eine *anthropozentrische* Umweltethik heute u. a. vertreten von Jürgen Habermas (vgl. Habermas 1991), Raymond G. Frey (vgl. Frey 1979) und – trotz seiner teleologisch begründeten Zugeständnisse an einen Eigenwert der Natur – Hans Jonas (vgl. Jonas 1979).

[464] Auf die *Personalität* wird im Zusammenhang mit der Darstellung des Verhältnisses Mensch-Mensch vor dem Hintergrund von Natur und Kultur im Kapitel 3.5.1 „Grundprobleme der Sozialethik“ näher eingegangen.

der Mensch selbst zum Maßstab für die Inanspruchnahme der Natur: Die Wahrnehmung einer Situation und die Beurteilung, wie in dieser gehandelt werden soll, basieren nach Kant allein auf der rationalen und empirischen Erkenntnisfähigkeit des Menschen [465] und dienen ausschließlich seinen Interessen gegenüber der gesamten Natur. Die anthropozentrische Sicht, deren *hierarchische Ausrichtung* mit dem Menschen an der Spitze (zufällig?) auch mit der Nahrungspyramide der Biologie übereinstimmt, ist für die bisherige abendländische Entwicklung der Ethik charakteristisch. Sie wurde vor allem von Immanuel Kant in einer konsequenten, extremen Position vertreten.[466] Für ihn, der in einer Zeit ohne signifikante Umweltprobleme und deren heutige Kenntnis der Zusammenhänge lebte, reduzierte sich die *Natur* auf einen bloßen *Erfahrungsgegenstand* – „als dem Inbegriffe aller Erscheinungen (natura materialiter spectata)" [467] – , der vom Subjekt Mensch sinnlich wahrgenommen wird, ohne der Existenz der Natur als Ganzes bzw. ihrer außermenschlichen Teile einen intrinsischen Wert beizumessen. Aus diesem Blickwinkel erscheint es daher folgerichtig, *Tierquälerei* ausschließlich bezüglich der Folgen für den Menschen und nicht um der Tiere, geschweige denn der gesamten Natur willen zu verurteilen. Insofern kann der Mensch auch keine direkte Verpflichtung gegenüber Tieren haben. Die daher lediglich *indirekte Verpflichtung* bezüglich des Tötens und Quälens von Tieren begründet Kant damit, dass ein derartiger Umgang „der Pflicht des Menschen gegen sich selbst weit inniglicher entgegengesetzt, weil dadurch das Mitgefühl an ihrem Leiden im Menschen abgestumpft und dadurch eine der Moralität im Verhältnis zu anderen Menschen sehr diensame natürliche Anlage geschwächt und nach und nach ausgetilgt wird; ... Selbst Dankbarkeit für lang geleistete Dienste eines alten Pferdes oder Hundes ... gehört *indirekt* zur Pflicht des Menschen, ... , *direkt* aber betrachtet ist sie immer nur Pflicht des Menschen gegen sich selbst." [468]

(2) Mit dem *Pathozentrismus* wird der Verantwortungsbereich des Menschen auf alle leidensfähigen Lebewesen erweitert.[469] Zentrales Anliegen dieses Ansatzes ist es, die moralischen Kriterien *Schmerz und Leid* – sofern diese von den betreffenden Lebewesen empfunden werden – zu vermeiden oder wenigstens zu verringern. Neben den Menschen haben jetzt alle schmerzempfindenden Tiere einen Eigenwert, den es zu respektieren gilt. Damit haben nicht nur Menschen sondern auch *höhere Tiere* einen moralischen Status, der so weit gehen kann, dass man ihnen als Trägern berechtigter Interessen auch Rechte zusprechen muss. Hierbei sollte allerdings die Einschränkung gelten, dass der betroffene Kreis der Lebewesen ein Bewusstsein hat, ein empirisch

[465] Vgl. Kant 1787, S. 13 f (orig. S. XIX f.).

[466] Vgl. Birnbacher 1991, S. 281 f.

[467] Kant 1787, S. 126 (orig. S. 163). In der Vorrede seiner „Kritik der reinen Vernunft" weist Kant im Zusammenhang mit der Erläuterung einer erfahrungsunabhängigen Erkenntnis auf die „Natur, als dem Inbegriff der Gegenstände der Erfahrung" hin (ebenda, S. 13 (orig. S. XIX)).

[468] Kant 1797, S. 443 (orig. S. 443).

[469] In der Nachfolge der Mitleidsethik Arthur Schopenhauers (vgl. Arthur Schopenhauer 1841) wird eine *pathozentrische* Umweltethik heute u. a. vertreten von Ursula Wolf (vgl. Wolf 1988), Tom Regan, der sich teilweise auf kantische Positionen bezieht (vgl. Regan 1986), und Peter Singer, der utilitaristisch argumentiert (vgl. Singer 1976).

schwer nachzuweisender Sachverhalt. Denn zum Leiden gehört nicht nur ein leidensfähiger Körper, sondern auch ein *Bewusstsein* darüber, sich selbst als Leidender wahrzunehmen und das Leiden als etwas Nachteiliges zu erkennen. Es bestehen immer noch große Zweifel, ob dem Tier im Unterschied zum Menschen diese Fähigkeit gegeben ist. Das Tier kann zwar – besonders, wenn es zu den höheren Tieren zählt – Schmerzen empfinden und darauf deutlich wahrnehmbar reagieren, aber nicht wissen, dass es selbst unter dem Schmerz leidet. Diese Subjekthaftigkeit fehlt dem Tier nach heutigem Kenntnisstand.[470] Der nächste Ansatz geht noch einen Schritt weiter:

(3) Die Vertreter des *Biozentrismus* erweitern die moralische Verantwortung auf *alle Organismen*,[471] da hier das Leben im Mittelpunkt steht. Die damit vorausgesetzte Anerkennung eines Eigenwertes für das Leben gilt unabhängig von jeder Abstufung und Rangordnung. Außerdem entfällt bei diesem Ansatz das Problem, eine Grenze zwischen schmerzfähigen und -unempfindlichen Lebewesen definieren zu müssen. Mit dem Moralkriterium *Leben* haben neben Menschen und Tieren jetzt auch Pflanzen einen schützenswerten Eigenwert,[472] der zu weiteren Beschränkungen der menschlichen Naturnutzung führt. Als Begründung wird hierfür meist ein erweiterter Interessenbegriff verwendet, der auch Pflanzen und niederen Organismen wie zum Beispiel Bakterien einen Lebensdrang unterstellt. Demnach ist jeder individuelle Organismus teleologisch ausgerichtet. Mit seinem berühmten Aufruf zu einer „Ehrfurcht vor dem Leben" hat sich Albert Schweitzer schon frühzeitig für eine humanere Lebensgestaltung engagiert, bei der es darum geht, den Wert des Lebens zu erkennen und das Leben entsprechend zu fördern. Allerdings bleibt festzustellen, dass niedere Organismen nicht unbedingt alle *Merkmale des Lebens* erfüllen und insofern von diesem Ansatz nicht erfasst werden.

(4) Den radikalsten Ansatz der Umweltethik stellt der *Physiozentrismus* dar,[473] bei dem sich die menschliche Verantwortung auf alle Teile der *belebten* und *unbelebten Natur* bezieht und auf eine Wertdifferenzierung der verschiedenen Elemente und Bereiche der Natur verzichtet wird. Mit der *Existenz* als Moralkriterium ist somit die gesamte Natur wert fortzubestehen. Diese Aussage entspricht weitgehend der von Hans Jonas vertretenen Position der *Werthaltigkeit des Seins*, was seiner an sich anthropozentrischen Denkweise einen physiozentrischen Anstrich gibt. Der Mensch muss insofern das Recht auf Existenz in diesem erweiterten Sinne respektieren. Auch die unbelebte Materie und ganze Ökosysteme erhalten unter diesem Blickwinkel einen Eigenwert und existieren um ihrer selbst willen. Der Mensch verliert dadurch seine

---

470 Vgl. Schlitt 1992, S. 70.

471 Neben Albert Schweitzer (vgl. Schweitzer 1919) sind als weitere Vertreter des *Biozentrismus* vor allem Paul W. Taylor (vgl. Taylor 1986) und Robert Spaemann (vgl. Spaemann 1984) zu nennen.

472 Das *Leben* wird nachfolgend als ökologisches Prinzip dargestellt.

473 Dieser alle Naturbereiche umfassende umweltethische Ansatz wird auch als *„Ökozentrismus"* oder *„Holismus"* bezeichnet. Der Holismus leitet alle Erscheinungen des Lebens aus einem ganzheitlichen Prinzip ab und deckt insofern neben dem Bereich der Physis auch den der Psyche ab. Die physiozentrische Umweltethik wird u. a. von Klaus Michael Meyer-Abich (vgl. Meyer-Abich 1979) und Arne Naess (vgl. Naess 1986) vertreten.

Sonderstellung in der Natur vollständig und wird stattdessen in sie als ein Teil unter vielen eingebunden. Einige Vertreter der physiozentrischen Position ersetzen daher den Begriff „Umwelt" durch „natürliche Mitwelt", um damit die grundsätzliche Gleichwertigkeit und Gleichberechtigung aller Teile der Natur zum Ausdruck zu bringen. Danach ist gut, was dem Ganzen und nicht nur dem Menschen nutzt. Und schlecht ist, was dem Ganzen und nicht allein dem Menschen schadet.[474] Als Schutzbereich kommt daher auch nicht mehr die Um-Welt, sondern nur der Schutz der gesamten Natur in Frage (Stichwort: *Naturschutz* ).

#### 3.3.1.5 Anthropozentrismus versus Physiozentrismus

Die beiden Pole der umweltethischen Ansätze werden zur weiteren Klärung der Position des Menschen in der Natur und eines moralisch richtigen Umgangs mit der Natur, der auch in die Praxis umzusetzen ist und einer global zukunftsfähigen Entwicklung Rechnung trägt, gegenübergestellt: Von den dargestellten umweltethischen Ansätzen ist der *Anthropozentrismus* als argumentative Unterstützung für eine Lösung der anstehenden Umweltprobleme grundsätzlich geeignet und notwendig. Diesem Ansatz wird im Folgenden der *Physiozentrismus* als Gegenposition gegenübergestellt, um zu klären, ob eine anthropozentrische Umweltethik auch für eine global zukunftsfähige Entwicklung hinreichend ist und gegebenenfalls Modifikationen für die praktische Umsetzung zu beachten sind. Für die Klärung dieser Fragen bietet sich eine Auseinandersetzung mit folgender These an: „Der Versuch, eine anthropozentrische oder Vernunftethik durch eine ökologische oder Umweltethik abzulösen, führt zurück in eine spekulative Naturphilosophie und in eine systematische Sackgasse. Die Zukunft ökologischer Vernunft liegt nicht in einem neuen Ökozentrismus, sondern in einer von allen Elementen eines Humanegoismus und einer ökologischen Romantik befreiten Vernunftethik." [475] Die Vorstellung einer global zukunftsfähigen Entwicklung geht ebenso wie die Wahrnehmung, Beurteilung und Lösung von Umwelt- bzw. Nachhaltigkeitsproblemen zweifellos auf den Menschen zurück. Diese *anthropozentrische Sicht* orientiert sich an den Interessen des Menschen, die er zur Sicherung seiner Existenz auch gegenüber anderen Lebewesen und der gesamten außermenschlichen Natur haben muss. Diese Sicht wird jedoch problematisch, wenn sie sich ausschließlich an den menschlichen Interessen orientiert – ohne dabei auch anderen Naturbereichen einen Eigenwert einzuräumen – , wie das im *praktischen Imperativ* Kants zum Ausdruck kommt.[476] Mit diesem auch als „Selbstzweckformel" bezeichneten formalen Prinzip, das sich am kantischen Beispiel der Tierquälerei konkretisiert, wird die außermenschliche Natur bereits aus dem Zweckbereich, der allein den Menschen vorbehalten ist, ausgeschlossen. Und

---

474 Vgl. Schlitt 1992, S. 115.

475 Mittelstraß 1998, S. 27.

476 Der *praktische Imperativ* mit seinem Personenbezug wurde bereits als zweite wichtige Formulierung des kategorischen Imperativs unter dem Zweckaspekt erörtert (vgl. Kapitel 3.2.2 „Handlungsleitende Potenziale der normativen Ethik").

sie erscheint folglich nur noch als Mittel d. h. Medium, das der Mensch für seine Zwecke nutzt.[477]

Eine derartig verengte Sicht wird dem heutigen Problembewusstsein nicht mehr gerecht: Die vorliegenden Probleme erfordern eine Umweltethik, deren Gegenstandsbereich auf die außermenschliche Natur ausgedehnt wird. Am konsequentesten ermöglicht der *Physiozentrismus* mit seiner allumfassenden Rücksichtnahme auf die Natur eine ganzheitliche Sicht, die ihre ethischen Standards aus einer Reflexion über die *Zwecke der gesamten Natur* gewinnt. Über die Zwecke der Natur zu sprechen würde jedoch in letzter Konsequenz ihre Selbstartikulation erfordern, die weder vorstellbar ist noch für die Lösung der Umweltprobleme wünschenswert wäre. Denn hierfür sind Regeln in Form von Umweltstandards erforderlich, die immer nur aus menschlicher Perspektive – d. h. im Sinne eines epistemischen Anthropozentrismus [478] – und nicht aus der eines Ökosystems oder der gesamten Natur generiert werden können: „Die Natur spricht nicht, und sie hat auch keine Fragen." [479] Außerdem ist der Mensch als Akteur für die Umsetzung der Regeln nicht zu ersetzen. Die *Natur* hat dem Menschen während seiner Evolution schon immer als *Vorbild* seines Denkens und Handelns gedient, obwohl sie ihm nicht immer Vorbilder liefert. Der Versuch, die Dinge jedoch durch die Brille der Natur betrachten oder die Natur gar zum Subjekt ihrer eigenen Anliegen machen zu wollen, geht zwangsläufig ins Leere. Auch *physiozentrische Visionen* von einem „Frieden mit der Natur" [480] stilisieren die Natur letztlich zu einem Partner für Friedenshandlungen. Ein im Rahmen dieser Vorstellungen denkbarer „Friedensschluss" dürfte sich auch einem Schutz menschenfeindlicher evolutionärer Entwicklungen oder lebensbedrohender Teile der Natur wie dem HIV-Virus nicht verschließen, was einer Kriegserklärung an betroffene Menschen gleichkäme. Derartige Gedanken sind daher nicht nur illusionär – spätestens bei HIV-Viren hört bei den meisten Menschen die ökologische Romantik auf – , sondern verschließen auch die Augen vor den notwendigen Strategien für eine global zukunftsfähige Entwicklung und bergen wegen ihrer Realitätsferne die Gefahr menschlicher *Handlungsunfähigkeit.* Eine Kritik der radikalsten Ausprägungen der Umweltethik darf jedoch auch die extremen Formen des Anthropozentrismus, die selber zu deren Entstehung beigetragen haben, nicht ausblenden. Denn die heute festgestellten *Nachhaltigkeitsdefizite* sind die Folge eines ungebremsten *Humanegoismus*, der sich in einer – mittlerweile aufgrund und trotz der technisch-wissenschaftlichen Entwicklung – eindeutig zukunftsgefährdenden Lebens- und Wirtschaftsweise der Menschen wiederfindet. Und der schon im Hinblick auf

477 Vgl. Mittelstraß 1998, S. 28.

478 Angelika Krebs unterscheidet den Anthropozentrismus nach zwei Bedeutungsebenen und spricht von einem *moralischen* und einem *epistemischen Anthropozentrismus.* Bei Letzterem bestimmt die menschliche Sichtweise unser Weltbild: Aus der Wertperspektive ergeben sich relationale d. h. Werte für uns, die bei einer physiozentrischen Gegenposition – hierfür stellt man sich am besten einen Planeten Erde ohne Menschen vor – entfielen. Beim moralischen Anthropozentrismus, wie er bereits im Rahmen der Klassifikation der umweltethischen Ansätze dargestellt wurde, hat hingegen nur der Mensch einen moralischen Wert (vgl. Krebs 1997, S. 343 ff.).

479 Mittelstraß 1998, S. 29.

480 Vgl. Meyer-Abich 1979.

seine auch Menschen schädigenden Konsequenzen nicht mehr die Zustimmung des Anthropozentrikers Immanuel Kant finden könnte.

**Resümee:** Ein entsprechend modifizierter *kritischer Anthropozentrismus*, der nicht nur dem Menschen einen moralischen Wert beimisst und der sich den umfassenden Anforderungen an eine global zukunftsfähige Entwicklung stellt, weist dagegen den entscheidenden Vorteil der Steuerbarkeit der Entwicklung in Richtung Nachhaltigkeit auf und wird daher als umwelt- und nachhaltigkeitsethischer Ansatz *gewählt*. Denn die weitere Entwicklung unseres Planeten und seiner Bewohner hat nur dann eine Zukunft, wenn die Existenzbedingungen *aller Teile der Natur* angemessen berücksichtigt und eigenständige physiozentrische Positionen damit weitgehend überflüssig werden. Außerdem kommen wir angesichts unserer menschlichen Wertperspektive – diese abzulegen und stattdessen auf vom Menschen unabhängige Werte zu bauen, würde nicht weiterführen – ohnehin nicht über einen epistemischen Anthropozentrismus hinaus. Die notwendige *Handlungsfähigkeit* wird in einem umweltethischen Ansatz durch einen ausdrücklich auf den Menschen fokussierten Verantwortungsbereich unterstützt. Bei näherer Betrachtung erweist sich diese Einschränkung als gar nicht so begrenzt. Denn der Verantwortungsbereich bezieht sich nicht allein auf die heute in unserer Industriegesellschaft lebenden Menschen: Vor dem Hintergrund einer global zukunftsfähigen Entwicklung erweitert sich diese anthropozentrische Perspektive einerseits auf alle heute lebenden und andererseits auf alle in der Zukunft auf der Erde lebenden Menschen (Stichwort: intra- und intergenerationelle Gerechtigkeit). Die Anwendung des Nachhaltigkeitsleitbildes erhöht den moralischen Anspruch durch ihre weitreichende *räumliche* und *zeitliche Dimension*. Angesichts der offenkundigen Umweltprobleme bzw. Nachhaltigkeitsdefizite erscheint eine Fokussierung auf den Menschen im Rahmen der Umweltethik, den damit gesetzten umweltethischen Verantwortungsbereich bei einer konsequenten Anwendung bereits an seine praktischen Grenzen zu bringen. Diese Problematik sollte bei jeder Erweiterung des unmittelbaren Verantwortungsbereichs und angesichts der räumlichen und zeitlichen Anforderungen nicht aus den Augen verloren werden. Denn Letztere gelten für alle umweltethischen Ansätze. Die angestellten Überlegungen werden allerdings durch die Tatsache relativiert, dass wir als *„Animal rationale“* bis zu einem gewissen Grade auch ein Opfer unserer eigenen Natur sind: Die in unserer langen Evolutionsgeschichte nicht nur im Zusammenhang mit einseitig ökonomisch motivierten Handlungen auftretenden Selbst- und Umweltzerstörungen weisen sowohl auf sozioökonomische als auch auf ethische Defizite hin, die auf biologische Grenzen hindeuten und die Vernunft vor große Herausforderungen stellen. Statt den Zusammenhang mit der Evolution zu negieren, kommt es vielmehr darauf an, die Rahmenbedingungen der Evolution des Menschen und seiner Lebens- und Wirtschaftsweise zukunftsgerecht zu gestalten. Diese Aufgabe kann nur eine *Vernunft orientierte Ethik* übernehmen, die die Potenziale der menschlichen Erkenntnis verantwortungsbewusst und nachhaltig wirkend für den Erhalt der Natur und für menschenwürdige Lebensbedingungen einsetzt, und nicht eine realitätsferne Umweltethik, die sich aus unterschiedlichen Beweggründen von ihren *anthropozentrischen Prämissen* lossagt.

### 3.3.2 Ökologische Prinzipien

Im Rahmen der Grundprobleme der Umweltethik wurden wiederholt *ökologische* Sachverhalte angesprochen. Diese fokussieren alle auf die *Biosphäre* als dem von Lebewesen bewohnbaren Teil der Erde[481] und werden nachfolgend vertieft, um die fachspezifischen Voraussetzungen der ökologischen Rationalität für den zu entwickelnden integrativen Ansatz der Umweltethik zu klären: Im Ökosystem der daher hier relevanten Biosphäre spielen Fragen des Haushalts („oikos"), die jeweils von charakteristischen *Prinzipien* geprägt sind, auf den verschiedenen Ebenen eine zentrale Rolle.[482] Das gilt sowohl im naturwissenschaftlichen Sinne für die *Ökologie* vom Haushalt der Natur,[483] der vom Menschen als Teil der Natur wesentlich beeinflusst wird, als auch im sozialwissenschaftlichen Sinne für die *Ökonomie* vom Führen eines anthropozentrisch ausgerichteten Haushalts.[484] Beide Haushalte sind für ihre Stoff- und Energieströme auf eine intakte Quell- und Senkenfunktion der Natur angewiesen, da ihre Leistungsfähigkeit ohne diese nicht aufrechtzuerhalten ist. Dadurch ergeben sich naturgemäß *Gemeinsamkeiten* mit zahlreichen Analogien, die vor dem Hintergrund des Verhältnisses Mensch-Natur u. a. auch im Begriff der interdisziplinär ausgerichteten Ökologischen Ökonomie[485] und in den nachfolgenden Beispielen ihre Entsprechung finden. Dieser ganzheitliche Zusammenhang lässt sich schematisch als Überschneidung der Wissenschaftsbereiche Ökologie und Ökonomie mit ihren spezifischen Prinzipien darstellen, die selbst *Teilmengen des globalen Ökosystems* und des Universums sind (vgl. Abb. 13).

---

481 Die gewählte *Bezugsgröße Biosphäre* umfasst *alle Ökosysteme der Erde*, die auf globaler Ebene zusammenwirken, und geht ohne exakte Grenzen in die Lithosphäre (Gesteinshülle der Erde), Pedosphäre (obere Bodenschicht der Erde), Hydrosphäre (Wasserhülle der Erde) und Atmosphäre (Lufthülle der Erde) über. Die Schichthöhe des belebten Raums ist auf etwa 20 km begrenzt, so dass die Biosphäre in der Atmosphäre nur bis an die Stratosphäre heranreicht, in der sich die klimarelevante Ozonschicht befindet und aufgrund der Temperaturen die vertikalen Luftbewegungen aufhören (vgl. Odum 1989/1991, S. 40 und Heinrich/Hergt 1990, S. 13 ff.).

482 Die ökonomischen stellen dabei eine Teilmenge der *ökologischen Prinzipien* dar.

483 Weiterführende Ausführungen zur *Ökologie*, die heute nicht mehr nur aus dem fachspezifischen Blickwinkel der Biologie, sondern angesichts der Umweltproblematik als integrierende Wissenschaft mit vielen Übergangsbereichen zunehmend interdisziplinär angewandt wird, befinden sich neben den vorangegangenen Ausführungen u. a. bei Odum 1989/1991, Nentwig et al. 2004, Munk 2000, Purves et al. 2004/2006, Kuttler 1995 und Klötzli 1993, Ott 1993, S. 27 ff.

484 Weitere Ausführungen zur *Ökonomie*, die viele Analogien zur Ökologie aufweist (Stichwort: Vorbild Natur, siehe hierzu u. a. Isenmann 2002), und zum *ökonomischen Prinzip* befinden sich im Kapitel 3.4 „Wirtschaftsethik".

485 Auf die *Ökologische Ökonomie*, die eine wesentliche theoretische Grundlage der Nachhaltigkeit darstellt, wird im vorliegenden Rahmen nicht näher eingegangen. Für weiterführende Darstellungen wird auf Boulding 1966, Costanza 1991, Daly 1996 und Hampicke 1992 verwiesen.

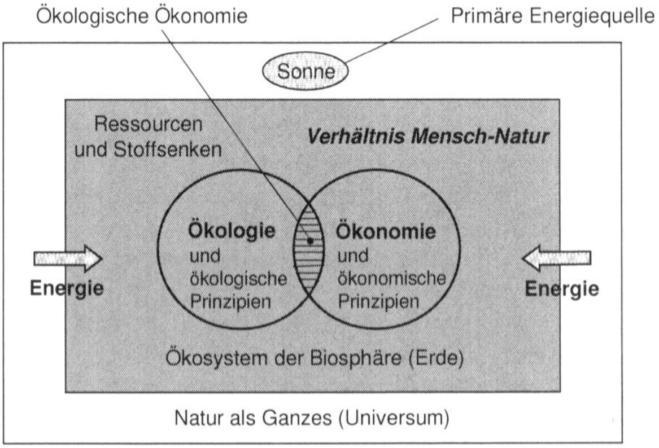


**Abbildung 13: Wissenschaften vom Haus der Natur und der Wirtschaft**

Bei der schematischen Darstellung wurde bewusst darauf verzichtet, den thematisch umfassenderen Forschungsgegenstand der Ökologie hervorzuheben. Obwohl die Ökonomie im Unterschied zur Ökologie nur ein Teilgebiet des globalen Ökosystems erfasst – wenn auch ein sehr wichtiges mit zahlreichen Interdependenzen. Dieser Sachverhalt wird jedoch von neoklassischen Ökonomen in der Regel übersehen.[486] Die bereits angesprochene und hier zu vertiefende *Ökologie* thematisiert hingegen das gesamte Ökosystem unseres Planeten, wobei sie sich vorrangig mit den Beziehungen bzw. Wechselwirkungen der Organismen zu ihrer *biotischen* und *abiotischen* Umwelt befasst, die entsprechend der komplexen Thematik neben vielfältigen Zusammenhängen von Prinzipien bestimmt sind. Aus der hier vertretenen Perspektive einer nachhaltigen Entwicklung und eines kritischen Anthropozentrismus werden diese *ökologischen Prinzipien*, die einen noch weitgehend funktionsfähigen Naturhaushalt prägen, in der vorliegenden Arbeit zusammenfassend als integratives Gesamtprinzip in einem Raum-Zeit-Gefüge der Biosphäre interpretiert, das im Wesentlichen von umwelt- und stabilitätsrelevanten Einzelprinzipien bestimmt wird. Im Vorgriff auf die anschließend schrittweise erfolgende Konkretisierung und naturwissenschaftliche Fundierung anhand der Einzelprinzipien wird hier unter dem Begriff *„integratives ökologisches Gesamtprinzip“* die Fähigkeit der vernetzten Ökosysteme der Biosphäre zur weitgehenden Selbstregulation und Aufrechterhaltung eines ökologischen Gleichgewichts verstanden. Den Rahmen hierfür bilden die natürliche Evolution und die biotische und abiotische Umwelt.

---

[486] Weitere Einzelheiten zur *neoklassischen Ökonomie* befinden sich im Kapitel 3.4.1 „Grenzen der heutigen Lebens- und Wirtschaftsweise“.

In Abgrenzung von der durch James Lovelock aufgestellten „Gaia-Hypothese", nach der die Organismen sich nicht nur an die vorgegebenen Umweltbedingungen anpassen, sondern die Eigenschaften und Bedingungen der Biosphäre im Rahmen kybernetischer Prozesse aktiv – als wäre Gaia quasi ein lebendiger Organismus – steuern und verändern,[487] wird hier die *Rolle der Organismen* durch die ebenfalls berücksichtigte Bedeutung abiotischer Einflussgrößen und Prozesse *relativiert*, anstatt sie einseitig hervorzuheben. Denn in der Entwicklungsgeschichte unseres Planeten Erde gab es in den Anfängen zunächst unter den Bedingungen einer physikalisch-chemisch ausgerichteten *Evolution* eine längere abiotische Phase mit einer weitgehenden Selbstregulation ohne genetische Steuerungen. Diese führte erst im weiteren Verlauf der Evolution mit der Bildung erster organischer Substanzen zur Entstehung von Leben [488] und mit der erstmalig aufgetretenen Biogenese überraschend zu neuen Qualitäten, d. h. zu emergenten Eigenschaften des gesamten Ökosystems.[489] Der heutige Stellenwert der Organismen und ihres *abiotischen Umfeldes*, das durch diese Entwicklung keinesfalls bedeutungslos wird und den Organismen große *Anpassungsprobleme* bereitet, entstand also erst im Anschluss an die praebiotische Evolution. Nicht nur die von organischen sowie anorganischen Ressourcen abhängige Lebensweise der Organismen und die Stoffkreisläufe in der Biosphäre, sondern auch der anthropogen verursachte Treibhauseffekt mit seiner Einwirkung auf das globale Klima, an das sich die Organismen zum Überleben wiederum anpassen müssen, bestätigen die nach wie vor vorhandene Bedeutung der abiotischen Lebensbedingungen und die der Wechselwirkungen mit den Organismen. Dass *biotische Interaktionen*, in denen der Informationsaustausch eine wichtige Rolle spielt, gegenüber abiotischen Zusammenhängen nicht in jedem Fall einen dominanten Einfluss auf die *Selbstregulation* ausüben, zeigen auch die Beispiele der Zonation als räumliche Veränderung von Ökosystemen und die homöostatischen Vorgänge in der Atmosphäre, auf die nachfolgend ebenfalls noch näher eingegangen wird. Es liegt daher nahe, die *biotischen* und *abiotischen Aspekte* grundsätzlich gleichrangig und unter Berücksichtigung ihrer umfassenden Wechselbeziehungen zu berücksichtigen.

### 3.3.2.1 Integratives Gesamtprinzip

Vor dem Hintergrund der ökologischen Dimension des Nachhaltigkeitsleitbildes wird das bereits postulierte *integrative ökologische Gesamtprinzip* als grundsätzlich vorhandene, aber von den Betroffenen zu unterstützende Fähigkeit des globalen Ökosystems verstanden, auf vorrangig anthropogene Umweltveränderungen systemerhaltend – dazu gehört auch die Anschlussfähigkeit an die *soziale* und *wirtschaftliche Dimension* einer nachhaltigen Entwicklung – im Sinne zukunftsfähiger Lebensbedingungen für heutige und nachfolgende Generationen wie folgt zu reagieren: In dem *offenen System* der Biosphäre erfolgt – unter fortdauerndem Austausch von Energie, Stoff und Information

---

487 Vgl. Lovelock 1979, Odum 1989/1991, S. 73, Ott 1993, S. 59 ff. und Nentwig et al. 2004, S. 424.

488 Vgl. Klötzli 1993, S. 10 und Libbert 1991, S. 405 ff.

489 Auf das *Leben* und die *emergenten Eigenschaften* wird nachfolgend im Rahmen der Einzelprinzipien eingegangen.

der Teile des Systems mit ihrer Umgebung – eine weitgehende *Selbstregulation* der vernetzten Ökosysteme, wodurch insgesamt ein annähernd dynamisches, d. h. ökologisches Gleichgewicht erreicht und aufrechterhalten wird. Das *ökologische Gleichgewicht* ist mithin ein *Fließgleichgewicht* („steady state"), bei dem sich die Ökosysteme in einem quasistationären Zustand befinden, da die ständig im System auftretenden Störungen bzw. Schwankungen in den Systemkomponenten durch *kybernetische Steuerungsprozesse* mit negativen bzw. positiven Rückkopplungen – d. h. durch Regelungen, die die Störungen vermindern bzw. verstärken – ausgeglichen werden.[490] Die Zustandsgrößen der – durch Wechselwirkungen in sowohl biotischer als auch abiotischer Hinsicht geprägten – Biosphäre werden also durch komplexe Regelmechanismen in leistungsfähigen Regelkreisen innerhalb und zwischen benachbarten Ökosystemen weitgehend konstant gehalten. Die meisten *Vorgänge in der Natur* erfolgen *irreversibel*, indem sie bei auftretenden Zustandsänderungen dissipativ, also unter Zunahme der *Entropie* immer wieder einem neuen Gleichgewichtszustand mit besser adaptiertem Ordnungs- und Komplexitätsgefüge zustreben. Die Entropiezunahme entspricht einerseits – auf die Materie bezogen – dem von einem Zustand höherer Ordnung auf einen größter Unordnung zustrebenden *Ordnungszustand*, bei dem sich die unterschiedlichen Potenziale, d. h. Differenzen der physikalischen Zustandsgrößen wie Konzentrationen und Temperaturen ausgleichen. Und andererseits entspricht sie – auf die Energie bezogen – der nicht nutzbaren, nicht in mechanische Arbeit umsetzbaren Wärmemenge. Denn nach dem *2. Hauptsatz der Thermodynamik* steigt in dem geschlossenen System von Organismen und Umwelt die Entropie, da die dort zur Ermöglichung von Leben stattfindenden Wandlungsprozesse von Stoff und Energie den jeweils angestrebten Ausgleich *nicht verlustfrei* vollziehen können.[491] Auf die Anwendung dieser Aussage auf die in einem offenen System mit ihrer Umgebung stehenden einzelnen Organismen wird anschließend noch im Zusammenhang mit deren Selbstorganisation eingegangen.

Um für eine *evolutionäre Entwicklung* offen zu bleiben, dürfen einzelne Ökosysteme dabei durchaus vom Status quo abweichen. Denn die natürliche Evolution der Biosphäre stellt selbst eine zu berücksichtigende *Rahmenbedingung* des integrativen ökologischen Prinzips dar, der als einzelnes Prinzip im Hinblick auf ihre zeitliche Dimension nicht die gleiche Bedeutung wie den unmittelbar stabilitätsrelevanten kurzfristigen Entwicklungen zukommt (Beispiel: Sukzession [492]). Die Möglichkeit der Abweichung vom Status quo bedeutet jedoch nicht, dass man das globale Ökosystem angesichts des weltweit weiter steigenden Bevölkerungswachstums und fortdauernder Umweltbelastungen durch die Lebens- und Wirtschaftsweise – auf Beispiele wird nachfolgend bei der Darstellung der ökologischen Prinzipien noch näher eingegangen – getrost sich selbst überlassen und dabei weiter die *natürlichen Wachstumsgrenzen* negieren

---

490 Vgl. Mittelstraß 1984, S. 1069.

491 Vgl. Libbert 1991, S. 27 und Baehr 1973, S. 32.

492 Auf den in der Biosphäre häufig vorkommenden Prozess der *Sukzession*, der wesentlich auf einer Veränderung von Standortfaktoren beruht, wird nachfolgend eingegangen.

könnte.[493] Denn die Tragfähigkeit (Umweltkapazität) des Planeten Erde billigt den Populationen nur eine begrenzte Zahl von Individuen zu, die jeweils in einem Lebensraum bei einer spezifischen – im Falle von Menschen jedoch gezielt veränderbaren – Nutzung der Natur überleben können. Ferner bleibt das auf den räumlich begrenzten Planeten Erde bezogene *ökologische Gleichgewicht* nur dann über längere Zeiträume weitgehend stabil, wenn das Ausmaß und die Dauer der Störungen nicht selber zu bleibenden Veränderungen führen. Beispielsweise stellt sich in einer Lebensgemeinschaft mit verschiedenen Organismen bei einem Anwachsen der Population durch Verknappung der Nahrungsgrundlage oder durch gleichzeitige Zunahme von Fressfeinden (Räuber-Beute-Beziehung [494]) automatisch ein neuer Gleichgewichtszustand ein. Eine fortgesetzte Überforderung des globalen Ökosystems durch einen unangepassten Umgang der Menschen mit der Natur könnte hingegen zu Veränderungen führen, die anstelle einer *nachhaltigen Entwicklung* einen Ansatzpunkt für die *natürliche Selektion* bieten, die auch vor dem Menschen als Teil der jüngsten Geschichte der Evolution unseres Planeten nicht halt machen würde. Denn nach der Selektionstheorie Darwins würden aus der Fülle der genetischen Varianten diejenigen bevorzugt, die an die jeweiligen Bedingungen besser angepasst sind.[495]

Daher muss jede ganzheitlich ausgerichtete *Umweltstrategie* vorrangig an der Fähigkeit zur Selbstregulation und Aufrechterhaltung des ökologischen Gleichgewichts – dieses stellt einerseits eine Voraussetzung und andererseits eine Folge von Stabilität dar – bzw. dem ihm entsprechenden *Stabilitätsgrundsatz* ansetzen. Eine uneingeschränkte Gültigkeit dieses eher als universelle Zielgröße bzw. regulative Idee eingestuften Grundsatzes ist in der ökologischen Realität hingegen nicht gegeben und würde jeglichen Fortschritt wie ein zweifellos notwendiges Umdenken sowie Innovationen im gesellschaftlichen und technologischen Bereich von vornherein überflüssig machen, da diese nur bei Schwankungen und Abweichungen vom angestrebten Gleichgewicht zum Tragen kommen. Von dieser strategischen Position sollte auch im Hinblick auf die Sensibilität der vernetzten Ökosysteme und ihrer einzelnen Teile (Kompartimente) so wenig wie nötig abgewichen werden. Denn sobald sich die Randbedingungen dieses seit Jahrtausenden für die *Biosphäre* geltenden Sachverhalts durch anthropogene – weitere biotische oder denkbare kosmische werden hier nicht thematisiert – Einflüsse grundlegend verändern und die Resistenz gegen Veränderungen sowie die Rückkopplungsfähigkeit und Elastizität (Resilienz [496]) des globalen Ökosystems sowie seiner Teilsysteme überbeanspruchen, wird auch das entsprechende Raum-Zeit-Gefüge irreversibel verändert. Diesem komplexen Wirkungszusammenhang liegen im Einzelnen unterschiedliche *ökologische Prinzipien* mit entsprechenden Interdependenzen zugrun-

[493] Eine Darstellung bezüglich der *Wachstumsgrenzen* und der daraus zu ziehenden Schlussfolgerungen befindet sich insbesondere unter Meadows et al. 1972.

[494] Auf die *Räuber-Beute-Beziehung* wird nachfolgend im Zusammenhang mit den Wechselwirkungen zwischen Organismen näher eingegangen.

[495] Darwin bezeichnete dieses Phänomen als *„survival of the fittest"* (vgl. Odum 1989/1991, S. 220 und Engels 2007, S. 12 ff.).

[496] Auf die *Resilienz* wird nachfolgend im Zusammenhang mit der Diversität und Produktivität von Ökosystemen eingegangen.

de, die jeweils ihren Anteil zur Stabilität beisteuern und insofern auch als *Indikatoren* zum Erhalt bzw. zur Veränderung des ökologischen Gesamtsystems und abgrenzbarer Teilsysteme verwendet werden können.

### 3.3.2.2 Umwelt- und stabilitätsrelevante Einzelprinzipien

Die ökologischen Prinzipien sollen hier vorrangig für die nachfolgende Entwicklung eines eigenen umweltethischen Ansatzes – durch normative Integration ökologischer Rationalität – verwendet und daher insoweit konkretisiert werden, dass die zugrunde liegenden Zweckrationalitäten für das noch zu behandelnde umweltethische Zielsystem dargestellt werden können. Ferner lassen sich aus den ökologischen Prinzipien zum Teil Erkenntnisse gewinnen, die für die nachfolgenden Kapitel von Bedeutung sind, da sie *Analogien* zu den Bereichen *Wirtschaft* und *Soziales* aufweisen.[497] Aus diesem Anlass und zur naturwissenschaftlichen Fundierung des aufgestellten integrativen ökologischen Gesamtprinzips werden in der vorliegenden Arbeit als umwelt- und stabilitätsrelevante *Einzelprinzipien* für die Ökosysteme der Biosphäre selektiert

(1) *Transport, Umwandlung* und *Speicherung* von Energie, Stoff und Information bei Organismen und ihrer abiotischen Umgebung

(2) *Diversität* und *Produktivität* der Ökosysteme und ihrer Kompartimente im Stabilitätskontext

(3) *Wechselwirkungen* der Organismen untereinander und zu ihrer abiotischen Umgebung

(4) *Homöostase* und *Selbstorganisation* der Organismen vor dem Hintergrund der Emergenz

(5) *Adaptation* der Organismen an ihre biotische und abiotische Umgebung

(6) *Zeitliche* und *räumliche Veränderungen* von Ökosystemen und ihren Kompartimenten

(7) *Leben* innerhalb der Ökosysteme und ihrer Kompartimente

und im Einzelnen wie folgt dargestellt:

#### Einzelprinzip (1)

*Transport, Umwandlung* und *Speicherung* von Energie, Stoff und Information bei Organismen und ihrer abiotischen Umgebung: In den Ökosystemen der für die Gestaltung

[497] Die *ökologischen Erkenntnisse* werden u. a. in den Kapiteln 3.4 „Wirtschaftsethik, 3.5 „Sozialethik" und 4 „Nachhaltigkeitsmanagement als Anwendung der Nachhaltigkeitsethik" berücksichtigt.

einer nachhaltigen Entwicklung wesentlichen Biosphäre wirken Mechanismen zur Aufrechterhaltung der Funktionsfähigkeit, die durch physikalische, chemische und biologische Prozesse bestimmt sind. Die insbesondere dem Aufbau organischer Substanz, dem Stoffwechsel, dem Wachstum, der Bewegung und der Reproduktion (Fortpflanzung) der *Organismen* zugrunde liegenden ökologisch wirksamen Mechanismen beschränken sich nicht auf Energie- und Stoffvorgänge, sondern sind zusätzlich mit der Weitergabe von Informationen verbunden, ohne die Organismen kein differenziertes und verändertes Verhalten zeigen könnten. Der zu ihrem Leben benötigte *Transport* von Energie, Stoff und Information [498] erfolgt Medien bezogen als gerichtete physikalische Größe, wobei dem Energiefluss als Motor aller Stoffkreisläufe eine besondere Bedeutung zukommt.[499] Solange während des Transportvorgangs keine Veränderung der Transportgrößen auftreten, beschränkt sich dieser auf eine bloße Verlagerung des Ortes. Sobald bei diesem Vorgang jedoch qualitative Veränderungen auftreten, liegt eine *Umwandlung* vor: Beispielsweise liegt der Umwandlung von anorganischer in organische Materie – bei Pflanzen mit Hilfe der Sonnenenergie – oder von genetischer Information in den Aufbau eines Organismus jeweils ein Transfer von Energie und Information zugrunde. Während eines Lebenszyklus werden von den Pflanzen anorganische und organische Substanzen durch Photo- und Chemosynthese (Assimilation) aufgenommen und in körpereigene Substanz (Biomasse) umgewandelt, die von Tieren und Menschen – unter ständigem Stoff- und Energieaustausch – für ihren Stoffwechsel gebraucht werden. Die auf den verschiedenen trophischen Ebenen [500] nicht verstoffwechselten Biomassereste werden anschließend aerob bzw. anaerob zersetzt und mineralisiert (Dissimilation). Neben Fluss und Umwandlung stellt auch die *Speicherung* von Stoff, Energie und Information einen lebensnotwendigen Mechanismus im komplexen Gefüge der Prozesse dar, die aus den Interaktionen der Organismen mit ihrer abiotischen Umwelt und untereinander resultieren.[501] Denn ohne diese Speicherungsmöglichkeit könnten nachfolgende Lebensschritte und kritische Phasen wie Nahrungs- und Ruhemangel nicht überbrückt werden. Am Ende eines Lebenszyklus bleibt immer unbelebte Materie zurück, die bei terristischen Ökosystemen im Boden (z. B. als Düngemittel oder fossile Energieträger) und bei aquatischen im Sediment der Gewässer (z. B. als Kalk) gespeichert wird, um dann jeweils für andere Organismen soweit wie möglich zur Verfügung zu stehen und damit den *Stoffkreislauf* zu schließen. Diese Besonderheit ist bei Energie- und Informationsflüssen nicht gegeben. Die von Organismen aufgenommenen, umgewandelten und schließlich wieder ausgeschie-

---

[498] *Transportvorgänge* spielen im Rahmen der klassischen Physik und der Verfahrenstechnik eine grundlegende Rolle. Auf Basis der Erhaltungsprinzipien lassen sich auf der makroskopischen, mikroskopischen und molekularen Ebene drei Transportprozesse unterscheiden, die zunehmend Eingang in innovative Anwendungsfelder wie der Biotechnologie, Mikroelektronik und Nanotechnologie finden: Impuls-, Energie- und Stofftransport (vgl. Bird/Stewart/Lightfoot 2007, S. 1 ff.).

[499] Vgl. Odum 1989/1991, S. 87.

[500] Die von der Assimilation bis zur Dissimilation reichenden *trophischen Ebenen* von verschiedenen Organismen, die nach ihrer Nahrungs- bzw. Energiequelle unterteilt sind, werden nachfolgend am Beispiel der Nahrungskette dargestellt.

[501] Vgl. Nentwig et al. 2004, S. 230 f.

denen Stoffe sind Teil der in den Ökosystemen global stattfindenden Kreisläufe des Wassers, Kohlenstoffs, Stickstoffs, Phosphors und Schwefels.[502]

Organismen besitzen für die Abstimmung mit Individuen ihrer Art und mit denen anderer Arten grundsätzlich die Fähigkeit zur Kommunikation, indem sie *Informationen* als Nachrichten von einem Sender – beispielsweise einem Organ wie dem Kehlkopf für akustische oder einer Drüse für stoffliche Signale – ausstrahlen, die von einem anderen Organismus als Empfänger wahrgenommen werden. Die Träger einer unmittelbar als Nachricht übermittelten Information können dabei sowohl stofflicher als auch energetischer Natur sein. Der Informationsfluss kann also einerseits auf *physikalischer* Grundlage als optisches, akustisches oder elektrisches Signal und andererseits auf *chemischer* Grundlage mit einem Stoff- oder Energietransport durch die Sinnesorgane wahrgenommen werden.[503] Analog diesen beiden Grundformen soll hier – trotz bestehender Unterschiede im Informationstransfer – auch von einer Übertragung genetischer Informationen auf *biologischer Grundlage* gesprochen werden, die insbesondere in der Populationsökologie von Bedeutung sind. Menschliche Zellen enthalten beispielsweise in der Regel zwei vollständige Sätze an genetischer Information, die beim Fortpflanzungsakt aus den verschiedenen Keimzellen von Vater und Mutter neu kombiniert an erzeugte Nachkommen weitergegeben wird und dadurch genetische Variabilität produziert.[504] Die in den Genen als Träger der Erbmerkmale eines Organismus gespeicherte Information bestimmt den individuellen Aufbau seiner Organe und gestaltet sein Überleben. In der Regel bleibt die genetische Information über den Lebenszyklus eines Organismus – dieser kann bei einigen Arten auch sehr kurz sein – erhalten und wird an die nachfolgende Generation vererbt. Die genetische Information einer Population bleibt in dieser hingegen so lange erhalten, d. h. die Organismen retten so die Genome ihrer Art in die Zukunft, wie sie sich trotz dabei auftretender natürlicher Änderungen fortpflanzen können und nicht Opfer einer nachteiligen Mutation oder gar Selektion werden.[505]

Die genannten Transport-, Umwandlungs- und Speicherungsprozesse sollen abschließend am Beispiel der *Ernährung* – deren Begrifflichkeiten bereits auf *Analogien zur Ökonomie* hinweisen – veranschaulicht werden, die als Energiequelle von zentraler Bedeutung für die Organismen ist: Die Nahrung wird von ihnen nach folgendem Modell produziert, konsumiert und als übrig bleibende Reste entsorgt: In Ökosystemen leben neben den sich selbst ernährenden (autotrophen) Organismen als *Produzenten* viele

---

502 Für den *Wasserkreislauf* und die zwischen Lebewesen und chemischen Elementen stattfindenden Kreisläufe, die von Ökologen auch als *„biogeochemische" Stoffkreisläufe* bezeichnet werden und die außerdem folgenreichen anthropogenen Einflüssen ausgesetzt sind, wird auf die vorliegende Fachliteratur verwiesen (vgl. Odum 1989/1991, S. 120 ff. und Nentwig 2004, S. 246 ff. und 401 ff.).

503 Vgl. Nentwig et al. 2004, S. 256.

504 *Genetische Variabilität:* Die aus den fusionierten Keimzellen neu entstehende Zelle enthält die genetischen Informationen von Vater und Mutter. Die daraus hervorgehenden Nachkommen unterscheiden sich damit sowohl von jedem Elternteil als auch untereinander und liefern mit dieser Vielfalt (Diversität) das Rohmaterial für die natürliche Selektion und Evolution (vgl. Purves et al. 2004/2006, S. 203 ff.).

505 Vgl. Remmert 1984, S. 122 ff.

sich von anderen ernährende (heterotrophe) Organismen als *Konsumenten* (Räuber), die sich nach ihrer Nahrungs- bzw. vorrangig genutzten Energiequelle unterteilen lassen in Pflanzenfresser (Herbivore), Fleischfresser (Carnivore), Pflanzen- und Tierfresser (Omnivore) und organische Reststoffe verwertende *Destruenten*.[506] Die auf diese Weise unterteilten Organismen repräsentieren verschiedene trophische Ebenen, die in Reihe geschaltet sind. Infolge ihres zur Energieversorgung und Aufrechterhaltung der Körperfunktionen unverzichtbaren Stoffwechsels und der damit verbundenen Atmung (Respiration) nehmen Stoff- und Energiemenge über diese Ebenen stufenweise ab und die Energiekonzentration stufenweise zu.[507] Man spricht bei diesen verknüpften Ebenen von einer *Nahrungskette*, die mit der Photo- und Chemosynthese lebender organischer Substanz beginnt und nach Durchlauf der einzelnen Trophieebenen unter stufenweise erfolgender Konsumtion von assimilierter bzw. umgewandelter Biomasse, Respiration und Ausscheidung nicht verstoffwechselter Biomassereste schließlich mit totem organischen Material und anorganischen Stoffen – aus der Zersetzung des organischen Materials durch Mikroorganismen und andere Destruenten, die diese Stoffreste dem Recycling überlassen und die verbliebenen Energiereste selber verbrauchen – endet.[508] Die dabei anfallenden Abfälle lassen sich wiederum als Ressourcen im Stoffkreislauf verwenden.

### Einzelprinzip (2)

*Diversität* und *Produktivität* der Ökosysteme und ihrer Kompartimente [509] im Stabilitätskontext: Die Ökosysteme der Biosphäre zeichnen sich unmittelbar durch die *Diversität* ihrer Elemente, Strukturen, Prozessabläufe und Wechselwirkungen aus, die sich in einem von Organismen bewohnten Lebensraum als Vielfalt der Arten und Funktionen, d. h. als *biologische Vielfalt* (Biodiversität) darstellt. Sie hat spezifische Leistungen wie z. B. die Produktion von Biomasse durch Kulturpflanzen und Haustiere in genetischer Diversität zur Folge haben, ohne die menschliches Leben nicht mehr möglich wäre. Die positive Wertung der Artenvielfalt, die einen wichtigen Teilaspekt der Biodiversität ausmacht, kommt bereits im synonym verwendeten Begriff „Artenreichtum" zum Ausdruck. Der mit dieser Vielfalt verbundene Reichtum, den auch die Präambel der „Konvention über Biologische Vielfalt" der UNCED-Konferenz in Rio de Janeiro 1992 thematisiert,[510] hat einen *materiellen* und einen *immateriellen Aspekt*: Beispielsweise kommt eine artenreiche Vegetation einerseits den ökonomischen Bedürfnissen in der Land- und Forstwirtschaft – mit Monokulturen lassen sich höhere Erträge nur durch hohe Wasser-, Chemikalien- und Energieeinsätze zu Lasten der Umwelt erzielen – entgegen und stellt

---

506 Vgl. Odum 1989/1991, S. 52 ff.

507 Auf die damit zusammenhängende *Produktivität* oder *ökologische Effizienz* wird nachfolgend noch eingegangen.

508 Vgl. Nentwig et al. 2004, S. 235 ff.

509 Die Erkenntnisse aus der *Diversität* und *Produktivität* der Ökosysteme und ihrer Kompartimente lassen sich vor allem im Kapitel 4 „Nachhaltigkeitsmanagement als ... " verwerten.

510 Vgl. Der Bundesminister für Umwelt, Naturschutz und Reaktorsicherheit 1992, S. 23.

der pharmazeutischen Industrie einen Genpool für die Medikamentenentwicklung zur Verfügung. Andererseits dient sie den ästhetischen und Erholungsbedürfnissen der Menschen. Artenvielfalt steht in einem engen Zusammenhang zur strukturellen Vielfalt eines Lebensraums, die es angesichts fortschreitender anthropogener Gefährdungen mit ihren für das Ökosystem wichtigen Arten und Funktionen zu schützen gilt.[511] Daher ist die über den Artenschutz hinausgehende Erhaltung der biologischen Vielfalt heute das Hauptanliegen eines national und international ausgerichteten *Naturschutzes*. Die UNCED-Konvention ergänzt den Bewahrungs- um den Entwicklungsgedanken und strebt zusätzlich eine nachhaltige Nutzung der Bestandteile der biologischen Vielfalt und eine gerechte Aufteilung der genetischen Ressourcen an.[512]

Neben der Diversität werden die Ökosysteme der Biosphäre durch die ebenfalls deskriptiv zu erfassende *Produktivität* (ökologische Effizienz) gekennzeichnet, die deren Leistungsfähigkeit durch den von Organismen produzierten Biomassezuwachs pro Zeiteinheit definiert. Dieser Zuwachs wird allgemein als *Produktion* bezeichnet, womit in der Regel die Nettoprimärproduktion der Pflanzen als Stoff- und Energiequelle für die höheren Trophieebenen gemeint ist. Denn die heterotrophen Konsumenten wie die Primärkonsumenten (Herbivore), Sekundärkonsumenten (Carnivore) etc. sind zu keiner autotrophen Produktion von Biomasse in der Lage und bauen stattdessen die vorhandene organische Substanz lediglich um. Dennoch tragen sie als Sekundärproduzenten wegen ihrer relativen Langlebigkeit zur Vergrößerung der Biomasse in einer Lebensgemeinschaft (Biozönose) bei.[513] Die Organismen können nur einen geringen Teil der aufgenommenen neuen Energie in körpereigene Biomasse umbauen: Die *ökologische Effizienz* zwischen zwei Trophieebenen der Nahrungskette beträgt im Durchschnitt ca. 10 %, die als verfügbare Nahrung pro trophischer Ebene genutzt werden. Dieser relativ ungünstige Wirkungsgrad findet seinen Ausdruck in der Begrenzung der Trophieebenen einer Biozönose auf meist drei bis vier Stufen. Aus empirischen Untersuchungen geht hervor, dass die Artenvielfalt einer Biozönose mit der Primärproduktivität ansteigt und nach Überschreiten eines Maximums wieder fällt.[514] Der Anstieg der Artenvielfalt und der damit verbundenen Funktionen einer Biozönose lässt sich dadurch erklären, dass die Aufnahmefähigkeit der von Organismen eingenommenen Fläche für weitere Bewohner mit der Produktivität steigt. Dieser Zusammenhang gilt solange, wie nicht limitierende bzw. gegenläufig wirkende Einflüsse aus den noch zu behandelnden Wechselwirkungen der Organismen untereinander und mit ihrem abiotischen Umfeld überwiegen. Dazu zählt insbesondere die *Konkurrenz* unter Pflanzen, die für ihre Photosynthese basierte Biomasseproduktion letztlich auf die gleichen Ressourcen angewiesen sind. Infolge der heterotrophen Mitbewohner nimmt die zunächst zwischen den Pflanzen bestehende Konkurrenz mit den auf jeder Trophieebene hinzukommenden Arten tendenziell ab, da sich deren Ressourcenbasis unterscheidet. Statt nur zu konkurrieren, fressen sich die heterotrophen Organismen

---

511 Vgl. Nentwig et al. 2004, S. 373.

512 Vgl. Der Bundesminister für Umwelt, Naturschutz und Reaktorsicherheit 1992, S. 24.

513 Vgl. Munk 2000, S. 16-38.

514 Vgl. Purves et al. 2004/2006, S. 1322.

entlang der Nahrungskette für ihre Energieversorgung gegenseitig, wodurch die von den betroffenen Organismen gebildete Biomasse direkt oder indirekt konsumiert wird, bis schließlich die Destruenten das anfallende tote Material zersetzen und recyceln. Mit ihrer ernährungsspezifischen Produktivität beeinflussen die Bewohner einer Biozönose also die Struktur ihrer *Nahrungskette bzw. –netze* und damit ihre unmittelbaren Lebensbedingungen. Je größer die von der Primärproduktivität wesentlich beeinflusste Artenvielfalt einer Lebensgemeinschaft ausfällt, desto diversifizierter sind die Strukturen und desto effizienter kann die Nutzung der in dem Lebensraum verfügbaren Ressourcen erfolgen. Denn mit der Zahl der dort lebenden Arten erhöht sich grundsätzlich die genetische Variabilität sowie Anzahl der Wechselwirkungen und Nutzungsmöglichkeiten.

Dieser Zusammenhang bleibt nicht ohne Einfluss auf die *Stabilität von Ökosystemen*, die sich in einem ständigen Wandel befinden und die sich bei einer großen Artenvielfalt in der Regel auch dadurch erhöht, dass dann in der Lebensgemeinschaft auch Arten vorkommen, die an geänderte Umweltbedingungen besser angepasst sind.[515] Allerdings reichen *Artenvielfalt* und *Produktivität* der Organismen allein nicht, um die Stabilität eines Ökosystem günstig zu beeinflussen. Denn der tatsächlich bestehende Zusammenhang ist wesentlich komplexer und die Stabilität kann sich sogar ungünstig auf die Produktivität auswirken. Für den durch günstige Standortbedingungen mit großer biologischer Vielfalt und hoher Primärproduktivität gekennzeichneten tropischen Regenwald gilt dieser Zusammenhang solange, wie keine nennenswerten anthropogenen Einflüsse sein Gleichgewicht direkt oder indirekt stören. Es gibt jedoch auch Fälle einer anthropogen unbeeinflussten Natur mit geringer Artenvielfalt und Produktivität, die im Gegensatz zu den artenarmen Ökosystemen der Arktis relativ stabil sind (Beispiele: Schilfröhricht in Uferzonen und mitteleuropäischer Buchenwald).[516] Neben der Artenvielfalt müssen bei Stabilitätsbetrachtungen also zusätzlich die Vielfalt der biologischen Strukturen, Nahrungs- und sonstigen Beziehungen, der Verhaltensweisen, der Rhythmen und Bewegungsweisen sowie die Randbedingungen der unbelebten Umwelt berücksichtigt werden. Beispielsweise spielt die *zeitliche Veränderung* von Ökosystemen im Verlauf der noch zu behandelnden Sukzession eine Rolle, bei der nach einer Anfangsphase mit geringer Artenvielfalt, hoher Produktivität und geringer Stabilität im zeitlichen Verlauf weitere Arten hinzukommen und die Strukturen der Biozönose heterogener und stärker strukturiert ausfallen, um dann im Endstadium der Sukzession bei hoher Artenvielfalt und eher geringer Produktivität die größtmögliche Stabilität zur erreichen (Klimax-Stadium). Besonders groß ist der *anthropogene Einfluss* auf die Stabilität von Ökosystemen. Der tropische Regenwald gilt als Beispiel eines konstanten Ökosystems, das seine hochentwickelte biozönotische Struktur und Stabilität einbüßt, sobald sich die abiotischen Umweltfaktoren soweit verändern, dass sich Organismen nicht mehr anpassen können [517] – z. B. weniger Regen- und Energiezufuhr infolge von Klimaveränderungen – oder durch anthropogene Eingriffe wie Rodungen irreversible Schäden entstehen, die sich dann auf alle dort lebenden Arten und deren Wechsel-

[515] Vgl. Purves et al. 2004/2006, S. 1325.

[516] Vgl. Kuttler 1995, S. 271.

[517] Vgl. Libbert 1991, S. 467.

beziehungen auswirken. Dagegen kommen die für wechselhafte Lebensräume typischen einfacher strukturierten Ökosysteme mit großen Veränderungen der Randbedingungen besser zurecht, da sie nach Störungen elastisch zurückschwingen. Im Unterschied zur Konstanz des tropischen Regenwaldes wird das elastische Verhalten von Ökosystemen als *Resilienz* bezeichnet.[518] Diese Sachverhalte zeigen, dass Diversität und Produktivität in einem besonders zu erwähnenden Zusammenhang zur Stabilität in einem Ökosystem stehen, der in realen Biozönosen jedoch recht komplex ausfallen kann, sich dann der empirischen Ebene entzieht und auf weitere Überlegungen oder eine interdisziplinär ausgerichtete Ökosystemanalyse angewiesen ist.

**Einzelprinzip (3)**

*Wechselwirkungen* der Organismen [519] untereinander und zu ihrer abiotischen Umgebung: Organismen bilden die wesentlichen funktionellen Bausteine ökologischer Systeme, da sie diese mit ihren vielfältigen Beziehungen und Wechselwirkungen zu ihrer biotischen und abiotischen Umwelt sowohl untereinander als auch zur unbelebten Natur beeinflussen und, sofern es die Spezies Mensch mit ihren rationalen Potenzialen betrifft, auch gestalten. Dieser umfassende interaktive Zusammenhang – mit seinen besonderen *Analogien zu den Sozialwissenschaften* – stellt sich nicht nur in den komplexen Außen- sondern auch in den Innenbeziehungen der Organismen dar, denn auch ihre Organe bilden bereits ein funktionelles Gefüge, mit dem die Organismen durch genetisch gespeicherte Informationen ihre Lebensprozesse steuern und den Austausch mit ihrer Umwelt vollziehen. Die auf diese Weise stattfindenden *Interaktionen* sind neben der aufeinander bezogenen Aktion und Reaktion der Interagierenden insbesondere durch eine Wechselseitigkeit von Signalgebung und -empfang gekennzeichnet. Diese befähigt Menschen beispielsweise zum kommunikativen Handeln und Organismen allgemein zur nachfolgend zu behandelnden Homöostase und Selbstorganisation sowie in begrenztem Umfang sogar zur Regeneration geschädigter Strukturen [520] und trägt damit entscheidend zur Funktionsfähigkeit und Stabilität der vernetzten Ökosysteme der Biosphäre bei. Die Interaktionen können dabei sowohl innerhalb einer Art (intraspezifisch) als auch zwischen verschiedenen Arten (interspezifisch) stattfinden. Ein Beispiel für die *intraspezifische Interaktion* stellt die sexuelle Fortpflanzung dar, die einerseits für den Fortgang der Evolution eine wesentliche Rolle spielt und eine bessere Anpassung der Organismen an ihre Umweltbedingungen infolge der durch sie erreichten genetischen Veränderungen ermöglicht sowie andererseits durch Einschränkung der Geburten – u. a. bei verringerten Nahrungsangebot – zur Entlastung der

---

[518] Vgl. Munk 2000, S.16-41 f.

[519] Die Erkenntnisse aus den *Wechselwirkungen der Organismen* lassen sich analog auf die Kapitel 3.2.3 „Konsensprinzip und ethischer Diskurs ... ", 3.4 „Wirtschaftsethik", 3.5 „Sozialethik" und 4 „Nachhaltigkeitsmanagement ..." anwenden, bei denen interaktives Verhalten der Akteure gefragt ist.

[520] Vgl. Nentwig et al. 2004, S. 7. Organismen haben grundsätzlich die *Fähigkeit zur Regeneration* von Ökosystemen und ihren Kompartimenten, indem sie von außen verursachte Störungen, die sowohl natürlichen als auch anthropogenen Ursprungs sein können, kompensieren und den alten Gleichgewichtszustand wiederherstellen. Sofern dabei die Grenzen der Belastbarkeit nicht überschritten werden, bleiben ihre Strukturen und Funktionen erhalten (vgl. Kuttler 1995, S. 57).

natürlichen Umwelt beitragen kann. Von den *interspezifischen Interaktionen* haben die Wechselwirkungen zwischen den beteiligten Individuen von in der Regel zwei Arten, die sehr verbreitet im Zusammenhang mit dem Nahrungserwerb der Organismen auftreten, eine besondere Bedeutung in den Ökosystemen. Die Auswirkungen für die Beteiligten lassen sich grundsätzlich in *positiv (+), negativ (–)* und *neutral (0)* einteilen. Im Zusammenhang mit der Sicherstellung ihrer Lebensbedingungen und ihrer Nachkommenschaft lassen sich bei Organismen im Wesentlichen folgende *Interaktionstypen* unterscheiden,[521] die in einer Biozönose selten isoliert vorkommen und für die die Menschen – angesichts zahlreicher Verhaltensanalogien – anschauliche Beispiele aus ihrer Lebens- und Wirtschaftsweise beisteuern:

(3a) *Konkurrenz* (– –): Dieses ist bei Organismen der häufigste Interaktionstyp, der sowohl intra- als auch interspezifisch auftreten kann. Beide Individuen bzw. Arten streben unter Konkurrenzbedingungen nach einer Mangelgröße wie beispielsweise einer knappen Ressource und behindern sich dabei gegenseitig, indem sie Kämpfe, Stress oder einen anderen potenziell nachteiligen, ebenfalls durch Reziprozität gekennzeichneten Einfluss aufeinander ausüben. Zur Vermeidung derartiger Nachteile reagieren die Organismen in ihrem Zusammenleben so, dass entweder der Tüchtigere den weniger Erfolgreichen verdrängt (Konkurrenzausschluss) oder beide Konkurrenten nebeneinander existieren (Koexistenz). Im ersten Fall sucht sich eine Art zur Aufrechterhaltung ihres Beziehungsgefüges mit der natürlichen Umwelt einen eigenen weitgehend konkurrenzlosen Bereich (ökologische Nische). Denn im gleichen Lebensraum können auf Dauer keine zwei Arten überleben, wenn sie die gleichen Ressourcen nutzen. Der zweite Fall erfordert von den Konkurrenten Einschränkungen und ist nur praktikabel, wenn die von den Konkurrenten genutzten Ressourcen nur teilweise übereinstimmen [522] und Alternativen existieren. In größeren Zusammenhängen kann sich Konkurrenz durchaus vorteilhaft auswirken: z. B. bei der Wachstumsbegrenzung in Populationen, bei Menschen im Ringen um eine umsetzbare Nachhaltigkeitsstrategie oder als Antrieb zur Belebung der Wirtschaft.

(3b) *Räuber-Beute-Beziehung* (+ –): In diesem eindeutig asymmetrischen Verhältnis profitiert der Räuber wenigstens temporär auf Kosten der Beute, die in der Regel getötet und verzehrt wird (Beispiel: Carnivore). Raubtiere richten jedoch trotz ihrer feindschaftlichen Beziehung zur Beute – auch hier existieren viele Analogien zum Bereich von Politik und Wirtschaft – nicht nur Schäden an, sondern können beispielsweise bei der Limitierung von schädlichen Insekten von Nutzen sein. Wenn auch nicht für die betroffenen Individuen, können sie jedoch für die Beutepopulation vorteilhaft sein, indem sie deren Überbevölkerung durch Elimination von weniger überlebensfähigen Individuen verhindern und damit einer Verknappung benötigter Ressourcen vorbeugen. In jedem Fall üben sie auf Lebensgemeinschaften einen dynamischen Einfluss aus, denn der Erfolg des Jägers beim Erlegen seiner Beute ist nur temporär und mit erneutem Hunger verbunden.

---

[521] Vgl. Odum 1989/1991, S. 177 ff. und Kuttler 1995, S. 82 ff.

[522] Vgl. Munk 2000, S. 16-3.

(3c) *Parasitismus* (+ –): Obwohl ebenfalls asymmetrisch angelegt und der Räuber-Beute-Beziehung ökologisch ähnlich, lebt der Parasit als Schmarotzer auf Kosten eines Wirts, den er jedoch in der Regel nur insoweit ausbeutet, dass dieser am Leben bleibt und ihn weiter ernähren kann. Dieses Verhältnis weist Analogien zum Trittbrettfahrer in der menschlichen Gesellschaft auf, der ebenfalls nicht zu zahlreich auftreten sollte. Im Unterschied zum Räuber, ist der Parasit weder freilebend noch größer als sein Opfer, das er seinerseits als Energiequelle und Lebensraum nutzt. Wegen ihrer Spezialisierung auf in der Regel einen Wirt, lassen sich Parasiten auch sinnvoll für die biologische Schädlingsbekämpfung einsetzen, sofern sie spezifisch auf den Schädling wirken.

(3d) *Kooperation* (+ +): Im Unterschied zu den bisher erwähnten mehr oder weniger negativen Wechselbeziehungen – bei diesen versteht sich das Selektionsprinzip vom Überleben des Tüchtigsten von selbst – handelt es sich bei der Kooperation um ein positives Verhältnis, das beiden Beteiligten zum Vorteil dient und außerdem die natürliche Selektion durch Besserstellung der Kooperierenden unterstützt. Beide Parteien profitieren von dieser sowohl intra- als auch interspezifisch auftretenden Beziehung, die Instinkt oder ein gewisses Maß an Einsichtsvermögen erfordert und von den jeweiligen Partnern freiwillig durchgeführt wird, da sie zum Überleben nicht darauf angewiesen sind (intraspezifische Beispiele: Vogelzug ins Winterquartier, Abschluss eines Vertrags). Eine Sonderform der Kooperation stellt die *Symbiose* bzw. der Mutualismus dar, die bzw. der in der Regel von zwei Arten eingegangen wird. Diese extreme Form einer interspezifischen Kooperation ist besonders auf den niedrigeren Trophieebenen verbreitet, bei denen es weniger auf die Einsicht unter Partnern als auf den Zwang zur Übereinstimmung ankommt, um überleben zu können (Beispiele: Wiederkäuer mit ihren Pansenbakterien und Knöllchenbakterien bei Leguminosen). Bei den eher selten auftretenden einseitig neutralen Interaktionen wie dem Kommensalismus (+ 0) oder dem Amensalismus (– 0) ist jeweils eine Art im Vor- oder Nachteil, während für die andere weder ein Schaden noch ein Nutzen auftritt.[523]

**Resümee:** Trotz aller Differenzen bestehen in Ökosystemen zwischen den dargestellten Interaktionstypen neben Querverbindungen auch Übergänge, die nicht selten fließend sind, so dass die Zuordnung nicht immer eindeutig ist. Der heutige *Stand der Evolution*, der naturgemäß ständig fortschreitet, ist sowohl ohne die Wechselbeziehungen der Organismen, die im Verlauf einer gemeinsamen Entwicklung auch gegenseitige Anpassungen ohne Austausch genetischer Informationen aufweisen können (Koevolution), als auch ohne den Wirkungszusammenhang zu ihrem ebenfalls veränderlichen abiotischen Umfeld nicht denkbar. Hierbei spielt der Mensch wegen seiner geistigen und kulturellen Potenziale eine folgenreiche Sonderrolle, indem er sich die Natur mit ihrem Ressourcenreichtum mehr oder weniger uneingeschränkt aneignet und damit Wechselwirkungen hervorruft, die auch andere Organismen beeinträchtigen. Beispiele für derartige *anthropogene Beeinflussungen* sind die $CO_2$-Emissionen durch die Verbrennung fossiler Energieträger, die zu einer globalen Klimaveränderung führen; der Pestizid- und Herbizideinsatz in der Landwirtschaft, der u. a. über die Nahrungskette gesundheitsschädigend zurückwirkt; die Überfischung der Weltmeere, die zu einer Reduzierung des Nahrungsangebots und der Artenvielfalt führt; die Übernutzung nicht

523 Vgl. Nentwig et al. 2004, S. 149 ff. und Odum 1989/1991, S. 190 f.

nachwachsender Rohstoffe, die damit auf Dauer als Wertstoffquelle entfallen; die unkontrollierte Ablagerung von Abfällen, die die Qualität der Lebensräume verringert und insbesondere im Falle nicht abbaubarer Schadstoffe zu einer weiteren Verschlechterung der Lebensbedingungen führt. Insgesamt bleiben die *Ökosysteme* wegen ihrer Vernetzung und Fähigkeit zur Selbstregulation jedoch solange in der Balance und damit *funktionsfähig*, wie die anthropogenen Einflüsse nicht überhand nehmen und die vielfältigen Wechselwirkungen einseitig beeinflussen, mit entsprechenden Folgen für die hiervon Betroffenen.

### Einzelprinzip (4)

*Homöostase* und *Selbstorganisation* der Organismen [524] vor dem Hintergrund der Emergenz: Die Homöostase stellt eine wesentliche Systemeigenschaft der Organismen und ihrer Kompartimente dar, durch endogene Regelvorgänge ein stabiles inneres Milieu bei sich ändernden Umgebungsbedingungen aufrechtzuerhalten,[525] das sie für ihre Existenzsicherung benötigen. Der auf diese Weise bei Organismen neu entstehende Zustand ist durch *Emergenz* gekennzeichnet, da durch die Wechselwirkungen zwischen einzelnen Elementen auf einer hierarchisch höheren Ebene „eine neue Qualität entsteht, die nicht aus den Eigenschaften der Komponenten herleitbar ... ist, die aber dennoch allein in der Wechselwirkung der Komponenten besteht.“ [526] Bekannte Beispiele für die Homöostase sind die Konstanthaltung der Körpertemperatur, des Blutdrucks und der Blutzusammensetzung eines Organismus, die sich als emergente Eigenschaften selbstorganisierender Prozessabläufe ergeben. Die den Beispielen zugrunde liegenden Regelvorgänge, die bis in die Zellen des Körpers wirken, finden nicht nur auf der Ebene des Organismus und seiner Kompartimente, sondern auch in noch größeren Entfernungen von der Erdoberfläche statt: Beispielsweise hält die homöostatische Integration biologischer und physikalischer Prozesse die Konzentration von $CO_2$ und anderen Gasen in der Atmosphäre auf einem relativ konstanten Niveau.[527]

Organismen stellen *selbstorganisierende Systeme* dar, die sich durch einen hochgradigen Ordnungszustand auszeichnen. Aus der Unterordnung vieler Teilprozesse unter ein einheitliches Ordnungsprinzip entsteht der Organismus als Ganzheit mit einem eigenen Ordnungsgefüge und neu auftretenden, d. h. emergenten Eigenschaften, die nur dem Organismus als Ganzem zugesprochen werden („Das Ganze ist mehr als die Summe seiner Teile“ [528]). Nach einem Vergleich von Regelmechanismen der Technik mit denen lebender Systeme, also *kybernetisch* gesehen, entspricht die Zusammensetzung der Teile und ihrer Funktionen zu einem zweckorientierten Ganzen der *Organi-*

---

[524] Auf die Erkenntnisse zur *Homöostase* und *Selbstorganisation* der Organismen wird im Kapitel 4.2 „Konzept für eine nachhaltige Unternehmensentwicklung“ zurückgegriffen.

[525] Vgl. Purves et al. 2004/2006, S. 966.

[526] Krohn/Küppers 1992, S. 389.

[527] Vgl. Odum 1989/1991, S. 43.

[528] Odum 1989/1991, S. 42.

*siertheit* eines Organismus. Diese wird dadurch erreicht, dass die das System bildenden Elemente nicht wahllos angeordnet und stattdessen durch stoffliche, energetische und informationelle Kopplungen zweckgemäß verknüpft sind. Im Unterschied zu technisch organisierten Systemen ist bei den ständig Unordnung überwindenden Organismen der Grad der Organisiertheit keine feste, sondern eine dynamische Größe, die im Verlauf der Lebenszeit in der Regel steigt und damit einer Zunahme der *Entropie* als Maß für die Unordnung des Organismus entspricht.[529] Dieser Sachverhalt bedarf der weiteren Klärung: Das nachfolgend noch als Prinzip darzustellende Leben stellt einen irreversiblen Prozess dar, bei dem sich die Organismen nicht im *thermodynamischen Gleichgewicht* befinden und durch *Selbstorganisation* den zum Leben notwendigen Stoffwechsel und den damit verbundenen Energieumsatz realisieren. Denn das für ihre abiotische Umwelt charakteristische Gleichgewicht würde für sie einen Ausgleich vorhandener Potenzialunterschiede bedeuten, bei dem keine Energie mehr transportiert wird, und damit einem Zustand maximaler Entropie entsprechen. Die Organismen entziehen sich nach diesem *genetischen Prinzip* dem sie zeitlebens *bedrohenden Gleichgewichtszustand* oder Stillstand, indem sie sich durch Photo- und Chemosynthese bzw. Aufnahme energiereicher Nahrung bei kontinuierlich stattfindendem Stoffwechsel für ihre lebensnotwendigen Vorgänge wie Atmung, Bewegung, Fortpflanzung und sonstige Arbeitsleistungen fortwährend und keinesfalls verlustfrei mit Energie versorgen. Auf diese Art und Weise schaffen, erhalten und *vermehren* sie die *Ordnungsstrukturen*, die der Entropie- oder Unordnungszunahme des Organismus entgegenwirken.[530]

Dabei bildet die bereits alle Merkmale des Lebendigen enthaltende Zelle als Elementarbaustein des Organismus, die mit den Organsystemen ständig im Stoff- und Energieaustausch steht, ein *autopoietisches System*, da es auf molekularer Ebene ständig die zur Aufrechterhaltung seiner internen Organisation benötigten Bestandteile *selbst erzeugt*.[531] Erst mit dieser Eigenschaft kann ein System als lebend eingestuft werden. Autopoietische Formen der Organisation beschränken sich nicht auf die Biologie. Nach Niklas Luhmann lassen sie sich auch auf *soziale Systeme* übertragen, sofern die Elemente des Systems – wie beispielsweise der Mensch oder das soziale Handeln – und die Beziehungen zwischen ihnen so beschaffen sind, dass sie sich ständig selbst produzieren und reproduzieren, und das System als räumliche Einheit in der Zeit verwirklichen.[532] Der lebende Organismus lässt sich zwar gedanklich von seiner Umwelt abgrenzen, soweit er die in seinen Systemgrenzen erfolgende Reproduktion der Wechselwirkungen mit seiner Umwelt ermöglicht. Da im thermodynamischen Sinne geschlossene Systeme jedoch nach einiger Zeit eine Gleichverteilung, einen Potenzialausgleich, eine maximale Unordnung bzw. eine maximale Entropie aufweisen, findet die *Selbstorganisation* auf Dauer nur bei energetisch und materiell offenen Systemen statt, die

---

529 Vgl. Libbert 1991, S. 39 f.

530 Der Sachverhalt, wie Organismen mit ihrem Stoffwechsel der Entropiezunahme entgegenwirken, wird auch als *„Negentropie"* (negative Entropie) bezeichnet (vgl. Kuttler 1995, S. 104).

531 Vgl. Prechtl/Burkard 1999, S. 57.

532 Vgl. Görres-Gesellschaft 1989, S. 420.

sich nicht im thermodynamischen Gleichgewicht befinden. Organismen haben also die von Humberto Maturana und Francesco Valera als *„Autopoiese“* [533] bezeichnete Fähigkeit, bei entsprechenden Lebensbedingungen aus Chaos immer wieder Ordnung zu generieren, indem sie im Zuge ihrer Selbsterneuerung Strukturen mit einem höheren Ordnungszustand bilden. Lebende Systeme werden daher von Ilya Prigogine als gleichgewichtsferne Systeme mit leistungsfähigen dissipativen Strukturen eingestuft, die Unordnung unter Abgabe von Wärme „herauspumpen“.[534] Diese Vorgänge hören erst mit dem *Tod des Organismus* auf, der insofern für den Organismus des Toten auch den Verlust der Strukturiertheit bzw. das Erreichen eines thermodynamischen Gleichgewichts mit maximaler Entropie bedeutet.

**Einzelprinzip (5)**

*Adaptation* der Organismen an ihre biotische und abiotische Umgebung: Organismen und ihre Kompartimente haben die Fähigkeit, sich in Abhängigkeit von der Zeit sowie ihrem inneren Aufbau und Ressourcenpotenzial veränderten Umweltbedingungen anzupassen.[535] Sie besitzen damit eine Strategie, ihr Überleben oder ihre Lebensqualität in unterschiedlichen Zeiträumen und Umgebungen zu sichern, indem sie durch Adaptation (Anpassung) für sich nachteilige Einwirkungen wie z. B. Leistungsbeschränkungen oder Stress vermeiden bzw. minimieren.[536] Unter diesen Voraussetzungen weist die Adaptation einerseits bei kurzfristigen eine physiologische Dimension mit vorübergehenden und andererseits bei langfristigen Umwelteinwirkungen eine genetische Dimension mit bleibenden Veränderungen auf. Die *physiologische Adaptation* trägt wesentlich zur Homöostase bei, indem der Zustand des reagierenden Systems durch direkte Antwort auf die Außenreize geregelt wird, bis sich die Rezeptoren der Organismen an die Reizintensität und -dauer angepasst haben (z. B. die Hell-Dunkel-Adaptation des Auges oder das Einstellen des Gehörsinns auf einen Geräuschpegel). Im Extremfall kann auch die Störquelle vom Organismus verändert oder unterbunden werden. Organismen wenden Anpassungsstrategien auch im Umgang untereinander an, indem sie beispielsweise ihr Verhalten von Konkurrenz auf Kooperation oder Symbiose umstellen, um dadurch ihre Lebensbedingungen zu verbessern. Spezialfall Mensch:[537] Wenn menschliches Sozialverhalten einseitig durch Anpassung an die in einer Gemeinschaft vor-

---

533 Vgl. Maturana 1985, S. 170 ff.

534 Vgl. Prigogine et al. 1972 und Odum 1989/1991, S. 82. Weitere Einzelheiten zur Theorie der *Selbstorganisation* und den thermodynamischen Überlegungen von Ilya Prigogine befinden sich auch unter Moser 1989, S. 130 ff.

535 Die Fähigkeit zur *Adaptation* wird auch von Wirtschaftsunternehmen und ihren Angehörigen verlangt. Sie sollte bei der Verfolgung eigener Interessen jedoch nicht unreflektiert erfolgen, um Nachteile für die natürliche und soziale Umwelt zu vermeiden (vgl. Kapitel 4 „Nachhaltigkeitsmanagement als Anwendung der Nachhaltigkeitsethik“).

536 Vgl. Tischler 1993, S. 70 ff.

537 Der *Mensch* nimmt vor allem durch seine geistigen Fähigkeiten eine *Sonderrolle* unter den Organismen ein, auf die aus anthropologischer Sicht im Kapitel 3.5.1 „Grundprobleme der Sozialethik“ noch näher eingegangen wird.

herrschende Meinung, also durch Konformismus geprägt ist, besteht die Gefahr, dass der Mensch seine Autonomie und Gestaltungsmöglichkeiten aufs Spiel setzt. Zu einer *erheblichen Anpassung* an seine realen Lebensbedingungen ist der Mensch schon angesichts der durch sein Verhalten verursachten Zunahme der globalen Bevölkerung und Umweltbelastungen gezwungen. Dafür muss er sich *nonkonformistisch* und durchaus Konflikt verstärkend gegen die in den bestehenden Marktwirtschaften mehrheitlich vertretenen quantitätsorientierten, teilweise irrationale Züge annehmende Erwerbs- und Konsuminteressen stellen, soweit diese die soziale und natürliche Umwelt schädigen. Denn nur durch eine grundlegende *Umorientierung* seiner bisherigen Lebens- und Wirtschaftsweise kann der Mensch auf Dauer in Würde überleben.[538]

Die *genetische Adaptation* fällt hingegen in den Bereich der *Evolution* und erfordert daher in der Regel einen größeren Zeitraum für die Anpassung der Organismen bzw. ihrer Organe an veränderte Lebensbedingungen durch genetische Entwicklung, die im Standardfall irreversibel erfolgt. Im Rahmen erblich vorgegebener Reaktionsnormen können Verhaltensänderungen schon kurzfristig zu morphologischen Anpassungen von Organen führen, die jedoch noch keine vererbbaren Informationen liefern (z. B. kann der Mensch durch Training seine Muskulatur gezielt verändern). Bei einem über Generationen reichenden Zeitrahmen kann die Anpassung der Organismen an Umweltveränderungen zu *Selektionen* führen, die für nachfolgende Generationen einerseits eine genetische Verbesserung ihrer Überlebenschancen darstellen, andererseits aber auch ein Aussterben ihrer Art zur Folge haben.[539]

### Einzelprinzip (6)

*Zeitliche* und *räumliche Veränderungen* von Ökosystemen [540] und ihren Kompartimenten: Die vor allem durch ihre Artenzahl und die Verteilung der Individuen auf die Arten charakterisierte Struktur von Lebensgemeinschaften ist einem natürlichen Wandel unterworfen, die auch zu Änderungen des Ökosystems führen. Die von der lebenden Generation unmittelbar wahrnehmbare *zeitliche Abfolge* von Arten, Gemeinschaften und Ökosystemen unter dem Einfluss der Organismen, des Bodens und des Klimas wird als *Sukzession* bezeichnet,[541] die man auch als eine *Evolution* im verkleinerten Zeitmaßstab interpretieren kann. In der Natur kommen Sukzessionen, die zunächst mit einer überwiegend anorganischen Umwelt beginnen und anschließend bei zunehmender Besiedelung mit Organismen eine steigende Artenvielfalt mit Dominanz von Autotrophen (Pflanzen) entwickeln, am häufigsten vor. Ein Beispiel hierfür stellt die Wieder-

---

538 Diese Position wird auch in den Kapiteln 3.4 „Wirtschaftsethik“ und 3.5 „Sozialethik“ weiterverfolgt und im Kapitel 4.2 „Konzept für eine nachhaltige Unternehmensentwicklung“ anwendungsbezogen konkretisiert.

539 Vgl. Kuttler 1995, S. 21 ff.

540 Im Rahmen des globalen Wettbewerbs sind auch Wirtschaftsunternehmen und ihre Belegschaft erheblichen *zeitlichen* und *räumlichen Veränderungen* unterworfen, auf die im Kapitel 4 „Nachhaltigkeitsmanagement als Anwendung der Nachhaltigkeitsethik“ näher eingegangen wird.

541 Vgl. Nentwig et al. 2004, S. 298.

besiedelung eines Waldes nach einem Kahlschlag oder Windbruch dar. Die sich bei diesem gerichteten Prozess herausbildenden ökologischen Nischen werden von Heterotrophen (Tiere, Menschen) besiedelt, die den erreichten Zuwachs an organischem Material zunehmend aufbrauchen. Dadurch entsteht im Laufe der Zeit schließlich ein Reife- oder *Klimaxstadium*, bei dem sich Aufbau und Abbau von Biomasse weitgehend ausgleichen und in einem Fließgleichgewicht stehen.[542] Für weitergehende Untersuchungen der zeitlichen Abfolge erfolgt eine begriffliche Differenzierung in autotrophe – diese werden wiederum nach primären und den häufiger auftretenden sekundären Sukzessionen unterschieden – und in heterotrophe Sukzessionen. Wenn wie bei einer Dominanz von Heterotrophen die Biozönose durch Selbstverbrauch organischer Substanz zum Erliegen kommt, ist das sogar ökologisch von Vorteil, denn auf diese Weise können z. B. Abfälle abgebaut oder organisch belastete Fließgewässer selbstgereinigt werden. In Unterscheidung von der zeitlichen wird die *räumliche Abfolge* von Arten entlang eines Umweltgradienten als *Zonation* bezeichnet. Beispielsweise bilden sich in verschiedenen Höhenlagen eines Berges in gebänderten Zonen charakteristische Lebensräume aus, bei denen die Umweltfaktoren nach der Höhenlage abgestuft sind.[543]

### Einzelprinzip (7)

*Leben* innerhalb der Ökosysteme und ihrer Kompartimente: Leben (griechisch *bios*) wurde im vorliegenden Zusammenhang bereits mehrfach angesprochen und nimmt unter den ökologischen Prinzipien eine *Sonderstellung* ein. Es grenzt sich vom abiotischen Teil der Natur als leblosem System ab und vereint in sich mehrere Einzelprinzipien, die durch ihre besonderen Eigenschaften und ihr Zusammenwirken insgesamt zum ökologischen Gleichgewicht beitragen und damit der Lebenserhaltung der Organismen dienen können. Diese Grenze wird inzwischen von der Biotechnologie durch die Schaffung von Modellorganismen wie transgene Pflanzen und Tiere überschritten, mit denen das Lebensmerkmal natürliches Wachstum zur Erzielung von Nutzeffekten beeinflusst wird. Für derartige biotische Artefakte wurde von Nicole Karafyllis der Begriff „Biofakte" eingeführt.[544] Leben ist also mehr als ein *komplexes System* organischer Strukturen, Funktionen und Prozesse, das sich allein naturalistisch erfassen ließe: Besonders am *menschlichen Leben* wird die Notwendigkeit einer moralphilosophischen Ergänzung des Einzelprinzips Leben deutlich, um die über die biologische Dimension hinausgehenden *kulturalistischen Aspekte* wie u. a. die Teleologie, Autonomie und Würde des menschlichen Lebens mit ihren eigengesetzlichen Eigenschaften berücksichtigen zu können.[545] Für alle Lebewesen stellt Lebendigsein eine *emergente Eigenschaft* dar, die nur das *lebende System* in seiner Komplexität als Ganzes besitzt und nicht seine einzelnen Bestandteile allein. Die das Leben prägenden Einzelprin-

---

542 Vgl. Odum 1989/1991, S. 196 ff.

543 Vgl. Munk 2000, S. 16-26 ff.

544 Weitere Einzelheiten zu den *Biofakten* als in ihrem Werden nicht mehr selbstständige Lebewesen finden sich unter http://www.biofakt.com/1_1.html und bei Karafyllis 2003.

545 Vgl. Höffe 2008, S. 173 f.

zipien kommen insbesondere durch folgende *Merkmale* zum Ausdruck: Bewegung (Organismen weisen vegetativ gesteuerte Muskelbewegungen auf, die auch in der einem fortwährenden Teilungsprozess unterliegenden Zelle als kleinster lebender Einheit in Form von Plasmabewegungen auftreten); Reizbarkeit (Organismen reagieren über Rezeptoren auf Einwirkungen durch Austausch von Informationen innerhalb und außerhalb des Organismus, die bei geistigen Fähigkeiten mit Hilfe der Sprache zur Kommunikation genutzt werden können); Fortpflanzung (Organismen können sich zur Erhaltung ihres Fortbestands selbst vermehren, wofür die höherentwickelten in der Regel einen geschlechtlichen Partner gebrauchen); zielgerichtete Entwicklung durch Wachstum und Alterung (bei mehrzelligen Organismen wie dem Menschen führt Alterung schließlich zum Tod, der in seinem speziellen Fall Sinnfragen auslöst); Stoffwechsel oder Metabolismus (Organismen sind offene Systeme, die ihren Energiebedarf durch Aufnahme, Verwertung und Abgabe von Stoffen decken und als Funktionsträger energiereiche Makromoleküle verwenden); individuelle Gestalt als abgegrenzte Einheit (Organismen bestehen aus Zellen, Organen und Organsystemen, die alle geregelt zusammenwirken und als artspezifische Einheit mit ihrer Umwelt in Beziehung stehen); genetische Informationsübertragung für die individuelle Entwicklung und als positiver Beitrag zur Biodiversität (Organismen besitzen in ihrem Genom, dem durch Mutation veränderbaren Chromosomensatz einer Zelle, abrufbare Informationen, die sie für ihre Lebensbedingungen und zur Weitergabe an die nächste Generation benötigen). Erst mit derartigen Merkmalen bzw. den ihnen zugrundeliegenden Prinzipien ist Leben *uneingeschränkt* möglich. Da Viren beispielsweise nur einen Teil dieser Merkmale erfüllen, werden sie den Lebewesen nicht zugerechnet.[546]

*Leben*, das über die ökologische Sicht hinaus dem *Menschen* sein persönliches Dasein in der Natur einmalig erscheinen lässt, Leben als Zweck in sich selbst gelten lässt, das nicht von äußeren Zwecksetzungen bestimmt wird, und seinem von einem speziellen Zusammenspiel von Körper sowie Geist geprägten Lebendigsein auch Subjektivität zubilligt,[547] ist jedoch mehr als ein Sachverhalt, der sich nur deskriptiv erfassen lässt: *Leben als umfassendes Prinzip* erfordert daher neben der naturwissenschaftlichen Erfassung einen Rückgriff auf die Philosophie und normative Ethik. Denn Leben ist für den Menschen einerseits fundamentales Gut und andererseits *fehlen* ihm die *instinktiven Fähigkeiten* zum Überleben. Beispielsweise fehlt ihm die instinktive Hemmung vor einer Beseitigung von Leben [548] und vor einer Gefährdung seiner natürlichen Lebensgrundlagen, die er jedoch durch seine *normativen Fähigkeiten* ausgleichen kann und zu einem dauerhaften Leben in Würde auch muss (Stichwort: Handlungsorientierung).[549]

---

546 Vgl. Munk 2000, S. 1-12 und Tischler 1993, S. 21 ff.

547 Weitere Einzelheiten über die *Subjektivität* des menschlichen Daseins finden sich im Kapitel 3.5.1 „Grundprobleme der Sozialethik".

548 Vgl. Wils/Hübenthal 2006, S. 216.

549 Auf die *Instinktproblematik* des Menschen und seine intellektuellen Fähigkeiten, mit denen auch fehlende Instinkte kompensiert werden, wird anlässlich der anthropologischen Ausführungen im Kapitel 3.5.1 „Grundprobleme der Sozialethik" eingegangen.

#### 3.3.2.3 Konsequenzen für den Umgang mit vorgenannten Prinzipien

Die dargestellten ökologischen Prinzipien zeigen sowohl einzeln für sich als auch in ihrer Gesamtheit eine *Einzigartigkeit der Natur*, die mit ihren Potenzialen neben zweckorientierten durchaus ästhetische Bedürfnisse befriedigen kann. Im umweltethischen Kontext ist daher auch der *ideelle*, d. h. *Wert* an sich der aus vielfältigen, in der Regel genial zusammenwirkenden Bausteinen bestehenden Natur zu berücksichtigen. Die Natur übt einerseits auf die Psyche und Kultur sowie andererseits auf die Physis der Menschen einen nicht zu vernachlässigenden Einfluss aus und ist aus umweltethischer Sicht mit ihren Qualitäten nicht nur schützenswert, sondern für ein gutes Leben unabdingbar und aus Gründen der Gerechtigkeit [550] möglichst vielen Menschen für die Nutzung zugänglich zu machen. Wenn der Mensch durch sein Verhalten auf einzelne *ökologische Prinzipien* bzw. mit ihnen erfasste Phänomene einwirkt, sollte diese Einwirkung zwecks Erhaltung der *Stabilität* und *Funktionsfähigkeit* der vernetzten Ökosysteme – auch im Hinblick auf die vielfältigen Störungsmöglichkeiten – grundsätzlich nur soweit wie unbedingt erforderlich geschehen. Dabei sind die ökologischen Regeln und Erfordernisse bezüglich der relevanten Elemente, Strukturen und Funktionen des globalen Ökosystems soweit wie möglich zu berücksichtigen. Ferner sollten im Falle eines Verstoßes gegen einzelne Prinzipien die entstandenen Konsequenzen als *Indikator* für falsches Verhalten erkannt und frühzeitig für notwendige Korrekturen genutzt werden. Denn ein sorgloser und unsensibler Umgang mit den ökologischen Prinzipien kann aufgrund der bestehenden Interdependenzen und funktionalen Zusammenhänge sowohl die Sachverhalte der Einzelprinzipien selbst als auch die des integrativen Gesamtprinzips mit entsprechenden *Risiken* für die künftige Entwicklung der Biosphäre und ihrer Lebensbedingungen nachteilig verändern. Und er würde der Verantwortung, die der Mensch grundsätzlich wahrzunehmen hat, nicht gerecht werden. Die Risiken sind jedoch aufgrund fehlender ökologischer Gesetze, die durch Prinzipien und Prämissen nur zum Teil zu ersetzen sind, nur begrenzt vorhersehbar. Beim Menschen kommt erschwerend hinzu, dass seine Lebensbedingungen nicht nur durch die *Natur*, sondern auch durch seine *Kultur* geprägt sind, mit der er versucht, seine natürlichen Mängel zu kompensieren. Hier ist insbesondere die *Umweltethik* gefordert: Sie muss bereits im Vorfeld ansetzen und unter der Zielperspektive einer nachhaltigen Entwicklung für eine umweltbezogene Handlungsorientierung sorgen. Wie das im Einzelnen aussehen kann, wird im folgenden Abschnitt dargestellt.

### 3.3.3 Normative Integration ökologischer Rationalität

Der zu entwickelnde umweltethische Ansatz soll durch normative Integration der ökologischen Rationalität realisiert werden. Unter *ökologischer Rationalität* wird hier aus dem Blickwinkel der Umweltethik die zweckrationale Verfolgung – der nicht-instrumentelle Anteil wird getrennt berücksichtigt – des folgenden *ökologischen Zielsystems* verstanden: Die Existenzbedingungen der Menschen und die Wechselbeziehungen zu ihrer

---

[550] Auf die *Gerechtigkeit* wird im Kapitel 3.5.2 „Gerechtigkeit als zentrales Anliegen der Sozialethik" näher eingegangen.

biotischen sowie abiotischen Umwelt basieren auf *ökologischen Prinzipien*, mit denen sie ihr physisches Überleben auf Dauer sichern können, wenn sie diese entsprechend berücksichtigen. Auf diese Weise wird ökologisch rationales Verhalten auf Dauer ermöglicht, das erst die faktischen Voraussetzungen für ein gutes Leben im Einklang mit der Natur schafft. Eine fachspezifisch auf dieses *generelle Ziel* ausgerichtete Umweltethik wird unter Nachhaltigkeitsbedingungen entsprechend dem hier vertretenen ganzheitlichen Ansatz als ökologische Dimension der noch zu entwickelnden Nachhaltigkeitsethik eingestuft. Unter dieser erweiterten Perspektive wird im Folgenden eine *normative Integration* der ökologischen Rationalität durchgeführt: Sie führt im ersten Schritt zu einem spezifisch *umweltethischen Ansatz*, um später auf dieser Grundlage unter Berücksichtigung aller Nachhaltigkeitsdimensionen eine normative *Erweiterung* in Richtung auf eine global *zukunftsfähige Entwicklung* zu ermöglichen. Damit soll erreicht werden, dass einerseits die Autonomie des umweltethischen Ansatzes gewahrt bleibt und andererseits eine ganzheitlich um ökonomische und soziale Anforderungen erweiterte Gestaltung ermöglicht wird. In beiden Fällen handelt es sich um integrative Ansätze.

Im Rahmen der ethischen Fundierung des umweltethischen Ansatzes und dessen ganzheitlicher Erweiterung soll der instrumentelle fachspezifische Anteil des Ansatzes im Folgenden normativ mit der *teleologischen Deontologie* und den nicht-instrumentellen Prinzipien verknüpft werden. Die hierfür durchzuführenden Integrationsschritte erfordern angesichts Interessen bedingter Konfliktpotenziale eine methodische Unterstützung durch das *dialogische Konsensprinzip*, das auch für die spätere praktische Umsetzung der Konzeptualisierung benötigt wird.[551] Diese Vorgehensweise wird neben der vorgesehenen Gleichbehandlung der Dimensionen der Nachhaltigkeit auch damit begründet, dass sowohl die zugrunde liegenden Prinzipien bzw. Rationalitäten als auch die deontologische Teleologie sich grundsätzlich als fachspezifische und ethische Fundierung einer integrativen Umweltethik eignen, die anschließend aufgrund ihrer ökonomischen und sozialen Anschlussfähigkeit in Richtung Nachhaltigkeit erweitert werden kann. Die dafür erforderliche *normative Integration* ökologischer Rationalität lässt sich auf dieser Grundlage mit einer Dialog orientierten Unterstützung erreichen, die wesentlich zur notwendigen Überwindung auftretender Interessengegensätze und *Konflikte* beiträgt. Auf diese Art und Weise können Ungleichgewichte weitgehend vermieden und/oder ausbalanciert, auf den Einzelnen ausgeübte Zwänge zurückgedrängt sowie eine ökologisch ausgerichtete Gestaltung der Lebens- und Wirtschaftsweise unterstützt werden. Denn der hierfür eingesetzte argumentative *Dialog* und *ethische Diskurs* kann die umfassenden Bedürfnisse der Menschen in der gesellschaftlichen Realität nachhaltig zum Ausdruck und zur Lösung bringen. Diese Zielvorstellung lässt sich also realisieren, ohne dadurch – unter Umgehung demokratischer Standards – bestehende Rationalitäten negieren zu müssen, wie z. B. die für das menschliche Leben notwendige Versorgung mit Ressourcen aus der belebten und unbelebten Natur. In der raumzeitlichen *Nachhaltigkeitsperspektive* wird der zu führende *Dialog* wegen divergierender ökologischer, ökonomischer, sozialer und politisch-institutioneller Interessen erschwert, so dass weitergehende Regeln und Verfahrensschritte für den ange-

551 Auf die *Konfliktlösungs- und Integrationsmethode* wird im Kapitel 3.6 „Integration der fachspezifischen Einzelethiken" näher eingegangen.

strebten Konsens erforderlich werden. Dazu gehören die Verständigung u. a. über technische Lösungswege und die Entscheidung zwischen Wahlmöglichkeiten ebenso wie die Berücksichtigung handlungsleitender Aspekte im Rahmen eines institutionalisierten *Global-Governance-Prozesses*, der jedoch schon aus Sicht der Kommunikation für künftige Generationen nur antizipativen Charakter haben kann und die Anforderungen an die Verantwortung der gegenwärtigen Generation entsprechend erhöht. Ohne dadurch entbehrlich zu werden, findet der ethisch ausgerichtete Diskurs seine *Grenzen*, wenn mehrere Generationen oder die Natur über die themenbezogene Berücksichtigung hinaus unmittelbar in die Kommunikation einbezogen werden sollen. Für künftige Generationen ist sie sogar nur in einer Richtung auf schriftlichem bzw. informationstechnologischem Wege möglich und im zweiten Fall überhaupt nicht. Denn die außermenschliche Natur kann zwar, wie die Erderwärmung durch den Treibhauseffekt exemplarisch zeigt, auf anthropogenes Verhalten reagieren, entzieht sich aber jeglicher Kommunikation.

### 3.3.3.1 Integrativer Ansatz der Umweltethik

Die Existenzbedingungen des Menschen sind entscheidend von den Voraussetzungen und Potenzialen der Natur sowie seinem Umgang mit ihr geprägt, wobei den Ressourcen verbrauchenden Bedürfnissen und ihrer Befriedigung eine besondere Bedeutung zukommt.[552] Auch wenn die *natürliche Umwelt* mit ihrer Quell- und Senkenfunktion dabei zunächst im Hintergrund bleibt, liegt es in diesem Zusammenhang nahe, kurz auf den Moralphilosophen und Ökonomen Adam Smith einzugehen. Denn ihm sind bereits vor über 200 Jahren selbst Zweifel an einer ausschließlich Ökonomie gestützten Realisierung des Gemeinwohls entstanden, die er als das Resultat der menschlichen Arbeit und der Arbeitsteilung einstufte. Der von ihm dennoch im Rahmen seiner Wohlstandsüberlegungen unterstellte – in der Natur durchaus verbreitete – *Selbststeuerungsmechanismus* für den gesellschaftlichen Teilbereich der Ökonomie, nach dem der Einzelne seine individuellen Interessen nach bestmöglicher Bedürfnisbefriedigung verfolgt und dabei gleichzeitig den gesellschaftlichen Interessen nach bestmöglicher Versorgung mit Gütern dient,[553] hat sich weder theoretisch noch in der universellen Anwendung bestätigt: Stattdessen besteht *Regulierungsbedarf*, da ein großer Teil der menschlichen Gesellschaft sozial und ökonomisch benachteiligt bleibt, der sich heute bei globaler Betrachtung durch die Entwicklungsländer entsprechend vergrößert. Hinzu kommt ein nicht zu vernachlässigender Teil der natürlichen Umwelt, der durch eine auf kurzfristiges Vorteilsstreben ausgerichtete Lebens- und Wirtschaftsweise zunehmend geschädigt und dadurch nicht einmal einem erweiterten Verständnis von Eigennutz gerecht wird. Denn was nützt dem materiell Gesättigten eine verunglückte Natur, die auch seinen immateriellen Bedürfnissen nicht mehr genügen kann. Damit die normativen Möglichkeiten der *Umweltethik* jedoch nicht auf Mitleid mit ökologisch Benachteiligten, gute Taten von Einsichtigen sowie kurzfristig ausgerichtete

[552] Auf die schon von der Brundtland-Kommission thematisierte *Bedürfnisbefriedigung* wird im Kapitel 3.4.1 „Grenzen der heutigen Lebens- und Wirtschaftsweise“ unter wirtschaftsethischen Gesichtspunkten näher eingegangen.

[553] Vgl. Smith 1789/1978, S. LI und 17.

ökologische Reparaturmaßnahmen beschränkt bleiben, und scheinbar unveränderbare sozial-ökologische Sachzwänge weiterhin als Ausrede für die fehlende Bereitschaft zu umfassenden Veränderungen dienen, muss mit einer integrativen Denkweise bereits früher in der Problematik angesetzt werden. Nämlich dort, wo individuelle und gesellschaftliche Fehler und Fehlentwicklungen zu Lasten der natürlichen Umwelt entstehen und durch *normative Orientierung* noch vermieden bzw. bereits entstandene Belastungen zumindest umweltverträglicher gestaltet werden können, ohne dadurch die Probleme auf die ökonomische und soziale Ebene zu verlagern.

Der hier darzustellende *umweltethische Ansatz* soll mit seiner Verknüpfung der fachspezifischen und ethischen Aspekte formal *als Vorbild* für die separat zu behandelnden integrativen Ansätze der Wirtschafts- und Sozialethik dienen.[554] Als naturwissenschaftlich bestimmte Zweckrationalität gibt die *ökologische Rationalität* die Realität zwar innerhalb des Ökologiehorizonts in der Regel wieder, wodurch notwendige ökologisch ausgerichtete Verhaltensweisen und Maßnahmen bei ihrer Beachtung erst ermöglicht werden. Da sie jedoch selten konsequent umgesetzt wird und über keine weitergehende Perspektive verfügt, ist eine moralphilosophische Ergänzung um eine nicht-instrumentelle Rationalität erforderlich, um Motive, Werte und Folgen individuellen und sozialen Handelns aus ethischer Perspektive zu reflektieren und Handlungsorientierung in Richtung einer sowohl ökologischen und als auch global zukunftsfähigen Entwicklung liefern zu können. Diese Aufgabe übernimmt die *ethische Rationalität*, die die eingeschränkt teleologische Ausrichtung des Ökologischen insbesondere um eine ganzheitliche Wahrnehmung von Pflichten und Verantwortung ergänzt. Die ethische Rationalität unterstützt damit ein Handeln nach Gesetzen, wie es für Sachverhalte der Natur an sich charakteristisch ist – im vorliegenden Zusammenhang jedoch nach solchen Gesetzen, die der *eigene Wille* selber hervorgebracht hat, also nach Prinzipien und nicht nach schon vorhandenen Naturgesetzen.[555] Hierbei handelt es sich um *nicht-instrumentelle Prinzipien* wie Vernunft, Autonomie, Freiheit, Pflicht, Verantwortung, Konsens etc. Diese Prinzipien ziehen sich wie ein *roter Faden* durch die gesamte vorliegende Arbeit, da sie in Verbindung mit den ökologischen, ökonomischen und sozialen Prinzipien die Bedingungen kennzeichnen, unter denen eine nachhaltige Entwicklung aus moralphilosophischer Sicht möglich ist. Dennoch bleibt die ethische Rationalität bzw. der sie mit seiner Vernunft hervorbringende Mensch für seine physische Existenz immer auf die Potenziale der fachspezifischen – hier der ökologischen – Rationalität angewiesen, so dass sich erst im Verbund mit letzterer die angestrebte Handlungsorientierung ergeben kann.

---

[554] Der integrative Ansatz der *Wirtschaftsethik* wird im Kapitel 3.4.3 „Normative Integration ökonomischer Rationalität“ und der der *Sozialethik* im Kapitel 3.5.3 „Normative Integration sozialer Rationalität“ dargestellt.

[555] Vgl. Pieper 2007, S. 271.

Ausgehend von den genannten Überlegungen erfolgt die *Entwicklung* des integrativen umweltethischen Ansatzes in *drei idealtypischen Schritten*, die in der gesellschaftlichen Realität viele Überschneidungen aufweisen: [556]

(1) Im ersten Schritt wird das genannte ökologische Zielsystem *deontologisch* ergänzt: In Anlehnung an Kants *praktische Vernunft* wird sein formales Prinzip des *kategorischen Imperativs* als notwendige, jedoch nicht hinreichende Voraussetzung zugrunde gelegt. Dieser formale Rahmen muss daher sowohl für die umweltbezogenen Anwendungsfälle als auch in der erweiterten Perspektive für eine global zukunftsfähige Entwicklung geeignet sein und die ökologischen Prinzipien mit ihren inhaltlichen Ergänzungen berücksichtigen. Dafür müssen in jedem Fall zunächst die spezifischen Defizite des Ist-Zustands geklärt werden, was durch die kritische Reflexion des Verhältnisses *Mensch-Natur* in den vorangegangenen Kapiteln der Arbeit bereits in dem hier vertretbaren Umfang geleistet wurde. Aus der Position des grundsätzlich befürworteten gesellschaftlichen Fortschritts baut darauf die aus der praktischen Vernunft resultierende *Pflicht* zu einer Überwindung bzw. Verbesserung des defizitären Ist-Zustands und Vermeidung künftiger ökologischer Fehlentwicklungen auf. Letztere leiten bereits zur nachstehenden Folgenbetrachtung über, als dadurch für die Zukunft vorgestellte Folgen angesprochen werden.

(2) Im zweiten Schritt wird das deontologisch erweiterte ökologische Zielsystem zusätzlich *teleologisch* und damit auch konsequentialistisch ergänzt: Die deontologisch bereits konkretisierte Gestaltung der Beziehungen des Menschen zur belebten und unbelebten Natur erfordert aus ganzheitlicher Sicht eine konsequent durchgeführte teleologische Ergänzung, damit die *Handlungsfolgen* der anthropogenen Einwirkungen auf die Natur zusätzlich berücksichtigt werden können. Erst dann kann den Anforderungen aus dem ökologischen – und in der erweiterten Perspektive auch den Nachhaltigkeitsdefiziten im ökonomischen und sozialen Bereich – global sowie auf Dauer Rechnung getragen und zur Verringerung nachteiliger Auswirkungen maßgeblich beigetragen werden. Neben der Pflicht zu einer umfassenden Verbesserung des Ist-Zustands und Vermeidung künftiger Fehlentwicklungen kommt also die Übernahme der *Verantwortung für die Folgen* eines Umwelt unverträglichen Verhaltens hinzu, um damit wenigstens eine Erhaltung der Natur für die unverzichtbare Bedürfnisbefriedigung zu erreichen. Denn das nur deontologisch erweiterte ökologische Zielsystem beschränkt sich auf die unmittelbare Pflicht- bzw. Zweckerfüllung und fragt nicht nach den Folgen, die die jeweiligen anthropogenen Einwirkungen in der Natur, einschließlich erreichter Verbesserungen, letztlich hinterlassen. Die entstehenden Folgen können sogar erheblich sein, wenn in dem als Tetraeder der Nachhaltigkeitsethik dargestellten *Konfliktmodell* nicht auf eine ausreichende Balance zwischen den Dimensionen der Nachhaltigkeit geachtet wird.

(3) Der *umweltethische Ansatz* erfordert für die beabsichtigte Berücksichtigung der Natur als Ganzes, die nicht nur der materiellen und immateriellen Bedürfnislage der

[556] Auf die *Überschneidungen* zwischen deontologischen und teleologischen bzw. konsequentialistisch ausgerichteten Ansätzen, die hier im Verbund angewendet werden, wurde bereits im Kapitel 3.2.2 „Handlungsleitende Potenziale der normativen Ethik“ eingegangen.

Menschen, sondern auch den damit zusammenhängenden Anforderungen an die natürliche Umwelt gerecht wird und eine global zukunftsfähige Entwicklung auf Dauer ermöglicht, einen dritten Schritt, bei dem das deontologisch und teleologisch erweiterte ökologische Zielsystem mit der *ethischen Rationalität* und ihren nicht-instrumentellen Prinzipien verknüpft wird. Die auf diese Weise insgesamt erreichte *normative Erweiterung* des Ansatzes, mit der wegen ihrer ganzheitlichen Orientierung einseitig auf Positivismus und Technokratie ausgerichtete Wege vermieden werden sollen, ist jedoch an einige *Voraussetzungen* gebunden: Die Integrationsfähigkeit der ökologischen und der ethischen Rationalität erfordert die Berücksichtigung der ihnen jeweils zugrunde liegenden Prinzipien und deren Verknüpfung, und zwar zusammen mit den in den vorangegangenen beiden Schritten erfolgten normativen Erweiterungen des ökologischen Zielsystems, die hier als komplementär angenommen werden und daher nicht substituierbar sind. Das ist jedoch nur mit *methodischer Unterstützung* durch das Konsensprinzip und den ethischen Diskurs möglich, wodurch die *kommunikative Rationalität* als dritte Rationalität in die Entwicklung des Ansatzes eingeht.

Damit ergibt sich vor dem Hintergrund des Verhältnisses Mensch-Natur der integrative Ansatz der Umweltethik schließlich als Ergebnis einer *Integration* von *ökologischer und ethischer Rationalität*, der sich schematisch als Schnittmenge beider Rationalitäten darstellt (vgl. Abb. 14):

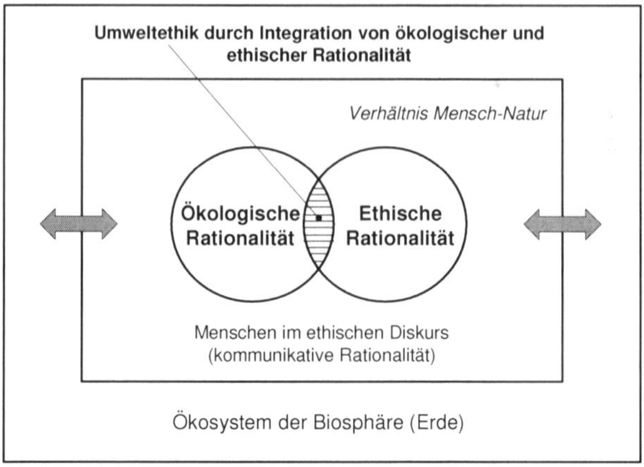


**Abbildung 14: Umweltethischer Ansatz als Ergebnis normativer Integration**

Die *umweltethische Fundierung* erfolgt hierbei durch die ökologischen Prinzipien (ökologische Rationalität) zur zweckrationalen Ausrichtung des ökologischen Zielsystems, den formalen Ansatz der teleologischen Deontologie zur normativen Erweiterung des zweckrational ausgerichteten ökologischen Zielsystems, die nicht-instrumentellen Prinzipien (ethische Rationalität) zur abschließenden normativen Integration der ökologischen Rationalität und das dialogische Konsensprinzips im Rahmen eines ethischen Diskurses (kommunikative Rationalität) zur methodischen Unterstützung der für den umweltethischen Ansatz durchzuführenden Integration. Insgesamt ergibt sich so ein *integrativer Ansatz*, der aus zwei gleichberechtigten und vernetzten Rationalitäten besteht, die den gemeinsamen Kern einer *Umweltethik* darstellen, die für die umweltkonforme Gestaltung eines aus den Bausteinen der belebten und unbelebten Natur bestehenden Ökosystems der Biosphäre steht. Diese einerseits auf einem Abhängigkeitsverhältnis und andererseits auf einem Wechselverhältnis der Menschen zum Ökosystem unseres Planeten basierende *Relation* wird von der klassischen Biologie weitgehend ignoriert und von neueren Schulen wie der Ökologie und ihren Teilgebieten zunehmend berücksichtigt.

**Weitere Perspektive:** Für die Zielsetzung einer zukunftsfähigen Entwicklung, die sich auf den gesamten Planeten Erde bezieht, muss ein weitergehender normativer Ansatz entwickelt werden, der nicht bei der Integration der ökologischen Rationalität endet, sondern darüber hinaus die ökonomische und die soziale Rationalität mit ihren spezifischen Anforderungen zusätzlich in das ganzheitliche ethische Gesamtkonzept aufnimmt. Daher müssen außerdem die nachfolgend darzustellende *Wirtschaftsethik* und *Sozialethik* als weitere interdependente Bestandteile für den zu generierenden Gestaltungsansatz *Nachhaltigkeitsethik* berücksichtigt werden. Erst mit dieser Ergänzung und einer Integration der drei fachspezifischen Einzelethiken ist unter Beibehaltung der dargestellten ethischen Fundierung und Unterstützung durch die konsensuale Dialogmethode ein *integrativer Ansatz* für eine nachhaltige Entwicklung möglich, der sich anwendungsbezogen konkretisieren lässt.

## 3.4 Wirtschaftsethik

Unter der ganzheitlichen Perspektive soll im Anschluss an den umweltethischen nachfolgend ein wirtschaftsethischer Ansatz als Teil des normativen Gestaltungsansatzes Nachhaltigkeitsethik entwickelt werden, der die beabsichtigte Handlungsorientierung um einen ökonomischen Beitrag erweitert und den späteren Anschluss eines sozialethischen Ansatzes ermöglicht. Dabei sollen die Anforderungen an humane Lebensbedingungen für alle Menschen umfassend berücksichtigt werden. Die das Wirtschaften maßgeblich bestimmende *ökonomische Rationalität* wird daher in ein Verhältnis zur *ethischen Rationalität* gesetzt, die in der vorliegenden Arbeit beide vom Standpunkt grundsätzlicher Gleichberechtigung aus behandelt werden sollen. Eine Vorgehensweise, die bisher zu wenig wahrgenommen wird und angesichts der aktuellen globalen Finanz- und Wirtschaftskrise besonders gerechtfertigt erscheint.[557] Nach einer Analyse dieser *beiden Pole* spezifischer Rationalität soll auch für diese fachspezifische Einzelethik versucht werden, insoweit eine Synthese zwischen ihnen herzustellen, als sich die ökonomische Rationalität normativ integrieren und ein *integrativer wirtschaftsethischer*

[557] Auf die noch nicht überwundene *globale Finanz- und Wirtschaftskrise* wurde bereits im Kapitel 1.1 „Anlass und Zielsetzung der Arbeit“ eingegangen. Aufgrund ihrer Bedeutung im vorliegenden Zusammenhang erfolgen weitere Bezüge.

*Ansatz* entwickeln lässt, der dem komplexen Nachhaltigkeitshintergrund und der Zielsetzung der Arbeit angemessen ist.

Schon seit den 1990er Jahren befasst sich die öffentlich geführte Diskussion mit den sich häufenden Wirtschaftskrisen [558] und den sozioökonomischen Problemen eines weitgehend unregulierten *Finanzmarkt getriebenen globalen Kapitalismus*,[559] dessen Ursachen und Wirkungen über die nationalen Grenzen einzelner Volkswirtschaften hinausweisen und sowohl die nationale als auch internationale Politik vor schwer zu lösende Aufgaben stellen (Stichwort: Global-Governance). Beispielhaft werden in diesem Zusammenhang die trotz ihrer biologisch eingeschränkten Vergleichbarkeit berühmt gewordene Metapher „Heuschrecken" für Finanzinvestoren erwähnt [560] und die Spiegel-Serie „Kapitalismus total global" zu den Schattenseiten einer entfesselten Ökonomie zitiert: „Niedriglöhne und Jobverlagerungen auf der einen Seite, Millionengehälter und Rekordgewinne auf der anderen: Die deutschen Arbeitnehmer sind die Verlierer, die großen Konzerne die Gewinner der Globalisierung. Kann die Politik diese Entwicklung stoppen?" [561] Außerdem hat das alleinige Vertrauen in die *Selbstregulierung* der Märkte anlässlich der aktuellen Finanz- und Wirtschaftskrise erneut versagt: „Ohne angemessene Regulierung tendieren sie (die Märkte) vielmehr zum Exzess. Im Jahr 2009 wird uns wieder einmal klar, warum Adam Smiths unsichtbare Hand oft unsichtbar bleibt: weil es sie gar nicht gibt. Das eigennützige Streben der Banker führte eben nicht zum Wohl der Gemeinschaft, es war nicht einmal für Aktionäre von Nutzen." [562] An dieser zunehmend *aus dem Ruder laufenden Entwicklung* ist die heute noch vorherrschende, von der Neoklassik beeinflusste Art und Weise des Wirtschaftens, die funktionalistisch ausgerichtet ist und Fragen nach dem Sinn und der Legitimation des wirtschaftlichen Handelns ausblendet, nicht unwesentlich beteiligt. Hier ist die bisher zu wenig beachtete Wirtschaftsethik gefordert, die nicht als Reparaturinstrument einer fehlgelenkten Ökonomie fungieren sollte,[563] sondern die *ökonomische Rationalität* kritisch reflektiert und dem Wirtschaften ein *ethisches Fundament* verleiht. Eine in diesem Kontext zu klärende Frage ist, welche Angebote die Wirtschaftsethik einer unter offensichtlich unzureichenden Prämissen und Rahmenbedingungen wachsenden Wirtschaft für eine weiter zunehmende und zusammenwachsende Weltbevölkerung unterbreiten kann. Ohne die noch darzustellende *Verhaltensänderung der Akteure* in

---

558 Vgl. Schweiger 2008, S. 27.

559 Für eine detaillierte Kritik an der zügellosen *kapitalistischen Marktwirtschaft*, die sich der Gewinnmaximierung verschreibt und marktfremde Gesichtspunkte wie die Achtung der Menschenwürde leugnet, wird auf die einschlägige Literatur verwiesen (vgl. u. a. Thielemann 2009).

560 Vgl. Hesse 2010, S. 30.

561 Der Spiegel 2005, S. 80. In einer zehnteiligen Serie beschreibt das Nachrichtenmagazin die *Folgen der Globalisierung* für die Beschäftigten, Unternehmen und Politik in Deutschland. Diese unternehmensbezogene Thematik wird im Rahmen des *Nachhaltigkeitsmanagements* in den Kapiteln 4.1 „Wirtschaftsunternehmen und ihre Akteure im ganzheitlichen Wandel" und 4.2 „Konzept für eine nachhaltige Unternehmensentwicklung" vertieft.

562 Vgl. Stiglitz 2009, S. 26.

563 Die beispielsweise von Peter Koslowski vertretene Position, *Ethik* als *Korrektiv von Ökonomieversagen* einzustufen (vgl. Koslowski 1988, S. 31), wird hier nicht geteilt.

Wirtschaft und Gesellschaft ergeben sich trotz erzielter Wohlstandsgewinne, von denen in der Regel vor allem die ohnehin schon wirtschaftlich Begünstigten profitieren, aus Sicht der globalen Zukunftsfähigkeit längerfristig eher nachteilige Rückwirkungen auf die Menschen und deren natürliche Umwelt. Vor diesem Hintergrund darf die *Wirtschaftsethik* im Unterschied zur öffentlichen Berichterstattung in den Medien nicht bei in der Regel folgenlosen moralischen Appellen – das wäre lediglich Moralismus – stehen bleiben, sondern sollte den Verantwortlichen in Wirtschaft und Politik Argumente für eine zukunftsfähige Gestaltung der gesellschaftlichen Entwicklung liefern. Unabhängig davon sind die von der internationalen *Wirtschaftspolitik* aus der angesprochenen Krise zu ziehenden Konsequenzen überfällig.

Die skizzierte *Problemlage* kann bei der Mehrheit der Bevölkerung nicht nur vorübergehend zu erheblichen wirtschaftlichen Nachteilen führen, wie das Beispiel der globalen Finanz- und der daraus resultierenden Wirtschaftskrise mit seiner unzureichenden staatlichen Marktregulierung sowie fehlenden rechtlichen Heranziehung der Verursacher der Krise eindrucksvoll belegt (Stichwort: Verursacherprinzip).[564] Die dabei stattgefundenen Übervorteilungen großer Bevölkerungsteile tragen außerdem zu einer steigenden staatlichen Verschuldung bei, da die betroffenen Staaten gezwungen sind, zur Vermeidung noch größerer Schäden finanzielle Mittel zur Krisenbekämpfung bereitzustellen. In diesen Zusammenhang fällt auch die Gerechtigkeitslücke infolge der insbesondere von Spekulanten aus der Finanzwirtschaft erzielten Profite, für die jetzt vor allem die Unternehmen der Realwirtschaft, die Steuerzahler und die zukünftigen Generationen aufzukommen haben. Erschwerend kommt bei jeder nur auf das *eigene Vorteilsstreben* ausgerichteten Marktwirtschaft die unvertretbare Belastung der natürlichen und sozialen Umwelt hinzu, die eine Gefahr für die Zukunftsfähigkeit darstellt. Obwohl es einige positive Ansätze seitens der Politik, Wirtschaft und Gesellschaft gibt, zeichnet sich trotz einiger Teilerfolge bisher keine Lösung der aktuellen geschweige denn eine Vermeidung künftiger Finanz- und/oder Wirtschaftskrisen ab. Als *Zielperspektive* für den zu entwickelnden wirtschaftsethischen Ansatz wird hier daher eine im Sinne Peter Ulrichs lebensdienliche Ökonomie mit den Grunddimensionen *gutes Leben* als individuelle Lebensqualität und *gerechtes Zusammenleben* als soziale Lebensqualität vertreten,[565] für die der Kerngedanke jedes wirtschaftlichen Handelns die Befriedigung der Bedürfnisse im Sinne fairer Tauschbeziehungen zwischen grundsätzlich gleichberechtigten Partnern darstellt. Auf diese Weise soll die individuelle Bereicherung auf Kosten des Gemeinwohls sowie der Natur auf ein zukunftsverträgliches Ausmaß eingeschränkt und stattdessen zur Befriedigung der Bedürfnisse des Anderen im Sinne einer fairen Tauschbeziehung beigetragen werden. Vor diesem Hintergrund wird folgende *Arbeitshypothese* aufgestellt:

*Im Hinblick auf die bestehenden Unzulänglichkeiten in den wirtschaftlichen Rahmenbedingungen, Zweckbestimmungen der Wirtschaftsorganisationen und Verhaltensweisen der Wirtschaftsakteure liefert eine ganzheitlich ausgerichtete Wirtschaftsethik die*

---

564 Im Unterschied zum Umweltschutz, wo der *Verschmutzer* haften bzw. zahlen muss, fehlt für den Finanzsektor bisher ein entsprechendes Instrument (vgl. Kapoor 2009, S. 2).

565 Vgl. Ulrich 1997, S. 203 ff.

*notwendige Handlungsorientierung. Durch eine kritische Auseinandersetzung mit der ökonomischen Rationalität, ihre normative Integration und eine Berücksichtigung der ökologischen und sozialen Anforderungen an ein gutes Leben kann ein integrativer Gestaltungsansatz Wirtschaftsethik entwickelt werden, mit dem ein Beitrag zur Überwindung der nicht-nachhaltigen Lebens- und Wirtschaftsweise geleistet wird. Eine so angelegte Wirtschaftsethik unterstützt die Befriedigung der Grundbedürfnisse aller Menschen auf Dauer, ohne die Natur als notwendigen Ressourcenlieferanten in ihrer Funktionsfähigkeit und den gesellschaftlichen Zusammenhalt zu gefährden.*

Die ökonomischen Unzulänglichkeiten lassen sich im Kern vereinfachend auf den Tatbestand eines *Diebstahls* – sei es an der menschlichen Würde oder an der natürlichen Umwelt – zurückführen. Diese bewusst pointiert formulierte Position lässt sich angesichts der Komplexität der gesellschaftlichen Zusammenhänge jedoch nicht einfach in spezifische Theorien, Normen und gesetzliche Regeln transformieren. Für die nachfolgenden Ausführungen bietet sich daher im ersten Schritt eine Auseinandersetzung mit der heutigen *Lebens- und Wirtschaftsweise* aus der Perspektive einer global zukunftsfähigen Entwicklung an. Diese ist wesentlich von den menschlichen Bedürfnissen der heutigen wie der künftigen Generationen und den Möglichkeiten zu deren Befriedigung bestimmt, die ohne eine Lösung des damit verbundenen *Gerechtigkeitsproblems* nicht zukunftskonform zu realisieren ist. Im zweiten Schritt ist zur Darstellung der auf verschiedenen Ebenen wirksamen Wirtschaftsethik das Verhältnis von Ökonomie und Ethik bezüglich der ökonomischen und ethischen Rationalität zu klären. Damit soll auch auf das später zu behandelnde Nachhaltigkeitsmanagement vorbereitet werden. Im dritten Schritt wird ausgehend von einer gleichberechtigten Position von Wirtschaft und Ethik ein fachspezifischer Ansatz *Wirtschaftsethik* dargestellt, der zu einem integrativen Ansatz für eine zukunftsfähige Entwicklung weiterentwickelt werden soll und sich für die Gestaltungsaufgabe Nachhaltigkeit und seine anwendungsbezogene Konkretisierung eignet. Hierzu ist wieder ein Rückgriff auf die teleologische Deontologie und eine methodische Unterstützung durch den konsensualen Dialog vorgesehen.

### 3.4.1 Grenzen der heutigen Lebens- und Wirtschaftsweise

Der Mensch teilt mit anderen Lebewesen auf unserem Planeten das Grundbedürfnis zu leben, also sich unter geeigneten Lebensbedingungen positiv entwickeln zu können. Die elementare Lebenserhaltung erfordert für den Menschen eine *Befriedigung* von *Grundbedürfnissen* wie Nahrung, Kleidung, Wohnung und gesundheitliche Versorgung,[566] die er entsprechend seinem individuellen Entwicklungsstand und den kulturellen Rahmenbedingungen um weitere *Bedürfnisse* ergänzt, die nicht in jedem Fall sinnvoll sind. Im Unterschied zum Tier holt sich der Mensch seine Lebensmittel – wenn man von frühzeitlichen Entwicklungsstadien absieht – nicht spontan aus der Natur, sondern ist auf einen planvollen Umgang mit diesen Ressourcen und eine auf Erhaltung

566 Auf die Sicherstellung der *Grundbedürfnisse* und die Beseitigung der Armut der Weltbevölkerung wurde bereits anlässlich der grundlegenden Aussagen des Brundtland-Berichts eingegangen (vgl. Kapitel 1.3.2).

angelegte Kultivierung der Natur angewiesen.[567] Zur Befriedigung seiner überwiegend anthropozentrischen Bedürfnisse hat sich der Mensch im Laufe seiner Entwicklungsgeschichte schon in der Antike – Aristoteles rechnete die *Ökonomie* zusammen mit der *Ethik* und *Politik* der praktischen Philosophie zu, ohne diese Trias eines integrativen Handelns soweit zu trennen, dass dabei die demokratischen Grundlagen und der soziale Zusammenhalt des Gemeinwesens gefährdet werden [568] – eine elementare Institution geschaffen: die *Wirtschaft*. Unter diesem Begriff lassen sich alle Aktivitäten und Einrichtungen zur Befriedigung menschlicher Bedürfnisse subsumieren. Die Deckung des menschlichen Bedarfs – unter „Bedarf" werden diejenigen Bedürfnisse verstanden, die das Wirtschaftssubjekt durch seinen finanziellen Rahmen stillen könnte [569] – an Gütern erfolgt dabei durch deren Produktion, Distribution und Konsumtion.[570] Den ihrer Natur nach unbegrenzten menschlichen Bedürfnissen stehen zu ihrer Befriedigung jedoch nur *begrenzte Ressourcen* zur Verfügung. Durch Wirtschaften zielt der Mensch daher auf eine Verringerung dieser Knappheitssituation, indem er mit dem geringsten Aufwand einen größtmöglichen Nutzen anstrebt. Dafür bildet die *Ökonomie* – eigentlich eine Theorie des „ganzen Hauses" (oikonomia) – den theoretischen Rahmen.

Die heute weltweit überwiegend praktizierte *Lebens- und Wirtschaftsweise* verhindert eine nachhaltige Entwicklung und stellt aus normativ-ethischer Sicht den Ansatzpunkt für eine grundlegende Veränderung menschlichen Verhaltens dar. Denn sie dient unter der weit verbreiteten Prämisse einer in der Regel kurzfristig angelegten *individuellen Nutzenmaximierung* einerseits einer weder effektiven noch effizienten Befriedigung von Grundbedürfnissen und hedonistischen Bedürfnissen einzelner, keinesfalls aller Menschen. Und andererseits gefährdet sie langfristig die natürlichen Lebensgrundlagen durch eine ständige Überforderung der Natur als Quelle und Senke benötigter und nicht mehr benötigter Ressourcen. An diesem *ambivalenten Verhalten*, das bei der Mehrung des Wohlstands zu wenig auf die Handlungsfolgen für Natur und Gesellschaft achtet, sind grundsätzlich *alle Wirtschaftsakteure*, also sowohl Produzenten als auch Konsumenten, mehr oder weniger intensiv beteiligt. Ökonomisches ist gesellschaftliches Handeln und erfolgt keinesfalls wertfrei.[571] Es wird spätestens dann problematisch, wenn es um des kurzfristigen Vorteils willen langfristig die natürlichen Lebensgrundlagen zerstört und dadurch die Entwicklungsmöglichkeiten heutiger und künftiger Generationen einschränkt. In der Sprache der Ökonomen geht es um *externe Effekte* mit negativen ökologischen und sozialen Auswirkungen, die aus ganzheitlicher Sicht bei ökonomischen Entscheidungen entsprechend zu berücksichtigen sind. Diese Internalisierung, für die sich in der Umwelt- und Ressourcenökonomik erste Ansätze finden, erfolgt in der Regel jedoch nur unzureichend. Dass schließlich jeder Vorteil seinen Preis

567 Vgl. Ulrich 1997, S. 210.

568 Vgl. Pieper 2007, S. 66 ff.

569 Vgl. Paschke 2002, S. 40.

570 Der ökonomische Begriff *„Gut"* wird in diesem Zusammenhang in seiner umfassenden Bedeutung verwendet, d. h. sowohl für physische *Produkte* als auch für *Dienstleistungen* (vgl. Lancaster 1980 /1991, S. 239).

571 Auf die Modellbetrachtung des *Homo oeconomicus* wird nachfolgend noch eingegangen.

haben soll, ist aus ethischer Sicht hingegen nicht zu akzeptieren. Aus *nachhaltigkeitsethischer Sicht* geht es vor allem darum, die skizzierten Probleme und zum großen Teil ethischen Defizite zu erkennen und mit einer geeigneten Handlungsorientierung zu einer Verhaltensänderung beizutragen, damit für alle Menschen generationenübergreifend humane Lebensbedingungen erwirtschaftet werden.

#### 3.4.1.1 Menschliche Bedürfnisse und ihre Befriedigung

Die ethische Akzeptabilität der Lebens- und Wirtschaftsweise hängt wesentlich davon ab, ob Letztere in der Lage ist, die wirklichen und nicht künstliche *Bedürfnisse* der Menschen, wie sie sich auch aus einem durch Dritte beeinflussten Nachfrageverhalten am Markt ableiten lassen, auf Dauer zu *befriedigen*. Im Falle des vor allem früher populären „American Way of Life" hat sich die Akzeptanzfrage spätestens seit den Erkenntnissen aus der globalen Klimakrise sowie der aktuellen Finanz- und Wirtschaftskrise geklärt, obwohl es besonders in Schwellen- und Entwicklungsländern noch immer Anhänger für diesen zukunftsgefährdenden Weg gibt. Eine allgemein gültige *Zuordnung*, was unter wirklichen bzw. wahren Bedürfnissen zu verstehen ist, erscheint jedoch problematisch, da diese in vielfältiger Form auftreten, maßgeblich von der konkreten Lebens- und Bedürfnissituation der Menschen in ihrer jeweiligen sozioökonomischen Lage abhängen und daher spezifische Prioritäten aufweisen: Beispielsweise stellt das Suchtmittel für einen Süchtigen durchaus ein wirkliches Bedürfnis dar, was nicht bedeutet, dass es dadurch legal und von der Bevölkerungsmehrheit akzeptiert wird. Die Zuordnung der Bedürfnisse kann also je nach Informationsbasis und Bewusstseinslage erheblich divergieren. Auch die schon dargestellte Diskursethik wendet sich gegen eine starre Zuordnung der Bedürfnisse und verweist stattdessen auf eine Klärung durch die am Diskurs Beteiligten.[572] Trotz dieser Probleme und berechtigten Einwände wird im vorliegenden Zusammenhang das von Abraham H. Maslow in seiner Theorie der Grundbedürfnisse entwickelte *Modell einer Bedürfnispyramide* [573] wegen seiner Anschaulichkeit verwendet. Darin sind die Bedürfnisse in einzelne Klassen unterteilt und hierarchisch so strukturiert, dass von unten nach oben folgende Stufen durchlaufen werden: (a) biologisch-physiologische Bedürfnisse wie z. B. den Hunger zu stillen; (b) biologisch-psychologische Bedürfnisse wie z. B. sicher zu leben; (c) psychologisch-soziale Bedürfnisse wie z. B. die Zugehörigkeit und die Anerkennung in einer Gruppe; (d) an der Spitze der Pyramide das moralisch-ästhetische Bedürfnis nach Selbstverwirklichung.[574] Diese Bedürfnispyramide wird auch in Abstufungen mit fünf Kategorien veröffentlicht. In allen Fällen soll damit die Relevanz verschiedener Motive oder *Motivklassen* verdeutlicht werden, die sich in „niedere" Bedürfnisse (Mangelmotivation) und „höhere" Bedürfnisse (Wachstumsmotivation, also das Streben nach Weiterentwicklung) unterteilen lassen.[575] In seiner angenommenen Bedürfnis- bzw. *Motivhierar-*

---

572 Die *Diskursethik* wird als formales Verfahren auch für eine integrative Wirtschaftsethik angewendet (vgl. Ulrich 1997, S. 78 ff.).

573 Vgl. Maslow 1970/1981.

574 Vgl. Meran 1992, S. 59 f.

575 Vgl. Hopfenbeck 2000, S. 379.

*chie*, deren Gültigkeit für alle Menschen empirisch bisher nicht nachgewiesen werden konnte, geht Maslow davon aus, dass ein nächsthöheres Bedürfnis erst dann akut wird, wenn das hierarchisch tiefer angeordnete Bedürfnis befriedigt ist. Die von der konkreten Situation eines Menschen abhängigen Bedingungen, die beispielsweise eine Befriedigung des menschlichen Bedürfnisses nach Anerkennung ermöglichen, gewinnen demnach erst dann einen *Anreizcharakter*, wenn zuvor das Bedürfnis nach Sicherheit befriedigt wurde. Die Erfüllung einer Bedürfnisklasse gibt also nach dieser Theorie den Weg für eine fortschreitende Evolution des Bedürfnislebens frei, bis hin zur Selbstentfaltung der Person als dem höchsten Ziel.

**Resümee:** Auch wenn es sich bei diesem psychologisch ausgerichteten Stufenmodell um eine erhebliche Vereinfachung der realen Bedürfnissituation handelt, kann unterstellt werden, dass die subjektiven Mangelempfindungen des Menschen grundsätzlich mit dem Bestreben verbunden sind, diese in einer Prioritätenfolge in Form von Präferenzen so weit wie möglich zu erfüllen. Hier kann das Wirtschaften bei entsprechenden Rahmenbedingungen unmittelbar ansetzen und Abhilfe schaffen. Denn die *Ökonomie* geht generell von einer *Unersättlichkeit der Bedürfnisse* aus, die mit begrenzten Gütern und einer maximalen Nutzenstiftung befriedigt werden sollen. Daher gibt es immer unvollständig befriedigte Bedürfnisse und für den Menschen den ständigen Anreiz, wirtschaftlich zu handeln. Im ökonomischen Kontext handelt es sich hierbei vorrangig um wirtschaftliche Güter, die nichtwirtschaftlichen verbleiben den Kulturwissenschaften. Die *Wirtschaftsethik* geht jedoch über die erfahrungswissenschaftliche Auseinandersetzung mit der menschlichen Bedürfnisnatur hinaus, da sie ihre Wertvorstellungen an einem guten Leben für alle Menschen orientiert und die Bedürfnisse als Ergebnis einer Reflexion der gesellschaftlichen Verhältnisse differenziert betrachten und beurteilen muss.

### 3.4.1.2 Wohlfahrt versus Gerechtigkeit

Die neoklassische Ökonomie geht in Anlehnung an die sozial konzipierte Philosophie des Wohlstands und der Wirtschaft von Adam Smith[576] von der in der gesellschaftlichen Realität selten zutreffenden Annahme aus, dass der *Marktmechanismus* automatisch dafür sorgt, dass die Resultate des Wirtschaftens dem eigenverantwortlich handelnden Individuum unmittelbar zugeordnet werden und sich als Gesamtergebnis ein optimales Gleichgewicht und Gesamtwohl im Sinne des *Pareto-Kriteriums* einstellt.[577] Dieses grundlegende wirtschaftstheoretische Kriterium besagt unter noch zu erörternden Prämissen, dass jede Veränderung, die zumindest ein Individuum besser und niemanden schlechter stellt, eine Verbesserung der sozialen Wohlfahrt darstellt.[578] Es gestattet

576 Diese Thematik behandelt Adam Smith (1723-1790), der auch als Begründer der klassischen Nationalökonomie gesehen wird, ausführlich in seinem Hauptwerk „Der Wohlstand der Nationen" (vgl. Smith 1789/1978). Auf die Problematik der angenommenen *Selbstregulierung der Märkte* wurde wiederholt eingegangen (Stichwort: unsichtbare Hand).

577 Das *Pareto-Kriterium* geht auf den Neoklassiker und Begründer der Wohlfahrtsökonomie, Vilfredo Pareto (1848-1923), zurück.

578 Vgl. Lancaster 1980/1991, S. 323.

Aussagen darüber, wie Individuen in einer modellhaft gedachten Gesellschaft *ohne Eingriffe* von außen, die von der Neoklassik in der Regel abgelehnt werden, ihre eigenen Bedürfnisse mit den vorhandenen Ressourcen optimal befriedigen können. In diesem aufgrund angenommener freier Tauschhandlungen erreichten *Optimum* kann sich ein Wirtschaftssubjekt daher – nach bereits erfolgter Allokation der Produktionsfaktoren unter Produzenten und der Güter unter Konsumenten – nur noch dadurch besser stellen, indem es einem anderen etwas wegnimmt. Das von der neoklassischen Wohlfahrtsökonomie für die Beurteilung der erreichten *Wohlfahrt* verwendete Prinzip der *Pareto-Optimalität* geht also aufgrund der stattgefundenen Allokation von einer gegebenen Einkommens- und Vermögensverteilung aus und erklärt einen gesellschaftlichen Zustand dann für optimal, wenn das durch die allokativen Ergebnisse am Markt von den Wirtschaftssubjekten erreichte Nutzenniveau für kein Mitglied der Gesellschaft mehr zu erhöhen ist, ohne dadurch das eines anderen Mitglieds zu verringern. An dieser *neoklassischen Denkweise* ist in der gesellschaftlichen Anwendung aus Sicht der normativen Ethik vor allem problematisch, dass ein Wohlfahrtsstadium auch dann als Pareto-optimal und damit als ökonomisch effizient bezeichnet wird, wenn beispielsweise einige Privilegierte im Überfluss leben, während ein Großteil der Bevölkerung hungern muss.[579] Der *Gerechtigkeitsaspekt* stellt die Schnittstelle zur Sozialethik dar [580] und bleibt bei dieser rein ökonomischen Betrachtung *unberücksichtigt.* Durch eine Umverteilung der wirtschaftlichen Güter ließe sich das Konflikt verstärkende Ungleichgewicht zwischen Reichen und Armen durchaus verringern. Eine derartige *Umverteilung* zu Lasten der Reichen wäre jedoch *nicht Pareto-optimal* und kommt daher für die neoklassische Wohlfahrtsökonomie und ihre in der Regel privilegierten Vertreter nicht in Frage. Prominente Kritiker der Neoklassik interpretieren die Einführung des Pareto-Kriteriums im Wohlfahrtskontext u. a. als Versuch, Verteilungsfragen damit umgehen zu können: „The concept of Pareto optimality was evolved precisely to cut out the need for distributional judgements.“ [581] Die *Nichtberücksichtigung von Verteilungsfragen* in der neoklassischen Wohlfahrtsökonomie wird von Amartya Sen auch zwei Jahrzehnte später noch im Zusammenhang mit der gesellschaftlichen Wohlfahrt in ähnlicher Weise kritisch angesprochen: „Pareto efficiency is almost certainly the most widely used criterion in modern welfare economics, and its acceptability is typically taken to be entirely non-controversial. Disputations on the acceptability of Pareto efficiency as a necessary condition of social optimality relates to the status of the utility space itself.“ [582] Neuere Schulen der noch immer vorrangig neoklassisch ausgerichteten Ökonomie wie die neue Mikroökonomie und die Institutionenökonomik gehen mit der Wohlfahrtsproblematik zwar differenzierter um und behandeln das Wirtschaften durch ein methodisch anderes Vorgehen zwar realistischer, aber auch sie weichen den gesellschaftspolitischen Verteilungsfragen weiterhin aus.[583]

---

579 Vgl. Meran 1992, S. 67.

580 Weitere Einzelheiten zum *Gerechtigkeitsaspekt* finden sich im Kapitel 3.5.2 „Gerechtigkeit als zentrales Anliegen der Sozialethik“.

581 Sen 1973/1997, S. 6.

582 Sen 1992, S. 136.

583 Für eine Vertiefung der wirtschaftstheoretischen Entwicklungen in der *neuen Mikroökonomie* und *Institutionenökonomik* wird im vorliegenden Rahmen u. a. auf Weise/Brandes/Eger/Kraft 2005 und

Denn im Unterschied zu der bis in die Mitte des 19. Jahrhunderts vorherrschenden klassischen Ökonomie wurde seither von den Vertretern der *Neoklassik* das ursprünglich noch vorhandene moralphilosophische Gedankengut zugunsten einer Modellierung und zunehmenden mathematischen Formalisierung der Ökonomie mehr und mehr zurückgedrängt. Durch die *Ausblendung von Werten* und Werturteilen – außerhalb der Nutzenmaximierung (Stichwort: Shareholder-Value) [584] – soll offenbar nach dem Vorbild der Naturwissenschaften die Objektivität der Aussagen erhöht werden. Eine Vorgehensweise, die in einem analogen Zusammenhang bereits von Theodor W. Adorno anlässlich des *Positivismusstreits* in der deutschen Soziologie kritisiert wurde: Danach schafft eine derartige Wissenschaft auf dogmatische Weise eine Objektivität, die nicht durch das Subjekt hindurchgegangen ist. Der *Positivismus* als Theorie der wissenschaftlichen Objektivität gelangt damit nicht über einen szientistischen Subjektivismus hinaus.[585]

Mit der aktuellen globalen Finanz- und Wirtschaftskrise scheint die neoklassische Ökonomik selbst in die Krise geraten zu sein: Angesichts dieses folgenreichen Ereignisses sind zumindest die *Grenzen einer Wirtschaftstheorie* deutlich geworden, die das – im Unterschied zu ihrer grundlegenden Annahme – nicht nur rationale *Verhalten* der Wirtschaftsakteure auf den Märkten *zu wenig berücksichtigt* und keine hinreichende Nähe zur gesellschaftlichen Realität besitzt. Denn ihre Vertreter haben weder dieses globale Ereignis vorhergesagt noch bisher Aussagen über Dauer sowie Verlauf der Krise getroffen und umsetzbare Strategien zur Vermeidung künftiger Krisen derartigen Umfangs vorgeschlagen. Es handelt sich immerhin um die seit acht Jahrzehnten größte ökonomische Krise, die sich mit ihren intra- und intergenerationellen Negativauswirkungen nicht einfach in die für Marktwirtschaften übliche krisenhafte Entwicklung – mit wirtschaftspolitischen Steuerungsinstrumenten beherrschbaren Schwankungsbreiten – einreihen lässt und außerdem der anstehenden Lösung der globalen Umwelt- und Sozialkrisen wichtige Mittel entzieht. Unabhängig von der weiterhin bestehenden Problematik einer *fehlenden interdisziplinären Öffnung* zu den Sozial- und Umweltwissenschaften sowie zur normativen Ethik [586] bleibt die Erforschung funktionaler Beziehungen innerhalb eines Wirtschaftssystems mit Hilfe einer mathematisch-quantitativen Modellökonomik weiterhin gefragt. „Aber daneben muss es eine Strömung geben, die jenen blinden Fleck bearbeitet, den die isolierende Volkswirtschaftslehre zwangsläufig aufweist. Genau dies ist die Aufgabe der Ordnungsökonomik, die sich in den vergangenen Jahren ... nachhaltig modernisiert hat.“ [587] Die aktuelle Finanz- und

Richter/Furubotn 2003 verwiesen. Die Institutionenökonomik wird außerdem im Zusammenhang mit der *Vertragstheorie* im Kapitel 3.5.2 „Gerechtigkeit als zentrales Anliegen der Sozialethik“ behandelt.

584 Auf die einseitig wertsteigernde Ausrichtung herkömmlich geführter Wirtschaftsunternehmen im Rahmen des *Shareholder-Ansatzes* wird im Kapitel 4.2 „Konzept für eine nachhaltige Unternehmensentwicklung“ kritisch eingegangen.

585 Vgl. Adorno 1972, S. 28. Die angesprochenen *positiven Wissenschaften* werden nachfolgend unter dem Aspekt Wertfreiheit behandelt.

586 Scheer 2009, S. 2.

587 Goldschmidt/Zweynert 2009, S. 26. Der in diesem Zusammenhang wichtige *Ordoliberalismus* wird nachfolgend dargestellt.

Wirtschaftskrise stellt für die etablierte Wirtschaftstheorie durchaus einen blinden Fleck dar, der jedoch als Anstoß für eine *gesellschaftsbezogene Neuausrichtung* der Volkswirtschaftslehre genutzt werden kann und dabei auch die Ansätze der Ökologischen Ökonomie, Evolutorischen Ökonomik und Wirtschaftsethik als fachliche Ergänzung berücksichtigen sollte.[588]

Philosophisch gesehen basiert die *Wohlfahrtsökonomie* auf dem schon dargestellten *Utilitarismus*, der wegen seiner grundsätzlichen Gemeinwohlorientierung ohne deontologische Begründung auszukommen glaubt. Dieser teleologische Ansatz zielt zwar auf das Wohlergehen der größten Zahl der Betroffenen, ohne dabei jedoch Minderheiten zu berücksichtigen. Auf diese *Gerechtigkeitslücke* weist John Rawls in seiner Theorie der Gerechtigkeit etwas ironisch hin: „Das erstaunlichste Merkmal der utilitaristischen Gerechtigkeitsvorstellung ist nun, dass es keine – oder höchstens eine mittelbare – Rolle spielt, wie diese Summe der Befriedigungen über die einzelnen Menschen verteilt ist ... Wie alle anderen Vorschriften leiten sich auch die der Gerechtigkeit von dem einen Ziel der Herstellung der größten Nutzensumme ab. Es gibt also im Prinzip keinen Grund, warum größere Vorteile einiger nicht geringere Nachteile anderer aufwiegen sollten; oder, noch wichtiger: warum die Verletzung der Freiheit einiger weniger nicht durch das größere Wohl vieler anderer gutgemacht werden könnte.“ [589] Bei dem maßgeblich von der neoklassischen Theorie bestimmten Wohlfahrtsprinzip wird der *Wert* einer gesellschaftlichen Situation im Sinne des Utilitarismus also ausschließlich über den *erreichten Nutzen* (lateinisch *utilitas*) beurteilt und das Gerechtigkeitsprinzip letztlich ausgeklammert.

Aus Sicht der Wirtschaftsethik ist eine ausschließlich nutzentheoretische Definition der Wohlfahrt nicht akzeptabel. Denn der *Nutzen* bildet weder das *Wohlbefinden* der Individuen vollständig ab noch ist das Wohlbefinden das einzige Kriterium für ein gutes Leben im Sinne der Ethik. Für Amartya Sen spielen bei der Bewertung eines gesellschaftlichen Zustandes „vielmehr die Existenz- und Betätigungsmöglichkeiten, die Lebensfunktionen ... über die eine Person verfügt, eine wichtige Rolle. Das wesentliche Merkmal von Wohlbefinden besteht in der Fähigkeit, an sich wertvolle Lebensfunktionen ausüben zu können.“[590] Die Grenzen der von der neoklassischen Ökonomik vertretenen individualistischen Interpretation von *Wohlfahrt* werden außerdem daran deutlich, dass neben der intragenerationellen auch die zukunftsrelevante intergenerationelle *Gerechtigkeit ausgeblendet* wird. Für Rawls müssen soziale und wirtschaftliche Ungleichheiten so beschaffen sein, dass sie „unter der Einschränkung des gerechten Spargrundsatzes den am wenigsten Begünstigten den größtmöglichen Vorteil bringen.“[591] Der *Spargrundsatz* spielt daher im Zusammenhang mit der Gerechtigkeit zwischen den Generationen eine wichtige Rolle. Denn mit einer Berücksichtigung dieses Grundsatzes soll verhindert

---

588 Weitere Einzelheiten zur *Ökologischen Ökonomie* gehen u. a. aus Costanza 1991 und Daly 1996/1999 und zur *Evolutorischen Ökonomie* aus Beschorner/Pfriem 2000 hervor.

589 Rawls 1971/1979, S. 44.

590 Meran 1992, S. 68.

591 Rawls 1971/1979, S. 336. „Der gerechte Spargrundsatz sagt, was eine Gesellschaft gerechterweise sparen sollte“ (ebenda, S. 323).

werden, dass eine Generation zu Lasten einer anderen über Gebühr belastet wird und ihre Errungenschaften gefährdet werden. Das bedeutet auch, dass die heutige Generation mit Zukunftsaufgaben, von deren Resultaten vor allem nachfolgende Generationen profitieren, nicht unverhältnismäßig belastet werden darf. Vielmehr müssen sich die Beteiligten auf einen Spargrundsatz einigen, der dafür sorgt, dass *jede Generation* ihren *gerechten Anteil* von ihren Vorfahren erhält und ihrerseits dafür Sorge trägt, die berechtigten Ansprüche ihrer Nachfahren zu erfüllen, wozu immer auch eine angemessene Kapitalakkumulation gehört. Die Akkumulation bezieht sich hierbei nicht nur auf das künstliche, vom Menschen produzierte, sondern auch auf das natürliche Kapital. Für das Wirtschaften werden *Ungleichheiten* von Rawls zwar nicht ausgeschlossen, sie müssen jedoch institutionell so geregelt sein, dass nach dem *Grundsatz der Fairness* die Chancen der Benachteiligten verbessert werden. Im Zusammenhang mit den beiden für Institutionen geltenden Gerechtigkeitsgrundsätzen – dem *Freiheits- und dem Differenzprinzip*: (1) gleiches Recht auf das umfangreichste Gesamtsystem gleicher Grundfreiheiten für alle; (2) soziale und wirtschaftliche Ungleichheiten sind nur in bestimmten Ausnahmefällen zu akzeptieren – spricht Rawls von einem Vorrang der Freiheit und der Gerechtigkeit vor Leistungsfähigkeit und Lebensstandard.[592] Trotz seiner Kritik am Utilitarismus bzw. an der neoklassischen Ökonomie nimmt Rawls im Unterschied zur Pflichtethik Kants keine konsequent deontologische Position ein, sondern berücksichtigt in seiner *Begründung der Gerechtigkeitsprinzipien* inhaltliche statt universell ausgerichteter formaler Annahmen über die menschliche Natur und die gesellschaftlichen Verhältnisse. In seiner auf Thomas Hobbes zurückgehenden *Vertragstheorie* spielt hingegen die rationale Klugheitsentscheidung der Vertragsparteien eine wesentliche Rolle.[593]

Aus Sicht der Ökonomie – insbesondere der neoklassischen – spielt *Gerechtigkeit* im Zusammenhang mit der Wohlfahrt entweder keine oder nur eine untergeordnete Rolle, weil sie die *nutzentheoretischen Überlegungen* mehr stört als erkenntnistheoretisch und in der praktischen Anwendung bereichert. Eine Ausnahme bilden hier ganzheitlich angelegte Ansätze wie die der ökologischen Ökonomie. Als konsequenter Vertreter der Neoklassik und amerikanischer Wirtschaftsverhältnisse vertritt beispielsweise Friedrich August von Hayek die *liberalistische Position*: „In der freien Gesellschaft besteht das Gemeinwohl prinzipiell darin, die Verfolgung unbekannter individueller Zwecke zu erleichtern." [594] Ferner unterstellt von Hayek, dass die *Marktwirtschaft* Gerechtigkeitsüberlegungen erübrige und der Begriff „soziale Gerechtigkeit" einen Widerspruch in sich darstelle. Er begründet seine extreme Position damit, dass nur das menschliche Verhalten gerecht oder ungerecht und der Markt eine spontane Ordnung darstelle, deren resultierender Zustand nicht als gewolltes Ziel individueller Handlungen entstanden sei.[595] Daher sei es unzulässig, den Begriff *„soziale Gerechtigkeit"*, für den von

---

592 Vgl. Rawls 1971/1979, S. 336 f.

593 Auf die *Vertragstheorie* wird im Kapitel 3.5.2 „Gerechtigkeit als zentrales Anliegen der Sozialethik" näher eingegangen.

594 von Hayek 1981, S. 15.

595 Vgl. Meran 1992, S. 72.

Hayek auch den Begriff „distributive Gerechtigkeit" verwendet, auf Ergebnisse der Marktwirtschaft anzuwenden. Denn „es kann keine austeilende Gerechtigkeit geben, wo niemand etwas austeilt." [596] Anders als der amerikanische Neoliberalismus geht der *Ordo-Liberalismus* von einem starken Staat aus, der die Rahmenordnung für einen freien Wettbewerb durchsetzt und zugleich eine sozial ausgerichtete *Ordnungspolitik* betreibt, um den Wettbewerb zu garantieren. Unter Betonung der Aspekte soziale Gerechtigkeit und Chancengleichheit verhalf dieser Position vor allem die von Ökonomen der Universität Freiburg gegründete „Freiburger Schule" zum Durchbruch:[597] Angesichts des weltweit verbreiteten neoliberalen Gedankenguts, das seit dem Ende der bipolaren Weltordnung neuen Auftrieb erhalten hat, ist es kein Zufall, dass sich die von ordo-liberalen Ökonomen der Freiburger Schule zwischen 1930 und 1950 entwickelte Konzeption *„soziale Marktwirtschaft"* – sie wurde wesentlich von Alfred Müller-Armack bestimmt und von Ludwig Erhard nach dem 2. Weltkrieg in der Anfangsphase der Bundesrepublik Deutschland erfolgreich umgesetzt – bisher nicht in den die Weltwirtschaft dominierenden USA und damit auch international nicht etablieren konnte.[598] Mit der *Relativierung der Gerechtigkeit* im Wohlfahrtskontext stehen von Hayek und andere liberale bzw. neoklassische Ökonomen quasi in der Tradition des Moralphilosophen und Ökonomen Adam Smith. Unter dem Eindruck der gegen Ende des 18. Jahrhunderts vorliegenden gesellschaftlichen Voraussetzungen, die sich wesentlich von der heutigen dynamisch sich ändernden und global vernetzten Wirtschaft unterscheiden, *entkoppelte* Smith in dem von ihm erstmalig aufgestellten Grundmodell der Tausch- bzw. Marktwirtschaft die *Handlungsmotive* von den *aggregierten Resultaten*: Smith erreichte diese Entkopplung, indem er den Wohlstand aller als Voraussetzung für Freiheit und Gerechtigkeit einstufte und damit das *Gemeinwohl* als moralisch gewünschtes Resultat des Wirtschaftsprozesses von den Handlungsmotiven der Wirtschaftsakteure trennte.[599] Denn der Wohlstand der Gesellschaft wird nach Smith als eigennützige Verfolgung einzelwirtschaftlicher Ziele über die *„unsichtbare Hand"* des Marktes erreicht. Eine Grundaussage, die sich insbesondere aus dem viel zitierten Satz seines Hauptwerkes *„Wohlstand der Nationen"* ableiten lässt: „Nicht vom Wohlwollen des Metzgers, Brauers oder Bäckers erwarten wir das, was wir zum Essen brauchen, sondern davon, daß sie ihre eigenen Interessen wahrnehmen. Wir wenden uns nicht an ihre Menschen- sondern an ihre Eigenliebe, und wir erwähnen nicht die eigenen Bedürfnisse, sondern sprechen von ihrem Vorteil." [600] Die Fragestellung, ob sich mit dieser zweifellos grundlegenden Position der auf gesellschaftlichen Tauschbedingungen basierende *Marktmechanismus* – mit seinen weitreichenden Konsequenzen – der Gerechtigkeitsfrage und damit der moralischen Beurteilung verantwortbar entziehen lässt bzw. unter welchen Prämissen eine derartige Einschätzung vertretbar erscheint, läuft letztendlich auf eine Auseinandersetzung mit der

[596] von Hayek 1977, S. 24.

[597] Vgl. Küng 1997, S. 267 f.

[598] Für weitere Einzelheiten zu den Möglichkeiten und Grenzen der *sozialen Marktwirtschaft* wird auf die Fachliteratur verwiesen (vgl. u. a. Berghan/Vitols 2006).

[599] Vgl. Homann/Blome-Drees 1992, S. 22.

[600] Smith 1789/1978, S. 17.

*ökonomischen Rationalität* hinaus. Diese bildet den eigentlichen Kern des häufig diskutierten Modells vom eigennützigen *„Homo oeconomicus"*, das mit seiner idealtypisch angenommenen rationalen Nutzenmaximierung von der Ökonomik als notwendige *normative Basis* eingestuft wird.[601] Auf dieses für die neoklassische Theorie grundlegende Modell mit einem Wirtschaftsakteur, der bei der Maximierung seines Nutzens für ein optimales Verhältnis von Aufwand und Nutzen sorgt, wird nachfolgend im Zusammenhang mit der ökonomischen Rationalität näher eingegangen. Der damit angesprochene *Eigennutz* bleibt solange unproblematisch, wie man das darin verborgene Potenzial – insbesondere die für die wirtschaftliche Entwicklung wichtige Produktivkraftentfaltung – in die richtigen Bahnen lenkt und mit den verfügbaren Steuerungsinstrumenten ohne Problemverlagerung unter Kontrolle behält. Zunächst geht es jedoch um den Tausch als Grundform des Wirtschaftens und die damit zusammenhängende Frage der *Tauschgerechtigkeit*, die von Ottfried Höffe programmatisch als „ökonomisches Prinzip der Ethik" eingestuft wird.[602]

#### 3.4.1.3 Ideal des gerechten Tausches am Markt

Ein gerechtes Tauschverhältnis erfordert geeignete institutionelle Rahmenbedingungen wie beispielsweise die auf verschiedenen Rechtsgebieten praktizierte Beweislastumkehr in einem Rechtsstaat, um einen *gerechten Tausch* unter gleichen d. h. ebenbürtigen Tauschpartnern zu ermöglichen.[603] Dass dieses schon in der gesellschaftlichen Praxis der Antike nicht immer einfach zu erreichen war, geht aus Aristoteles´ kritischer Bemerkung in seiner „Nikomachischen Ethik" hervor: „Die kaufmännische Lebensform hat etwas Gewaltsames an sich, und offensichtlich ist der Reichtum nicht das Gute. Denn er ist nur als Mittel zu anderen Zwecken zu gebrauchen." [604] Bei einer gerechten Handlung unter den realen Bedingungen einer Marktwirtschaft geht es nicht nur darum, mit wem man tauscht, sondern auch darum, was man wann und wo unter welchen Randbedingungen tauscht. Beim wirtschaftlichen Handeln können einzelne Märkte seit der *Globalisierung* nicht mehr isoliert betrachtet, sondern es müssen die globalen Rahmenbedingungen berücksichtigt werden, die die Märkte zunehmend mit ihren vielfältigen Vernetzungen und Machtstrukturen bestimmen. Für eine *zukunftsfähige Entwicklung* geht es darüber hinaus auch um die ökologischen und sozialen Folgen unserer Lebens- und Wirtschaftsweise mit ihren Auswirkungen auf heutige und künftige Generationen, die ebenfalls einen Anspruch auf menschenwürdige Lebensbedingungen

---

601 Vgl. Roth 2006, S. 7.

602 Vgl. Höffe 1992, S. 119.

603 Die *institutionellen Rahmenbedingungen* sind nicht nur für die Situation auf den Märkten, sondern auch für die Umsetzung des normativen Gestaltungsansatzes Nachhaltigkeitsethik von grundlegender Bedeutung. Sie werden daher auch in den Kapiteln 3.4.2 „Wirtschaftsethik auf der Makro-, Meso- und Mikroebene" und 4.2 „Konzept für eine nachhaltige Unternehmensentwicklung" berücksichtigt.

604 Aristoteles ca. 350 v. Chr. /1991, S. 110 (orig. 1095a, 5-7). Zu dieser einzigen *wirtschaftsethischen Aussage* führt Aristoteles ergänzend aus: „Das kaufmännische Leben ist darum gewaltsam, weil es gegen die Natur der Dinge ein bloßes Mittel (den Gelderwerb) zum Zweck macht" (ebenda, S. 362).

haben. In diesem Zusammenhang kommt der Tauschgerechtigkeit eine besondere Bedeutung zu.

Als Adam Smith 1776 seine Theorie der *Tausch- bzw. Marktwirtschaft* veröffentlichte, stellte die aus dieser hervorgehende Veränderung der Wirtschaftsweise gegenüber dem zu Zeiten des Absolutismus noch bestehenden Merkantilismus einen enormen gesellschaftlichen Fortschritt dar, auch wenn damit bis heute nicht alle Reste feudaler Abhängigkeiten beseitigt werden konnten. Denn unter der *Prämisse* eines Marktes mit *freien Tauschbedingungen* in einem zivilisierten Land – eine intakte Umwelt vor dem Hintergrund einer ständig wachsenden Weltbevölkerung stand im 18. Jahrhundert noch nicht auf der Agenda – konnten sich die Produktivkräfte mit einer fortschreitenden Arbeitsteilung soweit entfalten, dass sich *demokratische Strukturen* mit einer weitgehenden rechtlichen Absicherung durch die staatliche Ordnung herausbildeten. Die Folge war ein Zuwachs an Freiheit und Gerechtigkeit für breite Bevölkerungsschichten. Denn, wo zuvor paternalistische Verhältnisse u. a. zwischen Grundbesitzern und Pächtern vorherrschten, trat durch den Tausch von Gütern am Markt anstelle einseitiger Abhängigkeiten zwischen einzelnen Schichten eine *gegenseitige Abhängigkeit*, die sich innerhalb der Bevölkerung Macht ausgleichend auswirkte. Mit seiner Theorie leistete Smith jedoch keinen Lösungsbeitrag zur Gefahr einer unkontrollierten Verselbständigung einzelner Wirtschaftsbereiche und zur kritischen Reflexion der Grenzen der utilitaristischen Denkweise, die seiner Theorie philosophisch zu Grunde liegt. Trotz seines ökonomisch liberalen Ansatzes erkannte er jedoch im Unterschied zu den heutigen Neoliberalen aus der Perspektive des Moralphilosophen die Notwendigkeit, die negativen Folgen individualistischen Gewinn- und Wohlstandsstrebens für das Gemeinwohl durch rechtliche *Vorgaben des Staates* zu begrenzen und das Wirtschaften nicht nur dem freien Spiel der Kräfte zu überlassen. Denn eine freiwillige Anerkennung gemeinsamer Regeln der Ethik und des Gerechtigkeitsprinzips reichen allein nicht aus.[605] Unter den Bedingungen einer dynamischen Wirtschaftsentwicklung und global vernetzter Märkte sind wir heute mit einer weitgehend *deregulierten Marktwirtschaft* konfrontiert, die nach dem Zusammenbruch der sozialistischen Planwirtschaften letztlich als einzige Form des Wirtschaftens geblieben ist.[606] Diese hat jedoch unter einem inzwischen immer mehr irrationale Züge annehmenden *Streben nach Gewinnmaximierung*, in der die Treiber selbst zu Getriebenen werden, einerseits zu einer noch darzustellenden problematischen Verselbständigung der Finanz- von der Realwirtschaft und andererseits zu weltweiten Wettbewerbsbedingungen sowie unkontrollierten Machtkonzentrationen geführt, die zu einer inakzeptablen Belastung für die Demokratie und die natürliche und soziale Umwelt werden.

Der *Tausch* kann sowohl im Zusammenhang mit einem ökonomischen als auch einem nicht ökonomischen Prozess stehen, bei dem es vorrangig um die gegenseitige Anerkennung der Menschen in Bezug auf Freiheits- und Menschenrechte geht: Allgemein handelt es sich beim Tausch um die Grundform einer *Kooperation* unter Partnern auf

---

[605] Vgl. Smith 1789/1978, S. XLI.

[606] Auf die *dynamische Wirtschaftsentwicklung* und die *globalen Marktbedingungen* wird im Kapitel 4.1 „Wirtschaftsunternehmen und ihre Akteure im ganzheitlichen Wandel" näher eingegangen.

gleicher Augenhöhe, bei der materielle oder immaterielle Güter *wechselseitig* zwischen den Partnern ausgetauscht werden. Tauschgerechtigkeit liegt dann vor, wenn beim Tauschen dem Prinzip der *Gleichwertigkeit des Nehmens und Gebens* entsprochen wird. Diese eindeutige Bedingung wird weder von der Verteilungsgerechtigkeit noch von der intergenerationellen Gerechtigkeit erfüllt, die beide ebenfalls im Zusammenhang mit der sozialen Gerechtigkeit stehen. Deren *Asymmetrie* wird besonders bei der intergenerationellen Gerechtigkeit deutlich, bei der die heutige der künftigen Generation etwas gibt, ohne dass Letztere etwas zurückgibt. Dieser Problematik könnte man allenfalls dadurch begegnen, indem man das Konstrukt „zeitverschobener Tausch" einführt, um die Gleichwertigkeit des Nehmens aufrecht erhalten zu können.[607] Dazu müssten jedoch die bisher zugrunde gelegte Zeitgleichheit der Tauschbedingungen durch eine Phasenverschiebung ersetzt werden, was für die Anwendung wenig praktikabel erscheint. Bei der Verteilungsgerechtigkeit kommt das zu Verteilende in der Regel von einer hierarchisch höheren Instanz, beispielsweise von einer sozialen Einrichtung. In diesem Zusammenhang ist auch die intragenerationelle Gerechtigkeit zu erwähnen, die ebenfalls aufgrund unterschiedlicher Interessen kontroverse Interpretationen und Konflikte auslösen kann.[608] Im Unterschied dazu liegt der Tauschgerechtigkeit eine quasi demokratische Form der *Kooperation „unter Gleichen"* zu Grunde.[609] Bei einem ökonomischen Tauschprozess werden zwischen den Akteuren materielle Güter und Geld ausgetauscht. Wieweit sich die Tauschpartner bei diesem Prozess tatsächlich in einer gleichberechtigten Position befinden und der Tausch unter den vorliegenden personellen und institutionellen Rahmenbedingungen gerecht abläuft, ist im Folgenden noch zu klären.

Zur Vertiefung des im vorliegenden Zusammenhang grundlegenden Tauschgedankens bietet sich zunächst eine Auseinandersetzung mit *anderen Formen des Tausches* an. Im Regelfall besteht für die jeweiligen Parteien keine Verpflichtung, auf das Tauschangebot einzugehen. Man kann auch bewusst *Verzicht* ausüben – damit würden viele Probleme im wirtschaftsethischen Kontext erst gar nicht entstehen – und spricht dann von „negativem Tausch" [610]. Der *negative Tausch* wird zunächst für nicht-ökonomische Tauschprozesse erörtert: Die Tauschpartner können beispielsweise darauf verzichten, Leib und Leben, das materielle oder immaterielle Eigentum des Anderen mit Gewalt zu bedrohen. Bei einer *wechselseitigen* Wahrnehmung dieser Verzichte wandelt sich die ursprüngliche Bedrohung für die Partner in ihr Gegenteil, d. h. im erwähnten Beispiel in den Schutz von Leib und Leben, materiellem oder immateriellem Eigentum. Wenn der negative Tausch also wechselseitig geschieht, *gewinnen* die Partner als Folge der geleisteten Verzichte *Freiheitsrechte*. Bei dieser Tauschform liegt eine Gleichwertigkeit des Nehmens und Gebens vor, so dass er einerseits gerecht ist und andererseits für die Gewährleistung dieser Freiheitsrechte an sich kein öffentlicher Zwang durch den

---

[607] Vgl. Höffe 1992, S. 131.

[608] Weitere Einzelheiten zu den verschiedenen *Formen der Gerechtigkeit* finden sich insbesondere im Kapitel 3.5.2 „Gerechtigkeit als zentrales Anliegen der Sozialethik".

[609] Vgl. Höffe 1992, S. 121 ff.

[610] Vgl. Höffe 1992, S. 123.

Gesetzgeber ausgeübt werden müsste. In der gesellschaftlichen Realität trifft das jedoch nur dann zu, wenn der wechselseitige Freiheitsverzicht oder ein Verzicht auf diesen Verzicht von den Beteiligten tatsächlich eingehalten wird. In einem Tauschverhältnis gibt es jedoch auch noch die Möglichkeit eines einseitigen Freiheitsverzichts, und zwar als *einseitigen Verzicht* der Anderen. Wenn die Anderen auf ihre Freiheit verzichten, mich zu benachteiligen, dann genieße ich diesen Vorteil auch dann noch, wenn ich die Anderen zur Vergrößerung meines Vorteils benachteilige. Dieser Fall ist u. a. aus dem öffentlichen Nahverkehr bekannt, wenn ein *Trittbrettfahrer* das Verkehrsmittel eines Gemeinwohl orientierten Unternehmens nutzt, ohne dafür zu zahlen, also eine Gegenleistung zu erbringen. Dieses parasitäre Verhalten eines Tauschpartners, das in analoger Weise u. a. auch bei der Entrichtung von Steuern an den Staat oder dem Empfang von staatlichen Leistungen auftritt, darf sich für einen „Trittbrettfahrer" nicht lohnen. Im Interesse des Gemeinwohls kann diesem nicht selten anzutreffenden Verhalten nur mit *öffentlichem Zwang* vorgebeugt werden. Wie bei den wechselseitigen Freiheitsverzichten, verzichten die Tauschpartner im allgemeinen Interesse auf die private Durchsetzung der Freiheitsrechte. Dadurch werden sowohl die Rechtsordnung als auch die öffentliche Durchsetzung der Rechte *legitimiert*. Denn es liegt ein negativer Tausch vor, der für die Partner im Nehmen und Geben gleich und daher gerecht ist.[611]

Bei der *Anwendung der* regulativen Idee *Tauschgerechtigkeit* in der gesellschaftlichen Realität zeigen sich erwartungsgemäß Umsetzungsprobleme. Das beginnt schon damit, dass ein gerechter Tausch von Gütern und Geld zum einen gleichwertige Tauschpartner und zu anderen geeignete institutionelle Rahmenbedingungen zur *Gewährleistung* der Gleichwertigkeit des Nehmens und Gebens erfordert. Diese beiden Voraussetzungen sind in der gesellschaftlichen Praxis keine Selbstverständlichkeit und erfordern daher *staatliche Regulierungen*. Denn eine wenigstens näherungsweise Ebenbürtigkeit der Tauschpartner setzt eine ausreichende Ausstattung mit Tauschmitteln und eine rechtliche Absicherung gegen wirtschaftliche und politische Abhängigkeit voraus. Außerdem muss ein frei zugänglicher Markt mit fairen Handelsbedingungen vorliegen, der den Tauschpartnern bei vollständiger Konkurrenz und Transparenz des Marktes – das erfordert insbesondere einen uneingeschränkten Zugang zu Informationen – die Möglichkeit zu einem gerechten Tausch von Gütern und Geld bietet. Dieser *Idealfall* ist schon in unserem demokratischen Rechtsstaat nur eingeschränkt gegeben. Im Wirtschaftsverhältnis zwischen Industrie- und Entwicklungsländern wird er schlicht zur Utopie, wie das Beispiel „fairer Handel" anschaulich zeigt. Für die Aufrechterhaltung des Anspruches an die Tauschgerechtigkeit müssen die in der gesellschaftlichen Praxis vorliegenden Defizite und Hemmnisse durch institutionelle Rahmenbedingungen soweit wie möglich überwunden werden. Für überschaubare regionale Märkte mit geeigneten Voraussetzungen, zu denen insbesondere die Rechtssicherheit gegen wirtschaftliche Benachteiligung zählt, lässt sich das Prinzip der Tauschgerechtigkeit weitgehend realisieren. Im weltwirtschaftlichen Kontext ist hingegen angesichts unzureichender wirtschaftlicher und politisch-institutioneller Voraussetzungen noch ein weiter Weg zu gehen, der sowohl interne Klärungen innerhalb einzel-

[611] Vgl. Höffe 1992, S. 127.

ner Staaten als auch Abstimmungen zwischen den Regierungen und Nichtregierungsorganisationen auf internationaler Ebene erfordert (Stichwort: Global Governance).

Das hier angestrebte *nachhaltige Wirtschaften* kann sich nicht allein auf die Deckung des Bedarfs an Gütern unter Knappheitsbedingungen und ein enges räumliches und zeitliches Denken beschränken. Denn eine Ökonomie mit dem Anspruch, tatsächlich lebensdienlich zu sein und die Bedürfnisse aller Menschen für ein gutes Leben zu befriedigen, muss für eine langfristige Sicherung der Lebensgrundlagen zu einer Beseitigung der heute in allen *Nachhaltigkeitsdimensionen* bestehenden Defizite beitragen. In diesem Zusammenhang werden folgende Beispiele genannt, bei deren ganzheitlicher Umsetzung die *Tauschgerechtigkeit* schnell an ihre Grenzen stößt:

(1) In der *ökologischen Dimension* der Nachhaltigkeit geht es insbesondere um den Schutz der natürlichen Umwelt, der nicht nur unsere, sondern auch künftige Generationen betrifft.[612] Wenn wir z. B. unsere radioaktiven Abfälle aus der Energieversorgung heute einfach zwischenlagern oder weiterhin nicht erneuerbare Ressourcen im heutigen Umfang verbrauchen, ohne ausreichende Alternativen zu schaffen, schränken wir die Lebensbedingungen der heutigen und künftigen Generationen unzulässig ein, ohne dass Letztere sich dagegen wehren könnten. Die Idee der Tauschgerechtigkeit findet sich ansatzweise bei umweltökonomischen Sachverhalten wieder, in denen die natürliche und gesellschaftliche Umwelt durch Schadstoffemissionen (z. B. Abwasser) oder durch den Verbrauch nicht erneuerbarer natürlicher Ressourcen (z. B. Erdöl) belastet wird und die Verursacher durch die Zahlung von Abwasserabgaben und Ökosteuern zu einer Entlastung der Allgemeinheit beitragen. Sie lässt sich jedoch aus den dargestellten Gründen nur intra- und nicht intergenerationell anwenden. Für unsere Generation geht es im vorliegenden Zusammenhang daher besonders darum, auf Dauer – also auch für kommende Generationen – sowohl lokal als auch weltweit akzeptable Umweltbedingungen zu schaffen, die nicht mehr einseitig zu Lasten der Bevölkerung und sozial Benachteiligter gehen. Denn bisher werden insbesondere die weniger Privilegierten mit den Umweltproblemen der Privilegierten belastet, ohne dass Erstere alternative Wahlmöglichkeiten haben bzw. dafür im Sinne der Tauschgerechtigkeit angemessen entschädigt werden (Beispiel: Entwicklungs- und Industrieländer). Die lokalen und globalen Umweltprobleme sind jedoch nur durch ganzheitlich angelegte Maßnahmen zu lösen, die sowohl durch staatliche als auch nicht staatliche Regulierungen und Abstimmungen zu einer gerechten Lastenverteilung führen und den Betroffenen Mitsprachemöglichkeiten einräumen. Hierzu gehört u. a. die Vereinbarung weltweit verbindlicher Umweltstandards.[613]

(2) Für die *ökonomische Dimension* der Nachhaltigkeit wird die Tauschgerechtigkeit am Fall der deregulierten globalen Finanzmärkte expliziert, die tendenziell zu einer Abkopp-

---

612 Auf die *Umweltschutzbedingungen* in einem deutschen Industrieunternehmen wurde u. a. im Kapitel 2 „Fallbeispiel 1: ökologischer Umbau einer Produktion" näher eingegangen.

613 Weitere Ausführungen zum Umgang mit Problemen bezüglich der *ökologischen Dimension* finden sich im Kapitel 3.3 „Umweltethik". Sobald für Maßnahmen im Bereich der Nachhaltigkeitsdimensionen internationale Vereinbarungen erforderlich werden, kann auf einen *Global-Governance-Prozess* nicht verzichtet werden (vgl. Kapitel 1.3.3 „Globalisierung").

lung des Finanzsektors von der Realwirtschaft führen, bei der die gesamtwirtschaftlich notwendig dienende Funktion der Finanzunternehmen zunehmend verloren geht. Das bereits angesprochene irrationale Streben einzelner Wirtschaftsakteure nach Gewinnmaximierung ist eine der wesentlichen Ursachen der aktuellen globalen Finanz- und Wirtschaftskrise. Dieses Verhalten wird dadurch begünstigt, dass infolge fehlender gesetzlicher Restriktionen mit Finanzspekulationen grundsätzlich höhere Renditen erzielt werden können und den Unternehmen der Realwirtschaft wichtige Investitionsmittel für ihr Unternehmen und ihre Arbeitsplätze verloren gehen. Dadurch wachsen die Geldvermögen schneller als die Sachvermögen mit der Folge, dass die aus Sachvermögen erzielten Renditen – und damit die Unternehmen der Realwirtschaft – erheblich unter Druck geraten und weniger Mittel für Sach- und Innovationsinvestitionen zur Verfügung stehen. Diese bedenkliche Entwicklung verletzt das Prinzip der Tauschgerechtigkeit, da dadurch die notwendige Kooperation zwischen Finanz- und Realwirtschaft ausgehöhlt wird und die Spekulationsverluste bisher in der Regel sozialisiert werden. Angesichts der elektronischen Datenströme auf unserem Planeten kann hier nur eine international verbindliche Regulierung der globalen Finanzmärkte Abhilfe schaffen, damit Güter und Geld nicht nur auf idealen Inselmärkten, sondern weltweit auf Dauer gerecht getauscht werden können.

(3) Für die *soziale Dimension* der Nachhaltigkeit wird der Faktor Arbeit im Hinblick auf die Tauschgerechtigkeit exemplarisch erörtert. Beim Tausch von Gütern und Geld wird die Arbeit zunächst übersehen, obwohl sie erst die Voraussetzung für einen Tausch von Gütern und Geld schafft. Denn Güter entstehen erst durch die für ihre Herstellung erbrachte Arbeit. Außerdem muss jeder Mensch, der nicht mit einer ausreichenden Menge an Kapital und Grundbesitz ausgestattet ist, sich durch den Verkauf seiner Arbeitskraft die Möglichkeit zur Teilnahme am wirtschaftlichen Tauschprozess schaffen: Er bietet seine Arbeitskraft entsprechend seiner Qualifikation und seinen sozialen Voraussetzungen auf dem Arbeitsmarkt an. Hier beginnen bereits die Probleme für eine Teilnahme an diesem Tauschprozess: Unter den Bedingungen einer neoliberal globalisierten Wirtschaft und einer wachsenden Weltbevölkerung kommen viele Arbeitskräfte trotz lokaler Bevölkerungsabnahmen in den Arbeitsmarkt gar nicht erst herein, weil bestimmte persönliche Parameter oder allgemeine wirtschaftspolitische Rahmenbedingungen den Vorstellungen der Arbeit Gebenden, Aktionäre oder Finanzanalysten nicht entsprechen. Oder sie verlieren ihren Arbeitsplatz wegen vergleichbarer Parameter oder als Konsequenz globaler Wettbewerbsbedingungen durch Arbeitsplatzabbau und -verlagerung in Niedriglohnländer.[614] Auf diesem von individuellen Kapitalinteressen dominierten Feld verliert die Vorstellung von einem gerechten Tausch als einer Form der Kooperation unter Partnern auf gleicher Augenhöhe so lange weiter an Bedeutung, bis durch entsprechende institutionelle Korrekturen auf lokaler und globaler Ebene mit verbindlichen Sozialstandards gesellschaftswirksam gegengesteuert wird.[615]

---

[614] Auf die Arbeitsbedingungen in einem *global tätigen Industrieunternehmen* wird im Kapitel 4.2.2 „Fallbeispiel 2: Umbau des Managementsystems eines Unternehmens“ näher eingegangen.

[615] Weitere Ausführungen zum Umgang mit Problemen bezüglich der *sozialen Dimension* finden sich im Kapitel 3.5 „Sozialethik“. Auf den auch in diesem Zusammenhang wichtigen *Global-Governance-Prozess* wurde schon hingewiesen.

### 3.4.2 Wirtschaftsethik auf der Makro-, Meso- und Mikroebene

Die Wirtschaftsethik erhält ihre Legitimation primär aus den negativen Folgen des ökonomischen Handelns von Wirtschaftsakteuren auf die natürliche und gesellschaftliche Umwelt, die als Nebenwirkungen einer Eigennutz orientierten Bedürfnisbefriedigung zwangsläufig auftreten. Daraus resultiert im Interesse des Gemeinwohls die Aufgabe, mit Hilfe der Wirtschaftsethik die Handlungsorientierung für eine Änderung des Verhaltens zu geben, mit dem die nachteiligen Auswirkungen auf die Umwelt minimiert werden. Die damit angesprochene menschliche *Lebens- und Wirtschaftsweise* wird sowohl durch Einzelne – in Form von Personen, Gruppen und Organisationen – als auch durch institutionelle Rahmenbedingungen im lokalen, regionalen und globalen Ausmaß bestimmt. Infolge der fortschreitenden Globalisierung und Zunahme der Weltbevölkerung erweitert sich unter diesen Bedingungen der anthropogene Einfluss auf die Lebensgrundlagen einerseits *räumlich* über die nationalen Grenzen einzelner Volkswirtschaften hinaus auf die Weltwirtschaft sowie die gesamte Biosphäre und andererseits *zeitlich* über die Gegenwart hinaus in die Zukunft für kommende Generationen. Dieses weite Feld wird also sowohl durch das *Verhalten Einzelner* – die für die negativen Nebenwirkungen jeweils Verantwortlichen dürfen dabei im Interesse der Allgemeinheit weder als Person noch bezüglich ihrer Dysfunktionalitäten anonym bleiben [616] – als auch durch die Regeln einer *Rahmenordnung* bestimmt, die den Handlungsspielraum für die jeweiligen Akteure vorgibt. Vor diesem Hintergrund ließe sich die Wirtschaftsethik theoretisch in zwei Stufen unterteilen: in eine Ordnungs- bzw. *Institutionenethik* [617] und eine Ethik des *Handelns innerhalb dieser Ordnung*. Die Rahmenordnung stellt dabei eine notwendige, jedoch keine hinreichende Bedingung für das moralische Verhalten Einzelner dar.[618] Dennoch gewinnen die institutionellen Rahmenbedingungen im Zuge der dynamischen Entwicklung der globalen Wirtschaft und der damit im Zusammenhang stehende zunehmende Abstimmungsbedarf einzelner Aktionen und Handlungsweisen über die Landesgrenzen hinaus immer mehr an Bedeutung, da sowohl das Ausmaß und die Tragweite ihrer Wirkungen und Nebenwirkungen als auch die Notwendigkeit transparenter Kontroll- und Gestaltungsmöglichkeiten ständig zunimmt.

Die ethische Reflexion wirtschaftlichen Handelns legt angesichts der steigenden Komplexität unserer Gesellschaft jedoch eher eine *Unterteilung der Wirtschaftsethik* in *drei* eng miteinander verzahnte *Ebenen* wirtschaftlichen Handelns nahe,[619] der hier der Vorzug gegeben wird. Denn die folgende *systemtheoretische Erfassung* ist umfas-

---

[616] Auf die Probleme der *Zuordnung von Verantwortung* bei komplexen Strukturen wurde bereits im Kapitel 3.2.2 „Handlungsleitende Potenziale der normativen Ethik" eingegangen.

[617] Die *Institutionenethik*, die in einem Zusammenhang zur *Institutionenökonomik* zu sehen ist, wird im Rahmen dieser Arbeit nicht weiter verfolgt. Die Institutionenökonomik (vgl. hierzu auch Richter /Furubotn 2003, S. 313 ff.) wird anlässlich der Darstellung der Ökonomischen Rationalität noch kurz angesprochen.

[618] Vgl. Homann 1999, S. 328 ff.

[619] Vgl. Daecke 1995, S. 12 und Lenk/Maring 1992, S. 19.

sender und für die notwendige Analyse und Beurteilung unmoralischer Sachverhalte in der Gesellschaft vollständiger als die genannte Unterteilung in zwei Stufen. Und sie ermöglicht fließendere Übergänge entsprechend der gesellschaftlichen Realität: (a) Auf der *Mikroebene* steht das individuelle Handeln von Personen im Vordergrund. Im Wirtschaftskontext geht es um die Moralität von Produzenten – das sind sowohl Arbeitnehmer und Manager als auch Unternehmer – und Konsumenten, die durch ihre Verhaltensweise das ökonomische Handeln mit seinen Nebenwirkungen ebenfalls maßgeblich beeinflussen können. Auf dieser Ebene geht es u. a. um Verhaltens- und Verantwortungskonflikte Einzelner am Arbeitsplatz, bei der Haushaltsführung, im Marktgeschehen oder bei der Umwelt- und Sozialverträglichkeit einer Wirtschaftstätigkeit. In diesen Bereich fällt auch die Individualethik.[620] (b) Auf der *Mesoebene* dominieren Gruppen und Organisationen wie Unternehmen, Gewerkschaften und sonstige Verbände das wirtschaftliche Geschehen mit organisatorischem, strategischem und sonstigem politischen Handeln. Da die Unternehmen als Adressat moralischer Erwartungen und Forderungen auf dieser mittleren Ebene eine vorrangige Position einnehmen, bei der es ihnen u. a. um die Einschätzung und Gestaltung von Handlungsspielräumen auf den Märkten geht, spielt hier die *Unternehmensethik* oder besser *unternehmensbezogene Wirtschaftsethik* eine besondere Rolle.[621] Aus der hier vertretenen ganzheitlichen Sicht wird im Hinblick auf die vielfältigen Interdependenzen auf eine Abgrenzung der Unternehmens- von der Wirtschaftsethik verzichtet.[622] Denn die hier stattdessen unter dem Blickwinkel einer nachhaltigen Entwicklung vorgenommene Differenzierung unterschiedlicher Ebenen wirtschaftlicher Entscheidungen und Handlungen ermöglicht eine Berücksichtigung der wechselseitigen Abhängigkeit und Verschränkung, die insbesondere die Mikro- und Mesoebene kennzeichnet. Dadurch erübrigt sich eine enge Festlegung des Aufgabenbereichs der Unternehmensethik und eine Behandlung der Unternehmensethik als Teilgebiet einer umfassenderen Wirtschaftsethik.[623] (c) Die *Makroebene* bezieht sich schließlich auf die Gesamtheit der wirtschaftlichen Akteure einer Gesellschaft, einschließlich ihrer rechtlichen und politischen Rahmenbedingungen im nationalen und internationalen Bereich. Hierbei geht es auch um die Moralität des ökonomischen Systems an sich und die zusätzliche Einschätzung der globalen sowie langfristigen Folgen ökonomischen Handelns auf seine Human- und Umweltverträglichkeit. Aus der Nachhaltigkeitsperspektive besitzt in diesem durch Institutionen geprägten Umfeld die Berücksichtigung der intra- und intergenerationellen Gerechtigkeit einen besonderen Stellenwert. Mit dieser übergeordneten, auf die Gesamtwirtschaft – also sowohl der einzelnen Volkswirtschaft als auch der Weltwirtschaft – bezogenen

[620] Die auf Personen bezogene *Individualethik* wird im Kapitel 3.5.1 „Grundprobleme der Sozialethik" vertieft.

[621] Weitere Einzelheiten zur *unternehmensbezogenen Wirtschaftsethik* finden sich im Kapitel 4 „Nachhaltigkeitsmanagement".

[622] Auf konkrete *unternehmensethische Aspekte* wird im Rahmen des Nachhaltigkeitsmanagements im Kapitel 4.2 „Konzept für eine nachhaltige Unternehmensentwicklung" eingegangen. In diesem Rahmen wird u. a. eine *analoge Strukturierung* vorgenommen, die sich auf drei Handlungsebenen bezieht (vgl. Kapitel 4.2.1). Für die Grundlagen einer eigenständigen *Unternehmensethik* wird insbesondere auf Steinmann/Löhr 1994 verwiesen, von denen eine diskursethische Position der Erlanger Schule vertreten wird.

[623] Vgl. Grabner-Kräuter 1998, S. 12 f.

Ebene befasst sich die Wirtschaftsethik zwar nicht ausschließlich, in der Regel jedoch vorrangig.

### 3.4.2.1 Zusammenhang von Wirtschaft und Ethik

Schon aus etymologischer Sicht stellen Wirtschaft und Ethik die wesentlichen Bestandteile der Wirtschaftsethik dar. Von deren Verständnis und der Klärung des *Zusammenhangs* zwischen beiden Bereichen wird der zu wählende wirtschaftsethische Ansatz maßgeblich bestimmt. Trotz der fachspezifischen Unterschiede zwischen Wirtschaftswissenschaft und Ethik sowie der ihnen zugrunde liegenden konträren Prinzipien Effizienz und Normativität streben beide Disziplinen im wirtschaftsethischen Kontext *gemeinsame Ziele* wie Wohlstand und ein gutes Leben für Individuum und Gesellschaft an. Und sie sind darüber hinaus bei deren Verfolgung aufeinander angewiesen. Denn die dafür erforderliche Sicherstellung der Bedürfnisbefriedigung stellt einerseits die zentrale Aufgabe der *Wirtschaft* und andererseits eine Voraussetzung für menschliches Leben dar. Angesichts eines sich in demokratischen Gesellschaften frei entfaltenden Egoismus der Individuen kann sie jedoch nicht störungsfrei im Interesse des Gemeinwohls ablaufen. Dafür müssen von den Individuen auf der Grundlage von Werten, für die allein die *Ethik* wissenschaftlich zuständig ist, geeignete Regeln für ein human- und umweltverträgliches Verhalten im Rahmen eines Gesellschaftsvertrags vereinbart und eingehalten werden.[624] Entsprechend den Standpunkten und Präferenzen ihrer Vertreter ist unter Berücksichtigung vorhandener Gemeinsamkeiten und Interdependenzen sowohl ein vorherrschender als auch ein grundsätzlich gleichrangiger Status von Wirtschaft und Ethik denkbar:

Bei einer Position der *Dominanz der Wirtschaft* über die Ethik geht es um die Annahme normativer Grundlagen des Wirtschaftens in einer marktwirtschaftlichen Ordnung eo ipso (Stichwort: Adam Smith), so dass diese dann zu einer Ethik mit anderen Mitteln mutieren und jede Form einer individualistisch geprägten und auf Schwächere Rücksicht nehmenden Ethik in Frage stellen können. Die ethische Reflexion wirtschaftlichen Handelns verliert bei dieser ökonomistischen Interpretation von Wirtschaftsethik ihren eigentlichen Stellenwert. Beim entgegengesetzten Fall der *Dominanz der Ethik* über die Wirtschaft muss sich das wirtschaftliche Handeln der Akteure nach ethischen und in positives Recht umgesetzten Vorgaben richten. Mit der Gefahr, dass dabei die ökonomischen Anforderungen an ein gutes Leben übersehen oder wegen mangelnder Fachkenntnis nicht immer ausreichend berücksichtigt werden. Die Ethik rekurriert bei dieser Sichtweise auf Normen für wirtschaftliches Verhalten aus dem Naturrecht, das dann die Funktion einer Sicherung der notwendigen Bedingungen menschlichen Lebens und Überlebens übernimmt: Als Beispiele werden das auf der „goldenen Regel" basierende Solidaritätsprinzip und das Nützlichkeitsprinzip genannt, auf dem sich der Utilitarismus als ethische Basis der Marktwirtschaft gründet.[625] Die Ökonomie wird in

---

[624] Weitere Einzelheiten zum *Gesellschaftsvertrag* und zum anschließend anzusprechenden *Naturrecht* befinden sich im Kapitel 3.5.2 „Gerechtigkeit als zentrales Anliegen der Sozialethik".

[625] Die schon in der Bibel vorkommende *„goldene Regel"* liefert als formale Vorgabe für wechselseitig moralisch richtiges Handeln keine konkreten Handlungsanweisungen und ist insofern mit dem

diesem Fall auf eine instrumentelle Rolle für die fachspezifische Umsetzung ethischer Vorgaben reduziert. Als dritte Konstellation kommt die *Gleichrangigkeit* von *Wirtschaft und Ethik* in Betracht, die einerseits auf ein unabhängiges Nebeneinander grundsätzlich gleichberechtigter Bereiche hinauslaufen kann, das isoliert oder in Form eines parallelen Diskurses stattfindet. Andererseits kann diese Konstellation auch auf ein integratives Miteinander beider Bereiche hinauslaufen,[626] das im Nachhaltigkeitskontext unverzichtbar ist. Eine global zukunftsfähige Entwicklung erfordert eine ganzheitliche Sichtweise, die sich durch konsequente *Interdisziplinarität* auszeichnet. Vor diesem Hintergrund verlieren die erwähnten Dominanzpositionen der Wirtschaftsethik ihre Berechtigung. Stattdessen kommt letztlich nur eine Gleichrangigkeit der Bereiche infrage,[627] bei der nicht nur die bereits angesprochene wechselseitige Bedingtheit von Wirtschaft und Ethik gefordert ist. Vielmehr tritt der über die Wirtschaftsethik bereits begrifflich vermittelte Zusammenhang von Wirtschaft und Ethik in ein *zusätzliches Wechselverhältnis* mit den Nachhaltigkeitsdimensionen natürliche Umwelt und Soziales, das bereits als Tetraeder der Nachhaltigkeitsethik dargestellt wurde, bei dem die Wirtschaftsethik die Funktion einer fachspezifischen Einzelethik in einem größeren Zusammenhang übernimmt (vgl. Abb. 15).

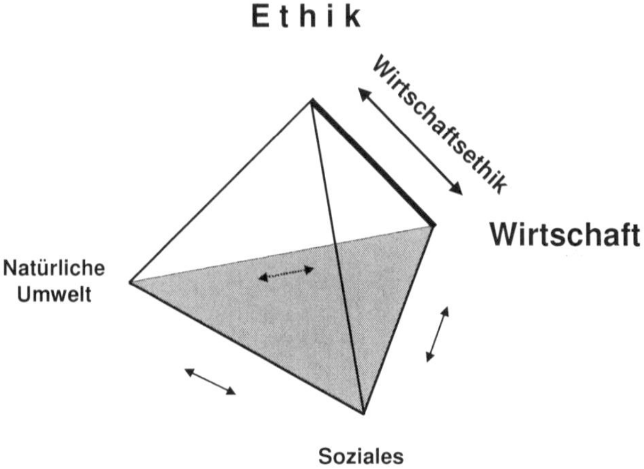


**Abbildung 15: Zusammenhang von Wirtschaft und Ethik mit Interdependenzen**

---

kategorischen Imperativ vergleichbar. Weitere Einzelheiten hierzu und zum *Utilitarismus* befinden sich im Kapitel 3.2.2 „Handlungsleitende Potenziale der normativen Ethik“.

626 Vgl. Grabner-Kräuter 1998, S. 27 f.

627 Die auch im ökonomischen Zusammenhang angewendete *Gleichrangigkeitsprämisse* wurde im Rahmen des Konfliktmodells im Kapitel 3.1 „Grundannahmen und Ausgangsbasis des Gestaltungsansatzes“ behandelt.

Das *Tetraeder der Nachhaltigkeitsethik*, das Wirtschaft, natürliche Umwelt, Soziales und Ethik in ein mehrfaches Wechselverhältnis setzt, stellt ein *Konfliktmodell* dar, bei dem es für eine ganzheitliche Wirtschaftsethik nicht ausreicht, allein die Pole Wirtschaft und Ethik in eine Balance zu bringen und dabei die Nachhaltigkeitsdimensionen *Ökologie* und *Soziales* außer Acht zu lassen. Die in der neoklassischen Ökonomik übliche Konzentration auf effizientes Wirtschaften und Verdrängung dieser beiden Dimensionen in den Bereich der *Externalitäten*, deren Problemlösung man Anderen bzw. der Gemeinschaft überlässt, wird zwar von Vertretern einer freien Marktwirtschaft in der Regel übernommen und mit einer unter Effizienzaspekten notwendigen Ausdifferenzierung in leistungsfähigere Subsysteme begründet. Aus der hier vertretenen Nachhaltigkeitsperspektive wird hingegen eine *Internalisierung* der ökologischen und sozialen Externalitäten im Interesse des Gemeinwohls gefordert. Da die Ökonomie, Ökologie und Soziologie als *positive Wissenschaften* Wertfreiheit anstreben [628] und keine Aussagen über den *Sollzustand* unserer Gesellschaft und ihrer natürlichen Umwelt für heute sowie für die Zukunft liefern können – alles andere käme einem naturalistischen Fehlschluss gleich – kommt der *Ethik* ein *normativer Stellenwert* und im angesprochenen Zusammenhang sogar eine zusätzliche Koordinierungsfunktion zu. Denn nur sie kann unter Berücksichtigung der fachspezifischen Anforderungen, für deren Kenntnis die betreffenden Fachdisziplinen zuständig sind, die notwendigen *Handlungsempfehlungen* für eine global zukunftsfähige Entwicklung liefern. Die als Folgen einer nicht-nachhaltigen Lebens- und Wirtschaftsweise entstandenen Probleme stellen sowohl die Wirtschafts- als auch die Umwelt- und Sozialethik vor große Herausforderungen. Diese sind am ehesten mit Hilfe einer Nachhaltigkeitsethik im Sinne einer ganzheitlichen Vernunftethik zu lösen, wenn die fachspezifischen *Rationalitäten* in Natur und Gesellschaft in Relation zur *Moralität* bzw. ethischen Rationalität geklärt und in der gesellschaftlichen Praxis beachtet werden. Wie die noch zu klärenden theoretischen Voraussetzungen zur Entwicklung des wirtschaftsethischen Gestaltungsansatzes unter der ganzheitlichen Perspektive im Einzelnen beschaffen sein müssen, geht bereits zum großen Teil aus der detaillierten Darstellung der Umweltethik hervor.[629] Daher beschränken sich die folgenden Ausführungen auf die wirtschaftsspezifischen Aspekte.

### 3.4.2.2 Ökonomische Rationalität

Der Begriff „Rationalität“ wird theoretisch und praktisch in einem breiten Spektrum verwendet und besitzt auch in der Ökonomie eine grundlegende Bedeutung, die einige

628 Die angestrebte *Wertfreiheit* ist auch in positiven Erfahrungswissenschaften schwer einzuhalten. Das wissenschaftliche Streben nach Objektivität wird hier besonders für die Neoklassik angezweifelt, da Letztere auf individuelles Gewinnstreben ausgerichtet ist und dieses als rationales Handeln ausgibt. Weitere Einzelheiten zu den Themen „Wertfreiheit“, „wertfreier Objektivismus“ und „wertfreie Wirtschaftstheorie“ finden sich u. a. bei Kerber 1998, S. 22 ff., Ulrich 1993, S. 269 f und Ulrich 1997, S. 184 ff.

629 Die hier *analog* anzuwendenden Erkenntnisse aus dem *Verhältnis* von *Umwelt und Ethik* finden sich einschließlich der Grenzfall- und Konfliktbetrachtungen im Kapitel 3.3.1 „Grundprobleme der Umweltethik“. In diesem Rahmen wurde bereits der für die Wirtschaftsethik ebenfalls geltende ganzheitliche Zusammenhang dargestellt.

Besonderheiten aufweist, so dass erst nach einigen Vorklärungen auf die ökonomische Rationalität eingegangen wird: Allgemein lässt sich *Rationalität* definieren als Fähigkeit und Maßstab zu einem Verhalten im Erkennen und Handeln, das von *Vernunft* (lateinisch *ratio*) geprägt ist, wie sie sich ethisch im kategorischen Imperativ Immanuel Kants konkretisiert. Rationalsein kennzeichnet den Menschen als „animal rationale", der als vernunftbegabtes Wesen – vor allem jenseits eines raumzeitlich nicht sehr weit reichenden individuellen Nutzenhorizonts – auch zu irrationalen Ansichten und Handlungen fähig sein kann bzw. dessen Handlungen wenig rationale Konsequenzen für das Individuum und die Gesellschaft hervorbringen können.[630] Der Umgang mit unserer natürlichen und sozialen Umwelt liefert hierfür immer wieder empirisches Material, und zwar umso deutlicher je weiter die zeitliche und räumliche Dimension menschlichen Verhaltens reicht. Gemäß seiner *Doppelnatur* besteht beim menschlichen Verhalten nicht selten die Gefahr, dass Rationalität in *Irrationalität* umschlägt oder sich im Rahmen eines über den Individualbereich hinausweisenden Entwicklungsprozesses auf einem Weg dahin befindet, bei dem dann institutionelle Regelungen in Form von rechtlichen Vorgaben korrigierend eingreifen müssen. Dennoch versuchen Menschen im Unterschied zu Tieren grundsätzlich, sich entsprechend ihren intellektuellen Möglichkeiten in einem überschaubaren Bereich rational zu verhalten.[631] Nach diesem *Rationalitätsphänomen* wird sich kein Akteur willentlich so verhalten, dass er sich selbst schadet. Seine „Rationalität ist jedoch durch Ungewissheit über zukünftige Entwicklungen und durch die nur endliche Fähigkeit, Informationen aufzunehmen und zu verarbeiten, eingeschränkt." [632] Mit dem menschenspezifischen Begriff „Rationalität" werden also sowohl Eigenschaften als auch Fähigkeiten beschrieben, die sich auf individuelles und kollektives Verhalten beziehen können. Bezüglich der Verhaltenskonsequenzen kann daher zwischen *individueller* und *kollektiver* Rationalität unterschieden werden. Letztere findet ihre Entsprechung in der Institutionenökonomik, die den relativ engen Rahmen der auf Individuen zentrierten neoklassischen Ökonomik institutionell erweitert (Stichwort: methodologischer Individualismus).[633] Im gesellschaftlichen Zusammenhang tritt individuelle Rationalität weder selbstständig noch isoliert auf, sondern hängt in der Regel von Interaktionen mit anderen Gesellschaftsmitgliedern ab.[634]

Das von interdependenten *ökonomischen Prinzipien* – mit Analogien zu den dargestellten ökologischen Prinzipien [635] – bestimmte Wirtschaften ist durch teleologisch ausge-

---

[630] Für weitere Ausführungen zum Begriff *„Rationalität"* wird auf die Fachliteratur verwiesen (vgl. u. a. Schnädelbach 1999, S. 488 ff. und Habermas 1987a, S. 25 ff.).

[631] Auf die *intellektuellen Möglichkeiten* wird im Rahmen der anthropologischen Darstellung näher eingegangen (vgl. Kapitel 3.5.1 „Grundprobleme der Sozialethik").

[632] Wolff 1999, S. 113.

[633] Vgl. Buchanan 1992, S. 21 ff. James M. Buchanan gilt als strikter Vertreter des *methodologischen Individualismus*, nach dem letztlich Individuen die entscheidenden Akteure sind (vgl. Ulrich 1997, S. 189). Weitere Einzelheiten zum methodologischen Individualismus finden sich im Kapitel 3.5.1 „Grundprobleme der Sozialethik".

[634] Vgl. Mack 1994, S. 192.

[635] Die *ökologischen Prinzipien* wurden im Kapitel 3.3.2 behandelt.

richtete Tätigkeiten gekennzeichnet, die Menschen für die Befriedigung ihrer Bedürfnisse erbringen. Der dafür benötigte wechselseitige *Tausch* ihrer Güter ist als Grundform des vorrangig durch Produktion und Konsum bestimmten Wirtschaftens am ehesten bei vollkommenem *Wettbewerb* in einem in Anlehnung an Adam Smith zum Gleichgewicht tendierenden, sich idealerweise so weit wie möglich *selbst regulierenden Marktsystem* zu verwirklichen, bei dem der Preismechanismus wesentlich zum Ausgleich von Angebot und Nachfrage beiträgt. Die dieser ökonomischen Modellvorstellung zugrunde liegenden Prinzipien lassen sich aufgrund ihrer *Zweck-Mittel-Relation* unter das umfassende ökonomische Prinzip als Oberzweck zweckrationalen Handelns subsumieren, das auch als *„Rationalprinzip"* bezeichnet wird.[636] Nach diesem zentralen Systematisierungsprinzip der Ökonomie [637] erfolgt wirtschaftlich vernünftiges Handeln unter den Bedingungen knapper Mittel – hierbei kann es sich sowohl um Wirtschaftsgüter als auch Produktionsfaktoren handeln – zur Erreichung ökonomischer Ziele wie der Nutzenmaximierung privater Haushalte und der Gewinnmaximierung bei Unternehmen. Bei dieser Konzeption *instrumenteller Rationalität* gilt es, entweder mit gegebenen Mitteln einen größtmöglichen Nutzen bzw. Gewinn zu erzielen (Maximumprinzip) oder ein vorgegebenes Ziel ressourcenschonend unter geringst möglichem Mitteleinsatz zu erreichen (Minimumprinzip). Zwischen diesen Extremen gibt es weitere Varianten denen ein optimales Verhältnis von Aufwand und Ertrag in einzel- und nicht immer gesamtwirtschaftlicher Hinsicht gemein ist.

Eine Reflexion der mit dem *Nutzen* zusammenhängenden Ziele, Werte und Folgen wirtschaftlichen Handelns unter gesamtgesellschaftlichen und ethischen Aspekten bleibt dabei ausgespart, obwohl der Nutzenbegriff in der Wirtschaftstheorie eine zentrale Bedeutung besitzt und mit seiner Umsetzung weitreichende Auswirkungen auf die natürliche und soziale Umwelt verbunden sein können. Dieser Begriff wird in der Ökonomie zur Beschreibung unterschiedlicher Sachverhalte verwendet: wie die mit Gütern und Dienstleistungen in Verbindung gebrachten Eigenschaften und das subjektiv empfundene Ausmaß für den Grad der Bedürfnisbefriedigung, das naturgemäß erheblichen Schwankungen unterliegt.[638] Nach einer *Nutzenfunktion*, die die Abhängigkeit des Nutzens von der Quantität einer Ressource beschreibt, steigt der Gesamtnutzen mit der eingesetzten Menge. Dazu zählt z. B. die Anzahl der von einem Konsumenten verzehrten Tafeln Schokolode oder allgemein der Ressourcenverbrauch. Der erzielte Nutzenzuwachs wird jedoch entsprechend dem Gesetz vom *abnehmenden Grenznutzen* [639] – wie jeder Verzehrer von Schokolade bestätigen wird – mit jeder Einheit immer kleiner, d. h. der diesen Sachverhalt beschreibende Grenznutzen nimmt ständig ab, bis schließlich *Sättigung* eintritt (vgl. Abb. 16).

---

[636] Vgl. Altmann 2003, S. 42 ff.

[637] Vgl. Kaiser 1992, S. 254.

[638] Der *Nutzenbegriff* stellt ein wesentliches Element ökonomischer Rationalität dar. Für eine Vertiefung wird auf die Fachliteratur verwiesen (vgl. u. a. Altmann 2003, S. 18 ff. und Kaiser 1992, S. 252 ff.).

[639] Das Gesetz vom *abnehmenden Grenznutzen* (Sättigungsgesetz) wird nach Hermann Heinrich Gossen auch als erstes Gossensches Gesetz bezeichnet (vgl. Schäfer 1997, S. 24 f.).

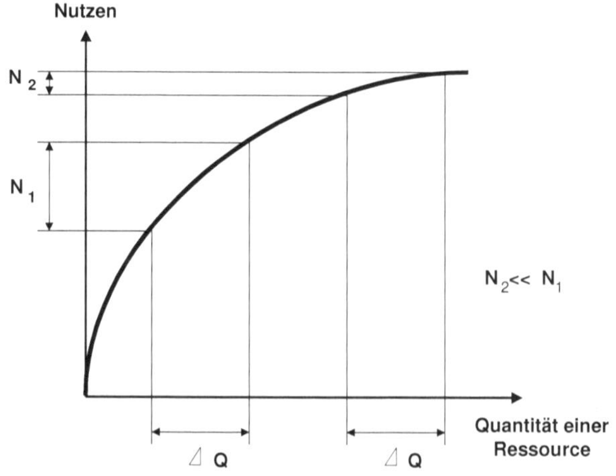


**Abbildung 16: Nutzenfunktion und Gesetz vom abnehmenden Grenznutzen**[640]

Dieser schematisch dargestellte, empirisch begründete Sachverhalt, der in der Ökonomie vor allem zur Nutzenoptimierung unter Effizienzgesichtspunkten angewendet wird, legt aus gesamtgesellschaftlicher Sicht eine weitergehende Anpassung des menschlichen Verhaltens nahe. Im Hinblick auf den Umweltschutz ergibt sich hieraus insbesondere eine notwendige *Begrenzung des Konsums*, da ab einem bestimmten Grad jede weitere Ressourcennutzung angesichts des sinkenden Nutzenzuwachses einen unvertretbaren Aufwand zu Lasten der natürlichen Umwelt darstellt.

Unter der nach den Vorklärungen jetzt zu vertiefenden *ökonomischen Rationalität* wird eine Form von Zweckrationalität verstanden, die sich auf wirtschaftliches Handeln gemäß dem Rationalprinzip bezieht und wesentlich von der innerhalb der Wirtschaftstheorie vorherrschenden Neoklassik und deren *Nutzenorientierung* geprägt ist, die philosophisch auf dem Utilitarismus und seiner Gerechtigkeitslücke basiert. Auf der Grundlage individueller, den Bedarf steuernder *Präferenzen* maximieren die Wirtschaftsakteure demnach ihren Nutzen – den Kern ökonomischer Rationalität [641] – in einem von institutionellen *Restriktionen* begrenzten Handlungsspielraum. Zwischen diesen beiden Ebenen spielen sich die Entscheidungen mit Wirtschaftsbezug im Wesentlichen ab. Entscheidungstheoretisch geht es hierbei darum, "die Handlungsalternative zu bestimmen, die mit der größten Wahrscheinlichkeit widerspruchsfrei und ökonomisch rational ein gegebenes Zielsystem erfüllt." [642] In dieser eng gefassten öko-

640 Vgl. Neubäumer/Hewel 1994, S. 39.

641 Vgl. Kaiser 1992, S. 256.

642 Mack 1994, S. 48.

nomischen Interpretation handelt es sich um eine *teleologische* und bezüglich des Erkennens und Handelns vernunftgemäße *Vorgehensweise*, in der angesichts vielfältiger Bedürfnisse über knappe Mittel – der Ursache des Wirtschaftens – nach Klärung der Zwecke (Präferenzen) die richtige Wahl getroffen werden muss. Eine stabile Präferenzordnung ist hierbei hilfreich und ökonomisch geboten: „Diese Präferenzordnung ist *nach* der Zuordnung unabhängig von einer späteren möglichen Änderung der eigenen Wünsche sowie auch der Umweltsituation und damit stabil.“ [643] Zur Erfüllung dieser im erwähnten Kontext elementaren Aufgabe muss innerhalb der gesellschaftlichen Rahmenbedingungen (Restriktionen) entschieden werden. Für gegebene Ziele werden von rational handelnden Akteuren nach dem *Effizienzprinzip* die wirksamsten Mittel eingesetzt und die als weniger relevant eingestuften – und daher nicht zu untersuchenden – Randbedingungen „ceteris paribus“ gesetzt.[644] Auf diese Weise werden u. a. auch ökologische sowie soziale Zusammenhänge und Auswirkungen der Handlungen ausgeblendet. Durch Abdrängen in den Bereich der externen Effekte müssen sich dann andere Wissenschaftsdisziplinen mit deren Klärung befassen. Mit dieser für die Untersuchung einzelner ökonomischer Phänomene vertretbaren Abstraktion geht jedoch von vornherein Realitätsnähe verloren, die in der praktischen Anwendung schwer wiederherzustellen ist: Im Nachhaltigkeitskontext verliert die ökonomische Rationalität angesichts eines unvermindert anhaltenden Raubbaus an der Natur, steigender Umweltbelastungen, einer ungebremsten Sozialisierung von Spekulationsverlusten verantwortungsloser Finanzakteure und sich weiter vergrößernder Wohlstandsunterschiede – durch wirtschaftlich rational handelnde Akteure – ihren in engen Systemgrenzen geltenden rationalen Charakter. Bei dieser gesellschaftsbezogenen Kritik ist außerdem zu berücksichtigen, dass die ökonomische Rationalität sich als Folge der für einen steigenden ökonomischen Wohlstand notwendigen *funktionalen Ausdifferenzierung* der Gesellschaft zu einem schwer zu kontrollierenden autonomen Subsystem der Wirtschaft entwickelt und von einer umfassender angelegten Rationalität abgekoppelt hat.[645] Dadurch entstehen problematische Folgen für die Gesellschaft, da sowohl die ethische als auch die soziale und ökologische Rationalität unberücksichtigt bleiben, die für die Nachhaltigkeitsethik elementar sind. Auf einem vergleichbaren Abstraktionsniveau lässt sich die problematisierte ökonomische Rationalität durch folgende Modellbetrachtung *methodisch konkretisieren*:

In der Wirtschaftstheorie der Neoklassik nimmt das Modell des *Homo oeconomicus* eine zentrale Position ein. Dieser Modellakteur maximiert in unterschiedlichen Situationen unermüdlich seinen individuellen Nutzen und entfernt sich damit weit von einem Homo socialis oder gar sustinens. Er kennt nur ökonomische Ziele und zeichnet sich besonders aus durch rationales Verhalten, Nutzenmaximierung, vollständige Kenntnis seiner ökonomischen Entscheidungsmöglichkeiten und der aus seinen Entscheidungen

---

[643] Mack 1994, S. 32.

[644] Die *Ceteris-paribus-Methode* ist eine in der Neoklassik übliche Vorgehensweise, bei der angenommen wird, dass alle die Variablen unverändert bleiben, die bei den relativ eng gefassten ökonomischen Modellen nicht mituntersucht werden sollen. Dadurch wird zwar die Untersuchung spezifischer Zusammenhänge wesentlich erleichtert, allerdings unter Ausblendung der Nebenfolgen auf Kosten der Realitätsnähe.

[645] Vgl. Homann/Blome-Drees 1992, S. 11 ff.

resultierenden ökonomischen Folgen. Die rationale *Nutzenmaximierung* wird in diesem Rahmen als *normative Basis* der Ökonomik eingestuft. Ökonomen bemühen sich hierbei darum, „Rahmenbedingungen, Regelsysteme und Gesellschaftsstrukturen zu erarbeiten, die für solche Menschen geeignet sind, die versuchen, ihr Lebensglück zu steigern und sich auch so verhalten, wie es der Steigerung ihres Lebensglücks dient."[646] Ferner besitzt der Homo oecomicus entsprechend den Prämissen des neoklassischen Paradigmas für zu treffende Entscheidungen rechtzeitig vollständige Informationen über die in Frage kommenden Märkte und Eigenschaften der angebotenen und nachgefragten Güter (Stichwort: Markttransparenz). Außerdem wird vorausgesetzt, dass auf diesen Märkten vollständige Konkurrenz herrscht und die bestehenden Präferenzen aufgrund der institutionellen Rahmenbedingungen von ihm auch tatsächlich genutzt werden können. Mit diesem sehr theoretischen Modell für menschliches *Verhalten*, das sich keinesfalls nur auf den Kaufmann als wichtigen Repräsentanten des Homo oeconomicus beschränkt, können ökonomische Zusammenhänge und bestehende Defizite bei speziellen Problemen *analysiert* werden, indem die durch das jeweilige Verhalten eines Wirtschaftsakteurs ausgelösten *Reaktionen* zum Gegenstand der Untersuchung gemacht werden. Beispielsweise können damit auch Fragestellungen untersucht werden, wie Menschen mit der Knappheit von begrenzt verfügbaren Ressourcen umgehen oder welche wirtschaftlichen Konsequenzen sich aus dem individuellen Verbrauch einer besonders sensiblen Ressource unter bestimmten gesellschaftlichen Rahmenbedingungen ergeben. Wegen der ubiquitären Ressourcenknappheit, die im Nachhaltigkeitskontext für den Fall der nicht erneuerbaren Ressourcen von besonderer Bedeutung ist, können jedoch nicht alle individuellen Zielvorstellungen realisiert werden, so dass eine Wahl nach bestimmten *Präferenzen* nur unter den vorliegenden *Restriktionen* getroffen werden kann. Derartige Probleme weisen über den herkömmlichen Bereich der Ökonomie hinaus und zeigen, dass der Homo oeconomicus grundsätzlich als Charakterisierung eines spezifischen Handlungsprinzips fungieren kann. Methodisch entscheidend ist bei einer ökonomischen Analyse mit Hilfe des Modells Homo oeconomicus jedoch nicht die einzelne individuelle Handlung, sondern die von vielen Akteuren auf die Handlung zu erwartenden Reaktionen.

**Resümee:** Die Vorstellung, das abstrakte Modell des *Homo oeconomicus* über die ökonomische Analyse hinaus auch bei Problemen in Nachbarwissenschaften anzuwenden,[647] wird hier nicht geteilt. Selbst wenn der Mensch zur Sicherung seines Überlebens gezwungen sein sollte, sich temporär in Abhängigkeit von der real existierenden Situation sowohl rational als auch eigeninteressiert an die jeweiligen Knappheitsbedingungen bzw. Restriktionen anzupassen. Die für moralisches Verhalten wichtigen Vorstellungen und persönlichen Motive einzelner Akteure spielen in diesem Modell außerhalb des Horizontes der individuellen Nutzenmaximierung keine Rolle, obwohl sie bei einem unreflektiert egoistischen Verhalten auch erhebliche Schäden in ökonomischer, ökologischer und sozialer Hinsicht anrichten können. Infolge ihrer kurzfristigen Output- und fehlenden Zukunftsorientierung führt die eindimensional auf Nutzenmaximierung ausgerichtete *ökonomische Rationalität* aus Sicht einer nachhaltigen Ent-

---

[646] Roth 2006, S. 7.

[647] Vgl. Roth 2006, S. 7.

wicklung darüber hinaus zu einer Fehlallokation, die keinen dauerhaften Vorrat an materiellen Gütern – entsprechend einem ökonomischen Gleichgewicht im Sinne eines steady state – für ein gutes Leben aller Menschen gewährleistet. Daher kann unter der vertretenen nachhaltigkeitsethischen Perspektive auf die Berücksichtigung zusätzlicher Rationalitäten nicht verzichtet werden.

### 3.4.2.3 Exkurs: Technische Rationalität

Analog der ökonomischen Rationalität ist auch die *technische Rationalität* zweckrational ausgerichtet und steht ebenfalls in einem Spannungsverhältnis zwischen der autonomen und der vom Menschen in Form von ressourcenbasierten Produkten (Artefakten) umgestalteten Natur.[648] Der Mensch setzt mit Hilfe der Technik seine instrumentelle Vernunft ein, um die Natur als Lebens- bzw. Ernährungsgrundlage nutzen zu können und damit ein Wirtschaften erst zu ermöglichen. Unter dem Begriff *„Technik"* (griechisch *techne*) wird seit Aristoteles allgemein das künstliche Hervorbringen im Unterschied zum natürlichen Werden der Dinge verstanden. Bei einer im ganzheitlichen Sinne fortschrittlichen Technik geht es vor allem darum, die Möglichkeiten der Ressourcennutzung in Richtung Effizienzsteigerung und Substitution durch besser geeignete Alternativen innovativ zu erweitern, indem sie planmäßig auf die Gesetzmäßigkeiten der Natur zurückgreift und diese unter Nutzung des aktuellen Wissensstandes technisch rational einsetzt. Für die Umsetzung dieser Zielprojektion wird die Anwendung von Erfahrungswissenschaften wie *Technik- und Wirtschaftswissenschaften* innerhalb geeigneter Rahmenbedingungen vorausgesetzt. Auf diese Weise können die Bedürfnisse aller Menschen befriedigt werden, indem die Ressourcen mit Hilfe der klassischen Produktionsfaktoren und der Technik für die Herstellung von Gütern und Dienstleistungen genutzt werden. Technisches und ökonomisches Handeln wirken unter diesen Voraussetzungen zusammen und können ihre Potenziale gemeinsam entfalten.

Der Mensch ist auch beim technischen Handeln zu einem *irrationalen Verhalten* fähig, wie die vielfältigen Beispiele negativer technischer Entwicklungen und Anwendungen von menschenfeindlichen Instrumenten – in Form von Forschungen, Methoden, Geräten und Anlagen – für die Unterdrückung oder gar Vernichtung von Menschen und deren Lebensgrundlagen im Verlauf der deutschen und internationalen Geschichte belegen. Hinzu kommt, dass der Mensch einen eingeschränkten Wahrnehmungsbereich hat und seine fortlaufenden technischen Weiterentwicklungen häufig nicht mehr überblickt bzw. diese eine Eigendynamik entwickeln können, die dann immer schwerer zu beherrschen ist. Das damit verbundene *Gefährdungspotential* der vom Menschen geschaffenen modernen Technik, der erst die Wirtschaft durch ihre Möglichkeiten einen rastlosen Antrieb liefert, bildet die Ausgangsthese von Hans Jonas in seiner Darstellung einer Ethik für die technologische Zivilisation,[649] die er aus Sicht der Verantwortung kritisch einschätzt: „Fortschritt in der Technik ist schon zur Korrektur ihrer eigenen Wir-

---

648 Weitere Ausführungen zum *Verhältnis Mensch-Natur* finden sich im Kapitel 3.3.1 „Grundprobleme der Umweltethik".

649 Vgl. Jonas 1979, S. 7 ff.

kungen nötig ... und selbst über sie hinaus gibt es unter den drohenden Schadenswirkungen der Großtechnik solche, die aus sich selbst weiterlaufen und dann von keiner Technik mehr ... aufzuhalten ... sind.“ [650] Im Hinblick auf die zunehmend ungezügelt verlaufende Globalisierung der Wirtschaft gewinnt das angesprochene technische Gefährdungspotenzial eine besondere Bedeutung. Nur weisen der technische und der wirtschaftliche Handlungsbereich einen fundamentalen *Unterschied* auf: Sie werden weder gleichrangig eingestuft noch sind sie es in der Praxis. Angesichts erkannter, historisch immer wieder bestätigter technischer Risiken hat sich in den letzten Jahrzehnten die *Technikfolgenabschätzung* als eigene Wissenschaftsdisziplin entwickelt und institutionalisiert,[651] die über die Thematisierung der Verantwortung von Ingenieuren hinaus in der Forschung zu Risikotechnologien und der Bewertung ihrer Folgen auch anwendungsbezogen tätig ist. Hierzu gehört beispielsweise die Information der interessierten Öffentlichkeit und die Beratung von Politik und Wirtschaft.[652] Eine auf der Hand liegende analoge Entwicklung zur kritischen Reflexion und Gegensteuerung in Form einer *Wirtschaftsfolgenabschätzung* für die aus dem kurzsichtigen Verhalten von Wirtschaftsakteuren entstehenden wirtschaftlichen und politischen Risiken, die in ihren räumlichen sowie zeitlichen Auswirkungen weiter zunehmen und kaum noch zu kontrollieren sind, hat sich trotz erkannter ökonomischer, ökologischer und sozialer Folgen bis heute nicht etablieren können. Auch auf diesem Gebiet fehlt die Internalisierung von Nebenwirkungen einer eindimensionalen Wirtschaftspraxis, die wieder von anderen Wissenschaften übernommen werden muss.

Zu den bestehenden fachspezifischen Differenzen zwischen Wirtschaft und Technik kommt der *unterschiedliche Stellenwert* der beiden erfahrungswissenschaftlichen Disziplinen im gesellschaftlichen Kontext. Denn obwohl die Wirtschaft im Unterschied zu ihren Frühformen eindeutig technologisch – die technische Innovation stellt aus ökonomischer Sicht einen wichtigen Produktionsfaktor dar, der für die Umsetzung des Effizienzprinzips unerlässlich ist – geprägt ist, findet der *technische Fortschritt* erst über die *Wirtschaft* statt.[653] Pointiert formuliert, lässt sich die folgende These aufstellen: Die Wirtschaftsakteure instrumentalisieren die Technik als Mittel für ihre Zwecke und dominieren sie insofern auch. – Aus Sicht der Kritischen Theorie [654] wurde das problematische Verhältnis von Wirtschaft und Technik anlässlich der technischen Innovationen

---

[650] Jonas 1997, S. 177 f.

[651] Das Thema *„Technikfolgenabschätzung“* wird hier nur im Zusammenhang mit der technischen Rationalität angesprochen. Eine Vertiefung dieser gesellschaftsrelevanten Thematik, an die außerdem eine Erörterung der Technikethik anschließen würde, ist hier nicht beabsichtigt. Weitere Einzelheiten finden sich hierzu u. a. bei Grunwald 1999 und Grunwald/Saupe 1999.

[652] Auf diesem Gebiet sind in Deutschland u. a. das Büro für Technikfolgenabschätzung beim Deutschen Bundestag (TAB), das Institut für Technikfolgenabschätzung und Systemanalyse des Forschungszentrums Karlsruhe (ITAS) sowie das Netzwerk der deutschsprachigen Technikfolgenabschätzungs-Community ( http://www.netzwerk-ta.net )tätig.

[653] Vgl. Korff 1999a, S. 102.

[654] Der insbesondere von Adorno und Horkheimer vertretenen *Kritischen Theorie* geht es im Wesentlichen um eine gesellschaftliche Veränderung in Richtung einer zunehmenden Selbstbestimmung der Menschen, dem jedoch die gesellschaftliche Praxis – vergleichbar mit der ideologisch eingefärbten neoklassischen Ökonomik – als scheinbar objektive, unveränderliche entgegen steht (vgl. u. a. Habermas 1968, S. 146 ff.).

bereits angesprochen.[655] – Ihre tatsächlichen Erfolge verdankt die Technik daher auch nicht sich selbst, sondern erst den wirtschaftlichen und gesellschaftlichen Nutzungsmöglichkeiten. Die Bedeutung einer naturwissenschaftlich fundierten Technik mit ihrem *innovativen Potenzial* an instrumenteller Vernunft setzt sich also erst in Wirtschaft und Gesellschaft um, wenn ihre Repräsentanten die Technik für ihre Zwecke einsetzen und mit ihrer Unterstützung neue Produkte, Verfahren oder einfach zusätzliche Machtmittel – sei es die elektronische Datenverarbeitung für Datenströme auf den Finanzmärkten oder die Kraftwerkstechnologie im Energiebereich – entwickelt werden. Dadurch wird mit dem über die instrumentelle Vernunft vermittelten technologischen Kreativpotenzial des Menschen die Effizienz im gesellschaftlichen Kontext geschaffen und die kulturelle Entwicklung vorangetrieben. Die wissenschaftliche Beratung bietet der *Politik* in diesem Rahmen die Möglichkeit darauf hinzuwirken, dass die Technik zum Nutzen für das Gemeinwohl eingesetzt wird und die nachteiligen Folgen begrenzt werden.

Die Technik gründet ihre Theorie zwar nicht auf einem wissenschaftlichen Modell für *technisches Handeln*, mit dem in Analogie zum Homo oeconomicus der Wirtschaftstheorie die auf die Handlung zu erwartenden Reaktionen analysiert werden könnten. Dennoch lässt sich die Technik mit dem Begriff *„Homo faber"* charakterisieren, der den Menschen als Verfertiger bzw. Hersteller darstellt, der in Analogie zum Homo oeconomicus ebenfalls mit Hilfe der instrumentellen Vernunft seine Existenz in aktiver Auseinandersetzung mit der Natur sichert. Hannah Arendt führte bei ihrer kritischen Darstellung des *Herstellens* – in Unterscheidung vom Arbeiten und Handeln – hierzu aus: „Die Werktätigkeit von Homo faber, der die Welt herstellt, vollzieht sich als Verdinglichung. Selbst den zerbrechlichsten Dingen verleiht er eine gewisse Konsistenz, die er dem Material entnimmt, aus dem er sie verfertigt ... Material muß erst einmal gewonnen werden, seiner natürlichen Umgebung entrissen, und mit der Gewinnung von Material greift der Mensch in den Haushalt der Natur ein ... Alles Herstellen ist gewalttätig, und Homo faber ... kann sein Geschäft nur verrichten, indem er Natur zerstört." [656] Für die Umsetzung seiner technisch-praktischen Intelligenz benötigt Homo faber als Hand- und Kopfarbeiter *instrumentelle Hilfsmittel* in Form von Werkzeugen, Geräten und Instrumenten, die er zweckorientiert und zielstrebig für die Herstellung differenzierter Produkte bzw. Artefakte und Verfahren einsetzt. Denn im Unterschied zum Tier fehlen ihm sowohl organische als auch instinktmäßige Voraussetzungen für die unmittelbare Lebensbewältigung in der ihn umgebenden, ursprünglich unwirtlichen Natur.[657] Das technische basiert wie das wirtschaftliche Handeln auf einer *Zweck-Mittel-Relation*, deren Rangfolge sich leicht umkehren kann: Die Mittel können sich oft dominanter als die Zwecke erweisen. Und der Mensch kann schnell zum Knecht seiner Maschinen werden, die Homo faber zuvor doch selbst erfunden hat, um sie zweckorientiert für seine Erfordernisse einzusetzen. Denn in praktischen Arbeitsvorgängen, wie der Güterproduktion für Konsumzwecke, spielt die in anderen Zusammenhängen wichtige Zweck-Mittel-Unterscheidung einfach nicht mehr die Rolle, weil in ihnen Zweck und Mittel nicht

[655] Vgl. Kapitel 1.3.4 „Innovation".

[656] Arendt 1967, S. 165.

[657] Auf den *Instinktmangel* des Menschen wird im Rahmen der anthropologischen Darstellungen im Kapitel 3.5.1 „Grundprobleme der Sozialethik" eingegangen.

so getrennt auftreten, dass man sie ohne Weiteres genau auseinanderhalten könnte und – was den unmittelbaren Vorgang betrifft – müsste. Gerade hierin liegt aber auch die *Gefahr* für die *missbräuchliche Verwendung* von Technik: wenn z. B. die Herstellung einer Verbrennungsanlage für problematische Entsorgungszwecke von den Herstellenden nur noch als technischer Umgang mit verschiedenen Materialien und Werkzeugen sowie einem Konzept, das es energetisch zu optimieren gilt, wahrgenommen wird und die eigentliche Zielsetzung dabei aus dem Blickfeld gerät. Die Erledigung technischer wie wirtschaftlicher Aufgaben findet innerhalb relativ enger fachspezifischer Vorstellungen statt, die wesentlich vom Effizienz- sowie Nutzenprinzip geprägt sind und nicht selten irgendwelchen Sachzwängen zu- oder untergeordnet werden.

Eine *ethische Reflexion* der mit diesen Vorgängen und Erzeugnissen zusammenhängenden Ziele, Werte und Folgen des Handelns findet wie im Bereich der Ökonomie in der Regel nicht statt. Eine positive Ausnahme stellt jedoch die erwähnte Technikfolgenabschätzung dar, die im Nachhaltigkeitskontext zu berücksichtigen ist. Die Entwicklung der Ökonomie wird im Wesentlichen durch eine innovative, sich ständig weiterentwickelnde *Technologie* und einen für alle Wirtschaftsakteure frei zugänglichen, unter Wettbewerbsbedingungen stehenden *Markt* bestimmt und vorangetrieben. Damit die interdependente ökonomische und technische Rationalität auf Basis dieser beiden Elemente ihre Wirkungen zum Vorteil der Akteure und des Gemeinwohls auf Dauer entfalten können, bedarf es jedoch geeigneter *institutioneller Rahmenbedingungen*, die diesen Einflussgrößen einerseits zur Wirkung verhelfen und andererseits negative Auswirkungen für Mensch und Umwelt minimieren. Um sowohl den thematisierten ökonomischen und technischen als auch den ethischen Erfordernissen unter der Nachhaltigkeitsperspektive Rechnung tragen zu können, bedarf es dazu *freiwilliger Vereinbarungen* und *rechtlicher Regelungen*, die einerseits eine umweltverträgliche Nutzenerhöhung ermöglichen und andererseits von den Beteiligten und Betroffenen der Handlungen akzeptiert werden. Ein *Konsens* hierüber, der erst die erforderliche Zustimmung zwischen allen Beteiligten ermöglicht, lässt sich in der Regel erst in einem offen geführten Dialog mit allen Beteiligten herstellen.[658]

Aus der Interdependenz von Technik und Ökonomie einerseits sowie aus den komplexen Folgen technischen und wirtschaftlichen Handelns andererseits ergibt sich die Frage einer geeigneten *Handlungsorientierung*. Es liegt im Hinblick auf die gesellschaftliche Bedeutung zunächst nahe, entsprechend der Anwendung hierfür eine eigenständige *Technikethik* und eine eigenständige *Wirtschaftsethik* als Gestaltungsansatz zu wählen, die bei einer gesonderten Betrachtung des politischen Umfeldes im Rahmen der Umsetzung konsequenterweise um eine Politikethik zu ergänzen wären.[659] In der fachspezifischen Differenzierung könnte man sogar so weit gehen, dass man entsprechend der besonderen fachlichen Verantwortung, die die *Ingenieure* als wichtige Repräsentanten des Homo faber in der überwiegend von ihnen gestalteten Technik besitzen, die Technikethik um eine individualistisch orientierte Ingenieurethik erweitert.

658 Weitere Einzelheiten hierzu finden sich unter dem Stichwort *„Stakeholder-Dialog“* im Kapitel 4.2 „Konzept für eine nachhaltige Unternehmensentwicklung“.

659 Vgl. Korff 1999a, S. 107.

Dieses singuläre Denken mag für fachspezifische Forschungen gerechtfertigt sein, die hier im Fokus stehende gesellschaftliche Realität erfordert hingegen eine ganzheitliche Betrachtung. Denn Technik, Ökonomie und auch Politik stellen *interdependente Sektoren* mit Gemeinsamkeiten sowie analogen Strukturen und Handlungsweisen dar, die von Menschen unter vergleichbaren Prinzipien *zweckorientiert durchgeführt* und gegenüber den Betroffenen bezüglich der Resultate und sonstigen Handlungsfolgen *verantwortet* werden müssen. Hans Lenk und Matthias Maring stellen daher die folgende programmatische These auf: „Technik- und wirtschaftsethische Fragen und Probleme sind aufs engste miteinander verknüpft, so daß es nicht sinnvoll ist, sie getrennt zu behandeln – v. a. nicht im Hinblick auf Fragen der Steuerbarkeit und Verantwortbarkeit von technisch-wirtschaftlichen Entwicklungen.“ [660] Diese These, die der menschlichen Verhaltenspraxis in einem komplexen gesellschaftlichen Umfeld in vielen Fällen entspricht und daher eigenständige Sonderethiken überflüssig machen kann, wird außerdem durch die Tatsache gestützt, dass sowohl die Technik als auch die Ökonomie weder ein autonomes gesellschaftliches Subsystem darstellen noch ausschließlich einem einzelnen Subsystem zugeordnet werden können. Stattdessen liegen vielfältige Interdependenzen vor.[661] *Technik* und *Ökonomie* wirken wegen ihrer ähnlichen Charakteristika und enormen Potenziale, deren gedankliche Übertragung in nicht-technische bzw. nicht-ökonomische Bereiche man als fachspezifischen „Imperialismus“ bezeichnen kann,[662] beide in diverse gesellschaftliche Sektoren hinein. Sie tragen nicht nur zu wahrnehmbaren Vorteilen, sondern auch zu Nachteilen und einer gewissen Technik- sowie Ökonomiefeindlichkeit bei einem Teil der Bevölkerung bei.

**Resümee:** Die Darstellung der technischen dient der instrumentellen Ergänzung und Problematisierung der *ökonomischen Rationalität* der hier darzustellenden *Wirtschaftsethik*. In der vorliegenden Arbeit wird die Wirtschaftsethik entsprechend dem zu entwickelnden Gestaltungsansatz als ökonomische Dimension der Nachhaltigkeitsethik interpretiert. Die in diesem Rahmen wichtigen Aspekte der *technischen Rationalität* werden entsprechend berücksichtigt. Daher wird auf eine getrennte Behandlung der Technikethik verzichtet [663] und eine Nachhaltigkeitskonzeption mit technischen, sozialen und institutionellen Innovationen für die gesellschaftlich notwendigen Änderungen vertreten.[664] Diese Position wird auch damit begründet, dass die Wirtschaftsakteure die Technik in der Praxis nicht unerheblich dominieren und technischer Fortschritt erst über die Wirtschaft realisiert wird.

[660] Lenk/Maring 1998, S. 8.

[661] Vgl. Korff 1999a, S. 107.

[662] Vgl. Budäus/Steenbock 1999, S. 580.

[663] Weitere Ausführungen zur *Technikethik* bzw. Ethik in der Technikgestaltung finden sich u. a. bei Grunwald/Saupe 1999. Für eine Vertiefung der Technikethik im wirtschaftsethischen Kontext wird insbesondere auf Lenk/Maring 1998 verwiesen.

[664] Die technischen, sozialen und institutionellen *Innovationen* wurden im Kapitel 1.3 „Begriffliche und inhaltliche Vorklärungen“ dargestellt.

### 3.4.3 Normative Integration ökonomischer Rationalität

Der zu entwickelnde wirtschaftsethische Ansatz soll in Analogie zum dargestellten umweltethischen Ansatz durch *normative Integration* der *ökonomischen Rationalität* erfolgen – ein Vorhaben, das angesichts der problematisierten neoklassischen Verengung des Rationalprinzips nur mit einer ganzheitlichen Erweiterung und Vorgehensweise sinnvoll erscheint. Im Hinblick auf die angestrebte integrative Wirtschaftsethik wird die ökonomische Rationalität als zweckrationale Verfolgung des folgenden *ökonomischen Zielsystems* interpretiert: Durch Schaffung einer auf interdependenten ökonomischen Prinzipien basierenden Bedürfnisbefriedigung soll eine Lebens- und Wirtschaftsweise ermöglicht werden, die allen Menschen durch ein Tätigsein im Umgang mit der Natur und mit Tauschpartnern ein physisches Überleben auf Dauer bietet. Auf diese Art und Weise wird ein *ökonomisch rationales Handeln* möglich, das erst die Voraussetzungen für das hier vertretene lebensdienliche Wirtschaften schafft. Eine fachspezifisch auf dieses generelle Ziel ausgerichtete Wirtschaftsethik wird unter Nachhaltigkeitsbedingungen entsprechend dem ganzheitlichen Ansatz als ökonomische Dimension der noch zu entwickelnden Nachhaltigkeitsethik eingestuft. Unter dieser erweiterten Perspektive wird im Folgenden eine *normative Integration* der ökonomischen Rationalität durchgeführt: Sie führt im ersten Schritt zu einem spezifisch *wirtschaftsethischen Ansatz*, um später auf dieser Grundlage unter Berücksichtigung aller Nachhaltigkeitsdimensionen eine normative *Erweiterung* in Richtung auf eine global *zukunftsfähige Entwicklung* zu ermöglichen. Damit soll erreicht werden, dass einerseits die Autonomie des wirtschaftsethischen Ansatzes gewahrt bleibt und andererseits eine ganzheitlich um ökologische und soziale Anforderungen erweiterte Gestaltung erreicht wird. In beiden Fällen handelt es sich wieder um integrative Ansätze.[665]

Im Rahmen der ethischen Fundierung des zu entwickelnden wirtschaftsethischen Ansatzes und dessen ganzheitlicher Erweiterung soll der instrumentelle fachspezifische Anteil des Ansatzes im Folgenden wieder normativ mit der *teleologischen Deontologie* und den nicht-instrumentellen Prinzipien verknüpft werden. Die hierfür – in Anlehnung an die dargestellte Umweltethik – durchzuführenden Integrationsschritte erfordern angesichts Interessen bedingter Konfliktpotenziale wieder eine methodische Unterstützung durch das *dialogische Konsensprinzip*. Auf dieser Grundlage lässt sich die für den wirtschaftsethischen Ansatz erforderliche *normative Integration* ökonomischer Rationalität mit einer Dialog orientierten Unterstützung erreichen, die wesentlich zur notwendigen Überwindung auftretender Interessengegensätze und *Konflikte* beiträgt. Mit einem argumentativen *Dialog* und ethischen Diskurs können die Bedürfnisse der Menschen in der Gesellschaft zum Ausdruck gebracht und ein *Konsens* herbeigeführt werden, ohne dadurch bestehende Rationalitäten negieren zu müssen, wie z. B. die für das menschliche Leben notwendige Befriedigung der Bedürfnisse. In der raumzeitlichen Nachhaltigkeitsperspektive wird der zu führende Dialog wegen divergierender ökologischer, ökonomischer, sozialer und politisch-institutioneller Interessen erschwert, so dass wei-

[665] Die nachfolgende Darstellung der *normativen Integration ökonomischer Rationalität* und des *wirtschaftsethischen Ansatzes* erfolgt verkürzt, da hier auf die analog geltenden Ausführungen zur Umweltethik im Kapitel 3.3.3 „Normative Integration ökologischer Rationalität“ Bezug genommen wird.

tergehende Regeln und Verfahrensschritte für den angestrebten Konsens erforderlich werden (Stichwort: Global-Governance-Prozess).

### 3.4.3.1 Integrativer Ansatz der Wirtschaftsethik

Die vorangegangenen Ausführungen haben *Grenzen* der von der neoklassischen Ökonomik vertretenen *ökonomischen Rationalität* in der gesellschaftlichen Anwendung gezeigt. Aufgrund ihrer eingeschränkten Zweckorientierung und ihrer Ausrichtung auf den *Eigennutz* ist weder eine so verstandene ökonomische Rationalität noch ein auf ihr basierender Ansatz in der Lage, die normative Funktion einer *Wirtschaftsethik* zu übernehmen, welche von einer universell akzeptierbaren und implementierfähigen Handlungsorientierung für ein auf *individuelle und soziale Lebensqualität* ausgerichtetes Wirtschaften zu fordern ist. Die vom Ökonomen Adam Smith im Vorfeld der Industrialisierung für entwickelte Märkte getroffene Annahme, dass der Markt mit Hilfe der Arbeitsteilung schon alles im Interesse des Gemeinwohls richten werde, hat sich als Mythos erwiesen.[666] Zur Verteidigung des Moralphilosophen Adam Smith soll seine differenzierte Einstellung zum Eigennutz nicht unerwähnt bleiben: „Man mag den Menschen für so egoistisch halten, es liegen doch offenbar gewisse Prinzipien in seiner Natur, die ihn dazu bestimmen, an dem Schicksal anderer Anteil zu nehmen, und die ihm selbst die Glückseligkeit dieser anderen zum Bedürfnis machen, obgleich er keinen Vorteil daraus zieht, als das Vergnügen, Zeuge davon zu sein.“ [667] Neben seiner weltfremden Einschätzung, die z. B. einen Rendite fixierten Investmentbanker kaum erreichen wird, ist daran außerdem problematisch, dass diese ein additives Verhalten begünstigt, das zu Mitleid und guten Taten von Almosengebern anregt. Statt integrativ bereits früher anzusetzen, nämlich dort, wo gesellschaftliche Fehlentwicklungen des Wirtschaftens noch vermieden oder von vornherein Gemeinwohl verträglicher gestaltet werden können. Die mangelnde Nähe einer neoklassisch interpretierten ökonomischen Rationalität zur gesellschaftlichen Realität und die immer dringender werdende Sicherung der natürlichen Lebensgrundlagen für heutige und künftige Generationen erfordern daher einerseits eine *ganzheitlich* verstandene *ökonomische Rationalität*, die über die individuelle Nutzenmaximierung hinausgeht und anderen Wissenschaftsdisziplinen Anschlussmöglichkeiten bietet. Und andererseits eine *normative Unterstützung* durch eine nicht-instrumentelle *ethische Rationalität*, bei der es im Wesentlichen auf Pflichten für moralisches Handeln und auf Verantwortung für Handlungsfolgen ankommt. Denn erst mit einer *Wertorientierung* außerhalb der individuellen Nutzenmaximierung und einem eigenen Beitrag zur Lösung der gesamtgesellschaftlichen Probleme ist die für eine zukunftsfähige Entwicklung notwendige Neuausrichtung des ökonomischen Handelns möglich. Hierbei geht es um Werte im umfassenden Sinne, die der etymologischen Abstammung des Begriffs „Wirtschaften“ von *„Werte schaffen“* gerecht

---

[666] Vgl. Smith 1789/1978.

[667] Smith 1759/1926, S.1. Mit diesem Satz leitet Adam Smith bezeichnenderweise sein Werk *„Theorie der ethischen Gefühle“* im Anfangskapitel „Über die Schicklichkeit oder sittliche Richtigkeit der Handlungen“ ein.

werden.[668] Erst mit diesen Voraussetzungen erscheint die normative Integration der ökonomischen Rationalität unter der vertretenen Nachhaltigkeitsperspektive zielführend.

Ausgehend von diesen Überlegungen erfolgt die *Entwicklung* des integrativen Ansatzes Wirtschaftsethik – in Anlehnung an die dargestellte Umweltethik – *in drei idealtypischen Schritten*, die in der gesellschaftlichen Realität viele Überschneidungen aufweisen:

(1) Im ersten Schritt wird das dargestellte ökonomische Zielsystem *deontologisch ergänzt*: Der formale Rahmen des *kategorischen Imperativs* soll als notwendige, jedoch nicht hinreichende Voraussetzung sowohl für die wirtschaftsbezogenen Anwendungsfälle als auch für eine global zukunftsfähige Entwicklung geeignet sein und die ökonomischen Prinzipien mit ihren inhaltlichen Ergänzungen berücksichtigen. Dafür müssen die spezifischen Defizite des Ist-Zustands geklärt und die aus der praktischen Vernunft resultierende *Pflicht* zu einer Verbesserung des defizitären Ist-Zustands und Vermeidung künftiger ökonomischer Fehlentwicklungen ausgeübt werden.

(2) Im zweiten Schritt wird das deontologisch erweiterte ökonomische Zielsystem zusätzlich *teleologisch* und damit auch konsequentialistisch *ergänzt*: Mit der teleologischen Ergänzung soll *Verantwortung* für die negativen Folgen ökonomischen Handelns auf die natürliche und gesellschaftliche Umwelt übernommen werden. Erst dann kann den Anforderungen an eine zukunftsfähige Bedürfnisbefriedigung aus dem ökonomischen – und in der erweiterten Perspektive auch den Nachhaltigkeitsdefiziten im ökologischen und sozialen – Bereich Rechnung getragen werden.

(3) Im dritten Schritt wird das deontologisch und teleologisch erweiterte ökonomische Zielsystem mit der *ethischen Rationalität* und ihren nicht-instrumentellen Prinzipien *verknüpft*: Als methodische Unterstützung werden das Konsensprinzip und der ethische Diskurs gewählt, wodurch die *kommunikative Rationalität* als dritte Rationalität in die Entwicklung des Ansatzes eingeht.[669]

Damit ergibt sich vor dem Hintergrund des Verhältnisses Mensch-Natur-Mensch [670] der integrative Ansatz der Wirtschaftsethik schließlich als Ergebnis einer *Integration* von *ökonomischer* und *ethischer Rationalität*, der sich schematisch als Schnittmenge beider Rationalitäten darstellt (vgl. Abb. 17):

[668] Vgl. Ulrich 1997, S. 203. Auf die für Wirtschaftsunternehmen grundlegenden *Wertschöpfungsketten* wird im Kapitel 4.2.1 „Konkretisierung des Gestaltungsansatzes Nachhaltigkeitsethik" eingegangen.

[669] Vgl. Kaiser 1992, S. 171 ff. und Ulrich 1997, S. 121 f.

[670] Weitere Ausführungen zum Dreiecksverhältnis *Mensch-Natur-Mensch* finden sich im Kapitel 3.5.1 „Grundprobleme der Sozialethik" und 3.6.1 „Ganzheitliche Integration".

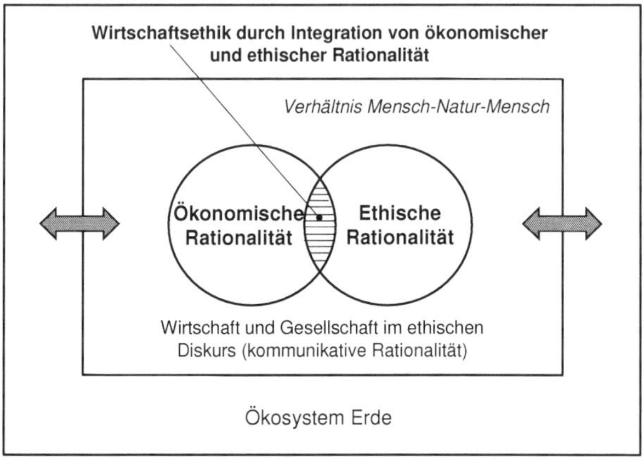


**Abbildung 17: Wirtschaftsethischer Ansatz als Ergebnis normativer Integration**

Die *wirtschaftsethische Fundierung* erfolgt hierbei durch die ökonomischen Prinzipien zur zweckrationalen Ausrichtung des ökonomischen Zielsystems, den formalen Ansatz der teleologischen Deontologie zur normativen Erweiterung des ökonomischen Zielsystems, die nicht-instrumentellen Prinzipien zur abschließenden normativen Integration der ökonomischen Rationalität und das dialogische Konsensprinzip im Rahmen eines ethischen Diskurses zur methodischen Unterstützung der Integration.[671] Insgesamt ergibt sich so ein *integrativer Ansatz*, der aus zwei grundsätzlich gleichberechtigten und vernetzten Rationalitäten besteht, die den gemeinsamen Kern einer *Wirtschaftsethik* bilden. Letztere steht für die lebensdienliche Gestaltung einer Wirtschaft, die sich selbst als Teilmenge des *Ökosystems Erde* sieht.[672] Diese einerseits auf einem Abhängigkeitsverhältnis und andererseits auf einem Wechselverhältnis der Menschen zum Ökosystem unseres Planeten basierende *Relation* wird von der neoklassischen Ökonomik ignoriert und von neueren Schulen wie der ökologischen und evolutorischen Ökonomik zunehmend berücksichtigt. Die in diesem Zusammenhang ebenfalls zu erwähnende Umweltökonomik kommt über den neoklassischen Ansatz jedoch nicht wesentlich hinaus.

**Weitere Perspektive:** Für die Zielsetzung einer global zukunftsfähigen Entwicklung muss ein weitergehender normativer Ansatz entwickelt werden, der nicht bei der Integration der ökonomischen Rationalität endet, sondern darüber hinaus die ökologische und die soziale Rationalität mit ihren spezifischen Anforderungen zusätzlich in das

671 Vgl. Kaiser 1992, S. 272 ff.

672 Ein prominenter Vertreter dieser Position ist der ehemalige Mitarbeiter der Weltbank, Hermann E. Daly, der zusammen mit Robert Costanza wesentlich zur Gründung der Alternativdisziplin *„Ecological Economics“* beigetragen hat (vgl. Daly 1996/1999).

ganzheitliche ethische Gesamtkonzept aufnimmt. Daher müssen außerdem die dargestellte *Umweltethik* und die nachfolgend darzustellende *Sozialethik* als weitere interdependente Bestandteile für den zu generierenden Gestaltungsansatz *Nachhaltigkeitsethik* berücksichtigt werden.

## 3.5 Sozialethik

Die Sozialethik ist die dritte und letzte Einzelethik, die für die Entwicklung des ganzheitlichen Gestaltungsansatzes Nachhaltigkeitsethik benötigt wird. Die bereits angesprochenen aktuellen globalen Umwelt- und Wirtschaftskrisen führen zwangsläufig zu *globalen Sozialkrisen*, wodurch das vorhandene Gefährdungspotenzial für die gegenwärtige und für kommende Generationen und ihre Lebensbedingungen noch einmal gesteigert wird.[673] Die negativen Folgen zeigen sich bereits an Armuts- sowie Ernährungskrisen und der für soziale Defizite charakteristischen Zunahme bewaffneter Konflikte, die schon heute erhebliche Migrationsbewegungen in die entwickelten Länder verursachen. Den folgenreichen Auswirkungen einer nicht-nachhaltigen Lebens- und Wirtschaftsweise auf den Sozialbereich soll im Rahmen der Darstellung der *integrativen Sozialethik* dadurch Rechnung getragen werden, dass zuvor das grundlegende Verhältnis Mensch-Mensch vor dem Hintergrund von Natur und Kultur anthropologisch geklärt und das *soziale Prinzip Gerechtigkeit* mit seinen Einzelprinzipien sowie Gerechtigkeitskonzeptionen zum zentralen Anliegen gemacht wird. Wegen der *unmittelbaren Betroffenheit* hat sich sowohl die Sensibilität als auch das Interesse der Mehrheit der Weltbevölkerung für die Sicherung ihrer Lebensbedingungen in Form von Arbeitsplätzen (im Sinne von nicht immer selbstverständlichen Erwerbsmöglichkeiten), Sozialsystemen, gerechter Vermögensverteilung, Rechtsstaatlichkeit, Menschenrechten, Frieden und gesundheitskonformen Umweltbedingungen erhöht – selbst wenn die Schwerpunkte und Ausgestaltung entsprechend den situativen Voraussetzungen bei den Betroffenen unterschiedlich sind.[674]

Auf der Suche nach den Ursachen der den *sozialen Zusammenhalt* der Menschen gefährdenden Probleme und einer allgemeinen Verschlechterung der sozialen Lage, von der die Weltbevölkerung zunehmend betroffen ist, sind vorrangig in entwickelten Industrieländern Wirtschaftsakteure mit ihrem individualistisch auf Eigennutz zu Lasten des Allgemeinwohls ausgerichteten Verhalten öffentlich in die Kritik geraten, zusammen mit einer dieses ermöglichenden Wirtschaftspolitik. Eine derartige, durch unzureichende institutionelle Vorgaben und Schutzmechanismen für die Bevölkerung gekennzeichnete Politik lässt das soziale Klima weltweit immer rauer werden, so dass von globalem Staatsversagen gesprochen werden kann. Dadurch steigen zwangsläufig auch die Anforderungen und Erwartungen an die *soziale Verantwortung* der Akteure in Politik, Wirtschaft und Gesellschaft auf nationaler sowie internationaler Ebene (Stichwort:

---

673 Vgl. Bohsem 2009 und Einecke/Hulverscheidt 2009.

674 Auf den Stellenwert von *Arbeitsplätzen* in einem deutschen Wirtschaftsunternehmen wurde im Kapitel 2.3 „Folgen der Rohstoffumstellung der Papierproduktion" und einem transnationalen Konzern wird im Kapitel 4.2 „Konzept für eine nachhaltige Unternehmensentwicklung" exemplarisch eingegangen.

Global-Governance-Prozess). Die bereits im Rahmen der Umwelt- und Wirtschaftsethik behandelten Fehlentwicklung im ökologischen und ökonomischen erfordern im sozialen Bereich vor allem einen zusätzlichen Abbau der bestehenden *Gerechtigkeitsdefizite*. Diese weltweit bestehenden komplexen, von vielfältigen Interdependenzen gekennzeichneten Probleme erfordern eine Auseinandersetzung sowohl mit den personen- als auch gesellschaftsbezogenen Verhältnissen, um mit Hilfe einer universellen *ethischen Perspektive* einer weiteren Verschlechterung der Lebensbedingungen und des menschlichen Zusammenlebens entgegenzuwirken. Für diese anspruchsvolle Gestaltungsaufgabe kann die *Sozialethik* als soziale Dimension der Nachhaltigkeitsethik einen wichtigen Beitrag liefern, indem sie ihre Potenziale für eine *umfassende Gerechtigkeit* in Verbindung mit den Sozialprinzipien Solidarität, Subsidiarität und der hier als weiterführender Perspektive einzuordnenden Nachhaltigkeit einbringt.

Angesichts der dargestellten Problemlage sollen unter folgender *Arbeitshypothese* die Voraussetzungen der Sozialethik ganzheitlich geklärt und auf dieser Grundlage ein normativer Gestaltungsansatz Sozialethik erarbeitet werden, der für eine nachhaltige Entwicklung erweiterungsfähig ist:

*Eine Sozialethik, die für die Umwelt- und Wirtschaftsethik anschlussfähig ist und diese ganzheitlich ergänzt, liefert die für ein auf Dauer gutes Leben und würdevolles Zusammenleben der Menschen notwendige Handlungsorientierung. Auf der Grundlage einer kritischen Reflexion des in einem Zusammenhang zur natürlichen und sozialen Umwelt stehenden individuellen und gesellschaftlichen Handelns lassen sich die für den zu entwickelnden Gestaltungsansatz notwendigen sozialen Prinzipien soweit klären, dass sie mit den ethischen Anforderungen verknüpft werden können. Sie liefern darüber hinaus mit ihren zugrundeliegenden Beziehungen und institutionell vermittelten Gerechtigkeitsvorstellungen die Voraussetzungen für die Verbesserung des sozialen Zusammenhalts der Gesellschaft. Eine so angelegte Sozialethik kommt ohne eigenständige Individualethik aus.*

Aus vorrangig anthropologischer Sicht sollen zunächst die *Grundprobleme der Sozialethik* erörtert werden. Als Einstieg bietet sich das den sozialen Bereich prägende Verhältnis Mensch-Mensch im Zusammenhang von Natur und Kultur an. Dieses zu einem Dreiecksverhältnis zu erweiternde Modell wird anschließend um eine Rückführung auf die primären Beziehungen des Menschen vor ihrem institutionellen Hintergrund und die Wechselbeziehung zwischen den Polen Soziales und Ethik in dem Konfliktmodell ergänzt, das bereits für die Darstellung der Umwelt- und Wirtschaftsethik verwendet wurde. Im Hinblick auf die globalen Sozialkrisen, die insbesondere von Gerechtigkeitsdefiziten geprägt sind, wird die *Gerechtigkeit* ins *Zentrum der Sozialethik* gestellt. In diesem Rahmen werden anschließend die Gerechtigkeitsprinzipien und die formalen sowie materialen Aspekte der Gerechtigkeit dargestellt. Ohne Letztere können die sozialen Probleme letztlich nicht erfasst werden. Der sozialethische Ansatz ergibt sich schließlich in Analogie zur Umwelt- und Wirtschaftsethik durch *normative Integration* der fachspezifischen *sozialen Rationalität*, wobei wieder auf die teleologische Deontologie und die methodische Unterstützung durch das konsensuale Dialogprinzip zurückgegriffen wird. Mit dem ganzheitlichen Ansatz Sozialethik liegen dann die drei interdependenten Einzelethiken für die nachfolgende integrative Zusammenführung zum normativen Gestaltungsansatz Nachhaltigkeitsethik vor, die mit Hilfe des bekannten Konfliktmodells und des in diesem Kontext darzustellenden Konfliktlösungsansatzes vorgenommen wird.

### 3.5.1 Grundprobleme der Sozialethik

Die *Sozialethik* erhält ihre Legitimation primär aus den negativen Folgen eines unzulänglichen Umgangs von Menschen mit Menschen und der Natur. Als Folge einer nicht-nachhaltigen Lebens- und Wirtschaftsweise erweitert sich diese Thematik in einer zusammenwachsenden Welt einerseits interdisziplinär auf den Bereich der *Umweltethik* und *Wirtschaftsethik* und andererseits raumzeitlich auf die Weltbevölkerung und mehrere Generationen. Vor diesem Hintergrund gewinnt die internationale Abstimmung über geeignete institutionelle Rahmenbedingungen im Rahmen eines Global-Governance-Prozesses, für die die zu entwickelnde Sozialethik orientierende Grundlagen liefern soll. Ausgehend von dem mit anderen Menschen zusammenlebenden Individuum und von lokalen Rahmenbedingungen geht es insbesondere darum, für die Umsetzung der hier vertretenen sozialethischen Vorstellungen in die gesellschaftliche Realität einen Zusammenhang zu den globalen Erfordernissen der Weltbevölkerung in einer Langzeitperspektive herzustellen. Eine so verstandene Sozialethik grenzt sich damit sowohl von der evangelischen Soziallehre [675] als auch von der katholischen Soziallehre [676] ab, bei denen Glaubensfragen mit den sozialen Problemen und Anliegen des Einzelnen und der Gemeinschaft verbunden werden. Die *christlichen Soziallehren* sind nicht nur von theologischer und historischer, sondern auch von sozialethischer Bedeutung. Denn sie behandeln über den religiösen Bereich hinausweisende moralphilosophisch wichtige Aspekte menschlichen Lebens und Zusammenlebens wie beispielsweise Personwürde, Solidarität und Gemeinwohl, auf die nachfolgend als wichtige Prinzipien der Sozialethik näher eingegangen wird.

Die Erarbeitung einer sozialethisch fundierten Handlungsorientierung erfordert zunächst eine anthropologische Klärung der *Position des Menschen in der Natur* mit seinen spezifischen Fähigkeiten und seiner mehrfachen Beziehungsabhängigkeit im Zusammenhang mit der Bewältigung seiner Lebensrealität. Zur Reduzierung der Komplexität seines Daseins bietet sich eine Rückführung auf die *primären Beziehungen* des Menschen an. Der damit verbundene Realitätsverlust soll durch Beachtung des institutionellen Hintergrunds kompensiert werden. Um dem differenzierten Beziehungsgeflecht zu entsprechen und einen konfliktärmeren Umgang mit den Mitmenschen und der natürlichen Umwelt zu ermöglichen, soll unter Rückgriff auf die Doppelnatur des Menschen eine Differenzierung zwischen *Individual- und Sozialethik* diskutiert werden. Die wechselseitige Abhängigkeit von Individuum und Gesellschaft gilt es im Rahmen der Klärung der *fachspezifischen Prinzipien der Sozialethik* zu berücksichtigen, um

[675] Weitere Einzelheiten zur *evangelischen Soziallehre* finden sich u. a. bei Troeltsch 1912 und Rich 1970.

[676] Die *katholische Soziallehre* unterscheidet sich von der evangelischen auch in ihrer größeren Geschlossenheit der Darstellung. Für weitere Angaben wird u. a. verwiesen auf Nell-Breuning 1956-60 und Hengsbach 1993.

nach deren normativer Integration die Voraussetzungen für die soziale Gestaltung in einer um die Nachhaltigkeitsanforderungen erweiterten Perspektive zu schaffen. Die inhaltliche Ausrichtung der Sozialethik muss dabei in Analogie zur Umwelt- und Wirtschaftsethik über die Deskription der faktischen Möglichkeiten hinausweisen, um nicht bei einer Sozialtechnokratie stehen zu bleiben (Stichwort: Positivismus).[677]

#### 3.5.1.1 Verhältnis Mensch – Mensch im Kontext von Natur und Kultur

Bevor der aus unterschiedlichen Anlässen immer wieder angesprochene Mensch nachfolgend als Beziehung Mensch-Mensch zu sich selbst ins Verhältnis gesetzt wird, soll zuvor versucht werden, den komplexen *Begriff „Mensch"* mit seinen verschiedenen Aspekten aus anthropologischer Sicht zu erörtern: Eine nur biologische Zuordnung abstrahiert von der Tatsache, dass der Mensch schon immer in einen kulturellen Zusammenhang eingebunden war (Kultur als zweite Natur). Aus seinen Beziehungen zu anderen Individuen der Natur und zu sich selbst ergeben sich vor allem die Identität, Integrität, Kreativität und die umfassende Produktivität des Menschen. Von seinen intellektuellen Fähigkeiten wird hier besonders die Sprachbegabung erwähnt, die es dem Menschen ermöglicht, sich mit anderen Menschen intersubjektiv auszutauschen. Zum Einstieg bietet sich zunächst ein Vorgriff auf den noch darzustellenden Ansatz spezifischer Positionalitäten und die daraus zu ziehenden Schlüsse an, die anschließend vertieft werden sollen: Die Positionalitäten zeichnen alle lebenden Organismen aus, wobei sich Menschen infolge ihrer spezifischen Eigenschaften selbst durch ihre *exzentrische Positionalität* nach außen abgrenzen.[678] Das Selbstbildnis des Menschen als höchstentwickeltem, mit natürlichen Mängeln ausgestattetem Lebewesen lässt sich als ein wegen seiner *reflexiven Fähigkeiten* zu sich selbst Stellung beziehendes Wesen charakterisieren, das immer eine Vorstellung von seiner eigenen Identität besitzt. Diese legen Menschen ihrem Denken und Handeln auch zugrunde, selbst wenn sie aufgrund ihres Instinktmangels die fehlende natürliche Orientierungsfähigkeit zur Sicherung ihrer Existenz durch Vernunft ausgleichen müssen. Durch die lenkende Wirkung der intellektuellen Fähigkeiten des Menschen ist seine Wesensbestimmung letztlich auf ein ethisches Sollen ausgerichtet, das es ihm ermöglicht, seinen Weg durch *Wertorientierung* zu finden. Dadurch nimmt der Mensch im Vergleich zu den übrigen Lebewesen zweifellos eine Sonderrolle ein, ohne gleich nach Protagoras zum „Maß aller Dinge" oder nach Herder zum „Mängelwesen" zu werden.[679]

Der *Mensch* steht in einem besonderen Verhältnis zur Natur und nimmt in ihr eine Position ein, die ihm eine *Sonderrolle* im Vergleich zu anderen Lebewesen zukommen lässt, die über die biologische hinaus auch eine kulturelle Dimension besitzt: Als Teil der Natur bleibt er der organischen Natur unmittelbar verhaftet, wobei seine körperliche und geistige Seite einen inneren Zusammenhang bilden. Die damit implizit angesprochene,

---

[677] Die Problematik einer *positivistischen Position* im Rahmen normativer Gestaltungsansätze wurde zuletzt im Kapitel 3.4.2 „Wirtschaftsethik auf der Makro-, Meso- und Mikroebene" angesprochen.

[678] Vgl. Plessner 1975, S.288 ff.

[679] Vgl. Prechtl/Burkard 1999, S. 30 ff., Hügli/Lübcke 2001, S. 44 ff. und Paetzold 2003, S. 427 ff.

von Immanuel Kant vielfach verwendete *dualistische Denkweise* geht auf Platon (empirisches Sein, Idee) und Aristoteles (Materie, Form) zurück. Der von René Descartes vertretene Substanzen- und der daraus hervorgehende Leib-Seele-Dualismus führte zur Unterscheidung zwischen materiellem, ausgedehntem *Körper* (res extensa) und immateriellem, mentalem *Bewusstsein* (res cogitans) des Menschen. Anlässlich seiner im Sinne eines methodischen Zweifels getroffenen Feststellung „cogito, ergo sum" ging Descartes auf die Bedingungen menschlicher Existenz ein: „Daraus erkannte ich, daß ich eine Substanz bin, deren ganzes Wesen oder deren Natur nur darin besteht, zu denken und die zum Sein keines Ortes bedarf, noch von irgendeinem materiellen Dinge abhängt, so daß dieses Ich, d. h. die Seele, durch die ich das bin, was ich bin, völlig verschieden ist vom Körper ..." [680] Bei der heute vorherrschenden Annahme eines zusammenhängenden Ganzen mit interagierenden Teilen lässt sich diese Position schwer aufrecht erhalten. Sie wurde bereits anlässlich der Autonomie der Vernunft und des Willens sowie neuerer Erkenntnisse aus der Hirnforschung [681] und anlässlich der Homöostase und Selbstorganisation der Organismen vor dem Hintergrund der Emergenz problematisiert.[682] Außerdem kann ein so verstandener *Dualismus* zu dem auch in umweltethischer Hinsicht problematischen Trugschluss führen, dass die über ihre natürliche Umwelt nachdenkende Seele, trotz bestehender Lebenszusammenhänge, von ihrer körperlichen Substanz losgelöst sei und sich dementsprechend gegenüber der Umwelt verhalten könne. Dennoch behält der dualistische Ansatz zur strukturellen Kennzeichnung der menschlichen Natur auch bei ganzheitlicher Betrachtung seine Berechtigung. Aus evolutionsbiologischer Sicht entspricht der Mensch einem höher entwickelten Tier, von dem er sich durch mehrere Merkmale abhebt. Im physiologischen Sinne lässt sich der Mensch als eine Frühgeburt interpretieren, die erst nach etwa einem Lebensjahr den Entwicklungsstand eines durchschnittlichen Säugetieres erreicht. Allerdings wird der „Säugling" in diesem Jahr mit vielfältigen Reizquellen und kulturell geformten Prägungen konfrontiert, die mit zur Herausbildung seiner *Denk-* und *Interaktionsfähigkeiten* beitragen und auf diese Weise seine weitere Entwicklung entscheidend beeinflussen. Dieser relativ langwierige Entstehungsprozess vollzieht sich mit Hilfe eines *Mechanismus* der *Perspektivübernahme*: Er erfolgt entscheidend über kommunikative Beziehungen zu Bezugspersonen, wobei der heranwachsende Mensch es schrittweise lernt, sich auf eine objektive Welt der Gegenstände zu beziehen, indem er aus der Perspektive einer zweiten Person zu einer allmählichen *Dezentrierung* seiner eigenen Perspektive gelangt. Sobald es ihm „gelingt, sich in diese zweite Perspektive hineinzuversetzen und auch aus ihr heraus die Umwelt wahrzunehmen, soll er über die korrektive Instanz verfügen, die ihn zum ersten Mal eine entpersönlichte, objektive Vorstellung von Gegenständen gewinnen lässt." [683] Als ein mit Denk- und Sprechfunktionen ausgestattetes Wesen, das also einen *Geist* besitzt, ist der Mensch als „Animal rationale" nicht mehr trieb- und umweltdominiert. Seine unverwechselbaren Eigenschaften verschaffen dem Menschen eine Sonderstel-

[680] Descartes 1637/1997, S. 55.

[681] Vgl. Kapitel 3.2.2 „Handlungsleitende Potenziale der normativen Ethik".

[682] Vgl. Kapitel 3.3.2 „Ökologische Prinzipien".

[683] Honneth 2006, S. 2.

lung im Kosmos.[684] Der Geist macht den Menschen erst zur *Person* und unterscheidet ihn damit von jedem Tier. In seiner „Anthropologie in pragmatischer Hinsicht" stellte Kant hierzu fest: „Daß der Mensch in seiner Vorstellung das Ich haben kann, erhebt ihn unendlich über alle andere auf Erden lebende Wesen. Dadurch ist er *Person* und vermöge der Einheit des Bewußtseins bei allen Veränderungen, die ihm zustoßen mögen, ein und dieselbe Person ... selbst wenn er das Ich noch nicht sprechen kann, weil er es doch in Gedanken hat ... Denn dieses Vermögen (nämlich zu denken) ist der *Verstand*." [685]

Das alle Lebewesen kennzeichnende *Lebendige*, das im Unterschied zum Unbelebten auch formal seine Erscheinungsweise laufend verändert,[686] wird von Helmuth Plessner aus der Sicht der philosophischen Anthropologie als *Stufen des Organischen* strukturiert,[687] wobei er – im Unterschied zu Aristoteles – auf ein Stufenmodell mit einer Hierarchie der Formen Pflanze, Tier, Mensch verzichtet.[688] Stattdessen grenzt er das Lebendige gegen eine außer ihm bestehende Umwelt durch eine *Position* mit einem eigenen Ort ab: [689] Die Tiere weisen danach eine zentrische Position in einer geschlossenen Organisationsform auf, da sie aus ihrer Mitte heraus leben und eine eigene Seinsweise noch nicht einmal in reflexiver Hinsicht gegeben ist. Der Mensch nimmt hingegen eine exzentrische Position in einer offenen Organisationsform ein. Denn er ist mit einem Selbstbewusstsein ausgestattet und kann aufgrund seiner *Fähigkeit zur Dezentrierung* in Distanz zu sich selbst gehen, indem er selbst zum Gegenstand wird und sich zu dem bestimmt, was er ist. Sein Ich nimmt dadurch eine Wir-Form an, denn er kann durch seine besondere Befähigung sowohl von innen die Perspektive des Selbst-Handelnden als auch von außen die Position des neutralen Beobachters einnehmen. Seine *„exzentrische Positionalität"* ermöglicht es dem Menschen also, sich selbst zu thematisieren und nötigt ihn im praktischen Leben immer wieder zu einer Stellungnahme zu sich selbst sowie zu Eigenverantwortung und *ethischer Selbstreflexion*.[690] Dabei lebt der Mensch nicht einfach, sondern muss sein Leben führen und gestalten, indem er sich zu dem macht, was er ist und sein kann. Die damit einhergehende

---

684 Vgl. Scheler 1928/1949, S. 39.

685 Vgl. Kant 1798, S. 127.

686 Die *Lebensmerkmale* wurden bereits im Rahmen der umwelt- und stabilitätsrelevanten Einzelprinzipien behandelt (vgl. Kapitel 3.3.2 „Ökologische Prinzipien").

687 Plessner gilt neben Max Scheler als Begründer der modernen *philosophischen Anthropologie*, die das Wesen des Menschen von einem allgemeinen Lebensbegriff aus zu erfassen sucht und dabei auch naturwissenschaftliche Erkenntnisse berücksichtigt (vgl. nachfolgende Ausführungen und Literaturangaben).

688 Die Anwendung des *Stufenmodells von Aristoteles* – bestehend aus einer anorganischen, einer organischen Stufe mit Pflanzen und Tieren, deren oberste der Mensch bildet – ist heute trotz seiner Anschaulichkeit problematisch, da es sowohl den evolutionsbiologischen und neueren sozialwissenschaftlichen Erkenntnissen als auch den umweltethischen Anforderungen nicht ausreichend gerecht wird (vgl. hierzu die Ausführungen zum kritischen *Anthropozentrismus* im Kapitel 3.3.1 „Grundprobleme der Umweltethik").

689 Vgl. Plessner 1975, S.127 ff.

690 Vgl. Prechtl/Burkard 1999, S. 31.

reflexive Distanz macht dem Menschen das Leben trotz seiner enormen Handlungspotenziale jedoch nicht immer einfach. Eine weitere Besonderheit des Menschen ergibt sich ebenfalls aus einem Vergleich mit Tieren: das *Fehlen einer natürlichen Orientierung* aufgrund seines Instinktmangels bzw. seiner Instinktreduktion. Die damit für ihn verbundenen Nachteile muss der im Unterschied zum Tier mit weiteren natürlichen Mängeln behaftete Mensch durch andere Fähigkeiten kompensieren, mit denen er sich seine Sonderstellung in der Natur sichert (Conditio humana).[691] Seine Instinktarmut bringt den Menschen in eine besondere Lage, die ihm einerseits die Möglichkeit zur unmittelbaren Bedürfnisbefriedigung weitgehend vorenthält und ihn andererseits einer Welt mit vielen Verlockungen und sinnlichen Eindrücken aussetzt. Dieser besonderen Struktur des menschlichen Weltbezugs, die nach Max Scheler auch als *„Weltoffenheit"* bezeichnet wird, fehlen im Unterschied zum Tier die Entsprechung zwischen eigenem Organismus und peripherer Umwelt, denn der Mensch verfügt nicht über die Existenz sichernde Umweltangepasstheit der Tiere. Dieser Mangel wird durch die vielfältigen Möglichkeiten des Menschen ausgeglichen, die für seine Lebensgestaltung benötigten Mittel selbst zu finden und auszuwählen: Seine intellektuellen Fähigkeiten wie die *Sprache* und die *innovatorischen Potenziale* – er kann für die Verbesserung seiner Lebensbedingungen u. a. maßgeschneiderte *Werkzeuge* im technischen (Stichwort: industrielle Produktionsmittel) wie im gesellschaftlichen (Stichwort: Institutionen) Sinne entwickeln – ermöglichen ihm ein sowohl selbstbestimmtes als auch planvolles Vorgehen. Durch *zweckorientiertes Handeln* – dem beim Tier lediglich eine teleologische Determiniertheit gegenübersteht – vollbringt der Mensch die erforderlichen Leistungen, mit denen er seine Lebensrealität bewältigt, indem er diese in seinem Sinne lebensdienlich verändert: [692] Der Mensch gleicht seine biologische Unangepasstheit und Instinktarmut also durch gezielte Handlungen aus, indem er einerseits die *Natur* mit Hilfe der *Kultur* bzw. kultureller Instrumente wie den Natur-, Ingenieur- und Geisteswissenschaften zur kultivierten Natur umwandelt. Und indem er andererseits durch die von ihm geschaffenen Institutionen – dazu zählen im vorliegenden Zusammenhang insbesondere die ethischen und rechtlichen Normen der staatlichen und überstaatlichen Gemeinschaft – seine fehlende natürliche Orientierung in einer komplexen Welt überflutender Reize überwindet. Hier liegt eine wichtige Aufgabe für die praktische Philosophie, die wesentlich über den fachspezifischen Bereich der Sozialethik hinausweist. Nach diesen anthropologischen Ausführungen wird nachfolgend auf die schon angesprochene *Wechselbeziehung* eingegangen:

Das *Verhältnis Mensch-Mensch*, das schon im Hinblick auf die dargestellte Sonderstellung des Menschen ein zweifellos besonderes und entsprechend den empirischen Beobachtungen ein nicht gerade problemfreies darstellt, bietet den deskriptiven Sozialwissenschaften ein weites Betätigungsfeld. Aus der hier vertretenen sozialethischen Sicht, die von einer Anschlussfähigkeit für die behandelten fachspezifischen Einzelethiken ausgeht, soll das Augenmerk insbesondere auf den lebenselementaren

---

[691] Trotz seiner Sonderstellung weist der Mensch im Vergleich zum Tier natürliche Mängel auf, die die Sicherung seiner Existenz erschweren. Aus dieser Vergleichsbeziehung heraus wird der Mensch in der Tradition Johann Gottfried Herders auch als *„Mängelwesen"* bezeichnet (vgl. Gehlen 1950, S. 21).

[692] Vgl. Gehlen 1950, S. 38 ff.

Zusammenhang zur Natur und die gestalterischen Potenziale des Menschen mit seinen geistigen und körperlichen Fähigkeiten, also auf die Kultur, gelenkt werden. Durch die Erweiterung des Verhältnisses Mensch-Mensch um das ebenfalls reziproke *Verhältnis Mensch-Natur* steht der Mensch, der selbst Teil der Natur und vollständig von ihr abhängig ist, strukturell in einem *Dreiecksverhältnis* Mensch-Natur-Mensch, auf das sich die Nachhaltigkeitsdimensionen auswirken.[693] Da die *Natur* für den Menschen wie für alle Lebewesen die vitale Basis darstellt, wird seine Beziehung zu der ihn umgebenden ökologischen Außenwelt zur elementarsten überhaupt. Denn einerseits ist der Mensch für sein Dasein von ihr vollständig abhängig: er atmet die Luft, verbraucht Energie und Rohstoffe, alles Dinge, ohne die er nicht lebensfähig wäre. Andererseits erhebt er sich über die Natur, indem er sie sich aneignet: Die für sein Leben benötigten Ressourcen verschafft sich Homo faber aus der Natur mit Hilfe der *Kultur*, ohne dabei die Abhängigkeit von seiner Existenzgrundlage zu verlieren. Dass er bei der *Naturaneignung* bzw. *-umwandlung* auch über sein ursprünglich überschaubares Vorhaben hinausgehen und den Überblick verlieren kann, also kulturelle Potenziale sogar zu einer Gefahr für seine Existenz und die nachfolgender Generationen werden können, stellt eine besondere Herausforderung für die Umwelt- und Wirtschaftsethik dar, auf die schon eingegangen wurde. Trotz der durch technisch-wissenschaftlichen Fortschritt gestiegenen und weiter steigenden Möglichkeiten sowie der daraus resultierenden Machtpotenziale und Komplexität ist die *Abhängigkeit des Menschen* in existenzieller Hinsicht nur scheinbar geringer geworden. Denn nicht-nachhaltiges Verhalten führt schließlich zu globalen Belastungen der *natürlichen* und *sozialen Umwelt*, die sowohl seine Natur- und Sozialabhängigkeit als auch die damit verbundenen Konfliktpotenziale weiter ansteigen lassen und die Zukunftsfähigkeit gefährden können.

Dafür ist vor allem die *Doppelnatur des Menschen* als einem Natur- und Sozialwesen verantwortlich: Diese ergibt sich einerseits aus umweltethischer Perspektive in der *Natur*, die sowohl von seinen Bindungen an die Natur als auch von seinen kulturellen Eingriffen in die Natur im Rahmen eines selbst erteilten Kulturauftrags geprägt ist, und andererseits aus sozialethischer Perspektive in der *Gesellschaft*, die ihrerseits durch seine Individualität und seine Sozialität beeinflusst wird. Die auf diese Weise erweiterte, folgenreiche Ambivalenz kann der Mensch nur durch Anerkennung der betreffenden Ansprüche und Anforderungen sowie gezieltes Gegensteuern und Ausbalancieren der jeweiligen Positionen in den Griff bekommen. Bisher ist es ihm jedoch nicht gelungen, seine rationalen Fähigkeiten in ausreichendem Umfang für die notwendige Handlungsorientierung und Verhaltensänderung einzusetzen. Hier liegt ein wichtiges *Aufgabenfeld* für die *Nachhaltigkeitsethik* und Betätigungsfeld für die Akteure der globalen Politik, damit endlich ein Umdenken und umweltverträgliches Verhalten erreicht wird, mit dem der Mensch seinen Platz im globalen Ökosystem und in der Gemeinschaft der sozialen Wesen adäquat einnehmen kann. Unter sozialethischem Blickwinkel reduziert sich die Doppelnatur des Menschen auf die eines *Individual- und Sozialwesens*. Die historisch im Zuge der Aufklärung erfolgte – und bis heute nur unvollständig bzw. einseitig umgesetzte – *Emanzipation des Subjekts* ergab für die Ethik seinerzeit einen neuen

[693] Weitere Einzelheiten zum *Dreiecksverhältnis* Mensch-Natur-Mensch werden anlässlich der Integration der fachspezifischen Einzelethiken im Kapitel 3.6.2 „Normativer Gestaltungsansatz für eine nachhaltige Entwicklung“ behandelt.

normativen Bezugspunkt für das maßgeblich von sozialen Ordnungen und Institutionen geprägte menschliche Handeln, der sich im ethischen *Subjektstatus* des Menschen manifestiert: [694] in seinem Personsein, das nicht mehr fremdbestimmt determiniert ist. Er bleibt jedoch im Hinblick auf die allgemein verbreitete Untätigkeit bei der Lösung der geschilderten Probleme weiterhin aktuell und erfordert ein intersubjektiv abgestimmtes Vorgehen. Das in der gesellschaftlichen Praxis nicht selten übersehene und in der neoklassischen Ökonomik einseitig interpretierte Selbstverständnis des Menschen als ökonomisch rational handelndes Subjekt – das darin enthaltene Bekenntnis zum *methodologischen Individualismus* hat die Steigerung des Nutzens von Individuen zum Ziel, die hierbei letztlich die entscheidenden Akteure darstellen [695] – findet sich in der Individualethik als *Selbstbezug* und in der Sozialethik als *Sozialbezug* im Zusammenhang mit Pflicht und Verantwortung gegen sich selbst und die Gesellschaft. Demnach existieren in der sozialen Interaktion keine eigenständigen „überindividuellen" Akteure, die unabhängig von den Individuen agieren. Der besser ohne neoklassische Verkürzungen anzuwendende Ansatz des methodologischen Individualismus kann bei komplexen gesellschaftlichen Zusammenhängen für Transparenz sorgen, indem er die Konkretisierung von Versäumnissen in der Wahrnehmung von Pflicht und Verantwortung erleichtert.[696] Aus nachhaltigkeitsethischer Sicht gilt daher: „Die moralischen Normen menschlichen Handelns werden richtigerweise zunächst immer als Regeln der Kleingruppeninteraktion rekonstruiert. Dies entspricht dem Prinzip des *methodischen Individualismus*, wonach nur von individuellen Akteuren metaphernfrei gesagt werden kann, daß sie Handlungen ausführen oder unterlassen." [697]

### 3.5.1.2 Primäre Beziehungen vor ihrem institutionellen Hintergrund

Die Komplexität des menschlichen Daseins in ihrem dualen Kontext von Natur und Kultur lässt sich durch eine Rückführung auf die *primären Beziehungen* des Menschen teilweise reduzieren: Aus den anthropologischen Ausführungen zu den Besonderheiten und zur Positionierung des Menschen geht in struktureller Hinsicht hervor, dass der Mensch in seiner Lebenswirklichkeit in einer *dreifachen Grundbeziehung* steht, mit der er im Rahmen seiner Entwicklung auf unterschiedliche Art und Weise konfrontiert

[694] Vgl. Korff 1999b, S. 207.

[695] Der bereits im Rahmen der ökonomischen Rationalität (vgl. Kapitel 3.4.2 „Wirtschaftsethik auf der Makro-, Meso- und Mikroebene") angesprochene *methodologische Individualismus* stellt mit seiner anthropozentrischen Sichtweise das Individuum in den Mittelpunkt des Handelns. Dadurch lassen sich auch kollektive Entscheidungen auf das Verhalten von Individuen zurückführen. In der neoklassisch auf die individuelle Nutzenmaximierung verengten Perspektive wird – unter bewusstem Verzicht auf ethisches – auf ein ökonomisch rationales Verhalten abgestellt, das sich auf eine interpersonelle Abstimmung der Wirtschaftsakteure reduziert (vgl. Ulrich 1997, S. 184 ff., Weise et al. 2005, S. 48 ff. und Roth 2006, S. 1f.).

[696] Auf die erschwerte *Zurechnung der Verantwortung* für Handlungsfolgen wurde bereits im Kapitel 3.2.2 „Handlungsleitende Potenziale der normativen Ethik" näher eingegangen.

[697] Gethmann 2005, S. 39.

wird:[698] (1) als Subjekt im Verhältnis zu seinem Selbst in einer selbstreflexiven *Individualbeziehung*, (2) als Subjekt im Verhältnis zu einem anderen Subjekt – als seinem menschlichen Gegenüber – in einer *Sozialbeziehung* und (3) als Subjekt im Verhältnis zu einem Objekt – als seiner natürlichen Umwelt – in einer *Umweltbeziehung*. Dass der Mensch diesem komplexen Beziehungsgeflecht, das in seiner Lebenspraxis in der Regel gleichzeitig auftritt und sich häufig überschneidet, nicht immer gerecht wird und daraus Konflikte wie Selbstentfremdung, Streitigkeiten und Umweltschäden entstehen können, liegt auf der Hand. Zunächst zu den trotz ihrer bestehenden Interdependenzen einzeln gedachten Beziehungen: Wenn das heranwachsende Kind von „Ich" spricht, meint es damit sich selbst in Unterscheidung von allen anderen Personen und seiner natürlichen Umwelt. Sein Selbst muss sich für das Kind jedoch erst herausbilden, um dann dem Ich als Bezugspunkt der Beziehung gegenübertreten zu können. Dafür ist es insbesondere auf die erwähnte kommunikative Beziehung zu einer Bezugsperson angewiesen. In dem Maße wie sich das Ich entwickelt und zu seinem Selbst in Übereinstimmung gelangt, findet der Mensch seine Identität und uneingeschränkte *Individualität*. Dem Menschen fehlen jedoch die Voraussetzungen, unabhängig als Einzelner leben zu können, was schon bei seiner Geburt bzw. im Mutterleib sichtbar wird. Er lebt stattdessen immer in einer Beziehung zu einem Gegenüber, und zwar sowohl in einem naturalistischen Sinne wie beispielsweise zu den ihn ernährenden Eltern als auch in einem kulturalistischen Sinne wie beispielsweise als weltoffener Mensch mit vielfältigen Möglichkeiten, die sich im Dialog mit anderen Menschen weiterentwickeln. Als soziales Wesen, aus dem entsprechende Formen des Zusammenlebens und deren Institutionalisierung resultieren, ist der Mensch zu seiner Bedürfnisbefriedigung nicht nur auf die Dinge seines Bedarfs selbst, sondern auch auf die Unterstützung und Anerkennung anderer, also auf seine Mitmenschen, angewiesen. Wegen dieses Angewiesenseins, kann in Abgrenzung von der Individualität auch von *Sozialität* gesprochen werden. Der Mensch lebt jedoch nicht allein in einer Individual- und Sozialbeziehung, also nicht nur im Bereich Mensch-Mensch, sondern mit Beginn seiner Existenz außerdem in einer Beziehung zur *natürlichen Umwelt*, die die physische Basis seines Lebens darstellt. Damit steht der Mensch nicht nur in einer dreifachen Grundbeziehung, sondern auch in dem bereits angesprochenen Dreiecksverhältnis Mensch-Natur-Mensch, auf das später noch eingegangen wird.

Die vorgenommene Komplexitätsreduzierung auf drei gedachte *Grundbeziehungen* ist trotz des zwischen ihnen bestehenden wechselseitigen Zusammenhangs mit einem Verlust gesellschaftlicher Realität verbunden, der nachfolgend durch eine Berücksichtigung des *institutionellen Hintergrunds* wieder eingeschränkt werden soll: Infolge des kulturellen Zusammenhangs sind die Grundbeziehungen nicht nur unmittelbar sondern auch mittelbar über die vom Menschen gemachten Institutionen wirksam, in die er einerseits hineingeboren wird und die er andererseits in seinem aktiven Leben auch mitverändern kann.[699] Den *Institutionen* kommt sowohl in der Sozial- als auch Nachhaltigkeitsethik eine zentrale Funktion für die Gestaltung der Lebensbedingungen

---

[698] Die vorgenommene anthropologische Darstellung erfolgt in Anlehnung an die seinerzeit von Arthur Rich vorgeschlagene Strukturierung der menschlichen Existenz in eine *dreifache Grundbeziehung* (vgl. Rich 1991, S. 42 ff).

[699] Vgl. Rich 1991, S. 49 ff.

zu, da der Mensch als Kulturwesen nur mit derartigen Hilfsmitteln überleben und außerdem besser leben kann. Von den Grundbeziehungen stellt die selbstreflexive *Individualbeziehung* zwar die unmittelbarste dar, doch auch sie kann von institutionellen Rahmenbedingungen nicht unerheblich beeinflusst werden: Beispielsweise verliert der Mensch im Zuge fortschreitender Arbeitsteilung und Rationalisierungsprozesse zunehmend seine individuellen Mitgestaltungsmöglichkeiten bei der gesellschaftlich organisierten Arbeit, so dass es für ihn je nach Position zu einer mehr oder weniger ausgeprägten Selbstentfremdung kommen kann. Die hingegen auf das menschliche Zusammenleben ausgerichtete *Sozialbeziehung* kann einerseits unmittelbar durch die beteiligten Personen geprägt und andererseits auch institutionell vermittelt sein: Beispielsweise bestehen in einem Wirtschaftsunternehmen Beziehungen zwischen den Unternehmensangehörigen, die wiederum den Regeln und Bestimmungen der Organisation des Unternehmens unterliegen, die selber eine Institution darstellt. Auf diese internen Unternehmensbeziehungen wirken außerdem von außen weitere Institutionen wie z. B. Marktmechanismen oder die Globalisierung ein, die ihrerseits durch den Abbau von Arbeitsplätzen die sozialen Beziehungen im Unternehmen direkt und indirekt beeinflussen.[700] Auch bei der *Umweltbeziehung* können derartige Institutionalisierungseffekte zur bitteren Realität werden: Angesichts des erreichten Zivilisationsstandes bzw. Kultivierungsstandes der Natur fällt es unserer Generation weltweit immer schwerer, im Einklang mit der Natur zu leben. Selbst wenn wir als Einzelne beste Absichten haben und selber schonend mit der Natur umgehen, wirken wir als Glieder einer entwickelten Industriegesellschaft auf vielfältige Weise an der Umweltbelastung mit. Denn wir leben in einer Gesellschaft mit einer institutionell abgesicherten Marktwirtschaft, die einen verschwenderischen Umgang mit Ressourcen und eine zukunftsgefährdende Belastung der natürlichen sowie sozialen Umwelt toleriert. Diesen Systemzwängen können wir uns als Einzelne nur partiell entziehen und begrenzt gegensteuern. Eine größere Wirkung erreichen wir in den genannten Grundbeziehungen durch eine hier nicht zu vertiefende politische Veränderung ungeeigneter institutioneller Rahmenbedingungen auf der nationalen und internationalen Ebene. Das entbindet den Einzelnen – als Individuum und als Gruppe – grundsätzlich nicht von seiner Verantwortung, selbst den ersten Schritt zum ethisch richtigen Verhalten zu tun. Angesichts der ungelösten globalen Krisen, kann insofern auch auf einzelstaatliche Vorleistungen nicht verzichtet werden.

### 3.5.1.3 Individualethik als Teilgebiet der Sozialethik

Ausgangspunkt der Sozialethik, der es vorrangig um die Gestaltung des menschlichen Zusammenlebens durch eine Verständigung auf Handlungsmaximen für das physische Überleben und ein gutes Leben aller Mitglieder der Gemeinschaft geht, ist aus dem Blickwinkel des Menschen die philosophische Anthropologie, die hier zusätzlich in einen erweiterten sozialökologischen Zusammenhang gestellt wird. Entsprechend der wiederholt angesprochenen *Doppelnatur* des Menschen lässt sich für die vorrangig auf den

---

[700] Auf die *Unternehmensbeziehungen* wird im Kapitel 4.1 „Wirtschaftsunternehmen und ihre Akteure im ganzheitlichen Wandel“ vor ihrem institutionellen Hintergrund und 4.2 „ Konzept für eine nachhaltige Unternehmensentwicklung“ unternehmensbezogen eingegangen.

Menschen bezogene Ethik im vorliegenden Zusammenhang eine Differenzierung von Individual- und Sozialethik vornehmen, obwohl aufgrund bestehender Interdependenzen in der gesellschaftlichen Praxis naturgemäß zahlreiche Überschneidungen existieren und auf eine eigenständige *Individualethik* an sich verzichtet werden kann. Da sich die Sozialethik wegen der vielfältigen sozialen Zusammenhänge nicht vorrangig mit den Pflichten beschäftigt, die der Mensch als Individuum gegenüber anderen hat, spricht auch einiges für eine individualethische Ergänzung. Denn damit können insbesondere die Verantwortung des Individuums gegenüber sich selbst sowie seiner Umwelt und außerdem die Aufgaben der Gesellschaft gegenüber den Individuen gesondert erfasst werden.[701] Nach dem heute verbreiteten Selbstverständnis des Menschen als selbstständig denkendem und handelndem Subjekt, dem die Individualethik innerhalb bestehender Gesellschaftsbedingungen sowohl Rechte als auch Pflichten und Verantwortungen im Rahmen ihrer gestalterischen Möglichkeiten zuweist, kann zur weiteren Differenzierung auch von Personalethik gesprochen werden, um den interpersonalen Aspekt zu betonen.[702] In jedem Fall wendet sich eine als Teilgebiet der Sozialethik verstandene Individualethik mit ihrem verpflichtenden Sollen unmittelbar an den *Einzelnen*, indem sie Normen für das Handeln des Einzelnen in Bezug auf andere Personen und die natürliche Umwelt formuliert.[703] Die diesen Bereich ebenfalls abdeckende *Sozialethik* sieht den Einzelnen dagegen vorrangig als Teil der Gesellschaft und thematisiert insofern sein Individualverhalten in einem sozialen Umfeld, das maßgeblich von Institutionen geprägt ist. Dementsprechend sind die *Institutionen* bei der Sozialethik – im Unterschied zur Individualethik – nicht von vornherein als gesellschaftlicher Rahmen für das menschliche Verhalten vorgegeben, sondern *selbst Gegenstand* der Auseinandersetzung und Gestaltung: Sei es als gemeinsame gesellschaftliche Ordnung, als Rahmen für die Verteilung von Gütern, Rechten und Pflichten oder zur Überprüfung der von der Verfassung zugesicherten Grundrechte bezüglich der Gewährleistung der Gerechtigkeitsprinzipien, auf die im Folgenden noch eingegangen wird. Dementsprechend ergibt sich aus der in demokratischen Staaten grundsätzlich garantierten Gleichberechtigung aller Glieder der gesellschaftlichen Gemeinschaft mit der Verantwortung des Einzelnen für die Gemeinschaft und der Verantwortung der Gemeinschaft für jedes seiner Glieder eine *zweifache Verantwortlichkeit*.

Warum ist es trotz vorhandener Überschneidungen und Interdependenzen dennoch zweckmäßig, zwischen Individual- und Sozialethik zu unterscheiden? Der Grund liegt neben der Doppelnatur des Menschen in den *primären Beziehungen* selbst. Denn eine vereinfachte Abhandlung allein im Rahmen einer Sozialethik ohne differenziertes Beziehungsgeflecht, würde nicht alle sozialethisch relevanten Bezugspunkte mit der notwendigen Aufmerksamkeit versehen und könnte dazu führen, die mit den verschiedenen Beziehungen zusammenhängenden Konsequenzen menschlichen Verhaltens

[701] Vgl. Höffe 2008, S. 287.

[702] Der Begriff *„Personalethik"* wird in der Fachliteratur sowohl anstelle von Individualethik als auch ergänzend zur Individualethik verwendet (vgl. Kerber 1998, S. 9 ff. und Rich 1991, S. 60).

[703] Diese schon anlässlich der Zuordnung von Verantwortung und des methodologischen Individualismus aufgetretene Thematik wird nachfolgend bei der Darstellung der *subjektiven Dimension* der Gerechtigkeit, die in ein Verhältnis zur objektiven Dimension gestellt und vor dem Verantwortungshintergrund problematisiert werden soll, fortgeführt (Stichwort: Flucht aus der Verantwortung).

unvollständig einzuschätzen. Die sich als selbstreflexives Verhältnis darstellende *Individualbeziehung* enthält mit ihrem unmittelbaren Bezug auf ein Selbst einen elementaren Bestandteil, der dem Subjekt erst die Sinnhaftigkeit bzw. Sinnerfüllung des menschlichen Daseins bewusst werden lässt und ihn insofern unmittelbar zu einem positiven Verhalten motivieren kann. Nicht wenige Menschen wollen *selbstverantwortlich* handeln und sinnlose Handlungen vermeiden. Der Sinn einer Handlung erschließt sich in der Regel über erkannte Sachverhalte und Zusammenhänge, die der Einzelne erhalten oder erreichen will. Wenn er mit diesen übereinstimmt, kann er sie zu seinem eigenen Anliegen machen, da sie ihn in seinem *Streben nach Sinnhaftigkeit* unterstützen. Diese selbstreflexive Beziehung, durch die der Mensch sich seinem Sein erst verpflichtet fühlt und den hohen Stellenwert individueller Pflicht und Verantwortung erkennt, wird jedoch nicht als Isolation vom gesellschaftlichen Umfeld verstanden. Vielmehr ermöglicht sie dem Menschen, vor sich selbst zu bestehen und sich bei Bedarf selbstkritisch zu verhalten, um damit zu einem konfliktarmen Umgang mit den Mitmenschen und der Natur beizutragen. Außerdem verstärkt sie das *Eigeninteresse* des Menschen an einer für seine Existenz unverzichtbaren Natur und Kultur, was sich vorteilhaft auf die Bereitschaft zur Übernahme von Pflichten und Verantwortung auswirkt.[704] Angesichts der pluralistischen Wertvorstellungen in einer demokratischen Gesellschaft kann diese Zielausrichtung u. a. durch vier *eigenverantwortliche Regeln* unterstützt werden: (1) Ordnungsprinzip für eine eigene Werteordnung nach Wichtigkeit, (2) Stimmigkeitsprinzip zur Vermeidung von Widersprüchen zum eigenen Wertesystem, (3) Verstehensprinzip für die zu wählende Handlung (Verständlichkeit) und (4) Stabilitätsprinzip für Gegenseitigkeit (Symbiose).[705]

Die sich als Verhältnis von einem Subjekt zu seinem menschlichen Gegenüber darstellende *Sozialbeziehung* ergänzt die Individualbeziehung personell, indem sie dem Ausgangssubjekt bewusst ein weiteres Subjekt als Person gegenüberstellt und beide interagieren lässt. Diese *interpersonelle Beziehung* weist aufgrund der sprachlichen Fähigkeiten der Subjekte einen dialogischen Charakter auf. Darin wird das menschliche Gegenüber aus sozialethischer Perspektive als Person anerkannt und nicht als Objekt eingestuft, wie es beispielsweise in der Umweltbeziehung mit der Natur geschieht, mit der wegen fehlender Personalität kein Dialog zu führen ist.[706] Formal wird dieser Zusammenhang in Kants praktischem Imperativ ausgedrückt, bei dem es darum geht, gegenüber sich und den Mitmenschen den Zweck in den Vordergrund zu stellen (Stichwort: Selbstzweckformel).[707] Dass man sich selbst als Person sieht, versteht sich in der Regel von selbst. Sobald auch das einem gegenüberstehende Subjekt als Person mit eigenen Ansprüchen respektiert wird, kommt es als bloßes Mittel der Zweckverfolgung nicht mehr in Frage. Der unter diesen Bedingungen ermöglichte *Dialog* entwickelt sich in der interpersonellen Beziehung dann am ausgeprägtesten, wenn die

---

[704] Bezüglich der in der gesellschaftlichen Praxis wichtigen, jedoch schwer umzusetzenden *Verantwortungsübernahme* wird auf Kapitel 3.2.2 „Handlungsleitende Potenziale der normativen Ethik" und 4.2 „Konzept für eine nachhaltige Unternehmensentwicklung" verwiesen.

[705] Vgl. Deppert 1998, S. 49 ff.

[706] Vgl. Kapitel 3.3.1 „Grundprobleme der Umweltethik".

[707] Vgl. Kapitel 3.2.2 „Handlungsleitende Potenziale der normativen Ethik".

Dialogpartner auf gleicher Augenhöhe und ungestört durch Fremdeinflüsse miteinander kommunizieren können. Das setzt jedoch nicht nur eine uneingeschränkte gegenseitige Anerkennung der beteiligten Personen sondern auch Rahmenbedingungen voraus, die diesen Dialog fördern.[708] Zu einer auch unter der Nachhaltigkeitsperspektive funktionsfähigen Sozialbeziehung gehören außerdem einerseits eine nicht eingeschränkte Individual- und Umweltbeziehung sowie andererseits geeignete Institutionen, die dieses komplexe Beziehungsfeld nachhaltig unterstützen. Erst unter diesen erweiterten Voraussetzungen lässt sich aus der Sozialbeziehung eine Sozialethik herleiten und begründen, die für die Umwelt- und Wirtschaftsethik anschlussfähig ist und sich in den Gestaltungsansatz Nachhaltigkeitsethik integrieren lässt. *Aufgabe* einer dahingehend präzisierten *Sozialethik* ist es, Handlungsorientierung für eine gegenwarts- und zukunftsverträgliche Gestaltung der schwerpunktmäßig auf den Sozialbereich bezogenen Lebensbedingungen zu liefern. Die im Hinblick auf den Global-Governance-Prozess zu gestaltenden Institutionen müssen dabei für eine Berücksichtigung der grundlegenden Beziehungen sorgen und der Politik die globale Umsetzung ermöglichen. Dieses anspruchsvolle Vorhaben wird jedoch am ehesten in weitgehender Übereinstimmung mit der *dreifachen Grundbeziehung* und den sie unterstützenden *Institutionen* auf Dauer gelingen, wobei ein ganzheitlich soziales Handeln beide Aspekte in Einklang bringen muss. In der gesellschaftlichen Realität wird es zwischen den Beteiligten aufgrund von Interessengegensätzen zwangsläufig zu *Konflikten* kommen. Aus dem noch zu behandelnden Konfliktmodell Dreiecksverhältnis Mensch-Natur-Mensch gehen die untereinander in einem Spannungsverhältnis stehende Individual- und Sozialbeziehung (Mensch-Mensch) und die Umweltbeziehung (Mensch-Natur) hervor, wobei allerdings auf eine Differenzierung der Bezugsgröße Mensch verzichtet wurde.[709]

Die Bedeutung des Zusammenwirkens der drei Grundbeziehungen mit den Institutionen soll – im Vorgriff auf die später erfolgende Darstellung der Nachhaltigkeit auf der Unternehmensebene [710] – an einem *Beispiel aus der Arbeitswelt* eines Industriebetriebes veranschaulicht werden: Die Vorgesetzten und die ihnen durch die Unternehmensorganisation unterstellten Mitarbeiter wollen gemeinsam dazu beitragen, dass ihr Unternehmen auf Dauer wirtschaftlich sowie sozial- und umweltverträglich arbeitet. Für dieses nachhaltigkeitsethische Ziel ist es auf der Ebene der *Individualbeziehung* erforderlich, dass sich die Unternehmensangehörigen im Rahmen der Unternehmenstätigkeit gegenüber ihrer sozialen und natürlichen Umwelt aus einer Position der Eigenverantwortlichkeit heraus moralisch richtig verhalten. Beispielsweise sollten sowohl Vorgesetzte als auch Mitarbeiter ihre Tätigkeit in ihrem individuellen Streben nach Sinnhaftigkeit jeweils auf einen schonenden Umgang mit humanen und natürlichen Ressourcen ausrichten. Auf der Ebene der *Sozialbeziehung* müssen sich die Unternehmensangehörigen sowohl untereinander als auch gegenüber internen und externen

[708] Weitere Einzelheiten zu den *Dialogbedingungen* finden sich im Kapitel 3.2.3 „Konsensprinzip und ethischer Diskurs als methodischer Ansatz“.

[709] Weitere Einzelheiten zum Konfliktmodell *Dreiecksverhältnis* Mensch-Natur-Mensch finden sich im Kapitel 3.6.1 „Ganzheitliche Integration“.

[710] Vgl. Kapitel 4 „Nachhaltigkeitsmanagement als Anwendung der Nachhaltigkeitsethik“.

Stakeholdern des Unternehmens als ihrem jeweiligen menschlichen Gegenüber moralisch richtig verhalten.[711] Beispielsweise sollten sich die Vorgesetzten und Untergebenen gegenseitig als Person anerkennen, damit sie sich für die Vertretung des Unternehmensziels nach innen und außen dialogfähig sowie kooperativ verhalten. Auf der Ebene der *Umweltbeziehung* ist von den Unternehmensangehörigen ein umweltverträgliches Verhalten gegenüber der natürlichen Umwelt gefordert, in das für eine nachhaltige Wirkung auch die externen Stakeholder einzubeziehen sind. Damit soll erreicht werden, dass durch die betriebliche Tätigkeit entlang der Wertschöpfungskette keine unzulässigen Schadstoffbelastungen in die betriebliche sowie außerbetriebliche Umwelt gelangen und die Ressourcenbasis auf Dauer erhalten bleibt.[712] Damit wären auf der Ebene der drei Grundbeziehungen zunächst die wesentlichen Voraussetzungen gegeben. Zusätzlich müssen jedoch zum Erreichen des Unternehmensziels auch die *institutionellen Rahmenbedingungen* für das Unternehmen stimmen: Dazu gehören u. a. die dafür passende Betriebsorganisation, die Wirtschaftspolitik, das Rechtssystem, die Infrastruktur und die Marktbedingungen. Dieses vereinfachte Beispiel zeigt, dass die vorgegebene Aufgabenstellung durch diese idealtypische Differenzierung unterstützt wird, obwohl in der Realität zahlreiche Überschneidungen vorliegen. Außerdem wird deutlich, wie aufwändig es in der gesellschaftlichen Praxis ist, allein die strukturellen Aspekte der Sozialethik zu berücksichtigen und unter den gegebenen Rahmenbedingungen umzusetzen. Durch den *ganzheitlichen Ansatz* reichen die Anforderungen in der gesellschaftlichen Realität jedoch noch weiter, da die Sozialethik auf gleicher Stufe wie die Wirtschafts- und Umweltethik gesehen wird und gemeinsam mit diesen fachspezifischen Bereichsethiken in einen integrativen Zusammenhang zur übergeordneten Nachhaltigkeitsethik gestellt werden soll.

### 3.5.1.4 Solidarität versus Subsidiarität

Den sozialen Prinzipien Solidarität und Subsidiarität kommt im Rahmen des *gesellschaftspolitischen Interessenausgleichs* eine besondere Bedeutung zu, der für die Funktionsfähigkeit des Sozialbereichs einer Gesellschaft wesentlich ist und auch in der noch zu behandelnden sozialen Rationalität zum Ausdruck kommen wird. Denn mit diesen Prinzipien werden zwei konkurrierende gesellschaftliche Positionen verbunden, die bei weitgehend gemeinsamen Wurzeln in einem Wechselbezug zueinander stehen. Sie tragen beide wesentlich zum *Wohl der Gesamtgesellschaft* bei, sofern sie bei ihrer Anwendung in ein Verhältnis gebracht werden, das den gesellschaftspolitischen Erfordernissen gerecht wird. Aufgrund ihrer erreichten Ausdifferenzierung kommen die komplexen Gesellschaften heute angesichts weiterhin vorhandener sozialer Ungleichheiten weder von der normativ-ethischen noch von der rechtlich-organisatorischen Seite ohne diese Prinzipien aus. Diese Feststellung bleibt zunächst ohne weitere Ausführungen thesenhaft und wird auch durch die gesellschaftliche Realität nicht unbedingt

---

[711] Auf die im Unternehmensumfeld wichtigen *internen* und *externen Stakeholder* wurde im Fallbeispiel 1 und wird im Fallbeispiel 2 erneut eingegangen (vgl. Kapitel 2.1 „Anlass des ökologischen Umbaus" und 4.2 „Konzept für eine nachhaltige Unternehmensentwicklung").

[712] Weitere Ausführungen zur *Wertschöpfungskette* finden sich im Kapitel 4.1 „Wirtschaftsunternehmen und ihre Akteure im ganzheitlichen Wandel."

klarer: Beispielsweise vermitteln uns vor allem neoliberale Politiker bei ihrer gesellschaftlichen Interpretation der vieldiskutierten Prinzipien Solidarität und Subsidiarität heute nicht selten den Eindruck eines *Entweder-Oder*. Denn sie interpretieren den Staat im Hinblick auf den Solidaritätsgedanken als einen zum Versorgungsstaat aufgeblähten Sozialstaat und stellen ihn fälschlicherweise in *Konkurrenz* zu seinen Bürgern bzw. den sie vertretenden Organisationen, die die staatlichen Aufgaben entsprechend dem Subsidiaritätsgedanken durch ihr privates Engagement für mehr Selbständigkeit und Eigenverantwortung soweit wie möglich ersetzen sollen. Bei einer derartigen Vereinfachung der gesellschaftspolitischen Realität und missbräuchlichen Verwendung des Begriffs Freiheit wird leicht übersehen, dass eine Gegenüberstellung von *Staatsaufgaben* und *Privatengagement* der Bürger sogar mit Aussagen über den jeweils erforderlichen Umfang der zu erbringenden Sozialleistungen nur von begrenzter Aussagekraft ist, solange sie lediglich in einem sowohl sachlich als auch raumzeitlich begrenzten Rahmen erfolgt. Bevor diese Thematik in einen Zusammenhang zur Nachhaltigkeit gestellt wird, soll zunächst auf die Inhalte und die Bedeutung dieser primär im *sozialen Bereich* angesiedelten Prinzipien eingegangen werden:

Der Begriff *„Solidarität"*, der auch mit Brüderlichkeit übersetzt werden kann,[713] knüpft etymologisch an das lateinische „solidus" (dicht, fest, ganz) an. Ohne dass die Römer damals an einen in Mitleidenschaft gezogenen Planeten gedacht hätten, wurde der Rechtsbegriff „in solidum obligari" als Haftung für das Ganze eingeführt.[714] Solidarität steht heute für eine *wechselseitige Verbundenheit* unter Menschen, die als Sozialwesen aufeinander angewiesen sind und ihr Leben nur dadurch menschenwürdig bewältigen können, dass sie in allen lebenswichtigen Fragen zusammenwirken. Aus dieser *Schicksalsgemeinschaft* der Füreinander-Einstehenden, die neben der Verbundenheit auch eine wechselseitige *Abhängigkeit* von Individuum und Gesellschaft zur Folge hat, kann sich kein Mensch auf Dauer lösen, ohne sich selbst und Andere zu benachteiligen oder gar zu gefährden. Es handelt sich bei der Solidarität also um ein Denkmuster für alle Situationen, in denen ein Einzelner seine Ziele nur im Zusammenspiel mit anderen erreichen kann. Das Solidaritätsprinzip kann sowohl moralisch als auch moralfrei angewendet werden. Inhaltlich kommt in ihm das vertrags- und spieltheoretisch relevante *„Gefangenendilemma"* zum Ausdruck, bei dem es ebenfalls darum geht, wie der Einzelne sich verhalten muss, um sich aus seiner Gefangenschaft mit Hilfe bzw. zu Lasten der übrigen Gefangenen zu befreien.[715] Diese spieltheoretische Logik lässt sich jedoch auch umwelt- und wirtschaftsethisch anwenden: Zum Beispiel kann weder die klimabedingte Erderwärmung noch die globale Finanz- und Wirtschaftskrise durch rationales Handeln Einzelner allein abgewendet werden, sondern erfordert vielmehr von den „Mitgefangenen" ebenfalls einen Beitrag, der dann für alle zum Vorteil ist. Solidarität bezieht sich also einerseits auf die *Einbindung des Individuums* in die

---

[713] Der seit der Aufklärung säkularisierte Begriff *„Brüderlichkeit"* ist durch die französische Revolution, auf die nachfolgend noch im Zusammenhang mit der sozialen Frage eingegangen wird, berühmt geworden und stellt neben Freiheit und Gleichheit eines der drei *Grundrechte* der Menschenrechtserklärungen dar.

[714] Vgl. Görres-Gesellschaft 1988, S. 1191 ff.

[715] Vgl. Kerber 1998, S. 43 f.

*Gemeinschaft*, um dort eigene Zwecke mit Unterstützung der Anderen zu verfolgen, und andererseits auf die notwendige Unterordnung des Eigenwohls unter das Gemeinwohl, um ein vergrößertes Handlungspotenzial für die Zielerreichung zu gewinnen. Die Gemeinschaft stellt eine hierfür notwendige Organisationsform dar, die zur Erhaltung ihrer Funktionsfähigkeit vom Einzelnen *Anpassung* fordert. In einer Solidargemeinschaft, die keinen Selbstzweck darstellt, geht die Anpassung jedoch nur soweit, dass das Wohl ihrer Glieder gewahrt bleibt. Die Bindung des Einzelnen an die Gemeinschaft und deren Rückbindung an das Wohl des Einzelnen stellt also eine *unverzichtbare Doppelseitigkeit* dar, mit der die Menschen ihr Zusammenleben und damit ihre Lebensbedingungen verbessern können. Die für den Einzelnen damit verbundene Einschränkung seiner individuellen Freiheit und die Rücksichtnahme der Gemeinschaft auf den Einzelnen sind notwendige Konzessionen, die für die jeweilige Zielerreichung zu erbringen sind. Sie werden erst dann problematisch, wenn die individuellen und gesamtgesellschaftlichen Zwecke nicht mehr mit denen der Gemeinschaft im Einklang stehen.

*Solidarität* stellt jedoch nicht nur eine aufgrund einer gemeinsamen Gesinnung bzw. Interessenlage erreichte Verbundenheit der Menschen dar, sondern sie bedarf darüber hinaus einer rechtlich organisierten Ordnung. Dadurch wird aus dem gesellschaftlichen ein *rechtliches Prinzip*, mit dem die Gesellschaft so strukturiert wird, wie es den angestrebten Zwecken und der solidarischen Verbundenheit ihrer Glieder angemessen ist. Man kann insofern auch von einem *Ordnungsprinzip* sprechen, das sich auf das Ganze und seine Teilbereiche bezieht. Eine demokratische Gesellschaft baut sich und ihre Ordnung vom einzelnen Menschen her von unten auf (Stichwort: Bottom-up), wobei der Mensch nicht nur Basis sondern auch Mittelpunkt ist. Im Unterschied zu autoritären Gesellschaftsformen, die ihr System unter Verzicht auf eine personale Grundstruktur von oben her aufbauen und ihrerseits für sich in Anspruch nehmen bzw. mit Hilfe einer entsprechenden Ideologie vorgeben, was für die Menschen gut und richtig ist (Stichwort: Top-down).[716] Dabei liegt es in der Natur der Sache, dass es zwischen dem einzelnen Bürger sowie einzelnen Gemeinschaften und dem Staat zu *Interessenkonflikten* kommt, wenn der Staat als institutioneller Umsetzer von Solidarität den Freiraum, die Eigeninitiative und -verantwortung des bzw. der Einzelnen durch Ausweitung seiner Regelkompetenz und Aufgaben zu weit einschränkt. Der auf der Solidarhaftung der Bürger basierende *Sozialstaat*, auf den im Zusammenhang mit der sozialen Gerechtigkeit noch näher eingegangen wird, darf ebenso wenig zur Steuerungsmasse spezieller Machtinteressen verkümmern wie er durch einseitige Kompetenzausweitung des Staatapparats und damit einhergehender Entmündigung seiner Bürger in die Rolle des reinen *Versorgungsstaates* geraten darf. Stattdessen erfordert Solidarität zur Eindämmung von Konflikten einen Ausgleich von Interessengegensätzen und die Zusammenarbeit der Sozialpartner einer Gesellschaft. Jedoch schließen Solidarität und egoistisches Verhalten Einzelner bzw. gruppenegoistische Strukturen, bei denen die Interessen einzelner Gruppen mit dem Gemeinwohl der Gesellschaft unzulässigerweise gleichgesetzt werden, einander aus: Anstelle einer Solidarität einzelner Gruppen mit

[716] Die in verschiedenen Gesellschaftsbereichen angewendeten Organisationsprinzipien *Bottom-up* und *Top-down* werden am Beispiel der Unternehmensorganisation näher erläutert (vgl. Kapitel 4.2 „Konzept für eine nachhaltige Unternehmensentwicklung").

jeweils eigenen Interessenschwerpunkten, denen die Bekämpfung des Gruppengegners mehr gilt als das Gemeinwohl, ist eine umfassende Kooperation aller wichtigen Teile der Gesellschaft im Interesse einer langfristigen Sicherung der Lebensgrundlagen der Gesamtbevölkerung gefordert.

Der Begriff *„Subsidiarität"* geht etymologisch ebenfalls auf die lateinische Sprache – „subsidium" steht für Reserve, Beistand, Hilfsmittel – zurück und hebt den *Vorrang der Person* bzw. der jeweils personnächsten Gemeinschaft innerhalb der gesellschaftlichen Prozesse und Institutionen hervor.[717] Unter Subsidiarität wird heute ein gesellschaftsbezogenes *Kompetenzprinzip* verstanden, das dem Einzelnen die Initiative überlässt, aus eigener Verantwortung Beiträge für sich und die Gesellschaft soweit zu leisten, wie er dazu aus eigenen Kräften in der Lage ist und es ihm seitens der Gesellschaft zugemutet werden kann. Was der Einzelne oder kleinere Gemeinschaften als gesellschaftliche Einheit eigenständig leisten können, sollen sie ohne Bevormundung von größeren Gemeinschaften und der Gesamtgesellschaft selbst zu Ende führen können. Erst wenn dieses Potenzial ausgeschöpft ist, greift die Solidargemeinschaft auch für den Einzelnen ersatzweise und unterstützend, d. h. *subsidiär* ein. Dadurch bleibt er selbst Akteur und verantwortlicher Träger des gesellschaftlichen Lebens. Ein Grundsatz, der auch von den Vertretern des methodologischen Individualismus geteilt wird. Analog der Solidarität als Ordnungsprinzip setzt auch das *Subsidiaritätsprinzip* eine demokratische Gesellschaft voraus, die ausgehend von der Person ebenfalls von unten nach oben her und nicht umgekehrt vom jeweiligen Machtzentrum her aufgebaut ist. Die größere Gemeinschaft ist dabei verpflichtet, der kleineren Gemeinschaft bzw. dem Einzelnen in Fällen objektiver Überforderung unter die Arme zu greifen, und zwar als *Hilfe zur Selbsthilfe*. Damit steht das Subsidiaritäts- nicht im Gegensatz zum Solidaritätsprinzip, da es sowohl die Sozialität als auch die Individualität berücksichtigt. Trotz des vom Grundsatz her freiheitsbetonten Ansatzes ist mit Subsidiarität jedoch nicht gemeint, dass durch die Initiative und Leistung der Einzelnen bzw. der kleineren Gemeinschaft die Staatstätigkeit zurückgedrängt oder sogar der Staat selbst in Frage gestellt wird. Bei der gesellschaftlichen Kompetenz- bzw. Leistungsverteilung geht es nach dem Subsidiaritätsprinzip vielmehr darum, die jeweiligen Leistungsanteile anforderungsgerecht zu verteilen und nach dem Motto „so viel Staat wie nötig, so wenig Staat wie möglich" [718] miteinander zu verzahnen. Angesichts der heute erreichten gesellschaftlichen Ausdifferenzierung in eine Vielzahl von Teilsystemen und global vernetzten Strukturen ist jedoch nicht immer eindeutig zu erkennen und zu regeln, wie die *Vor- und Nachrangigkeit* im Einzelnen auszusehen hat. Diese Problematik lässt sich am Beispiel der gegenwärtigen *Sozialpolitik* in Deutschland verdeutlichen: Nach dem Subsidiaritätsprinzip hat der Staat die Aufgabe, soweit wie möglich auf Dirigismus zu verzichten und die *Eigeninitiativen* von Einzelnen zu *fördern*, die gesellschaftlichen Abläufe in Richtung Gemeinwohl effizient zu koordinieren und für einen fairen Ausgleich zwischen Leistungsschwachen und -starken zu sorgen. Wie die inzwischen wieder aktuell gewordene Diskussion um die soziale Frage zeigt, tut sich (nicht nur) unser Staat schwer damit, den Sozialabbau und ein Auseinanderdriften von Arm und Reich zu

---

[717] Vgl. Enderle et al. 1993, S. 1045 f.

[718] Görres-Gesellschaft 1989, S. 387.

verhindern bzw. wenigstens auf ein für die Betroffenen akzeptables Maß zu beschränken. Bezogen auf die Subsidiarität bedeutet das für den Staat, sich nicht durch übertriebene Aufgabendelegation aus seiner sozialen Verantwortung zu stehlen, sondern die Bürger zur Eigenvorsorge ihrer Lebensrisiken zu ermuntern und die *sozialen Leistungen* sowie öffentlichen Einrichtungen ohne Verlust an Lebensqualität an den gesellschaftlichen Wandel *anzupassen*. Außerdem muss der Staat seinen Haushalt vor zu hohen Erwartungen und Ansprüchen der Leistungsstarken (z. B. durch niedrigere Steuern) und der Leistungsschwachen (z. B. durch überhöhte Sozialleistungen) schützen, damit die Schuldenlast auch im Interesse kommender Generationen begrenzt wird. Für den demokratischen Staat ist der Subsidiaritätsgedanke – vergleichbar mit dem Solidaritätsgedanken – also von grundlegender Bedeutung. Seine Anwendung stellt bei der Organisation und Umsetzung von Verwaltungsaufgaben nicht nur strukturell sondern auch allgemein eine *Beurteilungsgröße* für die eingeräumte *Autonomie* und *Freiheitlichkeit* des Einzelnen sowie der kleineren und größeren Gemeinschaften der Gesellschaft dar. Dem steht bei der Solidarität die soziale Gerechtigkeit als Beurteilungsgröße gegenüber, auf die später noch eingegangen wird.

Die praktische Anwendung des Subsidiaritätsprinzips lässt sich am *Beispiel* der Wirtschaft veranschaulichen, die auch im weiteren Verlauf der Arbeit eine wichtige Rolle spielt: Auf der *Unternehmensebene* sollen danach alle betriebswirtschaftlichen Aufgaben so organisiert werden, dass die Potenziale aller daran beteiligten Personen betrieblich entfaltet und zum beiderseitigen Wohl genutzt werden können. Darauf müssen sowohl der hierarchische Aufbau als auch die Abläufe und die Förderungsmaßnahmen eines Unternehmens ausgerichtet werden. Auch hier gilt der grundsätzliche Vorrang der Person vor anonymen Machtzentren. Bei international agierenden Konzernen lässt sich dieser Grundsatz nur eingeschränkt realisieren, da diese ihre Aktivitäten nicht selten zentral von einer Hauptverwaltung aus steuern. Um dennoch die vorhandenen und erlernbaren Kompetenzen der Angehörigen des Unternehmens uneingeschränkt nutzen zu können, muss vor allem deren Kreativität durch organisatorische Maßnahmen gefördert werden. Immerhin zeichnet sich im Bereich einer nachhaltigen Unternehmensführung eine Anwendung des Subsidiaritäts- und Solidaritätsprinzips ab, bei der die Eigenverantwortung des Einzelnen um die gemeinwohlorientierte soziale Verantwortung ergänzt wird (Stichwort: „Social Responsibility").[719] Auf der Ebene der *Volkswirtschaft* geht es aus Sicht der Subsidiarität darum, die primären Kompetenzen aller beteiligter Wirtschaftssubjekte im Sinne des Gemeinwohls nutzbar zu machen, damit eine effiziente Versorgung der Bürger mit Gütern und Dienstleistungen auf Dauer gesichert ist. Darauf müssen einerseits die privaten Unternehmen, Haushalte und Interessenverbände ihre Politik und andererseits der Staat seine Wirtschaftspolitik ausrichten, indem er die institutionellen Rahmenbedingungen u. a. für Transparenz der Wirtschaftsprozesse und funktionsfähige Marktbedingungen bereitstellt und deren Einhaltung überprüft. Auf der Ebene der *Weltwirtschaft* muss das private und staatliche Engagement darüber hinaus für die Einführung globaler Umwelt- und Sozialstandards und für die Armutsbekämpfung verstärkt werden. Aus der Perspektive der Subsidiarität muss eine solidarisch ausgerichtete

[719] Weitere Einzelheiten zur *Unternehmensorganisation* finden sich im Kapitel 4.2 „Konzept für eine nachhaltige Unternehmensentwicklung".

Wirtschaftspolitik, bei der insbesondere der Stärkere den Schwächeren unterstützt, auf eine bessere Kooperation der Industrie- mit den Entwicklungsländern hinwirken, um eine effizientere *Entwicklungshilfe* zu erreichen, mit der unter Berücksichtigung der kulturellen Besonderheiten und gesellschaftlichen Möglichkeiten ausreichende Hilfe zur Eigenhilfe gegeben wird, die auch bei der betroffenen Bevölkerung ankommt. Die Zielsetzung muss dabei sein, im jeweiligen Entwicklungsland eine konkurrenzfähige, stabile Volkswirtschaft aufzubauen, die nicht durch Marktbeschränkungen, wie beispielsweise den subventionierten EU-Agrarmarkt, behindert wird. Der Erfolg hängt auch hier nicht unwesentlich von einer Mitwirkung der Unternehmen und anderer NGOs im Rahmen eines Global-Governance-Prozesses ab.[720]

Nachdem *Solidarität* und *Subsidiarität* bereits anhand singulärer sozialer und ökonomischer Sachverhalte erörtert wurden, geht es nachfolgend darum, diese vor dem Hintergrund der angestrebten nachhaltigen Entwicklung in einen *intergenerationellen* und *globalen Gesamtzusammenhang* zu stellen. Im Rahmen dieser raumzeitlichen Erweiterung müssen neben einer kritischen Überprüfung unserer Lebens- und Wirtschaftsweise insbesondere die demographische Entwicklung, die Generationengerechtigkeit sowie die Einflüsse durch die globalen Wirtschafts- und Umweltbedingungen berücksichtigt werden, die sich allein durch den anthropogenen Klimawandel schon erheblich verändern werden. Unter diesem Blickwinkel geraten die subsidiär erbrachten *Sozialleistungen* des Staates in den entwickelten Industrieländern in Zeiten global vernetzter Märkte von mehreren Seiten unter erheblichen Druck: einerseits durch eine wohlstandsverwöhnte Versorgungs- und Mitnahmementalität großer Teile der Bevölkerung und andererseits durch Wirtschaftsbedingungen mit weitgehend offenen Märkten, denen sich der einzelne Staat nicht mehr entziehen kann. Zu Letzteren zählen unverhältnismäßige Renditevorstellungen einiger transnational agierender Konzerne der Finanz- und Realwirtschaft,[721] die zu einem massiven Abbau von sozialversicherungspflichtigen Arbeitsplätzen beitragen – ein Effekt, der in Ländern mit höheren Arbeitskosten durch die internationalen Konkurrenzbedingungen zusätzlich verstärkt wird.[722] *Zusätzliche Transferleistungen* entstehen den Nationalstaaten durch die sozialen Kosten, die unregulierte Finanzmärkte,[723] ungelöste Klimaprobleme und steigende Armutsprobleme eines größer werdenden Anteils der Weltbevölkerung verursachen. In

---

[720] Unternehmen können beispielsweise den zehn Prinzipien des *UN Global Compact* beitreten (vgl. Kapitel 4.2.2 „Fallbeispiel 2: Umbau des Managementsystems eines Unternehmens").

[721] Weitere Einzelheiten zur globalen *Optimierung von Renditen* unter dem Einfluss von Finanzinvestoren finden sich unter Mahler 2006, S. 48 ff.

[722] Die betriebswirtschaftlichen Vorteile niedrigerer *Arbeitskosten* in weniger entwickelten Ländern werden von global agierenden Wirtschaftsunternehmen genutzt, indem sie gezielt *Arbeitsplätze* und Produktionskapazitäten zu Lasten der Industrieländer ins Ausland *verlagern* (vgl. Kapitel 4.1 „Wirtschaftsunternehmen und ihre Akteure im ganzheitlichen Wandel" und Kapitel 4.2 „Konzept für eine nachhaltige Unternehmensentwicklung").

[723] Nachdem von der Bundesrepublik Deutschland im Rahmen der noch nicht überwundenen – wesentlich durch *Spekulationen auf den Finanzmärkten* verursachten – globalen Finanz- und Wirtschaftskrise bereits ein Milliarden schweres Bankenrettungs- und Konjunkturpaket finanziert wurde, musste durch die inzwischen aus vergleichbaren Gründen hinzugekommene Euro-Krise zusätzlich ein EU-Rettungspaket im ebenfalls dreistelligen Milliarden-Euro-Bereich aufgelegt werden (vgl. Bohsem 2010, S. 2).

dieser durch das Fehlverhalten maßgeblicher Akteure entstandenen Situation ist der *Staat gefordert*, seine Aufgaben im Interesse der steuerzahlenden Bürger wahrzunehmen: Statt weiter die Schuldenlasten zu erhöhen ist er dafür verantwortlich, vor allem die globalen Regulierungsdefizite zu beseitigen und die öffentlichen Dienstleistungen sowie Sicherungssysteme so zu gestalten, dass sie finanzierbar und auch in Zukunft erhalten bleiben. Die unter diesen kritischen Umständen unvermeidbaren Sparmaßnahmen des Staates müssen ebenfalls zukunftsfähig konzipiert werden (Stichwort: Spargrundsatz).[724] Im *Nachhaltigkeitskontext* geht es also darum, die heute zu behandelnden gesellschaftlichen Probleme in ihrer ganzheitlichen Dimension zu erfassen und analog der Umweltschutzstrategie sowohl vor- als auch nachsorgend zu lösen. Dazu müssen die miteinander konkurrierenden Interessen einzelner gesellschaftlicher Gruppen mit der Gesamtgesellschaft in einem größeren Zusammenhang abgestimmt werden. Das daraus resultierende sozialpolitische Spannungsfeld, bei dem es letztlich auch um die grundlegenden Pole *Eigenwohl* und *Gemeinwohl* geht, erweitert sich dadurch einerseits um die damit verbundenen ökonomischen und ökologischen Aspekte sowie andererseits um den raumzeitlichen Zusammenhang. Diese *ganzheitliche Erweiterung* ist außerdem notwendig, um die Lebensbedingungen heutiger wie künftiger Generationen global abschätzen und tendenziell berücksichtigen zu können. Damit werden sich die erwähnten Beispiele von nationalen und internationalen Sozialleistungen des Staates dahingehend verändern, dass insbesondere die raumzeitlichen Auswirkungen auf die Leistungen zusätzlich erfasst werden müssen, soweit das angesichts unsicherer Zukunftsprognosen möglich ist. Dieser Zusatzaufwand, der mit der dadurch erreichten Effektivität und Zukunftskonformität der Problemlösung zu rechtfertigen ist, lässt sich dadurch optimieren, indem anstelle einer im Voraus weder in Einzelaspekten noch im Gesamten zu erreichenden Klärung der technisch-bürokratischen Umsetzung zunächst eine *sozialethische Reflexion* des Sachverhalts durchgeführt wird. Auf dieser Basis kann dann mit Hilfe der dadurch erlangten Zielorientierung die institutionelle Umsetzung schrittweise entsprechend dem erreichten Erkenntnisfortschritt der wissenschaftlichen Politikberatung abgestimmt werden.

**Resümee:** Das heute erreichte Stadium an ökologischen, ökonomischen und sozialen Problemen erfordert neben dem lokalen vor allem ein globales Umdenken im Geiste einer *Solidarität* der Industrie- mit den Entwicklungsländern. Man kann sogar davon ausgehen, dass die zunehmenden globalen Auswirkungen unserer Lebens- und Wirtschaftsweise auf die gesellschaftliche und natürliche Umwelt und der ungünstigen Bevölkerungsentwicklung ohne wirksame Gegenmaßnahmen längerfristig die Lebensbedingungen der Völkergemeinschaft zerstören. Das notwendigerweise langfristig auszurichtende Eigeninteresse an humanen Lebensbedingungen erfordert eine internationale Institutionalisierung ethisch fundierter Normen und Regeln, da das tugendhafte Verhalten Einzelner zwar notwendig aber nicht hinreichend ist, um die eingetretenen Fehlentwicklungen zu korrigieren. Angesichts der globalen Abhängigkeiten und interdependenten Dilemmastrukturen wird Solidarität letztlich zur Voraussetzung für ein

[724] Auf den von John Rawls definierten *Spargrundsatz*, nach dem jede Generation einen gerechten Anteil erhält und weitergibt, wurde bereits anlässlich der Grenzen einer individualistischen Interpretation von Wohlfahrt eingegangen (vgl. Kapitel 3.4.1 „Grenzen der heutigen Lebens- und Wirtschaftsweise").

dauerhaftes Überleben auf unserem Planeten und entscheidenden Einflussgröße für die Zukunft der Menschen.[725] Dabei ergibt das die Selbstbestimmung und Eigenverantwortung in den Vordergrund stellende *Subsidiaritätsprinzip* eine zweckmäßige Ergänzung. Trotz eindeutiger Argumente bleibt das Solidaritätsprinzip wegen seiner christlichen Herkunft und seines demokratischen Charakters in der globalen Anwendung nicht unumstritten, denn auf unserem Planeten sind die Gedanken von Nächstenliebe, Wohltätigkeit und Freiwilligkeit nicht überall uneingeschränkt vertreten und institutionell abgesichert.[726] Als alternative regulative Idee bietet sich daher ein weiteres Prinzip der Sozialethik an: die bei bestehenden kulturellen Unterschieden leichter anzuerkennende *Gerechtigkeit*, die im Folgenden noch näher untersucht wird.

### 3.5.1.5 Zusammenhang von Sozialem und Ethik

Soziales und Ethik bilden etymologisch die Bestandteile des Begriffes „Sozialethik". Sie thematisieren einerseits das *Zusammenleben* der Menschen untereinander und mit der natürlichen Umwelt sowie andererseits dessen *Gestaltung* durch eine Verständigung auf ein physisches Überleben und gutes Leben für alle Mitglieder der Gesellschaft. Nach der hier vertretenen Position wird nicht weiter unterschieden, ob es sich hierbei um eine wertverbundene Gruppe oder eine rationale Zweckgemeinschaft handelt. Ferner wird allgemein vorausgesetzt, dass der Mensch in seiner Lebenswirklichkeit in der dargestellten *dreifachen Grundbeziehung* steht. Aus der Interpretation der begrifflichen Bestandteile der Sozialethik und ihrer Interdependenz ergibt sich eine Ausrichtung, die entsprechend dem zugrunde gelegten Schwerpunkt sehr unterschiedlich ausfallen kann. Hier wird in Analogie zur bereits behandelten Umwelt- und Wirtschaftsethik eine *Gleichrangigkeit* von Sozialem und Ethik zugrunde gelegt.[727] Trotz der fachspezifischen Unterschiede zwischen Sozialem bzw. deskriptiver Sozialwissenschaft und präskriptiver Ethik bestehen durchaus *gemeinsame Zielvorstellungen* wie ein sozial- und naturverträgliches Zusammenleben der Menschen. Für die Zielerreichung sind sowohl Soziales und Ethik als auch Mensch und Natur aufeinander angewiesen, wobei die Natur auch ohne den Menschen existieren kann. Dazu müssen sowohl die Individual-, Sozial- und Umweltbeziehungen als auch die sie unterstützenden Institutionen funktionsfähig sein und berücksichtigt werden. Angesichts konträrer Vorstellungen und Interessen Einzelner innerhalb einer Weltgemeinschaft – bestehend aus Individuen, Gruppen und nationalen sowie übernationalen Gemeinschaften – muss ein allgemein anerkannter Ausgleich zwischen ihnen gefunden werden, der einen ethisch fundierten Dialog und eine entsprechende Handlungsorientierung in Form von Normen und Regeln voraussetzt. Das kann nicht allein von den im Nachhaltigkeitskontext relevanten *fachspezifischen Wissenschaften* Ökologie, Ökonomie und Soziologie geleistet werden. Denn diese positiven Wissenschaften erfordern

---

[725] Vgl. Mack 1994, S. 184.

[726] Vgl. Höffe 1992, S. 120.

[727] Die auch für den sozialen Bereich angewendete *Gleichrangigkeitsprämisse* wurde im Zusammenhang mit dem Konfliktmodell Nachhaltigkeitsethik im Kapitel 3.1 „Grundannahmen und Ausgangsbasis des Gestaltungsansatzes" dargestellt.

eine Ergänzung um die *normative Ethik*, die – unter *Vermeidung von Positivismus* – über die fachspezifische Ebene der Natur- und Sozialwissenschaften hinausweist, die empirischen Einzelphänomene in einen größeren Zusammenhang stellt und auf der Grundlage von Werten geeignete *Normen* und *Regeln* für das willensbestimmte Verhalten der Menschen untereinander und zur natürlichen Umwelt liefert. Diese Vorgaben müssen von den Beteiligten im Rahmen eines *Gesellschaftsvertrags* politisch vereinbart und eingehalten werden,[728] was umso besser gelingt je größer die in einem demokratischen Dialog erzielte Akzeptanz ist. Aufgabe einer so verstandenen Sozialethik ist also nicht die einseitige Ausrichtung auf soziale Wohltätigkeit (Stichwort: Caritas), bei der die vielschichtigen Sozialprobleme mit ihren mehrfachen Interdependenzen aus dem Auge verloren gehen, sondern eine ganzheitliche, interdisziplinäre Sicht auf Basis einer grundsätzlichen Gleichrangigkeit von Sozialem und Ethik: Für eine *global zukunftsfähige Entwicklung* ist, neben dem über die Sozialethik vermittelten Zusammenhang von Sozialem und Ethik, die Berücksichtigung eines zusätzlichen Wechselverhältnisses mit den Nachhaltigkeitsdimensionen natürliche Umwelt und Wirtschaft gefordert, das sich wieder anschaulich als Tetraeder der Nachhaltigkeitsethik darstellen lässt, bei der die *Sozialethik* die Funktion einer fachspezifischen *Teilethik* in einem ganzheitlich erweiterten Zusammenhang mit der Umweltethik und der Wirtschaftsethik übernimmt (vgl. Abb. 18).[729]

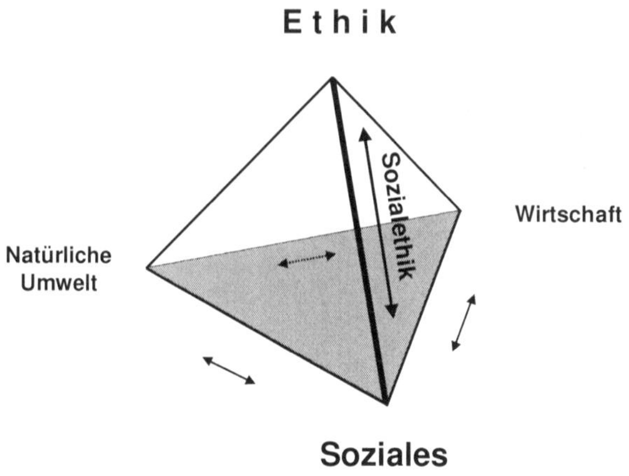


**Abbildung 18: Zusammenhang von Sozialem und Ethik mit Interdependenzen**

[728] Auf die *Vertragstheorie* wird nachfolgend im Kapitel 3.5.2 „Gerechtigkeit als zentrales Anliegen der Sozialethik" näher eingegangen.

[729] Weitere Einzelheiten zum ganzheitlich *erweiterten Zusammenhang* finden sich im Kapitel 3.3.1 „Grundprobleme der Umweltethik" und 3.4.2 „Wirtschaftsethik auf der Makro-, Meso- und Mikroebene".

Im Konfliktmodell *Tetraeder der Nachhaltigkeitsethik* werden die gleichrangigen Dimensionen Wirtschaft, natürliche Umwelt, Soziales und Ethik wieder in ein mehrfaches Wechselverhältnis gesetzt, bei dem es nicht ausreicht, allein *Soziales* und *Ethik* in eine Balance zu bringen. Denn die schon aus der Wirtschaft bekannte Praxis einer Verdrängung der Nachhaltigkeitsdimensionen in den Bereich der Externalitäten [730] ist in weniger ausgeprägter Form auch im Sozialbereich anzutreffen. Eine ganzheitliche Sozialethik muss für die Belange der *natürlichen Umwelt* und der *Wirtschaft* anschlussfähig sein und diese im Interesse eines dauerhaften Gemeinwohls ebenfalls berücksichtigen. Da sowohl die Soziologie als auch die Ökologie und Ökonomie als positive Wissenschaften die Ebene der Deskription des Faktischen nicht verlassen und daher außer den unverzichtbaren sozialtechnokratischen Beiträgen keine Aussagen über den Sollzustand unserer Gesellschaft sowie ihre natürliche Umwelt liefern können, kommt auch hier der *Ethik* angesichts des interdisziplinär erweiterten Wechselverhältnisses neben ihrem normativen Stellenwert eine zusätzliche Lenkungsfunktion zu. Wie eine *Sozialethik* unter der vertretenen Nachhaltigkeitsperspektive mit ihren fachspezifischen Besonderheiten im Einzelnen beschaffen sein muss und welche *weiteren Prinzipien* und Bedingungen dieses Wechselverhältnis prägen, wird im Folgenden dargestellt.

### 3.5.2 Gerechtigkeit als zentrales Anliegen der Sozialethik

Anlässlich der Darstellung des Leitbildes einer nachhaltigen Entwicklung und seiner ethischen Fundierung wurde die *Gerechtigkeit* sowohl zwischen heutigen und künftigen als auch innerhalb existierender Generationen wiederholt angesprochen,[731] die im Folgenden um eine grundlegende Erläuterung der komplexen, kontrovers diskutierten Gerechtigkeitsthematik und eine weitere Differenzierung ergänzt werden soll. Die in verschiedenen Formen und unterschiedlichen Gesellschaftsbereichen auftretende Gerechtigkeit [732] stellt ein wesentliches Element der Nachhaltigkeit dar,[733] die hier als *zentrales Anliegen der Sozialethik* näher ausgeführt werden soll. Entsprechend ihrer gesellschaftlichen Bedeutung gehören dazu sowohl der naturrechtliche und vertragstheoretische Hintergrund als auch die Prinzipien der Gerechtigkeit. Nach einer Darstellung der formalen soll am Ende dieses Abschnittes auf die materialen Gerechtigkeitskonzeptionen eingegangen werden, um zur gesellschaftsrelevanten sozialen Gerechtig-

[730] Die hauptsächlich im Bereich der Wirtschaft unter Effizienzgesichtspunkten erfolgende Verdrängung in den Bereich der *Externalitäten* (vgl. Kapitel 3.4.2 „Wirtschaftsethik auf der Makro-, Meso- und Mikroebene) ist bei einer monodisziplinären Vorgehensweise auch im Umwelt- und im Sozialbereich anzutreffen.

[731] Weitere Ausführungen zum *Gerechtigkeitsverständnis* der Brundtland-Kommission finden sich im Kapitel 1.3.2 „Nachhaltigkeit“ (Stichwort: Nachhaltigkeitsdefinition), auf die anschließend mehrfach Bezug genommen wurde.

[732] Vgl. Sen 2000.

[733] Von der Helmholtz-Gemeinschaft deutscher Forschungszentren (HGF) wurde im Rahmen eines umfangreichen Verbundprojektes zu einer global zukunftsfähigen Entwicklung die *Gerechtigkeit* als konstitutives Element der Nachhaltigkeit eingestuft (vgl. Kopfmüller et al. 2001, S. 129 ff.).

keit zu kommen und in diesem Zusammenhang die intra- und intergenerationelle Gerechtigkeit zu vertiefen.[734]

Eine Welt ohne *Gerechtigkeit* ist weder vorstellbar noch hätte sie angesichts der von Natur aus nicht nur rationalen Veranlagung der Menschen eine Zukunft. Gerechtigkeit stellt wie die mit ihr in einem Wechselverhältnis stehende Freiheit ein *Leitziel* der Menschheit dar,[735] das ebenfalls als regulative Idee bezeichnet werden kann. Denn es ist nicht konstitutiv und lässt sich wegen seines Richtschnurcharakters ebenso wenig einer objektiven Realität, die erst im Konsens der Beteiligten gefunden werden kann, unmittelbar zuschreiben. Auch in der Politik der Industrieländer wird seit einigen Jahren angesichts der im Globalisierungskontext knapper werdenden finanziellen Ressourcen des Staates intensiv über das *Wechselverhältnis* von *Gerechtigkeit und Freiheit* diskutiert. Im Zusammenhang mit neuen Vorstellungen über einen schlankeren Sozialstaat veröffentlichte u. a. die Sozialdemokratische Partei Deutschlands ein Thesenpapier, das den Freiheitsbezug in ihrem Gerechtigkeitsverständnis für das 21. Jahrhundert herausstellt: „Gerecht ist, was Menschen in die Lage versetzt, ihr Leben so zu gestalten, wie sie es selbst gerne gestalten möchten. Deshalb bedingen sich Freiheit und Gerechtigkeit wechselseitig: Eine Politik, die Menschen dauerhaft in Abhängigkeit bringt, sie entmündigt oder ihnen ihre Selbstachtung nimmt, ist weder gerecht noch freiheitlich.“ [736] Gerechtigkeit ist trotz verschiedener Aussagen in Parteiprogrammen und sonstiger institutionell bedingter Meinungsverschiedenheiten dennoch ein *grundlegender Beurteilungsmaßstab* für die Qualität des menschlichen Zusammenlebens, an dem sich sowohl eine nachhaltige Entwicklung als auch Sozialethik, die hier als soziale Dimension der Nachhaltigkeitsethik verstanden wird, konkretisieren lassen. *Gerechtigkeitsdefizite* sind hingegen seit den Anfängen der Zivilisation eine Realität, die sich leichter als eine umgesetzte Gerechtigkeit identifizieren lassen: Beispielsweise ist eine Gesellschaft, die sich den Luxus leistet, im gesellschaftlichen Alltag immer mehr auf Gerechtigkeit zu verzichten und stattdessen dem hemmungslosen Vorteilsstreben Einzelner zu Lasten der Allgemeinheit das Feld zu überlassen, stark gefährdet und auf Dauer nicht zukunftsfähig (Stichwort: neue soziale Frage).[737] Zukunftsfähigkeit erfordert vielmehr eine nachhaltige Entwicklung, deren orientierende *Ausgangsbasis* die Gerechtigkeitsfrage darstellt. Denn erst durch diesen ethischen Anspruch erhalten die zunehmenden Probleme durch Nachhaltigkeitsdefizite die Zielausrichtung für die notwendige Einbindung der ebenfalls gerechtigkeitsbestimmten gesellschaftlichen Anforderungen unserer Zivilisation über die vorhandenen Generationen hinaus (Stichwort: intra- und intergenerationelle Gerechtigkeit). *Nachhaltigkeit* kann insofern als weiteres *Sozialprinzip* verstanden werden, das die klassischen Sozialprinzipien Solidarität und

[734] Weitere Ausführungen zur *intra- und intergenerationellen Gerechtigkeit* befinden sich insbesondere in den Kapiteln 1.3.2 „Nachhaltigkeit“ und 3.2.2 „Handlungsleitende Potenziale der normativen Ethik“.

[735] Auf den wiederholt angesprochenen Aspekt der *Freiheit* wird im vorliegenden Abschnitt näher eingegangen.

[736] Scholz 2003, S. 7.

[737] Die historisch bedingte Unterscheidung zwischen alter und neuer *„sozialer Frage“* wird im Folgenden noch näher behandelt.

Subsidiarität zeitgemäß ergänzt. Auch unter den *Wertvorstellungen* nimmt die Gerechtigkeit eine Sonder- und Vorrangstellung ein. Denn dem Menschen als Vernunft bestimmtem Wesen wohnt im Regelfall ein tief verwurzeltes Gerechtigkeitsgefühl inne, dessen Potenzial besonders bei einer Verletzung von Gerechtigkeit zutage tritt, da *Ungerechtigkeit* als negative Form der Gerechtigkeit meistens unmittelbarer wahrgenommen wird als ihre positive Form. Die gerechtigkeitsorientierte Intentionalität des Menschen schließt jedoch die ebenfalls vorhandene Neigung zu Ungerechtigkeit nicht aus, da Ichsucht und Vorteilsstreben sich keinesfalls auf den ökonomischen Bereich beschränken, sondern auch in Politik und Gesellschaft national wie international weit verbreitet sind. Der hohe Rang, den die Gerechtigkeit kultur- und zeitübergreifend einnimmt, kommt auch in den auf das Recht bezogenen Kerngedanken in Form von *allegorischen Darstellungen* der bildenden Kunst – soweit von der jeweiligen Gerechtigkeitsgemeinschaft als Rechtsziele anerkannt – zum Ausdruck: als Göttin *Justitia* mit einer Waage, mit der das jedem Gebührende zugemessen wird, mit einer Augenbinde, die eine Gleichbehandlung ohne Ansehen der Person symbolisiert, mit einem Schwert, mit dem sowohl geschützt als auch gestraft wird.[738]

Entsprechend den bipolaren gesellschaftlichen Strukturelementen der Sozialethik – wie Einzelner und Gesellschaft, individual und sozial etc. – lassen sich aus anthropologischer Sicht, die den *zwei Seiten* menschlichen Zusammenlebens Rechnung tragen muss, eine subjektive und eine objektive Dimension der Gerechtigkeit unterscheiden: die *subjektive Dimension*, die Gerechtigkeit als eine vom Willen getragene und auf Vernunft ausgerichtete Haltung des Subjektes – jedem das Seine zu geben und zu lassen (suum cuique) [739] – interpretiert sowie die *objektive Dimension*, die Gerechtigkeit als Idee versteht und sie als grundlegendes Sinnprinzip des Rechts institutionell legitimiert. Im subjektiven Verständnis charakterisiert Gerechtigkeit ein Verhalten zu den Mitmenschen, das unabhängig von persönlichen Neigungen sich auf das beschränkt, was man dem Anderen schuldet. Institutionelle Anforderungen wie Gesetze werden – sofern sie nicht auf Unrecht in einer undemokratischen Gesellschaft basieren – vom gerechten Menschen freiwillig erfüllt und nicht erst bei einer Strafandrohung. Gerechtigkeit wird damit zu einer *moralischen Tugend*, die ihre Bewährungsprobe auch dann zu bestehen hat, wenn sie im Falle günstigerer persönlicher Voraussetzungen den Anderen übervorteilen könnte. Mit dieser Personen bezogenen Gerechtigkeit kann ein wichtiger Beitrag zur Verbesserung der ökologischen, ökonomischen und sozialen Verhältnisse einer Gesellschaft durch Reduzierung von Gerechtigkeitsdefiziten als Folge eines veränderten Verhaltens geleistet werden. Dieser Beitrag fällt natürlich umso wirkungsvoller aus, je mehr Personen sich daran beteiligen. Im objektiven Verständnis der Gerechtigkeit geht es hingegen um die *institutionellen Regelungen* – auch diese sind als Menschenwerk veränderbar – eines durch Kooperation und Konflikt gekennzeichneten Zusammenlebens sowie um die Moralität der auf der Grundlage des Gerechtigkeitsprinzips geschaffenen sozialen Einrichtungen und Systeme wie z. B. Verbände, Marktordnung, Recht und Staat.[740]

---

738 Vgl. Höffe 2004, S. 11.

739 Auf dieses grundlegende *Gerechtigkeitsprinzip* wird im Folgenden noch näher eingegangen.

740 Vgl. Görres-Gesellschaft 1986, S. 895 ff.

Die Beziehung auf das *Recht* ist auch hier nicht zufällig, denn Gerechtigkeit bedeutet ursprünglich Übereinstimmung mit dem geltenden Recht. Das Recht wiederum erhält seine grundlegende Legitimation aus einer *vorpositiven Rechtsidee* mit einer teleologischen Ausrichtung auf die Gerechtigkeit und nicht aus einer durch den Willen bestimmten Setzung.[741] Die vorgenommene Differenzierung in eine subjektive und eine objektive Sichtweise trägt auch der Tatsache Rechnung, dass es nicht nur gerechtes bzw. ungerechtes Handeln, sondern auch gerechte und ungerechte institutionelle Regelungen gibt. Entgegen der einseitigen Position des Wirtschaftsliberalen Friedrich August von Hayek, nach der nur das menschliche Verhalten und nicht die Marktordnung gerecht oder ungerecht sein könne,[742] ist diese Unterscheidung und Erweiterung des Gerechtigkeitsverständnisses über den Bereich der persönlichen Tugend hinaus auch insofern notwendig, um mit Hilfe institutioneller Regelungen konstruktive Beiträge zu Lösungen für die Überwindung von Nachhaltigkeitsdefiziten anbieten zu können. Aus dem Blickwinkel der Gerechtigkeit müssen beispielsweise im Bereich der Wirtschaftsethik sowohl ein fragwürdiges *individuelles Verhalten* einzelner Wirtschaftsakteure wie ein kurzfristiges Profitdenken zu Lasten von Investitionen, Arbeitsplätzen und nichterneuerbaren Ressourcen als auch fragwürdige *institutionelle Rahmenbedingungen* wie weitgehend unregulierte globale Finanzmärkte konkret angesprochen werden, damit eine Flucht aus der Verantwortung von der subjektiven in die objektive Dimension und umgekehrt von vornherein vermieden werden kann. Denn der jeweils Beschuldigte – das kann sowohl eine Person als auch eine Interessengemeinschaft sein – wird viel Kreativität aufwenden, um sich dem Image schädigenden Vorwurf unzureichender Gerechtigkeit zu entziehen. Die Abgrenzung zwischen einer individuell und einer institutionell ausgerichteten Gerechtigkeit ist also notwendig, jedoch wäre ein Widerstreit zwischen *beiden Polen* vergleichbar künstlich und ebenso wenig zielführend wie eine Dichotomie von deontologischer und teleologischer Ethik.[743] Beide Pole basieren schließlich auf normativen Konstrukten und können ihre Potenziale am wirkungsvollsten integrativ entfalten und somit – entsprechend der grundlegenden *Zielsetzung von Gerechtigkeit* – zu einer positiven Gestaltung der Lebensbedingungen für alle Menschen beitragen.

**Historische Entwicklung:** Gerechtigkeit endet nicht bei der einzelnen Person, sonst wäre sie lediglich Selbstgerechtigkeit. Aus dieser Perspektive ist sie daher eine *soziale Tugend*, die bei Platon ihren Platz neben den Tugenden Klugheit, Tapferkeit und Mäßigung hatte. Bei Aristoteles nahm sie bereits eine weitergehende, übergeordnete Stellung ein, die zu einer *Vieldeutigkeit der Gerechtigkeit* führt. Er geht in seinen Ausführungen über die subjektive Dimension der Gerechtigkeit hinaus, ordnet sie einer

[741] Auf die *vorpositive Rechtsidee* wird nachfolgend im Zusammenhang mit dem *Naturrecht* und dem auf Setzung bzw. Vereinbarung beruhenden *positiven Recht* näher eingegangen.

[742] Im Zusammenhang mit einer im Kapitel 3.4.1 „Grenzen der heutigen Lebens- und Wirtschaftsweise“ vorgenommenen Gegenüberstellung von *Wohlfahrt und Gerechtigkeit* wurde bereits auf *Hayeks Position*, nach der sich Gerechtigkeitsüberlegungen bei der Marktwirtschaft erübrigen, eingegangen (vgl. Meran 1992, S. 72). Zu seiner Ablehnung der *sozialen Gerechtigkeit* wird nachfolgend noch Stellung genommen.

[743] Vgl. Kapitel 3.2.2 „Handlungsleitende Potenziale der normativen Ethik“.

Grundform des Handelns gemäß dem *Gesetz* und einer Grundform des Handelns gemäß der *Gleichheit* zu.[744] Zum Tugendcharakter der Gerechtigkeit bezüglich der ersten Grundform führt er aus: „Diese Gerechtigkeit ist die vollkommene Tugend, aber nicht schlechthin, sondern im Hinblick auf den anderen Menschen. Darum gilt die Gerechtigkeit vielfach als die vornehmste der Tugenden ... Vollkommen ist sie, weil der, der sie besitzt, die Tugend auch dem andern gegenüber anwenden kann und nicht nur für sich.“ [745] Als vollkommene Tugend, die am Beispiel der antiken Polis auf die Befolgung der Gesetze eines Gemeinwesens zur Gewährleistung guter Lebensbedingungen für ihre Bürger abzielt, umfasst sie alle besonderen Tugenden und auch die zweite Grundform, die durch ihren Gleichheitsbezug eine partikulare Form der Gerechtigkeit darstellt. Insofern handelt es sich um eine *allgemeine Gerechtigkeit.* Hiervon unterscheidet Aristoteles die *besondere Gerechtigkeit*, die er auf die Tugend des Strebens nach Gleichheit bezieht. Das mit dieser Tugend korrespondierende Laster setzt sich über den Gleichheitsgrundsatz hinweg und äußert sich als Habsucht, Mehrhaben-Wollen und Übervorteilen von anderen Menschen. Die Motive für dieses Verhalten können verschieden sein: aus bloßer Gier oder Unersättlichkeit oder aus konkurrierendem Ehrgeiz in Bezug auf Andere.[746] Aristoteles unterteilt die besondere Gerechtigkeit weiter in eine verteilende d. h. *distributive Gerechtigkeit* und eine ausgleichende d. h. *kommutative Gerechtigkeit.* Da letztere auf freiwilligen und unfreiwilligen Verträgen basieren kann, ergibt sich eine weitere Unterteilung in eine *Tauschgerechtigkeit* [747] und eine *korrektive Gerechtigkeit.* Diese greifen in institutioneller Hinsicht auf das Zivilrecht und auf das Strafrecht zurück, um eine Übervorteilung zu vermeiden und einen entstandenen Schaden wieder gutzumachen. Das im Wesentlichen auf Aristoteles zurückgehende *Gerechtigkeitsverständnis* ist konsequent *säkular* und kommt im Unterschied zu archaischen Kulturen ohne Gottesbezug aus. Letzterer wurde später von absolutistischen Herrschern unter dem Titel „von Gottes Gnaden“ für ihre Machtzwecke missbraucht. Es hat sich in dieser Differenzierung des Gerechtigkeitsbegriffs bis heute als sachgerecht erwiesen und deckt weitgehend den idealen *Bereich der Kooperation* in der Gesellschaft ab.[748] Der Kooperationsgedanke geht von der rationalen Annahme aus, dass die Menschen für eine positive Bewältigung ihrer Existenz gegenseitig aufeinander angewiesen sind.

Die angesprochene Vieldeutigkeit der Gerechtigkeit weist auf einen komplexen gesellschaftlichen Hintergrund hin, der sich u. a. in einer zum Teil verwirrenden *Vielfalt von Gerechtigkeitsbegriffen* äußert.[749] Dabei ist jedoch einzuschränken, dass es sich

---

744 Auf die *Gleichheit* als wichtiges Prinzip der Gerechtigkeit wird im folgenden Abschnitt näher eingegangen.

745 Aristoteles 384-322 v. Chr., S. 205 (orig. S. 1129 b 13).

746 Vgl. Krebs 2002, S. 168.

747 Die *Tauschgerechtigkeit* wurde vor dem Hintergrund des Ideals vom gerechten Tausch am Markt im Kapitel 3.4.1 „Grenzen der heutigen Lebens- und Wirtschaftsweise“ behandelt.

748 Die gesellschaftliche Realität ist hingegen von *Konflikt* und *Kooperation* geprägt, worauf noch eingegangen wird.

749 Vgl. Höffe 2004, S. 25.

bei vielen Begriffen um sachbereichsbezogene Unterformen und bei dem jeweils behandelten Sachgebiet in der Regel nur um eine Beschränkung der Auswahl auf spezifische Gerechtigkeitsbegriffe handelt. Beispielsweise werden im Bereich der Wirtschaft die Leistungs- und die Verteilungsgerechtigkeit standardmäßig, die soziale Gerechtigkeit dagegen nur gelegentlich entsprechend der Grundeinstellungen der Ökonomen angesprochen. Der Bereich *sozialer Interaktion* beschränkt sich in entwickelten Gesellschaften nicht auf die Kooperation, so dass sowohl die gesellschaftlichen Annahmen als auch die klassischen Gerechtigkeitsunterscheidungen gedanklich um neuere Ansätze erweitert werden müssen. Für eine wenigstens ansatzweise vollständige Begründung der *politischen Gerechtigkeit* muss zunächst geklärt werden, warum die Freiheit des Einzelnen überhaupt zur Legitimation der Institutionen Recht und Staat eingeschränkt werden darf. Denn diese Limitierung ist keinesfalls selbstverständlich und wird nur dann akzeptiert, wenn sie dem natürlichen Eigeninteresse der Beteiligten entspricht. Für eine Beantwortung dieser Frage muss das *Kooperations- um* ein *Konfliktmodell erweitert* werden (Stichwort: Tetraeder der Nachhaltigkeitsethik). Denn es ergänzt die erwähnten Argumente für ein Zusammenleben um die Erkenntnis, dass man auch dann noch zusammenleben kann, wenn nicht miteinander kooperiert wird, obwohl man sich im gleichen Lebensraum aufhält und sich dann die Freiheit des Handelns gegenseitig einschränkt.[750] Die für ein Zusammenleben erforderlichen *Freiheitsbeschränkungen* werden in einer Demokratie nicht durch Macht und Drohungen erzwungen, sondern die Beteiligten verzichten unter der Perspektive einer gleichen Behandlung stattdessen auf ein unrealistisches „Recht auf Alles", das schnell zu einem „Recht auf Nichts" mutiert. Sie erhalten zum Ausgleich die Freiheiten gewährleistet, die ihre Gemeinschaft tatsächlich verkraften kann. Denn eine uneingeschränkte Handlungsfreiheit ist, unabhängig von der Anzahl der Handelnden, aus sozialer Sicht unrealistisch. Für die *wechselseitige Übertragung* von Rechten und Pflichten bietet sich in den heutigen Gesellschaften sowohl für den Bereich der Politik als auch für den an Bedeutung gewinnenden Bereich der neuen Institutionenökonomik[751] die *Vertragstheorie* an, die die bis ins Mittelalter dominierende Autoritätsgläubigkeit durch eine aus dem Naturrecht abgeleitete Modellbetrachtung ablöst. Auf die Vertragstheorie, die letztlich eine *Konsenstheorie* der strengsten Form darstellt,[752] wird im Zusammenhang mit der formalen Bestimmung der Gerechtigkeit näher eingegangen, sobald ihre *naturrechtliche Basis* im nachfolgenden Abschnitt geklärt ist. Nach der Unterbrechung im Mittelalter hielt seit der Neuzeit das säkulare Denken wieder seinen Einzug in den Bereich der Ethik und führte zur Entwicklung einer Vertragstheorie für gesellschaftliche Belange, die schließlich durch John Rawls mit seiner *„Theorie der Gerechtigkeit"*[753] eine Renaissance erfuhr.

---

[750] Vgl. Höffe 2004, S. 64 f.

[751] Einen Überblick über die *ökonomische Vertragstheorie* und ihre Modelle (z. B. das Prinzipal-Agent-Modell), bei denen grundsätzlich eine vollständig rationale Optimierung einer Zielfunktion unterstellt wird, geben u. a. Richter/Furubotn 2003, S. 218 ff.

[752] Vgl. Höffe 2004, S. 63.

[753] Die bereits in den Kapiteln 3.3 „Umweltethik" und 3.4 „Wirtschaftsethik" angesprochene *„Theorie der Gerechtigkeit"* (vgl. Rawls 1971/1979) wird im vorliegenden Kapitel „Sozialethik" wiederholt aufgegriffen, wobei besonders auf den Abschnitt „Formale Bestimmung der Gerechtigkeit" verwiesen wird.

**Resümee:** Der Institutionen bezogenen Gerechtigkeit und ihren Prinzipien kommt in systematischer Hinsicht heute eine Vorrangstellung zu, da die Menschen in erster Linie in einem von rechtlichen und sonstigen gesellschaftlichen Regeln geprägten institutionellen Rahmen handeln. Trotz der Bedeutung des individuellen Handelns Einzelner, auf die nicht nur der methodologische Individualismus abhebt, sind es in erster Linie die *Wirkungen gesellschaftlicher Institutionen*, die in den Demokratien der entwickelten Industrieländer besonders ausgeprägt sind und die das Zusammenleben sowie die Ressourcen- und Güterverteilung weltweit bestimmen. Sie sind daher für dauerhafte Lebensvoraussetzungen letztlich *entscheidend*. Tugendhaftes Handeln wird dabei durch die Orientierung an der Gerechtigkeitsidee und an der Kenntnis gerechter Regelungen nicht unwesentlich gefördert. Angesichts der Zielorientierung durch institutionell ausgerichtete Prinzipien gesellschaftlicher Gerechtigkeit tritt die subjektive Dimension der Gerechtigkeit jedoch in den Hintergrund, ohne ihre Bedeutung zu verlieren. Diese Prinzipien liefern auch die Ausgangsbasis für die Ideen der *sozialen Gerechtigkeit* sowie weiterer im Zusammenhang sozialer Interaktionen relevanter materialer Gerechtigkeitskonzeptionen wie der Bedarfs-, Leistungs- und Verteilungsgerechtigkeit, auf die im Anschluss an den nachfolgenden theoretischen Exkurs eingegangen wird.

### 3.5.2.1 Exkurs: Naturrecht versus positives Recht

In der gesellschaftlichen Realität werden wir immer wieder mit Situationen konfrontiert, in denen für den Menschen und seine Umwelt problematische Entwicklungen der Existenzbedingungen einen *Regelungsbedarf* erfordern, der aus rechtsphilosophischer Sicht grundsätzlich auf zwei Wegen beschritten werden kann: Entweder wird eine rechtliche Regelung aus einer *vorpositiven Rechtsidee* abgeleitet, die mit Hilfe der Vernunft aus der menschlichen und der den Menschen umgebenden Natur eine normative Ordnung als Naturrecht generiert. Oder es wird auf ein bereits vorliegendes, d. h. *positives Recht* zurückgegriffen, das aufgrund einer vorherigen gesellschaftlichen Vereinbarung entstanden und unmittelbar rechtswirksam ist. Bevor auf beide Rechtsformen näher eingegangen wird, soll zunächst Kants *allgemeines Prinzip des Rechts* – „Eine Handlung ist recht, die oder nach deren Maxime die Freiheit der Willkür eines jeden mit jedermanns Freiheit nach einem allgemeinen Gesetze zusammen bestehen kann.“ [754] – als Leitsatz vorausgeschickt und die angesprochene Regelungsproblematik an einem konkreten *Umweltbeispiel* diskutiert werden: Die bereits im vierten Sachstandsbericht des Weltklimarats IPPC (Intergovernmental Panel on Climate Change) dargestellte Klimaentwicklung [755] erfordert eine europäische Rechtslösung für die Begrenzung der Schadstoffemissionen aus Kraftfahrzeugen nach dem Subsidiaritätsprinzip, nachdem Europas Autoindustrie ihre freiwilligen Verpflichtungen zur Emissionsreduzierung nicht erfüllt hat, obwohl sie technologisch weltführend ist. Die dafür seitens der EU-Kommission erforderliche Umsetzung eines Gesetzes mit $CO_2$-Emissionsgrenz-

[754] Kant 1797, S. 230.

[755] Vgl. Schrader 2007a.

werten für Kraftfahrzeuge gestaltet sich jedoch schwierig, da zur globalen Vorreiterrolle inzwischen neben den Interessen einzelner EU-Länder die aktuelle globale Finanz- und Wirtschaftskrise erschwerend hinzugekommen ist. Dieses positive Rechtsvorhaben basiert neben den einschlägigen wissenschaftlichen Erkenntnissen auf der vorpositiven Rechtsidee, den anthropogenen Anstieg der Erderwärmung durch eine Änderung der Lebens- und Wirtschaftsweise im emissionsrelevanten Verkehrsbereich zu begrenzen, damit Schäden für die Bevölkerung und nachfolgende Generationen reduziert werden. Das positive Recht und die vorpositive Rechtsidee stellen also trotz ihrer Verschiedenheit in der gesellschaftlichen Praxis keinen Gegensatz dar, sondern sie verhalten sich weitgehend komplementär, obwohl sie bei ungünstigen gesellschaftlichen Voraussetzungen nicht selten in einem *Spannungsverhältnis* zueinander stehen.

Aus der Perspektive der Nachhaltigkeit wird hier unter *Naturrecht* eine im metaphorischen Sinne naturgemäße, d. h. von Natur aus naheliegende normative Rechtsvorstellung verstanden, aus der sich in Übereinstimmung mit dem *vertragstheoretischen* Denken [756] die *Grundregeln* für das menschliche Zusammenleben und den Umgang mit der Natur ohne fremde Autoritäten oder institutionelle Umwege ergeben. Dementsprechend sollen sich die Menschen weder gegenseitig unmittelbar noch mittelbar durch die Beeinträchtigung ihrer Lebensgrundlagen schädigen. Das Naturrecht stellt somit ein *nicht direkt wirksames Recht* dar, das sich vor dem Hintergrund der Doppelnatur des Menschen aus der menschlichen Natur ableitet. Es ist daher *kulturalistisch* orientiert und mit der dem Menschen eigenen Vernunft erkennbar. Dadurch wird weder die gesetzmäßig strukturierte Ordnung der Natur ohne Filter als normgebende Instanz bemüht noch wird die Natur selbst zum alleinigen Rechtsgegenstand erhoben. Nicht die tatsächlich vorgefundene Natur ist also für das Naturrecht maßgebend, sondern die der Vernunft des selbstbestimmten Menschen zugängliche und in ihr begründete Ordnung als Grundlage des faktisch Wahrnehmbaren. Daher ist das einem *rationalen Konstrukt* entsprechende Naturrecht sowohl emanzipatorisch als auch – mit noch zu erklärenden Einschränkungen – universell gültig sowie von Raum und Zeit unabhängig. Das der Ebene einer vorpositiven Rechtsidee verhaftete Naturrecht bedarf allerdings eines Rechtssetzungsaktes, um rechtlich wirksam zu werden. Da seine *Umsetzung* in positives Recht ebenso wie sein *moralisches Fundament* von den jeweils vorliegenden gesellschaftlichen Bedingungen und Vorstellungen abhängt, kann es jedoch auch einem Wandel unterliegen.[757] Das Naturrecht geht insofern auf die Idee eines vor- oder überpositiven Rechts zurück, als es sich weder auf Vereinbarungen noch auf personelle oder institutionelle Autoritäten gründet. Es wird von den Instanzen des staatlichen Rechts nicht rechtsverbindlich anerkannt und stellt stattdessen einen Pool von vorpositiven Naturrechtsgedanken dar, die neben der moralischen Grundlage zugleich auch als *Maßstab* fungieren. Denn nur wenn das positive Recht dieser moralisch fundierten Rechtsidee entspricht, wird es allgemein *als gerecht akzeptiert* und damit gesellschaftlich uneingeschränkt wirksam. Andernfalls gilt es als ungerecht und daher veränderungsbedürftig. In demokratischen Gesellschaften sind die Ansprüche an das

[756] Die für das Naturrecht der Aufklärung charakteristische *Vertragstheorie*, die nachfolgend behandelt wird, geht auf Thomas Hobbes zurück. Das vertragstheoretische Denken verzichtet bewusst auf eine vom menschlichen Willen unabhängige Naturordnung (vgl. Görres-Gesellschaft 1987, S. 1304).

[757] Vgl. Weber 2000, S. 922.

Recht und die Rechtssprechung dementsprechend hoch anzusetzen, da eine Übereinstimmung mit dem geltenden Recht grundsätzlich mit der Vorstellung von *Gerechtigkeit* verbunden wird.

Die naturrechtlich begründeten, wesentlich aus der amerikanischen Unabhängigkeitserklärung und der französischen Revolution hervorgegangenen *Menschenrechte* standen im Einklang mit den Grundwerten der Ethik und fanden im 19. Jahrhundert auch in die deutsche Verfassung Eingang.[758] Wenig später verdrängte das durch übernommenes Naturrechtsdenken zwischenzeitlich erheblich gewachsene positive Recht – und ein damit einhergehendes *verändertes Rechtsverständnis*, das nunmehr das gewachsene Recht als primäre Ausgangsbasis ansah – das Naturrecht als Quelle des Rechtssystems weitgehend. Nach dem 2. Weltkrieg wurde vor allem als Folge der Ver- und Missachtung der Menschlichkeit durch das nationalsozialistische Regime und seine Gesetzgebung eine zweite Renaissance naturrechtlicher Gedanken eingeleitet.[759] Dadurch traten schließlich allgemein gültige, unveräußerliche Grund- und Menschenrechte, die aus dem moralischen Gehalt der vorpositiven Idee des Rechts abgeleitet wurden, erstmals weltweit in den Vordergrund.[760] Das kritische Potenzial des Naturrechtsdenkens existiert heute in der kritischen Gesellschaftstheorie fort. Außerdem hat es in die Gerechtigkeitstheorie Eingang gefunden, da das *Naturrecht* eine maßgebliche *Beurteilungsgröße* für die Richtigkeit und Gerechtigkeit des geltenden positiven Rechts darstellt. Inzwischen ist seine Bedeutung wieder zurückgegangen, da das Naturrecht bereits zu einem großen Teil ins positive Recht unserer Zeit Eingang gefunden hat. Diese Situation kann und muss sich jedoch bald wieder ändern. Denn angesichts des erreichten Stadiums der globalen *Defizite* in allen Nachhaltigkeitsdimensionen besteht inzwischen ein nicht unerheblicher Regelungsbedarf, der möglicherweise zu einem erneuten Bedeutungszuwachs des Naturrechts führen wird. Die wegen der fehlenden Durchsetzungskraft und Verbindlichkeit am Rechtscharakter des Naturrechts bestehenden Zweifel sind dabei angesichts des moralischen Impulses vorpositiver Rechtsideen von eher zweitrangiger Bedeutung. Das Naturrechtsdenken machte also im Verlauf der Geschichte wiederholt auf die besondere *Rechtsproblematik* aufmerksam, die sich aus der gesellschaftlich notwendigen Überprüfung vorhandener Rechtsgrundlagen ergeben: Dabei muss grundsätzlich zwischen der Angemessenheit sowie Rechtmäßigkeit – der *Legitimität* – und der Gesetzmäßigkeit des vorhandenen Rechts, d. h. der Übereinstimmung des jeweiligen Sachverhalts mit dem geltenden Recht – der *Legalität* – unterschieden werden. Denn eine bloß formale Übereinstimmung menschlichen Handelns oder Nichthandelns mit dem positiven Recht ist insofern unzureichend, da legalisiertes Unrecht – wie im Falle des NS-Regimes oder heutiger Unrechtsregime – als materielle Rechtswidrigkeit immer wieder vorkommen kann. In diesen Fällen liefert das Naturrecht ein wichtiges *Prüfkriterium*. Die Klärung der Aspekte Legitimität und Legalität des Handelns ist bei komplexen gesellschaftlichen Zusammenhängen im

---

758 Vgl. Hesselberger 2003, S. 57.

759 Das auf die Griechen zurückgehende Naturrecht erlebte nach dem Mittelalter mit der Aufklärung seine *erste Renaissance*.

760 Auf die *Menschenrechte* wird anschließend im Zusammenhang mit den Gerechtigkeitsprinzipien näher eingegangen.

Nachhaltigkeitskontext grundsätzlich notwendig, da beide weder immer vorhanden sein können noch übereinstimmen müssen. Die Rechtsgrundlagen können aber auch unvollständig sein:

Für die notwendige Lösung der globalen *Nachhaltigkeitsdefizite* müssen international geltende *Rechtsgrundlagen*, die in den entwickelten Industrieländern im nationalen Rahmen bereits ansatzweise existieren aber nicht uneingeschränkt übertragbar sind, erst noch geschaffen und im Rahmen eines Global-Governance-Prozesses abgestimmt werden. Das ist ohne Rückgriff auf *vorpositive Rechtsvorstellungen* und ein Naturrechtsdenken, das sowohl den global unterschiedlichen Lebensbedingungen als auch dem historischen Wandel Rechnung trägt, kaum möglich. Am ehesten gelingt es, wenn das Schwergewicht zunächst weniger auf globale Rechtsnormen als auf *Prinzipien* gelegt wird, die nach einem *ethischen Diskurs* zum Orientierungswissen für einen Abbau der Nachhaltigkeitsdefizite beitragen. Beispielsweise eignen sich Grund- und Menschenrechte unmittelbar weniger als Bausteine für die Global-Governance-Architektur. Sondern vielmehr mittelbar in Form von normativen Leitsätzen wie der Ausstattung der Menschen mit vergleichbaren Rechten und Pflichten nach dem Gerechtigkeitsprinzip, die unter Berücksichtigung der unterschiedlichen gesellschaftlichen Anforderungen methodisch vermittelt werden können. Denn bei dauerhaften Lösungen muss ein politischer Spielraum für einen fairen Interessenausgleich erhalten bleiben. Die normativen Überlegungen und Gestaltungsprinzipien lassen sich unter Verwendung von aktuellen Analysen und Vorschlägen der nachhaltigkeitsbezogenen Forschung soweit *ergänzen*, um dann daraus global anwendbare Rechtsnormen zu entwickeln und als positiven Rechtsrahmen politisch zu vereinbaren. Auf diese Weise könnte von der Staatengemeinschaft den unterschiedlichen Bedingungen der einzelnen Länder und den Bedürfnissen künftiger Generationen eher Rechnung getragen werden. Angesichts des kulturellen Entwicklungsstandes kommt menschliches Zusammenleben heute nicht mehr ohne *positives Recht* aus, das entweder auf Setzung oder auf Gewohnheitsrecht basiert. Durch die Trennung von Recht und normativer Richtigkeit kommt es *ohne Wertung* aus – Letztere sollte weitgehend im Vorfeld durch vorpositive Reflexionen geleistet werden – und kann daher in einem Rechtsakt rein formal zu rechtlichen Ergebnissen führen, selbst wenn dadurch der Inhalt eines Rechtsverfahrens zweifelhaft bleiben sollte. Ein konkretes Beispiel hierfür sind die Verfahrenseinstellungen gegen Geldauflagen in einem großen Untreue-Prozess gegen mehrere Führungskräfte der deutschen Wirtschaft, in denen das Gerechtigkeitsempfinden der Bevölkerung eindeutig zu kurz kommt.[761] Der *Rechtspositivismus* stellt hierbei eine extreme Interpretation des positiven Rechts dar, indem er sich ausschließlich auf das Formale beschränkt und das „wertungsbelastete" Materielle außer Acht lässt.[762] Damit bietet der Rechtspositivismus – vergleichbar mit dem umstrittenen *Positivismus* der Sozialwissenschaften – zahlreiche Angriffsflächen und kann sogar die Urteilsfindung und Rechtssprechung der Richter behindern, sofern diese aus ihrer unabhängigen Position heraus für eine gerechte Beurteilung eine zusätzliche Berücksichtigung und Wertung der näheren Umstände eines speziellen Rechtsfalls vornehmen. Eine *Ergänzung durch das Naturrecht*

[761] Vgl. Prantl 2006b.

[762] Vgl. Weber 2000, S. 1075.

ist daher in vielen Fällen erforderlich: Besonders bei komplexen Sachverhalten wie der Gestaltung einer nachhaltigen Entwicklung sind viele rechtliche Aspekte nicht ausreichend geklärt, so dass ein Rückgriff auf Prinzipien und vorpositive Rechtsideen unverzichtbar bleibt.

### 3.5.2.2 Formale Bestimmung der Gerechtigkeit

Für die formale Bestimmung der Gerechtigkeit liegt es nahe, mit Kant zu beginnen, der bei seiner Begründung des Gerechtigkeitsbegriffes auf eine materiale Bestimmung des Rechts bewusst verzichtet, da das Wollen der Menschen unterschiedlich und oft nicht miteinander verträglich ist, so dass es als gemeinsame Basis entfällt. Stattdessen greift Kant auch in diesem Zusammenhang auf das formale Prinzip des *kategorischen Imperativs* zurück,[763] wonach er die vernunftbezogene Gleichheit der Einzelnen aus dem Willen zur universellen Gesetzgebung ableitet. Denn die Menschen sind *gleich* in ihrem *Recht auf Freiheit*. Da sie dieses Recht als Vernunftwesen besitzen, kann die Sicherung dieses gleichen Rechts – nämlich die *Gerechtigkeit* – von den zu selbstbestimmtem Handeln fähigen Personen nur gewollt werden, wenn die Gerechtigkeit als selbstgesetztes, frei von Obrigkeitsvorgaben verstandenes allgemeines Gesetz gesehen wird.[764] Die Gerechtigkeit basiert demnach wie der kategorische Imperativ und die wiederholt angesprochene *Vertragstheorie*, nach der die Individuen aufgrund ihrer Interessenlage zu einer Vereinbarung über eine gesellschaftliche und staatliche Ordnung gelangen, auf einer *formalen Bestimmung*. Eine derartige *Vereinbarung*, die ein gemeinsames Interesse an einer gegenseitigen Respektierung im Kooperationskontext voraussetzt, wird durch einen *Vertrag* hergestellt, den die Vertragspartner aus eigenem Interesse und aus freiem Willen eingehen. Dadurch entsteht für den Einzelnen eine Selbstverpflichtung mit wechselseitiger Verbindlichkeit (*Reziprozitätsbedingung*), der die Vertragspartner als Ordnungsgrundlage zustimmen können. Mit dem Vertragsabschluss werden die Aufgaben und Bedingungen der vereinbarten Ordnung definitiv festlegt. Die mit der Vereinbarung verbundene wechselseitige Bereitschaft zur Aufgabe der unbegrenzten Freiheit gehört zur *Rationalitätsbedingung*, da im Vertragsabschluss die natürliche Autonomie durch den Gleichheits- und Reziprozitätsgrundsatz gegeben sein muss.[765] Gerechtigkeit ergibt unter diesen Bedingungen erst dann einen Sinn, wenn in dem betreffenden Gemeinwesen eine *allgemein gültige Gesetzesgrundlage* vorausgesetzt werden kann und der vereinbarte Vertrag von den Beteiligten eingehalten wird. Trotz historisch bedingter Unterschiede in den gesellschaftlichen Randbedingungen stellen die Vertragstheoretiker, die im Gegensatz zu den Anarchisten grundsätzlich von der Voraussetzung einer existierenden und beachteten Rechtsordnung ausgehen, ein *Gedankenexperiment* an: Demnach gehen sie zunächst von der uneingeschränkten Freiheit des Handelns aus und nehmen fiktiv an, dass die Menschen in einem *Zustand absoluter Unabhängigkeit* von jeglicher Herrschaftsform, d. h. ohne Recht und ohne

[763] Der *kategorische Imperativ* wurde im Kapitel 3.2.2 „Handlungsleitende Potenziale der normativen Ethik“ behandelt.

[764] Vgl. Mittelstraß 1995, S. 747.

[765] Vgl. Prechtl/Burkard 1999, S. 639 f.

Staat, zusammenleben. Diese Form der Freiheit führt in der gesellschaftlichen Realität jedoch dazu, dass die Koexistenz mit anderen Individuen gefährdet würde und daher auf andere Weise sichergestellt werden muss. Dieses Risiko interpretieren die Vertragstheoretiker unterschiedlich: z. B. sehen Thomas Hobbes (1588-1679) aufgrund der unbeschränkten Freiheit eine Gefährdung menschlichen Lebens, John Locke (1632-1704) eine Unsicherheit im Hinblick auf eine Respektierung der natürlichen Rechte und Jean Jacques Rousseau (1712-1778) ein Selbsterhaltungsrisiko, dem jedes Individuum unterworfen ist. Diese Positionen gehen in ihren Herleitungen alle von einem natürlichen *Urzustand* aus, aus dem als Lösungsmodell ein *Gesellschaftsvertrag* entwickelt wird.[766]

Der Neukantianer John Rawls (1921-2002) ersetzt den Urzustand durch das Konstrukt *„Schleier des Nichtwissens“*: Das sich in einer Entscheidungssituation befindliche Individuum hat demnach weder Kenntnis über seine gesellschaftliche Lage noch über seine körperlichen und geistigen Potenziale. Mit diesem Ansatz wird erreicht, dass das Individuum die Entscheidung für die Gestaltung des Zusammenlebens nach allgemeinen Gesichtspunkten trifft und das allen gemeinsame Interesse auf die für alle in gleichem Umfang günstigste Verteilung der wesentlichen materiellen und immateriellen Güter richtet. In seiner „Theorie der Gerechtigkeit“ geht John Rawls von *zwei Gerechtigkeitsgrundsätzen* aus, die unter den genannten Bedingungen der Wahlfreiheit jedem Individuum ganz unutilitaristisch einen größtmöglichen Nutzen geben sollen: „*Erster Grundsatz.* Jedermann hat gleiches Recht auf das umfangreichste Gesamtsystem gleicher Grundfreiheiten, das für alle möglich ist. *Zweiter Grundsatz.* Soziale und wirtschaftliche Ungleichheiten müssen folgendermaßen beschaffen sein: (a) sie müssen unter der Einschränkung des gerechten Spargrundsatzes den am wenigsten Begünstigten den größtmöglichen Vorteil bringen, und (b) sie müssen mit Ämtern und Positionen verbunden sein, die allen gemäß fairer Chancengleichheit offenstehen.“ [767] Der erste Grundsatz entspricht einem Verhaltensprinzip, bei der allen Bürgern für ihre Entscheidungen eine *Gleichheit* der Grundrechte und -pflichten zusteht und der zweite Grundsatz einem Sozialprinzip, das *Ungleichheiten* der wirtschaftlichen und sozialen Position unter bestimmten Bedingungen anerkennt. Mit diesen Grundsätzen wird die *Sozialstaatlichkeit* nachhaltig unterstützt, wobei das erste Prinzip Vorrang vor den Forderungen des zweiten genießt. Im Unterschied zum Utilitarismus darf das Recht auf gleiche Grundfreiheiten jedoch für Niemanden zugunsten eines höheren materiellen Wohlstands eingeschränkt werden. Die Berücksichtigung aller Individuen als Gleiche muss jedoch nicht unbedingt zu einer strikten Gleichverteilung führen. Denn das *„Differenzprinzip“* gemäß Grundsatz 2 (a) verlangt grundsätzlich eine materielle Gleichheit aller Betroffenen, indem sie Unterschiede zulässt, soweit dadurch die Schlechtergestellten materiell besser gestellt werden.[768] Das kommt einerseits besonders der intragenerationellen Gerechtigkeit entgegen, hat jedoch wenig Aussichten, von allen privilegierten Mitgliedern einer Gesellschaft freiwillig anerkannt zu werden. Andererseits

[766] Vgl. Precht/Burkard 1999, S. 394.

[767] Rawls 1971/1979, S. 336.

[768] Das *„Differenzprinzip“* wurde bereits anlässlich der Darstellung der Gerechtigkeit im Wohlfahrtskontext im Kapitel 3.4.1 „Grenzen der heutigen Lebens- und Wirtschaftsweise“ angesprochen.

ist eine Beschränkung auf materielle Güter in der gesellschaftlichen Realität unzureichend, denn es kommt nicht nur auf den Besitz eines Gutes an, sondern auch darauf, was der Betreffende damit unter den gegebenen gesellschaftlichen Voraussetzungen anfangen kann. In diese Richtung weist auch die Aussage von Amartya Sen: „The central question in the analysis and assessment of equality is... ‚equality of *what*?' "[769] John Rawls bestätigt die Unvollständigkeit und Notwendigkeit weiterer Veränderungen in seiner Darstellung, weist jedoch zurecht darauf hin, dass er die Formulierung seiner Grundsätze nicht noch komplizierter machen möchte.[770] Ungleichheiten werden in Rawls' Ansatz also dann akzeptiert, wenn eine gleichmäßigere Verteilung dieser Grundgüter die am wenigsten Begünstigten schlechter stellen würde. Der in diesem Zusammenhang ebenfalls angesprochene *Spargrundsatz* ist unter Nachhaltigkeitsgesichtspunkten uneingeschränkt zu unterstützen,[771] da er die Gerechtigkeit gegenüber künftigen Generationen angemessen berücksichtigt. Sowohl vom sozialethischen als auch politischen Standpunkt ist Rawls' *vertragstheoretischer Gleichheitssicht* der Vorzug gegenüber den bestehenden Ungleichheiten in und zwischen den Staaten zu geben. Denn sie kommt trotz ihrer schwierigen Umsetzung den besonderen Anforderungen an die Zukunftsfähigkeit entgegen.

### 3.5.2.3 Grundsätze im Gerechtigkeitskontext

Nach objektivem Verständnis wird *Gerechtigkeit* als *ethisches Prinzip* zur Beurteilung von Handlungsnormen – wie beispielsweise Gesetze, Verfassungen und soziale Regeln – und als Idee zur vernünftigen Gestaltung des sozialen Handelns interpretiert,[772] ohne dass ihm trotz seiner Leitfunktion für das menschliche Erkennen und Handeln eine objektive Realität im gesellschaftlichen Kontext zugeschrieben werden kann. In seiner Negation stellt sich dieses Prinzip als Willkürverbot dar. Um die abstrakten Überlegungen zum richtigen Handeln und guten Leben unter Berücksichtigung der historischen Entwicklung *konkretisieren* zu können, müssen die Gerechtigkeitsvorstellungen auf die gesellschaftlichen Verhältnisse bezogen werden. Dass das nicht einfach ist, hat sich bereits am Beispiel der recht konstruiert erscheinenden formalen Ansätze in der Gerechtigkeitstheorie von John Rawls gezeigt. Als Unterstützung bietet sich für dieses Vorhaben eine Strukturierung in einzelne grundlegende *Gerechtigkeitsprinzipien* an, die im Kern die vorliegenden Gerechtigkeitsvorstellungen möglichst unmittelbar widerspiegeln. Im Interesse ihrer allgemeinen Gültigkeit müssen sie grundsätzlich vom Standpunkt der *Unparteilichkeit* und *Reziprozität* ausgehen und außerdem je nach gesellschaftlichem Anwendungsbereich inhaltliche Unterschiede ermöglichen. Diesen Anforderungen kommt entgegen, dass sich die Gerechtigkeitsprinzipien allgemein darstellen lassen, da sie den einzelnen Sachgerechtigkeiten vorgelagert sind.

---

[769] Sen 1992, S. IX.

[770] Vgl. Rawls 1971/1979, S. 337.

[771] Der *Spargrundsatz* wurde im Zusammenhang mit „Wohlfahrt versus Gerechtigkeit" angesprochen (vgl. Kapitel 3.4.1 „Grenzen der heutigen Lebens- und Wirtschaftsweise").

[772] Das *soziale Handeln* stellt für Max Weber einen Leitbegriff für die Analyse sozialer Wirklichkeit dar (vgl. Plessner 1975, S. XV).

### (1) Jedem das Seine (suum cuique)

Gerechtigkeit bezieht sich ausschließlich auf den zwischenmenschlichen Bereich und zielt bei allen *sozialen Interaktionen* auf die Zuteilung und Sicherstellung dessen, was einem jeden als das Seine zukommt, d. h. worauf er einen Anspruch hat und was ihm letztlich verbindlich geschuldet wird. Das auf die Formel *„jedem das Seine" (suum cuique)* gebrachte Gerechtigkeitsprinzip, das bereits auf Platon und Aristoteles zurückgeht und später auch vom preußischen Staat verwendet wurde, stellt heute eine Grundforderung der Sozialethik dar, die sich in ihrer Reziprozität – nämlich was wir uns gegenseitig in Form von Rechten und Pflichten schulden – unmittelbar zur ethischen Fundierung von Rechtsbeziehungen anbietet.[773] Dieser *formale Gerechtigkeitsansatz* wurde seinerzeit ins römische Recht aufgenommen und u. a. von Thomas von Aquin weiterentwickelt,[774] wonach Gerechtigkeit als beständiger Wille, einem jeden sein Recht zuzugestehen, interpretiert wurde. Im mittelalterlichen Europa wurde dieser Ansatz dem unerforschlichen Willen Gottes zugeschrieben und nicht selten zur Legitimation von feudalen Herrscherstrukturen missbraucht. In der Aufklärung wurde diese rechtspositivistische Position erneut säkularisiert, als Naturrecht eingestuft und Gerechtigkeit in Übereinstimmung mit der menschlichen Vernunft gedeutet. Dadurch erschließt sich die Gerechtigkeit sowohl dem *kategorischen Imperativ* Kants als auch den *vertragstheoretischen Ansätzen* von Thomas Hobbes bis John Rawls, die selber einen Versuch darstellen, aus einem ideal konstruierten gesellschaftlichen Entstehungsakt Gerechtigkeitsprinzipien für eine demokratisch ausgerichtete Gesellschaft abzuleiten. Als allgemeinstes Gerechtigkeits- und umfassendes Ordnungsprinzip stattet das formale Prinzip „jedem das Seine" die Begünstigten mit Ansprüchen aus, die nicht nur den Einzelnen, sondern auch Gemeinschaften und die Staaten weltweit untereinander betreffen. Je nach Interpretation des „jedem das Seine" ergeben sich unterschiedliche Gerechtigkeitsformen wie die Besitzstandsgerechtigkeit als Sicherung erworbener Positionen sowie die Leistungs- und die soziale Gerechtigkeit. Auf letztere Gerechtigkeitsformen wird im Zusammenhang mit den materialen Gerechtigkeitskonzeptionen näher eingegangen.

### (2) Gleichheit versus Ungleichheit vor dem Hintergrund der sozialen Frage

Ein weiteres Gerechtigkeitsprinzip stellt die im sozialethischen Zusammenhang bei vielen Sachverhalten angewendete *Gleichheit* dar. Sie bezieht sich zwar auch auf die Identität von Größen, geht im Unterschied zur logisch-mathematischen Identitätsaussage jedoch aus einem *Vergleich mit Ungleichem* hervor und wird als Urteil zur entscheidenden Bestimmungsgröße der Qualität sozialer Interaktionen und ihrer institutionellen Ergebnisse. Die Gleichheitsfeststellung beruht also auf einer Wertung, die Ungleichheit als bereits vorhanden voraussetzt. Amartya Sen stößt anlässlich seiner

[773] Vgl. Sandkühler 1990, S. 276 ff. und Görres-Gesellschaft 1986, S. 899.

[774] Auf Thomas von Aquin geht u. a. die auf das Gemeinwohl ausgerichtete *gesetzliche Gerechtigkeit* zurück.

Untersuchung der Zusammenhänge von Gleichheit, Freiheit und Gerechtigkeit mit der einleitenden Frage *"equality of what?"* die Diskussion nach der Qualität der Gleichheit vor dem Hintergrund ökonomischer Ungleichheit an, um anschließend festzustellen, dass Gleichheit in gesellschaftlichen Angelegenheiten nur mit Inkaufnahme von *Ungleichheiten* auf anderen Gebieten zu erreichen ist: "Wanting equality in what is taken to be ‚central' social exercise goes with accepting inequality in the remoter ‚peripheres'."[775] Die anthropologisch bedingte *natürliche Ungleichheit* der Menschen und ihrer Lebensumstände führt aus ethischen Motiven zur deren Kritik. Sie hat eine Relativierung der Folgen dieser Ungleichheit und eine Überwindung bzw. Reduzierung gesellschaftlicher Ungleichheit durch verschiedene Formen von Gleichheit zum Ziel,[776] ohne dadurch jedoch zusätzlich Spannungen zur komplementären individuellen *Freiheit* und künftigen Entwicklung der Gesellschaft generieren zu wollen. Die normativ ausgerichtete *Gleichheit* geht von der grundsätzlichen Gleichwertigkeit aller Menschen aus, ist nach dem Naturrecht den Menschen angeboren und dadurch unveräußerlich.[777] Einfacher liegen die Verhältnisse bei der *formalen Gleichheit*, die sich im gesellschaftlichen Bereich auf das positive Recht bezieht und im Unterschied zur *materialen Gleichheit* die inhaltlichen Probleme der Gerechtigkeit und deren Konfliktpotenziale vermeidet und jedem das durch gesetzliche Regelungen Garantierte rechtsverbindlich zuweist. Denn die durch die Komplementarität bzw. Antinomie von Gleichheit und Freiheit bedingten Spannungen – aus marxistischer Sicht kommt der Gleichheit letztlich ein Primat vor der Freiheit zu, wohingegen sich dieses Verhältnis aus neoliberaler Sicht zum entgegengesetzten Pol verschiebt – erfordern im gesellschaftlichen Umsetzungsprozess sowohl einen sensiblen Umgang mit als auch eine Balance zwischen den einzelnen Formen der Gleichheit. In der gesellschaftlichen Realität ist Gleichheit selten allgemein und uneingeschränkt anzuwenden, so dass beim Gleichheitsprinzip fallweise zwischen geometrischer, d. h. proportionaler Gleichheit und arithmetischer, d. h. mengenmäßiger Gleichheit unterschieden wird. Eine allgemein und uneingeschränkt angewendete Gleichheit, in der alles und jeder jedem weitgehend gleich ist, kann gesellschaftlich allenfalls auf einem reduzierten Niveau und auf Kosten der Freiheit erreicht werden. Denn ein *Egalitarismus*, bei dem die vorhandenen Standards unter dem Gleichheitsziel jeweils durch Reduzierung nivelliert werden müssten, wäre mit einem nicht zu erstrebenden gesellschaftlichen Rückschritt verbunden. Für die Sicherung und Erhöhung des Gemeinwohls kommt es neben handlungsfähigen Akteuren vielmehr darauf an, zwischen den Betroffenen einen Ausgleich der unterschiedlichen Interessen und Mittel zu ihrer Verwirklichung auf einem möglichst hohen Gerechtigkeitsniveau zu finden.[778] Die akkumulierten globalen Umwelt- und Wirtschaftsprobleme bergen angesichts einer zunehmenden Weltbevölkerung die Gefahr eines Rückfalls in einen von Thomas Hobbes zur Herrschaftsbegründung fiktiv angenommenen „Kriegszustand", bei dem jeder seinen Vorteil auf Kosten der Allgemeinheit sucht. Die im

---

775 Sen 1992, S. X.

776 Vgl. Mittelstraß 1995, S. 778.

777 Vgl. Prechtl/Burkard 1999, S. 215.

778 Der *Ausgleich unterschiedlicher Interessen* liegt auch dem konsensualen Tetraeder der Nachhaltigkeitsethik gedanklich zugrunde (vgl. Kapitel 3.1 „Grundannahmen und Ausgangsbasis des Gestaltungsansatzes").

Interesse der Zukunftsfähigkeit darüber hinaus erforderliche Berücksichtigung der räumlichen und zeitlichen Anforderungen zeigen endgültig die *Grenzen des Egalitarismus*, ohne dadurch die Gleichheitsidee als wesentliche Grundlage der Gerechtigkeitsvorstellungen aufzugeben.

Schon zu den Anfängen des Naturrechts bildete sich im antiken Griechenland ein *universelles Gleichheitsprinzip* heraus, bei dem Platon und Aristoteles noch von einer natürlichen Ungleichheit der Menschen ausgingen, denen sie auf der institutionellen Grundlage einer Sklavenwirtschaft unterschiedliche Funktionen und Positionen im Gemeinwesen der Polis zuwiesen. Nach der Überwindung der Stagnation der gesellschaftlichen Entwicklung im Mittelalter forderte das aufstrebende europäische Bürgertum im Rahmen der Aufklärung eine im sozialrechtlichen Sinne *formale Gleichheit* ohne materiale Gleichheit. An diesem Prinzip wird bis in unsere Zeit im Wesentlichen festgehalten. Gleichheit war neben den gleichberechtigten Forderungen nach Freiheit und Brüderlichkeit eines der proklamierten Prinzipien der Französischen Revolution,[779] die nach dem Vorbild der amerikanischen Unabhängigkeitserklärung eine Gleichheit vor dem Gesetz forderte. Dieser Grundsatz ging anschließend in die europäischen Verfassungen ein. Infolge krasser sozialer Ungleichheiten und sonstiger Missstände im Rahmen der industriellen Revolution hatte die Bedeutung der konfliktträchtigen *materialen Gleichheit* in der Sozialpolitik jedoch einen hohen Stellenwert erlangt. Die christliche Sozialethik hatte anlässlich der im 19. Jahrhundert entstandenen Auseinandersetzungen um die *„soziale Frage"* wichtige Beiträge zu deren Entschärfung im Rahmen der gegebenen Gesellschaftsordnung geleistet.[780] An dieser kritischen Entwicklung war ein aufkommendes kapitalistisches Denken nicht unmaßgeblich beteiligt, das unter den damals neuen technologischen und sozioökonomischen Voraussetzungen ein von moralischen Bedenken befreites Erwerbsstreben in einer unbegrenzten Kapitalvermehrung anstrebte und wesentlich zu einer *Polarisierung* in mit ungleichen Mitteln und Möglichkeiten ausgestattete gesellschaftliche Klassen beitrug. Unter den heutigen, von technologischem Fortschritt und global vernetzten Märkten gekennzeichneten Bedingungen hat die Frage der materialen Gleichheit angesichts zunehmender Ungleichheiten in den marktwirtschaftlich organisierten Gesellschaften eine *neue Aktualität* gewonnen. Der darin enthaltene „soziale Sprengstoff" hat durch die in unserer Zeit sich sowohl zwischen den Industrie- und Entwicklungsländern als auch innerhalb der entwickelten Industrieländer wieder bedenklich öffnende *Schere* zwischen *Arm und Reich* erheblich zugenommen.

Die *„neue soziale Frage"*, ein von Sozialpolitikern schon in der 70er Jahren des 20. Jahrhunderts für die wieder aktuell gewordene „soziale Frage" eingeführter Begriff, beherrscht seit 2006 erneut die *öffentliche Diskussion* in Deutschland: Beispielsweise wurden unter der Überschrift „Soziale Gegensätze groß wie nie" bisher unveröffentlichte

---

[779] Die Trias der Französischen Revolution *„Liberté, Egalité, Fraternité"* ist historisch gesehen zunächst nur vom Begriff der Freiheit her zu erfassen, für deren Absicherung ungleiche Bürger eine staatsrechtliche Gleichheit beanspruchen (vgl. Mittelstraß 1995, S. 779).

[780] Insbesondere unterstützte die *katholische Soziallehre* die Arbeiter im 19. Jahrhundert, und zwar nicht nur karitativ als Einzelne, sondern auch insgesamt als benachteiligte gesellschaftliche Klasse (vgl. Enderle 1993, S. 260).

Daten einer Studie des Deutschen Instituts für Wirtschaftsforschung (DIW) zur *sozialen Ungleichheit* durch Einkommensunterschiede im wiedervereinigten Deutschland veröffentlicht.[781] Als Schlussfolgerung eines kritischen Kommentars wurde der Staat aufgefordert, für bessere Rahmenbedingungen zur Schaffung von Arbeitsplätzen zu sorgen.[782] Das Thema „Neue Armut in Deutschland“ wurde in einer Studie „Gesellschaft im Reformprozess“ von Infratest, die von der Friedrich-Ebert-Stiftung beauftragt wurde, fortgeführt und in diesem Zusammenhang der teilweise für überholt angesehene Begriff „Unterschicht“ verwendet, der die öffentliche Diskussion noch weiter anheizte.[783] In einem zum gleichen Thema geführten Interview antwortete Heiner Geißler sehr konkret auf die Frage, was die Politik denn anders machen müsse: „Wir brauchen für eine Humanisierung des Globalisierungsprozesses ein Konzept für eine internationale, sozial-ökologische Marktwirtschaft, für einen geordneten Wettbewerb. Das Chaos auf den Weltmärkten schlägt zurück auf die Lage in Deutschland.“ [784] Diese Diskussion wurde in einer Langzeitstudie der Universität Bielefeld fortgeführt, die seit Jahren den Zusammenhang zwischen sozioökonomischen Faktoren und individuellen Ängsten untersucht und dabei auch die „Mittelschicht“ berücksichtigt, die in dem abgekühlten sozialen Klima mittlerweile selbst mit Abstiegsängsten kämpft. Die Studie kommt im Wesentlichem zu dem Schluss, dass ein globalisierter und härter gewordener Kapitalismus sich negativ auf die *soziale Integration* auswirkt und eine Kombination von Desintegrationsängsten und Orientierungslosigkeit eine feindselige Mentalität in allen sozialen Lagen hervorbringt.[785]

Nachdem im 20. Jahrhundert in unserem Kulturraum lange Zeit allgemein kaum noch von „Klassengesellschaft“ gesprochen wurde, zeigen die aktuellen Beispiele, dass dieser Begriff durch die sozioökonomische Entwicklung der vergangenen Jahre inzwischen eine unrühmliche Renaissance erlebt hat, die heute kaum noch bestritten wird. Die sozialpolitische Brisanz dieser Thematik wird analog der ungelösten globalen Umwelt- und Wirtschaftsproblematik tendenziell weiter zunehmen, wenn nicht ein grundlegendes *Umdenken* bezüglich der *materialen Gleichheit* einsetzt und seitens der Politik nicht die notwendigen Schritte zur Überwindung der sozialen Schieflage unternommen werden. Das bedeutet die konsequente Schaffung und Durchsetzung konfliktreduzierender Umwelt- und Sozialstandards mit dem Ziel einer nachhaltigen Entwicklung. Im Unterschied zum *Gerechtigkeitsprinzip „jedem das Seine“* zieht sich das erneut den gesellschaftsbezogenen Gerechtigkeitsdiskurs dominierende *Gleichheitsprinzip* durch zahlreiche Gerechtigkeitsformen. Dafür werden beispielhaft mit ihrer gesellschaftlichen Zielrichtung genannt: die Startgerechtigkeit als Gleichheit der Ausgangschancen, die gesetzliche Gerechtigkeit als Gleichheit vor dem Gesetz, die Ausgleichsgerechtigkeit als Gleichheit der Lebenschancen, die Bedarfs- bzw. Bedürfnisgerechtigkeit als Gleichheit der Bedürfnisse und die Verteilungsgerechtigkeit als Gleichheit der Güterzuteilung.

---

781 Vgl. Koch 2006.

782 Vgl. Beise 2006.

783 Vgl. Kahlweit 2006.

784 Fahrenholz 2006.

785 Vgl. Heitmeyer/Hüpping 2006.

Die beiden letzteren Gerechtigkeitsformen werden im Zusammenhang mit den materialen Gerechtigkeitskonzeptionen behandelt.

### (3) Menschenwürde als Grundlage der Menschenrechte

Die jedem Menschen als moralischer Eigenwert zukommende *Menschenwürde* beruht auf dem Subjekt- oder Personsein des Menschen. Sie kann zur Hervorhebung der Einmaligkeit der menschlichen Person, die mehr als nur das Exemplar einer Gattung verkörpert, auch als „Personwürde" bezeichnet werden.[786] Die Würde der menschlichen Persönlichkeit entspricht einem inneren und zugleich sozialen Wert- und Achtungsanspruch, der dem Menschen als Person und Träger besonderer geistiger und moralischer Werte zukommt.[787] Sie steht daher jedem Menschen ohne Einschränkungen als sein persönliches Recht zu und ist dem positiven Recht als gesetztes Recht vorgegeben, das der Rechtsstaat nicht bloß gewährt, sondern gewährleisten muss. Aus dem Prinzip der Menschenwürde leiten sich nach dem Naturrecht die *Menschenrechte* ab, mit denen der für alle Menschen bestehende Anspruch auf angemessene Erfüllung ihrer Grundbedürfnisse durch den Staat gesichert wird und insofern von mittleren Prinzipien der Gerechtigkeit gesprochen werden kann. Es handelt sich hierbei um angeborene, natürliche und unverletzliche universelle Rechte, die jedem Menschen sowohl gegenüber seinen Mitmenschen als auch gegenüber dem Staat zukommen.[788] Diese Menschenrechte, die in nationalen Verfassungen sowie international über die Charta und die Menschenrechtserklärung der Vereinten Nationen geschützt werden und entsprechend den vorliegenden gesellschaftlichen Verhältnissen unterschiedlich ausgeprägt sind,[789] bilden einerseits die *soziale Grundlage* jeder staatlichen Gemeinschaft. Andererseits stellen sie wie die Gerechtigkeit selbst einen eindeutigen Qualitätsmaßstab für den jeweiligen Zustand der Gesellschaften dar. Denn sie sollen ein menschenwürdiges Leben in Frieden, Freiheit und Gerechtigkeit sicherstellen und dem Einzelnen subjektive Rechte im Rahmen einer staatlichen Gesetzgebung gewährleisten.[790]

Zu dieser humanistischen Idee verpflichtet sich der deutsche Staat mit seiner als *Grundgesetz (GG)* bezeichneten Verfassung, die bewusst auf eine allgemein gültige Formulierung sozialer Grundrechte wie das Recht auf Arbeit, Wohnen oder angemessenen Lebensunterhalt verzichtet und diese den Staatszielbestimmungen in den Verfassungen einzelner Bundesländer überlässt (vgl. Art. 20 Rdnr. 21 GG). Denn es würde wenig Sinn machen, im Rahmen dieses allgemein geltenden Rechts beispielsweise allen Arbeitslosen ein Recht auf Arbeit zu garantieren, wenn entsprechend der herrschenden Wirtschaftslage nicht genügend Arbeitsplätze vorhanden sind. Diese Einschätzung gilt allerdings unter der Voraussetzung, dass der Staat bereits für die

---

786 Vgl. Kerber 1998, S. 77.

787 Vgl. Weber 2000, S. 877.

788 Vgl. Görres-Gesellschaft 1986, S. 897.

789 Vgl. Hesselberger 2003, S. 41 ff.

790 Vgl. Kerber 1998, S. 76 ff.

richtigen institutionellen Rahmenbedingungen zur Schaffung einer ausreichenden Zahl von Arbeitsplätzen gesorgt hat. Stattdessen konzentriert sich das Grundgesetz vor allem auf elementare Menschen- und Bürgerrechte – exemplarisch für den grundlegenden Charakter wird hier das Recht auf Leben genannt (vgl. Art. 2, Abs. 2 GG) – und leitet die *Grundrechte* mit Artikel 1 [Menschenwürde; Grundrechtsbindung der staatlichen Gewalt] ein: „(1) Die Würde des Menschen ist unantastbar. Sie zu achten und zu schützen ist Verpflichtung aller staatlichen Gewalt. (2) Das Deutsche Volk bekennt sich darum zu unverletzlichen und unveräußerlichen Menschenrechten als Grundlage jeder menschlichen Gemeinschaft ...“ [791] Die darin garantierte *Unantastbarkeit der Menschenwürde* stellt nach der Rechtssprechung des Bundesverfassungsgerichts einen obersten Wert dar. Das im Grundgesetz vertretene Menschenbild ist einerseits christlich und andererseits von der kantischen Autonomie geprägt und geht anstelle eines unabhängigen Individuums mit unbegrenzten Freiheiten von dem zwischen Individuum und Gemeinschaft bestehenden natürlichen Abhängigkeitsverhältnis aus, ohne dass dabei Eigenwert und Souveränität des Menschen eingeschränkt werden.[792] Dadurch wird die Fähigkeit des Menschen zu einer *eigenverantwortlichen Lebensgestaltung* und zu autonomen Entscheidungen unterstrichen, die im kantischen Sinne nicht von objektiven Gegebenheiten determiniert ist.

Auf der Ebene der *Menschenrechte* spricht die Gerechtigkeit *jedem das Gleiche* zu, ein Rechtsanspruch, der auf den nachgeordneten gesetzlichen Ebenen naturgemäß nicht aufrechtzuerhalten ist. Denn die in den Menschenrechten garantierten Freiheitsrechte sind grundlegend und erlauben es jedem, sein Leben frei zu gestalten. Dadurch kann es in einer pluralistischen Demokratie durch die von Natur aus unterschiedlichen Interessen und Zielvorstellungen der Einzelnen und Gruppen durchaus zu Konflikten kommen. Aus der Gerechtigkeitsperspektive verbietet sich jedoch der willkürliche Umgang mit garantierten Rechten. Stattdessen ist eine proportionale Gleichheit als Mindestanforderung gefordert: Das Grundrecht „Alle Menschen sind vor dem Gesetz gleich“ gemäß Art. 3 Abs. 1 GG enthält einen *allgemeinen Gleichheitssatz*, der sowohl den Gesetzgeber zu einer am Gleichheitssatz orientierten Ausgestaltung des Rechts als auch die staatliche Gewalt zur gleichen Anwendung des Rechts zwingt. Danach darf der Gesetzgeber nicht Gleiches ungleich behandeln und eine gesetzliche Bestimmung nicht willkürlich sein.[793] Bevor es also zu nennenswerten Konflikten kommt, lässt sich mit dem *Willkürverbot* als negativem Gerechtigkeitsprinzip argumentieren, dass Ungleichbehandlungen in Bezug auf andere Personen zu unterbleiben haben und die entsprechenden Rechtsbestimmungen sowie die auf dieser Grundlage getroffenen Entscheidungen für alle Mitglieder der Gesellschaft gelten. Die nicht zu vermeidenden Streitfälle sind hingegen nach dem Gebot der *Unparteilichkeit* ohne Ansehen der Person zu regeln.[794]

---

[791] Hesselberger 2003, S. 61.

[792] Die von Kant beeinflusste *Autonomie* wurde im Kapitel 3.2.2 „Handlungsleitende Potenziale der normativen Ethik“ dargestellt.

[793] Vgl. Hesselberger 2003, S. 84.

[794] Vgl. Höffe 2004, S. 11.

### (4) Universalität im raumzeitlichen Zusammenhang

Unter dem etwas irreführenden Begriff *„Neue Gerechtigkeit"* wird gegenwärtig eine gesellschaftspolitisch notwendige Diskussion geführt, bei der es im Kern um eine Klärung geht, was Gerechtigkeit heute unter den vorliegenden gesellschaftlichen Rahmenbedingungen im *raumzeitlichen Zusammenhang* konkret bedeutet und wie ihre Gestaltung auszurichten ist. Denn es setzt sich allmählich auch in der Politik die Erkenntnis durch, dass Gerechtigkeit angesichts der ökologischen und ökonomischen Globalisierung – einschließlich deren sozialer Auswirkungen – weder auf eine einzelne Gruppe noch auf die heute lebende Generation beschränkt werden kann. Stattdessen muss Gerechtigkeit unter den Anforderungen an eine global zukunftsfähige Entwicklung dem Grundsatz der *Universalität* entsprechen und dabei sowohl die räumlichen als auch zeitlichen Interdependenzen berücksichtigen (Stichwort: Dreiecksverhältnis Mensch-Natur-Mensch).[795] Wegen der Nachhaltigkeitsdefizite reicht es nicht, den erreichten Stand nur zu erhalten, sondern es ist außerdem eine emanzipatorische Ausrichtung mit der Zielsetzung gefordert, die Benachteiligten unter angemessener Berücksichtigung des Rechts auf Freiheit weltweit in die Lage zu versetzen, sich aus ihren unzulänglichen Verhältnissen und Abhängigkeiten schrittweise zu befreien. Diese umfassende Aufgabe, die ohne staatliche Unterstützung und geeignete institutionelle Rahmenbedingungen nicht zu bewältigen ist, betrifft die sozial Benachteiligten in den Entwicklungsländern ebenso wie die in den entwickelten Industrieländern. Sie ist auf Dauer nur *global* und *generationenübergreifend* im Konsens mit den Beteiligten und Betroffenen zu lösen. Statt einer Beschneidung der Gerechtigkeit durch eine zu enge Auslegung der Reziprozitätsforderung – denn nach dieser würden die Belange heranwachsender Säuglinge und künftiger Generationen unberücksichtigt bleiben, da sie der heutigen Generation (noch) nichts schulden können – und durch die Privilegierung Einzelner ist heute ein „neues" Gerechtigkeitsverständnis gefordert: Dieses muss das Gemeinwohl berücksichtigen und über die Ebene einer nur gegenwartsbezogenen Subjektsicht hinausweisen in Richtung auf eine *globale, intertemporale Solidarität.* Eine im Gerechtigkeitskontext wichtige Grundlage für die erforderliche Universalität hat Immanuel Kant bereits mit seinem *kategorischen Imperativ* gelegt. In die gleiche Richtung weisen seine Gedanken zu einer universellen Friedens- und Rechtsordnung,[796] die heute eine Fortführung u. a. in dem vor allem von Hans Küng vertretenen Weltethos finden.[797] Die *Notwendigkeit* einer die *Universalität* berücksichtigenden Denkweise, die partikuläre Verhältnisse und Kulturen nicht leugnet, sondern durch Erweiterung bestehender Zusammenhänge ergänzt, soll im Folgenden näher erläutert werden.

Die *menschliche Existenz* ist ein hohes Gut mit entsprechenden Anforderungen an deren Sicherung, zu der die Gerechtigkeit wesentlich beitragen kann. Damit sie überall auf unserem Planeten und auf Dauer möglich bleibt, ist statt einer singulären eine um-

---

[795] Auf das bereits vorgestellte *Dreiecksverhältnis* Mensch-Natur-Mensch wird im Kapitel 3.6.2 „Normativer Gestaltungsansatz für eine nachhaltige Entwicklung" näher eingegangen.

[796] Vgl. Kant 1795, S. 343 ff.

[797] Vgl. Küng 1997.

fassende Sichtweise erforderlich, die über den Bereich des ortsgebundenen Individuums hinausgeht und den notwendigen gesellschaftlichen Zusammenhalt in einen uneingeschränkten *räumlichen und zeitlichen Kontext* stellt. Denn zu einer sozialethischen Orientierung menschlichen Verhaltens auf ein gutes und dauerhaftes Leben in Würde kann durch eine am *Grundsatz der Universalität* ausgerichtete Gerechtigkeit, die auch den besonderen Anforderungen der Globalisierung und des Generationenproblems gerecht wird, ein wichtiger Beitrag für die gegenwärtigen und künftigen gesellschaftlichen Anforderungen geleistet werden. Das heißt, eine darauf abgestellte Gerechtigkeit muss in der gesellschaftlichen Realität einerseits lokal und global gegeben sein und andererseits sowohl innerhalb der Generation als auch zwischen den Generationen stattfinden. Als *intra- und intergenerationelle Gerechtigkeit* muss sie dabei den bestehenden Naturzusammenhang menschlicher Existenz in ihrem globalen Zusammenhang berücksichtigen. Die damit implizit angesprochene *nachhaltige Entwicklung* setzt voraus, dass der Mensch die Natur nur soweit nutzen bzw. schädigen darf, dass ein weiteres Leben ohne qualitative Einbußen universell möglich wird. Quantitative Beschränkungen müssen hingegen im Interesse der Zukunftsfähigkeit sowohl bezüglich der Bevölkerungszahl als auch der Ressourcennutzung entsprechend den gesellschaftlichen Voraussetzungen in Kauf genommen werden. Der heutige Stand der Globalisierung wird vom Verfasser trotz der Probleme als Faktum akzeptiert. Denn dieser Stand ist nicht ohne gravierende Einbußen zurückzunehmen und enthält außerdem Chancen für einen Kampf gegen die Armut und unakzeptable Umweltbedingungen, vor allem in den unterentwickelten Regionen unseres Planeten. Um die universelle Gültigkeit dieses Gerechtigkeitsprinzips nicht einzuschränken, wird hier eine *formale Anwendung* vertreten.

Jede Generation steht mit den vergangenen und künftigen *Generationen* in einem nicht immer bewussten *Zusammenhang*: Im Interesse der Zukunftsfähigkeit sollte er grundsätzlich zu einer generationenübergreifenden Kooperation führen, häufig ist er jedoch durch Konflikte gekennzeichnet, die aufgrund ihrer komplexen Voraussetzungen und unzureichender Kenntnis nicht immer einfach zu lösen sind. Die heute Lebenden verfügen über besondere *technische Potenziale*, mit denen sie trotz aller möglichen Fortschritte nicht selten überfordert sind. Daher können sowohl die Leistungen der vergangenen als auch die Lebensgrundlagen der künftigen Generationen leicht beeinträchtigt werden, wenn die Technikfolgen nicht entsprechend analysiert und beachtet werden.[798] Auch durch diesen die moderne Gesellschaft charakterisierenden Sachverhalt hat das *Ausmaß der Generationenkonflikte* zugenommen. Denn bisher beschränkten sich die Konflikte weitgehend auf divergierende Lebensauffassungen und Wertvorstellungen zwischen Jüngeren und Älteren. Die Einstellungen und Verhaltensweisen heutiger Generationen sowie das erreichte Ausmaß der Ausbeutung irreversibler Ressourcen und der globalen Umweltschädigung haben demgegenüber eine *zusätzliche Fernwirkung* auf die Existenzbedingungen der heutigen und künftigen Generationen. Denn sie greifen weniger zur Verbesserung als vielmehr zur Erleichterung ihrer Lebensbedingungen auf technisch-wirtschaftliche Möglichkeiten zurück, die den Naturhaushalt überfordern und die Grundlagen für weiteres menschenwürdiges

---

[798] Auf den Umgang mit den *Technikfolgen* wurde im Zusammenhang mit der technischen Rationalität im Kapitel 3.4.2 „Wirtschaftsethik auf der Makro-, Meso- und Mikroebene“ eingegangen.

Leben auf unserem Planeten gefährden. Das heute vor allem in reichen Industrieländern nicht selten anzutreffende haltlose Streben nach „immer mehr“ kann nur durch verändertes Bewusstsein und engagiertes Verhalten eingeschränkt werden. Dazu gehört auch die Anwendung von *Nachhaltigkeitsstrategien.*[799] Ergänzend bietet sich für den rechtlichen Schutz des Lebens, der Freiheit und der Menschenwürde nachfolgender Generationen eine Erweiterung des geltenden Rechtsgrundsatzes *Schutz der Schwächeren* um einen *Schutz künftiger Generationen* an.[800] Mit einer derartigen Erweiterung der Grundrechte auf künftige Generationen wird die Gefährdungsabwehr bzw. -vermeidung insgesamt auf eine breitere Grundlage gestellt. Außerdem sind wir bei unserem Denken und Handeln dazu verpflichtet, *Verantwortung für künftige Generationen* weltweit zu übernehmen, die sowohl menschenwürdige Lebensbedingungen als auch die menschliche Existenz selbst umfasst. Allerdings darf dabei die schon beim Spargrundsatz angesprochene Verantwortung für das Wohl der heutigen Generationen nicht aus dem Auge verloren gehen. Dieser Gedanke findet in Art. 20 a GG [Schutz der natürlichen Lebensgrundlagen] weitgehend seine Entsprechung: „Der Staat schützt auch in Verantwortung für die künftigen Generationen die natürlichen Lebensgrundlagen ...“ [801]

Das angesprochene *Generationenverhältnis* ist durch vielfältige Interdependenzen von unterschiedlichen Abhängigkeiten, Rechten und Pflichten gekennzeichnet. Aus sozioökonomischer Sicht kommt dabei dem erwerbstätigen Teil der Bevölkerung eine tragende Rolle zu, da er neben seinem eigenen Unterhalt auch den der heranwachsenden und der älteren Generation umweltverträglich sichern muss. Dieser *„Drei-Generationen-Vertrag“* für Kinder, Eltern und Großeltern findet einerseits auf der Mikroebene im Rahmen der Familie und andererseits auf der Makroebene innerhalb der Gesamtgesellschaft in Form der staatlich unterstützten Kindererziehung und Altenbetreuung statt, wobei Letztere angesichts der Überalterungstendenz der Industriegesellschaft immer mehr an Bedeutung gewinnt. Die früher allgemein übliche Großfamilie wird heute im entwickelteren Teil der Weltbevölkerung weitgehend durch die Kleinfamilie abgelöst, da sich die Erwerbsbedingungen grundlegend geändert haben. Die entwickelten Gesellschaften sind außerdem mit einem fortschreitenden und stärker kommunizierten Wissensstand ausgestattet, der den *Generationenkonflikt* zusätzlich verschärft. Denn die früher so wichtige Lebenserfahrung der Älteren verliert dadurch immer mehr an Bedeutung, wodurch den Älteren auch ein Großteil ihrer Privilegien verloren geht. Den Jüngeren ist es heute viel leichter möglich, sich durch neu erworbene Kenntnisse und Fähigkeiten von den tradierten Erfahrungen der Älteren zu lösen. Das kann soweit gehen, dass es zu einer konfliktträchtigen Umkehrung der bisherigen erfahrungsbedingten Überlegenheit der Älteren kommt und diese sich gegen die Jüngeren, wie beispielsweise im Bereich der Informationstechnologie, mühevoll behaupten müssen. Diese strukturellen Veränderungen im Generationenverhältnis erfordern daher eine Abstimmung über neue Wege des Miteinanders der Generationen,

---

799 Die *Nachhaltigkeitsstrategien* der Effizienz, Konsistenz und Suffizienz wurden im Kapitel 1.3.2 „Nachhaltigkeit“ dargestellt.

800 Vgl. Görres-Gesellschaft 1986, S. 870.

801 Hesselberger 2003, S. 196.

um den existenziell notwendigen Zusammenhalt zu bewahren.[802] Eine analoge Entwicklung zeichnet sich im Zusammenhang mit dem steigenden Einfluss der Globalisierung ab, indem sich die Entwicklungsländer zunehmend von den Industrieländern emanzipieren und eigene Wege gehen. Dadurch erhält der Generationenkonflikt neben der *intergenerationellen* zusätzlich eine *intragenerationelle Komponente* mit globaler Reichweite, wodurch die Anforderungen an den Zusammenhalt der Generationen weiter steigen. Diesem Wandel muss sowohl die nationale als auch die internationale Politik im Rahmen des Global-Governance-Prozesses durch Berücksichtigung einer entsprechend erweiterten *Generationengerechtigkeit* Rechnung tragen.

### 3.5.2.4 Materiale Gerechtigkeitskonzeptionen

Soziale Interaktionen erfordern auch Gerechtigkeitskonzeptionen, die sich den gesellschaftlichen Anforderungen von der inhaltlichen Seite stellen. Sobald man jedoch die Ebene der formalen Gerechtigkeit verlässt und es – wie im Falle der sozialen Gerechtigkeit, Bedarfs- bzw. Bedürfnisgerechtigkeit, Leistungsgerechtigkeit, Verteilungsgerechtigkeit sowie der intra- und intergenerationellen Gerechtigkeit – um materiale Gerechtigkeiten geht, beginnen die Probleme: Anstelle mehr oder weniger eindeutiger Theorien dominieren jetzt *Interessen* bestimmte Interpretationen den Gerechtigkeitsgedanken, die besonders bei umstrittenen Verteilungsfragen zu *sozialen Konflikten* führen und bis zu einer missbräuchlichen Verwendung für spezielle politische Zwecke einzelner gesellschaftlicher Gruppen reichen können. In die theoretischen Grundlagen fließen außerdem Wertsetzungen und Prioritäten ein, die im Unterschied zu Kants formalen Ansätzen keine universelle Gültigkeit besitzen und selbst wieder einem gesellschaftlichen *Wandel* unterworfen sind. Diese grundlegende Problematik lässt jedoch nicht über die Bedeutung *materialer Gerechtigkeitskonzeptionen* für das Soziale und soziale Interaktionen im gesellschaftlichen Alltag hinwegsehen. Sie erfordert vielmehr eine Auseinandersetzung mit ihren Inhalten, Zielvorstellungen und institutionellen Rahmenbedingungen, um *soziales Handeln* so zu gestalten, dass möglichst Viele auf Dauer am gesellschaftlichen Fortschritt partizipieren können. Dazu gehören die Angebote und Leistungen des Sozialstaats, auf die nachfolgend noch eingegangen wird. Da sich materiale Gerechtigkeiten vom Grundsatz mit *inhaltlichen Problemen* befassen, kommt dem für Gerechtigkeitsfragen wichtigen Gleichheitsprinzip jetzt auch in quantitativer Hinsicht eine besondere Bedeutung zu. Die grundsätzliche Schwierigkeit, von Natur aus ungleichen Menschen mit ungleichen Voraussetzungen in ihrem gesellschaftlichen Leben sogar nur näherungsweise eine Gleichheit der sozialen Bedingungen und Leistungen zu ermöglichen, soll zunächst am Beispiel einer *Kuchenverteilung* unter Kindern veranschaulicht werden:

Die *Aufteilung* eines Kuchens unter Kinder ist dann *gerecht*, wenn jedes Kind ein gleich großes Stück erhält. Von dieser einfachen Regel, die in der gesellschaftlichen Praxis meist eine unrealistische Vereinfachung der vorliegenden Zusammenhänge darstellt, muss aus Gründen der Gerechtigkeit immer dann abgewichen werden, wenn unter den Verteilungsempfängern als relevant eingestufte *Unterschiede* vorliegen, deren Berück-

[802] Vgl. Görres-Gesellschaft 1986, S. 872.

sichtigung aus Gründen der Gerechtigkeit zu einer anderen Verteilung führen würden. Das wäre im genannten Beispiel der Fall, wenn die Kinder verschiedene Beiträge zum Kuchenbacken geleistet oder sich auf andere Weise unterschiedlich gegenüber dem Verteilenden verhalten hätten. Dann muss die zunächst naheliegende Vorstellung von Gerechtigkeit durch *Gleichheit* der Verteilung dahingehend modifiziert werden, dass die beabsichtigte Verteilung nach einem *normativen Standard* bewertet wird, was einen Wechsel der Gerechtigkeitsprinzipien zur Folge hat. Gerecht ist dann nicht mehr einfach eine Aufteilung in gleich große Portionen, sondern eine Teilung, bei der *jeder das Seine* erhält, also nur das, was ihm zusteht. Bei dieser Form von Zuteilungsgerechtigkeit verschmelzen die Verteilung eines Gutes und die Bestrafung bzw. Belohnung für ein bestimmtes Verhalten der Begünstigten, allerdings auf etwas undifferenzierte Weise. Das Ergebnis ist dann eine *ungleiche Verteilung*. Diese schon von Platon und Aristoteles vertretene Einschätzung setzt aber Annahmen über die *Struktur einer Gesellschaft* entsprechend einem Eltern-Kind-Verhältnis – mit „Vater Staat" als elterlicher Autorität – voraus, bei der die Handlungen ihrer Institutionen nur so weit differenziert werden, wie die Kuchen an ihre Kinder verteilenden Eltern zwischen Verteilung einerseits und Bestrafung andererseits für eine gerechte Verteilung unterscheiden müssen.[803] Das Verteilungsergebnis wird jedoch außerdem durch den Maßstab beeinflusst, mit dem die Gleichheit der jeweiligen Anteile gemessen werden: *Mengenmäßig gleich* ist eine Verteilung, bei der alle Begünstigten pro Kopf die gleiche Gütermenge, also im genannten Beispiel ein gleich großes Stück Kuchen erhalten, was in der gesellschaftlichen Praxis selten dem Gerechtigkeitsempfinden entspricht, wegen der einfachen Handhabung aber durchaus angewendet wird (Stichwort: „Rasenmähermethode").[804] Bei einer *proportional gleichen Verteilung* erhalten die Berechtigten dagegen die Gütermenge jeweils nach einem nicht immer einfach zu bestimmenden Kriterium. Im Kuchenbeispiel kann damit das unterschiedliche Verhalten der Kinder adäquat berücksichtigt werden und es können damit vom Ergebnis her Kuchenstücke in unterschiedlicher Größe verteilt werden. Entgegen der klassischen Betrachtung von mengenmäßiger und proportionaler Gleichverteilung ist es heute in der Gesellschaftspolitik verbreitet, Normen proportionaler Gleichverteilung gleich als Normen der *„Ungleichverteilung"* zu bezeichnen. Dabei stellt die Verteilung gemäß Bedürftigkeit einen Sonderfall der Ungleichverteilung dar, denn in der Regel sind die Bedürfnisse und ihr Sättigungsgrad entsprechend den unterschiedlichen personalen und sozialen Voraussetzungen der Individuen naturgemäß ungleich.[805]

Ein weiteres Beispiel zur Vertiefung der sensiblen Verteilungsproblematik befasst sich mit dem Teilen in der Gesellschaft, das letztlich auf eine *Umverteilung* zur Überwindung des *Arm-Reich-Dilemmas* hinausläuft. Dazu hat der Finanzwissenschaftler Giacomo Corneo einen „New Deal für Deutschland" als Modellbetrachtung angestellt, die Anleihen an die Wirtschafts- und Sozialreformen in den USA der 1930er Jahre nimmt.

---

803 Vgl. Steinvorth 1998, S. 314.

804 Ein aktuelles Beispiel für die *Rasenmähermethode* stellt die pauschale Kürzung von Sozialleistungen dar, die einige europäische Staaten zum Schuldenabbau im Zusammenhang mit der erwähnten Eurokrise planen.

805 Vgl. Krebs 2002, S. 106.

In einem *spieltheoretischen Experiment* lässt er zur Verblüffung neoklassischer Ökonomen zwei unterschiedliche Spiele durchführen. Das erste nennt er *„Diktator-Spiel"*: Von zwei Spielern, die sich nicht kennen, bleibt einer vollkommen passiv. Der andere legt als Diktator fest, wie eine Geldmenge von 100 € aufgeteilt wird, also wie viel er von dieser Summe für sich behält und wie viel er dem anderen Spieler abgibt. Im Experiment geben die Diktatoren durchschnittlich 20 € ab, mit der sie sich ein beruhigendes Gefühl und ein Stück Fairness kaufen. Interessanter wird der Zusammenhang im dialogorientierten zweiten Spiel, das er ebenfalls mit zwei Spielern durchführen lässt und als *„Ultimatum-Spiel"* bezeichnet: Danach schlägt der erste Spieler die Aufteilung einer Geldmenge von 100 € vor. Der zweite Spieler kann nun wählen, ob er den Vorschlag annimmt – dann wird die Summe dementsprechend aufgeteilt – oder einfach ablehnt. Dann bekommt keiner etwas und die 100 € bleiben im Spiellabor. Aus der experimentellen Untersuchung ergibt sich, dass statt der 20 € im ersten Spiel jetzt durchschnittlich ein Summe von 30 bis 40 € für die Verteilung angeboten wird. Bei geringeren Beträgen verzichten die meisten zweiten Spieler im Test lieber gleich ganz, um nicht ein als ungerecht empfundenes Ergebnis hinnehmen zu müssen.[806] Das in einer *sozialen Marktwirtschaft* durchgeführte Experiment enthält einen interessanten Denkansatz, der natürlich nicht unmittelbar auf die gesellschaftliche Realität übertragen werden kann. Denn neben den erwartungsgemäß schon im eigenen Land vorhandenen Barrieren weisen die nationalen Ökonomien unterschiedliche gesellschaftspolitische Bedingungen auf und sind außerdem international vernetzt. Dabei erweist sich die Differenzierung in zwei verschiedene Spielkonzeptionen als Vorteil, da damit den unterschiedlichen Bedingungen – sie können einerseits von einer Demokratie bis zur Willkürherrschaft und andererseits von einer sozialen bis zu einer marktradikalen Marktwirtschaft reichen – besser Rechnung getragen werden kann. Sofern die *Politik* mitmachen und die notwendigen Abstimmungen im Dialog mit den gesellschaftlichen Akteuren vornehmen würde, ließe sich nach diesem spieltheoretischen Ansatz auch in der gesellschaftlichen Praxis unserer Marktwirtschaft, deren unmittelbarer *globaler Zusammenhang* bei der praktischen Umsetzung jedoch berücksichtigt werden müsste, Einkommen grundsätzlich gerechter verteilen und damit in intragenerationeller Hinsicht ein wichtiger Beitrag zum *sozialen Frieden* erreichen. Denn die Reichen wären nach dem vorliegenden Bericht durchaus bereit, von ihrem Vermögen abzugeben, da ihnen eine zu hohe und damit sichtbare Armut selbst auch nicht gefällt. Nach diesen Vorstellungen, die sich von einer Almosenverteilung grundlegend unterscheidet, könnte eine zur Krisenbekämpfung unumgängliche Umverteilung von Einkommen erfolgen und ein Beitrag zur Lösung des Dilemmas durch mehr *Verteilungsgerechtigkeit* geleistet werden. Einen Schritt in die richtige Richtung stellt das nachfolgende Beispiel des Sozialstaates mit seiner Gemeinwohlorientierung dar.

Um mit den vorangegangenen Beispielen der Kuchenverteilung und der Verteilungsspiele vergleichbare Verteilungs- und Ausgleichsfragen, bei denen neben einer gerechten Verteilung von Gütern und Dienstleistungen der materielle Ausgleich zwischen schwächeren und stärkeren Mitgliedern der Gesellschaft im Vordergrund steht, geht es auch bei der sozialpolitisch relevanten und gleichzeitig wirtschaftspolitisch umstrittenen *sozialen Gerechtigkeit*. Diese stellt vor dem sozialethischen Hintergrund einen Schwer-

[806] Vgl. Roll 2006.

punkt der vorliegenden Ausführungen dar, der anschließend um die Nachhaltigkeitsperspektive erweitert werden soll. Der Begriff „soziale Gerechtigkeit" ist historisch im Zusammenhang mit strukturellen Lösungsansätzen der „sozialen Frage" im 19. Jahrhundert entstanden und wird heute allgemein für Gerechtigkeitsfragen verwandt, bei denen es um gesellschaftliche Zusammenhänge mit der *Zielsetzung Gemeinwohl* geht. Dabei steht das *Soziale*, das eine ethische Kategorie darstellt und bereits implizit einen sozialen Gerechtigkeitsanspruch enthält, entsprechend der dargestellten dreifachen Grundbeziehung weder im Gegensatz zum Individuum noch zur natürlichen Umwelt, sondern im Gegensatz zum umfassend verstandenen Unsozialen im Sinne des sozial Ungerechten. Im Unterschied zur Tauschgerechtigkeit und der korrektiven Gerechtigkeit [807] geht es bei der sozialen Gerechtigkeit nicht um konkrete Verbindlichkeiten, die man interagierenden Personen schuldet, sondern um eine grundlegende *Richtschnur sozialpolitischen Handelns* in demokratischen Gesellschaftsordnungen. Soziale Gerechtigkeit wird daher auch gleichzeitig mit Sozialstaatlichkeit genannt. In einem sozialen Rechtsstaat, dem *Sozialstaat* nach Art. 20 Abs. 1 GG, wird – ausgehend von der Idee des Naturrechts – die immer wieder erhobene Forderung nach sozialer Gerechtigkeit zu einem leitenden Prinzip und Maßstab aller staatlichen Maßnahmen: [808] Der Sozialstaat sucht dem Anspruch der sozialen Gerechtigkeit dadurch zu entsprechen, indem er zum Schutz seiner Bürger gegen existenzielle Risiken die institutionellen Rahmenbedingungen setzt und durch Maßnahmen zum Abbau größerer sozialer Unterschiede innerhalb der Gesellschaft beiträgt. Mit diesen Regelungen schützt er die ebenfalls grundrechtlich verbürgte *Menschenwürde*, aus der sich sowohl die soziale Gerechtigkeit als auch die individuelle Freiheit ableiten, was nicht ohne Folgen bleibt. Denn das zwischen diesen Grundwerten naturgemäß bestehende *Spannungsverhältnis* wird noch verschärft, sobald entsprechend dem Verfassungsauftrag mit staatlicher Autorität konkrete Beiträge mit Sozialtransfers zum Abbau sozialer Ungleichheiten geleistet werden.

Unter Betonung der Freiheit der Lebensgestaltung und der Selbstverantwortung kann der Einzelne, der über seine Ressourcen weitgehend selbst verfügt, in der Gesellschaft durch sein Engagement einerseits persönliche Vorteile und eine Verbesserung der eigenen Lage erreichen, wobei in der konventionellen Ökonomie oft vergessen wird, dass ein erzielter Gewinn in der Regel auf Kosten eines anderen geht.[809] Und er kann andererseits das Sozialsystem entlasten, weil er auf eine Leistungsgewährung nur noch eingeschränkt angewiesen ist. Man spricht dann von *Leistungsgerechtigkeit*, die jedoch nicht nur zu Gegenleistungen in Form von Vorteilen und einer Belohnung persönlicher Leistung führt, sondern nicht selten andere belastet und damit die Ungleichheiten sowie das Konfliktpotenzial in einer Gesellschaft vergrößert. Im Unterschied zu dieser besonders von engagierten Wirtschaftsakteuren – diese stellen in einer Gesellschaft die wesentlichen Leistungsträger dar, obwohl in der Regel auch andere zu deren Leistung

[807] Die *Tauschgerechtigkeit* ist freiwillig (Zivilrecht) und die *korrektive Gerechtigkeit* unfreiwillig (Strafrecht) ausgerichtet (vgl. Höffe 2004, S. 25).

[808] Vgl. Hesselberger 2003, S. 184.

[809] In der neuen *Institutionenökonomik* wird dieser Sachverhalt hingegen berücksichtigt (vgl. Kapitel 3.4.2 „Wirtschaftsethik auf der Makro-, Meso- und Mikroebene").

beitragen – vertretenen Form der Gerechtigkeit setzt die *soziale Gerechtigkeit* nicht am individuellen Leistungsprinzip, sondern an der Natur des Menschen als Sozialwesen an. Soziale Gerechtigkeit erfordert eben ein gewisses Maß an Gleichheit mit einer annähernd gleichmäßigen Lastenverteilung, die sich nicht auf abstrakte Regeln und Normen beschränkt, sondern auch für konkrete Lebensbedingungen steht und insofern in die Nähe der Bedarfs- bzw. Bedürfnisgerechtigkeit rückt. Die umfassender ansetzende *Bedürfnisgerechtigkeit* orientiert sich ausgehend von den *Menschenrechten* an einem gleichen Anspruch für jeden Einzelnen auf eine Grundausstattung mit Gütern und Dienstleistungen für ein menschenwürdiges Dasein und in diesem Rahmen an einer Befriedigung von Bedürfnissen, die über den eigentlichen Aufgabenbereich des Wirtschaftens hinweist. An diesem Punkt setzte auch die *Brundtland-Kommission* mit ihrer Nachhaltigkeitsdefinition an.[810] Nach dem vorherrschenden Verständnis von sozialer Gerechtigkeit bleibt die wegen ihrer Zukunftsorientierung nicht unmittelbar wahrnehmbare *intergenerationelle Gerechtigkeit* in der Regel jedoch weitgehend unberücksichtigt, so dass der Generationenzusammenhang in entsprechende institutionelle Regelungen zusätzlich aufgenommen werden muss. Anders sieht es hingegen mit der *intragenerationellen Gerechtigkeit* aus, denn im Zeitalter der Globalisierung bestehen für die Bürger spürbare sozioökonomische Interdependenzen zwischen den einzelnen Nationen und Regionen, so dass es unvertretbar wäre, die soziale Gerechtigkeit gedanklich an den Grenzen eines Landes enden zu lassen. Unter diesem Blickwinkel nimmt die soziale Gerechtigkeit die Gestalt einer intragenerationellen Gerechtigkeit an.

Im Interesse des angestrebten Gemeinwohls ist mit sozialer Gerechtigkeit für alle Menschen ein *vernünftiges Maß an Gleichheit* zur Begrenzung von Ungleichheiten der Voraussetzungen und Chancen verbunden. Das darin zum Ausdruck kommende *Sozialprinzip* wird auch von John Rawls in dem erwähnten zweiten Grundsatz seiner formalen Gerechtigkeitstheorie prinzipiell bestätigt, wonach Unterschiede der materialen Gleichheit unter der Bedingung zugelassen werden, dass Schlechtergestellte unter der Einschränkung des gerechten Spargrundsatzes besser gestellt werden und die gesellschaftlichen Positionen im Interesse der Chancengleichheit allen offen stehen (Stichwort: Verteilungsgerechtigkeit). Mit der Erfüllung grundlegender Bedürfnisse (Stichwort: Bedürfnisgerechtigkeit) oder einer Angleichung der Chancen (Stichwort: Chancengerechtigkeit) wird also keine groß angelegte gesellschaftliche Umverteilung in Richtung Egalitarismus angestrebt, zumal Letzterer selbst wieder mit Ungerechtigkeiten verbunden wäre. Denn *Sozialstaatlichkeit* beschränkt sich in einer sozialen Marktwirtschaft vielmehr auf die Erfüllung staatlicher Pflichten im sozialen Bereich gegenüber allen Bürgern, ohne damit einen „Versorgungsstaat" als totalen Wohlfahrtsstaat einzurichten, der die Freiheit seiner Bürger eher einschränken würde. Diese Gefahr, für die es in unserer politischen Vergangenheit ansatzweise Beispiele gegeben hat, scheint August von Hayek mit seiner Ablehnung der sozialen Gerechtigkeit im marktwirtschaftlichen Kontext möglicherweise gesehen zu haben. Nach seinen wirtschaftsliberalen Vorstellungen stattdessen gleich einen in seinen Befugnissen stark beschnittenen „Nachtwächterstaat" zu fordern, würde jedoch die sozialstaatliche Pflicht zum *sozialen Aus-*

---

[810] Die *Nachhaltigkeitsdefinition* der Brundtland-Kommission wurde im Kapitel 1.3.2 „Nachhaltigkeit" behandelt.

*gleich* zwischen Schwachen und Starken verletzen. Außerdem übersieht von Hayek hierbei, dass die natürlichen Spannungen zwischen Wirtschaft und Sozialem aus dem Umstand entstehen, dass durch Eigennutz und Konkurrenz gesteuerte marktwirtschaftliche Systeme zwar die Allokation der Produktionsfaktoren optimal steuern können, nicht jedoch die interpersonelle Verteilung des erwirtschafteten Volkseinkommens.[811] Damit der *Sozialstaat* seinem Verfassungsauftrag, einerseits dem Schwächeren zu helfen und andererseits jeder Person ein menschenwürdiges Dasein zu ermöglichen, tatsächlich gerecht werden kann, muss er eine *Balance* finden zwischen dem ebenfalls verfassungsrechtlich geforderten Schutz der Freiheit des Einzelnen und der Forderung nach der geeigneten sozialstaatlichen Ordnung. Dieses Erfordernis läuft letztlich auf einen Ausgleich zwischen *formalen* und *materialen Gleichheitsansprüchen* hinaus.

Aus dem *Sozialstaatsprinzip* des Grundgesetzes, dessen Handlungsimperativ sowohl eine Absage an den Versorgungs- als auch den Nachtwächterstaat darstellt, ergibt sich zusammen mit dem Grundrecht der Menschenwürde insbesondere ein Fürsorgeanspruch des Einzelnen gegenüber dem Staat, für ihn im Fall Bedürftigkeit zu sorgen: Demnach hat er Leistungen zur *Fürsorge* wie z. B. die Sozialhilfe zu erbringen und nicht immer kostenlose Grundleistungen zu seiner *Daseinsvorsorge* bereitzustellen,[812] ohne dadurch die Bereitschaft der Bürger einzuschränken, ihr Leben in Freiheit selbst zu gestalten. Beiträge für die zum großen Teil steuerfinanzierten Leistungen der Sozialversicherung werden normalerweise einkommensproportional nach dem Grundsatz der Leistungsgerechtigkeit festgesetzt. Bei sozial Schwachen, die über sehr niedrige Einkommen verfügen, werden die Sozialversicherungsbeiträge nach dem Grundsatz der Bedarfsgerechtigkeit berechnet. Die Sachleistungen für z. B. das Bildungswesen sind hingegen – unabhängig vom Einkommen – gleich hoch, so dass dadurch nach dem *Solidaritätsprinzip* eine Umverteilung von den Beziehern höherer zu denen mit niedrigeren Einkommen erfolgt.[813] Bei der sozialen Gerechtigkeit geht es entgegen der Ansicht ihrer Kritiker jedoch weniger um Umverteilung, sondern mehr um eine auf dem Solidaritätsprinzip basierende Kultur, die keinesfalls im Widerspruch zu einem Wirtschaftssystem steht, das die Freiheit des Einzelnen und den freien Wettbewerb respektiert. Die freie Entfaltung der Bürger ist sogar notwendig, damit die Fähigkeiten der Einzelnen genutzt werden, um Initiativen und Leistungen zu erbringen, die auch den Sozialstaat entlasten. Um nicht nur seine Legitimität sondern auch die finanzielle Durchführung zu sichern, muss der von der Leistungsfähigkeit der Volkswirtschaft abhängige Sozialstaat daher neben dem Solidaritäts- auch das *Subsidiaritätsprinzip* berücksichtigen [814] und der Leistungsgerechtigkeit einen Vorrang vor der Bedürfnisgerechtigkeit

---

811 Weitere Ausführungen zum Thema *„Wohlfahrt und Gerechtigkeit“* finden sich unter dem Stichwort *„Pareto-Optimalität“* im Kapitel 3.4.1 „Grenzen der heutigen Lebens- und Wirtschaftsweise“. In diesem Zusammenhang wurden auch die kritischen Äußerungen von Hayeks zur sozialen Gerechtigkeit behandelt.

812 Vgl. Hesselberger 2003, S. 184.

813 Vgl. Enderle 1993, S. 980.

814 Vgl. Görres-Gesellschaft 1989, S. 77. Weitere Ausführungen zur *Solidarität* und *Subsidiarität* finden sich im Kapitel 3.5.1 „Grundprobleme der Sozialethik“.

einräumen. Damit das nur begrenzt belastbare sozialstaatliche Leistungssystem im Gemeinwohlinteresse funktionsfähig sein kann, müssen Effektivität und Effizienz auch vom *Sozialmanagement* berücksichtigt werden und geeignete institutionelle Rahmenbedingungen mit einem durch Solidarität, Selbstverantwortung und Leistungsbereitschaft geprägten Verhalten der Bürger zusammenwirken, die durch Sozialleistungen einerseits begünstigt und andererseits belastetet werden. In diesem Zusammenhang darf nicht übersehen werden, dass der *Einfluss des Staates* durch seine nicht ganz freiwillige Verschlankung infolge einer Globalisierung der Märkte und einer Ökonomisierung vieler gesellschaftlicher Bereiche tendenziell rückläufig ist, obwohl seine Aufgaben im Rahmen der Ausdifferenzierung und Vernetzung der Gesellschaft zunehmend anspruchsvoller werden. Um diesem Funktionsverlust zu begegnen, muss sich der Staat auf seine Kernaufgaben konzentrieren und verstärkt mit *nichtstaatlichen Akteuren* kooperieren.

Damit der Sozialstaat dem *Postulat* der *sozialen Gerechtigkeit* strategisch nicht nur vorübergehend auf die eigenen Staatsgrenzen bezogen Rechnung tragen kann, sondern auch auf Dauer im internationalen Zusammenhang, muss er durch Schaffung flexibler, effizienter institutioneller Strukturen und eine in Relation zum volkswirtschaftlichen Einkommen maßvolle Einnahmen- und Ausgabenpolitik ein zu hohes Kostenniveau des sozialstaatlichen Leistungssystems verhindern und von vornherein eine Anpassung an die Erfordernisse einer *global zukunftsfähigen Entwicklung* einplanen: Dazu zählen insbesondere die Berücksichtigung der internationalen Konkurrenzsituation, des demographischen Wandels und der Bedürfnisse kommender Generationen ebenso wie die notwendigen Transferleistungen für Entwicklungsaufgaben und friedenserhaltende Maßnahmen. Ferner sind die steigenden Kosten für Ressourcen und technologische Maßnahmen durch Verschlechterung der ökologischen Voraussetzungen wie im Fall einer Kohlenstoff orientierten Energieversorgung und des damit verbundenen Klimawandels zu berücksichtigen. Mit diesen erweiterten Anforderungen an den Sozialstaat befindet sich die soziale Gerechtigkeit tendenziell auf dem Weg zu einer *intra- und intergenerationellen Gerechtigkeit*. Der durch eine anhaltend kurzsichtige Lebens- und Wirtschaftsweise verursachten Verschärfung der Situation der natürlichen und gesellschaftlichen Umwelt kommt aus sozialethischer Sicht eine besondere Bedeutung zu, da die damit verbundenen Kostensteigerungen erheblich sind und die *sozial Schwachen* am stärksten belasten. Beispielsweise prognostiziert das deutsche Institut für Wirtschaftsforschung (DIW) – mit entsprechenden Unsicherheiten behaftet – die Kosten für einen ungebremsten Klimawandel in Deutschland bis ins Jahr 2050 auf 330 Milliarden € für Klimaschäden, auf 300 Milliarden € für eine Steigerung der Energiekosten und auf 170 Milliarden € für Anpassungen an den Klimawandel.[815] Dementsprechend sind sozialpolitische Weichenstellungen erforderlich, mit denen eine *soziale Marktwirtschaft* auf längere Sicht *überfordert* wäre. Die von den gesellschaftlichen Institutionen sowohl staatlich als auch nichtstaatlich zu leistenden Gestaltungsaufgaben könnten dann nicht mehr hinreichend auf ordoliberaler Grundlage, sondern besser mit einer ganzheitlichen Ausrichtung im Verbund mit allen gesellschaftlichen Kräften in einer sozial-ökologischen oder konsequenterweise gleich *nachhaltigen Markt-*

815 Vgl. Süddeutsche Zeitung 2007b.

*wirtschaft* erbracht werden, die entsprechende Abstimmungen im Rahmen des Global-Governance-Prozesses erfordern.

### 3.5.3 Normative Integration sozialer Rationalität

Der darzustellende sozialethische Ansatz soll in Analogie zu den dargestellten umwelt- und wirtschaftsethischen Ansätzen durch *normative Integration* der sozialen Rationalität realisiert werden. Unter sozialer Rationalität wird hier die zweckrationale Verfolgung des folgenden *sozialen Zielsystems* verstanden: Das Zusammenleben der Menschen untereinander und mit der natürlichen Umwelt soll auf der Grundlage anerkannter sozialer Prinzipien so gestaltet werden, dass nicht nur das physische Überleben gesichert, sondern auch ein gutes Leben für alle Mitglieder der Gemeinschaft erreicht wird. Als wesentliche soziale, d. h. *fachspezifische Prinzipien* wurden hier die dargestellte Solidarität, Subsidiarität und Gerechtigkeit gewählt. Eine auf dieses – nach dem ökologischen und ökonomischen – dritte generelle Ziel angelegte Sozialethik wird unter Nachhaltigkeitsbedingungen entsprechend dem ganzheitlichen Ansatz als soziale Dimension der noch zu entwickelnden Nachhaltigkeitsethik eingestuft. Unter dieser erweiterten Perspektive wird nachfolgend eine *normative Integration* der sozialen Rationalität in einzelnen Schritten durchgeführt: Sie beginnt zunächst mit einem spezifisch *sozialethischen Ansatz*, um auf dieser Grundlage anschließend unter Berücksichtigung aller Nachhaltigkeitsdimensionen eine normative *Erweiterung* in Richtung auf eine global *zukunftsfähige Entwicklung* vorzunehmen. Damit soll erreicht werden, dass einerseits die Autonomie des sozialethischen Ansatzes gewahrt bleibt und andererseits eine ganzheitliche um ökologische und ökonomische Anforderungen erweiterte normative Gestaltung ermöglicht wird. In beiden Fällen handelt es sich wieder um integrative Ansätze.[816]

Im Rahmen der ethischen Fundierung des zu entwickelnden sozialethischen Ansatzes und dessen ganzheitlicher Erweiterung soll der instrumentelle fachspezifische Anteil des Ansatzes im Folgenden wieder normativ mit der *teleologischen Deontologie* und den nicht-instrumentellen Prinzipien verknüpft werden. Die hierfür – in Anlehnung an die dargestellte Umwelt- und Wirtschaftsethik – durchzuführenden Integrationsschritte erfordern angesichts Interessen bedingter Konfliktpotenziale wieder eine methodische Ergänzung durch das *dialogische Konsensprinzip*. Auf dieser Grundlage lässt sich die für den sozialethischen Ansatz erforderliche *normative Integration* sozialer Rationalität mit einer Dialog orientierten Unterstützung erreichen, die wesentlich zur notwendigen Überwindung auftretender Interessengegensätze und *Konflikte* beiträgt. Mit den Möglichkeiten der kommunikativen Rationalität lassen sich die sozioökonomischen Systeme auf demokratischem Weg in die gesellschaftliche Kommunikation einbinden. Auf diese Weise können Ungleichgewichte vermieden, auf den Einzelnen ausgeübte Zwänge zurückgedrängt und eine subsidiär ausgerichtete solidarische Lebensgestaltung mit

[816] Die nachfolgende Darstellung der *normativen Integration sozialer Rationalität* und des *sozialethischen Ansatzes* erfolgt verkürzt, da hier auf die analog geltenden Ausführungen zur Umweltethik im Kapitel 3.3.3 „Normative Integration ökologischer Rationalität“ und Kapitel 3.4.3 „Normative Integration ökonomischer Rationalität“ Bezug genommen wird.

dem Ziel eines guten Lebens für alle gefördert werden. Denn durch einen Dialog und *ethischen Diskurs* werden die umfassenden Lebensbedürfnisse der Menschen am ehesten zum Ausdruck gebracht und außerdem Abstimmungen ermöglicht, ohne dadurch bestehende Zweckrationalitäten wie z. B. die Bezahlbarkeit von Sozialleistungen negieren zu müssen. In der raumzeitlichen Nachhaltigkeitsperspektive wird der zu führende Dialog wegen divergierender ökologischer, ökonomischer, sozialer und politisch-institutioneller Interessen erschwert, so dass weitergehende Regeln und Verfahrensschritte für den angestrebten Konsens erforderlich werden (Stichwort: Global-Governance-Prozess).

### 3.5.3.1 Integrativer Ansatz der Sozialethik

*Soziales* und *Wirtschaft* sind unmittelbar miteinander verbunden, da die soziale Lage des Menschen entscheidend von seiner Lebens- und Wirtschaftsweise geprägt ist, die wiederum wesentlich vom sozialen Handeln beeinflusst wird. Beide sind außerdem Teilmengen der *natürlichen Umwelt*, mit der sie durch vielfältige Interdependenzen verknüpft sind. Der darzustellende sozialethische Ansatz soll in Analogie zum integrativen Ansatz der Umwelt- und Wirtschaftsethik durch eine *normative Integration der sozialen Rationalität* erfolgen. Als Zweckrationalität bildet die soziale Rationalität die Realität zwar innerhalb des Sozialhorizonts in der Regel richtig ab und ermöglicht beispielsweise notwendige Sozialtransfers. Da sie jedoch über keine weitergehende Perspektive verfügt, ist eine moralphilosophische Ergänzung um die nicht-instrumentelle Rationalität erforderlich, um Motive, Werte und Folgen individuellen und gesellschaftlichen Handelns zu reflektieren und Handlungsorientierung in Richtung einer global zukunftsfähigen Entwicklung liefern zu können. Diese Aufgabe übernimmt die *ethische Rationalität*, die die eingeschränkt teleologische Ausrichtung sozialen Handelns um eine ganzheitliche Wahrnehmung von Pflichten sowie Verantwortung ergänzt und einen direkteren Zug zum Naturrechtsdenken besitzt. Dennoch bleibt der Mensch für seine Existenz immer auf die Potenziale der fachspezifischen sozialen Rationalität angewiesen, so dass sich erst im Verbund mit Letzterer eine fachlich fundierte Handlungsorientierung ergeben kann. Ausgehend von diesen Überlegungen erfolgt die *Entwicklung* des integrativen Ansatzes Sozialethik – in Anlehnung an die dargestellte Umwelt- und Wirtschaftsethik – wieder *in drei idealtypischen Schritten*, die in der gesellschaftlichen Realität viele Überschneidungen aufweisen:

(1) Im ersten Schritt wird das dargestellte soziale Zielsystem *deontologisch ergänzt*: Der formale Rahmen des *kategorischen Imperativs* soll die sozialen Prinzipien mit ihren inhaltlichen Bezügen ergänzen. Dafür müssen die spezifischen Defizite des Ist-Zustands geklärt und die aus der praktischen Vernunft resultierende *Pflicht* zu einer Verbesserung des defizitären Ist-Zustands und Vermeidung künftiger sozialer Fehlentwicklungen ausgeübt werden.

(2) Im zweiten Schritt wird das deontologisch erweiterte soziale Zielsystem zusätzlich *teleologisch* und damit auch konsequentialistisch *ergänzt*: Mit der teleologischen Ergänzung soll *Verantwortung* für die Folgen unsozialen Handelns auf die natürliche und gesellschaftliche Umwelt übernommen werden. Erst dann kann den Anforderungen an

eine zukunftsfähige Lebensweise aus dem sozialen – und in der erweiterten Perspektive auch den Nachhaltigkeitsdefiziten im ökologischen und ökonomischen – Bereich Rechnung getragen werden.

(3) Im dritten Schritt wird das deontologisch und teleologisch erweiterte soziale Zielsystem mit der *ethischen Rationalität* und ihren nicht-instrumentellen Prinzipien *verknüpft*: Als methodische Unterstützung werden wieder das Konsensprinzip und der ethische Diskurs gewählt, wodurch die *kommunikative Rationalität* als dritte Rationalität in die Entwicklung des Ansatzes eingeht.

Damit ergibt sich vor dem Hintergrund des Verhältnisses Mensch-Mensch [817] der integrative Ansatz der Sozialethik schließlich als Ergebnis einer *Integration* von *sozialer und ethischer Rationalität*, der sich schematisch als Schnittmenge beider Rationalitäten darstellt (vgl. Abb. 19):

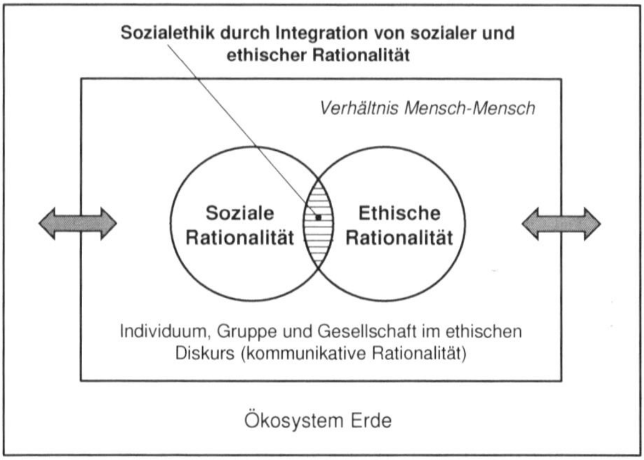


**Abbildung 19: Sozialethischer Ansatz als Ergebnis normativer Integration**

Die *sozialethische Fundierung* erfolgt hierbei durch die sozialen Prinzipien zur zweckrationalen Ausrichtung des sozialen Zielsystems, den formalen Ansatz der teleologischen Deontologie zur normativen Erweiterung des sozialen Zielsystems, die nicht-instrumentellen Prinzipien zur abschließenden normativen Integration der sozialen Rationalität und das dialogische Konsensprinzip im Rahmen eines ethischen Diskurses zur methodischen Unterstützung der Integration. Insgesamt ergibt sich vor dem konflikthaltigen Hintergrund des Verhältnisses Mensch-Mensch ein *integrativer Ansatz*, der aus zwei grundsätzlich gleichberechtigten und vernetzten Rationalitäten besteht, die den

[817] Weitere Ausführungen zum Verhältnis *Mensch-Mensch* im Kontext von Natur und Kultur finden sich im Kapitel 3.5.1 „Grundprobleme der Sozialethik".

gemeinsamen Kern der *Sozialethik* bilden. Letztere steht für die soziale Gestaltung einer aus Individuen und Gruppen bestehenden Gesamtgesellschaft, die sich selbst als Teilmenge des *Ökosystems Erde* sieht. Diese einerseits auf einem Abhängigkeitsverhältnis und andererseits auf einem Wechselverhältnis der Menschen zum Ökosystem unseres Planeten basierende *Relation* wird bisher zu wenig berücksichtigt. Auch hier ist ein Umdenken und eine ganzheitlich ausgerichtete Gestaltung der gesellschaftlichen Rahmenbedingungen angesagt.

**Weitere Perspektive:** Für die Zielsetzung einer global zukunftsfähigen Entwicklung muss ein weitergehender normativer Ansatz entwickelt werden, der nicht bei der Integration der sozialen Rationalität endet, sondern darüber hinaus die ökologische und die ökonomische Rationalität mit ihren spezifischen Anforderungen zusätzlich in das ganzheitliche ethische Gesamtkonzept aufnimmt. Daher müssen außerdem die dargestellte *Umweltethik* und *Wirtschaftsethik* als weitere interdependente Bestandteile für den zu generierenden Gestaltungsansatz *Nachhaltigkeitsethik* berücksichtigt werden. Auf dieser Grundlage kann nunmehr die Integration der fachspezifischen Einzelethiken vorgenommen werden.

## 3.6 Integration der fachspezifischen Einzelethiken

In Analogie zu den drei Nachhaltigkeitsdimensionen, mit denen das *komplexe Vorhaben* einer nachhaltigen Entwicklung strukturiert erfasst wird, wurden die Umwelt-, Wirtschafts- und Sozialethik in den vorangegangenen Kapiteln zunächst einzeln als systemoffene fachspezifische Einzelethiken behandelt und dabei die vorhandenen Interdependenzen berücksichtigt. Mit dieser Vorgehensweise soll erreicht werden, dass der normative Gestaltungsansatz Nachhaltigkeitsethik auf dieser *strukturellen Basis* komplexitätsreduzierend für eine global zukunftsfähige Entwicklung in Theorie und Praxis entwickelt werden kann. Denn damit können die nachhaltigkeitsrelevanten Sachverhalte vollständig erfasst und ein zu abstrakter, unverbindlicher Ansatz weitgehend vermieden werden. Ferner soll sich der Gestaltungsansatz Nachhaltigkeitsethik in den einzelnen Dimensionen anwendungsbezogen konkretisieren lassen.[818] Für die Konzeptualisierung dieses ganzheitlichen Gestaltungsansatzes wird ein *integratives Vorgehen auf Basis eines Konfliktmodells* gewählt, mit dem anstelle einer isolierten oder additiven Anwendung der Einzelethiken mit ihren fachspezifischen Rationalitäten eine Balance zwischen den grundsätzlich *gleichrangigen Dimensionen* entsprechend den realen gesellschaftlichen Erfordernissen hergestellt werden kann.[819] Denn zur Überwindung erkannter Nachhaltigkeitsdefizite und die Lebensgrundlagen beeinträchtigender Verhaltensweisen reicht es in der gesellschaftlichen Realität nicht aus, die jeweils anzuwendende fachspezifische Rationalität nur normativ zu integrieren und damit trotz

---

818 Ein Beispiel für die *Konkretisierung* stellt die noch darzustellende Anwendung des Gestaltungsansatzes auf die Unternehmensebene dar (vgl. Kapitel 4 „Nachhaltigkeitsmanagement als Anwendung der Nachhaltigkeitsethik").

819 Weitere Einzelheiten zum konsensualen *Konfliktmodell* Tetraeder der Nachhaltigkeitsethik und zur *Gleichrangigkeitsprämisse* finden sich im Kapitel 3.1 „Grundannahmen und Ausgangsbasis des Gestaltungsansatzes".

bestehender Interdependenzen zwischen den Dimensionen letztlich im eingeschränkten Bereich einer Nachhaltigkeitsdimension zu bleiben.

Unter diesen Voraussetzungen sollen hier die *fachspezifischen Einzelethiken integrativ zusammengeführt* und gemeinsam mit ihren spezifischen und wechselseitig wirkenden Potenzialen genutzt werden: Dazu werden nach der bereits erfolgten normativen Integration der fachspezifischen Rationalitäten die Umwelt-, Wirtschafts- und Sozialethik als Teil- bzw. Einzelethiken mit Hilfe der *kommunikativen Rationalität* allgemein zustimmungsfähig zu einem integrativen Ansatz verknüpft. Diese Vorgehensweise wird im konkreten Anwendungsfall angesichts divergierender Interessen fachspezifische Abstriche erfordern, um einen *Konsens* zu erreichen, der nicht nur kurzfristig gültig und wirksam ist. Unter dieser Perspektive kann bei einer gesellschaftlich relevanten Aufgabenstellung im Diskurs mit den Beteiligten eine ausreichende Berücksichtigung der fachspezifischen Belange erreicht werden, ohne dabei die vielschichtigen Nachhaltigkeitsbelange für eine dauerhaft universelle Lösung aus dem Auge zu verlieren. Diese ganzheitliche Ausrichtung rechtfertigt die Einführung des Begriffs *„Nachhaltigkeitsethik"* für den zu entwickelnden Gestaltungsansatz, mit dem die Dimensionen der Nachhaltigkeit und die mit ihnen verbundenen Rationalitäten bzw. Prinzipien unter einer neuen präskriptiven Ethikperspektive für eine global zukunftsfähige Entwicklung zusammengeführt werden sollen.

*Ziel* dieser theoretischen Ausarbeitung ist es daher, angesichts der unzureichenden Zukunftsfähigkeit unserer heutigen Lebens- und Wirtschaftsweise mit Hilfe der Nachhaltigkeitsethik argumentativ zur *Umorientierung des Verhaltens* der maßgeblichen Akteure beizutragen. Damit soll die überfällige Änderung des bisher dominierenden, die globalen gesellschaftlichen und naturbezogenen Zusammenhänge negierenden Kurzzeitdenkens herbeigeführt werden. Außerdem sollen Anregungen für ein auf Dauer für die Biosphäre tragfähiges, demokratisch abgestimmtes, menschenwürdiges Verhalten gegeben werden, das sich lokal wie global an den Grundbedürfnissen der heutigen und künftigen Generationen orientiert.[820] Das geht nicht ohne *normative Konkretisierung* des relativ abstrakten Nachhaltigkeitsleitbildes und nicht ohne Berücksichtigung der die Lebensbedingungen auf unserem Planeten *bestimmenden Prinzipien*, die sowohl die ambivalente Position des Menschen in der Natur als auch sein Verhalten vor dem Hintergrund der Verhältnisse Mensch-Natur und Mensch-Mensch problematisieren (Stichwort: Dreiecksverhältnis).

*Arbeitshypothese: Die durch normative Integration der bestimmenden fachspezifischen Prinzipien als Einzelethiken entwickelte Umwelt-, Wirtschafts- und Sozialethik lassen sich mit Hilfe eines Integrationskonzepts zu einem ganzheitlich orientierten Gestaltungsansatz Nachhaltigkeitsethik verknüpfen, der über die partikulare Sichtweise hinausweist und gleichzeitig alle fachspezifischen Anforderungen erfüllt. Mit diesem integrativen Ansatz können im Hinblick auf die zunehmenden ökologischen, ökonomischen und sozialen Gefährdungen der Lebensbedingungen Vorausetzungen für*

[820] Auf den Begriff *„Grundbedürfnisse"* wurde im Zusammenhang mit den Ergebnissen der Brundtland-Kommission eingegangen (vgl. Kapitel 1.3.2 „Nachhaltigkeit"). Weitere Einzelheiten zu den Grundbedürfnissen (basic needs) befinden sich u. a. unter Ulrich 1997, S. 210 und S. 265.

*eine zu ihrer Erhaltung und Verbesserung notwendigen Handlungsorientierung generiert werden, die sich fachspezifisch konkretisieren lassen und die Umsetzung des Nachhaltigkeitsleitbilds fördern.*

### 3.6.1 Ganzheitliche Integration

#### 3.6.1.1 Methodische Unterstützung der Konzeptualisierung

Zur Entwicklung und späteren Anwendung des normativen Gestaltungsansatzes Nachhaltigkeitsethik ist eine *methodische Unterstützung* unverzichtbar, für die das dialogische Konsensprinzip und der ethische Diskurs als Ansatz gewählt wurden.[821] Damit soll sowohl eine *Objektivierung* der normativen Ausrichtung als auch eine allgemeine *Akzeptanz* der beabsichtigten Handlungsorientierung erreicht werden. Erst mit einer kommunikativen Bestätigung dieser zweiseitigen Aufgabenstellung in einem argumentativ auf einen *Konsens* hin geführten Dialog ist ein mehrheitlich anerkannter Gestaltungsbeitrag möglich, der sich gegen Interessen bedingte Widerstände und Konflikte auf demokratischem Wege durchsetzen kann. Auf diese Art und Weise wird der Dialog zum *ethischen Diskurs*. Der an ethisch motivierte Handlungen besonders für dauerhafte, globale Lösungen zu stellende Vernunftanspruch ist letztlich nur durch *intersubjektive Verständigung* einzulösen. Bei unzureichender Verständigungsbereitschaft bzw. -fähigkeit bliebe hingegen bei den Beteiligten ein *Dissens* mit entsprechendem Konfliktpotenzial, der die gewünschte Entwicklung nicht unwesentlich belasten würde und daher durch geeignete Rahmenbedingungen sowie entsprechendes Verhalten überwunden werden muss. Die Teilnehmer am argumentativ geführten Diskurs sollten sich allerdings der Relativität ihrer Aussagen und der Tatsache bewusst sein, dass sie sich der Wahrheit nur prozesshaft nähern. Der Diskurs fungiert hierbei als Mittel der Verständigung über unterschiedliche Standpunkte. Kritisch einzustufen sind am ethischen Diskurs die für einen Konsens benötigten *idealen Annahmen*: Die aufgestellten Forderungen an die von den Diskurspartnern ausgetauschten Argumente und an die Regel für den Diskurs abstrahieren nicht selten von den realen Diskursbedingungen und dem jeweiligen situativ gebundenen Handlungszusammenhang. Andererseits müssen in *realen Diskursen* ideale Annahmen und Regeln als Orientierungshilfen für eine ethische Gesprächsführung genutzt werden.[822]

#### 3.6.1.2 Konsensuales Konfliktlösungs- und Integrationskonzept

Mit der Umsetzung der instrumentellen und nicht-instrumentellen Zwecke der Umwelt-, Wirtschafts- und Sozialethik in die gesellschaftliche Praxis sind von vornherein jeweils unterschiedliche Anforderungen und diesen zugrunde liegende Interessen verbunden, die schon wegen der fachspezifisch zu differenzierenden Zielvorstellungen in der Regel

[821] Das *dialogische Konsensprinzip* wurde im Kapitel 3.2.3 „Konsensprinzip und ethischer Diskurs als methodischer Ansatz" behandelt.

[822] Weitere Einzelheiten zum *realen Diskurs* finden sich im Zusammenhang mit dem Stakeholder-Dialog im Kapitel 4.2 „Konzept für eine nachhaltige Unternehmensentwicklung".

zu *Konflikten* führen. Die Einzelethiken sind daher analog den drei Dimensionen der Nachhaltigkeit im Hinblick auf eine global zukunftsfähige Entwicklung als grundsätzlich gleichwertig sowie gleichberechtigt einzustufen und unter Rückgriff auf das dargestellte Konfliktmodell Tetraeder der Nachhaltigkeitsethik zu integrieren. Der normativen Korrektur- und Koordinierungsfunktion kommt hierbei eine besondere Bedeutung zu. Im Zuge ihrer Konkretisierung muss die Umsetzung jedoch zusätzlich auf die jeweilige Raum und Zeit bezogene Einzelsituation abgestellt und *im Diskurs* zwischen den Beteiligten ein *Konsens* herbeigeführt werden. Auf diese Art und Weise lässt sich im Rahmen eines Global-Governance-Prozesses nicht nur kurzfristig und lokal, sondern auch langfristig und global zwischen Industrie-, Schwellen- und Entwicklungsländern die gesellschaftlich notwendige *Balance* erreichen.[823] Das geht weder ohne Austausch von Argumenten im Rahmen eines geregelten Dialogs noch ohne Verständigung auf Kompromisse, die fall- und zeitweise zu unterschiedlichen Gewichtungen der angesprochenen Dimensionen führen können. In manchen Fällen lässt sich ein Kompromiss eher finden, wenn es ohne Zeitdruck um mittel- und langfristige Lösungen geht, die dann jedoch umso konsequenter verfolgt werden müssen, um nicht selten festzustellenden Verzögerungsneigungen vorzubeugen. Gerade im Hinblick auf die sowohl räumlich als auch zeitlich weitreichenden, heterogenen *Ansprüche* aus dem *Nachhaltigkeitsleitbild* und deren unter einem Zielkonflikt stehenden Regelungen bieten sich das Konsensprinzip und der ethische Diskurs als konstruktive und diskursive Kommunikationsmethode unmittelbar als *Konfliktlösungsverfahren* an.[824] Denn universell geltende Erkenntnisse und Bestimmungen, wie und in welchem Ausmaß die in den drei Dimensionen der Nachhaltigkeit vertretenen ökologischen, ökonomischen und sozialen Sachverhalte im Zuge der Konzeptualisierung zu berücksichtigen sind, kann es in der gesellschaftlichen Realität ohne Dialog nicht geben. Alles andere wäre Utopie.

Jeder Teilnehmer an den daher im Rahmen eines fortgesetzten Bewahrungs- und Entwicklungsprozesses lokal und global zu führenden Diskursen sollte sich zur Transzendierung der Ebene der Subjektivität – unter weitgehendem Verzicht auf außerzweckmäßige Beeinflussungen und Überredungskünste – dem Grundsatz der *„Transsubjektivität"* als Vernunftprinzip der praktischen Beratung unterwerfen.[825] Hierbei sollte er von seinen eigenen Interessen jeweils so viele Abstriche machen, dass sie sich unter einen für alle Betroffenen *akzeptablen Oberzweck* subsumieren lassen. Das gilt auch für die mit instrumentellen und nicht-instrumentellen Rationalitäten verbundenen spezifischen Anforderungen der Umwelt-, Wirtschafts- und Sozialethik, die sowohl innerhalb der Einzelethiken als auch untereinander konkurrieren.[826] Dadurch ergibt sich das für eine global zukunftsfähige Entwicklung gesuchte *konsensuale Lösungskonzept* – mit Hilfe eines auf Basis des Konfliktmodells der Nachhaltigkeitsethik geführten ethischen

---

823 Auf den *Global-Governance-Prozess* wurde in Kapitel 1.3.3 „Globalisierung" näher eingegangen.

824 Weitere Darstellungen zur Diskurs- und Dialogmethode, die die vorausgegangenen Ausführungen im Hinblick auf das *Integrationskonzept* ergänzen, finden sich u. a. bei Wuchterl 2003, S. 733 ff.

825 Vgl. Lorenzen/Schwemmer 1975, S. 164.

826 Einzelheiten zu den *Anforderungen* der fachspezifischen Einzelethiken befinden sich in den Kapiteln 3.3 „Umweltethik", 3.4 „Wirtschaftsethik" und 3.5 „Sozialethik".

Diskurses – als normative Genese eines Systems von interdependenten Zwecken,[827] die sich zusammen mit ihren unter einen Oberzweck subsumierten Unterzwecken schematisch darstellen lässt (vgl. Abb. 20):

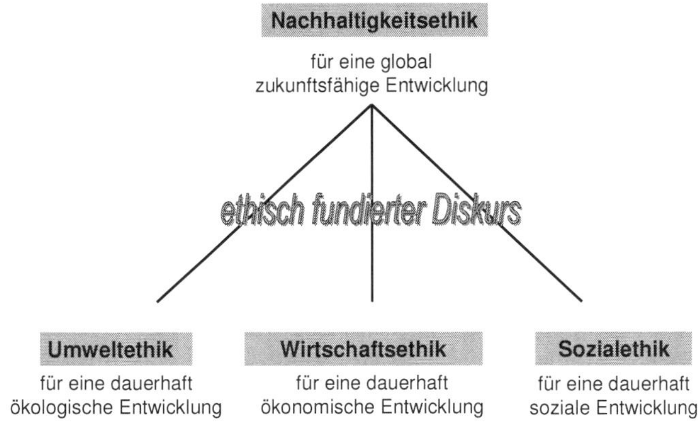


**Abbildung 20: Konsensuales Lösungskonzept als Genese von Zwecken**

Zur Unterstützung der *Operationalisierung des Nachhaltigkeitsleitbilds* müssen entsprechend dem hier vertretenen methodischen Ansatz einer demokratischen Konfliktbewältigung die universalistisch, raumzeitlich orientierten umwelt-, wirtschafts- und sozialethischen Vorgaben *schrittweise* entwickelt, im Hinblick auf eine nachhaltige Entwicklung integrativ zusammengeführt und zustimmungs- sowie umsetzungsfähig ausgeführt werden. Soweit diese Vorgaben sich in Handlungsregeln und Normen konkretisieren, müssen sie anforderungsgerecht entsprechend den spezifischen Voraussetzungen formuliert werden und dem folgenden *Grundsatz* entsprechen: konkrete Regeln, die nicht alles regeln wollen und ausreichend flexibel für spezielle Anwendungen sind,[828] ohne den ganzheitlichen Zusammenhang aus dem Auge zu verlieren. Also eine *Prinzipien basierte Regulierung*, die durch klare Regeln die Möglichkeit der Selbstregulation unterstützt und ihren Schwerpunkt in der Setzung von möglichst langfristig, global angelegten Rahmenbedingungen findet. Denn sowohl ungenaue als auch eng gefasste Vorgaben würden die Umsetzung im vorliegenden Anwendungsfall eher behindern als in der Sache Vorteile bringen. Dieses *konsensuale Integrationskonzept* setzt darüber hinaus eine vorherige normative Integration der fachspezifischen Rationalitäten voraus, die anlässlich der Einzelethiken dargestellt wurde.

---

827 Vgl. Schwemmer 1971, S. 219 ff.

828 Vgl. Siebenhüner 2006, S. 23 f.

Im Rahmen dieses Integrationskonzepts sind im Wesentlichen *vier Schritte* vorrangig auf der Grundlage von Freiheit, Vernunft und Intersubjektivität zu durchlaufen: (1) Durch kritische Reflexion der gesellschaftlichen Voraussetzungen sind auf dem ethischen Fundament der um fachspezifische Prinzipien ergänzten teleologischen Deontologie die Vorgaben aus ganzheitlicher Sicht zu generieren und verallgemeinerbar zu formulieren. (2) Die aufgestellten Vorgaben sind im Hinblick auf das dialogische Konsensprinzip und die Anforderungen an einen ethisch fundierten Diskurs auf ihre Objektivität und allgemeine Zustimmungsfähigkeit zu überprüfen. (3) Die geprüften Vorgaben sind in einem ebenfalls durch rationale Argumentation zu führenden Diskurs mit den Betroffenen zu kommunizieren und soweit zu modifizieren, dass eine weitest mögliche Akzeptanz erreicht werden kann, ohne die Zielsetzung einer global zukunftsfähigen Entwicklung zu beeinträchtigen. (4) Die geprüften und akzeptierten Vorgaben sind schließlich von der lokalen bis zur globalen Ebene im Rahmen eines Global-Governance-Prozesses unter der angegebenen Zielperspektive politisch in die gesellschaftliche Realität umzusetzen.

Diese *konstruktiv* und *diskursiv* ausgerichtete *Vorgehensweise* erscheint konsistent, ist jedoch für eine erfolgreiche Umsetzung allein nicht hinreichend. Denn in der *gesellschaftlichen Praxis* muss gerade bei der vorliegenden Zielsetzung, die sowohl eine umfassende, dauerhafte Bewahrung als auch Verbesserung defizitärer Lebensverhältnisse erfordert, einerseits den ungleichen Voraussetzungen der Individuen und ihres Umfeldes im Hinblick auf das *Gerechtigkeitsprinzip* Rechnung getragen werden. Andererseits muss ein Vernunft fernes Verhalten im Hinblick auf die menschliche *Doppelnatur* in besonderem Maße berücksichtigt werden: [829] Als „Animal rationale" werden Menschen, denen das Prädikat *„rational"* sowohl als Eigenschaft als auch als Vermögen unterschiedlich ausgeprägt zur Verfügung steht, in realen gesellschaftlichen Situationen daher weder gleichberechtigt im Sinne gleicher Voraussetzungen noch ausschließlich rational miteinander kommunizieren. Stattdessen werden sie in ihrem tatsächlichen Verhalten neben der Vernunftorientierung auch von nicht immer bewussten *irrationalen Einflüssen* wie Ungerechtigkeit, Hilflosigkeit, Harmoniebedürfnis, Sympathie, Emotionalität, Vorteils- und Machtstreben etc. bestimmt. Weitere Barrieren bestehen insbesondere aufgrund von ausgeprägten Einzelinteressen und Informationsdefiziten. Eine normativ ausgerichtete *Umsetzungsstrategie* der gesellschaftlichen Akteure darf das nicht uneingeschränkt hinnehmen, muss aber auf diese empirischen Faktizitäten ebenso wie auf neue wissenschaftliche Erkenntnisse Rücksicht nehmen, die wiederholte Anpassungen der Strategie erfordern können. Und wie schon die gegenwärtige globale Finanz- und Wirtschaftskrise deutlich zeigt, muss vor allem eine international geltende Regulierungsgrundlage in Form *institutionell abgesicherter Rahmenbedingungen* als weltweit verbindliche Richtschnur geschaffen werden.[830] Bei möglichen Verzögerungen und Rückschlägen auf dem langen Weg zu einer nachhaltigen Entwicklung müssen die lokalen und globalen Akteure außerdem durch konsequente Zielverfolgung, nicht nachlassendes Selbstbewusstsein und Engagement gegensteuern. Mit Rücksicht auf eine

[829] Auf die Doppelnatur des nicht nur Vernunft begabten *„Animal rationale"* wurde zuletzt im Kapitel 3.5.1 „Grundprobleme der Sozialethik" eingegangen.

[830] Vgl. Nida-Rümelin 2008, S. 2.

von mündigen Bürgern ausgehende demokratische Konfliktbewältigung erfordert diese anspruchsvolle Aufgabe neben der Nutzung der Möglichkeiten des *Rechts* und einer Politik der *Partizipation* [831]einen *Forschungs- und Bildungsauftrag*, der zur Wertorientierung und zum Abbau von Informationsdefiziten über die menschlichen Lebensbedingungen und ihre Gefährdung beiträgt.

### 3.6.2 Normativer Gestaltungsansatz für eine nachhaltige Entwicklung

Die nach einer Klärung der normativ-ethischen Grundlagen entwickelten fachspezifischen Einzelethiken fungieren im Rahmen der Konzeptualisierung des *normativen Gestaltungsansatzes für eine nachhaltige Entwicklung* als Unterzwecke und repräsentieren die drei Nachhaltigkeitsdimensionen. Als interdependente Bestandteile der Nachhaltigkeitsethik beschränken sie sich jeweils auf eine dauerhaft fachspezifische Entwicklung, die im Rahmen der mit Hilfe des konsensualen Lösungs- und Integrationskonzepts erfolgenden integrativen Zusammenführung schließlich den ganzheitlichen Ansatz der *Nachhaltigkeitsethik* als Oberzweck ergeben. Der unter dieser Perspektive von drei grundlegenden fachspezifischen Zielsystemen ausgehende *Integrationsprozess* beginnt also mit den Einzelethiken und ihren Grundlagen, um dann auf dieser Ausgangsbasis unter Berücksichtigung der Interdependenzen der jeweiligen Nachhaltigkeitsdimensionen eine normative Erweiterung in Richtung einer global zukunftsfähigen Entwicklung vornehmen zu können. Mit dieser Vorgehensweise soll erreicht werden, dass die Autonomie des jeweiligen fachspezifischen Ansatzes gewahrt bleibt und sowohl eine – bezogen auf das umwelt-, wirtschafts- und sozialethisch ausgerichtete Management – effiziente als auch eine um die Nachhaltigkeitsanforderungen erweiterte normative Gestaltung ermöglicht wird. Auf beiden Ebenen handelt es sich um *integrative Ansätze* unterschiedlicher Reichweite innerhalb eines ethischen Gesamtkonzepts.

#### 3.6.2.1 Integrative Ansätze der Umwelt-, Wirtschafts- und Sozialethik

Die bereits dargestellten *integrativen Ansätze* der Einzelethiken basieren auf einer normativen Integration der fachspezifischen Rationalitäten, die als zweckrationale Verfolgung des jeweils zugehörigen ökologischen, ökonomischen oder sozialen *Zielsystems* interpretiert wurden, unter dem die praktische Umsetzung im repräsentierten Fachgebiet erreicht werden soll. Unter Berücksichtigung der den Einzelethiken zugrunde liegenden *spezifischen Prinzipien* soll damit im Hinblick auf die angestrebte nachhaltige Entwicklung sowohl das Leben des Einzelnen als auch das Zusammenleben der Menschen untereinander und mit der natürlichen Umwelt so gestaltet werden, dass nicht nur das physische Überleben gesichert, sondern auch ein gutes Leben für möglichst alle Mitglieder der Gemeinschaft auf Dauer erreicht wird. Unter dieser Perspektive wurde die *normative Integration* der fachspezifischen Rationalitäten in *drei Schritten* durchgeführt, in denen das fachspezifische Zielsystem jeweils nach deontologischer und teleologischer Ausrichtung mit der ethischen Rationalität und ihren nicht-instru-

[831] Zur Vertiefung der auch in diesem Zusammenhang wichtigen *Partizipation* als grundlegendes Prinzip der Politik wird u. a. verwiesen auf Gerhardt 2007 und Brand 2002.

mentellen Prinzipien mit methodischer Unterstützung durch das Konsensprinzip und den ethischen Diskurs verknüpft wurde. Den ganzheitlichen Hintergrund für die nachfolgende integrative Zusammenführung der Einzelethiken zur Nachhaltigkeitsethik bildet das Verhältnis *Mensch-Natur-Mensch* mit seinen Interdependenzen in Raum und Zeit.[832] Dieses durch einen Subjekt- und Objektbezug konkretisierte *Dreiecksverhältnis*, in das der Mensch seine Gestaltungspotenziale im genannten Sinne einbringen kann, ergibt sich einerseits aus dem durch die Dimensionen Soziales und Wirtschaft bestimmten Spannungsverhältnis *Mensch-Mensch* und andererseits aus dem durch die Dimensionen natürliche Umwelt und Wirtschaft bestimmten Spannungsverhältnis *Mensch-Natur*. Gerade im letzteren Verhältnis bleibt der Mensch jeweils als Teil der Natur trotz seiner Kultur und dem dadurch erreichten Emanzipationsgrad weitgehend von ihr abhängig, was weitere *Spannungen* zur Folge hat und den Umgang mit der Natur nicht leichter macht (vgl. Abb. 21):

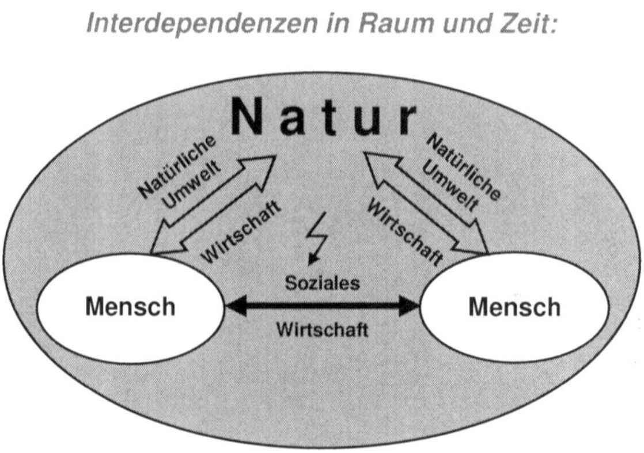


**Abbildung 21: Dreiecksverhältnis Mensch-Natur-Mensch im Spannungsfeld**

Obwohl sich die Interdependenzen zwischen den Menschen (Sozialbeziehung: Subjekt-Subjekt) [833] von denen in Bezug auf die Natur (Umweltbeziehung: Subjekt-Objekt) grundlegend unterscheiden, stellt das *Dreiecksverhältnis Mensch-Natur-Mensch* analog dem Spannungsdreieck der Nachhaltigkeit und dem Tetraeder der Nachhaltigkeitsethik ebenfalls ein *Konfliktmodell* dar. Beim Dreiecksverhältnis wird jedoch eher deutlich, dass die zwischenmenschlichen Konflikte in der Regel leichter wahrgenommen werden.

[832] Das Dreiecksverhältnis *Mensch-Natur-Mensch* wurde anlässlich der anthropologischen Erörterungen im Kapitel 3.5.1 „Grundprobleme der Sozialethik" unter Rückgriff auf die *dreifache Grundbeziehung* (Individual-, Sozial- und Umweltbeziehung) entwickelt.

[833] Annahme: In den Polen des Verhältnisses Mensch-Mensch ist die *Individualbeziehung* (Subjekt-Selbst) bereits enthalten.

Das liegt vor allem daran, dass in diesem Konfliktmodell Subjekt und Objekt als unmittelbar dargestellte Bezugspunkte erscheinen.

### 3.6.2.2 Ganzheitlicher Ansatz der Nachhaltigkeitsethik

Die Zielsetzung einer global zukunftsfähigen Entwicklung erfordert einen weitergehenden Ansatz, der über die Einzelethiken hinausgeht und diese mit ihren spezifischen Anforderungen als interdependente Bestandteile in das *ethische Gesamtkonzept* aufnimmt. Erst mit dieser *Erweiterung* ergibt sich unter Beibehaltung der ethischen Fundierung durch die teleologische Deontologie und die normativ integrierten fachspezifischen (instrumentellen) Prinzipien sowie unter Rückgriff auf die Dialogmethode (dialogisches Konsensprinzip und ethischer Diskurs) der *ganzheitliche Ansatz der Nachhaltigkeitsethik*. Dieser integrative Ansatz lässt sich zur Veranschaulichung seiner wesentlichen Bestandteile sowie der zwischen ihnen bestehenden Zusammenhänge schematisch darstellen (vgl. Abb. 22):

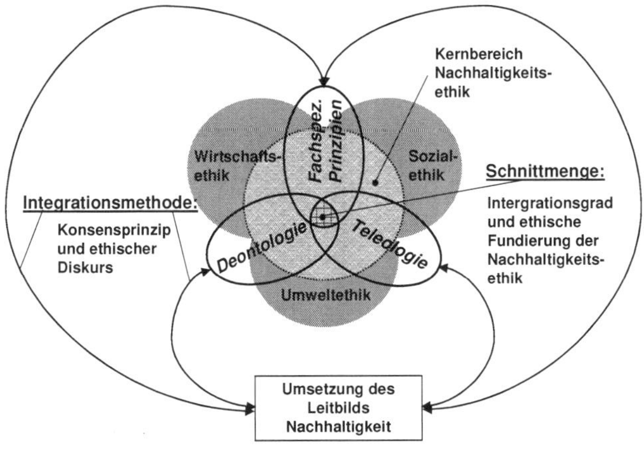


**Abbildung 22: Gestaltungsansatz Nachhaltigkeitsethik mit Dimensionen**

Die *Umsetzung* des Leitbildes der Nachhaltigkeit verbessert sich demnach entsprechend der dargestellten Schnittmenge mit einer Zunahme des Integrationsgrades und der ethischen Fundierung der Nachhaltigkeitsethik sowie umgekehrt. Dieser naheliegende Zusammenhang wird im Schema durch die Richtungspfeile zwischen dem Feld „Umsetzung des Leitbilds Nachhaltigkeit" und den beweglich gedachten Feldern „Deontologie", „Teleologie" und „Fachspez. Prinzipien" veranschaulicht. Der als Ergebnis des dargestellten Integrationsprozesses erhaltene normative Gestaltungsansatz *Nachhaltigkeitsethik* beschränkt sich in seinen Unterzwecken bzw. einzelnen Dimensionen – den Einzelethiken Umwelt-, Wirtschafts- und Sozialethik – auf einen gemeinsamen *Kernbereich*, der in fachspezifischer Hinsicht nicht so weit wie die Einzelethiken reicht. Denn er muss im Interesse eines ganzheitlichen Fortschritts bei seiner praktischen Umsetzung in fachlicher Hinsicht Kompromisse eingehen, um eine Balance zwischen den unterschiedlichen Anforderungen der Einzelethiken herstellen zu können. Für die hier nicht vertiefte *Umsetzung des Leitbildes* einer nachhaltigen Entwicklung müssen die entsprechenden Vorgaben auf der Grundlage der zugehörigen Prinzipien schrittweise entwickelt, integrativ zusammengeführt und zustimmungsfähig ausgeführt werden. Hierfür wurden unter der Perspektive einer demokratischen Konfliktbewältigung gemäß dem dargestellten *konsensualen Integrationskonzept* vier Stufen vorgesehen. Auf die zugehörige Umsetzungsstrategie und die in der gesellschaftlichen Praxis zu erwartenden Probleme wurde in diesem Zusammenhang bereits ebenfalls eingegangen.

Damit der normative Gestaltungsansatz Nachhaltigkeitsethik nicht als abstraktes Konstrukt im Raum stehen bleibt, soll im anschließenden Kapitel eine *Anwendung des Ansatzes* auf die Unternehmensebene als *exemplarischer Schritt* in Richtung einer global zukunftsfähigen Entwicklung dargestellt werden. Die Entwicklung eines Konzepts für eine nachhaltige Unternehmensentwicklung erfordert zunächst eine Auseinandersetzung mit dem ganzheitlichen Wandel, in dem sich Wirtschaftsunternehmen heute befinden. Auf dieser Grundlage soll der normative Gestaltungsansatz Nachhaltigkeitsethik *unternehmensbezogen konkretisiert* und dem realen Nachhaltigkeitsmanagement eines global operierenden Unternehmens an Hand eines zweiten Fallbeispiels gegenübergestellt werden.

## 4. Nachhaltigkeitsmanagement als Anwendung der Nachhaltigkeitsethik

Den globalen Umwelt- und Wirtschaftskrisen und den sich daraus ergebenden Anforderungen müssen sich die als Ressourcen nutzende Leistungsersteller zu behandelnden *Wirtschaftsunternehmen* inzwischen weltweit stellen. Darüber darf jedoch nicht vergessen werden, dass die angesprochenen Unternehmen nicht nur Betroffene der Krisen sind. Vielmehr sind sie als *Hersteller von Produkten* (z. B. Industrieunternehmen) und *Dienstleistungen* (z. B. Finanzierungsunternehmen) ebenso wie deren Konsumenten potenzielle Krisenverursacher. Sie können durch ihre Unternehmenspolitik und ihr Verhalten erheblich zu den Krisen, aber auch zu deren Vermeidung und Überwindung beitragen. Zu den Unternehmen kommt in diesem von einer bipolaren Akteursstruktur gekennzeichneten Kontext die nicht weiter vertiefte *Rolle des Staates* in ihrer politischen Funktion als gesellschaftlicher Ordnungsstifter hinzu: Trotz positiver Ansätze ist es den Repräsentanten der Staaten in Zusammenarbeit mit global agierenden Unternehmen und sonstigen Nichtregierungsorganisationen bisher noch nicht in ausreichendem Maße gelungen, die politischen Rahmenbedingungen im Hinblick auf eine global zukunftsfähige Wirtschaftsweise anforderungsgerecht zu gestalten und abzustimmen.

Angesichts dieser Problemlage wird folgende *Arbeitshypothese* aufgestellt:

*Für eine global zukunftsfähige Entwicklung ist die Geschäftstätigkeit der Wirtschaftsunternehmen von besonderer Bedeutung. Die mit ihrer Leistungserstellung zwangsläufig verbundenen Umwelteinflüsse erfordern in der Regel eine Neuausrichtung ihrer Organisation unter einer ganzheitlichen Langzeitperspektive. Diese lässt sich fallweise durch die Anwendung eines normativen Gestaltungsansatzes für eine nachhaltige Entwicklung auf die Mesoebene des Unternehmens erreichen: Dazu werden auf der Unternehmensebene von der Geschäftsführung die organisatorischen Voraussetzungen für die Anwendung des Gestaltungsansatzes im jeweiligen unternehmensspezifischen Einzelfall geschaffen, indem auf der Mikroebene die Interessen der internen und externen Stakeholder des Unternehmens angemessen berücksichtigt werden.*

*Außerdem werden für die auf Dauer erfolgreiche Umsetzung einer generierten Handlungsorientierung – sei es mit Hilfe eines konkretisierten universell anwendbaren Gestaltungsansatzes Nachhaltigkeitsethik oder eines bereits eingeführten unternehmensspezifischen Ansatzes – auf der Makroebene der Gesamtgesellschaft die institutionellen Rahmenbedingungen sowohl national als auch international geschaffen. Auf diese Weise kann die Zukunftsfähigkeit von Unternehmen im Einklang mit der gesellschaftlichen und natürlichen Umwelt sichergestellt werden.*

**Zielvorstellung:** Die hier darzustellende Anwendung des normativen Gestaltungsansatzes Nachhaltigkeitsethik auf die Unternehmensebene soll mit einem Nachhaltigkeitsmanagement erreicht werden, das die drei Dimensionen der Nachhaltigkeit in das Unternehmensdenken und -handeln unter einer ganzheitlichen ethischen Perspektive integriert und von der normativen bis zur operativen Ebene des Unternehmens umsetzt. Da zu seinem Einflussbereich auch die Stakeholder außerhalb des Unternehmens zählen, müssen diese ebenfalls in das angestrebte Managementsystem einbezogen werden, um zu einer Zukunftsfähigkeit beizutragen, die über den Bereich des Unternehmens hinausgeht. Dabei wird vorausgesetzt, dass die gesellschaftspolitischen Rahmenbedingungen dem Unternehmen eine nachhaltige Unternehmensentwicklung unter den verschärften Konkurrenzbedingungen der Globalisierung ermöglichen. Diese Gedanken werden mittlerweile auch vom Bundesverband der Deutschen Industrie (BDI) unterstützt. Der BDI-Präsident stellte hierzu in seinem Vorwort zu der Studie *„Nachhaltigkeitsmanagement in Unternehmen"* u. a. fest: „Unternehmen werden zunehmend daran gemessen und messen sich selbst daran, wie sie die Ziele einer nachhaltigen Entwicklung verfolgen. Nachhaltigkeit und Corporate Social Responsibility sind zu strategisch bedeutsamen Leitbildern heutiger Unternehmenspolitik geworden. Es liegt in der Verantwortung des Managements, Nachhaltigkeit im Unternehmen zu verankern und systematisch in internen Strukturen und Prozessen umzusetzen – eine herausfordernde Querschnittsaufgabe. Es geht dabei sowohl um eine langfristig erfolgreiche Geschäftsentwicklung als auch um einen positiven Beitrag des Unternehmens zur nachhaltigen Entwicklung der gesamten Gesellschaft." [834]

**Vorgehensweise:** Für die nachfolgende Darstellung soll zunächst eine Auseinandersetzung mit dem strukturellen Wandel in den Industriegesellschaften und den daraus für die Wirtschaftsunternehmen resultierenden Anforderungen erfolgen, bevor auf das ethische Handeln innerhalb und außerhalb des Unternehmens eingegangen wird. Auf dieser Grundlage soll nach Klärung der betriebswirtschaftlichen und managementtheoretischen Grundlagen ein *Konzept für eine nachhaltige Unternehmensentwicklung* dargestellt werden, das aus der Konkretisierung des zuvor entwickelten normativen Gestaltungsansatzes Nachhaltigkeitsethik hervorgeht. Ziel dieses Vorgehens ist es, ein integratives *Nachhaltigkeitsmanagement* für die *universelle Anwendung* in Unternehmen zur Verfügung zu stellen. Der Wahl einer geeigneten Modellbasis und geeigneter Managementinstrumente kommt hierbei eine besondere Bedeutung zu. Die auf diesem Wege zu entwickelnde Konzeption soll anschließend unter dem Blickwinkel der Transdisziplinarität dem eingeführten Nachhaltigkeitsmanagement eines Wirtschaftsunternehmens im Rahmen eines *Fallbeispiels* gegenübergestellt werden, das sich von einem deutschen zu einem führenden internationalen Konzern der Papier- und Forstindustrie weiterentwickelt hat.

## 4.1 Wirtschaftsunternehmen und ihre Akteure im ganzheitlichen Wandel

Wirtschaft und Gesellschaft sind nicht nur mit den aktuellen Krisen konfrontiert, sondern mit einem *ganzheitlichen Wandel*, der über den seit Beginn der Industrialisierung üblichen Rahmen hinausgeht und neben den Industrieländern zunehmend auch die Schwellen- und Entwicklungsländer erfasst und vor große Herausforderungen stellt.

[834] BMU/ecosense/CSM 2007.

Dieser insbesondere durch einen rasanten *technologischen Fortschritt*, neue Verkehrs- und Informationssysteme, fortschreitende internationale Vernetzungen, demographische Veränderungen, Beeinträchtigung der Lebensbedingungen durch Nachhaltigkeitsdefizite sowie einen damit zusammenhängenden Wertewandel gekennzeichnete *strukturelle Veränderungsprozess* lässt sich durch zwei miteinander verknüpfte Faktoren charakterisieren: einer steigenden Komplexität vor dem Hintergrund einer zunehmenden Veränderungsdynamik.[835] Der in dieser Periode des Übergangs mit entsprechenden Wandlungen und Anpassungen einhergehende Veränderungsprozess erfasst die *Wirtschaftsunternehmen* und ihr Umfeld inzwischen grenzüberschreitend in Form der *Globalisierung*. Er beschränkt sich jedoch nicht auf raumzeitliche und ökonomische Aspekte – wie das Zusammenwachsen der Märkte, veränderte Beschäftigungsbedingungen und den internationalen Wettbewerb – sowie gewandelte institutionelle Rahmenbedingungen: Ebenfalls durch den technologischen Fortschritt getragen ist der durch Informations- und Kommunikationstechnologien geprägte Strukturwandel von der *Industrie- bzw. Produktions-* zur *Dienstleistungsgesellschaft* und diese wiederum zur *Informations- und Wissensgesellschaft*. Die dadurch zusätzlich ermöglichten Vernetzungen und Interaktionen bieten den Unternehmen mit Hilfe eines geeigneten Managementkonzepts neue Möglichkeiten der Unternehmensführung sowie Wertschöpfung und führen u. a. zu neuen dezentralen Organisationsformen, die über die eigene Organisation hinaus auch Dritte erfassen können. Die neuen technologischen Möglichkeiten unterstützen auch die *Innovationen* im Bereich von Produktion und Dienstleistungen, die zu einer weiteren Dynamisierung und Komplexierung der Entwicklung beitragen.[836] Daraus können sich für Wirtschaft und Gesellschaft einerseits zusätzliche Unsicherheiten über die Beherrschbarkeit der weiteren Entwicklung und andererseits auch Chancen für die Überlebens- und Entwicklungsfähigkeit ergeben, die von den gesellschaftlichen Akteuren umfassend zu nutzen sind. In jedem Fall kommt der *normativen Ethik* mit ihrem *Orientierungswissen* in diesem Zusammenhang eine steigende Bedeutung zu. Denn die wachsende Komplexität und Dynamik der skizzierten Entwicklung führt bei Akteuren und Betroffenen zu einer zunehmenden Orientierungslosigkeit, die zu ihrer Überwindung *Fixpunkte* benötigt. Für Unternehmen bedeutet es allgemein „eine Erweiterung der Perspektive... auf die konstitutiven Grundlagen der Unternehmenstätigkeit, auf das *normative Management* und die sie prägende *Unternehmensphilosophie*.“ [837] Hier soll der normative Gestaltungsansatz Nachhaltigkeitsethik ansetzen und zur Anwendung kommen.

### 4.1.1 Bedeutung der Wirtschaftsunternehmen für nachhaltige Entwicklung

Eine maßgebliche Akteursgruppe stellen im Nachhaltigkeitskontext die hier vorrangig thematisierten *Wirtschaftsunternehmen* mit ihren Managementsystemen dar, die von der UNCED-Konferenz 1992 in Rio de Janeiro in das Aktionsprogramm „Agenda 21“ aufgenommen und darin auf ein verantwortungsvolles unternehmerisches Handeln

[835] Vgl. Bleicher 1999a, S. 27 ff.

[836] Vgl. Hopfenbeck 2000, S. 79 ff.

[837] Bleicher 1999b, S. 166.

verpflichtet wurden: In den Dokumenten dieser immer noch wichtigen Konferenz der Vereinten Nationen wird bereits in der Einführung zu Kapitel 30 darauf hingewiesen, dass die Privatwirtschaft einschließlich der transnationalen Unternehmen eine *zentrale Rolle* in der wirtschaftlichen und sozialen Entwicklung eines Landes spielt.[838] Die offiziellen umwelt-, entwicklungs- und unternehmenspolitischen Handlungsaufträge der internationalen Staatengemeinschaft, die sich seinerzeit vorrangig an Produktionsunternehmen gewendet haben, befassen sich programmatisch mit der Förderung einer *umweltverträglichen Produktion* und einer *verantwortungsbewussten Unternehmerschaft*. Durch den zwischenzeitlich erfolgten Bedeutungszuwachs der – nicht erst seit der gegenwärtigen Finanz- und Wirtschaftskrise in den Fokus geratenen – *Dienstleistungsunternehmen* müssen diese heute ebenfalls vorrangig berücksichtigt und uneingeschränkt in die Verantwortung genommen werden. Das gilt vor allem sowohl für größere Dienstleistungsunternehmen, die nicht nur im Finanzbereich global tätig sind, als auch für größere transnational agierende Industrieunternehmen, die einen zunehmenden Dienstleistungsanteil in ihrer Wertschöpfungskette aufweisen, auf den noch näher eingegangen wird. Die internationale Staatengemeinschaft räumte dem *Management für eine nachhaltige Entwicklung* schon damals höchste unternehmerische Priorität ein, allerdings ohne es konkret darzustellen. Unter den durchzuführenden Maßnahmen für eine verantwortungsbewusste Unternehmerschaft wird quasi als Teil eines Fahrplans auf dem Weg zu einer nachhaltigen Unternehmenspraxis jedoch eine *Aufforderung* formuliert, auf die wegen ihrer richtungsweisenden Aussagen im Rahmen des zu entwickelnden Managementkonzepts zurückgegriffen werden soll: „Die Privatwirtschaft einschließlich transnationaler Unternehmen soll ein aus der Sicht der Gesundheit, der Sicherheit und des Umweltschutzes verantwortungsvolles und ethisch vertretbares Produkt- und Verfahrensmanagement gewährleisten. Zu diesem Zweck soll die Privatwirtschaft unter Zuhilfenahme geeigneter Kodizes, Statuten und Initiativen, die in alle Elemente der Unternehmensplanung und Entscheidungsfindung integriert sind, die Eigenkontrolle verstärken und einen offenen Umgang und Dialog mit den Beschäftigten und der Öffentlichkeit fördern.“ [839] Eine Aufforderung mit dieser Formulierung bleibt historisch bedingt auf der Ebene des noch zu behandelnden integrierten Managementsystems für Qualität, Umweltschutz und Arbeitssicherheit stehen, das aus heutiger Sicht als Vorstufe eines Nachhaltigkeitsmanagements einzustufen ist, das die Dimensionen der Nachhaltigkeit vollständig integriert.

Die *Tätigkeit von Wirtschaftsunternehmen* ist schon im Einzelfall, vor allem aber in der Summe weltweit agierender Unternehmen mit erheblichen Auswirkungen auf die gesellschaftliche und natürliche Umwelt dieser und künftiger Generationen verbunden. Schon wegen der durch die Unternehmenspolitik und das -management gestalterisch zu beeinflussenden Tätigkeit und ihrer vielfältigen Auswirkungen ist sie von grundlegender *Bedeutung für eine nachhaltige Entwicklung*. Das in diesem Zusammenhang wichtige Macht- und Einflusspotenzial wird in seinem Ausmaß besonders bei großen global agierenden Unternehmen mit hohem Marktanteil deutlich. Denn diese *Global Player* können z. B. ihre Tätigkeit dahin verlagern, wo sie weltweit die günstigsten Bedingungen

---

[838] Vgl. Bundesumweltministerium (BMU) 1997, S. 235 und Koplin/Müller 2009, S. 35.

[839] Bundesumweltministerium (BMU) 1997, S. 237.

bezüglich Kosten, Auflagen und Infrastruktur vorfinden, ihre Produktions- und Dienstleistungsprozesse zerlegen bzw. neu zusammenfügen, ihre diesbezüglichen Leistungen weltweit an verschiedenen Orten erbringen und auf den für sie geeigneten Märkten absetzen. Und sie können schließlich Unternehmensstandorte sowohl konzernintern untereinander als auch diese gegenüber Nationalstaaten auf regionaler oder globaler Ebene ausspielen. Sie sind daher nicht selten mächtiger als Regierungen von Nationalstaaten und können die gesellschaftliche Entwicklung der Generationen stärker als diese beeinflussen, beispielsweise bei Fragen der Rohstoffversorgung, Güterverteilung, der Finanzierung, der Menschenrechte oder des Umweltschutzes. Das sind Themen, die bereits für sich allein regionale oder weltweite Krisen mit Auswirkungen auf mehrere Generationen auslösen können. Vor dem geschilderten Hintergrund liefern *Macht und Einfluss* der Wirtschaftsunternehmen einerseits die *Begründung* für die Notwendigkeit der Einführung eines *nachhaltigkeitsethischen Managementsystems*. Denn damit können vorteilhafte Auswirkungen ihrer Tätigkeit gefördert und nachteilige Auswirkungen auf Gesellschaft sowie Natur weitgehend vermieden werden. Und sie liefern damit andererseits die Begründung für die hier vorgenommene Fokussierung auf *Wirtschaftsunternehmen*, da diese – ohne dabei den hier nicht näher ausgeführten wichtigen Einfluss der Konsumenten zu übersehen – insgesamt den *größten Beitrag zu einer global nachhaltigen Entwicklung* unserer Gesellschaft leisten können. Nicht nur aus gesellschaftlicher Sicht lohnt es sich daher, bei möglichst vielen Unternehmen ein konsequentes Nachhaltigkeitsmanagement als Beitrag zur Sicherung einer zukunftsfähigen Wirtschafts- und Lebensweise einzurichten und quasi als Katalysator einen *Image fördernden Wettbewerb* um eine nachhaltige Unternehmenspraxis zu fördern, wozu bereits mehrere nachhaltigkeitsrelevante Labels bzw. Indizes erworben werden können.[840] Es geht im Nachhaltigkeitskontext also nicht nur um die Herstellung guter Produkte auf der richtigen Rohstoffbasis, sondern auch darum, welche Produkte (Waren und Dienstleistungen) auf welche Art und Weise hergestellt und konsumiert werden. Die als Ergebnis ihrer Unternehmenstätigkeit erzielten Leistungen können daher ebenso wenig wie die dabei oder als deren Konsequenzen auftretenden Probleme und vorzunehmenden Lösungen isoliert, sondern nur *ganzheitlich* behandelt werden. Denn dauerhafte Erfolge können in Zeiten der Globalisierung wegen der bestehenden Interdependenzen nicht mehr – wie in der klassischen Betriebswirtschaftslehre – mit einer Beschränkung auf die ökonomische Dimension des Unternehmenshandelns erreicht werden, selbst wenn dieses mit hoher betriebwirtschaftlicher Effizienz erfolgt. Bei der ganzheitlichen Betrachtung verliert das ökonomische Rationalprinzip keinesfalls seine Bedeutung, es muss nur mit den übrigen fachspezifischen Rationalitäten verknüpft werden.

Vor diesem Hintergrund wird das Unternehmen als mehrdimensionale Ganzheit interpretiert: Zunächst einmal wird es als *produktives, soziales System* verstanden, das durch seine Vernetzung mit der gesellschaftlichen und sozialen Umwelt nur begrenzt autonom handeln kann,[841] wenn man von kurzfristigen Tätigkeiten mit geringer Reichweite absieht. Das Unternehmen wird nach diesem Verständnis zum eingeschränkt

---

[840] Vgl. BMU/BDI 2002, S. 65 ff.

[841] Vgl. Malik 1992, S. 22 ff.

*autonomen Subsystem der Gesamtgesellschaft*, die ihrerseits auf ein großes Netzwerk von Institutionen zurückgreifen kann. Je weitgehender die Auswirkungen der Unternehmenstätigkeit – wie z. B. bei einem Global Player – gehen, desto weniger bleibt sie eine Privatangelegenheit der Eigentümer. Denn sie berührt elementare gesamtgesellschaftliche Interessen. Faktisch findet dadurch eine Entprivatisierung des Unternehmens statt, bei der zwar das Eigentum privat und geschützt bleibt, die Wirkungszusammenhänge wie gesellschaftliche Kosten und Nebenwirkungen des Unternehmenshandelns (externe Effekte) aber öffentlich relevant werden.[842] Als *offene, gesellschaftsbezogene Institution*, die durchaus organisatorisch zu nutzende selbstlenkende Eigenschaften aufweisen kann, ist das Unternehmen ein *dynamisches, zielgerichtetes Akteurssystem*, das durch eine Transformation der aus der Umwelt entnommenen Ressourcen eine entgeltliche Marktleistung für Abnehmer (bzw. Konsumenten) erbringt.[843] Im Hinblick auf ein über die inner- und außerbetrieblichen Systemgrenzen des Unternehmens erfolgendes Handeln, für das mit dem Rückkopplungsprinzip fallweise ein Gleichgewichtszustand zu erreichen ist, ist das Unternehmen darüber hinaus als *kybernetisches System* einzustufen.[844] Denn es kann einerseits durch Fremdsteuerung (vom Staat oder von der Unternehmenshierarchie) und andererseits durch Selbststeuerung im Rahmen der Selbstorganisation (Stichwort: Homöostase)[845] geregelt werden.[846] In jedem Fall ist zu berücksichtigen, dass die vom Unternehmen zu leistende Wertschöpfung entsprechend dem bestehenden Systemzusammenhang *ökonomischen, sozialen und ökologischen Anforderungen* innerhalb und außerhalb des betrieblichen Umfeldes gerecht werden muss, wenn sie Akzeptanz und damit Bestand haben will. Das Unternehmen ist also ein komplexes System, das darüber hinaus einem ständigen Veränderungsprozess unterliegt. *Zusammenfassend ist das Unternehmen* aus Management orientierter Sicht neben seiner vorrangigen Ausrichtung auf die Bedürfnisbefriedigung und Markterfordernisse also *ein System*, (a) in dem Menschen einzeln sowie gemeinsam produktive Leistungen erbringen und das Verhalten des Unternehmens prägen, (b) das seine Zielvorstellungen innerhalb bestehender Rahmenbedingungen selbst bestimmen kann und auch umsetzt, (c) das mit seiner Umwelt vielfach verbunden ist und mit ihr in Austauschprozessen steht, (d) das sich zur Anpassung an neue Entwicklungen ständig ändern d. h. nicht nur technologische Innovationen umsetzen muss und (e) mit seinen Steuerungsmöglichkeiten auch kann und (f) das schließlich aus vielen Bausteinen besteht und mit seinen Strukturen sowie Abläufen ein Ganzes bildet.[847] Es ist also ein nicht leicht zu handhabendes Gebilde mit vielfältigen Aspekten und Verbesserungspotenzialen, das die am Management des Unternehmens, des Staates und der Nichtregierungsorganisationen Beteiligten vor hohe

842 Vgl. Ulrich/Fluri 1995, S. 60 f.

843 Vgl. Ulrich 1997, S. 430.

844 Vgl. Hopfenbeck 2000, S. 53 und S. 58 ff.

845 Weitere Ausführungen zur *Homöostase* bzw. Selbststeuerung für den allgemeineren Fall von Organismen befinden sich im Kapitel 3.3.2 „Ökologische Prinzipien".

846 Vgl. Müller-Christ 2006.

847 Vgl. Thommen/Achleitner 1998, S. 38 f.

Herausforderungen stellt. Diese *Aufgabe* ist für den hier zu behandelnden Unternehmensbereich entsprechend dem vertretenen Standpunkt am ehesten mit einem *integrativen, System orientierten Management* dauerhaft erfolgreich zu erfüllen, das wie das noch zu behandelnde St. Galler Management-Modell ganzheitlich auf eine kontinuierliche Weiterentwicklung des Unternehmens mit seinen Stakeholdern ausgerichtet ist.

### 4.1.2 Einfluss von Globalisierung und Strukturwandel

Die *Globalisierung* hat als umfassender grenzüberschreitender Prozess zu einer weltweiten Arbeitsteilung mit entsprechenden Auswirkungen geführt, beschränkt sich jedoch nicht auf die im Unternehmenskontext zu vertiefende ökonomische Dimension. Denn ihre interdependenten sozialen bzw. kulturellen und ökologischen Aspekte wirken sich ebenfalls auf die Lebensbedingungen aus. Aus ökonomischer Sicht wurde dieser Prozess schon vor über 160 Jahren von Karl Marx und Friedrich Engels als *immanenter Zwang zur globalen Ausweitung* einer kapitalistischen Wirtschaftsweise erkannt: „Das Bedürfnis nach einem stets ausgedehnteren Absatz für ihre Produkte jagt die Bourgeoisie über die ganze Erdkugel ... Die Bourgeoisie hat durch ihre Exploitation des Weltmarkts die Produktion und Konsumtion aller Länder kosmopolitisch gestaltet ... Die uralten nationalen Industrien sind vernichtet worden und werden noch täglich vernichtet. Sie werden verdrängt durch ... Industrien, die ... den entlegensten Zonen angehörige Rohstoffe verarbeiten und deren Fabrikate nicht nur im Lande selbst, sondern in allen Weltteilen zugleich verbraucht werden. An die Stelle der alten lokalen und nationalen Selbstgenügsamkeit und Abgeschlossenheit tritt ein allseitiger Verkehr, eine allseitige Abhängigkeit der Nationen voneinander.“ [848] Spätestens durch den Wegfall des „eisernen Vorhangs“ bzw. der bipolaren Weltordnung wurde *seit Ende des 20. Jahrhunderts* mit Hilfe neuer Technologien und einer weltweiten Liberalisierung der Handels- und Finanzbeziehungen eine beispiellose Dynamisierung der globalen Wirtschaftsentwicklung erreicht. Die *Folgen* sind einerseits negative ökonomische, soziale und ökologische Auswirkungen wie z. B. eine Zunahme von ökonomischen Krisen, veränderte Markt- und Machtstrukturen durch wirtschaftliche Konzentrationsprozesse, ein Ab- bzw. Rückbau von Sozialleistungen in den entwickelten Ländern, zunehmende Konflikte mit anderen Kulturbereichen und eine verstärkte Ressourcenverschwendung mit negativen Auswirkungen auf die natürliche Umwelt. Andererseits entsteht durch die Globalisierung ein heilsamer Zwang, verkrustete Strukturen aufzubrechen und neue Erwerbspotenziale für eine wachsende Weltbevölkerung freizusetzen, die besonders den weniger entwickelten Ländern zugute kommen können.

Durch eine Verbesserung der weltweiten Arbeitsteilung, effizientere Strukturen und Nutzung der Informations- und Kommunikationstechnologien ergeben sich neue Chancen für das ökonomische Handeln, sofern die *institutionellen Rahmenbedingungen* passen und die Realwirtschaft nicht gefährden. Die aktuelle Finanz- und Wirtschaftskrise ist insbesondere eine Folge deregulierter wirtschaftlicher Rahmenbedingungen, die von einigen Wirtschaftsakteuren für ihre Interessen zu Lasten des Gemeinwohls genutzt

---

[848] Marx/Engels 1848/1890, S. 46 f.

wurden und nun den Ruf nach der *Rückkehr des Staates* in diesen gesellschaftlichen Bereich provoziert. Damit der Staat bzw. die internationale Staatengemeinschaft zur Überwindung der Krise lokal wie global vor allem für neue Regeln und Rahmenbedingungen in der Wirtschaftspolitik sorgt. Entsprechendes gilt für die länger andauernde Ressourcen- und Klimakrise, für die ebenfalls Lösungen im Rahmen eines *Global-Governance-Prozesses* gesucht werden. Angesichts der dynamischen gesellschaftlichen Entwicklung und der im Rahmen der Globalisierung erfolgten Öffnung der Märkte müssen jetzt weltweit Institutionen zur Sicherstellung funktionierender Markt-, Umwelt- und Sozialbedingungen für die Unternehmen und die betroffene Bevölkerung geschaffen werden, die anerkannte ethische Mindeststandards berücksichtigen und den *Dialog* zwischen den unterschiedlichen *Interessengruppen (Stakeholdern)* unterstützen, um die notwendige Balance herzustellen. Denn die inzwischen aus dem Ruder laufende Entwicklung ist keine Katastrophe, sondern ein Prozess, der trotz einer gewissen Eigendynamik weder naturgemäß noch durch höhere Zwänge determiniert abläuft. Er ist vielmehr das Ergebnis von *Willensentscheidungen*, die auch auf diesem Wege politisch zu korrigieren sind. Erhöhte Aufmerksamkeit erfordert der damit verbundene Wandel, der zum Verschwinden gewohnter Tätigkeitsbereiche und ganzer Industrien führen kann, während andere sich verändern oder neu hinzukommen. In diesem Zusammenhang ist auch der erwähnte *Strukturwandel* von der Industrie- zur Dienstleistungsgesellschaft und zur Informations- und Wissensgesellschaft zu sehen, die ihrerseits ebenfalls einem permanenten Wandel unterliegen.

Diese umfassenden Veränderungen bieten den *Wirtschaftsunternehmen* einerseits neue Chancen und stellen sie andererseits vor neue Herausforderungen mit entsprechenden Konsequenzen für ihr Management und die Entwicklung ihres Unternehmens. Denn für Wirtschaftsunternehmen sind einerseits durch eine seither nach Effizienz- bzw. Rentabilitätsgesichtspunkten erfolgende globale Zergliederung der *Liefer- und Wertschöpfungskette* (vom Rohstoff bis zum Endverbraucher) – diese macht auch vor der Wahl des Standortes der nachhaltigkeitsrelevanten Glieder der Kette (z. B. Produktentwicklung, Rohstoffversorgung und Produktion) nicht halt – und andererseits durch die wirtschaftliche Nutzung der *erweiterten Möglichkeiten* eines globalen Marktes sowie der Informationstechnologien neue Formen der Tätigkeit und Wertschöpfung entstanden, die von einer zunehmenden Unabhängigkeit von Raum und Zeit gekennzeichnet sind. Der Industrie- und Dienstleistungsbereich wird dadurch einem erheblichen *Anpassungs- und Veränderungsdruck* ausgesetzt. Dieser zeigt sich u. a. in einem keinesfalls abgeschlossenen Wandel der gesellschaftlichen Rahmenbedingungen (Stichwort: aktuelle Finanz- und Wirtschaftkrise), in einer Überprüfung und Veränderung der Beschäftigungsbedingungen, in einem ständigen Veränderungsmanagement seitens der inner- und außerbetrieblichen Akteure, in neuen kritischen Erfolgsfaktoren wie Raum, Zeit und Kultur, in beschleunigten technologischen und organisatorischen Innovationen sowie in einem verstärkten Kunden-, Öffentlichkeits- und Wettbewerbsdruck. Diese angespannte, letztlich alle Mitarbeiter betreffende Situation zwingt die Unternehmensführung zu einer ganzheitlichen Denkweise und zu *adaptiven Reaktionen* wie der Reorganisation der Wertschöpfungskette durch netzartige Kooperationen und dem Aufbau eines Wissen basierten *integrativen Managementsystems*, um die Überlebens- und Entwicklungsfähigkeit des Unternehmens unter den globalen Konkurrenzbedingungen zu sichern. Dazu gehören insbesondere eine stärkere Nutzung des neuen Produktionsfaktors *Information*, der die klassischen Faktoren Arbeit, Kapital und Boden im Rahmen der Unternehmenstätigkeit ergänzt. Im Unterschied zu Informationen, die sich wie Daten technisch in elektronischen Medien speichern und mit diesen übertragen lassen, befindet sich das *Wissen* in den Köpfen der Unternehmensangehörigen und wird von ihnen in einem Prozess sozialer Interaktion generiert und ausgetauscht. Als Ergebnis der Informationsverarbeitung durch Intelligenz und Lernen steigert Wissen den immateriellen Wert eines Unternehmens wesentlich: Wissen bzw. Know-how wird damit zu einem wichtigen Wettbewerbsfaktor und rückt den Menschen als maßgeblichen Träger immer mehr in den Mittelpunkt.[849] Diesem Umstand muss auch das Managementsystem eines Unternehmens Rechnung tragen.

### 4.1.3 Zukunftsfähigkeit durch nachhaltige Entwicklung im globalen Kontext

Die zunächst als These erscheinende Überschrift dieses Kapitels ist als notwendige Reaktion auf eine einseitig auf quantitatives Wachstum ausgerichtete Lebens- und Wirtschaftsweise auf Kosten des weniger privilegierten Teils der Weltbevölkerung und der natürlichen Umwelt zu verstehen. Diese ist auf Dauer weder wünschenswert noch durchzuhalten und gefährdet die Zukunftsfähigkeit dieser sowie kommender Generationen zunehmend. *Zukunftsfähigkeit* kann sich auf die Lebensbedingungen Einzelner, Gruppen, Institutionen, einzelne Staaten und die Weltgemeinschaft beziehen, die alle wiederum durch Ihr Verhalten dazu beitragen können, dass sich ihre partikulare Situation und die damit im Zusammenhang stehende der Übrigen mehr oder weniger zukunftsfähig entwickelt. Aus der Perspektive einer nachhaltigen Entwicklung handelt es sich daher keinesfalls um ein kurzfristiges Einzelphänomen, sondern um ein hier zu einer Zielgröße gewordenes Prädikat, das nur dann Realität werden kann, wenn die zwischen den genannten Anspruchspersonen und -gruppen *bestehenden Interdependenzen* mit ihren Rahmenbedingungen langfristig in Übereinstimmung mit den ethischen Grundsätzen berücksichtigt werden und in ein darauf abgestimmtes Handeln einmünden. Je größer der raumzeitliche Einwirkungsbereich des Verhaltens und Tätigseins der Anspruchssubjekte, desto größer werden neben den Handlungsfolgen ihre Verpflichtungen und die Anzahl bestehender Interdependenzen: Wenn beispielsweise eine Person günstige Lebensbedingungen nicht nur vorübergehend für sich vorfindet, also entsprechend privilegiert ist, kann diese unter günstigen Voraussetzungen ein durch Zukunftsfähigkeit gekennzeichnetes Leben führen, aber eben nicht mehr. Sofern diese Beispielsperson Nachkommen hat, lässt sich dieses Privileg schon nicht mehr automatisch fortführen, selbst wenn durch eine Erbschaft günstige Bedingungen dafür geschaffen werden. Aber diese raumzeitlich begrenzte Einzelfallbetrachtung führt nicht weiter, da Zukunftsfähigkeit einen grundlegenden *universellen Wert* darstellt, der nur dann einen Sinn ergibt, wenn nicht Einzelne, sondern möglichst alle Menschen von der Entwicklung ihrer Lebensbedingungen auf Dauer profitieren können. Eine Gestaltung, die den Weg in eine zukunftsfähige Entwicklung öffnen soll, hat es mit vielen Hindernissen und *hoher Komplexität* zu tun.[850] Denn Zukunftsfähigkeit ist durch eine

[849] Vgl. Hopfenbeck 2000, S. 84 ff.

[850] Vgl. Kopfmüller et al. 2001, S. 36.

räumliche Dimension (lokal, regional und global), eine zeitliche Dimension (diese Generation und kommende Generationen) und durch die Dimensionen der Nachhaltigkeitsethik (ökologisch, ökonomisch, sozial und ethisch) gekennzeichnet. Erst wenn es den Anspruchssubjekten gelingt, diese Dimensionen zu respektieren und ihr Handeln über Einzelinteressen hinaus konsequent auf eine *nachhaltige Entwicklung im globalen Kontext* auszurichten, trifft auf ihr Verhalten bzw. ihre Lebensbedingungen das Prädikat Zukunftsfähigkeit tatsächlich zu.

Für die hier vorrangig thematisierten *Wirtschaftsunternehmen* bedeutet das, dass sie ihre Unternehmenstätigkeit in ihrem Wirkungsfeld bzw. auf ihren Absatzmärkten *langfristig*, also über die gerade dafür im Unternehmen Zuständigen hinaus, unter den jeweils gegebenen Markt- und gesellschaftlichen Rahmenbedingungen so ausrichten müssen, dass sie den ökologischen, ökonomischen, sozialen und ethischen Anforderungen an eine global zukunftsfähige Entwicklung über die noch zu behandelnde *gesamte Wertschöpfungskette* an allen Standorten ihres Unternehmens gerecht werden. Dabei weist naturgemäß die dauerhafte Sicherung der betrieblichen Existenz, nicht jedoch eine unbegrenzte Gewinnmaximierung, einen zentralen Stellenwert auf. Diese über ein notwendiges Ertragsdenken hinausweisende *ganzheitliche Unternehmensausrichtung* erfordert in vielen Fällen ein grundlegendes Umdenken und besonders von global agierenden Unternehmen ein sehr *großes Engagement*. Denn sie müssen in unterschiedlichen Kulturbereichen einerseits auf kurzfristige Anforderungen flexibel reagieren und andererseits langfristig den Ansprüchen von Stakeholdern und institutionellen Rahmenbedingungen entsprechen, um für ihr Unternehmen tatsächlich eine Zukunftsfähigkeit zu erreichen, die ihr außerbetriebliches Umfeld – einschließlich strategischer Partnerschaften – so weit wie möglich einbezieht. Bei den Global Players gehen die genannten Anforderungen und Ansprüche über die in weniger entwickelten Ländern üblichen im Regelfall erheblich hinaus, da die hohen Standards aus dem Land der Unternehmenszentrale – meist einem Industrieland – weltweit einheitlich angewendet werden müssen. Davon profitieren dann auch die Bevölkerungen in Ländern mit niedrigen Standards. Die hohen Anforderungen und Erwartungen an Wirtschaftsunternehmen und ihre besondere Verantwortung für die gesellschaftliche und natürliche Umwelt sind angesichts ihres mit der *Unternehmensgröße* in der Regel steigenden Macht- und Einflusspotenzials durchaus berechtigt. Und sie führen im Falle ihrer Erfüllung einerseits zu einer Minimierung der Unternehmensrisiken und andererseits zu einem nennenswerten Beitrag für eine zukunftsfähige Entwicklung, der sich bei einer Ressourcen schonenden Schaffung von Werten – d. h. Nutzenstiftung und Wohlstand für Unternehmen und Gesamtgesellschaft – positiv auf die globalen Umweltbedingungen und künftige Generationen auswirkt.

Die *Unternehmenspolitik* und die *Grundsätze* eines Wirtschaftsunternehmens müssen also darauf abgestellt sein, dass Zukunftsfähigkeit sich in Wirtschaft *und* Gesellschaft auf Dauer nur im Einklang mit der gesellschaftlichen und natürlichen Umwelt erreichen lässt. Für eine auf langfristigen Erfolg ausgerichtete *Unternehmensstrategie*, die sich wie in der vorliegenden Darstellung an der regulativen Idee einer nachhaltigen Entwicklung orientiert, ist neben einer zielgerichteten, für einen dynamischen Wandel der Rahmenbedingungen geeigneten Organisation und der Nutzung des hierfür benötigten Managementwissens sowie sonstiger Innovationspotenziale vor allem ein *konsensbildender*

*Dialog* mit den Stakeholdern innerhalb und außerhalb des betrieblichen Umfeldes erforderlich. Denn die mit der spezifischen Umsetzung der Unternehmenspolitik und -grundsätze zwangsläufig verbundenen Interessenunterschiede können nur auf diesem Weg dauerhaft zu einem weitgehenden Ausgleich gebracht werden und so das für einen langfristigen Unternehmenserfolg unverzichtbare *Image* in Wirtschaft und Gesellschaft nachhaltig *fördern*. Das setzt jedoch eine konsequente Unternehmensführung (Corporate governance) und geeignete institutionelle Rahmenbedingungen voraus, mit denen die *Wettbewerbsfähigkeit* des nachhaltig agierenden Unternehmens unterstützt oder wenigstens nicht beeinträchtigt wird. Wie die veröffentlichten Nachhaltigkeitslabels bzw. -indizes zeigen, findet bereits ein Wettbewerb um nachhaltige Unternehmensführungen zwischen transnationalen Unternehmen statt.[851]

Als weitere Unterstützung für eine nachhaltige Unternehmensentwicklung, die sowohl in einem Spannungsfeld zwischen internen und externen Stakeholdern als auch zwischen Bestandswahrung und Erneuerung liegt, soll hier eine ethisch fundierte *Handlungsorientierung* auf der Grundlage eines integrativen Nachhaltigkeitskonzepts dienen, für das der zuvor entwickelte *Gestaltungsansatz Nachhaltigkeitsethik* gewählt wird. Dieser soll nachfolgend so weit konkretisiert werden, dass eine Anwendung auf die spezifischen Bedingungen eines Unternehmens im Rahmen eines Nachhaltigkeitsmanagements grundsätzlich möglich wird. Handlungsorientierung wird hier so verstanden, dass bewusst *auf strikte Vorgaben* für das unternehmerische Handeln *verzichtet* und stattdessen der Such- und Lernprozess im Unternehmen unterstützt werden soll. Denn die Gestaltung und Umsetzung einer nachhaltigen Unternehmensentwicklung ist angesichts sich laufend ändernder Rahmenbedingungen eine *ständige Aufgabe*, die das Unternehmen unter Nutzung seiner spezifischen Möglichkeiten eigenverantwortlich durchführen muss. Externe Vorschriften würden diesen nur vom Unternehmen erfolgreich durchzuführenden Prozess eher behindern.

## 4.2 Konzept für eine nachhaltige Unternehmensentwicklung

Ausgehend von dem universell ausgerichteten normativen Gestaltungsansatz Nachhaltigkeitsethik soll hier ein *Konzept für eine nachhaltige Unternehmensentwicklung* generiert werden, das sich spezifisch auf einzelne Unternehmen anwenden lässt, ohne nennenswerte Abstriche von dem eingenommenen ethischen Standpunkt und dem integrativen Ansatz zuzulassen. Für eine so ausgerichtete Anwendungsorientierung ist eine erfahrungsbezogene Auseinandersetzung mit der einschlägigen *betriebswirtschaftlichen Managementtheorie* vorgesehen, die für das Ziel einer nachhaltigen Unternehmensentwicklung – unter Berücksichtigung *empirischer Faktizitäten* aus der eigenen Berufspraxis sowie aus der gegenwärtigen Finanz- und Wirtschaftskrise – jede Form einer einseitigen ökonomischen Ausrichtung auf Gewinnmaximierung und kurzfristigen Unternehmenserfolg vermeidet. Stattdessen wird hier von einer ganzheitlichen Perspektive mit Blick auf eine langfristig erfolgreiche Wirtschaftsweise ausgegangen, die im Einklang mit dem inner- und außerbetrieblichen Gemeinwohl und der natürlichen

[851] Vgl. BASF 2009, S. 241 und Stora Enso Oyj und Stora Enso AB 2009a, S. 189.

Umwelt steht. Eine so verstandene *unternehmensethische Managementkonzeption* reicht also über den schon länger anhaltenden Strukturwandel der Industriegesellschaft hinaus und versucht, den zuvor entwickelten normativen Gestaltungsansatzes *transdisziplinär anzuwenden*. Dazu sollen die fachspezifischen Einzelethiken der Umwelt-, Wirtschafts- und Sozialethik mit ihrer integrativen Verknüpfung zur interdisziplinären Nachhaltigkeitsethik in der gesellschaftlichen Realität von Unternehmen, die sich im globalen Wettbewerb für ihre *Zukunftsfähigkeit* engagieren, konzeptionell genutzt werden.

Der nachfolgend zu konkretisierende Gestaltungsansatz Nachhaltigkeitsethik soll zu einem universell anwendbaren Nachhaltigkeitsmanagement für Unternehmen führen, das anschließend dem bereits eingeführten Managementsystem eines Fallbeispiels gegenübergestellt werden kann. Dafür wird das zuvor gewählte *Fallbeispiel 1* unter den zwischenzeitlich veränderten Unternehmensbedingungen entsprechend seiner historischen Entwicklung *fortgeführt*, die auch im Zusammenhang mit dem globalen Strukturwandel seit den 1990er Jahren zu sehen ist. Der mit der Integration in einen internationalen Konzern verbundene organisatorische Umbau des seither nicht mehr eigenständigen Karlsruher Unternehmensstandortes führte schrittweise zu einer *ganzheitlichen Erweiterung des Managementsystems*, auf das wegen seines inzwischen fortgeschrittenen Entwicklungsstandes und seiner Standort unabhängigen globalen Ausrichtung im internationalen Konzernverbund nachfolgend Bezug genommen werden soll. Der inzwischen global agierende Konzern[852] hat seine gestiegene gesellschaftliche Verantwortung zum Bestandteil seiner Unternehmenspolitik gemacht und weitgehend in Form eines *Nachhaltigkeitsmanagements* umgesetzt, das wie der gesamte Wandel des Unternehmens einen exemplarischen Charakter für große Wirtschaftsunternehmen in der gegenwärtigen Entwicklungsphase der Industrie- bzw. Dienstleistungsgesellschaft besitzt und sich sowohl für die Darstellung als auch einen Vergleich mit dem Konzeptentwurf für eine nachhaltige Unternehmensentwicklung anbietet.

### 4.2.1 Konkretisierung des Gestaltungsansatzes Nachhaltigkeitsethik

Der für die universelle Anwendung bereits entwickelte *Gestaltungsansatz Nachhaltigkeitsethik* wird einerseits anhand vorliegender Berufserfahrungen und andererseits anhand neuer theoretischer Erkenntnisse unter dem Blickwinkel der Nachhaltigkeit für die unternehmensspezifische Anwendung konkretisiert. Die *Berufserfahrungen* beziehen sich im vorliegenden Zusammenhang auf den Aufbau eines Umweltmanagementsystems am Karlsruher Standort des als Fallbeispiel 1 dargestellten Unternehmens, das angesichts der erkannten Unzulänglichkeiten der Implementierung eines einzelnen fachspezifischen Managementsystems bereits unter einer System offenen, integrativen Perspektive erfolgte.[853] Inzwischen wurde nicht nur an diesem Standort eine Erweiterung zu einem *integrierten Managementsystem* für Qualität, Umweltschutz und Arbeits-

[852] Vgl. Stora Enso Oyj und Stora Enso AB 2007b, S. 1.

[853] Vgl. Barduna/Ettrich 1999, S. V79 ff.

sicherheit [854] sowie gesicherter Holzherkunft aus nachhaltiger Waldbewirtschaftung durchgeführt,[855] auf die im Rahmen des Fallbeispiels 2 noch eingegangen wird. Dieses integrierte System, das wegen seiner noch zu behandelnden Prozessorientierung die Nutzung vorhandener Synergien bei den zu erfassenden Arbeitsabläufen an den einzelnen Unternehmensstandorten erleichtert, stellt mit seinen von unabhängigen Gutachtern zertifizierten Teilsystemen einen wesentlichen Schritt auf dem Weg zum Nachhaltigkeitsmanagement dar. Die *theoretischen Erkenntnisse* beziehen sich insbesondere auf das für integrierte Managementsysteme noch immer grundlegende St. Galler Management-Modell und die ganzheitlich ausgerichtete betriebswirtschaftliche Managementliteratur, die Aussagen über geeignete Managementansätze für die von strukturellen Veränderungen ihrer Tätigkeit und ihres Umfeldes betroffenen Wirtschaftsunternehmen liefert. Zur bewussten Beibehaltung der integrativen Ausrichtung des normativen Gestaltungsansatzes in der *unternehmensspezifischen Anwendung* sollen die in der Interessensphäre eines Unternehmens sowohl aktiv als auch interaktiv in Erscheinung tretenden Stakeholder auf Basis der Diskursmethode konsensual in den Unternehmensdialog einbezogen und der Mensch entsprechend der auch hier geltenden anthropozentrischen Prämisse in den Mittelpunkt gestellt werden. Für die unter diesen Voraussetzungen vorzunehmende *Gestaltung der Unternehmensorganisation* wird gedanklich zwischen der Aufbauorganisation, einer auf die Struktur des Unternehmens bezogenen *statischen* Komponente, und der Ablauforganisation, einer auf die Prozesse der Unternehmenstätigkeit bezogenen *dynamischen Komponente*, unterschieden. In der Praxis stehen die Struktur bezogenen Aktivitäten im Rahmen der formalen Organisationsstruktur – mit ihrem dauerhaft wirksamen Beziehungszusammenhang – und die im Unternehmen ablaufenden Arbeitsprozesse – mit ihrem quantitativen und raumzeitlichen Ordnungszusammenhang – in einem Wechselverhältnis.[856] Denn die Aufgaben und Kompetenzen der Akteure des Unternehmens müssen mit der Erfüllung der Aufgaben im Rahmen der durch Prozesse gekennzeichneten Arbeitsabläufe, die für ein Veränderungsmanagement und die nachfolgenden Ausführungen von besonderer Bedeutung sind, in Einklang gebracht werden. Auf diese Art und Weise soll der theoretische Gestaltungsansatz sowohl anwendungs- als auch zukunftsorientiert *konkretisiert* werden, so dass eine *unternehmensspezifische Anwendung* für eine dauerhafte Unternehmensentwicklung im globalen Kontext möglich wird. Das nachfolgende Fallbeispiel eines praktisch angewandten Nachhaltigkeitsmanagements liefert hierfür eine erste Vergleichsmöglichkeit.

#### 4.2.1.1 Ethisches Handeln innerhalb und außerhalb des Unternehmens

Wirtschaftsunternehmen werden sowohl als Organisation im Sinne einer Institution als auch als einzelne Angehörige dieser Organisation mit einer Vielzahl nicht selten selbst geschaffener ethischer Probleme konfrontiert. Denn das Handeln dieses Akteurssystems kann einerseits das Unternehmen selbst und Dritte mit positiven oder negativen

[854] Vgl. Pischon 1999, S. 273 ff.

[855] Vgl. Stora Enso Oyj und Stora Enso AB 2008, S. 82.

[856] Vgl. Hopfenbeck 2000, S. 314 ff. und Thommen/Achleitner 1998, 684 ff.

Folgen betreffen. Und andererseits kann das Unternehmen vom Handeln Dritter betroffen werden. In dieser sich auf ethisches bzw. unethisches Handeln *innerhalb und außerhalb des Unternehmens* beziehenden komplexen Wechselbeziehung ist das Unternehmen also einerseits Akteur und andererseits Betroffener. Dabei steht das Unternehmen als produktives soziales Teilsystem der Gesamtgesellschaft in ständigen Austauschbeziehungen mit Individuen, Gruppen und Organisationen, die ihrerseits Erwartungen und Forderungen an das Unternehmen haben, mit denen sich das Unternehmen im Interesse seiner Zukunftsfähigkeit auseinandersetzen und zu einvernehmlichen Regelungen kommen muss. Diese als *„Stakeholder"* bezeichneten Anspruchsgruppen, zu denen neben einzelnen Mitarbeitern und Anteilseignern u. a. auch Kunden, Konkurrenten, Regierungen, Nachbarn, Medien, Gewerkschaften, Umweltverbände und sonstige Nichtregierungsorganisationen zählen, müssen mit ihren Vorstellungen und Interessen schon im Hinblick auf mögliche Gegensätze und Konflikte in ein Beziehungs- bzw. Bezugsgruppen-Management einbezogen werden. Dafür bietet sich ein *Dialog mit Stakeholdern* an,[857] in dem Interessenunterschiede frühzeitig erkannt und in einem konsensualen Diskurs beigelegt werden können.[858] Mit dieser Demokratie konformen Vorgehensweise lässt sich die notwendige Akzeptanz erreichen, die zu einer Legitimation des Unternehmens seitens der Mitglieder der Gesellschaft und damit der Gesamtgesellschaft führt. Denn erst wenn moralisch richtiges Unternehmenshandeln die notwendige Zustimmung seitens der Gesellschaft erfährt, das Unternehmen mithin *Glaubwürdigkeit* nach innen und außen erlangt, kann man uneingeschränkt von ethischem Handeln sprechen. Das soll jedoch nicht heißen, dass ethisches Handeln in undemokratischen Gesellschaften nicht möglich und erstrebenswert ist. Im Rahmen der *Wirtschaftsethik* wurde bereits eine Unterteilung in drei eng miteinander verzahnte Ebenen wirtschaftlichen Handelns vorgenommen, bei der bewusst auf eine Abgrenzung der Unternehmens- von der Wirtschaftsethik verzichtet wurde.[859] Analog bietet sich für eine ethische Reflexion des Handelns innerhalb und außerhalb des Unternehmens ebenfalls eine Unterscheidung von *drei Handlungsebenen* entsprechend der Tragweite des Einflusses der Handlungsträger bzw. -systeme an.[860] Diese bewährte *Strukturierung* soll hier nicht nur in handlungsethischer Hinsicht genutzt werden, sondern vor allem die inner- und außerbetrieblichen Handlungs- und damit auch Entscheidungszusammenhänge des Unternehmens einer differenzierten Beurteilung zugänglich machen:

**(1) Mikroebene der internen und externen Stakeholder:** Auf der Mikroebene steht das individuelle Handeln von Wirtschaftsakteuren im Vordergrund der ethischen Reflexion, die sich sowohl auf Individuen als auch Gruppen beziehen kann. Eine separate Betrachtung individueller Entscheidungen und Handlungen einzelner Akteure könnte bei

857 Vgl. Hopfenbeck 2000, S. 136 f. und Leitschuh-Fecht 2002, S. 34 ff. Im Fallbeispiel 1 wurde eine praktische Anwendung dargestellt.

858 Für weitere Einzelzeiten zum *konsensualen Diskurs* wird auf Kapitel 3.2 „Normative Ethik und Diskursmethode" verwiesen.

859 Weitere Einzelheiten hierzu befinden sich im Kapitel 3.4.2 „Wirtschaftsethik auf der Makro-, Meso- und Mikroebene".

860 Vgl. Thommen/Achleitner 1998, S. 888 ff.

Bedarf im Rahmen einer *Individual- oder Führungsethik*[861] erfolgen, worauf hier angesichts der Wechselbeziehungen zur Ebene der Organisation und institutionellen Rahmenordnung bewusst verzichtet wird. Im Bereich des Unternehmens und seines Umfeldes handelt es sich bei den Akteuren im Wesentlichen um Stakeholder, die als Träger von Interessen jeweils unterschiedlich auftreten und betroffen sind. Sie können als *interne Stakeholder* einerseits als Individuum und als Gruppe an Unternehmensentscheidungen beteiligt oder andererseits von den Entscheidungen bzw. Handlungen als Individuum und als Gruppe betroffen sein. Entsprechendes gilt für *externe Stakeholder*, die die Tätigkeit des Unternehmens einerseits als Individuum und als Gruppe von außen unterstützen oder andererseits von der Unternehmenstätigkeit als Individuum und als Gruppe betroffen sein können. Dem individuellen Handeln kommt in Fällen, in denen die Verursacher wegen unmoralischen bzw. rechtswidrigen Verhaltens zur Verantwortung gezogen werden sollen, eine besondere Bedeutung zu, da die Verantwortung Einzelnen grundsätzlich leichter zugeordnet werden kann als Gruppen oder gar Institutionen.[862] Zur vollständigen Beurteilung des Handelns der Akteure sind neben ihrer Stellung innerhalb oder außerhalb des Unternehmens die involvierte(n) Organisation(en) und die Rahmenbedingungen zu berücksichtigen, die den jeweiligen Handlungsspielraum mehr oder weniger eingrenzen.

**(2) Mesoebene des Unternehmens und externer Organisationen:** Auf der Mesoebene geht es vorrangig um das Handeln von Organisationen als Teilsystemen der Gesamtgesellschaft, die durch die betrieblichen Grenzen des Unternehmens auch rechtlich voneinander abgegrenzt und unterschiedlich zu bewerten sind. Der verantwortliche Umgang mit Entscheidungen – diese spielen in der Betriebswirtschaftslehre eine besondere Rolle[863] – und die verantwortliche Nutzung von Handlungsspielräumen auf der Unternehmensebene fällt dabei zum überwiegenden Teil in den Bereich der *Unternehmensethik*. Diese wird hier als Teilgebiet und systemisch nachgelagerter Bereich der separat behandelten Wirtschaftsethik aufgefasst und im Hinblick auf die vorgenommene Unterteilung in Handlungsebenen nicht vertieft. Denn eine Ethik des Wirtschaftens muss sich wegen der bestehenden Interdependenzen neben der Ebene des Unternehmens sowohl auf die individuelle als auch auf die Ebene des Wirtschaftssystems beziehen. Als Organisation setzt sich das *Unternehmen* zwar aus einzelnen Personen zusammen, die es sowohl als Einzelne als auch gemeinschaftlich im Team in unterschiedlichem Umfang gestalten, lenken und prägen. Als Ganzes bildet es jedoch eine wirtschaftliche Einheit, die trotz ihrer Komplexität als eigenständiges Handlungssubjekt mit nicht selten weitreichenden Folgen agiert. Dadurch kann sich in konkreten Fällen die notwendige Herausbildung einer einheitlichen *Unternehmenskultur*[864] – diese

---

[861] Vgl. Grabner-Kräuter 1998, S. 13. Weitere Ausführungen zur *Individualethik* befinden sich im Kapitel 3.5.1 „Grundprobleme der Sozialethik".

[862] Auf die Problematik der *Zuordnung der Verantwortung* wurde bereits im Kapitel 3.2.2 „Handlungsleitende Potenziale der normativen Ethik" eingegangen.

[863] Vgl. Grabner-Kräuter 1998, S. 15 und Hopfenbeck 2000, S. 46 f.

[864] Für weitere Einzelheiten zur *Unternehmenskultur* und ihrer verhaltenssteuernden Wirkung wird auf die einschlägige Literatur verwiesen (u. a. Thommen/Achleitner 1998, S. 791 ff., Grabner-Kräuter 1998, S. 194 ff und Bieker 2005, S. 73 ff. und S. 288 ff.).

beeinflusst das Verhalten der Unternehmensangehörigen nachhaltig – und die ebenfalls notwendige Zuordnung der Verantwortung für unethisches Handeln erschweren. Das verschlechtert auch die Bedingungen für ethisches Handeln zwangsläufig und gilt umso mehr je weitreichender die Aktivitäten sind und je komplexer die Organisation des Unternehmens ist (Stichwort: Global Player). Hier kann eine *Unternehmensführung* mit klaren Leitlinien als verbalisierter Unternehmenspolitik und einem unternehmenseigenen Ethik-Kodex als Unterstützung dienen. Von Vorteil ist ein Kodex, der nicht einfach auf die Befolgung fester Verhaltenswerte setzt, sondern auch die Voraussetzungen eines Dialogs über ethische Fragen im Unternehmen berücksichtigt.[865]

Als Praxisbeispiel wird in diesem Zusammenhang der *Ethik-Kodex* der Firma SØR Rusche GmbH, Oelde, genannt, der alle Unternehmensangehörigen zur Beachtung verpflichtet und hier wegen seines exemplarischen Charakters auszugsweise wiedergegeben wird:

***„UNTERNEHMENSETHISCHER CODEX***

**Präambel**

*Die Unternehmenskultur der SØR-Herrenausstatter bedarf der unternehmensethischen Reflexion und normativen Begründung...*

**1. Beteiligung**

Vor Entscheidungen sind die Betroffenen zu hören und an der konsensualen Entscheidungsfindung möglichst zu beteiligen.

*

**2. Einfühlen/Vertreten**

Die Betroffenen sind von den Entscheidungsträgern advokatorisch zu vertreten, wenn ihre Argumente aufgrund von Zeit- und Handlungsdruck nicht gehört werden können.

*

**3. Rollentausch**

Konsensorientierte Unternehmensführung verpflichtet zum idealen Rollentausch, zur einfühlenden Parteinahme von Alter und Ego.

*

**4. Wahrhaftigkeit**

Kommunikation verpflichtet zur Wahrheit und Seinstreue.

*

**5. Offenheit**

'Etwas sagen' und 'sich-etwas-sagen-Lassen' sind Ausdruck der aktiven und passiven Kritikfähigkeit und reziproke Voraussetzung für offene, konsensuale Diskurse.

*

**6. Personalität**

SØR stellt den Menschen in den Mittelpunkt des unternehmerischen Handelns und verpflichtet sich zur Entwicklung der menschlichen Potentiale durch kreative Arbeit.

*

**7. Sozialität**

Durch kollegiale Zusammenarbeit wird allen Mitarbeitern das wechselseitige 'aufeinanderangewiesen-Sein' bewusst.

*

**8. Solidarität**

Solidarität bedeutet gegenseitige Unterstützung und Hilfsbereitschaft von Alter und Ego, wenn dieser der Unterstützung bedarf und jener dazu in der Lage ist. Solidarität verpflichtet das Unter-

---

[865] Vgl. Ulrich 1997, S. 458 ff.

nehmen zur Verantwortung für die Mitarbeiter und betont die Verantwortung der Mitarbeiter für die Unternehmung.

*

**9. Subsidiarität**

Zur Entfaltung der menschlichen und unternehmerischen Potentiale wird jedem Mitarbeiter ein größtmöglicher Verantwortungs- und Entscheidungsspielraum ermöglicht und die notwendige Unterstützung zugesichert.

*

**10. Toleranz**

Untereinander respektieren wir voneinander abweichende innere Überzeugungen und Wertvorstellungen.

*

**11. Fairness**

Unser Codex gilt für alle und verpflichtet jeden zur fairen Beachtung.

*

**12. Zukunftsverantwortung**

Die Macht der Zukunftsvernichtung verpflichtet uns zur Zukunftsverantwortung für unsere eine Welt und ihre zukünftigen Bewohner in Nord und Süd, Ost und West.“ [866]

Mit ethischen Selbstdarstellungen und Vorgaben für innerhalb und außerhalb des Unternehmens auszuübende Verhaltensweisen wird außerdem die Identität des Unternehmens (Corporate Identity) gefördert. Denn dadurch wird das Zweckbewusstsein erhöht und den Unternehmensangehörigen ein Gefühl der Zugehörigkeit vermittelt, das deren Motivation zur Leistung steigert. Da das Unternehmen zur Sicherung seiner Existenz einer Unternehmensführung bedarf, die die grundlegenden Zielsetzungen wirtschaftlicher Erfolg und Verantwortung in Einklang bringt, werden u. a. von der OECD (Organization for Economic Cooperation and Development) im Rahmen einer *„Corporate Governance“* Leitlinien für eine erfolgsorientierte und verantwortliche Unternehmensleitung und -überwachung empfohlen.[867]

Entsprechend der Einstufung des Unternehmens als juristische Person mit eigener Rechtsfähigkeit [868] lässt es sich auch als moralische Instanz auffassen, das bestimmte Rechte sowie Pflichten hat und für die Folgen seines Handelns die Verantwortung übernehmen muss. Das kann bei einem rechtswidrigen Handeln dazu führen, dass sowohl das Unternehmen als auch einzelne Unternehmensangehörige – wenn auch unterschiedlich – für ihr Fehlverhalten rechtlich zur Verantwortung gezogen werden, was in der Praxis allerdings selten der Fall ist. Allerdings können Unternehmen Vergehen ihrer Angehörigen gegen eigene Leitlinien oder Kodizes leichter mit entsprechenden Sanktionen ahnden. Denn die Verantwortung ist besonders bei *komplexen Sachverhalten* rechtlich nicht immer eindeutig zuzuordnen, selbst wenn die Rechtsgrundlagen hierfür vorhanden sind. Im Strafrecht wird beispielsweise nach individueller Verantwortlichkeit gesucht, wohingegen ein System als solches nicht zu bestrafen ist. Dieser Sachverhalt und der globale Zusammenhang machen es daher schwer, beispielsweise die Verursacher der aktuellen Finanz- und Wirtschaftskrise trotz der angerichteten Schäden

---

866 Ulrich 1997, S. 460 f.

867 Vgl. Hopfenbeck 2000, S. 729 sowie S. 763 ff. und Czymmek et al. 2009, S. 243.

868 Vgl. Weber 2000, S. 720.

strafrechtlich zu belangen, so dass am Ende die Allgemeinheit dafür gerade steht.[869] Dennoch kann bei einem Fehlverhalten des Unternehmens bzw. seiner Angehörigen im Falle des publik Werdens ein Imageschaden entstehen, der den Unternehmenserfolg erheblich beeinträchtigt. Auf der Mesoebene spielen außerdem die in einer Wechselbeziehung zum Unternehmen stehenden *externen Organisationen* wie z. B. zuständige Behörden, Wirtschafts-, Verbraucher- und Umweltverbände, Gewerkschaften und sonstige Nichtregierungsorganisationen eine wichtige Rolle, auf die Wirtschaftsunternehmen entsprechend reagieren müssen, wenn sie diese nicht gleich von vornherein in ihre Entscheidungsprozesse eingebunden haben.

**(3) Makroebene der nationalen und internationalen Wirtschaftsordnung:** Auf der Makroebene stehen die Gesamtheit der wirtschaftlichen Akteure und der zugehörige Ordnungsrahmen im Vordergrund, also die wirtschaftlichen Rahmenbedingungen einschließlich deren Gestaltung und praktischer Umsetzung. Dieser Bereich könnte im Rahmen einer separaten *Ordnungs- oder Institutionenethik* behandelt werden. Aber wie im Fall der Unternehmensethik wird hier eine isolierte Betrachtung angesichts der bestehenden Interdependenzen abgelehnt. Aus der eingenommenen ethischen Perspektive geht es auf der Makroebene vor allem um das für Wirtschaft, Umwelt und Gesellschaft auf Dauer am besten geeignete Wirtschaftssystem, in dem sich die Unternehmen und die verschiedenen externen Organisationen mit ihren Angehörigen bzw. Stakeholdern zum Wohle dieser und künftiger Generationen bewegen. Im vorliegenden Zusammenhang interessiert vor allem, wie die ordoliberal ausgerichtete *soziale Marktwirtschaft* den Anforderungen an eine zukunftsfähige Lebens- und Wirtschaftsweise besser genügen kann: z. B. indem neben der sozialen auch die übrigen Dimensionen der Nachhaltigkeitsethik berücksichtigt werden.[870] Diese trotz ihrer noch zu einseitigen Ausrichtung und unzureichenden Anforderungen im ersten Ansatz richtige, bisher jedoch nur *national etablierte Wirtschaftsordnung* – in Deutschland und ansatzweise in einigen Ländern der Europäischen Union – sollte mit den genannten Ergänzungen auch auf die *internationale Wirtschaftsordnung* ausgedehnt werden. Denn angesichts der Dominanz weitgehend offener globaler Märkte mit einer hohen Krisenanfälligkeit, der fehlenden raumzeitlich ethischen Perspektive und einer darauf abgestimmten Lebensweise, der offenkundigen Regulierungsdefizite und der unzureichenden internationalen Abstimmung steht unsere Zukunftsfähigkeit auf dem Spiel. Diese umfassende Aufgabe, die sich durch die Erfahrungen der aktuellen globalen Finanz- und Wirtschaftskrise zusätzlich vergrößert und aktualisiert hat, erfordert gemeinsame Anstrengungen von nationalen Regierungen, Institutionen der Vereinten Nationen, transnationalen Wirtschaftsunternehmen und sonstigen Nichtregierungsorganisationen im Rahmen eines Global-Governance-Prozesses, der bereits bei mehreren Anlässen angesprochen wurde. Denn eine funktionsfähige Marktwirtschaft, zu der es in der Gesellschaft keine praktikable Alternative gibt, braucht ebenso wie das hier angestrebte lebensdienliche Wirtschaften, das neben seiner wirtschaftlichen Funktion auch Sinn und Legitimation

---

[869] Vgl. Prantl 2008b, S. 2.

[870] Auf die *soziale Marktwirtschaft* und ihre zweckmäßige Erweiterung in Richtung auf eine nachhaltige Marktwirtschaft wurde bereits im Kapitel 3.5.2 „Gerechtigkeit als zentrales Anliegen der Sozialethik“ näher eingegangen.

kennt,[871] einen geeigneten *Ordnungsrahmen*. Und dieses Wirtschaften, in dem auch die Konsumenten eine hohe Verantwortung tragen, darf angesichts der begrenzten Selbstregulierungsfähigkeit des nicht immer von rationalem Verhalten geprägten Marktes keinesfalls sich selbst überlassen bleiben. Das gilt sowohl für seine wirtschaftlichen Ergebnisse als auch für die damit verbundenen ökologischen und sozialen Folgen. Der ordoliberale Wirtschaftspolitiker Ludwig Erhard formulierte es so: „Die Wirtschaft hat kein Eigenleben im Sinne eines seelenlosen Automatismus, sondern sie wird vom Menschen getragen und vom Menschen geformt.“ [872]

### 4.2.1.2 Ansatzpunkt Liefer- und Wertschöpfungskette

Die Wertschöpfung eines Wirtschaftsunternehmens ist das Ergebnis seiner mit einer Leistungserstellung verbundenen Tätigkeiten und kann in Ausnahmefällen wie einer riskanten Spekulation, eines betrügerischen Geschäfts oder einer Schädigung der natürlichen Umwelt durchaus im Konflikt mit ethischen Grundsätzen stehen. Strukturell lassen sich die Unternehmenstätigkeiten mit einer *Liefer- und Wertschöpfungskette* erfassen, die im Hinblick auf das im Vordergrund der Leistungserstellung stehende Gewinnziel des Unternehmens im Folgenden vereinfacht als „Wertschöpfungskette“ bezeichnet wird. Die Wertschöpfungskette dient daher als *Ansatzpunkt* für betriebswirtschaftliche Analysen und Überlegungen der Unternehmensführung bzw. des Managements, um die ökonomische Effizienz des Unternehmens zu steigern. Wegen der vollständigen und systematischen *Erfassung der Tätigkeiten*, die in der Regel mit *zusätzlich* durch ein geeignetes Managementsystem zu erfassenden Einwirkungen auf die soziale und natürliche Umwelt verbunden sind, eignet sie sich außerdem als Ansatzpunkt für eine systematische *Veränderung der Organisation* in Richtung einer nachhaltigen Unternehmensentwicklung. Die in diesem Zusammenhang ebenfalls zu berücksichtigenden gesellschaftlichen Rahmenbedingungen und Folgen der Unternehmenstätigkeit erfordern von vornherein eine ganzheitliche Betrachtung.

Der mit einem globalen Wettbewerb und technologischen Innovationen einhergehende *Strukturwandel* von der Industrie- zur Dienstleistungsgesellschaft – bzw. bis hin zur Informations- und Wissensgesellschaft – zwingt die Wirtschaftunternehmen inzwischen weltweit, sich mit den Konsequenzen dieses einschneidenden Wandels auseinander zu setzen und mit Hilfe einer *Restrukturierung des Unternehmens* neue Wege einzuschlagen, die auch vor den Managementsystemen nicht halt machen. Denn nur mit einer ständigen Überprüfung und Optimierung der bisherigen Organisation und Unternehmensausrichtung unter den sich weiter verändernden Voraussetzungen lässt sich ihre Wettbewerbs- und Überlebensfähigkeit auf Dauer sicherstellen. Zentrale Aufgabe des betrieblichen Managements ist dabei die *Optimierung der Wertschöpfungskette*, die sich unmittelbar auf die Dienstleistungs- und Produktionsschritte vom Ausgangspunkt der Leistungserstellung bis zum Endverbraucher bezieht. Da mit der Unternehmenstätigkeit – besonders bei großen Industrieunternehmen wie in den Fallbeispielen –

---

[871] Vgl. Ulrich 1997, S. 204.

[872] Vgl. Esslinger 2009, S. 4.

jedoch vielfältige Umwelteinflüsse verbunden sein können, müssen darüber hinaus auch die *internen und externen Stakeholder* des Unternehmens in diese Überlegungen einbezogen werden. Hierzu zählen neben den im Fokus stehenden Kunden insbesondere die Zulieferer, Mitarbeiter, Geldgeber und sonstigen Geschäftspartner. Aus ganzheitlicher Sicht sind hierzu auch alle gesellschaftlichen Akteure mit spezifischen Interessen und Anliegen gegenüber dem Unternehmen zu rechnen. Mit einem derartigen Wertschöpfungskettenansatz lässt sich das Unternehmen betriebswirtschaftlich in ein *interdependentes System* technischer und ökonomischer Aktivitäten gliedern, das sich auch auf die damit zusammenhängenden sozialen und ökologischen Auswirkungen ausdehnen und für das zu konzipierende Nachhaltigkeitsmanagement nutzen lässt. Dabei wird zwischen primären und sekundären *Wertaktivitäten* unterschieden, die erstere unterstützen oder ergänzen. Zur ersten Gruppe zählen u. a. Festlegung der Materialbasis, Produktion, Logistik, Marketing und Vertrieb, zur zweiten Gruppe u. a. Beschaffungswesen, Unternehmensplanung, Finanzwesen, FuE (Forschung und Entwicklung), Umweltschutz und Personalwesen. Die Wertkette des Unternehmens besteht demnach einerseits aus Wertaktivitäten, zu denen insbesondere die Nutzenstiftung für den Kunden zählt, und andererseits aus den damit erzielten Ergebnissen, die aus ökonomischer Sicht auf einen Ertrag hinauslaufen. Dahinter steht eine *Prozess orientierte Betrachtung* der Unternehmenstätigkeit, mit der Wettbewerbsvorteile identifiziert und erreicht werden sollen. Diese Betrachtung kann einerseits auf die *Wertschöpfungstiefe* abzielen und bei deren Reduzierung sowohl zum Lean Management mit flachen Hierarchien als auch zur Auslagerung unrentabler Tätigkeiten, also zum Outsourcing führen. Sie kann andererseits auch auf die *Wertschöpfungsbreite* abzielen, bei der die einzelbetriebliche Wertschöpfungskette zu ihrer Vergrößerung mit der Kette der vor- und nachgelagerten Unternehmen verknüpft wird und dann mit diesen zusammen das Wertschöpfungssystem eines Produkts (Ware oder Dienstleistung), einer Branche oder eines Marktes bildet.[873]

Die für die Existenz eines Unternehmens notwendige *Wertschöpfung* mit einem positiven Ertragsziel setzt voraus, dass der Kunde das Produkt zu einem Gesamtwert abnimmt, der über den entstandenen Kosten liegt und damit die investierte Unternehmensaktivität honoriert. Für die Gewinnerzielung muss das Zusammenspiel der einzelnen Glieder der Wertschöpfungskette eines Unternehmens reibungslos bzw. -arm funktionieren und beim Kunden einen Nutzwert erzeugen, der ihn möglichst wiederholt zum Kauf des Produkts motiviert. Ein so ausgerichtetes Wertschöpfungskonzept ermöglicht mit seinem – bisher noch auf die ökonomische Dimension fokussierten – *integrativen Ansatz*, aus der richtigen Nutzung eigener Ressourcen und Fähigkeiten auf Dauer Wettbewerbsvorteile gegenüber der Konkurrenz zu erreichen. Die auf den dargestellten Strukturwandel reagierenden *betriebswirtschaftlich ausgerichteten Managementkonzepte* setzen daher zur Optimierung der Organisation, bei der die Effizienz der Prozesse bzw. Abläufe eines Unternehmens im Vordergrund steht, an der Wertschöpfungskette an, und zwar sowohl in der Tiefe als auch in der Breite. Vor diesem Hintergrund gewinnt das *Prozessmanagement*, bei dem jede Art der Leistungserstellung im Rahmen der Produktion und Dienstleistung in die unternehmensspezifischen Prozesse mit einem definierten Input und Output messbar untergliedert

[873] Vgl. Hopfenbeck 2000, S. 711.

wird, eine besondere Bedeutung, die auch im Managementsystem zum Ausdruck kommt. Die in diesem Kontext analysierten und beschriebenen Prozesse müssen alle Mitarbeiter kennen und entsprechend berücksichtigen, um eine *kontinuierliche Verbesserung* der Unternehmensprozesse (KVP) zu erreichen. Das kann in letzter Konsequenz auch dazu führen, dass sich der Wettbewerb selbst verlagert: Er findet dann nicht nur zwischen konkurrierenden Unternehmen statt, sondern zunehmend auch als Systemwettbewerb zwischen einzelnen Wertschöpfungsketten und Managementsystemen.

Die schon anlässlich des integrierten Managementsystems des Fallbeispiels angesprochene *Prozessorientierung* ist auch bei der tendenziell steigenden Komplexität der Unternehmenstätigkeit auf dem globalen Markt anzuwenden. Sie kann durch die Strukturierung der Abläufe zu einer wesentlichen Erhöhung der Transparenz beitragen. Im Zuge der strukturellen Veränderungen nimmt selbst bei industriellen Produktionsunternehmen der Anteil der Dienstleistungen an der Unternehmenstätigkeit tendenziell zu und kann die Produktion bis hin zu Verbundlösungen bzw. Netzwerken mit Dritten ergänzen, wenn das Produkt auf bestimmten Märkten allein nicht mehr oder nur schwierig zu verkaufen ist. Bei den angesprochenen *Netzwerken* wird deutlich, dass neben einer Verbesserung der Wertaktivitäten innerhalb der eigenen Wertschöpfungskette auch Wertketten mit anderen Unternehmen zusammen organisiert werden können, wenn sich dadurch das wirtschaftliche Ergebnis nicht nur kurzfristig verbessern lässt. Das gilt auch für das noch zu behandelnde Fallbeispiel 2, bei dem die weltweit verteilten Standorte des globalen Konzerns miteinander konkurrieren und bei Bedarf Unternehmensallianzen mit Dritten (z. B. in Form von Joint Ventures) gebildet werden.[874] Der *Wertschöpfungsprozess* selbst wird dadurch zunehmend unabhängiger von Raum und Zeit und für die Zukunftsfähigkeit des Unternehmens immer wichtiger. Vorrangiges betriebswirtschaftliches Ziel des Prozessmanagements bleibt in jedem Fall die effiziente *Steuerung der Abläufe* im Unternehmen. Hierzu gehört u. a. die ebenfalls schwerpunktmäßig auf den Kunden ausgerichtete Prozess orientierte Qualitätssicherung mit ihrem *Total Quality Management (TQM)*, das sich aufgrund seiner methodischen Möglichkeiten auch als Ansatz für das noch zu behandelnde Nachhaltigkeitsmanagement nutzen lässt. Zu erwähnen ist hier auch das Supply Chain Management (SCM), das der Erhöhung der Wertschöpfung unmittelbar dient und hierfür die effektive Erfassung sowie Organisation der gesamten Wertschöpfungskette zum Ziel hat.[875]

Das dargestellte betriebswirtschaftlich ausgerichtete *Wertschöpfungsketten-Konzept* eignet sich methodisch auch für die hier angestrebte nachhaltige Unternehmensentwicklung, da man nur dann von einer nachhaltigen Unternehmenstätigkeit sprechen kann, wenn diese nicht nur einzelne Prozesse oder Kernaktivitäten, sondern darüber hinaus die *gesamte Wertschöpfungskette* des Unternehmens erfasst. Denn es nützt wenig, wenn beispielsweise der Produktionsprozess nachhaltig abläuft und die Rohstoffbeschaffung oder Produktvermarktung nicht den Nachhaltigkeitsanforderungen ent-

---

874 Vgl. Stora Enso Oyj und Stora Enso AB 2008, S. 82 und S. 65.

875 Für weitere Einzelheiten zum *Wertschöpfungsprozess* und zu den betriebswirtschaftlich ausgerichteten *Managementkonzepten* wird auf die einschlägige Fachliteratur verwiesen (vgl. u. a. Hopfenbeck 2000, S. 708 ff. und Thommen/Achleitner 1998, S. 673 ff.).

sprechen. Daher soll dieses Konzept im vorliegenden Zusammenhang für eine *nachhaltige Unternehmensentwicklung* unter der nachfolgenden *Prämisse* angewendet werden: Werte werden hier nicht nur ökonomisch, sondern ganzheitlich im Sinne einer zukunftsfähigen Lebens- und Wirtschaftsweise interpretiert. Aus der hier eingenommenen *Nachhaltigkeitsperspektive* ist die soziale und ökologische Dimension ökonomischen Handelns unter Rückgriff auf den normativen Gestaltungsansatz Nachhaltigkeitsethik zusätzlich in die Unternehmenspolitik und -organisation aufzunehmen und auf den noch darzustellenden Managementebenen umzusetzen. Damit soll erreicht werden, dass die Unternehmenstätigkeit mit ihren Auswirkungen auf Dauer im Einklang mit der gesellschaftlichen und natürlichen Umwelt erfolgt. Eine so verstandene Wertschöpfungskette eignet sich als wesentliches Instrument für ein Nachhaltigkeitsmanagement. Sie dient damit also nicht nur der Erfassung von Aktivitäten zur Schöpfung oder Abschöpfung von ökonomischen Erträgen, sondern in einem ganzheitlichen Sinne der *Schaffung von Werten* im Rahmen der Unternehmenstätigkeit. Man müsste insofern eigentlich von „Wertschaffungsketten" sprechen.

#### 4.2.1.3 Wahl einer Modellbasis für ein integriertes Management

Als produktives, soziales System und offene, gesellschaftsbezogene Institution steht das *Unternehmen* in einem vielfältigen *Austausch* mit seinem Umfeld: Die Systemgrenzen passieren dabei Ressourcen als Input für das Unternehmen, wo diese nach der Transformation zu Produkten und Dienstleistungen als Output auf den Markt bzw. in die gesellschaftliche und natürliche Umwelt gelangen. Analog den erneut zu verwendenden Nebenprodukten des Produktionsprozesses können verbrauchte Produkte am Ende ihres Lebenszyklus mit Hilfe von externen Recyclingprozessen wieder in das Unternehmen zurückkehren, wodurch Ressourcen eingespart werden und die Umwelt entlastet wird.[876] Wenn man von direkten Natureinflüssen absieht, handelt es sich hierbei um informationsgestützte Austauschprozesse der beteiligten Akteure, die auf der gesellschaftlichen Ebene durch Fremdsteuerung seitens der Ordnungspolitik [877] und auf der Unternehmensebene in einem nachfolgend noch zu vertiefenden kybernetischen System im Rahmen eines *Ziel orientierten Managements* ablaufen: Dabei gibt die Unternehmensführung die nach einer Analyse des Ist-Zustands für eine ganzheitlich erfolgreiche Unternehmenstätigkeit notwendigen Sollwerte im Rahmen der Unternehmenspolitik vor und sorgt mit Hilfe eines unternehmensinternen Regelwerkes für deren Einhaltung (*Fremdsteuerung*). Für die *teleologische Ausrichtung* des Unternehmens werden die Informationsflüsse seitens der verschiedenen Stakeholder innerhalb und außerhalb der Systemgrenzen des Unternehmens im *Führungssystem* zu Wissen verarbeitet, um für die Gestaltung, Lenkung und Entwicklung des Unternehmens nach einem festgelegten Zielsystem genutzt zu werden.[878] Bei diesen *Managementfunktionen*

[876] Als Beispiel eines *Produktionsprozesses* wurde die Herstellung von Zellstoff und Papier mit ihren Wechselbeziehungen im Kapitel 2.3 „Folgen der Rohstoffumstellung der Papierproduktion" dargestellt.

[877] Vgl. Kopfmüller/Lang 2006, S. 91.

[878] Vgl. Dillerup/Stoi 2008, S. 44 f.

bildet die *Gestaltung* des organisatorischen Rahmens und der normativen Ausrichtung des Unternehmens eine wesentliche Grundlage des Managements. Diese soll dem Unternehmen – unter zusätzlicher Nutzung der anschließend noch darzustellenden Potenziale der *Selbststeuerung* – die Autonomie, also Handlungsfähigkeit für das Überleben und die künftige Entwicklung sichern. Die *Lenkung* erfordert die Bestimmung von Zielen, die Festlegung der durchzuführenden Maßnahmen sowie die Kontrolle der Durchführung und der erzielten Ergebnisse. Die *Entwicklung* des Unternehmens stellt sich im zeitlichen Verlauf sowohl kurz- als auch mittel- und langfristig als Ergebnis der verschiedenen interdependenten *Prozesse* im Unternehmenskontext dar. Bei letzteren handelt es sich einerseits um Gestaltungs- und Lenkungsprozesse sowie andererseits um sich selbst generierende Prozesse *organisationalen Lernens*. Damit geht eine Veränderung von Wissen, Einstellungen und Fähigkeiten der einbezogenen Unternehmensangehörigen einher,[879] die sich außerdem auf externe Stakeholder auswirken kann und im Nachhaltigkeitskontext auch soll.

Für die Konzeptualisierung einer nachhaltigen Unternehmensentwicklung wird hier auf das ursprünglich von Hans Ulrich und Schülern an der Universität St. Gallen entwickelte *St. Galler Management-Modell* zurückgegriffen, das im Jahre 1972 erstmals veröffentlicht [880] und seither ständig weiterentwickelt wurde.[881] Die neueste Version stellt das 2002 von Johannes Rüegg-Sturm und Kollegen entwickelte „neue St. Galler Management-Modell" dar, das im Wesentlichen sechs zentrale Begriffskategorien auf die Dimensionen des Managements bezieht: die drei Kategorien Umweltsphären, Anspruchsgruppen und Interaktionsthemen im gesellschaftlichen und natürlichen Umfeld des Unternehmens und die drei auf die Innensicht der Organisation bezogenen Kategorien Ordnungsmomente, Prozesse und Entwicklungsmodi.[882] In dieses neue Modell ist das aktuelle Managementwissen eingeflossen, was u. a. zu einer veränderten Modellstruktur geführt hat. Die damit einhergehende Differenzierung hat jedoch die Komplexität des Modells erhöht und insbesondere dazu geführt, dass aus dem neuen Modell der im vorliegenden Anwendungsfall wesentliche Zusammenhang zwischen den Ordnungsmomenten (Strategie, Strukturen und Kultur) und den Managementebenen (normative, strategische und operative Ebene) nicht mehr eindeutig hervorgeht und stattdessen im vorliegenden Zusammenhang nicht benötigte Einzelheiten zu den sechs Begriffskategorien angegeben werden. Aufgrund der vorliegenden Erfahrungen und Kenntnisse kommt es für die vorzunehmende Konkretisierung des Gestaltungsansatzes Nachhaltigkeitsethik eher auf eine ganzheitliche, anwendungsfreundliche *Modellstruktur* mit den *wesentlichen Interdependenzen* an, die entsprechend dem zu entwickelnden Managementkonzept um die hierfür erforderlichen spezifischen Einzelheiten zu ergänzen ist. Daher wird hier – trotz der nützlichen Ergänzungen des Modells um Anspruchsgruppen, Interaktionsthemen und eine Differenzierung der Unternehmensprozesse – als Ausgangsbasis für die Konzeptualisierung auf das Vorgängermodell zurückgegriffen,

---

[879] Vgl. Ulrich 1984, S. 99 ff.

[880] Vgl. Ulrich/Krieg 1972.

[881] Vgl. u. a. Pümpin 1980 und Malik 1981.

[882] Vgl. Rüegg Stürm 2003, S. 21 ff.

auf dessen Grundlage Knut Bleicher sein *„Konzept Integriertes Management"* veröffentlichte.[883] Dieses Modell geht von einer ganzheitlichen Betrachtung unter Berücksichtigung gegenseitiger Abhängigkeiten aus und überlässt es dem Erfahrungsschatz der an diesem Konzept Beteiligten, die kontext- und unternehmensspezifischen Ausprägungen selbst zu entwickeln. „Es entspricht somit den Vorstellungen der bisherigen Entwicklung des St. Galler Management-Modells, das sich als *»Leerstellengerüst für Sinnvolles und Ganzheitliches charakterisieren lässt«*." [884] Mit diesem Konzept verbindet sich die Vorstellung, Entscheidungsprobleme des Managements in verschiedenen Dimensionen einzuordnen, um einen Problem bezogenen *Ordnungsrahmen* und ein *Vorgehensmuster* für die integrative Konzipierung von spezifischen Lösungsrichtungen bereitzustellen. Dabei sind die kontextualen und situativen Bedingtheiten der jeweiligen Unternehmensentwicklung zu beachten, die als Unterstützung der Eigenreflexion und des Dialogs zur Positionierung der Situationen und Absichten dienen sollen.[885] Dieses in den 1980er entwickelte und in den 1990er Jahren vertiefte St. Galler Management-Modell, mit dem sich die In- und Umwelt des Unternehmens für das angestrebte universell ausgerichtete Managementkonzept funktional in einen ökonomischen, ökologischen und sozialen Bereich unterteilen und das Unternehmensmanagement sich mit entsprechenden Ergänzungen nachhaltigkeitsethisch ausrichten lässt, wird im Folgenden zunächst mit seinen wesentlichen Bausteinen vorgestellt (vgl. Abb. 23):

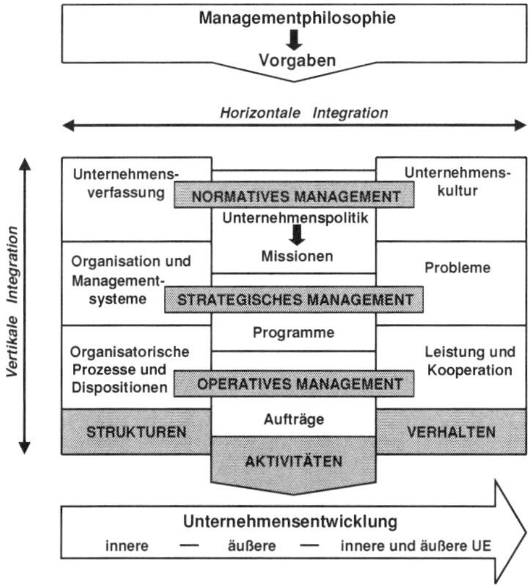


**Abbildung 23: Unternehmensmanagement mit St. Galler Management-Modell**[886]

[883] Vgl. Bleicher 1999a.

[884] Bleicher 1999a, S. 72.

[885] Vgl. Bleicher 1999a, S. 73.

[886] Vgl. Bleicher 1999a, S. 77 und 82.

Das schematisch dargestellte *St. Galler Management-Modell* stellt einen mit erfahrungsfundiertem Inhalt zu füllenden Bezugsrahmen für das integrierte Management eines Unternehmens dar. Der Inhalt besteht aus einschlägigem Managementwissen, das unternehmensspezifisch zu konkretisieren ist. Das Management-Modell selbst basiert auf einer Interdependenz-Matrix: Diese beinhaltet ein Beziehungsnetzwerk, das aus *drei horizontalen Managementdimensionen* und aus *drei vertikalen Managementaspekten* eines zu betrachtenden Unternehmens aufgebaut ist. Die auf drei horizontalen Ebenen angeordneten *Dimensionen des normativen, strategischen und operativen Managements* akzentuieren die durch die Akteure des Unternehmensmanagements zu bearbeitenden Problemfelder. Letztere sind jedoch trotz ihrer Differenzierung nicht als abgegrenzte Module, sondern im Sinne eines *integrierten Managements* mit einer gegenseitigen Durchdringung in horizontaler und vertikaler Richtung zu verstehen,[887] die sich durch vielfältige Vor- und Rückkopplungsprozesse auszeichnen. Selbst wenn die Strukturierung in Managementebenen mit unterschiedlichen fachlichen Schwerpunkten zunächst etwas rudimentär erscheinen mag, so verdeutlicht sie die zu analysierende, zu beurteilende und zu gestaltende *Interdependenz* der jeweils zugrunde liegenden Sachverhalte. Diese Wechselbeziehungen stellen sich im vorliegenden Rahmen als umfassend vernetzte Beziehungen der am Integrationsprozess Beteiligten dar. Im Zuge der Entwicklung und Anwendung des integrierten Managementsystems sind die horizontalen Dimensionen außerdem mit den für das St. Galler Management-Modell charakteristischen drei vertikal angeordneten *Aspekten* in einen Zusammenhang zu bringen und zu reflektieren: den *Aktivitäten, Strukturen* und dem *Verhalten* des Managements. Denn diese unterstützen und problematisieren den Integrationsprozess zwischen gestalterischem Wollen und Umsetzung der Zielvorstellungen. Damit ermöglichen die Aspekte eine schrittweise Konkretisierung der normativen Vorgaben über die einzelnen Managementebenen. Erst durch die Projektion und Anwendung der drei vertikalen Aspekte auf die drei horizontalen Managementdimensionen ergibt sich die für ein integriertes Managementsystem wesentliche *Interdependenz-Matrix*. Auf die Aspekte wird nachfolgend und auf die Managementdimensionen wird später im Zusammenhang mit der nachhaltigkeitsspezifischen Erweiterung des Modells näher eingegangen.

Im *Zentrum* der drei Vertikalen stehen die *Aktivitäten* des Managements, die auf der obersten Managementebene mit der Leitidee der Unternehmensphilosophie konfrontiert werden. Die Umsetzung der Leitidee führt im ersten Schritt zur Formulierung der *Unternehmenspolitik* durch die Unternehmensführung, die auf der Ebene des normativen Managements die Vorgaben für die Implementierung der Aktivitäten macht. Als Ergebnis einer Politik des Interessenausgleichs mit den Stakeholdern, der durch die Unternehmensverfassung geregelt und außerdem durch die Unternehmenskultur bezüglich des Verhaltens der Unternehmensangehörigen abgestimmt wird, können diese im Hinblick auf die zu leistende Überzeugungsarbeit als „Missionen“ für die Unternehmensentwicklung bezeichnet werden. Die *Missionen* sollen mit ihrem missionarischen Wollen als erster Output der Unternehmenspolitik die generelle Zielausrichtung

---

[887] Vgl. Bleicher 1999a, S. 71 ff.

und Grundorientierung für das strategische und operative Management vermitteln.[888] Im Mittelpunkt der strategischen Überlegungen stehen die *Programme* als zweiter Output der Unternehmenspolitik, die sich aus der Verknüpfung mit den Organisationsstrukturen und Managementsystemen sowie dem Problemlösungsverhalten der Unternehmensangehörigen ergeben. Im Unterschied zum normativen Management, das die Aktivitäten vor allem analysiert und begründet, soll das strategische Management die Aktivitäten mit Hilfe konkreter Programme auf die angestrebte, hier nachhaltige Unternehmensentwicklung ausrichten. Die einzelnen Akteuren zuzuordnenden Programme sind bereits konkreter, jedoch nicht mehr so langfristig wie die aus der Leitidee zunächst folgenden Missionen. Die aus den Programmen abzuleitenden Einzelhandlungen werden auf der nachfolgenden Ebene des operativen Managements als dritter Output der Unternehmenspolitik zu *Aufträgen* mit hohem Konkretisierungsgrad und geringer zeitlicher Reichweite, um entsprechend den betrieblichen Möglichkeiten und Erfordernissen leichter ausgeführt werden zu können. Strukturell werden die Aufträge von organisatorischen Prozessen und Dispositionssystemen sowie verhaltensmäßig von der Leistungs- und Kooperationsbereitschaft der Unternehmensangehörigen beeinflusst. Bei der vertikalen Integration durch Aktivitäten kommt es für einen auf die Unternehmensentwicklung sich auswirkenden dauerhaften Erfolg auf die gegenseitige Abstimmung des unternehmenspolitischen Wollens mit den strategischen Programmen und operativen Aufträgen der ausführenden Ebene des Unternehmens an. Die mittig angeordnete Aktivitätenspalte steht darüber hinaus in Wechselbeziehungen mit zwei weiteren Aspekten des Managementmodells:

Die *linke Vertikale* umfasst die *Strukturen* des Managements, die sich von der Unternehmensverfassung über die Organisationsstrukturen und Managementsysteme bis zu den organisatorischen Prozessen und Dispositionssystemen des Unternehmens zunehmend konkretisieren. Als Bestandteile der Interdependenz-Matrix stehen diese Managementmodule wiederum in Wechselbeziehungen zu den übrigen Aspekten, den Aktivitäten und dem Verhalten. Die *Unternehmensverfassung* legitimiert das Managementhandeln, sofern der noch ergänzend darzustellende Stakeholderdialog zu ausreichender Akzeptanz der Beteiligten geführt hat. Die Verfassungsstruktur des Unternehmens wird durch die Gestaltung der *Organisationsstrukturen* und *Managementsysteme* auf der strategischen Managementebene zunehmend konkreter. Auf der nachfolgenden operativen Managementebene drückt sich die Struktur in Form eines raumzeitlich gebundenen Ablaufs *organisatorischer Prozesse* aus, die unmittelbar aus den *Dispositionssystemen* des Unternehmens hervorgehen. Die vertikale Integration durch Strukturen erfolgt somit über die wechselseitige Gestaltung der Normen der Unternehmensverfassung, der Organisationsstrukturen und der Managementsysteme sowie einer operativen Ausrichtung von Prozessorganisation und Dispositionssystemen.[889]

Die *rechte Vertikale* des Managementmodells bezieht sich auf das *Verhalten* der Unternehmensangehörigen, das einerseits von den „weichen“, nicht immer bewussten Seiten des „Animal rationale“ und andererseits von den Wechselbeziehungen zu den

888 Vgl. Bleicher 1999a, S. 159.

889 Vgl. Bleicher 1999a, S. 81 ff.

Aktivitäten und Strukturen des Unternehmens beeinflusst wird. Diese mit vielen Problemen behaftete Seite des Managements erfordert vom Unternehmen und seinen Angehörigen eine klare – hier außerdem ethisch fundierte – Einstellung zum Menschen mit Berücksichtigung seiner Stärken und Schwächen. Auf der normativen Managementebene bestimmt die auch von Traditionen geprägte *Unternehmenskultur* das künftige Verhalten der Unternehmensangehörigen mit einer hohen zeitlichen Reichweite. Trotz ihres zunächst niedrigen Konkretisierungsgrads hat die Unternehmenskultur weitreichende Konsequenzen für das strategische und operative Handeln. Denn sie kann das *Verhalten* der beteiligten Unternehmensangehörigen wegen ihrer Möglichkeiten zur Identitätsstiftung (Stichwort: Heimat) und Motivationsförderung (Stichwort: proaktives Verhalten) nicht unwesentlich *beeinflussen*. Bei einem Global Player mit einer Belegschaft aus unterschiedlichen Kulturen, Traditionen und gesellschaftlichen Rahmenbedingungen sind die Anforderungen an die Unternehmenskultur in der Regel wesentlich höher, da sie zunächst auf einem Niveau mit ausreichender Akzeptanz und Allgemeingültigkeit für die globale Anwendbarkeit vereinheitlicht werden muss und in dieser Form nicht mehr einfach zu verändern ist. Auf der strategischen Managementebene geht es vorrangig um die Handhabung des *Problemverhaltens* der Akteure im Hinblick auf die Unternehmensgrundsätze, das seitens des Managements verhaltensleitend zu beeinflussen ist – beispielsweise durch eine praktizierte Vorbildrolle. Auf der operativen Managementebene steht das Ergebnis orientierte *Leistungs- und Kooperationsverhalten* in den einzelnen Arbeitsprozessen des Unternehmens im Vordergrund, das durch geeignete Vorgaben und Anreize seitens der Führungsebene zu unterstützen ist. Als Beispiel wird in diesem Zusammenhang eine Prämierung von Verbesserungsvorschlägen genannt, die in Industrieunternehmen häufig anzutreffen ist. Im Hinblick auf den hohen Konkretisierungsgrad geht es hierbei um reales Verhalten unter den gegebenen Arbeitsbedingungen, das im Falle der Verletzung einer Regel eines vorgegebenen *Verhaltenskodexes* auch mit Sanktionen durch die Unternehmensführung belegt werden kann. Die vertikale Integration durch Verhalten erfolgt somit über verschiedene Konkretisierungsgrade und zeitliche Reichweiten des Verhaltens, wobei die normative Begründung, die strategische Leitung und die operative Realisierung des Verhaltens der Unternehmensangehörigen aufgrund der Interdependenzen zusammenhängend zu erbringen sind.[890]

Eine Verwendung des St. Galler Management-Modells für die beabsichtigte Konzeptualisierung einer nachhaltigen Unternehmensentwicklung im Rahmen der Konkretisierung des integrativen Gestaltungsansatzes Nachhaltigkeitsethik erfordert zuvor eine *kritische Beurteilung* der Eignung des Modells: Das aus einem langen Entwicklungsprozess hervorgegangene St. Galler Management-Modell stellt einen konsistenten Ansatz für ein integriertes Management dar. Es liefert ein gut strukturiertes Leerstellengerüst sowie Vorgehensmuster, das alle für die beabsichtigte Unternehmensentwicklung wesentlichen Module des Managements enthält und diese mit seinen Interdependenzen auf der Unternehmensebene *anforderungsgerecht* erfasst. Die zunächst etwas unverbindlich erscheinende Architektur des ganzheitlich konzipierten Modells hat den Vorteil einer erweiterungsfähigen Ausrichtung des Managements. Diese kann ohne wesentliche Änderungen durch nachhaltigkeitsethische Ergänzungen in Richtung einer

[890] Vgl. Bleicher 1999a, S. 83.

nachhaltigen Unternehmensentwicklung vorgenommen werden. Mit ihrem Abstraktionsgrad ermöglicht sie unter dieser Zielsetzung eine *universelle Anwendung* für unterschiedliche Unternehmen, die im konkreten Einzelfall vorrangig von den Unternehmensangehörigen mit betriebsspezifischem Inhalt zu füllen sind. Insofern erweist sich die offene Formulierung und das Fehlen inhaltlicher Festlegungen als *Vorteil*, und zwar sowohl für den Aufbau als auch für die Implementierung eines auf dieser Grundlage aufzubauenden Managementsystems. Denn zu frühzeitig erfolgende Festlegungen würden die für eine nachhaltige Entwicklung mit ihren raumzeitlichen Anforderungen erforderliche ganzheitliche Sichtweise und damit die beabsichtigte Konzeptualisierung nur behindern. *Nachteilig* erweist sich hingegen eine gewisse Hierarchiebetonung des St. Galler Modells und die unzureichende Nutzung der Kommunikationspotenziale für eine demokratische Lösung Interessen bedingter Konflikte innerhalb und außerhalb des Unternehmens, die bei der beabsichtigten Erweiterung des Modells zunehmen werden. Hierauf wird nachfolgend im Zusammenhang mit dem Dialogprinzip noch näher eingegangen. Die hierarchische Ausrichtung beschränkt sich im Modell zwar im Wesentlichen auf normative Vorgaben der Unternehmensführung im Rahmen der Unternehmenspolitik, die üblicherweise top down von einem unternehmerischen Wollen zu einer Ergebnis orientierten Umsetzung führen. Sie finden jedoch keinen äquivalenten Bottom-up-Ausgleich seitens der Mitarbeiter und externen Stakeholder, auf die es bei einer langfristigen Ausrichtung des Unternehmens in Richtung einer nachhaltigen Entwicklung besonders ankommt. In diesen Zusammenhang fällt auch die Nutzung der noch zu vertiefenden *Selbststeuerungspotenziale* im Unternehmen: Damit die im Rahmen der teleologischen Ausrichtung des Unternehmens unverzichtbaren Vorgaben von oben nach unten (top down) keinen zu dominanten bzw. einseitigen Einfluss auf die Unternehmensentwicklung erhalten, muss insbesondere darauf geachtet werden, dass sowohl die horizontal angeordneten Managementebenen als auch die vertikal angeordneten Aspekte als grundsätzlich *gleichberechtigt* verstanden und interdependent angewendet werden.[891] Abgesehen von situationsabhängigen Einzelfällen sind in diesem Rahmen außerdem die Selbststeuerungspotenziale im Unternehmen durch umfassende Informationen und offene Dialoge auf möglichst gleicher Augenhöhe zu fördern.

**Resümee:** Angesichts der grundsätzlichen Übereinstimmung mit eigenen Managementkenntnissen sowie Berufserfahrungen aus dem Aufbau von Managementsystemen und angesichts der angenommenen Möglichkeiten einer Anwendung des normativen Gestaltungsansatzes Nachhaltigkeitsethik, wird das St. Galler Management-Modell als *Grundlage für die Konkretisierung* dieses integrativen Gestaltungsansatzes *gewählt*. Daraus soll schließlich ein universell anwendbares Konzept für eine nachhaltige Unternehmensentwicklung hervorgehen, das den raumzeitlichen Anforderungen des Ansatzes Rechnung trägt. Vor diesem Hintergrund wird das St. Galler Management-Modell nachfolgend zunächst anwendungsbezogen problematisiert und im Anschluss an die Darstellung eines Selbstmanagementansatzes im Rahmen der „Business Excellence“ durch nachhaltigkeitsspezifische Ergänzungen erweitert.

---

891 In diesem Zusammenhang wird die *Gleichrangigkeitsprämisse* des Konfliktmodells Tetraeder der Nachhaltigkeitsethik im Kapitel 3.1 „Grundannahmen und Ausgangsbasis des Gestaltungsansatzes“ erwähnt.

#### 4.2.1.4 Nachhaltigkeitsethische Ausrichtung der Modellbasis

Die Umsetzung der Leitidee „Anwendung des Gestaltungsansatzes Nachhaltigkeitsethik entlang der Wertschöpfungskette“ stellt für Unternehmen zweifellos eine große Herausforderung dar, die mit der wirtschaftlichen Größe sowie Reichweite eines Unternehmens tendenziell zunimmt und an Bedeutung für die Gesellschaft gewinnt (Stichwort: Global Player). Im Unterschied zu einer mehr oder weniger einseitigen Ausrichtung auf den Shareholder-Value erfordert die Umsetzung der vorgenannten Leitidee von zukunftsorientierten Unternehmen und ihrem Management die Erfüllung insbesondere folgender *zusätzlicher Bedingungen*: eine ganzheitliche und langfristig ausgerichtete Denkweise, eine Veröffentlichung der Grundsätze und der Politik des Unternehmens, den Willen sowie die Bereitschaft zu kontinuierlichen Verbesserungen und umfassenden Veränderungen, eine stärkere Einbeziehung der Unternehmensangehörigen in die Prozesse und Entwicklung des Unternehmens, einen ethisch fundierten Dialog mit den internen und externen Stakeholdern des Unternehmens, einen Ethikkodex mit Richtlinien zur Überprüfung der Legitimität des Verhaltens des Unternehmens sowie seiner Angehörigen und schließlich mehr Transparenz der durch diese Bedingungen komplexer werdenden Organisation. Für diese erweiterten Vorstellungen und Anforderungen, die selten mit konformen Interessen einhergehen, bietet sich die auf dem *konsensualen Dialogprinzip* basierende Konfliktlösungs- und Integrationsmethode an, die bereits anlässlich der Integration der fachspezifischen Einzelethiken zur Nachhaltigkeitsethik angewendet wurde. Denn auch dort mussten im Rahmen der Integration zur Konfliktminimierung die unterschiedlichen Interessen der jeweils Beteiligten unter Berücksichtigung der vielfältigen Wechselbeziehungen in Einklang gebracht werden.[892] Für ein Nachhaltigkeitsmanagement ist ebenfalls die kommunikative Rationalität der am Dialog zu Beteiligenden und die sich daraus ableitende *Integrationsmethode* gefragt, selbst wenn hier nicht die integrative Zusammenführung fachspezifischer Einzelethiken, sondern eine global zukunftsfähige Unternehmenspraxis mit ihren Rahmenbedingungen im Vordergrund steht. Als Voraussetzung einer Integration der Dimensionen des normativen, strategischen und operativen Managements ist zunächst die *Leitidee* als unternehmensphilosophische Vorgabe voranzustellen, in der sich die Einstellung des Unternehmens zu seiner Rolle in der Gesellschaft und zu seinem Verhalten gegenüber der gesellschaftlichen und natürlichen Umwelt darstellt. In diesem Rahmen sind vor allem das zugrunde zu legende Menschenbild und die zusätzlich zum Shareholder-Value zu verfolgenden *Werte* durch das Management zu klären, aus denen sich Rückschlüsse und Fragen der Sinnfindung für die Stakeholder innerhalb und außerhalb des Unternehmens ergeben. Aus ihnen leiten sich wiederum die Vorstellungen über die raumzeitliche Positionierung des Unternehmens in Wirtschaft und Gesellschaft ab, die sich in einer entsprechenden Vision wiederfindet.[893] Dabei geht es vor allem um die *Bereitstellung eines Nutzens* für die wesentlichen Stakeholder des Unternehmens wie Unternehmensangehörige, Investoren, Kunden und Lieferanten. Hierfür sind im vorlie-

[892] Weitere Einzelheiten zum konsensualen *Konfliktlösungs- und Integrationskonzept* finden sich im Kapitel 3.6 „Integration der fachspezifischen Einzelethiken“.

[893] Vgl. Bleicher 1999a, S. 71 ff.

genden Zusammenhang nachhaltigkeitsethische Anforderungen zu stellen, deren Beachtung den Nutzen im Extremfall sowohl quantitativ begrenzen als auch qualitativ erweitern kann. Auf jeden Fall soll ein mit der Unternehmenstätigkeit erzieltes Ergebnis für einen *langfristigen Erfolg* sorgen und in ganzheitlicher Hinsicht dauerhaft im Einklang mit der Umwelt stehen.

Ergänzend zu den hierarchischen Vorgaben und Kontrollen der Unternehmensführung im Rahmen der teleologischen Ausrichtung des Unternehmens erfolgt – für die insbesondere im Nachhaltigkeitskontext wichtige Erreichung mittel- und langfristiger Unternehmensziele – ein Rückgriff auf die *homöostatischen Eigenschaften* des Unternehmens. Dazu müssen die im Unternehmen vorhandenen Rückkopplungsschleifen soweit wie möglich und vertretbar genutzt werden.[894] Denn innerhalb und zwischen den Managementebenen können Soll-Ist-Abweichungen auf Grund der vernetzten Regelkreise mit Hilfe eines zielgerichteten Informationsaustausches, der mit einigen Stakeholdern auch über die Unternehmensgrenzen hinweg stattfindet, weitgehend selbst gesteuert bzw. geregelt werden (*Selbststeuerung*). Diese Selbststeuerungspotenziale und die für eine Umsetzung der von der Unternehmensführung vorgegebenen Leitidee „Anwendung des Gestaltungsansatzes Nachhaltigkeitsethik entlang der Wertschöpfungskette" unverzichtbare Einbeziehung der internen und externen Stakeholder des Unternehmens können auch für eine *Selbstbewertung* und ein *Selbstmanagement* des Unternehmens genutzt werden. Dadurch lässt sich bei transparenten Unternehmenszusammenhängen und -abläufen, für die das Management ebenfalls zu sorgen hat, die Implementierung eines Nachhaltigkeitsmanagements wesentlich unterstützen und der hierarchische Einfluss begrenzen. In diesem Zusammenhang wird in Ergänzung zu den Managementaufgaben entsprechend dem St. Galler Modell die Bewertung der *„Business Excellence"* nach dem „European Quality Award" besonders erwähnt.[895] Der Aufbau des für eine *Metasteuerung* des Unternehmens – in einer die Integration der Nachhaltigkeitsanforderungen unterstützenden Funktion – vorgesehenen EFQM-Modells des European Quality Award lässt sich mit seiner Struktur und seinen Kriterien für die Selbstbewertung am besten in einem Schema veranschaulichen (vgl. Abb. 24):

894 Vgl. Hopfenbeck 2000, S. 59 f.

895 Vgl. Bleicher 1999a, S. 616 ff.

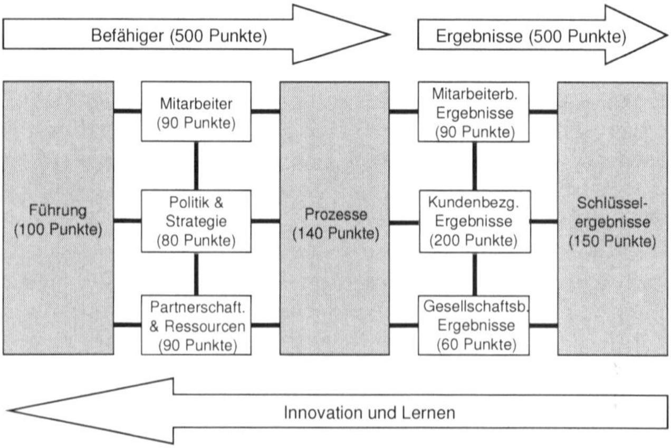


**Abbildung 24: EFQM-Modell mit Bewertungskriterien für Business Excellence**[896]

Das dargestellte *EFQM-Modell* mit seinen neun Kriterien besteht aus drei Hauptsäulen, die den grundlegenden Säulen des Total Quality Managements entsprechen und die eine gleichzeitige Betrachtung von Menschen, Prozessen und Ergebnissen ausdrücken. Die Einbindung aller Mitarbeiter in einen *kontinuierlichen Verbesserungsprozess* soll zu besseren Ergebnissen führen. Die sechs verbindenden Kriterien sind im Modellschema als Querbalken dargestellt und geben an, welche Mittel für die Umsetzung des Modells und welche Zwischenergebnisse dafür erforderlich sind. Das Modell stellt ein *dynamisches System* dar, das durch Pfeile verdeutlicht wird: *Innovation* und *Lernen* verbessern die Befähiger bzw. befähigenden Faktoren, die in einer früheren Modellversion [897] als „Potenziale" bezeichnet wurden, und führen dadurch zu verbesserten Ergebnissen. Die Möglichkeiten des Modells resultieren aus dem Verständnis der Beziehungen zwischen den einzelnen Kriterien: Wenn ein Prozess in einem Befähigerkriterium aufgelistet wird, erscheinen die zugehörigen Ergebnisse, die auf die Leistung dieses Prozesses bezogen werden, in einem der Ergebniskriterien. Auf diese Art und Weise sind alle *neun Kriterien* des Modells miteinander verknüpft und werden zwei Bereichen zugeordnet: den *Befähigern* und den *Ergebnissen*. Mit den Ergebniskriterien wird danach gefragt, was als Resultat des Vorgehens entsteht, während die Befähiger sich mit der Vorgehensweise an sich befassen. Hierin liegt die *wesentliche Erkenntnis* des Modells: Es reicht nicht, Ergebnisse nur zu managen, sondern die Vorgehensweise

---

896 Die Stiftung *European Foundation for Quality Management* wurde 1988 von 14 europäischen Unternehmen gegründet (Electrolux, Nestlé, British Telecom, Olivetti, Bull, KLM, Ciba-Geigy, Philips, Dassault Aviation, Renault, Fiat, Bosch, Sulzer und Volkswagen). Das *EFQM-Modell* für Business Excellence wurde 1991 erstmals veröffentlicht (vgl. Kämpf/Albrecht 2008, S. 1 ff.).

897 Vgl. EFQM 1996, S. 7.

muss einbezogen werden. Denn Ergebnisse allein liefern nur Informationen über Vergangenes, erst im *Prozessverlauf* erarbeitet man sich Informationen über Zukünftiges. Daher wird die Hälfte der Gewichtung auf die Befähiger gelegt, obwohl es letztlich um die zu erreichenden Ergebnisse geht.[898] In diesem Ansatz werden darüber hinaus normativ-ethische Zielvorstellungen berücksichtigt: „Exzellente Organisationen stellen sich einem hohen ethischen Anspruch, indem sie als verantwortungsbewusste Organisation ihr Handeln gegenüber ihren Interessengruppen transparent machen und darüber Rechenschaft ablegen. Soziale Verantwortung und ökologische Nachhaltigkeit beachten und betreiben sie aktiv heute und für die Zukunft.“ [899]

**Kritische Einschätzung:** Bei der im Schema des EFQM-Modells dargestellten Punktbewertung fällt einerseits die *unterschiedliche Gewichtung* von kundenbezogenen Ergebnissen (200 Punkte), die früher als „Kundenzufriedenheit“ bezeichnet wurden, und Schlüsselergebnissen (150 Punkte), die früher als „Geschäftserfolg“ bezeichnet wurden, gegenüber mitarbeiterbezogenen Ergebnissen (90 Punkte), die früher als „Mitarbeiterzufriedenheit“ bezeichnet wurden, und gesellschaftsbezogenen Ergebnisse (60 Punkte), die früher als „Auswirkungen auf die Gesellschaft“ bezeichnet wurden, bei insgesamt 1000 zu vergebenden Punkten auf. Andererseits machen *finanzielle Kennzahlen*, die bei betriebswirtschaftlichen Überprüfungen grundsätzlich eine wesentliche Rolle spielen, *nur einen Teil* der umfassenderen *Ergebnisausrichtung* aus und sind eher als Symptome denn als Ursachen einzustufen.[900] Denn die Kriterien mitarbeiterbezogene, kundenbezogene und gesellschaftsbezogene Ergebnisse werden mit insgesamt 350 Punkten wesentlich stärker gewichtet als die finanziellen Schlüsselergebnisse der Organisation mit ihren 150 Punkten. Letztere ergeben sich also aus den vorangegangenen Tätigkeiten, die über die zugehörigen Kriterien im Schema schrittweise erfasst werden. Trotz der zwischen den einzelnen Kriterien bestehenden Wirkungszusammenhänge, die schließlich zu den Schlüsselergebnissen führen, geht aus der Struktur und Gewichtung dennoch eine *ökonomische Ausrichtung* des EFQM-Modells hervor, die der hier vertretenen Nachhaltigkeitsperspektive nur eingeschränkt gerecht wird. Außerdem fällt in dem Modell die konsequente *Instrumentalisierung der Mittel* auf, die in der offiziellen Begründung [901] besonders zum Ausdruck kommt: Das Kriterium „Kundenbezogene Ergebnisse“ erhält danach die höchste Einzelbewertung, weil die Zufriedenheit des Kunden als wichtigstes Instrument zur Erreichung von Unternehmensergebnissen eingestuft wird. Das Kriterium „Schlüsselergebnisse“ wird danach als Hauptziel verstanden, das ein Unternehmen erreichen will. Eine weitere aus Sicht der Nachhaltigkeit problematische Bewertung stellt die offizielle Begründung des Kriteriums „gesellschaftsbezogene Ergebnisse“ dar, wonach es sich die Unternehmen heute aus Imagegründen nicht mehr leisten können, trotz guter Produkte die Verantwortung für die Umwelt und das soziale Verhalten nicht wahrzunehmen. Ähnlich sieht es mit dem Kriterium „mitarbeiterbezogene Ergebnisse“ aus, das nicht auf die Zufrie-

898 Vgl. Kämpf/Albrecht 2008, S. 3 ff.

899 EFQM 2003, S. 8.

900 Vgl. Rüegg-Stürm 2003, S. 13 f.

901 Vgl. Kämpf/Albrecht 2008, S. 4 f.

denheit der Mitarbeiter, sondern auf die heute immer höhere Dienstleistungsabhängigkeit der Produkte ausgerichtet ist, die direkt vom Verhalten der Mitarbeiter beeinflusst wird. Trotz der geäußerten Bedenken erfordert die für die Konzeptualisierung einer nachhaltigen Unternehmensentwicklung grundsätzlich zu befürwortende Verwendung des EFQM-Modells neben einer kritischen Reflexion der vorliegenden Rahmenbedingungen den *Einsatz zusätzlicher Managementinstrumente* [902] – schon im Hinblick auf die große Akzeptanz des Modells bei Wirtschaftsunternehmen.[903] Damit wird die Integration der ökologischen und sozialen in Abstimmung mit den bereits ausreichend berücksichtigten ökonomischen Anforderungen in die Unternehmensprozesse in jedem Fall erleichtert. Alternativ ist auch eine Erweiterung des Modells um fehlende Nachhaltigkeitskriterien zu einem „Sustainability-EFQM-Modell" [904] oder „Sustainable Excellence Ansatz" [905] denkbar, die im vorliegenden Rahmen nicht vertieft werden. Stattdessen wird im Folgenden zum *St. Galler Management-Modell* mit seiner verbindlichen Rahmenstruktur zurückgekehrt und dieses Basismodell nachhaltigkeitsethisch konkretisiert.

Für die Anwendung des Gestaltungsansatzes Nachhaltigkeitsethik auf die insgesamt über die Systemgrenze des Wirtschaftsunternehmens hinausreichende Wertschöpfungskette (Supply Chain) [906] wird das St. Galler Management-Modell für eine *nachhaltige Unternehmensentwicklung* wie folgt erweitert: Vor dem Hintergrund eines komplexen Interessenfeldes werden den internen und den externen Stakeholder vom Management die Möglichkeiten zu einem ethisch fundierten Dialog für die Erreichung des Unternehmensziels gegeben, wozu im Bedarfsfall – wie bei allen grundlegenden Änderungen gegenüber dem bisher vorhandenen Managementsystem – auch auf externes Wissen zurückgegriffen werden sollte. Dementsprechend wird der Geltungsbereich der *Interdependenz-Matrix* über die Unternehmensgrenzen hinaus *erweitert* (vgl. Abb. 25):

---

[902] Auf die *zusätzlichen Managementinstrumente* wie beispielsweise integrierte Einzelmanagementsysteme, Sustainability Scorecard, Stakeholder-Dialog und Ethik-Kodizes wird im Folgenden noch näher eingegangen.

[903] Vgl. Westermann et al. 2003, S. 343.

[904] Vgl. BMU/ecosense/CSM 2007, S. 149 f.

[905] Vgl. Balik/Frühwald 2006, S. 196 f. und Westermann et al. 2003, S. 344 ff.

[906] Die Einbeziehung von Wertschöpfungsketten *(Supply Chain)* und ihr Management *(Supply Chain Management)* im Nachhaltigkeitskontext wird auch von Seuring 2004, S. 1059 ff., BMU/ecosense/ CSM 2007, S. 169 ff. und Seuring/Müller 2009, S. 165 ff. besonders angesprochen.

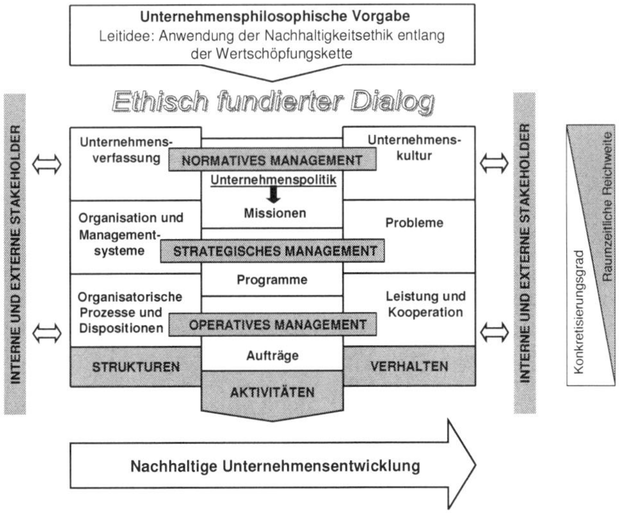


**Abbildung 25: Nachhaltigkeitsethisch erweitertes St. Galler Management-Modell**

Die im Schema dargestellten *Ergänzungen* des St. Galler Management-Modells beziehen sich auf die hier vorzunehmende Konkretisierung für das *Konzept einer nachhaltigen Unternehmensentwicklung*. Dazu wurde im ersten Schritt die Leitidee „Anwendung des Gestaltungsansatzes Nachhaltigkeitsethik entlang der Wertschöpfungskette" als unternehmensphilosophische Vorgabe aufgenommen. Damit diese Leitidee tatsächlich umgesetzt werden kann und deren stufenweise Konkretisierung über die verschiedenen Managementebenen schließlich zum Erreichen des anspruchsvollen Unternehmensziels führt, muss im Rahmen der Festlegung der Unternehmenspolitik einerseits eine eindeutig *anthropozentristische Position* eingenommen werden, die den Menschen in den Mittelpunkt des Unternehmens stellt. Und andererseits muss der Einfluss der in differenzierten Wechselverhältnissen zum Unternehmen und zu den einzelnen Modulen des Managementsystems stehenden *internen* und *externen Stakeholder* schon in der Unternehmenspolitik berücksichtigt werden.[907] Denn deren unterschiedliche Ansprüche müssen zur weitgehenden Konfliktvermeidung mit der unter konkreten Zielvorstellungen stehenden Tätigkeit und Entwicklung des Unternehmens nicht nur kurzfristig in Einklang gebracht werden, zweifellos eine große Herausforderung für das gesamte Management und dessen Akteure. Damit diese für die erfolgreiche Konzeption und Umsetzung einer nachhaltigen Unternehmensentwicklung notwendige Harmonisierung realisiert werden kann, müssen die Potenziale einer

[907] Die besondere Bedeutung der internen und externen *Stakeholder* für Unternehmen wurde bereits im Kapitel 2 „Fallbeispiel 1: ökologischer Umbau einer Produktion" anlässlich des Umgangs mit Umweltschutzproblemen angesprochen. Stakeholder werden heute im Regelfall mit den von ihnen vertretenen Interessen in die *Nachhaltigkeitsstrategie* von Unternehmen einbezogen (vgl. Leitschuh-Fecht/Steger 2003, S. 262, Schaltegger 2003, S. 147 ff. und Balik/Frühwald 2006, S. 10 ff.).

offenen sowie gleichberechtigten Kommunikation genutzt und grundsätzlich mit allen Stakeholdern des Unternehmens auf allen Managementebenen ein *Konsens orientierter Dialog* auf ethischer Grundlage geführt werden – selbst wenn die damit verknüpften idealen Annahmen zur Diskursdurchführung im Unternehmensalltag nur begrenzt einzuhalten sind.[908] Für den Aufbau und die Anwendung dieses integrativen Managementsystems müssen die organisatorischen Voraussetzungen geschaffen werden, damit die *Kommunikationspotenziale* auch für den mit hohen Anforderungen verbundenen Informations- und Wissensaustausch im Unternehmen genutzt werden können.

In der nachhaltigkeitsethischen Perspektive spielen außerdem die auf der rechten Seite des ergänzten Management-Modells schematisch dargestellten Kriterien eine besondere Rolle: die *raumzeitliche Reichweite* angesichts der globalen Zukunftsorientierung und der *Konkretisierungsgrad* angesichts der Komplexität des auf der vorangestellten Leitidee basierenden Managementsystems. Infolge der *stufenweise* vorzunehmenden Konkretisierung über die verschiedenen Managementebenen reduzieren sich sowohl die Komplexität als auch die raumzeitliche Reichweite der einzelnen Module. Damit soll schließlich eine Unternehmensentwicklung ermöglicht werden, mit der der Leitidee – diese stellt bereits einen integralen Bestandteil der Unternehmenspolitik dar – mit ihrer raumzeitlichen Reichweite für den intra- und intergenerationellen Anspruch an eine global zukunftsfähige Entwicklung entsprochen wird. Unter Nutzung des vorhandenen und gegebenenfalls durch externe Beratung zu ergänzenden Managementwissens soll das auf diesem Wege von den Unternehmensangehörigen auf den einzelnen Managementebenen überwiegend selbst zu erarbeitende System *Nachhaltigkeitsmanagement* im Rahmen eines kontinuierlichen Verbesserungsprozesses schließlich zu einer nachhaltigen Unternehmensentwicklung führen, die nicht nur die Meso-, sondern auch die Mikro- und Makroebene des Unternehmens im erforderlichen Umfang einbezieht.

#### 4.2.1.5 Vom normativen zum operativen Nachhaltigkeitsmanagement

Unter der vorgenannten Zielperspektive und unter Berücksichtigung der nachhaltigkeitsspezifischen Erweiterungen wird im Folgenden auf der Grundlage des St. Galler Management-Modells der Weg vom normativen zum operativen Nachhaltigkeitsmanagement in *drei Schritten* dargestellt. Einleitend ist darauf hinzuweisen, dass die auf diese Art und Weise darzustellenden Managementebenen trotz vorhandener Interdependenzen einige charakteristische Unterschiede in Bezug auf Zielsetzung und Inhalt aufweisen: Auf der *normativen Ebene* geht es um die Bestimmung der übergeordneten Ziele, grundlegenden Werte und Verhaltensnormen des Unternehmens im Hinblick auf seine Zukunftsfähigkeit sowie Existenzberechtigung, also um Legitimität. Auf der *strategischen Ebene* geht es um die Schaffung und Weiterentwicklung von Erfolgspotenzialen, also vorrangig um Effektivität („doing the right things"). Auf der *operativen Ebene* geht es schließlich um die optimale Nutzung der Erfolgspotenziale, also um

[908] Weitere Ausführungen zum *Konsensprinzip und ethischen Diskurs*, einschließlich der Diskursbedingungen, befinden sich im Kapitel 3.2.3.

Effizienz („doing the things right").[909] Die so unterschiedenen Ebenen der Unternehmensführung stellen sich im Falle des Nachhaltigkeitsmanagements wie folgt dar:

### (1) Normatives Nachhaltigkeitsmanagement:

Das normative Management trägt durch die Vorgabe der zu erfüllenden Ziele, Werte und Verhaltensweisen maßgeblich zum Selbstverständnis eines Unternehmens bei (Stichwort: Legitimität). Die daraus hervorgehende Konstitution soll in erster Linie die *Autonomie* und damit die Existenz sowie Entwicklungsfähigkeit des Unternehmens sichern bzw. soweit wie möglich unterstützen. Und sie muss die untereinander in Wechselverhältnissen stehende Unternehmenspolitik, Unternehmensverfassung und Unternehmenskultur hierauf ausrichten: Die aus diesen Modulen bestehende normative Managementebene wird unmittelbar mit der von der Unternehmensführung vorgegebenen Leitidee konfrontiert, aus der sich die zu veröffentlichende Unternehmenspolitik als grundlegende unternehmerische Willensbekundung mit direkten Auswirkungen auf alle Managementebenen herleitet bzw. deren komprimierte Form sie darstellt. Die hier unter der Nachhaltigkeitsperspektive gewählte *Leitidee* „Anwendung des Gestaltungsansatzes Nachhaltigkeitsethik entlang der Wertschöpfungskette" fungiert als unternehmens- bzw. managementphilosophische Vorgabe für die *teleologische Ausrichtung* von Wirtschaftsunternehmen. Unter dieser Leitidee soll sie in ihrer Orientierungsfunktion außerdem wesentlich zur Sinn- und Identitätsstiftung bei den Unternehmensangehörigen beitragen. Denn das Führungssystem muss angesichts des mit wachsender Komplexität und Dynamik verbundenen Wandels von Wirtschaft und Gesellschaft der auch in Wirtschaftsunternehmen anzutreffenden Orientierungslosigkeit konsequent entgegenwirken und umsetzbare Perspektiven für die Zukunft des Unternehmens aufzeigen. Im Hinblick auf zunehmend steigende Anforderungen von Markt, Gesellschaft und Umwelt muss die Unternehmensführung für eine global zukunftsfähige Unternehmensentwicklung eine *ganzheitliche, ethisch fundierte Position* und Zielvorstellung formulieren, einnehmen und letztlich auch verantworten. Zur Sicherstellung einer Umwelt verträglichen Existenz und Entwicklungsfähigkeit des Unternehmens müssen in diesem Rahmen Prinzipien, Normen und Spielregeln festgelegt werden, die mit der Leitidee übereinstimmen und ihren Niederschlag sowohl in der Unternehmenspolitik als auch in der Unternehmensverfassung und -kultur finden. Vor diesem Hintergrund muss das normative Management schließlich eine Unternehmenspolitik veröffentlichen und diese angesichts seiner konstitutiven Rolle im Unternehmen einschließlich den daraus abzuleitenden Handlungen begründen.[910] Außerdem muss die Unternehmenspolitik auf den einzelnen Managementebenen schrittweise konkretisiert werden.

Der *Unternehmenspolitik* fällt dabei die grundsätzliche Aufgabe zu, einen Ausgleich zwischen den intern verfolgten Zielen und den externen, zweckbestimmten Interessen am Unternehmen zu erreichen, um langfristig erfolgreich zu sein und damit die Au-

---

909 Vgl. Dillerup/Stoi 2008, S. 36 f.

910 Vgl. Bleicher 1999a, S. 74 f.

tonomie des Unternehmens zu gewährleisten. Diese Politik wird dabei im Wesentlichen von zwei Gesichtspunkten getragen: einerseits formal vom „harten" Gestaltungsaspekt der *Unternehmensverfassung*, die eine Rahmenordnung für die Zielfindung und den Ausgleich der unterschiedlichen Interessen der verschiedenen Stakeholder vorgibt (Stichwort: Corporate Governance), und andererseits inhaltlich vom „weichen" Entwicklungsaspekt der *Unternehmenskultur*, die auf der Grundlage des vorhandenen Wissens, der Fähigkeiten und Einstellungen verhaltensbezogene Werte sowie Normen aus der Vergangenheit in die Zukunft transformiert (Stichwort: Corporate Identity).[911] Die Unternehmenspolitik soll damit die bereits in der Leitidee zum Ausdruck kommenden Vorstellungen des Unternehmers bzw. des Führungssystems ausdrücken, damit alle Mitarbeiter am gleichen Strang in die gleiche Richtung ziehen.[912] Diese Pflicht zur richtigen „Weichenstellung" ist mit einer hohen Verantwortung für das Unternehmen sowie die gesellschaftliche und natürliche Umwelt verbunden. „Die Unternehmenspolitik ist die Gesamtheit von Unternehmensgrundsätzen, die in einem Leitbild festgehalten, oft aber auch mündlich wiedergegeben werden. Sie regeln das Verhalten in der Unternehmung und geben an, welcher unternehmerischen Vision, welchen Werten, Normen und Idealen die Unternehmung verpflichtet ist." [913] *Leitbilder* werden in der Regel in *unternehmenspolitischen Grundsätzen* ausgedrückt und umfassen abstrakte, universell gültige Vorstellungen über die anzustrebenden Ziele, Werte und einzunehmenden Verhaltensweisen, mit denen sich das Unternehmen sowohl an die Angehörigen als auch an die interessierte Öffentlichkeit wendet. Dem eigentlichen Leitbild wird zunehmend eine unternehmerische *Vision* vorangestellt, mit der die unter Nützlichkeitsaspekten gewollte Positionierung des Unternehmens in der Zukunft umschrieben wird. Im vorliegenden Fall wurde eine nachhaltigkeitsethische Leitidee als unternehmensphilosophische Vorgabe gewählt. Die mit der Berücksichtigung unterschiedlicher Bedürfnisse und Interessen der verschiedenen Stakeholder verbundene politische Dimension der Unternehmenspolitik – mit ihren Merkmalen Herrschaft, Macht und Konflikt – muss schließlich zu einer Verdichtung der Ergebnisse des Interessenmanagements in Form einer Handlungsvorgabe führen. Aus diesem *unternehmenspolitischen Prozess* – from politics to policies – gehen die Missionen für das strategische und operative Verhalten hervor.[914]

Für die hier angestrebte nachhaltige Unternehmensentwicklung müssen die *Missionen* bezüglich der generellen Zielausrichtung geprüft werden, um die unternehmenspolitische Profilierung zu klären. Dazu muss die vom Unternehmen einzunehmende Zielausrichtung einerseits auf die verschiedenen Stakeholder und andererseits auf die drei Dimensionen der Nachhaltigkeit abgestimmt werden: Die *Grundorientierung an Stakeholdern* muss über die ökonomische hinaus auch die gesellschaftliche Verantwortung einbeziehen, da das Unternehmen nur dann seine Legitimität aufrechterhalten kann,

[911] Für weitere Einzelheiten zur *Unternehmensverfassung* und zur *Unternehmenskultur* wird auf die einschlägige Fachliteratur verwiesen (vgl. u. a. Dillerup/Stoi 2008, S. 89 ff., Bleicher 1999a, S. 181 ff. und Hopfenbeck 2000, S. 765 ff.).

[912] Vgl. Bleicher 1999a, S. 147 ff.

[913] Hinterhuber 1989, S. 27.

[914] Vgl. Bleicher 1999a, S. 151, S. 159 ff. und S. 264 ff.

wenn es neben dem unmittelbar ökonomischen auch einen gesellschaftlichen Nutzen bereitstellt. Letzterer erfordert jedoch eine gewisse Unabhängigkeit gegenüber den Kräften des Marktes.[915] Die Grenzen einer einseitigen Ausrichtung auf ökonomische Ziele unter einer Kurzfristperspektive werden durch die aktuelle Finanz- und Wirtschaftskrise verdeutlicht (Stichwort: Shareholder-Approach). Eine nachhaltige Unternehmensentwicklung setzt hingegen eine gesellschaftsorientierte Zielsetzung mit einer sowohl lokal als auch global ausgerichteten *langfristigen Zeitperspektive* voraus: Bei dem hier vertretenen Stakeholder-Ansatz treten neben die an wirtschaftlichen Leistungen Interessierten auch andere gesellschaftliche Anspruchsgruppen, deren unterschiedliche Interessenlage mit Hilfe eines ethisch fundierten Dialogs auszubalancieren ist.

Die *Grundorientierung* an *Nachhaltigkeitsdimensionen* muss die interdependenten Zielausrichtungen der ökonomischen, ökologischen und sozialen Dimensionen unter einer globalen Langzeitperspektive miteinander in Einklang bringen: Die *ökonomische Zielausrichtung* von Unternehmen muss dafür die sachbezogenen Leistungsziele wie die Marktversorgung mit Gütern und Dienstleistungen mit den finanziellen Wertzielen von Investoren bzw. Eigentümer auf einem Niveau harmonisieren, das die übrigen Nachhaltigkeitsdimensionen berücksichtigt. Die *ökologische Zielausrichtung* von Unternehmen bezieht sich auf Umweltprobleme, die in den interdependenten Bereichen Input, Produktion und Output, also innerhalb und außerhalb des Unternehmens anfallen und dort zu Belastungen führen können: [916] Sie besteht im Einzelnen aus einer Lösung bzw. Minimierung dieser Probleme, die durch Einsatzstoffe sowie Energie (Input), Verfahrensführung der Produktion sowie Produktgestaltung (Produktion) und End- sowie Nebenprodukte (Output) entstehen. In Industrieunternehmen sind diese Probleme grundsätzlich sowohl produktionsintegriert durch Vermeidungs- als auch nachgeschaltet durch Reinigungsmaßnahmen zu lösen. Aus ganzheitlicher Sicht sind bei einer Problemlösung die Wechselbeziehungen sowohl zwischen dem Unternehmen und den einzelnen Lieferanten (Input) sowie Abnehmern (Output) als auch zwischen den einzelnen Produktions- und Verfahrensschritten innerhalb des Unternehmens zu beachten, damit die nicht selten – auch in den übrigen Dimensionen – auftretenden Problemverlagerungen vermieden werden. Die ökologischen Anforderungen sind dabei im Einklang mit den übrigen Nachhaltigkeitsdimensionen zu erfüllen. Die *soziale Zielausrichtung* von Unternehmen besteht aus der Bereitschaft, den sozialen Ansprüchen der Unternehmensangehörigen zu genügen und als verantwortliches Mitglied der Gesellschaft, Beiträge zum Gemeinwohl zu leisten. Dazu werden einerseits die Mitarbeiter neben ihrer instrumentellen Funktion als Persönlichkeit und das Personal als wesentlicher Leistungserbringer sowie Motor der Unternehmenstätigkeit anerkannt (Stichwort: der Mensch im Mittelpunkt). Andererseits wird das gesellschaftliche Engagement als Anlass eines unternehmenspolitischen Handelns verstanden, das auch die ökonomische und ökologische Dimension berücksichtigt. Bei allen drei Dimensionen sind die miteinander vernetzten Anforderungen *entlang der gesamten Wertschöp-*

---

[915] Vgl. Dyllick 1989, S. 137.

[916] Weitere Einzelheiten über die ökologisch relevanten *Wechselbeziehungen* wurden anhand der Herstellung von Zellstoff und Papier im Rahmen des Fallbeispiels 1 im Kapitel 2.3 dargestellt.

*fungskette* des Unternehmens zu erfüllen, da nur so ein wesentlicher Beitrag zu einer nachhaltigen Entwicklung zu leisten ist. Letztlich kommt es neben einer flexibel – entsprechend den situationsabhängigen Anforderungen – zu handhabenden *Balance* zwischen den Nachhaltigkeitsdimensionen darauf an, dass das Unternehmen und seine Angehörigen unter sich ändernden Rahmenbedingungen den mit der Leitidee in sie gesetzten Erwartungen entsprechen. Außerdem müssen sie in einem ständigen Lern- und Veränderungsprozess die Zukunftsfähigkeit des Unternehmens einschließlich seines Umfeldes gewährleisten. Dazu müssen die Missionen – bezüglich der gewählten Grundorientierung an den Stakeholdern und den Nachhaltigkeitsdimensionen – zu einem integrativen Konzept der Zukunftsgestaltung verdichtet werden, damit sie eine zielführende unternehmenspolitische Grundausrichtung für das strategische und operative Management ermöglichen.

Damit die von der Unternehmenspolitik beeinflussten Aktivitäten, Strukturen und Verhaltensweisen eine Unternehmensentwicklung ermöglichen, die sich dauerhaft nach den verschiedenen *Nutzenpotenzialen* für die Stakeholder und den damit verbundenen Anforderungen der Umwelt richten, bedarf es neben der unverzichtbaren Reflexion der unternehmenspolitischen Weichenstellung – diese resultiert aus einer wiederholt vorzunehmenden Standort- bzw. Standpunktbestimmung – eines *offen geführten Dialogs* mit den internen und externen Stakeholdern des Unternehmens. „Als Nutzenpotential ist eine in der Umwelt, im Markt oder im Unternehmen latent oder effektiv vorhandene Konstellation zu bezeichnen, die durch Aktivitäten des Unternehmens zum Vorteil aller Bezugsgruppen erschlossen werden kann.“[917] Denn nur mit Hilfe von Transparenz und offener Kommunikation können die unterschiedlichen, für eine nachhaltige Unternehmensentwicklung wichtigen *Interessen* identifiziert und mit den Vorstellungen der Unternehmensangehörigen harmonisiert werden. Auf diese Weise wirken sie sich sowohl auf die einzelnen Module als auch auf das einbezogene Umfeld des integrierten Managements bzw. das Verhalten ihrer Repräsentanten Konflikt reduzierend aus. Ein wesentlicher Teil der Aufgaben des normativen Managements besteht daher in der Entwicklung von *Verständigungsmöglichkeiten* mit den verschiedenen Stakeholdern, um damit zum Aufbau von Nutzenpotenzialen bzw. zum Aufbau des Managementsystems selbst beizutragen.[918] Im Nachhaltigkeitskontext gehen die zu erfüllenden Aufgaben also wesentlich über die elementaren Kunden- und Mitarbeiterorientierungen des Unternehmens hinaus. Insbesondere wird die *Legitimität des Handelns* – die Legalität sollte hingegen in der Regel eine Selbstverständlichkeit darstellen – vor diesem Hintergrund und den Augen der zunehmend an Bedeutung gewinnenden Öffentlichkeit zu einem wichtigen Beurteilungsmaßstab für das normative Management.

### (2) Strategisches Nachhaltigkeitsmanagement:

Die unternehmenspolitische Ausrichtung eines Unternehmens auf eine nachhaltige Unternehmensentwicklung muss durch weitreichende Ziele und Maßnahmen verwirk-

917 Pümpin 1989, S. 47.

918 Vgl. Hopfenbeck 2000, S. 757.

licht werden, die Ausdauer, Zielgerichtetheit und hohes Engagement erfordern. Sie ist durch den konzentrierten Einsatz von Kräften und die Überzeugung von der Sinnhaftigkeit des Vorhabens zu erreichen. Die für die Zielerreichung vom Management auf der strategischen Ebene zu planenden Maßnahmenbündel [919] werden durch ein Denken und Handeln ermöglicht, das die Verantwortlichen bei der Konkretisierung der normativen Vorgaben aus der Unternehmenspolitik, -verfassung und -kultur unter der vorgegebenen Nachhaltigkeitsperspektive leitet (Stichwort: Effektivität). Auf diese Art und Weise sind *strategische Programme* zu generieren, die die interdependenten Organisationsstrukturen und Managementsysteme mit dem Problemverhalten der innerbetrieblichen Akteure verknüpfen und Letztere zu mehr Eigeninitiative (Proaktivität) ermuntern. Außerdem sind die Bedürfnisse der externen Stakeholder zu berücksichtigen. Aus den so gewonnenen Programmen sollen schließlich darauf abgestimmte Aufträge für das operative Management hervorgehen. Die vor diesem Hintergrund strategisch umzusetzende Nachhaltigkeitsperspektive soll sich unmittelbar aus der Unternehmenspolitik ergeben, die mit Hilfe der Missionen für die generelle Richtung sorgt. In diesem Rahmen muss das *Nachhaltigkeitsmanagement* neben der üblichen ökonomischen auch die soziale und ökologische Dimension in die Gestaltung einbeziehen, mit der Folge von Relativierungen der ökonomischen Dimension (Stichwort: Stakeholder- statt Shareholderorientierung). Der soziale Systembereich zeichnet sich dabei durch eine gewisse Eigendynamik der Unternehmensangehörigen aus und der ökologische durch ein hohes Maß an Öffentlichkeitseinfluss. Die sich daraus ergebenden erweiterten Anforderungen sind nur durch Berücksichtigung der weichen, *kulturbezogenen Faktoren* innerhalb und außerhalb des Unternehmens zu erfüllen. Und zwar indem das diesbezügliche Problemverhalten der internen sowie externen Stakeholder vom Management in die strategische Ausrichtung aufgenommen und anhand der unterschiedlichen Interessen kommuniziert wird. Die im vorliegenden Zusammenhang außerdem besonders wichtige *Langfristigkeit* und *globale Reichweite* des strategischen Denkens sowie Handelns kommt insbesondere darin zum Ausdruck, dass eine nachhaltigkeitsspezifische Unternehmensstrategie die Umwelt nicht partikular sondern ganzheitlich berücksichtigt, die Bedeutung der Moralität und Wahrhaftigkeit des Unternehmenshandelns wächst, Offenheit gegenüber Alternativen bzw. Veränderungen durch Innovationen und Wandel besteht, bezüglich der Anforderungen der verschiedenen Stakeholder Dialog- sowie Konsensbereitschaft vorhanden ist und aktives um proaktives Verhalten der Unternehmensangehörigen ergänzt wird.

Die mit einer Nachhaltigkeitsstrategie verbundenen Chancen und Risiken werden im Unterschied zu einer einseitig ökonomischen Ausrichtung des Unternehmens als relativ schwache Signale eher qualitativ als quantitativ wahrgenommen. Eine nachhaltige Unternehmensentwicklung wird dabei von langfristig orientierten *strategischen Erfolgspotenzialen* bestimmt, die im Hinblick auf die Zukunftsfähigkeit insbesondere folgende Voraussetzungen erfüllen sollten: Konzentration der Kräfte auf einen nachhaltigen Unternehmenserfolg, Berücksichtigung der Leistungserbringung über die gesamte Wertschöpfungskette, Erweiterung des Aktionsradius durch Partnerschaften über das Ökonomische hinaus, relative Positionierung des Unternehmens im globalen Wettbewerbsumfeld, Profilierung durch innovative und nachhaltigkeitsorientierte Geschäfts-

919 Vgl. Dillerup/Stoi 2008, S. 121.

systeme, Bereitschaft zu ständigen Verbesserungen und zu einem Risikoausgleich unter ungewisser Entwicklung. Die strategischen Erfolgspotenziale bilden unter hinreichender Nutzung der Kernkompetenzen eines Unternehmens letztlich die Voraussetzung für strategische Erfolgspositionen gegenüber den Wettbewerbern.[920] Die hier für eine *nachhaltige Unternehmensentwicklung* angestrebte Strategie lässt sich mit einem Zitat wie folgt charakterisieren: „In einer langfristigen Perspektive überleben, wachsen und entwickeln sich nur die Unternehmungen, die 1) klare Strategien besitzen und 2) sie wirksam in operative Tätigkeiten umsetzen. Die Strategie ist der Rahmen, innerhalb dessen die Entscheidungen getroffen werden, die Art und Richtung der Unternehmung bestimmen; sie ist auf die Beantwortung der Frage gerichtet, *was* die Unternehmung in Zukunft aus welchen Gründen *sein* will. Die Umsetzung der Strategie dagegen bezieht sich auf die Beantwortung der Frage, *wie* die Unternehmung ihr zukünftiges Erscheinungsbild oder ihre Vision *verwirklichen* will ...“ [921]

Die vom Unternehmen zu verfolgende Strategie muss auch in der *Gestaltung der Organisation* zum Ausdruck kommen: Unter der Nachhaltigkeitsperspektive wird der traditionell vertikale Aufbau der Organisation, der sich durch hierarchische Unterstellung mit eindeutiger Über- sowie Unterordnung auszeichnet, horizontal ergänzt und im Hinblick auf die für Managementsysteme unverzichtbare Prozessorientierung eine horizontale Ablauforganisation ermöglicht. Aus dieser strategisch vorgenommenen Wahl ergibt sich eine *matrixartige Organisationsstruktur*, die die Vorteile einer anforderungsgerechten Durchsetzung des unternehmerischen Willens von oben nach unten (top down) mit einer Nutzung von Leistungs-, Kreativitäts- und Innovationspotenzialen der Unternehmensangehörigen durch partizipative Strukturen (bottom up) verbinden soll. Vor diesem Hintergrund muss die *Gestaltung der Organisationsstruktur* einerseits mit einer arbeitsteiligen Gliederung den Grenzen menschlicher Komplexitätsverarbeitung Rechnung tragen und andererseits die einzelnen Personen ohne unnötige Einschränkungen ihrer Autonomie mit ihren Kenntnissen und Fähigkeiten für die ganzheitlichen Zielvorstellungen gewinnen. Diese *Gliederung* und die damit verbundenen Aufgabenzuweisungen dürfen jedoch nicht so weit gehen, dass die Unternehmensangehörigen durch eine Überorganisation und dominante Ranghierarchie einem zur Demotivation führenden Misstrauen ausgesetzt werden, wie es bei vergangenheitsorientierten Unternehmen noch anzutreffen ist. Denn ein Nachhaltigkeitsmanagement kann trotz weiterhin notwendiger Vorgaben auf hohes Engagement und vertrauensvolle Zusammenarbeit der Unternehmensangehörigen nicht verzichten (Stichwort: der Mensch im Mittelpunkt). Für den hier vertretenen Dialog mit den verschiedenen Stakeholdern ist eine weitgehende *kommunikative Vernetzung* der innerbetrieblichen Akteure erforderlich, mit der sowohl deren Kompetenz als auch deren raumzeitlicher Wirkungsbereich vergrößert werden kann. Die auf diese Art und Weise innerhalb und außerhalb des Unternehmens ermöglichten *Interaktionen* fördern einerseits die demokratische Entwicklung des Unternehmens sowie die Innovation, die Kooperation und die Intelligenz basierte Leistungserstellung der Beteiligten. Andererseits lassen sich die für ein Nachhaltigkeitsmanagement erforderlichen Management-

920 Vgl. Hopfenbeck 2000, S. 677 und Bleicher 1999a, S. 279.

921 Hinterhuber 1982, S 15 f.

systeme nur so erfolgreich aufbauen und implementieren. Das hat auch eine weitgehende *Abkehr von zentralistischen Organisationsstrukturen* zur Folge, die eine flexiblere Anpassung an sozioökonomische, politische und technologische Veränderungen aus dem Unternehmensumfeld ermöglicht.[922] Sie darf jedoch nicht so weit gehen, dass vorhandene Kernkompetenzen und die *strategische Langzeitorientierung* des Unternehmens durch unnötige Aufteilungen und Entformalisierungen beeinträchtigt werden.[923] Unter Berücksichtigung vorhandener Interdependenzen muss daher – wie schon bei der vertikalen und horizontalen Ausrichtung der Organisation – auf ein ausgewogenes Verhältnis von Zentralisation und Dezentralisation geachtet werden. Diese komplexe Aufgabenstellung erfordert zur weiteren Klärung eine Auseinandersetzung über die *Dimensionierung der Organisationsstruktur*, indem die wesentlichen Aspekte der Dimensionierung im Hinblick auf die eingenommene Nachhaltigkeitsperspektive anhand charakteristischer Gegensatzpaare überprüft und anschließend zu einem organisationsstrukturellen Profil verknüpft werden:

Bezüglich der Gegenstands- und Beziehungsorientierung der Organisation wird eine *Personen gebundene Soziostruktur* gegenüber einer Aufgaben bezogenen technokratischen Struktur präferiert. Denn die Motivation und das Einbringen von Fähigkeiten der Unternehmensangehörigen ist wichtiger als die mit einem hohen Regelungsaufwand verbundene detaillierte Erfüllung zugewiesener Aufgaben. Bezüglich des Regelungscharakters der Organisation wird eine Einzelfall spezifische, zeitlich befristete Problemlösung durch eine *organische Prozessorganisation* im Rahmen einer offenen zweckbezogenen Rahmenregelung gegenüber einer statischen Aufbaustruktur durch eine dauerhaft bindende Einzelregelung im Rahmen einer festgelegten Programmierung von Routineprozessen präferiert. Denn sowohl die Anpassungsfähigkeit an Änderungen als auch die Effektivität sind wichtiger als die Effizienz der Aufgabenerfüllung. Bezüglich der Architektur der Organisation wird die *Vernetzung* durch eine polyzentrische Strukturierung im Rahmen flacher Organisationen gegenüber Hierarchien als Folge einer monolithischen Strukturierung im Rahmen steiler, hochgradig arbeitsteiliger Organisationen präferiert. Denn sowohl die Dezentralisierung der Verantwortung als auch erleichterte Informations- und Entscheidungswege sind wichtiger als ein einheitliches Agieren durch weitgehende Zentralisierung. In diesem Rahmen kommt den Informationstechnologie gestützten *Netzwerken* eine zunehmende Bedeutung zu. Bezüglich der Strukturierungsrichtung der Organisation wird die vom Außenverhältnis des Unternehmens geprägte, weitgehend autonome Eigenentwicklung durch *Selbstorganisation* gegenüber der vom Innenverhältnis beeinflussten einheitlichen Gestaltung durch Fremdorganisation bevorzugt. Denn sowohl die Flexibilität gegenüber Bedürfnissen externer Stakeholder und Umweltanforderungen als auch die Eigeninitiative der Unternehmensangehörigen sind wichtiger als die einheitliche Leistungserstellung durch kompetente Spezialisten.[924] Aus der Zusammenführung dieser Aspekte ergibt sich eine vorrangig auf *Veränderung* ausgerichtete Organisationsgestaltung, die besonders in der

[922] Die gesellschaftliche Entwicklung führt zu *Veränderungen im Umfeld der Unternehmung*, auf die das Management ständig reagieren muss (vgl. Hopfenbeck 2000, S. 554).

[923] Vgl. Bleicher 1999a, S. 319 ff.

[924] Vgl. Bleicher 1999a, S. 336 ff.

Aufbau- und Implementierungsphase des Managementsystems einer nachhaltigen Unternehmensentwicklung in den wesentlichen Dimensionen der Organisation eher gerecht wird als eine auf *Stabilisierung* ausgerichtete Struktur. Es wird letztlich jedoch vom unternehmensspezifischen Einzelfall und dem Entwicklungs- sowie Umsetzungsgrad seines Managementsystems abhängen, inwieweit auf die Potenziale einer stabilisierenden Struktur verzichtet werden kann. Denn für die unter einer globalen Langfristperspektive durchzuführenden Änderungen und Anpassungsmaßnahmen wird eine ausreichend flexible Organisation benötigt, die die Unternehmensangehörigen in die sozialen Strukturen des Unternehmens einbindet und die den Anforderungen der verschiedenen Stakeholder nicht nur kurzfristig gerecht wird. Die Verknüpfung der gewählten Präferenzen führt schließlich zu einem *integrierten Organisationsprofil*, das den Anforderungen an eine nachhaltige Unternehmensentwicklung gerecht wird.

Die Organisationsstruktur muss durch Managementsysteme ergänzt werden,[925] um die aus der Unternehmenspolitik resultierenden Missionen und strategischen Programme umzusetzen. Durch die Übernahme der Aufgaben im Bereich der Bestandsaufnahme, Planung und Kontrolle der Aktivitäten sowie des Verhaltens der Akteure tragen *Managementsysteme* in Verbindung mit strukturellen Regelungen entscheidend zur Erreichung der angestrebten nachhaltigen Unternehmensentwicklung bei. Sie füllen quasi den Rahmen der durch die Organisation festgeschriebenen Regelungen in struktureller und prozessualer Hinsicht. Außerdem ermöglichen sie die Entwicklung kommunikativer Beziehungen für die Aufgaben bezogene Kooperation im Rahmen der arbeitsteilig entstandenen Organisationseinheiten bzw. Projektteams. In ihrer *Diagnose-, Planungs- und Kontrollfunktion* dienen sie der Festlegung strategischer Konzepte und der Kontrolle ihrer Umsetzung. Die Managementsysteme müssen daher so aufgebaut sein, dass die Informationen über die festgestellte Ausgangssituation für die Aufstellung strategischer Programme genutzt werden können.[926] Im nächsten Schritt müssen die aus den Programmen hervorgehenden Projekte planerisch konkretisiert und einer ständigen Kontrolle unterzogen werden, damit die strategische Steuerung in Richtung einer nachhaltigen Entwicklung auf der operativen Ebene vollzogen werden kann. Im Vorfeld des Aufbaus eines Managementsystems müssen entsprechende Ziele formuliert werden, die mit diesem System umgesetzt werden sollen. Die Konkretisierung der nachhaltigkeitsethischen *Zielvorstellungen* erfolgt dann im Zuge der Ableitung der strategischen Programme aus den unternehmenspolitischen Missionen. Für die Erfüllung der genannten Funktionen muss das Managementsystem das Unternehmen mit seinen Prozessen und Beziehungen zu den verschiedenen Stakeholdern anhand der verfügbaren Daten abbilden, die wiederum zu den benötigten Informationen verarbeitet werden. Damit bilden die weitgehend technologisch zu unterstützenden *Informationssysteme* [927] eine wesentliche Grundlage für alle Einzelmanagementsysteme und das aus deren Zusammenführung entstehende integrative Nachhaltigkeitsmanagementsystem. In ihnen sind alle Informationen zusammenzufassen, die der Generierung,

925 Auf die im Nachhaltigkeitskontext wichtigen *Managementsysteme* wird im Folgenden näher eingegangen. Für weitere Einzelheiten wird u. a. auf Baumast/Pape 2009, S. 47 ff. und 93 ff. verwiesen.

926 Vgl. Bleicher 1999a, S. 349 f.

927 Vgl. Dillerup/Stoi 2008, S. 629 ff.

Speicherung und Übertragung der Informationen dienen. Denn das Management kann erst dann über die notwendigen Informationen verfügen und sie unter der Zielperspektive zu umsetzbarem Wissen weiterverarbeiten, wenn zuvor die gewonnenen Daten zu Informationen verdichtet sowie Letztere bereit gestellt und an die Zuständigen übertragen werden. In diesem Zusammenhang kommt der *elektronischen Datenverarbeitung* eine besondere Bedeutung zu, zumal die Daten bzw. Informationen nicht selten aktualisiert werden müssen.

*Managementsysteme* sollen die Unternehmensführung bei der Koordination der Aufgaben, der Handhabung der Komplexität, der Anpassung an die Bedürfnisse der verschiedenen Stakeholder und der Berücksichtigung der zukünftigen Entwicklung unterstützen. Im vorliegenden Zusammenhang sollen sie darüber hinaus die Implementierung der Unternehmensstrategie ermöglichen und eine Infrastruktur bilden, in deren Rahmen die strategischen Prozesse ablaufen und die Strategien entsprechend der teleologischen Ausrichtung des Unternehmens entwickelt und umgesetzt werden.[928] Für diese Aufgabe werden neben den Managementsystemen *weitere Instrumente* benötigt, die ebenfalls von den spezifischen Rahmenbedingungen eines Unternehmens abhängig sind. Wie nachfolgend noch gezeigt wird, ergibt erst ein darauf abgestimmtes *Instrumentenbündel* das Gesamtkonzept für die Integration der Nachhaltigkeitsanforderungen in die Unternehmenstätigkeit.[929] Unter der Annahme, dass ein erfolgreiches Unternehmensmanagement sich auf einige wesentliche Einflussfaktoren zurückführen lässt, wurde in den Vereinigten Staaten ein *Strategie bezogenes Managementinstrument* entwickelt, das mit Hilfe mehrdimensionaler Kennzahlen die operative Messbarkeit der Strategieumsetzung ermöglicht: die in Anlehnung an eine Zählkarte aus dem Boxsport entstandene *„Balanced Scorecard" (BSC)*, die als Planungs- und Kontrollinstrument einen Praxis nahen Ansatz zur Gestaltung der Unternehmensentwicklung darstellt.[930] Dem BSC-Ansatz liegt ein informationsverarbeitender Managementprozess von Planung und Kontrolle zugrunde, mit dem die Abweichungen zwischen Plan- und Vergleichsgrößen systematisch ermittelt werden können. Dieser für die Umsetzung der Unternehmensstrategie vorgesehene integrierte Ansatz, mit dem sowohl der gesamte *Planungs-, Steuerungs- und Kontrollprozess* der Organisation gestaltet als auch die unternehmensinterne Kommunikation der Strategie verbessert werden kann, ist mit einigen Modifikationen auch zur Unterstützung einer nachhaltigen Unternehmensentwicklung geeignet und wird hier als wesentlicher *Baustein für die Umsetzung der Nachhaltigkeitsstrategie* gewählt. Mit diesem Ansatz sollen die wichtigen Parameter der Unternehmensführung in ihren Interdependenzen abgebildet, die Größen der Prozesssteuerung identifiziert und zielgerichtete Maßnahmen aufgelistet werden. Dazu werden mit Bezug auf die erfolgskritischen Kernprozesse eines Unternehmens *vier Perspektiven* miteinander verknüpft, die über Kennzahlen abgebildet und

928 Vgl. Hopfenbeck 2000, S. 520 f.

929 Vgl. Schaltegger et al. 2003, S. 336 ff. und Balik/Frühwald 2006, S. 56 f. sowie S. 242.

930 Der Managementansatz *Balanced Scorecard* (vgl. Kaplan/Norton 1997, S. 9 ff.) eignet sich darüber hinaus grundsätzlich für eine nachhaltige Unternehmensentwicklung und wird hierfür spezifisch ergänzt (vgl. Bieker 2005, S. 115 ff., Schaltegger/Wagner 2006, S. 162 ff. und Mahammadzadeh 2009, S. 177 ff.).

ausbalanciert werden. Für das hier zu entwickelnde Nachhaltigkeitsmanagement wird das BSC-Konzept dahingehend modifiziert, dass eine *fünfte Perspektive* ergänzt wird: die gesellschaftliche und natürliche Umwelt. Unter Einbeziehung der Interessen der internen und externen Stakeholder ergibt sich mit deren Integration die *„Sustainability Balanced Scorecard“* (SBSC) als Konzept eines strategischen Nachhaltigkeitsmanagements, das die kommunikativen Möglichkeiten dieses strategischen Managementinstruments unterstreicht und nutzt.[931] Außerdem werden durch diese strategische Neuausrichtung zusätzliche Potenziale für das Controlling eröffnet und die Integration der Umwelt- und Sozialaspekte in die Kernaufgaben des herkömmlichen Managements gefördert (vgl. Abb. 26):

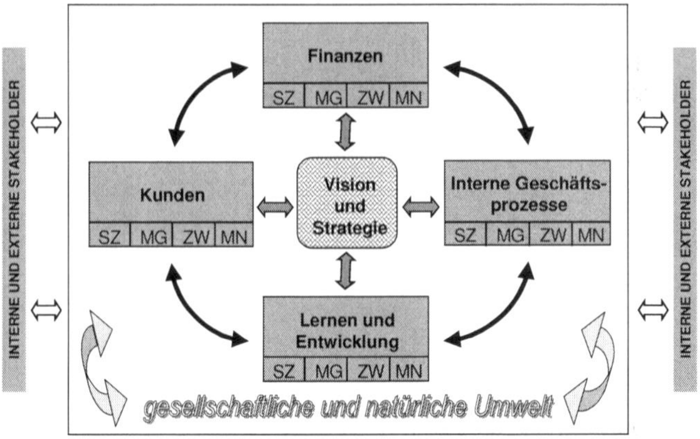


**Legende:** SZ = Strategische Ziele
MG = Messgrößen
ZW = Zielwerte
MN = Maßnahmen

**Abbildung 26: Nachhaltigkeitsmanagement mit Balanced Scorecard (SBSC)**[932]

Aus der schematischen Darstellung geht die Sichtweise der um die gesellschaftliche und natürliche Umwelt erweiterten Sustainability Balanced Scorecard hervor, indem die vom Unternehmen eingenommene *Vision und Strategie* zunächst auf die vier Basisperspektiven heruntergebrochen wird: Finanzen, Kunden, Lernen/Entwicklung und interne Geschäftsprozesse. Diese Perspektiven werden im Hinblick auf die angestrebte nachhaltige Unternehmensentwicklung wiederum von einer fünften Perspektive beein-

931 Eine Alternative zur *SBSC* stellen die *SIGMA-Guidelines* dar, die von der British Standards Institution et al. als übergreifender Managementansatz für die Integration der Nachhaltigkeitsaspekte auf der strategischen Ebene entwickelt wurden und dafür auf bestehende Standards wie EMAS, OHSAS 18001, GRI etc. zurückgreifen. Dieser Ansatz wird hier nicht weiter behandelt, so dass auf die Fachliteratur verwiesen wird (vgl. Hamschmidt 2002, S. 63 ff., Balik/Frühwald 2006, S. 212 ff., BMU/ecosense/CSM 2007, S. 141 ff., www.projectsigma.co.uk/default.asp etc.).

932 Vgl. BMU/BDI 2002, S. 109 f.

flusst und daher entsprechend ergänzt: gesellschaftliche und natürliche Umwelt. Dabei bleibt es nicht bei dem ursprünglich angesetzten *Ursache-Wirkungszusammenhang* zwischen Vorgabe und Perspektive. Denn aus ganzheitlicher Sicht wirken die einzelnen Perspektiven auch auf die Vision und Strategie zurück, so dass diese bei Bedarf entsprechend anzupassen sind. Damit weisen alle fünf Module des Schemas die für integrierte Ansätze typischen *Interdependenzen* auf. Ausgangspunkt für die Umsetzung der Nachhaltigkeitsstrategie bleiben dennoch die Vision und die Strategie, die unter der eingenommenen Nachhaltigkeitsperspektive top down zu konkretisieren sind, ohne jedoch dadurch ihre Offenheit für spätere Änderungen einzubüßen.

Zusammengefasst erfolgt die *Operationalisierung* der nachhaltigen Unternehmensstrategie in den folgenden Schritten: Aufteilung in Perspektiven, Ableitung strategischer Ziele, Bestimmung der Messgrößen, Festlegung der Zielwerte und Aufstellung der Maßnahmen. Die Strategieumsetzung fängt bereits mit der Aufstellung strategischer Aktionsprogramme an und wird durch die Zuweisung von Verantwortlichkeiten und benötigten Ressourcen sowie durch die *Messung der Zielerreichung* mit festgelegten *Kennzahlen* ermöglicht.[933] Mit dieser Methode, die analog auch in der Nachhaltigkeitsberichterstattung der Unternehmen zur Anwendung kommt, kann die Nachhaltigkeitsstrategie in gezielte Aktionen umgesetzt werden. Die bereits auf der normativen Managementebene zu formulierenden Ziele der Unternehmenspolitik werden entsprechend dem Basiskonzept der Balanced Scorecard zunächst in finanzieller Hinsicht geprüft. Bei der auch im Nachhaltigkeitskontext grundlegenden *Perspektive Finanzen* geht es neben der mit Gewinnerzielung verbundenen Sicherung der Existenz vor allem darum, die auf kurzfristige Gewinnmaximierung angelegten Shareholder-Interessen in eine ganzheitliche Stakeholder-Perspektive mit dauerhafter Gewinnerzielung im Einklang mit der Umwelt zu transformieren. Als Kennzahl bietet sich unter diesem Blickwinkel u. a. die Kapitalrendite (ROCE: Return On Capital Employed) und Bewertung des finanziellen Risikos an. In der strategischen Dimension sind unter Berücksichtigung der *Perspektive Kunden* auf Letztere bezogene Programme zu definieren, wobei der Begriff „Kunde“ ganzheitlich verstanden und auch intern innerhalb der Wertschöpfungskette angewendet werden kann. Als Kennzahl bietet sich u. a. die Kundenzufriedenheit mit der Neuausrichtung der Produkte und Dienstleistungen an. Diese Programme sind strukturell durch die Gestaltung von internen Geschäftsprozessen abzusichern, die im Verhaltensbereich wiederum durch Lern- und Entwicklungsprozesse der Unternehmensangehörigen getragen werden, um dem Problemverhalten angemessen Rechnung tragen zu können.[934] In der *Perspektive Interne Geschäftsprozesse* müssen Letztere nicht nur im Hinblick auf die Shareholder und die Wettbewerbsposition optimal ablaufen, sondern im Interesse der Zukunftsfähigkeit auch dauerhaft mit den Bedürfnissen der internen und externen Stakeholder in Einklang gebracht werden. Als Kennzahlen bieten sich u. a. die Stabilität des Managementsystems, die Flexibilität bezüglich Veränderungen und die Bewertung der Nachhaltigkeitsleistung des Unternehmens an. Letztere wird in der Regel anhand der einzelnen Dimensionen erfasst und in den Nachhaltigkeitsberichten des Unternehmens veröffentlicht. In der *Perspektive Lernen und Entwicklung*

---

933 Vgl. Dillerup/Stoi 2008, S. 369 ff.

934 Vgl. Bleicher 1999a, S. 368 ff.

müssen die strategischen Erfolgspotenziale in nachhaltigkeitsethischer Hinsicht gefördert werden. Als Kennzahlen bieten sich u. a. die Zugriffsmöglichkeiten auf Weiterbildungsangebote, technologische und organisatorische Innovationen sowie die Übereinstimmung des Verhaltens der Unternehmensangehörigen mit den Anforderungen eines Ethik-Kodexes an.

Die im Hinblick auf eine nachhaltige Entwicklung ergänzte Perspektive *gesellschaftliche und natürliche Umwelt* bildet den Hintergrund der dargestellten vier Basisperspektiven und steht mit ihnen in Wechselbeziehungen innerhalb eines von den unterschiedlichen Interessen der *internen und externen Stakeholder* gebildeten Spannungsfeldes. Unter dieser ganzheitlichen Perspektive sind die Basisperspektiven kritisch zu reflektieren und entsprechend modifiziert zu einem integrierten Gesamtkonzept zu verknüpfen. Auf dieser Grundlage ist das Management mit Hilfe des SBSC-Konzepts in der Lage, auf die Anforderungen der Nachhaltigkeitsdimensionen strategisch wie folgt zu reagieren: Durch die Einbeziehung der *ökologischen Dimension* in das Unternehmensmanagement können die Umweltaspekte entsprechend ihrer strategischen Bedeutung berücksichtigt werden. Damit wird die ökologische Effektivität nach einem Abgleich mit der sozialen und ökonomischen Dimension auf der strategischen Ebene des Nachhaltigkeitsmanagements verankert. Durch die Einbeziehung der *sozialen Dimension* in das Unternehmensmanagement wird neben den ökologischen – und den herkömmlichen harten (ökonomischen) – auch den weichen (sozialen) Aspekten der teleologischen Ausrichtung des Unternehmens Rechnung getragen. Damit werden neben den Umweltanforderungen auch die Bedürfnisse der sowohl an der Unternehmenstätigkeit beteiligten als auch der von ihr betroffenen Personen in die Strategie einbezogen (Stichwort: der Mensch im Mittelpunkt) und die soziale Effektivität im Nachhaltigkeitsmanagement verankert. Durch die Berücksichtigung der ökologischen und sozialen wird die *ökonomische Dimension* und damit die ökonomische Effektivität entsprechend relativiert, d. h. auf das ihr aus der gesamtgesellschaftlichen Perspektive zukommende Ausmaß reduziert. Die Folge dieser „neuen Bescheidenheit“ ist ein unbescheidener Zugewinn an langfristigem ökonomischem Erfolg auf Kosten einer kurzfristigen Gewinnmaximierung. Auf diese Art und Weise werden auch die in der neoklassischen Theorie vernachlässigten externen Effekte der Unternehmenstätigkeit internalisiert und nicht mehr als Hypothek der Allgemeinheit sowie den zukünftigen Generationen überlassen. Voraussetzung für die langfristige Einbeziehung der Nachhaltigkeitsdimensionen in die Strategie des Unternehmens und die dadurch verbesserte Zukunftsfähigkeit ist jedoch, dass die drei Nachhaltigkeitsdimensionen sowie die mit ihnen verbundenen Interessenunterschiede mit Hilfe eines *ethisch fundierten Dialogs* mit den verschiedenen Stakeholdern harmonisiert werden und das Nachhaltigkeitsmanagementsystem des Unternehmens von den Beteiligten sowie Betroffenen anerkannt und unterstützt wird.

Auf Basis der von der normativen Ebene vorgegebenen Werte und Normen ist das *Problemverhalten der Unternehmensangehörigen* auf der strategischen Ebene des Managements zu reflektieren und demgemäß zu entwickeln. Neben den Organisationsstrukturen und Managementsystemen sind es vor allem die *Personen*, die einerseits durch ihr Verhalten Probleme verursachen und andererseits mit ihrem Handeln Probleme erkennen und lösen können, indem sie diese in strategische Programme umsetzen und als Maßnahmen operativ ausführen. Auf der strategischen Ebene erfolgt die Problemlösung *interaktiv* durch Umsetzung der unternehmenspolitischen Missionen zu verhaltensbezogenen Programmen im Rahmen der Organisationsstrukturen und Managementsysteme. Damit treten neben die in den Programmen zum Ausdruck kommenden Vorstellungen und Konzepte die Gestaltungs- und Entwicklungsaspekte des Managements bezüglich des Problemverhaltens der Unternehmensangehörigen.[935] Unter der vertretenen Nachhaltigkeitsperspektive zielt die Auseinandersetzung mit dem Problemverhalten der Unternehmensangehörigen strategisch auf einen *kontinuierlichen Veränderungsprozess*, der es ermöglichen soll, auf der Grundlage der normativen Vorgaben die für eine nachhaltige Unternehmensentwicklung erforderlichen Programme zu konzipieren, zu unterstützen und als Aufträge operativ umzusetzen. Für die Bewältigung der vielschichtigen, nicht immer konfliktfreien Aufgaben für eine zukunftsfähige Entwicklung des Unternehmens ist ein auf das Erkennen und Lösen von Problemen abgestelltes Verhalten von herausragender Bedeutung. Dafür muss ein herkömmliches, vorrangig auf Effizienz ausgerichtetes *Personalmanagement* sich von der Vorstellung verabschieden, dass die logistische Bereitstellung von Humankapital bzw. Personalressourcen für festgelegte Aufgabenstellungen ausreichend ist. Für eine langfristig angelegte Entwicklung kommt es beim Verhalten der Unternehmensangehörigen angesichts der komplexen Materie vielmehr auf die Schaffung der Voraussetzungen für eine hinreichende *Problemlösungskapazität* an. Diese erfordert vor allem eine personalstrategische Förderung von kreativen Potenzialen, Engagement und Flexibilität der Unternehmensangehörigen. Eine in quantitativer und qualitativer Hinsicht weitsichtige Gestaltung der Problemlösungskapazität unterstützt damit die strategischen Programme für eine nachhaltige Unternehmensentwicklung und deren Umsetzung. Die dafür anzustrebenden Verhaltensqualitäten lassen sich maßgeblich durch *Lernprozesse* erreichen, die sowohl *individuell* als auch *institutionell* im Rahmen der Organisation ablaufen können. Obwohl sich das schon für die menschliche Existenzbewältigung unabdingbare Lernen vorrangig individuell vollzieht, erfordert eine nachhaltigkeitsethische Unternehmensausrichtung darüber hinaus ein *organisationales Lernen* im Rahmen des Unternehmens und seiner Organisation.

„Unter organisationalem Lernen ist der Prozess der Erhöhung und Veränderung der organisationalen Wert- und Wissensbasis, die Verbesserung der Problemlösungs- und Handlungskompetenz sowie die Veränderung des gemeinsamen Bezugsrahmens von und für Mitglieder innerhalb der Organisation zu verstehen.“ [936] Insofern muss die angestrebte *Unternehmensentwicklung* mit einer darauf ausgerichteten *Personalentwicklung* einhergehen. Denn sowohl die gesellschaftsbezogene Institution Unternehmen als auch die einzelnen Unternehmensangehörigen müssen sich mit Hilfe des Lernens ständig in ihrem Verhalten an die sich ändernden Voraussetzungen innerhalb und außerhalb des Unternehmens anpassen können. Das organisationale Lernen liefert letztlich die Wissensbasis des Problemverhaltens und bildet damit eine wesentliche Grundlage für die strategische Änderung des Problemverhaltens der Unternehmens-

---

[935] Vgl. Bleicher 1999a, S. 375 ff.

[936] Probst/Büchel 1994, S. 17.

angehörigen.[937] In *welche Richtung* sich das Problemverhalten dabei entwickeln soll, geht einerseits aus den in den strategischen Programmen aufgenommenen unternehmenspolitischen Vorgaben hervor. Andererseits stellen die zusammengefassten *unternehmensethischen Verhaltensvorgaben* eine leichter zugängliche Quelle dar, die Unternehmen zunehmend in Form eines moralphilosophischen Ethik-Kodexes oder eines mehr verhaltenspsychologisch orientierten „Code of Conduct" [938] an die Unternehmensangehörigen richten und teilweise als Legitimationshinweis gegenüber den verschiedenen Stakeholdern nutzen. Zur Unterstreichung der Verbindlichkeit dieser Vorgaben wird deren Nichterfüllung in der Regel mit *Sanktionen* bis hin zu rechtlichen Konsequenzen geahndet. Auf der anderen Seite tragen die offiziellen Verhaltensvorgaben eines Unternehmens mit ihren detailliert aufgelisteten Werten und Regeln wesentlich zur Verhaltensorientierung und damit zu einer Vermeidung von Regelüberschreitungen bei, sofern sie entsprechend kommuniziert und im Rahmen von Lernprozessen vertieft werden.

Die Entwicklung geeigneter *Unternehmensprofile* für das *strategische Problemverhalten* erfordert zunächst eine Klärung der relevanten Einflussgrößen. Dazu zählen insbesondere das beabsichtigte Führungsverhalten, das Rollenverhalten sowie die Begründung und Entwicklung des Verhaltens der Unternehmensangehörigen, die analog der vorgenommenen Dimensionierung der Organisationsstruktur anhand charakteristischer Gegensatzpaare überprüft und anschließend zu einem *integrierten Verhaltensprofil* verknüpft werden: [939]

Die strategische Umsetzung der nachhaltigkeitsethischen Perspektive erfordert eine Ausrichtung des Verhaltens der Unternehmensangehörigen in Richtung *Veränderung*, ohne in diesem komplexen Umfeld ein Mindestmaß an stabilisierendem Verhalten für einen kontrollierten Ablauf zu vernachlässigen. Dazu dient als Erstes ein kooperatives *Führungsverhalten* mit weitgehender Beteiligung der Unternehmensangehörigen an den Entscheidungen, das von einem Team orientierten Kooperationsgedanken geprägt ist. Demgegenüber steht ein im Nachhaltigkeitskontext weniger gefragtes direktives Führungsverhalten, das von arbeitsteiligen Organisationsbedingungen und vorrangig individuellen Leistungserstellungen ausgeht. Letzteres soll sich hier auf den Erhalt stabiler Strukturen beschränken, soweit diese – wie beispielsweise bei großen, global agierenden Wirtschaftsunternehmen – unverzichtbar sind. Angesichts der laufenden Anpassung an Veränderungen innerhalb und außerhalb des Unternehmens ist ein *Rollenverhalten* erforderlich, das ein hinreichendes Maß an Überblick und Offenheit ermöglicht, wie es durch breites Wissen und die Fähigkeit zur ganzheitlichen Erfassung von Problemen und Systemzusammenhängen erreicht wird. Auf der anderen Seite steht das Wissen von Spezialisten, die eher zum Perfektionismus als zu umfassenden

---

[937] Vgl. Bleicher 1999a, S. 385.

[938] Weitere Einzelheiten zu einer Verknüpfung von Erkenntnissen der Verhaltenspsychologie und der Unternehmensethik finden sich im Rahmen von *„Codes of Conduct"* bei Messick/Tenbrunsel 1996, S. 1 ff. Über die Anwendung von Verhaltenskodizes in Unternehmen berichten u. a. Koplin/Müller 2009, S. 34 und Seuring/Müller 2009, S. 170 f. Außerdem wird auf diese Thematik nachfolgend im Rahmen des Fallbeispiels 2 näher eingegangen.

[939] Vgl. Bleicher 1999a, S. 391 ff.

Problemlösungen beitragen. Dennoch kann auch bei einer nachhaltigkeitsethischen Ausrichtung des Unternehmens nicht durchgängig auf ein fundiertes Einzelwissen und einen geordneten Einsatz bewährter Managementinstrumente verzichtet werden, so dass sowohl Generalisten als auch Spezialisten gefragt sind. Die *Begründung des Verhaltens* bezieht sich hier auf die strategisch relevanten Pole von Autorität und Verantwortung. Einer nachhaltigen Unternehmensperspektive wird eine fachlich fundierte *kommunikative Autorität* eher gerecht als eine auf Amtsautorität qua hierarchischer Stellung fußende *institutionelle Autorität*, weil Erstere mehr auf die Einfluss ausübende Person bezogen ist, die über das für die ganzheitliche Aufgabenstellung erforderliche Maß an Informationen und Konfliktlösungskapazität verfügt. Die unter dieser Perspektive unverzichtbare Delegation von Entscheidungs- und Kontrollaufgaben erfordert viel *Eigenverantwortung*. Eine demgegenüber stehende *Fremdverantwortung* schafft hingegen eine unzweckmäßige Distanz zur Verantwortung und kann aufgrund der damit verbundenen Fremdbestimmung das erforderliche Engagement für das langfristig angelegte Nachhaltigkeitsprojekt beeinträchtigen. Denn anstelle einer Mitentscheidung über die Aufgabenerfüllung werden die Unternehmensangehörigen dann mit diesbezüglichen Vorgaben konfrontiert, die auf eine wenig motivierende Reglementierung hinauslaufen. Dennoch kann auf reglementierende Vorgaben schon im Hinblick auf die notwendige Erfüllung der vielfältigen Kontrollfunktionen nicht vollständig verzichtet werden. Die ganzheitliche Ausrichtung des Verhaltens auf eine langfristige Gesellschaftsperspektive im globalen Kontext erfordert eine *Entwicklung des Verhaltens*, die von einer für zukunftsgerichtete Herausforderungen offenen Lernfähigkeit der Unternehmensangehörigen getragen wird. Diese Entwicklung setzt ein auf *Veränderung* ausgerichtetes Lernverhalten voraus, das durch *soziale Interaktionen* mit internen und externen Stakeholdern ermöglicht wird. Dennoch kann auch hier nicht auf individuelles Lernen verzichtet werden, da Letzteres die Problemlösungsfähigkeit im Rahmen einer notwendig werdenden fachlichen Vertiefung steigert. Auf diese Art und Weise wird im Unternehmen eine Verhaltensentwicklung ermöglicht, mit der sich die Unternehmensangehörigen als Träger dieser Entwicklung an die ständigen Veränderungen aus der gesellschaftlichen und natürlichen Umwelt anpassen können.

Aus der Verknüpfung der somit geklärten Einflussgrößen des strategischen Problemverhaltens ergibt sich für das Unternehmen bzw. die Unternehmensangehörigen ein *integriertes Verhaltensprofil*, mit dem die Programme, die Organisationsstruktur und die Managementsysteme auf der strategischen Ebene für eine nachhaltige Unternehmensentwicklung integrativ genutzt werden können. Hieran zeigt sich auch die *tragende Rolle* der *Personen* in Form der *Unternehmensangehörigen*, ohne deren Mitwirkung weder eine Sicherung der Existenz noch eine Entwicklung des Unternehmens auf Dauer zu realisieren ist (Stichwort: der Mensch im Mittelpunkt). Ein weiterer wichtiger Aspekt ist die Tatsache, dass sich die Profilierung des Unternehmens durch die immer wichtiger werdende Berücksichtigung der *Bedürfnisse externer Stakeholder* zunehmend nach außen verlagert. Daher muss sich das Gesamtprofil des strategischen Managements zunehmend auf die damit verbundenen Änderungen der Organisation einstellen, bei der der *Kommunikation* eine *entscheidende Bedeutung* zukommt (Stichwort: ethisch fundierter Dialog). Unter diesen Voraussetzungen lässt sich das zweifellos nicht leicht zu handhabende *Problemverhalten* der Unternehmensangehörigen – in Übereinstimmung mit einer nachhaltigkeitsethisch ausgerichteten Unternehmenspolitik – prozessual in ein anforderungsgerechtes Leistungs- und Kooperationsverhalten lenken. Denn so wird es insbesondere dem Spannungsfeld von internen und externen Stakeholdern unter der erforderlichen global orientierten Langzeitperspektive gerecht und führt mit Hilfe darauf abgestimmter Managementsysteme sowie Programme über das operative Management schrittweise zu der beabsichtigten nachhaltigen Unternehmensentwicklung.

### (3) Operatives Nachhaltigkeitsmanagement:

Während die Gestaltungsfunktion das normative und strategische Management kennzeichnet, ist es die *Aufgabe des operativen Managements*, die normativen und strategischen Vorgaben in Form von Operationen umzusetzen und *lenkend* in die Unternehmensentwicklung einzugreifen. Hinter Ersteren stehen also Konzeptionen, die auf eine Gestaltung des organisatorischen Rahmens ausgerichtet sind, in denen sich der operative Vollzug des Tagesgeschäfts eines Unternehmens vollzieht. Insofern stellen das *normative und strategische Management* die eine Seite und das *operative Management* die andere Seite der Medaille eines integrierten Gesamtkonzepts dar.[940] Da es hier um die Darstellung eines Konzepts für eine *nachhaltige Unternehmensentwicklung* – also vorrangig um den Managementüberbau vor einer ganzheitlich erweiterten Perspektive – geht, werden anstelle einer isolierten Betrachtung der operativen Managementebene die bestehenden *Interdependenzen* der normativen und strategischen zur operativen Ebene des Managements in den Vordergrund gerückt. Denn die konzeptionellen Vorgaben des normativen und strategischen Managements sind einerseits wegweisend für das operative Management und andererseits können unvorhergesehene *Ereignisse* im *Unternehmensalltag* sich als relevante Hindernisse für die geplante Umsetzung in die Praxis erweisen und zwangsläufig zu Änderungen der Vorgaben führen. Der operative Vollzug bleibt in seiner konkreten Ausgestaltung dem *unternehmensspezifischen Einzelfall* vorbehalten, auf den im Rahmen der Konzeptualisierung nicht näher eingegangen wird.[941] Die *Verknüpfung* der normativen und strategischen Dimension des Managements mit ihrer operativen Umsetzung kann leicht zu der bereits angesprochenen Annahme einer hierarchischen Zuweisung führen, sofern man den funktionalen Charakter der Unterscheidung in Managementebenen übersieht. Diese *gedankliche Unterscheidung* wird daher allenfalls implizit als arbeitsteilige Verteilung von Aufgaben der verschiedenen *Managementdimensionen* gesehen. Denn Erkenntnisse strategischer Möglichkeiten des Managements ergeben sich in der Regel erst aus der praktischen Erfahrung im Umgang mit den konkreten Problemstellungen des *betrieblichen Alltags* auf der operativen Ebene. Zwischen der Konzipierung und Implementierung von Strategien aus der operativen Entwicklung von Problemlösungen besteht daher eine enge Wechselbeziehung. Die hier als notwendig erachtete Entwicklung von ganzheitlich ausgerichteten Kernkompetenzen für die Zukunftsfähigkeit eines Unternehmens geht daher aus organisatorischer Sicht nicht ohne

---

[940] Vgl. Bleicher 1999a, S. 74.

[941] Im Rahmen des nachfolgenden Fallbeispiels 2 wird das Nachhaltigkeitsmanagement eines Unternehmens aus der Papier- und Forstindustrie behandelt. Weitere Ausführungen zu *unternehmensspezifischen Einzelfällen* befinden sich u. a. bei Pischon 1999, S. 349 ff.

eine Verknüpfung von gestaltendem normativen und strategischen Management mit dem lenkenden operativen Management im Rahmen eines integrativen Nachhaltigkeitsmanagements. Auf die in diesem Zusammenhang ebenfalls wichtigen Lernprozesse wird später eingegangen.

Die Führungs- bzw. *Managementfunktionen* Lenkung, Gestaltung und Entwicklung lassen sich für das operative Management wie folgt charakterisieren: Die *Lenkung* des operativen Vollzugs stellt eine Konkretisierung des nachhaltigkeitsethischen Gestaltungsansatzes durch Objekt bezogenes Handeln in Operationen dar, d. h. ausgerichtet auf Fähigkeitspotenziale, Leistungs- und Unternehmensbereiche. Sie wird damit zur zentralen Aufgabe des operativen Managements. Die *Gestaltung* des Vollzugs durch Projekte basiert hingegen auf einer konzeptionellen Profilierung durch das zu begründende normative Handeln und das richtungsweisende strategische Handeln auf der operativen Managementebene. Angesichts der raumzeitlich weitreichenden Aufgaben werden die Projekte im Nachhaltigkeitskontext überwiegend im Team bzw. mit Hilfe elektronisch vernetzter Partnerschaften schrittweise ausgeführt. In diesem Zusammenhang ist der Aufbau und die Entwicklung des nachfolgend zu behandelnden Managementsystems zu nennen. Die *Entwicklung* schließt den Zeitfaktor ein und entspricht damit einer Dynamisierung von Gestaltung und Lenkung im Rahmen eines für die nachhaltige Unternehmensentwicklung charakteristischen evolutorischen Prozesses unter raumzeitlicher Perspektive. Die strategische Ausrichtung der Unternehmensentwicklung auf eine *kontinuierliche Verbesserung* wird hier exemplarisch auf die Entwicklung eines Nachhaltigkeitsmanagementsystems angewendet, das selbst einem kontinuierlichen Verbesserungsprozess unterliegt und das beim Durchlaufen der Managementzyklen aufgrund erreichter Fortschritte schrittweise zur angestrebten nachhaltigen Unternehmensentwicklung führen soll: Der Einführung und Anwendung eines Systems für das *Nachhaltigkeitsmanagement* in *Unternehmen* wird hierfür – analog den in der Regel in progressiven Industrieunternehmen bereits vorhandenen Einzelmanagementsysteme für Qualität, Umweltschutz und Arbeitssicherheit – ebenfalls das *Prinzip des Kreislaufmanagements* zugrunde gelegt. Dafür wird der im Rahmen eines operativen Prozessmanagements wie dem Total Quality Managements (TQM) eingeführte Begriff *„PDCA-Zyklus“* verwendet: [942] Danach erfüllt das Management eines Unternehmens seine Führungsaufgabe, indem es nach der Analyse des Ist-Zustands und der Festlegung der Nachhaltigkeitspolitik im Rahmen der Planung („*P*lan“) den Handlungsbedarf für die Erfüllung des festgelegten Soll-Zustands bestimmt, die benötigten Ressourcen bereitstellt sowie Ziele und Maßnahmen zur Umsetzung der Nachhaltigkeitsstrategie definiert. Während der Durchführung („*D*o“) ist das zugehörige Team für das Nachhaltigkeitsmanagement auszuwählen und zu beauftragen. Dem gehen selbstverständlich entsprechende Vorarbeiten in der Planungsphase voraus. Darüber hinaus ist schon im Hinblick auf den relativ hohen Arbeits- und Betreuungsaufwand des Managementsystems für geeignete Rahmenbedingungen bezüglich der Umsetzung und Durchführung zu sorgen. Das Management muss die Zielerfüllung im Rahmen des betrieblichen Controllings regelmäßig prüfen („*C*heck“). Bei Abweichungen vom ursprünglichen Plan ist die Unternehmensführung gefordert, erneut zu handeln („*A*ct“), indem sie die Qualität des dokumentierten Managementsystems bewertet und

[942] Vgl. Schwerdtle 1999, S. 17 und Pischon 1999, S. 199.

bei Bedarf – bis hin zur Bereitstellung von Investitionsmitteln – die organisatorischen Voraussetzungen für notwendige Verbesserungen schafft bzw. unter nachhaltigkeitsethischer Perspektive eine Revision der Unternehmenspolitik und -planung veranlasst. Diese Schlüsselfunktion der „obersten Leitung" stellt den Anfang bzw. das Ende eines Umsetzungskreislaufs und damit die Grundlage für seine Anpassung an die realen Erfordernisse im Rahmen eines erneuten Durchlaufs innerhalb der *Spirale der kontinuierlichen Verbesserung* dar (vgl. Abb. 27):

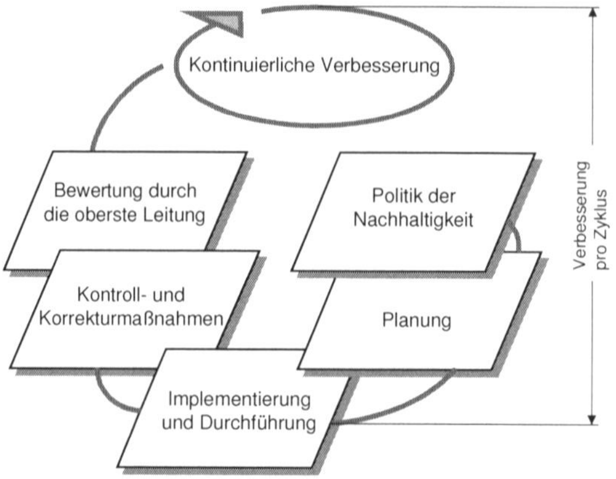


**Abbildung 27: Verbesserungsspirale des Managements nach ISO 14001**[943]

Ergänzend zu den dargestellten Managementfunktionen treten auf der Objektebene des operativen Managements die Managementaspekte in Form von Aktivitäten, Strukturen und Verhalten wieder in Erscheinung. Als Aufträge, organisatorische Prozesse und Dispositionen sowie Leistungs- und Kooperationsverhalten lassen sie sich schwerpunktmäßig den schon im Managementzyklus unverzichtbar gewordenen *Projekten* und *Prozessen* zuordnen, in deren Rahmen die unternehmenspolitischen Missionen und die strategischen Programme wirkungsvoll umgesetzt werden sollen. Von daher stellt das *operative Management* im Kern eine für die Problemlösung erforderliche auftragsbezogene Willensbildung, Willensdurchsetzung und Willenssicherung dar, die mit Hilfe darauf abgestellter Projekte durch Lenkung, Gestaltung und Entwicklung in den Prozessabläufen realisiert werden. Im operativen Prozess der Willensbildung müssen die auftretenden Probleme der Zielumsetzung erkannt, Handlungsalternativen geklärt und zielführende Lösungen ausgewählt werden, die als Grundlage für die Implementierung in Form von Aufträgen zum Tragen kommen. Die operative Willensdurchsetzung umfasst die Steuerung und Veranlassung von Handlungen, wobei Letztere die eigentliche

943 Vgl. Deutsches Institut für Normung e. V. 1996, S. 4.

Auftragserteilung beinhaltet. Die operative Willenssicherung bezieht sich einerseits auf den gesamten Handlungsprozess und andererseits auf die Kontrolle der vorangegangenen Prozesse.[944] Die Umsetzung der Aufgabenstellungen im operativen Vollzug durch Maßnahmen ist dabei vorrangig auf *Effizienz* ausgerichtet, da ohne gut funktionierende Prozessabläufe die auf der strategischen Ebene geschaffenen Erfolgspotenziale nur unzureichend genutzt und damit die Zielerfüllung behindern würden. Das ist jedoch nur möglich, wenn hierfür die organisatorischen Voraussetzungen geschaffen werden. Die in der Nachhaltigkeitsperspektive darüber hinaus unverzichtbare *Effektivität* spielt hingegen besonders in das Verhalten der Unternehmensangehörigen hinein: Sie drückt sich insbesondere in der Kooperation und im Dialog mit den verschiedenen Stakeholdern aus, auf die bei den notwendigen Problemlösungen und Veränderungen nicht verzichtet werden kann. Für eine zukunftsfähige Unternehmensentwicklung müssen also die unterschiedlichen *Anforderungen*, die sich einerseits aus den Dimensionen der Nachhaltigkeit und andererseits aus der Effizienz und Effektivität des Managements ergeben, miteinander *in Einklang* gebracht werden. Diese Aussage lässt sich dahingehend zusammenfassen, dass hierfür die interdependenten harten (ökonomischen) und weichen (humanen) Belange als grundsätzlich *gleichberechtigt* anerkannt und die verschiedenen Stakeholder als Personen in die Unternehmenstätigkeit einbezogen werden (Stichwort: Partizipation).

Bei den Überlegungen bezüglich eines effizienten und effektiven operativen Managements kommt dem *Prozessgedanken* eine wesentliche Rolle zu. War es seit dem Ende der bipolaren Weltordnung der globale Wettbewerbsdruck, der die Wirtschaftsunternehmen schon aus *ökonomischen* Gründen zu erheblichen Rationalisierungs- und Restrukturierungsmaßnahmen zwang,[945] kommt damit einhergehend mittlerweile weiterer Druck aus der erkannten, öffentlich vermittelten zunehmenden Verschärfung der *ökologischen* und *sozialen* Verhältnisse auf unserem Planeten, der den Unternehmen nun definitiv ein ganzheitliches Denken und eine zukunftsfähige Wirtschaftsweise nahe legt. Denn die *Grenzen* einer eindimensionalen Gewinnorientierung und ungebremsten Wachstumsentwicklung auf Kosten Dritter sind spätestens seit den wissenschaftlichen Erkenntnissen über die Gefährdungen durch die Klimakrise – und die 2008 hinzugekommene globale Finanz- und Wirtschaftskrise – *bekannt* und sollten verantwortungsbewusste Unternehmen inzwischen verstärkt zu einer nachhaltigen Unternehmensführung veranlassen. Das operative Management muss vor diesem Hintergrund die Prozessabläufe dahingehend ändern, dass die *Wertschöpfungskette* nicht mehr nur aus der ökonomischen Perspektive gesehen wird, sondern dazu genutzt wird, die auf eine nachhaltige Entwicklung ausgerichtete Unternehmensleistung konsequent auf den *gesamten Einflussbereich des Unternehmens* auszudehnen. Denn erst die Einbeziehung der Lieferanten und Kunden des Unternehmens bringt die Leistungsbeiträge, die für eine zukunftsfähige Entwicklung von Unternehmen und die mit ihnen verbundene Gesamtgesellschaft benötigt werden. Im Rahmen des *operativen Prozessmanagements*, das im Nachhaltigkeitsmanagementsystem eine wesentliche Rolle spielt, müssen die im Verlauf eines *kontinuierlichen Lernprozesses* von den Beteiligten gewon-

[944] Vgl. Bleicher 1999a, S. 435 ff.

[945] Vgl. Bleicher 1999a, S. 448.

nenen Erkenntnisse konsequent für die Optimierung der Arbeitsabläufe in Richtung Zukunftsfähigkeit genutzt werden. Die angesprochenen Erkenntnisse beziehen sich einerseits auf den effektiven Umgang mit Problemen bis hin zu ihrer Dialog unterstützten Lösung und andererseits auf den effizienten Einsatz knapper Sach- und Humanressourcen. Hierein fallen auch die oft falsch eingeschätzten Möglichkeiten zu einer Problemverlagerung auf Kosten der gesellschaftlichen und natürlichen Umwelt. Das in diesem Zusammenhang aus ganzheitlicher Sicht geforderte *organisationale Lernen* erreicht dadurch eine strategische Dimension, die sich auf die relevanten Kernkompetenzen des Unternehmens ganzheitlich auswirkt. Davon profitieren letztlich auch die übrigen Managementebenen und die mit ihnen in Wechselbeziehungen stehenden Stakeholder. Eine *nachhaltige Unternehmensentwicklung* stellt letztlich das Resultat eines langjährigen kontinuierlichen Verbesserungs- bzw. Veränderungsprozesses im Rahmen der Anwendung des aus den dargestellten *drei Managementebenen* bestehenden *Nachhaltigkeitsmanagements* dar, der sich sowohl im Verhalten der Unternehmensangehörigen als auch in der Organisation des Unternehmens niederschlägt und maßgeblich zur Zukunftsfähigkeit von Unternehmen und Gesellschaft beiträgt.

**Resümee:** Ein Engagement der Unternehmensangehörigen für eine Unternehmensentwicklung unter einer derart weitreichenden raumzeitlichen Perspektive trägt außerdem wesentlich zum *Risikomanagement* des Unternehmens bei, mit positiven Auswirkungen auf Kreditwürdigkeit, Wirtschaft und Gesellschaft. Andererseits ist diese Entwicklung jedoch mit Eingriffen in gewohnte Verhaltensweisen und Organisationsstrukturen verbunden, die auf der normativen Ebene zu Veränderungen der Unternehmenskultur, -verfassung und -politik führen, mit Auswirkungen auf die strategische und operative Ebene. Diese interdependenten, von Personen getragenen Austauschbeziehungen zwischen den Managementebenen und -aspekten müssen von den Akteuren des *integrativen Systems Nachhaltigkeitsmanagement*, das aus dem normativen Gestaltungsansatz Nachhaltigkeitsethik hervorgegangen ist, aufgegriffen werden. Ferner müssen diese Beziehungen von ihnen für dessen kontinuierliche Verbesserung genutzt werden, indem insbesondere ein kooperativer Führungsstil im kommunikativen Austausch mit den internen und externen Stakeholdern im Sinne der vorangestellten Leitidee praktiziert wird. Neben der Erfüllung der Anforderungen aus der langfristigen globalen Entwicklungsperspektive geht es auch darum, die vielen kurzfristig auftretenden Einzelprobleme im operativen Bereich und eher lokalen Umfeld des Unternehmens durch *Problemlösungskompetenz* ganzheitlich zu bewältigen und ihnen nicht durch Verlagerungen aus dem Weg zu gehen. Andernfalls würden die Probleme bezüglich ihrer Komplexität und Tragweite unzulässig zunehmen. Das erfordert auf der *Systemebene* eine Integration unter Einbindung des operativen in das normative und strategische Management, einschließlich der zugehörigen Aktivitäten, Strukturen und Verhaltensweisen.[946] Auf der *Personenebene* erfordert es von allen Unternehmensangehörigen entsprechend ihrer jeweiligen Funktion ein hohes Maß an *Pflicht* und *Verantwortung* in Bezug auf Unternehmen und Gesellschaft, die nur durch Engagement sowie Dialog- und Konsensbereitschaft zu erfüllen sind. Nicht weniger hoch sind die Anforderungen an den Aufbau, die Einführung und Umsetzung des *Nachhaltig-*

[946] Vgl. Bleicher 1999a, S. 452.

*keitsmanagementsystems.* Damit die Erwartungen der daran Beteiligten und davon Betroffenen nicht enttäuscht werden, muss die Zielperspektive des Nachhaltigkeitsmanagements in ihrer *Langfristigkeit* kommuniziert und eine Anerkennung auch geringerer Erfolge durch das Management sichergestellt werden. Das Ziel einer nachhaltigen Unternehmensentwicklung ist am ehesten mit Hilfe eines schrittweisen Vorgehens im Rahmen eines *kontinuierlichen Verbesserungsprozesses* zu erreichen, und zwar pro Zyklusdurchlauf mit einem für die Beteiligten wahrnehmbaren Verbesserungsschritt. Dieser Vorgang sollte daher im Rahmen einer international anerkannten *Nachhaltigkeitsberichterstattung* [947] – beispielsweise gemäß GRI-Richtlinien – dokumentiert werden. Die Global Reporting Initiative (GRI) nimmt bei der Entwicklung einer umfassenden Nachhaltigkeitsberichterstattung eine Vorreiterrolle ein. Sie wurde 1997 von der Coalition for Environmentally Responsible Economics (CERES) und dem Umweltprogramm der Vereinten Nationen (UNEP) gegründet und hat seither entscheidend zur Qualität der Nachhaltigkeitsberichterstattung beigetragen. Die *GRI-Richtlinien* basieren auf dem Drei-Säulen-Modell und werden hinsichtlich der ökonomischen, ökologischen und sozialen Leistungen strukturiert, da weitgehender Konsens darüber besteht, dass dieser Ansatz der komplexen Thematik angemessen ist.[948]

Auf der anderen Seite müssen vom Management auch ein *mögliches Scheitern* [949] und Rückfälle in überwunden geglaubte Denk- und Handelsweisen sowie Organisationsstrukturen auf diesem langen, teilweise auch „steinigen“ Weg ins Kalkül gezogen werden. Auch im Rahmen kontinuierlicher Verbesserungsprozesse können Reibungen, Fehler und Probleme auftreten, die keinesfalls aufgeschoben werden sollten. Da sie vorrangig auf der operativen Managementebene entstehen, müssen für deren Lösung die Potenziale der vorgeschalteten strategischen und normativen Ebene eingefordert und genutzt werden. Dadurch kann insbesondere dem im betrieblichen Alltag vorhandenen Zeitdruck und einer kritischen Zunahme der Komplexität entgegengewirkt werden. Außerdem können denkbare Frustrationen vermieden werden. Diese Überlegungen bleiben jedoch solange abstrakt wie es nicht gelingt, die das System Unternehmen letztlich tragenden *Unternehmensangehörigen* als Person zu sehen, ihrer Tätigkeit einen Sinn zu verleihen, sie umfassend zu beteiligen und auf dem langen, von Veränderungen geprägten Weg zu einer nachhaltigen Unternehmensentwicklung *mitzunehmen.* Auf die herkömmliche Differenzierung in die Gruppe Vorgesetzte und Mitarbeiter wurde hier bisher bewusst verzichtet, da es sich bei dem Projekt nachhaltige Unternehmensentwicklung um ein Gemeinschaftsvorhaben aller Unternehmensangehörigen handelt, bei dem alle Beteiligten Pflichten und Verantwortung zu übernehmen haben. Angesichts der elementaren Voraussetzung eines *Engagements aller* für einen erfolgreichen Verlauf dieses anspruchsvollen Projektes, wird an dieser Stelle trotz grundsätzlicher Bedenken Gebrauch von nachfolgender Unterscheidung gemacht. Denn die Mitnahme der Unternehmensangehörigen bleibt eine Wunschvorstellung, wenn nicht die Vorgesetzten (in der Regel Manager) mit ihrer Glaubwürdigkeit den

---

947 Vgl. BMU/BDI 2002, S. 29 ff. und www.globalreporting.org .

948 Vgl. Balik/Frühwald 2006, S. 252 ff. und Herzig/Pianowski 2009, S. 225 ff.

949 Für das mögliche *Scheitern* von Managementkonzepten kann es mehrere Gründe geben. Hierfür wird auf die Fachliteratur verwiesen (vgl. u. a. Hopfenbeck 2000, S. 754).

Mitarbeitern eine *Vorbildfunktion* vorleben, die von ihnen auch wahrgenommen und akzeptiert werden kann. Empfehlungen für die betriebliche Umsetzung des entwickelten Konzepts für eine nachhaltige Unternehmensentwicklung werden im Anschluss an die Gegenüberstellung des konkretisierten Gestaltungsansatzes und des unternehmensspezifischen Ansatzes des nachfolgenden Fallbeispiels gegeben.

### 4.2.2 Fallbeispiel 2: Umbau des Managementsystems eines Unternehmens

Das bereits zur Darstellung des ökologischen Umbaus verwendete Fallbeispiel 1 aus der Papierindustrie [950] wird hier ankündigungsgemäß erneut aufgegriffen und nach einem durch grundlegende organisatorische Änderungen gekennzeichneten Entwicklungsprozess des Unternehmens als Fallbeispiel 2 fortgeführt, und zwar im Hinblick auf ein aus den veränderten gesellschaftlichen Rahmenbedingungen resultierendes Nachhaltigkeitsmanagement. Zielsetzung ist dabei, einerseits den dargestellten *ganzheitlichen Wandel* von Wirtschaftsunternehmen unter globalen Wettbewerbsbedingungen und andererseits das dargestellte Konzept für eine nachhaltige Unternehmensentwicklung *anhand eines konkreten Falls aus der Alltagspraxis* mit eingeführtem Nachhaltigkeitsmanagement exemplarisch zu veranschaulichen: Das ursprünglich deutsche Unternehmen wurde 1997 im Zuge der fortschreitenden *Globalisierung* von einem finnischen Papier- und Forstkonzern übernommen, der Ende 1998 mit einem schwedischen zu dem heutigen finnisch-schwedischen Weltkonzern Stora Enso Oyj und Stora Enso AB, Helsinki und Stockholm, fusionierte. Mit der Fusion war neben der *Neuausrichtung* der Unternehmenstätigkeit und -führung eine erheblich gestiegene Verantwortung gegenüber den Angehörigen und der Umwelt des Unternehmens verbunden, die auch in der Unternehmensführung zum Ausdruck kommen soll. Der so entstandene, einem laufenden Veränderungsprozess unterliegende *Global Player* zählt heute mit über 85 Standorten in mehr als 35 Ländern auf 5 Kontinenten zu den weltweit führenden Forstindustrieunternehmen.[951] Er hat sein bisheriges an den Produktionsstandorten unterschiedlich weit entwickeltes *integriertes Managementsystem* – im Wesentlichen bestehend aus den Einzelmanagementsystemen für Qualität, Umweltschutz, Arbeitssicherheit und Holzherkunftsnachweisführung [952] – seit 2002 schrittweise in ein Konzern weit anzuwendendes *Nachhaltigkeitsmanagement* überführt.[953] Die Anfangsphase dieses Entwicklungsprozesses wurde dabei an dem dargestellten deutschen Standort persönlich als ehemaliger Unternehmensangehöriger begleitet. Die nachfolgenden Ausführungen sollen das ausgewählte Nachhaltigkeitsmanagement in seinen

---

[950] Weitere Einzelheiten zum bereits *dargestellten Fallbeispiel* befinden sich im Kapitel 2 „Fallbeispiel 1: ökologischer Umbau einer Produktion“.

[951] Vgl. Stora Enso Oyj und Stora Enso AB 2009a, S. 2.

[952] Vgl. Stora Enso Oyj und Stora Enso AB 2008a, S. 82. Auf die *Einzelmanagementsysteme* wird im nächsten Abschnitt noch näher eingegangen.

[953] Seit Ende der 1990er Jahre zeichnet sich ein allgemeiner Trend *vom Umwelt-* bzw. integriertem Management *zum Nachhaltigkeitsmanagement* ab, insbesondere bei größeren international agierenden Unternehmen ( vgl. u. a. Fichter 1998, S. 3 ff., Dyllick 2000, S. 1, Hamschmidt 2001, S. 250 ff. und Baumast/Pape 2009, S. 255 ff.).

wesentlichen Aspekten zusammenhängend wiedergeben und am Schluss der Arbeit durch eine kritische Einschätzung ergänzen. Der Darstellung wird das *Bekenntnis* des global operierenden Unternehmens zur Nachhaltigkeit bewusst vorangestellt, dessen Umsetzung in die Praxis angesichts der eingenommenen Weltmarktposition eine besondere Bedeutung zukommt:

*„Stora Enso is committed to sustainability. Economic, environmental and social responsibility underpins our thinking and our approach to every aspect of doing business. The group builds accountability into its operations by being transparent and engaging in open dialogue with its stakeholders. Group-wide targets and clear governance are used to monitor and measure how well Stora Enso performs in terms of sustainability."*[954]

Die *Berichterstattung* in Form von jährlichen Konzern- und Umweltberichten – Letztere wurden später durch Nachhaltigkeitsberichte ersetzt – dokumentiert die historische Entwicklung des Unternehmens [955] und wird hier der weiteren Darstellung als wesentliche Informationsquelle zugrunde gelegt, die um aktuelle Veröffentlichungen auf der Website ergänzt wird.[956] Da sich die vorhandenen Praxiskenntnisse auf die Branche und die Vorbereitungsphase des Nachhaltigkeitsmanagements beschränken, kann hier nicht ausgeschlossen werden, dass die Auswertung der öffentlich zugänglichen Geschäftsberichte des Konzerns der Jahre 2003 bis 2008 und der Website-Informationen nicht in allen Einzelheiten den tatsächlichen Stand wiedergibt. Denn es handelt sich einerseits um einen Rückgriff auf eine offizielle *Außendarstellung* einer komplexen Materie, bei der Sein und Schein nicht immer übereinstimmen müssen, wie einschlägige empirische Untersuchungen nicht selten bestätigen.[957] Andererseits stellt das *Nachhaltigkeitsmanagement* ein *lebendes System* dar, das sich sowohl angesichts der laufenden Veränderungen der externen Anforderungen und internen Vorstellungen bzw. Möglichkeiten als auch angesichts der im Managementprozess angestrebten kontinuierlichen Verbesserungen unternehmensspezifisch ständig weiterentwickelt und neu bewähren muss. Daher wird bei den nachfolgenden Ausführungen zum Fallbeispiel 2 auf spezifische Details grundsätzlich verzichtet und der Schwerpunkt auf die *grundlegenden Zusammenhänge* und Entwicklungen gelegt:

Nachdem in den ersten Jahren nur die ökologische und soziale Dimension konsequent berücksichtigt wurden, wird seit 2005 auch die *ökonomische Dimension* uneingeschränkt in das Nachhaltigkeitsverständnis des Unternehmens übernommen. Dabei wird der Begriff „Sustainability" ins Deutsche auch mit „Unternehmensverantwortung" übersetzt. Alle drei Dimensionen werden seither auf die gesamte Wertschöpfungskette bezogen. Als Begründung für diese existenzielle Erkenntnis wird darauf hingewiesen, dass die *Rentabilität* die unerlässliche *Grundlage für das Überleben* eines Unterneh-

---

[954] Stora Enso Oyj und Stora Enso AB 2008a, S. 2.

[955] Vgl. Stora Enso Oyj und Stora Enso AB 2008b.

[956] http://www.storaenso.com

[957] Vgl. Bieker 2005, S. 307 ff.

mens ist. „Wir von Stora Enso sind von langfristigem finanziellem Erfolg als Kernelement der Unternehmensverantwortung überzeugt, denn auch bei noch so exzellenten Leistungen im sozialen und Umweltbereich ist ein Unternehmen nicht überlebensfähig, wenn es an der wirtschaftlichen Nachhaltigkeit fehlt.“ [958] Seit 2003 wird jedes Jahr ein *Nachhaltigkeitsbericht* auf der Grundlage der GRI-Richtlinie veröffentlicht, der die Umwelt- und vorübergehende Corporate Social Responsibility (CSR)-Berichterstattung ablöst.[959] Die Veröffentlichung erfolgt dabei über die Jahre sich ändernd, und zwar – jeweils von externen Gutachtern geprüft – teilweise als Einzelbericht über die Themen „Konzern“, „Nachhaltigkeit“ und „Finanzen“ und teilweise als integrierter Gesamtbericht. Eine wesentliche organisatorische Unterstützung stellt in diesem Zusammenhang die Gründung des Ausschusses „Sustainability Committee“ dar, der seit 2003 den Ausschuss „Environmental Committee“ ersetzt. Dieser *Nachhaltigkeitsausschuss* wurde anfangs vom Deputy CEO (Stellvertreter des Chief Executive Officer) selbst geleitet, wobei die Ausschussmitglieder die relevanten Stabsgruppen und Unternehmensbereiche vertreten und selbst vom CEO ernannt werden.[960] Der CEO wiederum ist für die Leitung des Tagesgeschäfts der Gesellschaft nach den Weisungen und Vorgaben des Board of Directors (BOD) zuständig, der das Unternehmen nach internationalen Corporate-Governance-Grundsätzen leitet.[961] Nach einigen organisatorischen Änderungen ist für den inzwischen als „Sustainability Action Team“ bezeichneten Nachhaltigkeitsausschuss seit 2008 der Executive Vice President (Divisionsleitung) Pulp Supply, Wood Supply, Human Resources and Sustainability verantwortlich. Dieser leitet das *Sustainability Action Team (SAT)*, das die nachhaltigkeitsbezogenen Informationen und Entscheidungen für das Group Executive Team (GET) vorbereitet, das selbst wiederum vom CEO geleitet wird. Die Mitglieder des SAT werden vom CEO ernannt. Das nachfolgende *Organisationsschema* der Verwaltungsorgane soll die angesprochenen Zuständigkeiten innerhalb des Konzerns verdeutlichen (vgl. Abb. 28):

[958] Stora Enso Oyj und Stora Enso AB 2006, S. 4.

[959] Der aus dem anglo-amerikanischen Raum stammende Begriff *„Corporate Social Responsibility (CSR)* brachte ursprünglich nur die sozialen Belange zum Ausdruck, wurde inzwischen jedoch um die ökologischen erweitert und von der Europäischen Kommission übernommen. Heute orientiert sich das CSR-Verständnis zunehmend am Leitbild einer nachhaltigen Entwicklung (vgl. Balik/ Frühwald 2006, S. 21 ff., Rat für Nachhaltige Entwicklung 2006, S. 1 ff. und Czymmek et al. 2009, S. 241 ff.)

[960] Vgl. Stora Enso Oyj und Stora Enso AB 2004a, S. 40.

[961] Vgl. Stora Enso Oyj und Stora Enso AB 2007a, S. 34 f.

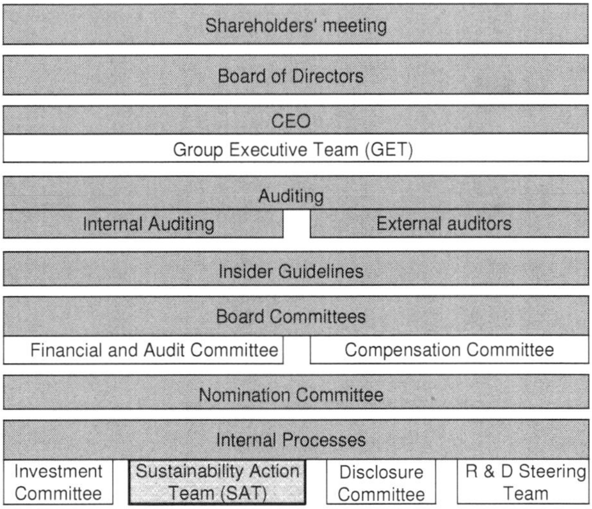


**Abbildung 28: Schema der Verwaltungsorgane gemäß Stora Enso Report 2008**[962]

Der zu den *operativen Ausschüssen* zählende Nachhaltigkeitsausschuss wird seit 2007 konkreter den „Internen Prozessen" zugeordnet, die aus dem Investment Committee, dem Nachhaltigkeitsausschuss (SAT), dem Disclosure Committee (Offenlegungsausschuss finanzwirtschaftliche Berichterstattung) und dem R & D Stearing Team (Forschungs- und Entwicklungsausschuss) bestehen. Der *Nachhaltigkeitsausschuss* trifft vierteljährlich zusammen, um die Nachhaltigkeitsangelegenheiten und -leistungen zu überprüfen, und ist für folgende Aufgaben zuständig: „Formulierung der Unternehmenspolitik und Strategie in Angelegenheiten, die die Umwelt und die soziale Verantwortung von Stora Enso betreffen, Durchsetzung der unternehmensweiten Verankerung und Beachtung dieser politischen und strategischen Leitlinien, Koordination und Pflege der Beziehungen zu Stakeholdern wie Regierungs- und Nichtregierungsorganisationen, Veranlassung der Entwicklung geeigneter Managementverfahren und Erstellung des jährlichen Berichts zur Unternehmensverantwortung [Sustainability]." [963]

### 4.2.2.1 Anforderungen an ein global operierendes Unternehmen

Die Anforderungen an ein transnationales Unternehmen unterscheiden sich von einem deutschen Unternehmen gleicher Branchenzugehörigkeit neben der Größe vor allem in

---

962 Vgl. Stora Enso Oyj und Stora Enso AB 2009a, S. 53.

963 Stora Enso Oyj und Stora Enso AB 2007a, S. 38.

dem Umfang und in der Reichweite seiner Tätigkeit, die in einem gesellschaftlich und kulturell ungleich vielfältigeren Umfeld stattfindet. Sie wirken sich sowohl auf die Organisation des Unternehmens als auch auf die noch zu behandelnden Leitlinien und deren Umsetzung aus. Hatte das ehemals deutsche Papier- und Faserstoffunternehmen eine auf Westeuropa begrenzte Wertschöpfungskette in einem relativ homogenen Kulturraum, mit dem man sowohl von der Sprache als auch von den Bräuchen her vertraut war, muss sich der *globale Forstindustriekonzern* als integrierter Hersteller von Papier, Verpackungen und Forstprodukten heute mit einem erweiterten Produktions- und Dienstleistungsprogramm weltweit auf den verschiedenen Märkten mit unterschiedlichen Rahmenbedingungen behaupten. Diese gestiegenen Anforderungen erfordern von der Unternehmensführung ein grundsätzliches, auch im Managementsystem zum Ausdruck kommendes *Umdenken* in Richtung *Ganzheitlichkeit*, um den ständigen Veränderungen und der größeren Verantwortung für das gesamte Unternehmen und sein Umfeld mit einer koordinierten Unternehmenspolitik und -strategie auf dem globalen Markt gerecht werden zu können:

Die dadurch in ihrer Bedeutung gestiegene *Unternehmensführung* muss diesem Anspruch einerseits mit einer sowohl flexibel und kooperativ als auch zentralistisch ausgerichteten *Organisation* mit klaren Führungsstrukturen und andererseits vor allem mit einer auf die vielfältigen globalen Anforderungen abgestimmten *Kommunikation* begegnen. Mit der selbst miterlebten Umstrukturierung vom deutschen zum internationalen Konzern wurde die interne Kommunikation auf eine einheitliche Geschäftssprache (Englisch) mit einheitlichen Grundvorgaben (u. a. Leitlinien) für alle Standorte des Konzerns umgestellt und der *Informationstechnologie* ein hoher Stellenwert eingeräumt. Viele unternehmensinterne Informationen bis hin zu den Unternehmensprozessen laufen dabei über das interne EDV-Netz (Intranet). Diese Neuausrichtung war für die Unternehmensangehörigen – wie alle weiteren, beispielsweise im Zusammenhang mit den Vorgaben der skandinavischen Konzernzentrale und dem Aufbau von Managementsystemen auftretenden organisatorischen Änderungen – mit großen Umstellungen in der Tätigkeit und Arbeitsweise verbunden, die einen entsprechenden Schulungsaufwand zur Folge hatten. Für den strategisch angestrebten *langfristigen Unternehmenserfolg* muss der Konzern vor dem globalen Hintergrund außerdem eine eingehende Auseinandersetzung mit den lokalen Besonderheiten und dem – gegenüber dem Fallbeispiel 1 – erheblich erweiterten Kreis interner und externer Stakeholder führen. Angesichts der differenzierten Interessen und Bedürfnisse hat sich der globale Konzern offiziell darauf festgelegt, *allen Stakeholdern* mit einer Strategie des *offenen Dialogs* zu begegnen und Konsensbereitschaft zur Minimierung von potenziellen Konflikten zu zeigen.[964] Der gestiegenen Komplexität muss die Unternehmensführung insgesamt mit einer darauf abgestimmten Organisation entsprechen, die neben einheitlichen Vorgaben für alle Standorte u. a. ein erweitertes Controlling und Berichtswesen erfordert. Da die ökologischen, ökonomischen und sozialen Auswirkungen der Papier- und Faserstoffherstellung mit den zugehörigen Primär- und Sekundärmaßnah-

---

964 Vgl. u. a. Stora Enso Oyj und Stora Enso AB 2007b, S. 53 und 2008a, S.2.

men bereits anhand des deutschen Fallbeispiels expliziert wurden,[965] soll hier lediglich ergänzend auf die *Änderungen* durch das erweiterte Produktionsprogramm in einem globalen Markt eingegangen werden:

Die besonderen Anforderungen an den heute globalen Konzern beginnen auf der *ökologischen Ebene* bereits bei der Beschaffung des nachwachsenden Faserrohstoffes Holz, der aus weltweiten Quellen stammt und eine besondere Klimarelevanz aufweist, auf die noch eingegangen wird. Unter der Zielsetzung des Unternehmens, langfristig nur Faserstoffquellen zu verwenden, die mit dem Nachhaltigkeitsgrundsatz vereinbar sind und von allen Stakeholdern anerkannt werden, muss das gesamte in den weltweiten Produktionsstandorten des Konzerns verwendete Holz zurückverfolgt werden können. Für die Sicherstellung einer Umwelt konformen Rohstoffversorgung, zu der natürlich auch Klima freundliche Transportwege zählen, wurden vom Konzern *Holzherkunftsnachweissysteme* (Chain-of-custody) entwickelt und für die Holzbeschaffung Richtlinien erlassen, die den Rahmen für die regionalen und nationalen Systeme bilden. Damit soll gewährleistet werden, dass das verwendete Holz aus Quellen mit nachhaltiger Holzbewirtschaftung stammt und illegale Einschläge, die NGOs wie Greenpeace und WWF früher zu großen Kampagnen veranlassten, verhindert werden. In diesem Rahmen werden die Forstzertifizierungssysteme der verschiedenen Länder genutzt und Systeme wie das des FSC und das des PEFC verwendet.[966] In der Nachhaltigkeitsberichterstattung des Konzerns wird außerdem über eine fallweise auftretende Nichteinhaltung der Vorgaben berichtet, die aufgrund der eingetretenen Schärfung des Bewusstseins bei den Akteuren der Holzlieferkette die zunehmend nachhaltiger werdende Rohstoffversorgung dennoch nicht aufhalten kann. Zu den weiteren Umwelt bezogenen Aufgaben zählen die Kontrolle der Lieferanten (Supply Chain Management) und das Management der übrigen umweltrelevanten Unternehmenstätigkeiten, das von den an den Produktionsstandorten eingeführten *Umweltmanagementsystemen* nach EMAS/ISO 14001 und den zugehörigen Audits zur Klärung des Umsetzungsgrades abgedeckt wird.[967]

Globale Umweltauswirkungen werden besonders am *Klimaproblem* deutlich. Die für einen Forstindustriekonzern charakteristischen Wälder und Holzprodukte spielen bei der Reduzierung der $CO_2$-Emissionen eine Branchen spezifische Sonderrolle: Einerseits durch die $CO_2$-Speicherung des Waldes und andererseits durch das Recycling der Faserstoffe in der Produktion (Stichwort: Kohlenstoffkreislauf der Forstindustrieproduktion).[968] Der globale Konzern hatte daher in Abstimmung mit dem WIR (World Resource

[965] Weitere Einzelheiten zu den ökologischen, ökonomischen und sozialen Auswirkungen der *Papier- und Faserstoffherstellung* des deutschen Unternehmens mit den zugehörigen Aktivitäten befinden sich im Kapitel 2 „Fallbeispiel 1: ökologischer Umbau einer Produktion".

[966] Vgl. Müller et al. 2009, S. 59 ff. Auf die *Zertifizierungssysteme* wird nachfolgend bei der Umsetzung der Leitlinien näher eingegangen.

[967] Vgl. Stora Enso Oyj und Stora Enso AB 2004b, S. 20 ff. und für Einzelheiten zu den *Managementsystemen* vgl. Baumast/Pape 2009, S. 49 ff. und 165 ff.

[968] Eine schematische Darstellung des *Kohlenstoffkreislaufs der Forstindustrieproduktion* befindet sich unter Stora Enso Oyj und Stora Enso AB 2009b, S. 13.

Institute) und WBCSD (World Business Council for Sustainable Development) eine *Carbon-footprint-Studie* in Auftrag gegeben, die sich auf den Kohlenstoff-Fußabdruck aller Operationen des Unternehmens bezieht. Damit wird seither der Beitrag von Individuen, Organisationen, Einzelfällen und Produkten auf den Treibhauseffekt in Form von $CO_2$-Äquivalenten erfasst.[969] Die Frischfaserversorgung der Produktionsstandorte mit Holz erfolgt dabei nur soweit, wie es der *Gesamtpapierkreislauf* erfordert. Dieser Sachverhalt wurde bereits für den Karlsruher Standort im Fallbeispiel 1 dargestellt und lässt sich damit begründen, dass für die Faserversorgung vorrangig so viel Altpapier wie möglich stofflich recycelt werden soll, um den Holzverbrauch der Papier- und Kartonproduktion so niedrig wie möglich zu halten. Dennoch kann auf Frischfasern nicht vollkommen verzichtet werden, da das gebrauchte Papier mit jedem Recyclingzyklus bekanntlich Festigkeit verliert. Außerdem müssen für die $CO_2$-Minimierung der Energieversorgung möglichst viele Faser- und Holzreststoffe thermisch recycelt werden. Die dahinter stehende Strategie hat den Konzern inzwischen dazu veranlasst, am Karlsruher Standort eine Anlage für die Verbrennung der Faserschlämme aus der Produktion zu errichten, die 2010 in Betrieb geht und die Umweltbilanz durch die energetische Verwertung dieses nachwachsenden Materials wesentlich verbessern wird.[970] Aus globaler Sicht ist die *Faserstoff- und Energieversorgung* außerdem wesentlich von den lokalen Voraussetzungen abhängig. Das wird damit begründet, dass sich Industrie- und Entwicklungsländer sowohl im Stand der Technologie und Infrastruktur als auch in den klimatischen Bedingungen unterscheiden. Dadurch ergeben sich einerseits unterschiedliche Voraussetzungen für Anfall sowie Erfassung des Altpapiers und das Recycling von Altpapier sowie Faser- und Holzreststoffe der Produktion. Andererseits unterscheiden sich die Wachstumsbedingungen von Holz infolge des Klimas. Die kostengünstige Nutzung von schnell wachsenden *Plantagenhölzern* zählt zu den offiziellen *Wachstumszielen* und wird auf das bis zu zehn mal höhere Wachstum in den Tropenzonen – der Konzern betreibt derartige Plantagen in Südamerika und Asien – gegenüber den traditionellen Wäldern in den nördlichen Regionen unseres Planeten zurückgeführt.[971] Die damit verbundenen ökologischen und sozialen Auswirkungen erfordern allerdings eine verstärkte Auseinandersetzung mit externen Stakeholdern, die vom Konzern durch spezielle Studien unterstützt werden: „Environmental and social impact assessments (ESIA) are a vital part of the planning or all new plantation projects.“ [972] Trotzdem werden die ökologischen Probleme in diesem Fall nur eingeschränkt ausgeräumt: z. B. die unzureichende Berücksichtigung der Anforderungen an die biologische Vielfalt und an die für einheimische Lebewesen wichtigen Verbindungskorridore zu den artenreichen Urwaldrudimenten, die auf den gezeigten Abbildungen aus Südamerika wie einzelne Tortenstücke innerhalb der parzellierten, von Wirtschaftswegen durchzogenen Plantagen erscheinen. Zu den ökologischen kommen außerdem soziale Probleme, die den Ureinwohnern bzw. ihren Nachfahren in ihren Lebensbedingungen durch die Errichtung und den Betrieb der Plantagen

[969] Vgl. Stora Enso Oyj und Stora Enso AB 2008a, S. 69.

[970] Vgl. Stora Enso Oyj und Stora Enso AB 2009a, S. 16.

[971] Vgl. Stora Enso Oyj und Stora Enso AB 2009e.

[972] Stora Enso Oyj und Stora Enso AB 2008a, S. 65.

sowie Faserstoffgewinnungseinrichtungen mit ihrer Infrastruktur in den hochsensiblen Gebieten der tropischen Regenwälder entstehen. Diese Defizite werden jedoch durch die problematische Vornutzung mit einer Rinderhaltung auf bereits gerodeten Urwaldflächen relativiert.

Auf der anlässlich der Nutzung von schnell wachsenden Plantagenhölzern bereits angesprochenen *ökonomischen Ebene* ist bei globalen Unternehmen generell ein Trend zur Nutzung von wirtschaftlichen Erfolgspotenzialen durch mehr Nähe zu den Märkten und zu Kosteneinsparungen bei Sach- und Personalressourcen festzustellen, um im ständig schärfer werdenden globalen Wettbewerb dauerhaft bestehen zu können. Damit ist in der Regel ein *Transfer von Arbeitsplätzen* aus den Industrieländern in die Entwicklungsländer verbunden, der im Fallbeispiel 2 durch einen zusätzlich erfolgten *Abbau von Konzernarbeitsplätzen* in gesellschaftlicher Hinsicht verschärft wird. Diese Entwicklung steht im Zusammenhang mit den vom Konzern durchgeführten Programmen zur *Verbesserung der finanziellen Ertragskraft*: dem Rentabilitätsverbesserungsplan „Strategie 2004", bei dem in Nordamerika Personal abgebaut und Produktionsanlagen stillgelegt wurden,[973] und den neueren Rentabilitätsverbesserungsprogrammen „Profit 2007" und „Asset Performance Review", bei denen einerseits in mehreren Industrieländern Personal abgebaut und Produktionseinheiten stillgelegt bzw. verkauft wurden.[974] Andererseits wurden jedoch in aufstrebenden Märkten mit Wachstumspotenzialen neue Arbeitsmöglichkeiten geschaffen.[975] Im Zeitraum von 2003 bis 2008 wurde das Personal des Konzerns schrittweise von 44.264 auf 33.815 Mitarbeiter abgebaut.[976] Trotz der finanziellen Vorteile und der Schaffung von Arbeitsplätzen in Entwicklungsländern sind dadurch insgesamt viele Arbeitsplätze verloren gegangen mit nachteiligen *sozioökonomischen Folgen* für die vom Arbeitsplatzverlust Betroffenen und ihre Angehörigen sowie die Gemeinden der betroffenen Standorte. Vor diesem Hintergrund erscheint die über Jahre unveränderte Vorgabe einer *Rendite* des betriebseigenen Kapitals (ROCE) durch die Geschäftsführung in Höhe von 13 % in einem besonderen Licht: [977]„ ... but we are still quite a long way from our target of 13 %. We will need to improve here in the months and years to come." [978]

Unter der vom Konzern eingenommenen *Nachhaltigkeitsperspektive* geht es nicht nur um die finanzielle Leistung der Geschäftstätigkeit, sondern ausdrücklich auch um den *Mehrwert*, den das Unternehmen durch seine Beiträge zu dem lokalen und regionalen Wirtschaften für seine Interessengruppen schafft.[979] Die personellen, technologischen und institutionellen *Rahmenbedingungen* für die Rohstoffversorgung, die Herstellung

---

973 Vgl. Stora Enso Oyj und Stora Enso AB 2005a, S. 11 ff.

974 Vgl. Stora Enso Oyj und Stora Enso AB 2007b, S. 25.

975 Vgl. Stora Enso Oyj und Stora Enso AB 2007a, S. 10 f.

976 Vgl. Stora Enso Oyj und Stora Enso AB 2004a, S. 50 und 2009a, S. 3.

977 Vgl. Stora Enso Oyj und Stora Enso AB 2008a, S. 90 f.

978 Stora Enso Oyj und Stora Enso AB 2008a, S. 7.

979 Vgl. Stora Enso Oyj und Stora Enso AB 2006, S. 36.

von Waren und Dienstleistungen, die Versorgung des Marktes und damit auch die Wachstumspotenziale schwanken jedoch je nach der globalen Lage des Produktionsstandortes erheblich. Dadurch variieren einerseits die *finanziellen Erträge* und andererseits die *Risiken* beträchtlich. Diese beiden Pole müssen aus ganzheitlicher Sicht gegeneinander abgewogen und bei Standortentscheidungen berücksichtigt werden.[980] Im vorliegenden Zusammenhang ist neben einer *verantwortlichen Unternehmenstätigkeit*, die Nachteile für das Gemeinwohl so weit wie möglich vermeidet und für dennoch auftretende Fehler die Haftung übernimmt, auch die Bedeutung der *Langfristigkeit* für getroffene Entscheidungen besonders gefragt.

Die Tätigkeit des Konzerns ist neben den eindeutigen *Chancen* eines globalen Marktes mit seinen neuen Wachstumsmärkten einer Reihe potenzieller Risiken ausgesetzt, die sich auf die Rentabilität und die Unternehmensentwicklung nachteilig auswirken können.[981] Dabei kann es sich sowohl um unternehmens- und branchenspezifische als auch um geographisch und politisch bedingte Risiken handeln. Das *Risikomanagement* des Konzerns umfasst die Verfolgung der Risiken, die Behandlung nach deren Wahrscheinlichkeit auf den entsprechenden Ebenen der Organisation und ihre Berücksichtigung in den strategischen Geschäftsprozessen. Dieses Management wird in folgende Risikobereiche unterteilt: [982] *Strategische Risiken* betreffen die Risiken im Geschäftsumfeld, in der Geschäftsentwicklung, in der Akzeptanz von Holzrohstoffen, im Personalbereich und in den Einflussbereichen des Klimawandels. *Operative Risiken* beziehen sich im Wesentlichen auf Marktrisiken, Störungen am Markt, Lieferketten und die Sicherheit der Informationstechnologie. *Allgemeine Risiken* stehen im Zusammenhang mit Risiken im Bereich der Umwelt, des Kartellrechts, der Produktionsunterbrechung, der Produktsicherheit und der Naturkatastrophen. *Finanzielle Risiken* beziehen sich auf Ertragsschwankungen durch die Risiken der Währungen, der Mittelbeschaffung, der Zinsen, der Partner und der Kundenkredite. Der *Nachhaltigkeitsgrundsatz* wird vor diesem Hintergrund zu einem zentralen Bestandteil des Risikomanagements eines globalen Unternehmens: schon deshalb, weil potenzielle Risiken in den aufgeführten Bereichen sowohl zu materiellen Schäden als auch zu Imageschäden mit entsprechender Langzeitwirkung führen können. Der Konzern begegnet den Risiken mit unterschiedlichen Methoden und Instrumenten, die über Fachausschüsse und geeignete *Managementsysteme* wie das Qualitätsmanagement nach ISO 9001 und das TQM/EFQM im Rahmen eines integrierten Nachhaltigkeitsmanagements umgesetzt werden. Denn nur mit einer nachhaltigen Unternehmenspolitik und -praxis sind die Voraussetzungen für einen dauerhaften Unternehmenserfolg zu erfüllen. Einen wichtigen Bestandteil des Risikomanagements stellen die Zurückhaltung bei kurzfristigen finanziellen Vorteilen im Rahmen der auf *ethische Gesichtspunkte* ausgerichteten Geschäftstätigkeit (Stichworte: Code of Ethics und Code of Conduct) und das Bekenntnis der Unternehmensführung zum *langfristigen Denken* dar, das auch in Entscheidungen zu Sach- und Personalinvestitionen zum Ausdruck kommen soll. Globale Unterschiede

---

980 Die wiederholt erwähnte aktuelle *Finanz- und Wirtschaftskrise* liefert genügend abschreckende Beispiele für eine unzureichende Abwägung von Ertrag und Risiko.

981 Vgl. BMU/ecosense/CSM 2007, S. 157 und Stora Enso Oyj und Stora Enso AB 2007a, S. 16 ff.

982 Vgl. Stora Enso Oyj und Stora Enso AB 2007b, S. 24 f.

ergeben sich auch in den direkten ökonomischen Auswirkungen in Form von *Geldströmen*, die unterschiedlichen Rechtsvorschriften und -verständnissen unterliegen: Diese erfolgen einerseits vom Konzern zu den Lieferanten, Unternehmensangehörigen, Shareholdern und zum öffentlichen Sektor (Steuern) und andererseits von den Kunden und vom öffentlichen Sektor (Zuschüsse) zum Konzern. Damit verbunden sind indirekte ökonomische Auswirkungen auf die *Lebensbedingungen*, die zwischen Industrie- und Entwicklungsländern ebenfalls erhebliche Unterschiede aufweisen.[983]

Angesichts der unterschiedlichen Kulturen, Bräuche, Interessen und gesellschaftlichen Entwicklungsstände der verschiedenen Völker bzw. Nationen auf fünf verschiedenen Erdteilen ist die *soziale Ebene* von vornherein eine diffizile Angelegenheit, die mit zusätzlichen Anforderungen an die Unternehmensorganisation verbunden ist. Dadurch ergeben sich vor allem in den Schwerpunktbereichen Geschäftspraxis, Vielfalt, Personalabbau, Arbeitsbedingungen und gesellschaftliches Engagement des Konzerns gravierende Unterschiede. Das *menschliche Verhalten* stellt in diesen Bereichen einen wesentlichen *Schlüssel* zu den Standort bezogenen Nachhaltigkeitsleistungen des Konzerns dar. Unterschiede finden sich darüber hinaus in den verschiedenen Unternehmensbereichen selbst wieder: Während bei den Verkaufseinheiten des Konzerns eher die ethischen Grundsätze der Geschäftstätigkeit und die Einhaltung der Wettbewerbsregeln eine Rolle spielen, sind es an den Produktionsstandorten eher Themen wie Erhalt von Arbeitsplätzen, Gesundheitswesen, Arbeitsschutz und gesellschaftliches Engagement im Umfeld des jeweiligen Standortes. Bei den Einkaufseinheiten geht es hingegen vorrangig um die Lieferkette und die zugehörige Logistik. Den einzelnen Schwerpunktbereichen begegnet der Konzern mit offiziellen Grundsätzen zur sozialen Verantwortung: [984] In der *Geschäftspraxis* liegt der Schwerpunkt auf einer fairen und gleichberechtigten Zusammenarbeit mit den verschiedenen Stakeholdern. Für Korruption, Bestechung und Preisabsprachen – diese Themen sind seit der Siemens-Affäre auch in Deutschland öffentlich bekannt geworden, wozu auch das Engagement der Nichtregierungsorganisation „Transparency International" beigetragen hat [985] – werden klare Verbote ausgesprochen und die Unternehmensangehörigen auf die Vermeidung von Interessenkonflikten besonders hingewiesen. Für Transparenz soll auch die Buchführung des Unternehmens sorgen, indem alle Transaktionen korrekt ausgewiesen werden. Die *Vielfalt* bezieht sich auf einen sehr speziellen „ökologischen" Bereich: Er betrifft die Unternehmensangehörigen, die aufgrund von Rasse, Abstammung, Geschlecht, Behinderungen, sozialer Herkunft und persönlichen Neigungen sowie Anschauungen vor Diskriminierungen zu schützen sind. Das Unternehmen begründet diesen Schutz damit, dass Vielfalt das Reservoir an Talenten und Fachkompetenz vergrößert, die Zugangsmöglichkeiten zu Kunden, Lieferanten sowie Investoren erweitert, die Kreativität, Innovationen sowie Flexibilität fördert und schließlich die Fähigkeit des Konzerns zu notwendigen Veränderungen erhöht. Der *Personalabbau* – auf die Schaffung von Arbeitsplätzen wird in den vorliegenden Unternehmensberichten

[983] Vgl. Stora Enso Oyj und Stora Enso AB 2004b, S. 41.

[984] Vgl. Stora Enso Oyj und Stora Enso AB 2004b, S. 34 ff. Eine Zusammenstellung der *Grundsätze zur sozialen Verantwortung* befindet sich in der gleichen Quelle auf S. 55.

[985] Vgl. Ott/Balser 2006, S. 2.

nicht näher eingegangen – soll weitgehend vermieden bzw. sozialverträglich gestaltet werden. In der Regel wird er jedoch für unumgänglich gehalten, damit die Organisation des Konzerns sich dem ständigen Wettbewerb und den schnell ändernden Rahmenbedingungen ökonomisch anpassen kann.

Das für die Leistungserbringung wichtige Wohlbefinden der Unternehmensangehörigen wird maßgeblich von den *Arbeitsbedingungen* geprägt. Dabei spielen neben einer motivierenden Tätigkeit und einer auf die Person ausgerichteten Organisation (Stichwort: der Mensch im Mittelpunkt) das Gesundheitswesen und der Arbeitsschutz eine wesentliche Rolle, obwohl sich auch hier global unterschiedliche Schwerpunkte ergeben: Geht es in Industrieländern eher um ganzheitliches Wohlbefinden, stehen in Entwicklungsländern eher Hilfen bei Arbeitsunfällen und elementare Sicherheitsbedürfnisse bis hin zum Schutz vor Kinderarbeit im Vordergrund. Das kann so weit gehen, dass in einem Schwellenland eine eigene Klinik auf einer Großbaustelle des Konzerns errichtet werden musste.[986] Gesundheitswesen und Arbeitsschutz werden insbesondere vom zugehörigen Managementsystem OHSAS 18001 unterstützt, das inzwischen bei der Mehrheit der globalen Produktionsstätten eingeführt wurde. Das *gesellschaftliche Engagement* erfordert vom Konzern eine verantwortliche Präsenz bzw. Mitgliedschaft in den Kommunen der jeweiligen Standorte. Dabei sind die Unterschiede zu berücksichtigen, die sich aus den Einstellungen und Bedürfnissen der Stakeholder weltweit ergeben: Während in Industrieländern eher Geruchsprobleme und eine Sinn vermittelnde Tätigkeit wichtig sind, geht es an den Standorten in Entwicklungsländern eher um grundlegende Lebens- bzw. Überlebensbedürfnisse und die Entwicklung der Infrastruktur wie z. B. im Bildungs- und Gesundheitswesen. Entsprechend unterschiedlich gestaltet sich auch die Kooperation mit den Standort spezifischen Partnern in Regierungs- und Nichtregierungsorganisationen. Beispielsweise bestehen strategische Partnerschaften des Konzerns mit globalen Institutionen wie den UN-Organisationen UNICEF und UNDP sowie Kooperationen mit NGOs wie dem WWF bei Forstprojekten.[987] Die auf der sozialen Ebene vorhandenen *Probleme* werden an den Standorten im Hinblick auf ihre – auch die übrigen Dimensionen der Nachhaltigkeit betreffende – Leistungsrelevanz systematisch ermittelt und kommuniziert, wozu Managementinstrumente genutzt werden, auf die anlässlich der Umsetzung der Leitlinien in die Unternehmenspraxis noch näher eingegangen wird. Im Rahmen des CSR-Managements [988] werden die sozialen Themen aufgegriffen und Verbesserungsmaßnahmen erarbeitet sowie deren Umsetzung kontrolliert. CSR-Audits werden dabei zur Messung des Umsetzungsgrades der Konzerngrundsätze zur sozialen Verantwortung in den Handlungen der einzelnen Einheiten eingesetzt.[989]

---

[986] Vgl. Stora Enso Oyj und Stora Enso AB 2004b, S.39.

[987] Vgl. Stora Enso Oyj und Stora Enso AB 2008a, S.77.

[988] Der bereits erklärte Begriff *„Corporate Social Responsibility (CSR)"* wird hier noch im ursprünglich sozialen Sinn verwendet.

[989] Vgl. Stora Enso Oyj und Stora Enso AB 2004b, S. 30 f.

Aus den Konzernunterlagen ergibt sich, dass sich die ökologischen, ökonomischen und sozialen Ebenen der Unternehmenstätigkeit global gesehen sehr unterschiedlich auswirken und die einzelnen Produktionsstandorte sich nur eingeschränkt miteinander vergleichen lassen. Denn sie sind wesentlich von den lokalen Rahmenbedingungen, gesellschaftlichen Entwicklungsständen und kulturellen Eigenarten der Unternehmensangehörigen geprägt. Den damit verbundenen Herausforderungen begegnet der Konzern mit weltweit einheitlichen Vorgaben für die Verhaltens- und Vorgehensweise, die über die gesetzlichen Bestimmungen hinausgehen. Dadurch kann er als *Global Player* und wichtiger Akteur des Global-Governance-Prozesses innerhalb und außerhalb seiner Standorte in Übereinstimmung mit seinen Grundsätzen und seinem Markenzeichen auftreten. Ferner muss er sich den unterschiedlichen Standortvoraussetzungen mit jeweils anderen internen und externen Stakeholdern stellen und die daraus resultierenden Differenzen organisatorisch in Einklang bringen, um ein *global einheitliches Erscheinungsbild* und *Verhalten* zu gewährleisten, das zur beabsichtigten Zukunftsfähigkeit des Unternehmens beitragen soll. Für diese Lenkungsaufgabe werden vom Konzern nachhaltigkeitsbezogene Grundsätze und Richtlinien für die universelle Anwendung in allen Standorten vorgegeben, auf die im folgenden Abschnitt näher eingegangen wird. In diesem Zusammenhang sind auch die zehn *Prinzipien des UN Global Compact* zu sehen,[990] die vom Konzern offiziell unterstützt werden. Hierin werden die betreffenden Unternehmen weltweit aufgefordert, innerhalb ihrer Einflusssphäre eine Zusammenstellung von verbindlichen Kernwerten auf den Gebieten Menschenrechte, Arbeitsstandards, Umwelt und Antikorruption zu erlassen und zu unterstützen. Die zehn Prinzipien der nachfolgenden Liste basieren auf der universellen Erklärung der Menschenrechte, der Erklärung der International Labour Organization (ILO) zu den Prinzipien und Rechten der Arbeit,[991] der Rio-Erklärung für Umwelt und Entwicklung (UNCED) und der UN-Konvention gegen Korruption:

***„UN Global Compact***

**Human Rights**

Principle 1: Businesses should support and respect the protection of internationally proclaimed human rights.

Principle 2: Businesses should make sure that they are not complicit in human rights abuses.

**Labor Standards**

Principle 3: Businesses should uphold the freedom of association and the effective recognition

[990] Der *Global Compact* der Vereinten Nationen versteht sich als freiwillige Initiative für gemeinsame Werte und Prinzipien. Er wendet sich vorrangig an transnationale Unternehmen, die bereit sind, sich an diese Grundsätze zu binden (vgl. Becke 2003, S. 533, Balik/Frühwald 2006, S. 67 ff. und www.unglobalcompact.org ).

[991] Die *Internationale Arbeitsorganisation (ILO)* ist für die Durchsetzung menschenwürdiger Arbeit weltweit zuständig (vgl. Hildebrandt 2003, S. 387).

of the right to collective bargaining.

Principle 4: Businesses should uphold the elimination of all forms of forced and compulsory labour.

Principle 5: Businesses should uphold the effective abolition of child labour.

Principle 6: Businesses should uphold the elimination of discrimination in respect of employment and occupation.

**Environment**

Principle 7: Businesses should support a precautionary approach to environmental challenges.

Principle 8: Businesses should undertake initiatives to promote greater environmental responsibility.

Principle 9: Businesses should encourage the development and diffusion of environmentally friendly technologies.

**Anti-Corruption**

Principle 10: Businesses should work against corruption in all its forms, including extortion and bribery.“ [992]

#### 4.2.2.2 Leitlinien für eine nachhaltige Unternehmenspolitik

Der bereits anhand seiner Organisation und seines Umgangs mit den globalen Anforderungen vorgestellte Forstindustriekonzern verpflichtet sich offiziell zu einer Geschäftsentwicklung im Sinne *ökonomischer, ökologischer* und *sozialer Nachhaltigkeit*. Er unterstreicht damit die vertretene Unternehmensphilosophie und Herangehensweise in allen Aspekten seiner Geschäftstätigkeit. Die darin zum Ausdruck kommende gesellschaftliche Verantwortung des Konzerns ist gekennzeichnet von Transparenz und einem offenen Dialog mit den Stakeholdern. Das *Nachhaltigkeitsverständnis* wird dabei konkret angesprochen: „For us at Stora Enso, sustainability means caring for the environment, people and the communities where we operate.“ [993] Der Konzern geht auf die nachhaltigkeitsbezogenen Herausforderungen dergestalt ein, dass für alle Produktionsstandorte eine sparsame Verwendung von Ressourcen, geprüfte Herkunft des Holzes, emissionsarme Produktion, Beachtung von Menschen- und Arbeitsrechten, Berücksichtigung der Bedürfnisse der Stakeholder und Wohlbefinden für die Unternehmensangehörigen angestrebt werden. Diese Konkretisierungen werden auf einer ethischen Grundlage in die einheitliche Unternehmenspolitik integriert. Damit soll erreicht werden, dass diese Zielvorstellungen an allen Standorten des Konzerns sinngemäß – nicht alle Standorte sind Produktionsstätten – umgesetzt werden. Die *Nachhaltigkeitspolitik* bildet die Grundlage der Nachhaltigkeitsarbeit des Konzerns. Sie

[992] Stora Enso Oyj und Stora Enso AB 2008a, S. 88.

[993] Stora Enso Oyj und Stora Enso AB 2008a, S.56.

enthält die Aufforderung zum Engagement für eine nachhaltige Führung und Entwicklung der Geschäftstätigkeit in den drei Dimensionen der Nachhaltigkeit. Vor allem wird darin die Bedeutung der *kontinuierlichen Leistungsverbesserung* in allen Nachhaltigkeitsangelegenheiten hervorgehoben – in Verbindung mit spezifischen Messverfahren und einer transparenten Berichterstattung, die neben einer umfassenden Bestandsaufnahme konkrete Zielvorgaben für das jeweilige Folgejahr enthält. Von besonderer Bedeutung ist für den Konzern die konsequente Vertretung der Nachhaltigkeitsbelange über die *gesamte Wertschöpfungskette*. Damit soll sichergestellt werden, dass alle Geschäftspartner die Nachhaltigkeitspolitik des Unternehmens uneingeschränkt umsetzen. Entsprechende Erwartungen werden in diesem Zusammenhang auch an die Unternehmensangehörigen als wesentliche Träger der Nachhaltigkeitsleistung gerichtet, indem sie aufgefordert werden, die damit verbundenen Verpflichtungen und Verantwortlichkeiten in ihrer täglichen Arbeit zu berücksichtigen. In der offiziellen Nachhaltigkeitsberichterstattung findet sich eine zusammenfassende Formulierung der *Nachhaltigkeitspolitik* des Unternehmens:

***„Stora Ensos Politik der Unternehmensverantwortung***

Stora Enso verpflichtet sich zu einer nachhaltigen Durchführung und Entwicklung ihrer Geschäftstätigkeiten. Ein ausgeglichenes Verhältnis von ökonomischer, ökologischer und sozialer Verantwortung ist für eine nachhaltige Geschäftstätigkeit notwendig und positiv für unsere Interessengruppen.

Wir streben nach kontinuierlicher Verbesserung unserer Leistung zur Nachhaltigkeit. Wir gestalten unsere Kommunikation transparent und beziehen unsere Interessengruppen in einen aktiven und konstruktiven Dialog ein. Wir messen unsere Leistung zur Nachhaltigkeit und veröffentlichen die Ergebnisse.

Als globales Unternehmen orientiert sich unser Handeln an unseren Grundwerten und Prinzipien sowie unserer Unternehmenspolitik. Wir respektieren die unterschiedlichen Kulturen, Bräuche und Werte der Gesellschaften, in denen wir aktiv sind. Wir befolgen nationale Gesetze und Regelungen und gehen erforderlichenfalls über deren Anforderungen hinaus.

Wir sprechen Nachhaltigkeit in der gesamten Wertschöpfungskette an und erwarten von unseren Lieferanten und Partnern, dass sie Stora Ensos Politik und Prinzipien der Unternehmensverantwortung befolgen.

**Ökonomische Verantwortung**
Wir müssen ein profitables Unternehmen, ein attraktives und zuverlässiges Investment sowie ein ebensolcher Arbeitgeber, Lieferant und Geschäftspartner sein. Wir sind darüber hinaus bestrebt, zum ökonomischen Wohlstand der Gesellschaften beizutragen, in denen wir tätig sind.

**Ökologische Verantwortung**
Zur Verringerung unserer Umweltauswirkungen berücksichtigen wir einen Lebenszyklus-Ansatz und nutzen geeignete Umwelttechnologien. Wir setzen Rohstoffe, Energie und andere Ressourcen effizient ein. Unsere Produkte werden hauptsächlich aus nachwachsenden Rohstoffen hergestellt; sie sind sicher im Gebrauch und recyclebar. Wir überprüfen die Herkunft von Holz und Faserstoffen, beziehen diese ausschließlich aus legalen und akzeptierten Quellen und fördern nachhaltige Forstwirtschaft.

**Soziale Verantwortung**
Allen Aktivitäten des Unternehmens liegen ethische Geschäftspraktiken zugrunde. Wir achten und unterstützen die weltweit anerkannten Menschen- und Arbeitsrechte und bieten unseren Mitarbeitern/innen einen gesunden und sicheren Arbeitsplatz. Wir sind ein verantwortungsbewusster Nachbar und tragen unseren Teil zur Förderung der sozialen Entwicklung bei.

**Management**
Nachhaltigkeit ist ein fester Bestandteil von Stora Ensos Unternehmenspolitik. Diese Verantwortung wird von der gesamten Organisation getragen. Wir erwarten von unseren Mitarbeiter/innen, diese Verpflichtungen und Verantwortlichkeiten in ihrer täglichen Arbeit zu beachten." [994]

Für die *strategische Umsetzung* der Nachhaltigkeitspolitik werden die ökonomischen, ökologischen und sozialen Aspekte der Unternehmensführung umfassend in die Planung und Strategie integriert und dem Risikomanagement eine hohe Priorität eingeräumt. Einen wesentlichen Beitrag zur *operativen Umsetzung*, auf die im folgenden Abschnitt noch näher eingegangen wird, liefern die Konzern weit eingeführten *zertifizierten* Qualitäts-, Umwelt-, Sicherheits- und Holzherkunfts-*Managementsysteme*. Diese werden durch *weitere Instrumente* wie die damit im Zusammenhang stehenden Führungsstrukturen, Grundsätze, Leitlinien, Ziele, Schulungen, Erfassung von Lieferketten, Verifizierung des Berichtswesens durch unabhängige Dritte und Selbstbewertung der Leistungen unterstützt.[995] Die mit derartigen Instrumenten in der Nachhaltigkeitsleistung erzielten Fortschritte führen zu besserer *Rentabilität* bei verringerten *Risiken*. Die Nachhaltigkeitsleistungen werden anhand von Konzern weit geltenden Zielen und klaren Führungsstrukturen verfolgt und mit Hilfe von Indikatoren gemessen. Ein Schlüsselfaktor der Nachhaltigkeit wird in dem für die Existenz und weitere Entwicklung des Unternehmens notwendigen *finanziellen Erfolg* gesehen, der durch die angesprochenen Programme und Maßnahmen zur Verbesserung der Ertragskraft gefördert wird. Er kann jedoch auch zu Schließungen und Veräußerungen von Standorten mit weniger günstigen Voraussetzungen führen. Damit verbunden sind in der Regel Konflikte, die im Konsens mit den Betroffenen und ihren Interessenvertretern so weit wie möglich beigelegt werden müssen. Darüber hinaus misst der Konzern der Minimierung der *Geschäftsrisiken* und der Einbeziehung der lokalen Stakeholder in die Nachhaltigkeitsarbeit insofern eine besondere Bedeutung bei, als durch deren Einbindung und durch die im Dialog mit ihnen erzielte Akzeptanz die *Legitimität* der Unternehmenstätigkeit in den betreffenden Märkten entscheidend verbessert wird.[996] In diesem Zusammenhang werden außerdem die internationalen Partnerschaften mit Regierungs- und Nichtregierungsorganisationen genannt, mit denen auch die strategischen Prioritäten und die Ressourcenverteilung abgestimmt werden können.

Mit einem *einheitlichen* und *zielgerichteten Ansatz* zu einer nachhaltigen Unternehmensentwicklung wird auf ein langfristig angelegtes Engagement hingewiesen. Die in diesem Rahmen wesentliche Nachhaltigkeitspolitik des Konzerns ist in der *neuen Leit-*

---

994 Stora Enso Oyj und Stora Enso AB 2007b, S.53.

995 Stora Enso Oyj und Stora Enso AB 2006, S.6.

996 Vgl. Stora Enso Oyj und Stora Enso AB 2007b, S.4 ff.

*linie* „Our promise – values, vision and mission“ strategisch verankert, die sich u. a. durch ein ganzheitliches Verständnis von Innovation auszeichnet [997]: „ ...*Our promise* aims to inspire change that is needed for Stora Enso to meet external challenges and ensure the company's future success...○ *Our values: Create* – Creativity is the engine that drives us to reinvent ourselves and achieve business success. *Renew* – Every day we build our future in a sustainable way. *Trust* – We recognise the talents of our people with the opportunity to learn and the responsibility to succeed. ○ *Our vision:* Today we as a company, people and planet face new challenges never before seen. The world needs a new approach to materials. ○ *Our mission:* We will win with solutions based on renewable materials." [998] Auch in der dargestellten Organisationsstruktur und Geschäftsstrategie des Unternehmens spielt Nachhaltigkeit eine große Rolle, wobei die politischen und strategischen Entscheidungen auf höchster Ebene im Rahmen der *„Sustainability Governance“* verabschiedet werden. Die im Rahmen der allgemeinen Konzernstrategie immer weiter in die aufstrebenden Märkte der Schwellen- und Entwicklungsländer verlegte Unternehmenstätigkeit führt zu einem stärkeren Gewicht der Dimensionen der Nachhaltigkeit auch in den weniger entwickelten Ländern und trägt dort zu gesellschaftlichem Fortschritt bei. Die damit verbundenen Risiken unterscheiden sich allerdings grundlegend von denen in entwickelten Ländern. Dafür bestehen in Letzteren bessere Chancen, mit verantwortlichem Handeln Unternehmenserfolge zu erzielen und Profil zu zeigen. Neben den angesprochenen sozioökonomischen Folgen des Arbeitsplatzabbaus in Industrieländern ergeben sich nach Aussagen des Konzerns mit der *Expansion in aufstrebende Märkte* neue Anforderungen an eine nachhaltige Unternehmensführung. Diese Expansion bzw. Verlagerung liegt im Interesse der Investoren. Auch die Kundenansprüche sind in dieser Hinsicht gewachsen.[999] Der zur Konzernstrategie gehörende *Ansatz zur nachhaltigen Unternehmensführung* unterliegt dabei selbst einem ständigen Entwicklungsprozess: Er hat inzwischen zu einem Nachhaltigkeitsmanagement und zu einer -berichtserstattung geführt, die innerhalb und außerhalb des Unternehmens *anerkannt* und zunehmend *Teil des globalen Wettbewerbs* werden. Diese Anerkennung kommt öffentlichkeitswirksam in den verliehenen Nachhaltigkeitsindizes[1000] wie z. B. "Global 100: Most Sustainable Corporations in the World“, "Dow Jones Sustainability Indexes", "FTSE4Good Index", "Climate Disclosure Leadership Index" und "World´s Most Ethical Companies" zum Ausdruck.[1001]

#### 4.2.2.3 Umsetzung der Leitlinien in inner- und außerbetriebliche Praxis

Aus der dargestellten Organisationsstruktur und den Leitlinien für eine nachhaltige Unternehmensführung geht bereits der hohe Stellenwert der Nachhaltigkeit hervor, der

---

[997] Vgl. Stora Enso Oyj und Stora Enso AB 2009a, S. 10 f.

[998] Stora Enso Oyj und Stora Enso AB 2009d.

[999] Vgl. Stora Enso Oyj und Stora Enso AB 2007b, S. 6 f.

[1000] Zu den wichtigsten *Nachhaltigkeitsindizes* zählen der "Dow Jones Sustainability Index" und der "FTSE4Good Index", wobei Letzterer mit dem Ethical Investment Research Service kooperiert (vgl. Balik/Frühwald 2006, S. 132 ff.).

[1001] Vgl. Stora Enso Oyj und Stora Enso AB 2009b, S. 29.

von dem Forstindustriekonzern vertreten wird. Es überrascht daher nicht, dass das Unternehmen sich auch auf dem Gebiet der Nachhaltigkeit um operative Exzellenz und Höchstleistungen bemüht und die hierfür erforderlichen *Managementsysteme* sowohl von der Ausrichtung als auch von der Umsetzung her darauf abstellt. Diese Managementsysteme, auf die nachfolgend noch eingegangen wird, unterstützen als *wesentliches Umsetzungsinstrument* die Standorte des Unternehmens bei der Verankerung von Unternehmenspolitik und -grundsätzen im Bereich des operativen Managements.[1002] Die für das Nachhaltigkeitsmanagement relevanten *Managementsysteme* im Bereich der Qualität, Umwelt, Gesundheit, Sicherheit am Arbeitsplatz, sozialen Verantwortung, Holzherkunft und Forstbewirtschaftung stellen interdependente Teile des integrierten *Gesamtsystems Nachhaltigkeitsmanagement* dar und werden hier als „Teilmanagementsysteme" eingestuft. Ihre interne Anwendung erfordert zunächst Beschreibungen der Tätigkeiten, Prozessabläufe und organisatorischen Zusammenhänge, die von den zuständigen Unternehmensangehörigen der betreffenden Unternehmensbereiche angefertigt und in das interne EDV-Netz gestellt werden. Entsprechend dem vorgestellten *PDCA-Zyklus* werden die erfassten Sachverhalte von den Zuständigen ausgewertet, kommuniziert und bei Bedarf aktualisiert. In der Berichterstattung des Konzerns wird darauf hingewiesen, dass sich die in diesem Rahmen durchzuführenden Leistungsmessungen an nachhaltigkeitsspezifischen Planvorgaben und Indikatoren orientieren. Bei unzureichendem Umsetzungsgrad der in den einzelnen Dimensionen der Nachhaltigkeit zu erbringenden Leistungen sind entsprechende Maßnahmen zu planen und durchzuführen. Mit Hilfe eines erneuten Umsetzungskreislaufs, wie er am Beispiel des Umweltmanagementsystems bereits schematisch dargestellt und erläutert wurde, ergibt sich schrittweise die vom Management beabsichtigte *kontinuierliche Leistungsverbesserung*.

Einige der genannten Managementsysteme werden darüber hinaus von *externen Gutachtern* regelmäßig auditiert und nach vorgegebenen internationalen Richtlinien zertifiziert. Für die einzelnen Dimensionen der Nachhaltigkeit werden dafür folgende *Teilmanagementsysteme* eingesetzt: Bei den Normen ISO 9001 (Qualität) und 14001 (Umweltschutz) handelt es sich um prozessorientierte Managementsysteme nach den Vorgaben der „International Organisation for Standardization" (ISO). Die mit ISO 14001 vergleichbare Umweltschutznorm EMAS („Eco Management and Audit Scheme") nach EG-Öko-Audit-Verordnung ist in Einzelbestimmungen zwar etwas weitergehend, jedoch nur für den europäischen Raum vorgesehen. Die Norm für das betriebliche Management von Gesundheitswesen und Arbeitsschutz wurde von der ISO als OHSAS 18001 („Occupational Health and Safety") definiert.[1003] Bei den für einen globalen Forstindustriekonzern besonders wichtigen Herkunftsnachweisen wird auf verifizierte Systeme zurückgegriffen, mit denen die Herkunft von Holz aus zertifizierten Wäldern nachgewiesen wird. Diese „Chain-of-Custody-Systeme" werden nach den Regeln der Zertifizierungssysteme für nachhaltige Waldwirtschaft PEFC („Programme for Endorsement of Forest Certification Schemes") und FSC („Forest Stewardship Council") erstellt und geprüft.

---

1002 Vgl. Stora Enso Oyj und Stora Enso AB 2004b, S. 10.

1003 Weitere Einzelheiten zu den für Wirtschaftsunternehmen wichtigen *zertifizierten Managementsystemen* finden sich in der Fachliteratur bei Pischon 1999, S. 125 ff. und Müller et al. 2009, S. 47 ff.

Selbst die Nachhaltigkeitsberichterstattung des Konzerns wird mit ihren Daten regelmäßig von einer unabhängigen Consultant-Organisation überprüft.[1004] Die zertifizierten Systeme ermöglichen einen Vergleich mit konkurrierenden Unternehmen (Stichwort: Benchmarking) und führen in der Regel zu Vorteilen im globalen Wettbewerb. Auf diese Art und Weise wird vom Konzern ein Gesamtsystem aus sich ergänzenden *internen* und *extern zertifizierten Managementsystemen* für die Umsetzung seiner Unternehmenspolitik und -leitlinien in Nachhaltigkeitsleistungen an den verschiedenen Standorten genutzt.[1005]

Für die *Umsetzung der Leitlinien* in die Praxis ist das *operative Management* des Unternehmens zuständig, das damit die Nachhaltigkeitsleistung in Übereinstimmung mit den Konzerngrundsätzen sicherzustellen hat. Die dafür notwendige fachliche Unterstützung bieten nachhaltigkeitsbezogene Einheiten des Unternehmens. Der *Nachhaltigkeitsausschuss* (SAT) ist einer der operativen Ausschüsse des Konzerns, der von mehreren Teams für nachhaltigkeitsspezifische Schwerpunktthemen unterstützt wird. Die allgemeine Verantwortung in Fragen der Nachhaltigkeit liegt bei dem Vorsitzenden des Nachhaltigkeitsausschusses, der für Entscheidungen zur Strategie und Politik die Geschäftsführung einschaltet [1006] und damit die Rückkopplung zum normativen und strategischen Management sicherstellt. Die Auditierung der angewandten Managementsysteme erfolgt im Rahmen einer *Bestandsaufnahme*, die dem Konzern zur Feststellung des Umsetzungsgrades der Zielvorgaben dient. Sie kann einerseits *intern* durch entsprechend geschulte Unternehmensangehörige und andererseits *extern* durch Einschaltung von unabhängigen Sachverständigen ergänzend durchgeführt werden. Diese Differenzierung wird vom Unternehmen nicht als getrennter, sondern als interdependenter Sachverhalt verstanden. Er lässt sich damit erklären, dass die in den verschiedenen Unternehmensbereichen durchgeführten Überprüfungen im Rahmen von Bestandsaufnahmen ein *komplementäres System* mit vielfältigen Wechselbeziehungen darstellen. Von größerer Bedeutung für die Umsetzung der Leitlinien sind die *internen Bestandsaufnahmen*, die einen wesentlichen Baustein im Verlauf des Managementzyklus mit seiner Spirale der kontinuierlichen Verbesserung darstellen. Die Bedeutung externer *Auditierungen* und *Zertifizierungen*, die lediglich selektiv und kurzzeitig in Zeitabständen von Jahren an den Produktionsstandorten stattfinden, liegt in ihrer unternehmensunabhängigen Struktur, dem Sachverstand externer Experten und der positiven Außenwirkung zertifizierter Systeme, die vom Konzern in seiner Außendarstellung werbewirksam genutzt werden. Bei allen Managementsystemen liegt der *Hauptanteil* der Arbeit und der daraus resultierenden Umsetzungserfolge bei ihren Trägern: Das sind die *Angehörigen des Unternehmens* mit ihren speziellen Kenntnissen der internen Zusammenhänge und Abläufe, mit denen sie an ihrem Arbeitsplatz tagtäglich konfrontiert werden. Durch das Einbringen ihrer speziellen Kenntnisse in das zunächst formale Instrument Managementsystem wird erst die beabsichtigte Umsetzung der Zielvorgaben ermöglicht, die dann in Form zielgerichteter Maßnahmen nach den Vorgaben der Unternehmenspolitik erfolgen kann.

---

[1004] Vgl. Stora Enso Oyj und Stora Enso AB 2006, S. 51 f.

[1005] Vgl. Stora Enso Oyj und Stora Enso AB 2004b, S. 50.

[1006] Vgl. Stora Enso Oyj und Stora Enso AB 2004b, S. 10 f.

Für die Gestaltung der Unternehmensentwicklung wird vom Konzern ein spezifisches Exzellenz-Modell als *primäres Managementprogramm* verwendet, das in Anlehnung an die formalen Vorgaben der European Foundation for Quality Management (EFQM) entwickelt wurde. Es wird im Rahmen des Total Quality Managements (TQM) in Form einer *Selbstbewertung* eingesetzt, die an allen Unternehmenstandorten einmal jährlich durchgeführt wird. Dieses Modell wurde schon kurz nach der Fusionierung zum heutigen Konzern unter der Bezeichnung „Excellence 2005" eingeführt: Anlässlich der Durchführung einer Selbstbewertung werden die einzelnen Unternehmenseinheiten vom Management aufgefordert, ihre Geschäftslage systematisch zu analysieren, ihre Stärken in organisatorischer Hinsicht zu klären und in den verschiedenen Managementbereichen den Verbesserungsbedarf zu ermitteln. Die erzielten Ergebnisse werden mit den Kriterien der *Business Excellence* in den Bereichen Führung, Planung, Kunden, Markt, Leistung, Wissen, Personal und Prozesse verglichen und einer Bewertung hinsichtlich der Trends unterzogen. Die genannten Verbesserungen mit den größten Auswirkungen werden mit entsprechenden Prioritäten versehen.[1007] Die Selbstbewertung im Rahmen des inzwischen weiterentwickelten Exzellenz-Modells stellt für die *Verankerung des Nachhaltigkeitsmanagements* in die Unternehmenstätigkeit einen wichtigen Schritt dar,[1008] die sich schon frühzeitig in der Unternehmenspraxis als Methode für die kontinuierliche Verbesserung bewährt hat. Mit diesem Modell wird das Handlungsumfeld des Unternehmens mit seinen strategischen Prioritäten reflektiert. In einer Internet-Präsentation wird hierzu ausgeführt: „Business Excellence is Stora Enso's management approach to business development and continuous improvement. Stora Enso Business Excellence includes utilisation of various Business Excellence models, quality-, environmental-, occupational health and safety, etc. systems, productivity programs, six sigma and other quality tools as well as costumer satisfaction and other surveys under the same umbrella. The final target is to improve profitability, competitiveness, productivity and shareholder value towards the business excellence in the whole Stora Enso Group." [1009] In einer aktuellen Darstellung wurde der letzte Satz weniger ökonomistisch abgeändert in: „The final target is to improve overall performance." [1010] Zur Unterstützung der Selbstbewertung wurde ein spezielles *Handbuch* entwickelt, in das die *Aspekte der Nachhaltigkeit* schrittweise eingearbeitet wurden. Nach der vorliegenden Berichterstattung dient dieses Handbuch der Verbesserung der Unternehmensstrategie, sichert die Umsetzung in Schlüsselbereichen, gewährleistet die Integration wichtiger Elemente, vermittelt einen Einblick in das aktuelle Leistungsniveau, ermöglicht internationales *Benchmarking* und ein einheitliches Verständnis zentraler Konzepte im gesamten Konzern. Dadurch wird die Ausrichtung an der Strategie und den Prioritäten des Unternehmens sowie die Integration des *Total Quality Managements* in die Planung und Implementierung erleichtert. Die Dimensionen der Nachhaltigkeit sollen auf dieser *Metaebene* zur Unterstützung des umfassenden Nachhaltig-

[1007] Vgl. Stora Enso Oyj und Stora Enso AB 2004b, S. 10 f. und 2005b, S. 7.

[1008] Vgl. Stora Enso Oyj und Stora Enso AB 2004b, S. 52.

[1009] Stora Enso Oyj und Stora Enso AB 2008c.

[1010] Stora Enso Oyj und Stora Enso AB 2010.

keitsmanagements und -berichtswesens ganzheitlich berücksichtigt werden.[1011] Ergänzend zum Exzellenz-Modell wurden für das *Risikomanagement* besondere Verfahren für die Nachhaltigkeitsbelange entwickelt, die bei Fusionen, Übernahmen und Veräußerungen zur Risikominimierung angewendet werden.[1012] Auch in diesem Fall wurden die entsprechenden Leitlinien um die Anforderungen aus den Nachhaltigkeitsdimensionen ergänzt. In allen untersuchten Bereichen spielt die Nachhaltigkeit dabei eine bedeutende Rolle. Die in diesem Zusammenhang als verbesserungswürdig erkannten Punkte werden für die strategische Planung ausgewählt und in die jährlichen Verbesserungsprogramme übernommen. *Weitere Aktivitäten* zur Umsetzung und Integration der Nachhaltigkeitsanforderungen stellen Schulungen sowie Audits zu einzelnen Schwerpunktthemen und die Durchführung von Projekten an einzelnen Standorten dar. Als Beispiele werden die Studien zur Chancengleichheit von Frauen sowie die erwähnte Carbon-footprint- und ESIA-Studie genannt.[1013]

Die Aktivitäten zur Umsetzung der Leitlinien beschränken sich jedoch nicht auf die Dimensionen der Nachhaltigkeit, sondern schließen auch unmittelbare Belange der Ethik ein: *Ethische Gesichtspunkte* spielen in den Geschäftspraktiken des Konzerns eine besondere Rolle und führten in den vergangenen Jahren zu internen Richtlinien im Rahmen von ethischen Verhaltensvorgaben, die für eine nachhaltige Unternehmensentwicklung grundlegend sind. Im Jahr 2004 wurde auf der Grundlage der vorhandenen Unternehmenspolitik und -prinzipien ein *„Code of Ethics"* formuliert,[1014] der sich mit seinen normativen Vorgaben an die Unternehmensangehörigen wendet und außerdem die Anforderungen des US-amerikanischen Sarbanes-Oxley Act erfüllt. Insofern wird auch von einem „finanziellen Ethik-Kodex" gesprochen.[1015] Vor dem Hintergrund sich weltweit auswirkender Bilanzskandale, die mit Unternehmen wie Enron und Worldcom in Verbindung gebracht werden, wurde dieser von den Autoren Sarbanes und Oxley formulierte Gesetzestext 2002 vom amerikanischen Kongress verabschiedet, um das Vertrauen der Investoren in die Integrität der Finanzmärkte durch Transparenz, unabhängige Kontrollen und erweiterte Verantwortlichkeiten der Geschäftsführung wiederherzustellen. Obwohl die Anwendung dieser gesetzlichen Anforderungen nur für Unternehmen verpflichtend ist, die an amerikanischen Börsen notieren, nimmt die Bedeutung dieser Vorgaben weltweit zu.[1016] Aufgrund interner Überlegungen und angesichts *steigender ethischer Anforderungen* an das Unternehmensverhalten auf den globalen

[1011] Vgl. Stora Enso Oyj und Stora Enso AB 2005b, S. 7.

[1012] Vgl. Stora Enso Oyj und Stora Enso AB 2006, S. 11.

[1013] Vgl. Stora Enso Oyj und Stora Enso AB 2008a, S. 66 ff.

[1014] Der *Code of Ethics* ist ein ethischer Verhaltenskodex, der über die rechtlichen Rahmenbedingungen hinausgeht und die Rechte sowie Pflichten eines Unternehmens gegenüber seinen Stake-holdern definiert (vgl. Balik/Frühwald 2006, S. 238 f. und den ausgewählten Ethik-Kodex im Kapitel 4.2.1 „Konkretisierung des Gestaltungsansatzes Nachhaltigkeitsethik").

[1015] Vgl. Stora Enso Oyj und Stora Enso AB 2005b, S. 4 und 2006, S. 6.

[1016] Vgl. Balik/Frühwald 2006, S. 252, S. 272 f. und S. 324. Aus heutiger Sicht erscheint der damalige Trend zum *Sarbanes-Oxley Act* fast wie eine Vorahnung auf die aktuelle globale Finanz- und Wirtschaftskrise.

Märkten hat der Forstindustriekonzern zur Betonung der Langfristigkeit seiner Unternehmensausrichtung eine weitergehende normative Grundlage für die Verhaltensorientierung gebraucht und im Jahr 2008 einen *„Code of Conduct"* eingeführt. Dieser Ansatz soll eine nachhaltige sowie ethische Unternehmenstätigkeit sicherstellen und verlangt von allen Angehörigen des Unternehmens ein faires Verhalten nach folgenden Schwerpunkten:

***„The Stora Enso Code of Conduct highlights the following:***

**Stora Enso´s behaviour towards employees and communities**
- We obey local laws and regulations
- We respect and promote international human and labour rights
- We are a responsible neighbour
- We are committed to sustainability
- We communicate clearly and on time

**Our employees´ behaviour towards Stora Enso**
- Follow the house rules
- Ensure your workplace is safe, healthy and fair
- Take care of the company´s valuables
- Safeguard confidential information

**The way we do business in Stora Enso**
- We don´t allow bribes or corruption
- We believe in fair and free trade
- We avoid conflicts of interest" [1017]

Mit diesen Personen bezogenen *Verhaltensvorgaben* werden die wesentlichen Aussagen der Politik, Prinzipien und Leitlinien des Konzerns zusammengefasst. Zweck dieser Konzernvorgaben ist es, jedem Angestellten zu garantieren, dass er ein gleiches Recht auf einen Arbeitsplatz hat, der sicher, gesund und frei von Diskriminierungen ist. Ferner wird darin zugesichert, dass das globale Unternehmen in den verschiedenen Ländern immer verantwortungsvoll und in Übereinstimmung mit den lokalen Gesetzen und Regulierungen handelt. Der Code of Conduct gilt *für jeden Angestellten* in gleicher Weise, unabhängig davon, um wen es sich handelt oder wo er sich befindet. Die Erfüllung dieser hier nur als Schwerpunkte wiedergegebenen Vorgaben, mit denen die vom Unternehmen vertretenen Prinzipien und Werte in einfache Regeln transformiert werden, wird durch die Konzernabteilung „Internal Audit", interne Schulungsunterlagen und Trainingsprogramme unterstützt.[1018] Aus Sicht der hier vertretenen Nachhaltigkeitsethik sind im Code of Conduct die Aussagen bezüglich der Menschen- sowie Arbeitsrechte, der gesellschaftlichen Verantwortung und der Nachhaltigkeitsverpflichtung besonders wichtig.

---

[1017] Stora Enso Oyj und Stora Enso AB 2009b, S. 24.

[1018] Vgl. Stora Enso Oyj und Stora Enso AB 2009c, S. 1.

**Kritische Einschätzung:** Mit dem hier exemplarisch dargestellten *Gesamtsystem* aus sich ergänzenden internen sowie extern zertifizierten Einzelmanagementsystemen, den nachhaltigkeitsbezogenen Aktivitäten und der auf das Verhalten abstellenden ethischen Ergänzung hat der global erfolgreiche Forstindustriekonzern sich inzwischen ein umfassendes *integratives Nachhaltigkeitsmanagement* auf normativer Grundlage geschaffen, mit dem die Anforderungen ökonomischer, ökologischer und sozialer Nachhaltigkeit im Interesse der Zukunftsfähigkeit Konzern weit in die inner- und außerbetriebliche Praxis umgesetzt werden können. Den damit verbundenen *Interessenkonflikten* begegnet der Konzern einerseits in einem *offenen Dialog* mit seinen internen und externen Stakeholdern und andererseits durch seine außerbetrieblichen *Kooperationen* mit Regierungs- und Nichtregierungsorganisationen. Soweit sich das anhand der vorliegenden Außendarstellung beurteilen lässt, ist im Verlauf einer über 10-jährigen Entwicklung ein *ganzheitlicher*, weitgehend *konsistenter Managementansatz* entstanden, der exemplarischen Charakter hat. Angesichts einer Energie intensiven Produktion ist in diesem Zusammenhang vor allem die Klima freundliche Politik des Unternehmens und deren Umsetzung positiv zu erwähnen. Ferner die dialogische Stakeholderorientierung, die angesichts der spezifischen Unternehmenstätigkeit naheliegend ist. Denn Letztere lenkt angesichts der damit verbundenen Umwelteinwirkungen viel Aufmerksamkeit der *Öffentlichkeit* auf sich, u. a. von Umweltverbänden und öffentlichen Medien.[1019] Weiterhin positiv zu erwähnen ist die Kooperation mit Regierungs- und Nichtregierungsorganisationen an den unterschiedlichen Standorten, die konsequente Verfolgung von Nachhaltigkeitszielen und die insgesamt hohe Qualität der Nachhaltigkeitsberichterstattung, die für Außenstehende wenig Fragen offen lässt. Zusammenfassend hat das Fallbeispiel 2 gezeigt, dass die *Umsetzung des Nachhaltigkeitsleitbildes* in die gesellschaftliche Praxis möglich ist und das vorgestellte Nachhaltigkeitsmanagement einen *gangbaren Weg* für eine erfolgreiche Unternehmensausrichtung mit erklärter Langzeitorientierung darstellt. Die Frage, *wie weit* das offizielle Bekenntnis des Konzerns zur Nachhaltigkeit tatsächlich in die Praxis *umgesetzt* wird, kann letztlich nur eine umfassende Befragung von Unternehmensangehörigen an verschiedenen Standorten beantworten. Von der Universität St. Gallen zum Nachhaltigkeitsmanagement in der Automobil- und Maschinenbaubranche durchgeführte empirische Untersuchungen legen den Schluss nahe, dass die vielfältigen Managementinstrumente selbst bei gleichzeitiger Anwendung nur dann zu einer nachhaltigen Unternehmensentwicklung beitragen, wenn das *unternehmerische Wollen* dazu bei den maßgeblichen Akteuren tatsächlich vorhanden ist und sich über bestehende Barrieren hinwegsetzt. Auch zu Letzterem kann ein überzeugendes Managementkonzept entscheidend beitragen. Das unverzichtbare Wollen ist in der Regel schon an der Unternehmenskultur zu erkennen und durch wohlklingende Absichtserklärungen in der öffentlichen Berichterstattung nicht zu ersetzen.[1020]

Neben den eindeutigen Vorzügen und Möglichkeiten dieses Nachhaltigkeitsmanagementsystems hinterlässt die Außendarstellung des Konzerns in einigen Aussagen jedoch auch Unklarheiten über die Nachhaltigkeitspolitik und ihre Umsetzung: Das

[1019] Zu den Kunden des Unternehmens zählen zu einem großen Teil Hersteller von *Printmedien.*

[1020] Vgl. Bieker 2005, S. 306 f.

betrifft insbesondere die für die Existenz des Unternehmens zweifellos wichtige *ökonomische Ausrichtung* der Unternehmenstätigkeit, bei der für einen Außenstehenden nicht immer klar wird, wie diese mit den sozialen und ökologischen Anforderungen des Nachhaltigkeitsleitbildes in eine Balance gebracht wird – obwohl der Konzern konsequent von einem *Dreisäulen-Modell* der Nachhaltigkeit ausgeht („The challenge in sustainability management is to effectively balance these three aspects of sustainability in decision-making." [1021]). Aus der in der vorliegenden Arbeit nur möglichen Außensicht und nicht eingenommenen Shareholder-Perspektive kann die von der Geschäftsführung offiziell vorgegebene, über viele Jahre unverändert hohe *Verzinsung des* betriebsnotwendigen *Kapitals* mit einem ROCE von 13 % nicht nachvollzogen werden, zumal sie in der Realität deutlich niedriger liegt. Auch das für die Integration der Nachhaltigkeitsanforderungen in die Unternehmenstätigkeit vom Konzern als grundlegend eingestufte *Exzellenz-Modell* zeigt in der Außendarstellung eine ökonomische Fokussierung, von der auch das zugrunde gelegte EFQM-Modell des *Total Quality Managements* wie nachgewiesen nicht unbeeinflusst ist. Auf eine Verwendung des vom Qualitätsmanagement unabhängigen St. Galler Management-Modells und einer Sustainability Balanced Scorecard, die beide auch für eine Überprüfung des bestehenden Managementsystems und der Nachhaltigkeitsleistungen genutzt werden könnten, wurde vom Konzern bisher verzichtet. Die erwähnten Rentabilitätsprogramme Profit 2004 und 2007 haben neben den erzielten ökonomischen Vorteilen zu einem kontinuierlichen *Abbau von Arbeitsplätzen* in den entwickelten Industrieländern geführt, mit entsprechenden sozialen Auswirkungen für die Betroffenen. Auch die neuen Arbeitsplätze in Entwicklungsländern haben diesen Trend insgesamt nicht kompensieren können. Ökonomische Prioritäten der Unternehmenspolitik zeigen sich auch im Aufbau von *Plantagen* mit Monokulturhölzern *in den Tropenländern* Südamerikas sowie Asiens und in ihrer verstärkten Nutzung für die Faserstoffgewinnung. Sie werden mit dem schnelleren Holzwachstum begründet, ohne den Nachweis für eine Balance mit den *ökologischen und sozialen Anforderungen* zu erbringen. Trotz der zunehmenden Berücksichtigung ethischer Aspekte und ihres hohen Stellenwertes, ist aus der Berichterstattung eine umfassende *ethische Ausrichtung* im bestehenden Nachhaltigkeitsmanagement des Unternehmens nicht eindeutig hervorgegangen. Unklar bleibt auch, wie weit die ethischen Anforderungen in die Unternehmenspolitik und -tätigkeit integriert werden oder ob sie strategisch eher additiv ausgerichtet sind. Anstelle einer konsequent moralphilosophischen Ausrichtung – wie beim konkretisierten Gestaltungsansatz Nachhaltigkeitsethik oder ansatzweise beim zitierten *Ethik-Kodex* des Textilunternehmens SØR – berücksichtigt der verwendete Code of Ethics u. a. finanzpolitische Anforderungen und der neue *Code of Conduct* verhaltenspsychologische und disziplinarische Aspekte zur Optimierung des Verhaltens der Unternehmensangehörigen im Sinne der Unternehmenspolitik des Konzerns.

### 4.2.3 Gegenüberstellung von Gestaltungsansatz und Fallbeispiel

Die Konkretisierung des normativen Gestaltungsansatzes Nachhaltigkeitsethik erfolgte auf der strukturellen Grundlage des nachhaltigkeitsspezifisch erweiterten St. Galler

---

[1021] Stora Enso Oyj und Stora Enso AB 2008d.

Management-Modells und führte zur konstruktiven Entwicklung eines universellen Konzepts für eine nachhaltige Unternehmensentwicklung. Während die normative Ausrichtung des *konkretisierten Gestaltungsansatzes* mit Hilfe der von einer nachhaltigkeitsethischen Leitidee geprägten Unternehmenspolitik gesteuert wird, wurden als Strategie unterstützende Managementinstrumente die Sustainability Balanced Scorecard und die integrierten Einzelmanagementsysteme für Qualität, Umwelt und Arbeitssicherheit gewählt, die auf der operativen Ebene in Form des Kreislaufmanagements im Rahmen eines kontinuierlichen Verbesserungsprozesses umgesetzt werden sollen. Als weitere wichtige Hilfsmittel für die Implementierung des Nachhaltigkeitsmanagements wurden das EFQM-Modell für die Selbstbewertung der Business Excellence und der interne sowie externe Stakeholder-Dialog für die konsensuale Abstimmung der unterschiedlichen Ansprüche gewählt. Das Resultat ist ein *universelles Konzept*, das selbst wiederum als ein mit unternehmensspezifischen Inhalten zu füllendes *Leerstellengerüst* fungiert und sich daher auf unterschiedliche Unternehmen anwenden lässt. Dieser im Wesentlichen mit ethischer Fundierung und methodischer Unterstützung durch rekonstruktive Entwicklung aus der Alltagspraxis unter Nutzung eines modifizierten Managementmodells erreichten Konzeptualisierung für eine allgemeine Anwendung steht das *unternehmensspezifische Konzept* für eine nachhaltige Unternehmensentwicklung des Fallbeispiels 2 gegenüber: Letzteres ist unter Berücksichtigung der im Unternehmen vorhandenen Potenziale und der gesellschaftlichen Rahmenbedingungen aus einem *historischen Entwicklungsprozess* über mehrere Jahre hervorgegangen und im Verlauf eines kontinuierlichen Verbesserungsprozesses immer wieder überarbeitet worden – ein grundlegender Unterschied zum konkretisierten Gestaltungsansatz. Das gewählte *Fallbeispiel 2* ist wegen seiner spezifischen Ausrichtung nur bedingt auf andere Wirtschaftsunternehmen übertragbar, hat jedoch exemplarisch gezeigt, dass eine nachhaltige Unternehmensentwicklung durchaus machbar ist. Die von Stakeholderanforderungen beeinflusste Entwicklung *vom Umwelt- zum Nachhaltigkeitsmanagement* ging in dem Unternehmen des Fallbeispiels ursprünglich von einem Qualitätsmanagement aus, das unter der erweiterten Perspektive des Total Quality Managements für die Nutzung von Synergieeffekten zu einer Verknüpfung mit dem Umwelt- und anschließend mit dem Arbeitssicherheitsmanagement führte. Hierfür wurde frühzeitig ein unternehmensspezifisches Excellence-Programm auf Basis des EFQM-Modells entwickelt, mit dessen Unterstützung später die Nachhaltigkeitsdimensionen im Rahmen eines kontinuierlichen Verbesserungsprozesses *schrittweise* in die Geschäftsprozesse entlang der Wertschöpfungskette des Unternehmens integriert wurden. Für diese *zentrale Aufgabe* wurden entsprechend dem Entwicklungsstand des Managementsystems weitere unterschiedlich ansetzende Hilfsmittel eingesetzt: z. B. die Zertifizierung der Einzelmanagementsysteme, ein Ethik-Kodex bzw. Code of Conduct, die Nachhaltigkeitsberichterstattung auf Basis der GRI-Richtlinien und der Anforderungen des Global Compact der UN, interne Studien und Schulungen, externe Beratungsleistungen und Kooperationen in einem offenen Dialog mit internen und externen Stakeholdern. Erst mit diesem auf die unternehmensspezifischen Anforderungen ausgerichteten *Instrumenten- bzw. Maßnahmenbündel*, das auch der Verbesserung der Wertschöpfung dienen soll, ergab sich im Laufe der Jahre das heutige Nachhaltigkeitsmanagementsystem, dessen Entwicklung in Übereinstimmung mit dem sich ständig ändernden Unternehmensumfeld weitergehen wird.

Obwohl ein *universelles Konzept* für eine nachhaltige Unternehmensentwicklung unterschiedlicher Unternehmen mit dem Nachhaltigkeitskonzept eines Unternehmens mit seiner spezifischen Unternehmensart und -größe, seinem Ressourcenumgang, seinem Entwicklungsstand, seiner Präsenz auf den Märkten, seiner Konkurrenzfähigkeit und seiner Branchenzugehörigkeit von vornherein nur *bedingt vergleichbar* ist, bestehen in beiden Fällen trotz aller System bedingten und methodischen Unterschiede dennoch *Gemeinsamkeiten*, die einige Differenzierungen erfordern: (1) Die im Unternehmen des Fallbeispiels gewonnenen *Berufserfahrungen* wurden bei der Konkretisierung des Gestaltungsansatzes berücksichtigt und ermöglichten eine realitätsnahe Darstellung des Fallbeispiels. Sie nehmen dadurch eine unterschiedliche Rolle ein. (2) Die auf verschiedenen Wegen eingebrachten, zum Teil *übereinstimmenden Bausteine* der Managementkonzepte und deren ganzheitliche Ausrichtung ermöglichen grundsätzlich eine Übertragung des universellen Konzepts für eine nachhaltige Unternehmensentwicklung auf das unternehmensspezifische Nachhaltigkeitsmanagement des global agierenden Konzerns der Papier- und Forstindustrie, selbst wenn hierfür im Fallbeispiel Änderungen vorzunehmen und unternehmensspezifische Besonderheiten zu berücksichtigen sind. Im umgekehrten Verhältnis vom spezifischen zum universellen Konzept ist diese Möglichkeit nicht oder nur sehr eingeschränkt vorhanden. (3) In beiden Fällen erfolgt ein Rückgriff auf ein *Dreisäulenmodell* der Nachhaltigkeit, das jedoch für das universelle Konzept auf die erweiterte Grundlage der durch Integration der fachspezifischen Einzelethiken generierten Nachhaltigkeitsethik gestellt und dadurch in normativ-ethischer Hinsicht wesentlich konkreter als im Fallbeispiel wird. (4) Der gemeinsame Rückgriff auf ein konsensuales *Dialogprinzip* als Methode zur Lösung von Interessenunterschieden und gesellschaftlichen Konflikten wird für das universelle Konzept jedoch über den Stakeholder-Dialog hinaus bis hin zur ethischen Fundierung des normativen Gestaltungsansatzes Nachhaltigkeitsethik angewandt. (5) Der Rückgriff auf *normative Vorgaben* erfolgt für das universelle Konzept auf der Grundlage der normativen Ethik mit einer teleologisch-deontologischen Fundierung und für das Fallbeispiel vorrangig auf verhaltenspsychologischer Grundlage (Stichwort: Code of Conduct). Das führt trotz einer bei beiden Ansätzen vertretenen gesellschaftlichen Verantwortung von vornherein zu einer strategisch unterschiedlichen Ausrichtung des Verhaltens des Unternehmens und seiner Angehörigen. (6) Obwohl auf vergleichbare *integrierte Einzelmanagementsysteme* zurückgegriffen wird, werden für die Integration des Nachhaltigkeitsleitbilds in die Unternehmensprozesse unterschiedliche *Modelle* verwendet: für das universelle Konzept das St. Galler Management-Modell und das Strategie bezogene Management-Instrument „Sustainability Balanced Scorecard", für das Fallbeispiel hingegen ausschließlich das geschäftserfolgs- und kundenbezogene EFQM-/Excellence-Modell. Letzteres wurde beim universellen Konzept lediglich in einer unterstützenden Funktion für die Metasteuerung vorgesehen, wodurch eine einseitig ökonomische Ausrichtung der Unternehmensstrategie vermieden wird. Die in einigen Punkten vorhandenen *Übereinstimmungen* können und sollen die grundlegenden *Unterschiede* zwischen einem für die universelle Anwendung konzipierten und einem historisch entwickelten, unternehmensspezifischen Ansatz mit eingeschränkter Anwendungsmöglichkeit keinesfalls verdecken. Dennoch können die festgestellten Überschneidungen beider Konzepte ihre Anwendbarkeit für eine nachhaltige Unternehmensentwicklung unterstützen und zu deren weiterer Optimierung anregen.

### 4.2.4 Konsequenzen für die Anwendung in der Unternehmenspraxis

Das *universelle Konzept* für eine nachhaltige Unternehmensentwicklung liefert nicht nur für Wirtschaftsunternehmen, sondern generell für *unterschiedliche Unternehmen* das *formale Gerüst* für ein Nachhaltigkeitsmanagement sowie weitere Hinweise über den Problemhintergrund und den für den Aufbau eines anwendungsbezogenen Managementsystems zu beschreitenden Weg. Wirtschaftsunternehmen kann es unmittelbar zu einer kritisch reflektierten Anwendung oder Überprüfung ihres Managementsystems empfohlen werden. Diese *Empfehlung* gilt besonders für Ressourcen intensive Produktionsunternehmen mit globalen Aktivitäten. Außerdem eignet es sich grundsätzlich auch für Dienstleistungs- und Non-Profit-Unternehmen. Bei den letztgenannten Unternehmen wären im universellen Konzept jedoch einige *Modifikationen* erforderlich: u. a. müssten die Einzelmanagementsysteme an die jeweiligen Tätigkeiten angepasst, die Wertschöpfungskette durch eine für die jeweilige Aufgabenstellung charakteristische Nutzenkette ersetzt und die zugehörige Organisation für die Bewältigung ihrer spezifischen Aufgaben strategisch anders ausgerichtet werden, ohne dass dabei das Ziel einer nachhaltigen Entwicklung an Bedeutung verliert. Darüber hinaus wird besonders in der Anfangsphase eines Managementsystems eine Auseinandersetzung mit den vorliegenden Darstellungen zum ethischen Handeln innerhalb und außerhalb des Unternehmens sowie den theoretischen Grundlagen empfohlen, die in die fachspezifischen Einzelethiken und den daraus hervorgegangenen normativen Gestaltungsansatz Nachhaltigkeitsethik eingeflossen sind. Der *Inhalt* für das aufzubauende Managementsystem muss im konkreten Anwendungsfall jeweils *unternehmensspezifisch geklärt* werden. Wie der Inhalt dabei im Einzelnen für ein spezielles Unternehmen aussehen kann, wurde anhand des Fallbeispiels für ein global tätiges Unternehmen der Forstindustrie exemplarisch veranschaulicht. Zunächst muss jedoch klar sein, ob es sich um den Aufbau eines neuen oder die Überprüfung bzw. Optimierung eines vorhandenen Managementsystems handelt, da sich daraus unterschiedliche Schwerpunkte und Vorgehensweisen ergeben. Für beide Fälle bietet sich der universelle Ansatz an, der mit Hilfe des erweiterten St. Galler Management-Modells einen systematischen Einstieg in den strukturellen Aufbau des zu generierenden Managementsystems ermöglicht. Als nachhaltigkeitsethischer Gestaltungsansatz liefert er mit seiner *normativ-ethischen Fundierung* darüber hinaus eine konsequente Ausrichtung auf eine global zukunftsfähige Entwicklung von Unternehmen und Umwelt, die durch eine kritische Reflexion des ganzheitlichen Zusammenhangs unterstützt wird. Über die Ebenen normatives, strategisches und operatives Management erfolgt mit Hilfe der Unternehmenspolitik sowie der vorgestellten *Managementinstrumente und -maßnahmen* eine zunehmende Konkretisierung in den Managementaspekten des als Interdependenz-Matrix dargestellten Beziehungsnetzwerks. Dadurch lässt sich unter Berücksichtigung der vorliegenden Rahmenbedingungen und eines ethisch fundierten Diskurses mit den internen sowie externen Stakeholdern des Unternehmens *schrittweise* ein Managementsystem für eine nachhaltige Unternehmensentwicklung aufbauen. Den ersten Schritt beim Aufbau des Systems stellt die Klärung des Ist-Zustands mit den unternehmensspezifischen Stärken und Schwächen und die Definition des Soll-Zustands dar, also was mit dem Managementsystem erreicht werden soll. Daraus ergeben sich die weiteren Schritte.

Schrittweise bedeutet in diesem Zusammenhang einen von der Unternehmensführung unterstützten kontinuierlichen Verbesserungsprozess, der durch die Unternehmensangehörigen in einer *mehrjährigen Entwicklung* realisiert wird. Nennenswerte Erfolge bzw. Fortschritte stellen sich in der Regel erst nach Jahren als Ergebnis erreichter Verbesserungsschritte ein. Diese erfordern sowohl Engagement und Ausdauer von den Akteuren als auch die Bereitstellung der organisatorischen Voraussetzungen durch das Management, damit die benötigten Fähigkeiten entfaltet werden können. Das setzt bei allen Beteiligten einen entsprechenden Willen für die notwendigen Änderungen voraus, der sowohl in der Unternehmenskultur als auch -politik zum Ausdruck kommen sollte. Die *Wahl der Managementinstrumente* hängt dabei wesentlich von den unternehmensspezifischen Anforderungen und Möglichkeiten ab. Wichtig ist dabei, zur Aufwandsbegrenzung einzelne Instrumente – wie z. B. die Teilmanagementsysteme zu einem integrierten Management – nach Möglichkeit zusammenzuführen. Im universellen Ansatz wurden die grundlegenden Instrumente für die Integration der Nachhaltigkeitsaspekte in die Unternehmensprozesse genannt, die dann unternehmensspezifisch zu ergänzen sind. Dazu gehören u. a. regelmäßige Schulungen, Audits und Nachhaltigkeitsberichte zur Überprüfung sowie Dokumentation des Standes der Nachhaltigkeitsleistungen des Unternehmens und zur Planung der weiteren Verbesserungsschritte. Letztere können dann durch Selbstbewertungen im Rahmen einer nachhaltigkeitsorientierten Business Excellence unterstützt werden. Im Vorfeld lassen sich zwar grundlegende Fragen klären, jedoch *keine verbindlichen Handlungsanweisungen* für den Aufbau und die Anwendung des Nachhaltigkeitsmanagements geben, in denen bereits alles weitgehend geregelt wird. Dafür ist ein sowohl ganzheitlich als auch langfristig ausgerichtetes Nachhaltigkeitsmanagementsystem zu komplex und zu sehr vom Einzelfall abhängig. Denn jedes Unternehmen geht von einer unterschiedlichen Basis und Zielvorstellung aus, es muss seinen individuellen Weg zum passenden Managementsystem erst finden und ihn dann konsequent gehen. Hier können daher nur *Hinweise* und *Argumente* zur Einführung und Begleitung geliefert werden, die dann je nach den vorliegenden Voraussetzungen mit eigenen Kräften oder mit zusätzlicher Unterstützung durch externe Berater *unternehmensspezifisch* konkretisiert und umgesetzt werden müssen. Das anschauliche Fallbeispiel ist nicht nur für Unternehmen interessant, die sich mit der Absicht tragen, ein Nachhaltigkeitsmanagement aufzubauen, sondern auch für diejenigen, die international expandieren wollen. In beiden Fällen werden erste Hinweise über den erforderlichen Aufwand und die notwendigen organisatorischen Änderungen geliefert.

# 5. Ergebnisse und Ausblick

Die Ergebnisse der vorliegenden Arbeit wurden zu einem großen Teil auf dem im *Grundmodell Zukunftssicherung* idealtypisch dargestellten Weg erzielt. Dieser Wegweiser geht vom Ist-Zustand erkannter Umsetzungsbarrieren aus, um über eine gewollte Bewusstseinsänderung der maßgeblichen Akteure schließlich auf der Grundlage erworbener Fähigkeiten mit Unterstützung von Innovationen einen Gestaltungsbeitrag zum Soll-Zustand einer global zukunftsfähigen Entwicklung zu erreichen. Zur Unterstützung der Zielorientierung wurden den normativ ausgerichteten Kapiteln jeweils *Arbeitshypothesen* vorangestellt, die zu folgenden Ergebnissen führten:

Mit Hilfe des moralitätsethischen *Nachhaltigkeitsleitbilds* und der ethischen Fundierung durch die Teleologie und Deontologie wurde in Verbindung mit dem ethischen Diskurs und einem konsensualen Konfliktmodell die *normativ-ethische* und *methodische Basis* einer Handlungsorientierung für eine ganzheitliche Krisenüberwindung geschaffen. Eine *Umweltethik*, die für die Wirtschafts- und Sozialethik anschlussfähig ist, kann den Bedürfnissen heutiger und künftiger Generationen ohne Beeinträchtigung der Funktionsfähigkeit der Ökosysteme gestalterisch Rechnung tragen. Allerdings beschränkt sich diese Aussage wie bei der Wirtschafts- und Sozialethik fachspezifisch auf die Ebene der Handlungsorientierung, die noch politisch umgesetzt werden muss. Eine *Wirtschaftsethik*, die neben der normativen Integration der ökonomischen Rationalität auch die ökologischen und sozialen Anforderungen an ein gutes Leben berücksichtigt, kann mit ihrer Handlungsorientierung einen Beitrag zu einer Bedürfnisbefriedigung aller Menschen bei gleichzeitiger Überwindung der nicht-nachhaltigen Lebens- und Wirtschaftsweise leisten. Eine *Sozialethik*, die die ökologischen und ökonomischen Anforderungen konzeptionell berücksichtigt und analog den vorangegangenen Einzelethiken entwickelt wurde, kann auch ohne eigenständige Individualethik die notwendige Handlungsorientierung für eine spürbare Verbesserung des sozialen Zusammenhalts liefern. Die *Integration* der Umwelt-, Wirtschafts- und Sozialethik als fachspezifische Einzelethiken führte zu dem normativen *Gestaltungsansatz Nachhaltigkeitsethik*, der die Ansatzpunkte für eine Handlungsorientierung zum Abbau der Nachhaltigkeitsdefizite bereit stellt und für eine Konkretisierung in unterschiedlichen gesellschaftlichen Bereichen genutzt werden kann. Mit dem konkretisierten Gestaltungsansatz Nachhaltigkeitsethik wurde ein *Konzept für eine nachhaltige Unternehmensentwicklung* generiert, mit dem unter Mitwirkung von Stakeholdern und geeigneten institutionellen Rahmenbedingungen eine Zukunftsfähigkeit von Unternehmen im Einklang mit der gesellschaftlichen und natürlichen Umwelt erreicht werden kann. Dazu ist in der Regel eine Neuausrichtung der Unternehmensorganisation unter einer ganzheitlichen Langzeitperspektive erforderlich, die von dem Unternehmen des Fallbeispiels 2 mit seinem eingeführten *Nachhaltigkeitsmanagement* bereits zu einem wesentlichen Teil umgesetzt wurde.

Im Hinblick auf die hier vertretene nachhaltigkeitsethische Perspektive und deren angestrebte Umsetzung wurde Kants kategorischer Imperativ aufgrund seiner formalen raumzeitlichen Handlungsaufforderung sowie seiner universellen Ausrichtung gewählt, zeitgemäß ergänzt und intersubjektiv transformiert. Auf dieser Grundlage wurde die vorliegende Arbeit unter folgenden *„Imperativ der Nachhaltigkeitsethik“* gestellt:

*Handle im Dialog mit Anderen so, dass die Maxime deines Willens jederzeit zugleich als Prinzip einer allgemeinen Gesetzgebung gelten kann und die Wirkungen deiner Handlungen mit einer global zukunftsfähigen Entwicklung auf unserem Planeten übereinstimmen.*

## 5.1 Forschungsleitende Fragestellungen

Die am Anfang der Dissertation vor dem Hintergrund der erörterten gesellschaftlichen Probleme und der Zielsetzung der Arbeit gestellte *forschungsleitende Fragestellung* wurde im Verlauf der Darstellungen weitgehend beantwortet. Bevor im Folgenden auf die Ergebnisse der Arbeit im Einzelnen näher eingegangen wird, soll diese Fragestellung zuerst unter den Punkten (1) bis (7) zusammenfassend *beantwortet* werden:

(1) Angesichts einer zukunftsgefährdenden Lebens- und Wirtschaftsweise sowie vorhandener Barrieren bei der Umsetzung des allgemein anerkannten Leitbilds einer nachhaltigen Entwicklung besteht bei den maßgeblichen Akteuren akuter Bedarf an einer ganzheitlichen Handlungsorientierung für eine Neuausrichtung des Denkens und Handelns in einer sich ständig ändernden globalen Gesellschaft. Die unter der Nachhaltigkeitsperspektive vorzunehmende Gestaltungsaufgabe erfordert insbesondere institutionelle Veränderungen mit dem Ziel langfristig angelegter individueller und gesellschaftlicher Verhaltensänderungen, die im Rahmen eines Global-Governance-Prozesses in kontinuierlichen Verbesserungsschritten durchzuführen sind. Nach den aus der vorliegenden Darstellung zu ziehenden Schlussfolgerungen kann im Dialog mit den hieran Beteiligten auf Basis der fachspezifischen Erkenntnisse der positiven Wissenschaften und des Orientierungswissens der normativen Ethik ein ganzheitlicher Beitrag zu einer nachhaltigen Entwicklung geleistet werden.

(2) Der entwickelte normative Gestaltungsansatz Nachhaltigkeitsethik stellt das moralitätsethische Nachhaltigkeitsleitbild auf eine neue ethische Grundlage. Dafür wurde die teleologische Deontologie als normativ-ethische Fundierung gewählt und eine normative Integration der ökologischen, ökonomischen und sozialen Rationalitäten vorgenommen. Daran anschließend wurden die fachspezifischen Einzelethiken auf Basis eines Konfliktmodells mit methodischer Unterstützung durch das Konsensprinzip und den ethischen Diskurs integrativ zusammengeführt. Mit dieser Vorgehensweise wurde die ethische Grundlage des Nachhaltigkeitsleitbilds konkretisiert und gegenüber dem bisherigen Stand systematisch erweitert.

(3) Der normative Gestaltungsansatz Nachhaltigkeitsethik deckt die ethischen Anforderungen aus den drei Nachhaltigkeitsdimensionen in der gesellschaftlichen Realität ganzheitlich ab, da er auf der integrativen Zusammenführung der Umwelt-, Wirtschafts- und Sozialethik basiert und eine fachspezifische Konkretisierung in den einzelnen Nachhaltigkeitsbereichen ermöglicht. Für den ökonomischen Bereich wurde diese bereits in Gestalt eines Konzepts für eine nachhaltige Unternehmensentwicklung durch-

geführt, das außerdem einem in der globalen Wirtschaft bereits bewährten Unternehmenskonzept gegenübergestellt wurde. Zusammen mit den gegebenen Anregungen für durchzuführende Änderungen eignet sich der Gestaltungsansatz daher grundsätzlich als Ausgangsbasis für eine verantwortliche Zukunftsgestaltung und ein darauf abgestimmtes Handeln.

(4) Der konkretisierte Gestaltungsansatz Nachhaltigkeitsethik wurde als universelles Konzept für eine nachhaltige Unternehmensentwicklung generiert und kann daher als Grundlage für ein Nachhaltigkeitsmanagement unterschiedlicher Unternehmen angewendet werden. Eine Anwendung bietet sich insbesondere für Wirtschaftsunternehmen an, ist jedoch auch für Unternehmen im Non-Profit-Bereich grundsätzlich möglich. Für Unternehmen, die schwerpunktmäßig im ökologischen, sozialen oder rein administrativen Bereich tätig sind, wird eine fachspezifische Modifikation des universellen Konzepts empfohlen. Darüber hinaus ist eine Konkretisierung des Gestaltungsansatzes Nachhaltigkeitsethik im ökologischen und sozialen Bereich grundsätzlich möglich.

(5) Der Rückgriff auf die Alltagspraxis ermöglicht von vornherein eine realitätsnahe Konzeptualisierung und hat mit den gewählten Fallbeispielen aus der Papier- und Forstindustrie sowohl die Entwicklung des Gestaltungsansatzes Nachhaltigkeitsethik als auch seine anwendungsbezogene Konkretisierung unterstützt. Die hierfür gewählte Industriebranche zeichnet sich darüber hinaus durch nennenswerte ökologische, ökonomische und soziale Auswirkungen der Unternehmenstätigkeit aus, die für die in der Darstellung erwähnten Analogieschlüsse genutzt werden konnten.

(6) Der konkretisierte Gestaltungsansatz Nachhaltigkeitsethik ist das Ergebnis einer erfahrungsfundierten Konzeptualisierung für eine nachhaltige Unternehmensentwicklung mit universeller Anwendung. Er lässt sich trotz unterschiedlicher Voraussetzungen mit einem in der Praxis eingeführten unternehmensspezifischen Nachhaltigkeitsmanagement vergleichen. Die durchgeführte Gegenüberstellung von konkretisiertem Gestaltungsansatz und Managementsystem des Fallbeispiels 2 ergab dabei sowohl Überschneidungen als auch grundlegende Unterschiede.

(7) Mit den empirischen Faktizitäten der Fallbeispiele 1 und 2 wird eine transdisziplinäre Brücke von der Praxis in die Theorie und von dort zurück in die Praxis hergestellt: Entsprechend dem vertretenen konstruktivistischen Anspruch wurde vom Ausgangspunkt Alltagspraxis gemäß Fallbeispiel 1 eine Verbindung zur Nachhaltigkeitsethik als theoretischem Schwerpunkt der Arbeit und zum Nachhaltigkeitsmanagement als Theorie der Alltagspraxis hergestellt. Außerdem wurde vom Umbau des Unternehmensmanagements gemäß Fallbeispiel 2 eine Verbindung zum theoretischen Konzept für eine nachhaltige Unternehmensentwicklung hergestellt.

Nach dieser Beantwortung der zu Beginn gestellten Fragen werden anschließend *weitere Erkenntnisse* aus der Arbeit zusammenfassend dargestellt, ohne dadurch die in den einzelnen Kapiteln gemachten detaillierten Darstellungen zu ersetzen:

## 5.2 Erkenntnisse aus Theorie und Alltagspraxis

Die im Rahmen der Darstellung gewonnenen Erkenntnisse beziehen sich auf theoretische Vorklärungen, Erfahrungen aus der Alltagspraxis, den theoretischen Schwerpunkt der Arbeit mit der Entwicklung des normativen Gestaltungsansatzes Nachhaltigkeitsethik und dessen anschließende Konkretisierung auf der Unternehmensebene.

### 5.2.1 Ergebnisse Einleitung

Die einleitend als *Anlass* skizzierte Gefährdung der globalen Zukunftsfähigkeit durch unsere bisherige Lebens- und Wirtschaftsweise führte zu der *Zielsetzung*, im Rahmen der vorliegenden Arbeit einen normativen Gestaltungsansatz Nachhaltigkeitsethik zu entwickeln und diesen anschließend auf der Unternehmensebene zu konkretisieren. Mit der daraus sich ergebenden normativ-ethischen Handlungsorientierung soll argumentativ zur Umorientierung des Verhaltens der gesellschaftsrelevanten Akteure beigetragen werden. Als Wegweiser für die Arbeit wurde ein Grundmodell der Zukunftssicherung verwendet, das einen Weg zu einer nachhaltigen Entwicklung idealtypisch darstellt. Die vorangestellte forschungsleitende Fragestellung (vgl. Kapitel 1.1) wurde inzwischen mit den Punkten (1) bis (7) beantwortet. Nach einer Darstellung von *Aufbau und Methodik* der Arbeit (vgl. Kapitel 1.2) wurde eine begriffliche und inhaltliche Vorklärung der im vorliegenden Zusammenhang grundlegenden Bestimmungsgrößen vorgenommen (vgl. Kapitel 1.3). Aus den Kapiteln 1.2 und 1.3 ergeben sich folgende Erkenntnisse:

Für die vorliegende Arbeit wurde ein *Aufbau* mit einem dreigliedrigen Kernbereich gewählt: Den Ausgangspunkt bildet die Alltagspraxis, die am Fallbeispiel 1 dargestellt wurde. Den Schwerpunkt der Arbeit stellt die Theorie in Form der Entwicklung des normativen Gestaltungsansatzes Nachhaltigkeitsethik dar. Die anschließende Konkretisierung des normativen Gestaltungsansatzes führte zu einem universellen Konzept für eine nachhaltige Unternehmensentwicklung, das anschließend dem unternehmensspezifischen Nachhaltigkeitsmanagement des zwischenzeitlich zum Fallbeispiel 2 veränderten Unternehmens gegenübergestellt wurde. Auf diese Art und Weise wurde entsprechend dem vertretenen konstruktivistischen Ansatz die erwähnte Verbindung von Theorie und Praxis hergestellt. Die *Methodik* der Arbeit erhielt dadurch eine zweiseitige Ausgangsbasis, die Erkenntnisse aus Berufserfahrungen und theoretischem Wissen lieferte, die miteinander verknüpft wurden. Für die Entwicklung des normativen Gestaltungsansatzes Nachhaltigkeitsethik und des Konzepts für eine nachhaltige Unternehmensentwicklung konnten daher einerseits empirische Sachverhalte aus den Fallbeispielen genutzt werden. Andererseits konnten Kenntnisse der Moralphilosophie und nachhaltigkeitsrelevanten positiven Wissenschaften sowie spezielle Modelle für die ganzheitliche Konzeptualisierung eingesetzt werden. Die im Rahmen der Arbeit anzuwendenden Methoden variieren dabei entsprechend dem Bearbeitungsstand und -gegenstand. Angesichts der interdisziplinären Thematik und der transdisziplinären Vorgehensweise handelt es sich insofern um eine erfahrungsfundierte theoretische Arbeit, bei der ein pluralistischer Methodenmix mit variierenden methodischen Schwerpunkten angewendet wurde. Die für die Darstellung benötigten *begrifflichen* und *inhaltlichen Vorklärungen* erfolgten anhand der Trias Nachhaltigkeit, Globalisierung und Innovation. Es wurde zunächst die Bedeutung von Raum und Zeit geklärt, die sich als gegebene Größen einer notwendigen Vorstellung a priori für eine strukturierte Darstellung empirischer Sachverhalte und einer ganzheitlichen Lösung der Nachhaltigkeitsprobleme eignen. Die in diesem Zusammenhang wichtigen prospektiven Maßnahmen nach dem Vorsorgeprinzip können sich bei einer Umkehrung der gerichteten Größe Zeit in retrospektive Maßnahmen entsprechend dem Nachsorgeprinzip umkehren.

Die Kategorie *Nachhaltigkeit* wurde anhand der Ergebnisse der Brundtland-Kommission geklärt. Das daraus resultierende Leitbild der Nachhaltigkeit wurde als regulative Idee für einen Weg in eine nachhaltige Entwicklung eingestuft, der nur unter Komplexitätsreduzierung schrittweise mit jeweils konkreten Teilzielen über einen längeren Zeitraum erreicht werden kann. Die Nachhaltigkeitsdimensionen, die eine strukturelle Erfassung des komplexen gesellschaftlichen Gesamtproblems mit seinen Defiziten in der intra- und intergenerationellen Gerechtigkeit ermöglichen und die Konzeptualisierung des normativen Gestaltungsansatzes unterstützen, wurden zu einem konsensualen *Spannungsdreieck der Nachhaltigkeit* verknüpft. Dieses Spannungsdreieck setzt im Hinblick auf die für eine Integration der Nachhaltigkeitsdimensionen hier verwendete Konfliktlösungsstrategie eine Gleichrangigkeit der Dimensionen natürliche Umwelt, Wirtschaft und Soziales voraus und wurde als Ausgangsbasis für das zu einem Tetraeder der Nachhaltigkeitsethik weiterzuentwickelnde *Konfliktmodell* gewählt. Bei der Umsetzung des Nachhaltigkeitsleitbilds geht es vorrangig darum, die Interessen bedingten Konflikte zu identifizieren und mit Hilfe eines konsensualen Dialogs zu bewältigen. Dazu eignen sich u. a. *Nachhaltigkeitsstrategien*, von denen die komplementär anzuwendende Effizienz, Konsistenz und Suffizienz erörtert wurden. Die Kategorie *Globalisierung*, die mit ihren vielfältigen Auswirkungen bis in die kulturelle Dimension reicht, wird wesentlich von der Wirtschaft bestimmt. Angesichts zunehmender internationaler Verflechtungen verringert sich einerseits die politische Steuerungsfähigkeit des Nationalstaates und andererseits steigen für nichtstaatliche Akteure wie transnationale Wirtschaftsunternehmen und NGOs die Gestaltungsmöglichkeiten. Fehlentwicklungen wie die aktuelle globale Finanz- und Wirtschaftskrise erfordern grundlegende institutionelle Korrekturen im Rahmen eines *Global-Governance-Prozesses*, mit dem sich internationale Systemzusammenhänge steuern lassen, indem staatliche und nichtstaatliche Akteure grenzüberschreitend kooperieren. Die Kategorie *Innovation* steht für Neuerungen und ihre Instrumente, die für die Gestaltung einer nachhaltigen Entwicklung und den Globalisierungsprozess angewendet werden sollen. Die durch *technische Innovationen* ausgelöste Dynamik beschleunigt den Wandel von Wirtschaft und Gesellschaft, wobei die Ergebnisse entsprechend der Natur der Technik *ambivalent* ausfallen und Korrekturen erfordern können. Globale Zukunftsfähigkeit setzt darüber hinaus einen schonenden Umgang mit der natürlichen Umwelt sowie eine Balance der Entwicklung zwischen Arm und Reich voraus. Der sensible Bereich menschlichen Zusammenlebens ist von den Verhaltensweisen der Gesellschaftsmitglieder und ihren Wertvorstellungen geprägt, für deren Gestaltung vor allem *soziale* und *institutionelle Innovationen* zusätzlich gefragt sind. Letztere betreffen die Organisationen der gesellschaftlichen Akteure und ihre Ordnungsprinzipien bis hin zur globalen Ebene, die für die

Einbettung der Nachhaltigkeitsziele in den gesellschaftlichen Suchprozess und die Kooperation gesellschaftlicher Akteure unverzichtbar sind.

Die an Hand dieser Kategorien durchgeführten Vorklärungen legen die Auffassung nahe, programmatisch von *„Nachhaltigkeit mit Globalisierung“* zu sprechen und hierfür die notwendigen Gestaltungsschritte mit Hilfe technischer, sozialer und institutioneller *Innovationen* durchzuführen. Für die notwendige Zähmung der Globalisierung ist besonders eine auf institutionellen Innovationen basierende Global Governance gefordert, bei der die Potenziale von privaten und staatlichen Akteuren genutzt werden. Nachhaltigkeit und Globalisierung weisen trotz grundlegender Unterschiede durchaus *Gemeinsamkeiten* auf und können sich mit ihrer raumzeitlichen Orientierung in mehreren Punkten ergänzen. Mit Hilfe einer normativ-ethischen Handlungsorientierung und politisch-institutionell unterstützten Maßnahmen kann es gelingen, die nicht aufzuhaltende Globalisierung mit ihren Möglichkeiten ganzheitlich zu nutzen und im Interesse mehrerer Generationen strategisch auf eine nachhaltige Entwicklung auszurichten.

### 5.2.2 Ergebnisse Fallbeispiel 1

Der Rückgriff auf ein Fallbeispiel aus der Papierindustrie erfolgte im Hinblick auf eine realitätsnahe Konzeptualisierung des normativen Gestaltungsansatzes Nachhaltigkeitsethik und dessen anschließende Konkretisierung. Der ökologische Umbau wurde durch mehrjährigen öffentlichen Druck externer Stakeholder beeinflusst, der sich auch auf das Bewusstsein und Verhalten der Unternehmensangehörigen auswirkte (vgl. Kapitel 2.1). Die Folge war letztlich eine Umstellung der gesamten Rohstoffversorgung der Papierherstellung und der zugehörigen Infrastruktur, die zu einer wesentlichen Verbesserung der Zukunftsfähigkeit und Reputation des Unternehmens führte (vgl. Kapitel 2.2). Die Rohstoffumstellung der Papierproduktion wirkte sich nicht nur ökologisch, sondern auch ökonomisch und sozial aus. Sie weist damit bereits auf die künftige Entwicklung des Unternehmens in Richtung einer nachhaltigen Unternehmensausrichtung hin (vgl. Kapitel 2.3). Das Fallbeispiel 1 lieferte wesentliche Erkenntnisse und Impulse für die Entwicklung des Gestaltungsansatzes Nachhaltigkeitsethik und dessen anschließende Konkretisierung (vgl. Kapitel 2.4).

An Hand des konkreten *Fallbeispiels aus der Papierindustrie* wurde die Umstellung der als Rohstoffbasis dienenden Faserstoffversorgung und deren ökologische, ökonomische und soziale Auswirkungen im Hinblick auf die bestehenden Interdependenzen und die Zukunftsfähigkeit des Unternehmensstandortes erörtert. Die zusätzlich die Infrastruktur umfassende Umstellung führte trotz Ausschöpfung aller technologischen Möglichkeiten zur *Stilllegung des zugehörigen Zellstoffwerkes* und zu daher notwendig gewordenen Ersatzinvestitionen, mit denen außerdem neue Arbeitsplätze entstanden und ein Teil der verlorenen kompensiert wurde. Im Zusammenhang mit den durchgeführten Umstellungsmaßnahmen bestätigte sich die besondere Bedeutung einer *integrierten Vorgehensweise*, die über kurzfristige Einzellösungen hinausweist und von kommunikativem Handeln im Dialog mit internen und externen *Stakeholdern* unterstützt wird. Auch wenn der im betrieblichen Zusammenhang geführte Diskurs nicht selten in einem situativ gebundenen Handlungszusammenhang steht, erwies sich das *dialo-*

*gische Konsensprinzip* bei der Harmonisierung der mit unterschiedlichen Interessen verbundenen Nachhaltigkeitsaspekte dieser Produktionsumstellung als hilfreich. Die *Wahl des Fallbeispiels* war also kein Zufall: Die einschlägigen Berufserfahrungen trugen zur Entscheidung für die nachhaltigkeitsethische Reflexion der praktischen Erfahrungen im Rahmen der vorliegenden Arbeit bei und lieferten Ideen für *analoge Betrachtungen* über Problemverlagerungen bis hin zur ethischen Fundierung des normativen Gestaltungsansatzes Nachhaltigkeitsethik. Die Erkenntnisse flossen darüber hinaus in die Konkretisierung des Gestaltungsansatzes ein. Auch für das betrachtete Unternehmen waren die im Zusammenhang mit der Umstellung der Faserstoffversorgung vorgenommenen Weichenstellungen für die weitere Entwicklung prägend: Das ursprünglich deutsche Unternehmen wurde durch den notwendig gewordenen *ökologischen Umbau der Rohstoffversorgung* technologisch modernisiert und im Zuge der fortschreitenden wirtschaftlichen Globalisierung von einem skandinavischen Weltkonzern gleicher Branche übernommen. Seither wird der Standort wegen der sowohl ökologisch als auch technisch und marktstrategisch günstigen Voraussetzungen weiter zukunftsfähig ausgebaut.

### 5.2.3 Ergebnisse Nachhaltigkeitsethik

#### (1) Grundannahmen und Ausgangsbasis des Gestaltungsansatzes

Für die Konzeptualisierung des normativen Gestaltungsansatzes *Nachhaltigkeitsethik* wurde von folgenden *Grundannahmen* ausgegangen: Auf der Basis des Dreiecksverhältnisses Mensch-Natur-Mensch und des konsensualen Spannungsdreiecks der Nachhaltigkeit wurde das Konfliktmodell Tetraeder der Nachhaltigkeitsethik als *Ausgangsbasis* entwickelt. Dessen als grundsätzlich gleichrangig eingestufte Dimensionen natürliche Umwelt, Wirtschaft und Soziales werden für die Integration des Gestaltungsansatzes und seine konfliktreduzierende Anwendung mit der ebenfalls gleichrangig eingestuften Ethik mit Hilfe eines konsensualen Dialogs schrittweise in eine Balance gebracht. In der von Konflikten geprägten gesellschaftlichen Realität kann im Interesse notwendiger Kompromisse von der aufgestellten Gleichrangigkeitsprämisse fallweise abgewichen werden. Das gilt auch für die durch normative Integration der fachspezifischen Rationalitäten entwickelten Einzelethiken, die sich in dem Tetraeder der Nachhaltigkeitsethik jeweils aus den gleichberechtigten Wechselbeziehungen von Nachhaltigkeitsdimension und Ethik ergeben. Letzterer kommt in diesem Rahmen eine diskursiv zu vermittelnde normative Korrektur- und Koordinierungsfunktion ohne Dominanzansprüche zu. Unter diesen Voraussetzungen wurde der normative Gestaltungsansatz für eine global zukunftsfähige Entwicklung generiert, der universell gültig ist und für die jeweilige gesellschaftliche Anwendung konkretisiert werden muss.

#### (2) Normative Ethik und Diskursmethode

Im Hinblick auf die weitreichenden anthropogenen Umwelt-, Wirtschafts- und Sozialkrisen wurde die philosophische Kernfrage „Was sollen wir tun?“ in den Raum gestellt. Zu deren Beantwortung wurden nach einer ethischen Reflexion des Nachhaltigkeitsleitbilds (vgl. Kapitel 3.2.1) die handlungsleitenden Potenziale der *normativen Ethik* dargestellt (vgl. Kapitel 3.2.2) und das Konsensprinzip sowie der ethische Diskurs als methodische Unterstützung zwecks späterer Generierung eines normativen Gestaltungsansatzes für eine nachhaltige Entwicklung gewählt (vgl. Kapitel 3.2.3). Im Einzelnen ergaben sich folgende Erkenntnisse:

Das *Leitbild der Nachhaltigkeit* stellt ein ethisches Reflexions- und Argumentationsmodell dar, das als mit einem kritischen Impuls ausgestatteter *moralitätsethischer Ansatz* eingestuft wurde. Mit einem kritischen Denken auf Basis der Vernunft können die Bedingungen und die Berechtigung von Verhaltensweisen prinzipien- und ideengeleitet geprüft und ethisch fundierte Gestaltungsvorschläge entworfen werden. Der *Vernunft*, mit deren Hilfe Moralität erst möglich ist, kommt im Verlauf der gesamten Arbeit eine zentrale Rolle zu. Die für die Erhaltung der Lebensbedingungen und für den gesellschaftlichen Fortschritt notwendige Formulierung eines Soll-Zustands setzt eine Deskription des gesellschaftlichen Ist-Zustands mit seinen ethischen Defiziten voraus. Diese Herausforderung an die praktische Vernunft kann nur eine auf das Gemeinwohl orientierte *normative Ethik* mit ihren *handlungsleitenden Potenzialen* erfüllen. Menschliches Handeln zeichnet sich durch eine intentionale Struktur aus, die im situativen Kontext vollzogen wird. Für die Verwirklichung eines Ziels ist jedoch eine Handlungsorientierung mit normativen Vorgaben umso notwendiger je weitgefasster die Zielvorstellung ausfällt. Die *ethische Reflexion* dient dabei der Klärung der Gültigkeit und Berechtigung von Handlungsregulativen, Wertpräferenzen und Lebensformen. Mit Hilfe eines festgelegten Maßstabs können sowohl die einzelne Handlung als auch ihre normativen Gehalte überprüft werden. Neben seiner Fähigkeit zur Vernunft muss der Mensch auch mit seinen Bedürfnissen und Trieben umzugehen wissen. Das gelingt ihm am ehesten, wenn er sich selbst ohne Zwang an *Regeln* und deren Befolgung bindet. Erst mit Regelungen, was der Mensch in bestimmten Situationen tun oder nicht tun soll, wird die Verbindlichkeit erreicht, aus der Moral entsteht und dadurch Freiheit fundamentiert wird. Moral wird damit zum Inbegriff von Normen und Werten, die allgemein anerkannt sind und verbindlich gelten. Für die gesuchte globale Nachhaltigkeitsstrategie ist nicht nur eine anerkannte Analyse des Fehlverhaltens und eine Abstimmung über die Entwicklungsschritte, sondern auch eine Verständigung über grundlegende Werte und Normen im Rahmen einer *universalistischen Ethik* gefordert, die ohne ethischen Diskurs nicht zu vermitteln ist. Das Beispiel der „goldenen Regel" zeigt, dass trotz der weltweit bestehenden Normenvielfalt eine Rückführung auf formale Grundsätze möglich ist. Aus der Nachhaltigkeitsperspektive ist es notwendig, zwischen den Begriffen „Moral" und „Moralität" zu differenzieren: *Moral* als Ordnungsbegriff basiert auf einem Regelsystem materialer Normen und Wertvorstellungen, dessen Inhalt veränderlich, seinem jeweiligen Anspruch nach jedoch unveränderlich ist. Moralbegriffe kennzeichnen die Qualität bestimmter Handlungen, ohne diese zu begründen. *Moralität* ist hingegen nicht aus empirischen Sachverhalten abzuleiten, sondern stellt einen Prinzipienbegriff dar, der auf Vernunft basiert und der den ethischen Hintergrund für die Rechtfertigung der Moral liefert. Die Wechselbeziehung zwischen Moral und Moralität stellt den eigentlichen Gegenstand der *Ethik* als einer Wissenschaft vom moralischen Handeln dar, das sich erst mit Hilfe der Moralität legitimieren lässt. Als Moralphilosophie thematisiert Ethik die Moral und liefert die ethischen Grundlagen einer Handlungsorientierung, ohne dabei selbst moralisch zu sein. Das anspruchsvolle Nachhaltigkeitsleitbild muss neben der

Moral auf Dauer einer Moralität entsprechen, die nicht auf der Ebene eines eingeübten Verhaltens und seiner Regeln stehen bleibt, sondern die neben einem Sollen ein *Wollen* erfordert, das über die Handlung selbst hinausweist.

Angesichts des zukunftsgefährdenden Verhaltens wurde die Frage nach der Verantwortung erörtert. Hierzu leistet eine Ethik der *Verantwortung für Handlungsfolgen*, die sich sowohl mit vergangenen Handlungen als auch zukünftigen Ereignissen und Zuständen befasst, einen Beitrag. Die globalen Probleme gefährden die weitere Entwicklung und erhöhen die Verantwortung für die heutige Generation erheblich, geeignete Lösungsschritte zu unternehmen. Diese Aufgabe erfordert zunächst eine Präzisierung des Verantwortungsbegriffs durch eine *mehrstellige Verantwortungsrelation*, deren Elemente in eine Beziehung zueinander gesetzt werden. Der Umgang mit dem Verantwortungsbegriff erfordert einigen Differenzierungsaufwand für die *Zurechnung von Verantwortung*: In ihrer normativen Dimension ist die Zurechnung der Verantwortung mit einem moralischen Werturteil verknüpft, das auf ein anerkanntes System von Normen und Werten bezogen wird und die Einschaltung einer *unabhängigen Instanz* erfordert. Im Rahmen der ökonomischen Globalisierung wird die Identifikation individuell Verantwortlicher durch vielseitige Verflechtungen und immer längere Handlungsketten zusätzlich erschwert. Wenn die Zuständigkeiten dann nicht mehr zu klären sind, verlagert sich das Verantwortungsproblem von der *individuellen* auf die *institutionelle Ebene*, bei der es primär um die künftige Vermeidung eines derartigen Systemversagens geht. Angesichts dieses Wandels erfolgt eine Neuorientierung von einer auf vergangene Handlungen und Unterlassungen bezogenen „Ex-post-Verantwortung" hin zu einer auf zukünftige Ereignisse und Zustände bezogenen *„Ex-ante-Verantwortung"*. Das kumulierte Risikopotenzial zwingt die Träger von Verantwortung, die auf die Vergangenheit gerichtete und damit der Nachsorge dienende retrospektive Handlungsverantwortung um eine auf die Zukunft gerichtete und damit der Vorsorge dienende prospektive Schutz- und Fürsorgeverantwortung zu ergänzen. *Verantwortung* wird von Hans Jonas als ethische Vermittlung zwischen zwei ontologischen Polen verstanden: der menschlichen *Freiheit* und der *Werthaltigkeit des Seins*. Sein Verantwortungsbegriff reduziert sich auf eine Verantwortungsrelation mit den beiden Elementen Objekt sowie Instanz und blendet die Reziprozität des Verantwortungsbegriffs aus. Der Fortfall der Reziprozität wird mit der *Zukunftsethik* begründet. Ein derartig verkürzter Verantwortungsbegriff verhindert jedoch die zwischen einzelnen Subjekten zu vermittelnde Klärung moralischer Verpflichtungen und schränkt die Anwendbarkeit ein. Die Grundlegung der Zukunftsethik steht bei Jonas im Zeichen der Technik, wobei der *technisch-wissenschaftliche Fortschritt* zur Ausdehnung von Macht führt und der Mensch zunehmend in Gefahr gerät, darüber die Kontrolle zu verlieren. Ein anschauliches Beispiel hierfür liefert die aktuelle Erdöl-Katastrophe im Golf von Mexiko mit ihren problematischen Tiefseebohrungen.

Das Prinzip Verantwortung muss im Handlungskontext um das universeller ausgerichtete *Prinzip der Pflicht* ergänzt werden. Die Pflicht zum moralischen Handeln entspricht der Notwendigkeit, eine Aufgabe verbindlich zu erfüllen, die einerseits intern aus *Pflicht gegen sich* als Stimme des Gewissens oder extern aus *Pflicht gegen Andere* als soziale Verpflichtung erfolgen kann. Menschliches Verhalten wird maßgeblich von der *Doppelnatur* des Menschen beeinflusst. Immanuel Kant unterscheidet zwischen den

Begriffen *„aus Pflicht“* und *„pflichtgemäß“*. Wenn Handlungen nur aus Pflicht geschehen, dann erfolgen sie ohne Berufung auf Neigung allein nach einem moralischen Gesetz. Diese *Doppelbestimmung* der Moralität einer Handlung durch ihre objektive Pflichtgemäßheit als Übereinstimmung mit dem Gesetz und ihre subjektive Gesinnung als Motivation aus Pflicht, stellt die zweifache Grundlage des Kant´schen Pflichtbegriffs dar. Neben der schwierigen Anwendung der formalistischen Moralvorstellungen in der Praxis kann es bei mehreren miteinander konkurrierenden Pflichten zu einer „Pflichtenkollision“ kommen. Man unterscheidet daher auch zwischen wirklichen Pflichten und unmittelbar einsichtigen bedingten Pflichten (Prima-facie-Pflichten). Angesichts der Doppelnatur des Menschen ist ein universell ausgerichtetes moralisches Handeln mit Unterstützung der Vernunft gefordert, für das Kant als höchstes Kriterium und Moralprinzip den *„kategorischen Imperativ“* entwickelt hat. Als *oberstes Prinzip* fungiert der kategorische Imperativ als Beurteilungskriterium der jedem moralischen Handeln zugrunde liegenden Motivation und ist durch seine formale, für die inhaltliche Gestaltung noch *offene Formulierung* für komplexe Anwendungen prinzipiell geeignet. Auf die Nachhaltigkeit bezogen, ist seine Formulierung in der Version als „Grundgesetz“ der praktischen Vernunft von besonderer Bedeutung, da die Handlungsaufforderung über das darin genannte „jederzeit“ *intra-* und *intergenerationell* zu verstehen und der kategorische Imperativ als „allgemeines Gesetz“ *universell* ausgerichtet ist. In der Version als „Selbstzweckformel“ wird darüber hinaus die gesamte „Menschheit“ ausdrücklich angesprochen. Die Autonomie wurde von Kant als Selbstbestimmung des Willens interpretiert. An Hand der *Autonomie* des *Willens* wurde dargestellt, dass die Pflicht eine freie Handlung charakterisiert. Der aufklärerische Anspruch, sich seiner Vernunft zu bedienen, ist nicht immer zu realisieren. Es kann daher zu einer *Abhängigkeit* von *determinierenden Faktoren* kommen. Als Natur- und Vernunftwesen kann der Mensch sich zwar den freiheitsbegrenzenden natur- und sozialwissenschaftlichen und sonstigen empirischen Voraussetzungen nicht entziehen, sich jedoch wegen seiner intellektuellen Fähigkeiten *autonom* entscheiden, ob er dem als Naturwesen empirisch Gewollten auch als Vernunftwesen zustimmt. Dadurch ergibt sich für seinen Willen ein Entscheidungsspielraum zwischen *Fremd- und Selbstbestimmung*, der in der vorliegenden Arbeit gestalterisch genutzt wurde.

In der Nachhaltigkeitsperspektive fällt der *normativen Ethik* die Aufgabe zu, unter einem universalen Geltungsanspruch die notwendige Handlungsorientierung für alle Menschen generationenübergreifend anzubieten. Dafür wurden zwei Positionen ausgewählt: Die *erste Grundposition* richtet menschliches Handeln *inhaltlich* an den empirischen Bedingungen der zugrunde liegenden *Zielsetzung* aus und berücksichtigt, dass die verschiedenen Zweckorientierungen im Lebensprozess der Menschen auf ihr Wohlbefinden ausgerichtet sind. Diese intentionale Struktur des Handelns legt eine Ziel orientierte *teleologische Ethik (Teleologie)* nahe, die die Richtigkeit einer Handlung nach ihrem Zweck beurteilt. Die Ausrichtung auf hedonistische Beweggründe verschiedener Zwecksetzungen führt schließlich zur konsequentialistischen Teleologie, bei der sich die moralische Beurteilung einer Handlung auf deren Folgen im Hinblick auf ein als Nutzen interpretiertes Ziel konzentriert. Die *zweite Grundposition* richtet menschliches Handeln *formal* mit Hilfe der Vernunft an einem selbstbestimmten Handeln nach dem Prinzip der Freiheit aus. Voraussetzung ist dabei das Bekenntnis zu einer moralischen *Verpflichtung* und das Verständnis von Freiheit als freiwillige Bindung an ein selbst gegebenes, von Zwecksetzungen unabhängiges universal gültiges Moralgesetz. Auf dieser Grundlage entwickelte Kant die unverändert aktuelle *deontologische Ethik (Deontologie).* Entsprechend dem ihr zugrunde liegenden Pflichtgedanken bemisst sich die moralische Qualität einer Handlung unabhängig von der empirischen Zielsetzung nach der normativen Verpflichtung. Auslöser einer Handlung ist also die *moralische Verpflichtung* anstelle der Zweckmäßigkeit. Im Unterschied zur ersten Grundposition wird das moralisch Richtige nicht über ihre Funktion für ein außermoralisch Gutes bestimmt. Handlungsfolgen spielen im Unterschied zur Teleologie (fast) keine Rolle. Für eine komplexe Aufgabenstellung wie der vorliegenden sind beide Ansätze notwendig, aber jeweils allein nicht hinreichend. Für eine global zukunftsfähige Entwicklung kommen *teleologische* und *deontologische Ansätze* daher nur im Verbund in Betracht. Die Idee zur Entscheidung für die Teleologie und Deontologie als normative Fundamente des zu entwickelnden integrativen Ansatzes einer nachhaltigen Entwicklung geht ebenso wie deren Verknüpfung mit Hilfe eines konsensualen Dialogs methodisch aus einer *rekonstruktiven Entwicklung* im Rahmen der Alltagspraxis des Verfassers hervor. Analog einer integrativen Umweltstrategie lassen sich *Deontologie* und *Teleologie* nicht eindeutig voneinander abgrenzen und ebenfalls komplementär anwenden. Die Struktur dieser normativen Ansätze wurde als geeignet für einen *Verbund* von Teleologie und Deontologie befunden, so dass diese für die ethische Fundierung zu einem neuen Ansatz *„teleologische Deontologie"* zusammengeführt werden konnten. Dabei wurde die akteursbezogene, theoretisch konsistente Deontologie als normativer Schwerpunkt gewählt, ohne dabei die Ziel- und Folgenorientierung geringer einzustufen. Im Nachhaltigkeitskontext stellt die *Pflicht* (deon) den entscheidenden Grundbegriff für die ethische Reflexion dar, die mit der notwendigen Aufforderung zum moralischen Handeln für das *Ziel* (telos) einer global zukunftsfähigen Entwicklung verbunden wird. Die unter dieser Perspektive durchzuführenden Handlungen ergeben sich schließlich aus den anschließend behandelten fachspezifischen Einzelethiken als *wesentlicher Wissensbasis.*

Zur *methodischen Unterstützung* der Entwicklung und Nutzung des integrativen Ansatzes für eine nachhaltige Entwicklung wurden im Hinblick auf Interessen bedingte Konflikte das *Konsensprinzip* und der *ethische Diskurs* gewählt. Mit dieser Methode lassen sich zwei wesentliche Bedingungen für den Gestaltungsansatz erreichen: eine *Objektivierung* der normativen Ausrichtung und eine allgemeine *Akzeptanz* der beabsichtigten Handlungsorientierung. Erst mit einer intersubjektiven Bestätigung dieser zweiseitigen Aufgabenstellung in einem argumentativ und mit dem Ziel geführten Dialog, zwischen den Dialogpartnern auf der Grundlage der Vernunft einen *Konsens* über die von ihnen vertretenen Positionen herbeizuführen, ist der angestrebte Beitrag möglich. Mit dieser Ausrichtung wird der Dialog zum *ethischen Diskurs.* Der auf diese Art und Weise erzielte Konsens dient in seiner Objektivierungsfunktion umso mehr der *Wahrheitsfindung* je weiter die ausgetauschten Meinungen zur Übereinstimmung gebracht werden. Bei unzureichender Verständigungsbereitschaft kann es hingegen zu einem Dissens kommen. Der stattdessen angestrebte *Konsens* wird nicht als Nivellierungsinstrument bestehender Differenzen gesehen, sondern bezweckt in seiner Akzeptanzfunktion einerseits eine demokratische *Konfliktregelung* und andererseits eine *Validierung der Geltungsansprüche*, die sich auf die normative Richtigkeit eines Handlungszusammenhangs und auf die Wahrheit des Aussageninhalts beziehen können. Die

Diskursmethode rekonstruiert den Vernunftbegriff nach Jürgen Habermas im Sinne einer *kommunikativen Rationalität*. Der ethische Diskurs ermöglicht darüber hinaus eine Minimierung der Gefahr einer realitätsfernen Theoriebildung. Durch *intersubjektive Überprüfung* werden auf dem Wege der Approximation einerseits Praxisnähe sowie gesellschaftliche Relevanz der theoretischen Aussagen erreicht und andererseits aus Interessengegensätzen entstandene Konflikte einer Lösung rational zugänglich gemacht. Der dafür erforderliche Verständigungsprozess geht über den Informationsaustausch der Diskursteilnehmer hinaus und muss genau festgelegte *formale Anforderungen* erfüllen. Es geht also um allgemein gültige Regeln, mit der Handlungen bezüglich ihres moralischen Geltungsanspruchs beurteilt werden können. Anstelle des kategorischen Imperativs tritt beim ethischen Diskurs das Verfahren der moralischen Argumentation. Die dafür geforderte Normenbegründung erfolgt kommunikationstheoretisch nach zwei Richtungen: der *konstruktiven Ethik* der „Erlanger Schule" und der *Diskursethik* der „Frankfurter Schule". Trotz der Unterschiede geht es bei beiden darum, den Ich-betonten erkenntnistheoretischen Standpunkt und den auf die geistigen Fähigkeiten bezogenen Mentalismus mit Hilfe der Kommunikation realitätsnah zu transformieren. Kritisch eingestuft wurden am ethischen Diskurs die für einen Konsens benötigten *idealen Annahmen*, die in der Realität nur schwer zu erfüllen sind. Die aufgestellten Forderungen an die von den Diskurspartnern ausgetauschten Argumente und an die Regel für den Diskurs abstrahieren von den realen Diskursbedingungen und dem situativ gebundenen Handlungszusammenhang. Andererseits können in realen Diskursen ideale Annahmen und Regeln als *Orientierungshilfen* für eine ethische Gesprächsführung genutzt werden. In einzelnen Fällen wie in der betrieblichen Praxis können außerdem Einschränkungen wie partielle Diskurssuspendierungen oder eine verantwortungsethische Ergänzung der Diskursmethode erforderlich werden.

### (3) Umweltethik

Zur Klärung der fachspezifischen Basis für die Entwicklung des normativen Gestaltungsansatzes Nachhaltigkeitsethik wurde die Umweltethik als erste fachspezifische Einzelethik gewählt. Angesichts zunehmender anthropogener globaler Umweltkrisen ging es vorrangig um zukunftsfähiges Verhalten gegenüber der natürlichen Umwelt. Dafür wurden nach einer Klärung der Grundprobleme der Umweltethik (vgl. Kapitel 3.3.1) die maßgeblichen ökologischen Prinzipien dargestellt (vgl. Kapitel 3.3.2) und der *integrative Gestaltungsansatz Umweltethik* durch normative Integration der ökologischen Rationalität entwickelt (vgl. Kapitel 3.3.3). Außerdem erwies sich die deontologisch-teleologische Fundierung in Verbindung mit der konsensualen Dialogmethode als konzeptionell *geeignet*, so dass die übrigen Einzelethiken analog entwickelt wurden.

Vor diesem Hintergrund wurden die *Grundprobleme der Umweltethik* dargestellt und der moralisch richtige Umgang des Menschen mit der Natur in den Mittelpunkt gestellt. Das *Verhältnis Mensch-Natur* ist dabei von der Abhängigkeit des Menschen von der Natur gekennzeichnet, die er durch seine Verstandespotenziale zu beherrschen versucht. Dieser Zusammenhang wurde vor dem Hintergrund der Doppelnatur des Menschen als Natur- und Kulturwesen erörtert. Anhand des Begriffs *„Umwelt"* wurde klargestellt, dass es sich nicht um einen naturalistischen, sondern um einen *kulturalistischen Begriff* handelt. Die schwer zu beherrschenden Umweltprobleme wurden mit der ambivalenten Stellung des Menschen in der Natur erklärt, und zwar einerseits als Teil von ihr abhängig zu sein und andererseits ihr mit geistig-kulturellen Fähigkeiten seinen Willen aufzuzwingen. Die *Ökologie* liefert die naturwissenschaftlichen Grundlagen für die Gestaltung der natürlichen Umwelt, jedoch keine Aussagen, wie die Umwelt einschließlich ihrer Grenzwerte konkret beschaffen sein soll. Das ist eine Aufgabe der normativen *Ethik*, mit der die *natürliche Umwelt* in einem Wechselverhältnis steht, das sich unter der Nachhaltigkeitsperspektive um die Dimensionen Wirtschaft und Soziales erweitert. Mit der Ethik als vierter Dimension wird die Umweltethik mit der Wirtschafts- und Sozialethik zu einem erweiterten *Konfliktmodell* integrativ zusammengeführt, das bereits als konsensuales Tetraeder der Nachhaltigkeitsethik vorgestellt wurde. Die nicht ohne Konfliktregulierung zu erreichende Zielsetzung einer nachhaltigen Entwicklung erfordert einen diskursiven Verständigungsprozess der Akteure als Repräsentanten der untereinander in Wechselbeziehungen stehenden Dimensionen des Tetraeders. Die unter verschiedenen, nicht immer realitätsnahen Perspektiven vertretenen *umweltethischen Ansätze* basieren auf einer unterschiedlichen Bewertung der Stellung des Menschen in der Natur und seines Umgangs mit ihr. Sie spielen sich zwischen den Polen Vorrangstellung und Eingebundensein des Menschen in die Natur ab. Als *Klassifikation* der Umweltethik wurden *vier Ansätze* gewählt, bei denen nach verschiedenen Trägern moralischer Werte und verschiedenen Bereichen menschlicher Verantwortung unterschieden wurde, mit der Folge unterschiedlicher Schutzziele vom Menschen bis hin zur unbelebten Natur. Die Auseinandersetzung mit den verschiedenen Ansätzen verdeutlichte, dass nicht nur eine uneingeschränkte Rücksichtnahme auf die Zwecke der belebten und unbelebten Natur, sondern auch extreme Formen des Anthropozentrismus wie ein ungebremster Humanegoismus problematisch sein können. Daher wurde für die hier in Richtung Nachhaltigkeit zu erweiternde Umweltethik ein modifizierter *kritischer Anthropozentrismus* als Ausgangsposition gewählt, der neben dem Menschen auch die übrigen Teile der Natur entsprechend den vorhandenen Interdependenzen berücksichtigt.

Die Klärung der naturwissenschaftlichen Voraussetzungen für den zu entwickelnden umweltethischen Ansatz wurde anhand der bestimmenden Prinzipien der Ökologie durchgeführt: Die *ökologischen Prinzipien* wurden hier in einem Raum-Zeit-Gefüge integrativ zu einem Gesamtprinzip zusammengeführt. Entsprechend dem postulierten *integrativen Gesamtprinzip* wird darunter die Fähigkeit des globalen Ökosystems verstanden, durch weitgehende Selbstregulation ein ökologisches Gleichgewicht der vernetzten Ökosysteme zu erreichen. Diesem komplexen Wirkungszusammenhang liegen unterschiedliche ökologische Prinzipien zugrunde, die jeweils ihren Anteil zur Stabilität der Ökosysteme beisteuern und insofern auch als *Indikatoren* zum Erhalt des ökologischen Gesamtsystems verwendet werden können. Insgesamt wurden sieben *umwelt- und stabilitätsrelevante Einzelprinzipien* zur naturwissenschaftlichen Fundierung des umweltethischen Zielsystems und des integrativen Gesamtprinzips herausgearbeitet. Bei den gewählten Einzelprinzipien ergaben sich viele *Analogien* zu den Bereichen *Wirtschaft* und *Soziales*, besonders bei den erwähnten Interaktionen von Organismen vor ihrem Ressourcenhintergrund. Ohne die *Wechselbeziehungen* der verschiedenen Organismen und ihren *Wirkungszusammenhang* mit der unbelebten Natur wären die durch ständige Veränderungen gekennzeichneten Entwicklungsvorgänge in der Natur nicht denkbar. Ein sensibler Zusammenhang, in dem anthropogene Beeinflussungen eine folgenreiche Sonderrolle spielen. Zur wichtigen Aufrechterhaltung der *Stabilität der Ökosysteme* dürfen derartige Einflüsse nicht überhand nehmen und sind in eine ganzheitliche Umweltstrategie einzubeziehen. Eine besondere Position unter den Einzelprinzipien nimmt das *Leben* ein, das selbst einem durch Entropiezunahme gekennzeichneten irreversiblen Prozess unterliegt. Als umfassendes Prinzip ist es nicht allein naturwissenschaftlich zu erfassen. Die *ökologischen Prinzipien* zeigen sowohl einzeln als auch in ihrer Gesamtheit eine Einzigartigkeit der Natur. Aus umweltethischer Sicht ist die Natur nicht nur schützenswert, sondern auch für ein gutes Leben erforderlich und im Hinblick auf die intra- und intergenerationelle Gerechtigkeit möglichst vielen Menschen auf Dauer zugänglich zu machen. Wenn der Mensch auf ökologische Prinzipien intensiv und fortdauernd einwirkt, darf diese Einwirkung im Interesse der *Stabilität* und *Funktionsfähigkeit* der vernetzten Ökosysteme nur soweit wie erforderlich und unter Beachtung der ökologischen Regeln und Anforderungen geschehen. Die sichtbaren Konsequenzen aus einem Verstoß gegen einzelne Prinzipien stellen einen wichtigen Hinweis für notwendige Verhaltenskorrekturen dar.

Der dargestellte *umweltethische Ansatz* ist das Ergebnis einer *normativen Integration* der ökologischen Rationalität. Die *ökologische Rationalität* wurde als zweckrationale Verfolgung eines ökologischen Zielsystems definiert. Eine unter dem Blickwinkel einer nachhaltigen Entwicklung auf dieses *erste generelle Ziel* angelegte Umweltethik wurde als ökologische Dimension der Nachhaltigkeitsethik eingestuft. Unter diesen Voraussetzungen wurde die Integration zu einem spezifisch umweltethischen Ansatz durchgeführt, der anschließend mit den wirtschafts- und sozialethischen Ansätzen zum normativen Gestaltungsansatz Nachhaltigkeitsethik erweitert wird. In beiden Fällen ergeben sich durch Verknüpfung der instrumentellen fachspezifischen Anteile mit der teleologischen Deontologie und den nicht-instrumentellen Prinzipien integrative Ansätze. Für die Lösung der auftretenden Interessengegensätze wurde das *dialogische Konsensprinzip* als methodische Unterstützung der Integration gewählt. In der raumzeitlichen Perspektive sind für die zu führenden Dialoge weitergehende Regeln und Verfahrensschritte erforderlich. Damit die Gestaltungspotenziale der Umweltethik nicht auf Reparaturmaßnahmen beschränkt bleiben, muss mit einer integrativen Denkweise schon bei der Entstehung von Fehlentwicklungen angesetzt und durch normative Orientierung zu deren Vermeidung beigetragen werden, ohne die Probleme auf die ökonomische und soziale Ebene zu verlagern. Der umweltethische Ansatz wurde mit seiner Verknüpfung der fachspezifischen, ethischen und diskursiven Aspekte *als Vorbild für* die Ansätze der *Wirtschafts- und Sozialethik* entwickelt. Wegen der Zweckgebundenheit der ökologischen Rationalität innerhalb eines fachspezifischen Horizonts wurde eine Ergänzung um die nicht-instrumentelle *ethische Rationalität* vorgenommen, mit der Motive, Werte und Folgen des Handelns für die angestrebte Handlungsorientierung reflektiert wurden. Die dafür benötigten *nicht-instrumentellen Prinzipien* wie Vernunft, Pflicht, Freiheit, Verantwortung, Konsens, Autonomie etc. kennzeichnen die *Bedingungen*, unter denen eine nachhaltige Entwicklung aus moralphilosophischer Sicht *a priori* möglich ist. Sie ziehen sich daher wie ein roter Faden durch die vorliegende Arbeit. Ausgehend von diesen Überlegungen und den normativ-ethischen Vorklärungen erfolgte die Entwicklung des Ansatzes Umweltethik in *drei idealtypischen*

*Schritten*: (1) Deontologische Ergänzung des ökologischen Zielsystems. (2) Teleologische Ergänzung des deontologisch erweiterten ökologischen Zielsystems. (3) Verknüpfung des deontologisch und teleologisch erweiterten ökologischen Zielsystems mit der ethischen Rationalität. Die Integrationsfähigkeit der ökologischen und ethischen Rationalität wurde durch die Berücksichtigung der ihnen zugrunde liegenden Prinzipien und die methodische Unterstützung durch die *kommunikative Rationalität* als dritter Rationalität erreicht.

### (4) Wirtschaftsethik

Nach der Umweltethik wurde die Wirtschaftsethik als weitere fachspezifische Einzelethik gewählt, die sich mit dem bereits angewendeten Integrationskonzept analog entwickeln ließ. Vor dem Hintergrund der verdeutlichten Grenzen der neoklassischen Ökonomik wurden nach einer Erörterung der Grenzen der heutigen Lebens- und Wirtschaftsweise (vgl. Kapitel 3.4.1) die wesentlichen ökonomischen Prinzipien dargestellt (vgl. Kapitel 3.4.2) und der *integrative Gestaltungsansatz Wirtschaftsethik* durch normative Integration der ökonomischen Rationalität entwickelt (vgl. Kapitel 3.4.3).

Aus der Kritik an den zunehmenden globalen Wirtschaftskrisen und ihren größer werdenden negativen Folgen entstand die Leitidee von einer dauerhaft *lebensdienlichen Ökonomie* für die gesamte Bevölkerung. Eine ganzheitliche Ausrichtung der Wirtschaft, die nicht allein auf Wettbewerb, unersättliche Bedürfnisse und die ohnehin nur eingeschränkt erfolgende *Selbstregulierung der Märkte* vertraut, die die in den Fokus gestellte ökonomische Rationalität mit ihrem normativen Modell vom Homo oeconomicus kritisch reflektiert und allen Wirtschaftsakteuren eine faire Teilhabe am Wirtschaftsprozess ermöglicht, ergibt wesentliche Ansatzpunkte für eine global zukunftsfähige Wirtschaftsweise. In der realen Wirtschaft ist ein gerechter *Tausch* ohne gleichberechtigte Partner und ohne institutionelle Absicherung der Gerechtigkeit des Nehmens und Gebens undenkbar. Eine ganzheitliche Interpretation von Bedürfnisbefriedigung und Wachstum erfordert eine grundlegende Änderung des bisherigen Wirtschaftens, das die vorhandene *Gerechtigkeitslücke* schließt. Letztere resultiert aus der Benachteiligung eines großen Teils der Bevölkerung und einer damit im Zusammenhang stehenden *Belastung der natürlichen Umwelt* mit raumzeitlichen Auswirkungen. Beide Fehlentwicklungen sind auf individuelles bzw. soziales Fehlverhalten und unzureichende institutionelle Rahmenbedingungen zurückzuführen. Der Gerechtigkeitsaspekt stellt die Schnittstelle zur *Sozialethik*, die ungebremste Ausbeutung und Belastung der Natur stellt die Schnittstelle zur *Umweltethik* dar. Beide Aspekte bleiben bei einer ökonomischen Betrachtung, die auf individuelle Nutzenmaximierung fokussiert und externe Effekte sowie Restriktionen ausblendet, unberücksichtigt.

Für die ethische Reflexion des Wirtschaftens wurde die Wirtschaftsethik komplexitätsreduzierend unterteilt in eine *Mikroebene* individuellen Handelns, eine *Mesoebene* der Gruppen und Organisationen wie z. B. Unternehmen und eine *Makroebene* der Gesamtheit der gesellschaftlichen Akteure einschließlich der zugehörigen institutionellen Rahmenbedingungen. In Anbetracht der Verzahnung der drei Ebenen ermöglicht diese systemtheoretische Unterteilung eine vollständige Erfassung und Beurteilung des ethischen Verhaltens und schließt die für die Unternehmensebene relevante *Unternehmensethik* ein, die hier als unternehmensbezogene Wirtschaftsethik interpretiert wird. Als begriffliche Bestandteile der Wirtschaftsethik streben *Wirtschaft* und *Ethik* auch gemeinsame Ziele wie Wohlstand und ein gutes Leben an. Sie sind für deren Verfolgung aufeinander angewiesen, da die Bedürfnisbefriedigung als zentrale Aufgabe der Wirtschaft die existenzielle Basis menschlichen Lebens darstellt. Für die Entwicklung des wirtschaftsethischen Ansatzes wurde von einer *Gleichrangigkeit* von Wirtschaft und Ethik ausgegangen, die ihrerseits in einem Wechselverhältnis zu den Nachhaltigkeitsdimensionen natürliche Umwelt und Soziales stehen. Das von interdependenten *ökonomischen Prinzipien*, die Analogien zu einigen ökologischen Prinzipien aufweisen, bestimmte Wirtschaften ist durch teleologisch ausgerichtete Tätigkeiten zwecks Bedürfnisbefriedigung gekennzeichnet, die sich unter das umfassende ökonomische Rationalprinzip als Oberzweck zweckrationalen Handelns subsumieren lassen. Die im Mittelpunkt der neoklassischen Wirtschaftstheorie stehende *ökonomische Rationalität* stellt in diesem Zusammenhang eine Form der Zweckrationalität dar, die einseitig auf das Ziel einer individuellen Nutzenmaximierung – der normativen Basis der Ökonomik – ausgerichtet ist, ohne dabei nach den Folgen der daraus entstehenden Handlungsergebnisse zu fragen. Analog verhält es sich mit der *technischen Rationalität*. Beide Rationalitäten weisen jedoch einen grundlegenden Unterschied auf: Angesichts erkannter technischer Risiken für die Gesellschaft hat sich die Technikfolgenabschätzung als eigene Wissenschaftsdisziplin etabliert, für die Erfassung der wirtschaftlichen Risiken gibt es dagegen bisher keine Wirtschaftsfolgenabschätzung. Die instrumentelle Konzeption ökonomischer Rationalität übersieht jedoch die Tatsache, dass jede gewählte Handlung auch einer eigenen Wertorientierung unterliegen kann, und erfordert daher eine Ergänzung durch die ethische Rationalität.

Der dargestellte wirtschaftsethische Ansatz wurde in Analogie zur Umweltethik durch *normative Integration* der *ökonomischen Rationalität* realisiert. Die ökonomische Rationalität wurde als zweckrationale Verfolgung eines *ökonomischen Zielsystems* definiert. Die Einzelprinzipien wurden hierbei unter das umfassende ökonomische Rationalprinzip subsumiert. Dadurch wurden die Voraussetzungen für das angestrebte lebensdienliche Wirtschaften geschaffen. Eine unter dem Blickwinkel einer nachhaltigen Entwicklung auf dieses *zweite generelle Ziel* angelegte Wirtschaftsethik wurde als ökonomische Dimension der Nachhaltigkeitsethik eingestuft. Die Entwicklung des *integrativen Ansatzes der Wirtschaftsethik* erfolgte in Analogie zur Umweltethik wieder in drei idealtypischen Schritten und unter methodischem Rückgriff auf die kommunikative Rationalität als dritter Rationalität. Vor dem Hintergrund des Dreiecksverhältnisses Mensch-Natur-Mensch wurde auf diesem Wege der Ansatz der Wirtschaftsethik entwickelt. Die ökonomische und ethische Rationalität sind grundsätzlich gleichberechtigt und bilden den gemeinsamen Kern einer Wirtschaftsethik, die für eine systemoffene, lebensdienliche Gestaltung einer Wirtschaft steht, die sich selbst als Teilmenge des Ökosystems Erde erkennt.

**(5) Sozialethik**

Die Sozialethik wurde als dritte und letzte Einzelethik für die Entwicklung des Gestaltungsansatzes Nachhaltigkeitsethik gewählt. Damit soll vor allem den aus globalen

Umwelt- und Wirtschaftskrisen folgenden *Sozialproblemen* begegnet werden. Vor diesem Hintergrund wurde nach einer Klärung der Grundprobleme der Sozialethik (vgl. Kapitel 3.5.1) und der Gerechtigkeit als zentrales Anliegen der Sozialethik (vgl. Kapitel 3.5.2) der *integrative Gestaltungsansatz Sozialethik* durch normative Integration der sozialen Rationalität entwickelt (vgl. Kapitel 3.5.3). Außerdem wurde gezeigt, dass sich das für die Umwelt- und Wirtschaftsethik *angewendete Integrationskonzept* mit seiner deontologisch-teleologischen Fundierung und konsensualen Dialogmethode analog auch für die Sozialethik *eignet* und sich die drei Einzelethiken auf dieser Grundlage zu dem normativen Gestaltungsansatz Nachhaltigkeitsethik weiterentwickeln lassen.

Vor diesem Hintergrund wurden die *Grundprobleme der Sozialethik* erörtert. Aus anthropologischer Sicht wurde dafür die Position des Menschen in der Natur dargestellt. Das *Verhältnis Mensch-Mensch* wurde sowohl im Verhältnis zur Natur als auch zur Kultur geklärt. Durch Erweiterung dieses Verhältnisses um das Verhältnis Mensch-Natur steht der Mensch strukturell in einem *Dreiecksverhältnis* Mensch-Natur-Mensch. Unter sozialethischem Blickwinkel konkretisierte sich die Doppelnatur des Menschen auf die eines Individual- und Sozialwesens. Die Komplexität des menschlichen Daseins wurde durch eine Rückführung auf eine *dreifache Grundbeziehung* des Menschen reduziert: die von Arthur Rich eingeführte Individual-, Sozial- und Umweltbeziehung. Der damit verbundene Realitätsverlust wird durch eine Einbeziehung des institutionellen Hintergrunds eingeschränkt. Entsprechend der Doppelnatur des Menschen wurde zwischen einer *Individualethik* und einer *Sozialethik* unterschieden. Mit der Individualethik wird das verpflichtende Sollen des Einzelnen unmittelbar angesprochen, wohingegen die Sozialethik den Einzelnen vorrangig als Teil der Gesellschaft sieht und von nicht vorgegebenen Institutionen ausgeht, die selbst Gegenstand der Auseinandersetzung und Gestaltung sind. Für eine gegenwarts- und zukunftsverträgliche Gestaltung der Lebensbedingungen kommt es besonders darauf an, die dreifache Grundbeziehung auf die umsetzungsrelevanten Institutionen abzustellen. Den Sozialprinzipien *Solidarität* und *Subsidiarität* wurde im Rahmen des gesellschaftspolitischen Interessenausgleichs eine besondere Bedeutung beigemessen. Sie liefern wichtige Organisationsprinzipien für die vielfältigen Sozialaufgaben, die sowohl privat als auch staatlich zu erbringen sind. Solidarität wird angesichts der globalen Unterschiede und Abhängigkeiten letztlich zu einer wesentlichen Voraussetzung für ein dauerhaftes Leben auf unserem Planeten. Aus der Interpretation der begrifflichen Bestandteile der Sozialethik und dem zugrunde gelegten Schwerpunkt ergibt sich eine unterschiedliche Ausrichtung, die durch die angenommene Gleichrangigkeit der Bestandteile eingeschränkt wurde. *Soziales* und *Ethik* thematisieren trotz fachspezifischer Unterschiede insbesondere das Zusammenleben der Menschen und dessen Gestaltung unter einer sozial- und naturverträglichen Zielvorstellung. Der für die gesellschaftliche Umsetzung wichtige Interessenausgleich kann auch hier nicht allein von den positiven Wissenschaften geleistet werden, sondern nur mit Unterstützung durch die normative Ethik und das dialogische Konsensprinzip. Die Wechselbeziehungen wurden wieder an Hand des Konfliktmodells Tetraeder der Nachhaltigkeitsethik veranschaulicht, bei dem die *Sozialethik* die Funktion einer *Teilethik* in einem erweiterten Zusammenhang mit der Umweltethik und der Wirtschaftsethik übernimmt.

Ein *zentrales Anliegen* der Sozialethik stellt die *Gerechtigkeit* dar. Trotz ihrer begrifflichen Vielfalt, die den komplexen gesellschaftlichen Hintergrund widerspiegelt, stellt die Gerechtigkeit einen grundlegenden *Beurteilungsmaßstab* für die Qualität eines ganzheitlich verstandenen Zusammenlebens dar, an dem sich die Sozialethik und die Nachhaltigkeit konkretisieren. Letztere nimmt hier die Funktion eines zeitgemäßen Sozialprinzips an. Entsprechend der bipolaren Struktur der Sozialethik wurde die Gerechtigkeit unterteilt in eine *subjektive Dimension*, die als ein vom Willen des Subjekts bestimmtes Handeln interpretiert wird, und eine *objektive Dimension*, die Gerechtigkeit als Idee oder Prinzip versteht. Im subjektiven Verständnis stellt Gerechtigkeit eine *moralische Tugend* dar, die für die Verbesserung der ökologischen, ökonomischen und sozialen Verhältnisse unmittelbare Bedeutung hat. Im objektiven Verständnis der Gerechtigkeit geht es um *institutionelle Regelungen* mit weltweiten Auswirkungen für das einerseits durch Kooperation und andererseits durch Konflikt gekennzeichnete Zusammenleben. Aus der gesellschaftlichen Praxis ergibt sich die Erkenntnis, dass eine *Flucht aus der Verantwortung* von der subjektiven in die objektive Dimension und umgekehrt vermieden werden muss. Zum weitergehenden Verständnis der Gerechtigkeit und ihrer Anwendungsmöglichkeiten wurden folgende ergänzenden Klärungen vorgenommen:

In der gesellschaftlichen Realität werden wir ständig mit problematischen Entwicklungen konfrontiert, die einen *Regelungsbedarf* erfordern, der auf zwei Wegen beschritten werden kann: Entweder wird eine rechtliche Regelung aus einer vorpositiven Rechtsidee abgeleitet, die mit Hilfe der Vernunft aus der menschlichen und der den Menschen umgebenden Natur eine normative Ordnung als Naturrecht generiert. Oder es wird auf ein bereits vorliegendes, d. h. positives Recht zurückgegriffen, das aufgrund einer gesellschaftlichen Vereinbarung entstanden ist. Aus der Perspektive der Nachhaltigkeit stellt das *Naturrecht* eine normative Rechtsvorstellung dar, aus der sich in Übereinstimmung mit dem vertragstheoretischen Denken die Grundregeln für das menschliche Zusammenleben und den Umgang mit der Natur ergeben. Die für die Lösung globaler Nachhaltigkeitsdefizite notwendigen Rechtsgrundlagen können ohne Rückgriff auf vorpositive Rechtsvorstellungen und Naturrechtsdenken nicht geschaffen werden, sie müssen jedoch für die Umsetzung um das *positive Recht* ergänzt werden. Zur Klärung ihrer Anwendungsmöglichkeiten wurde die Gerechtigkeit zunächst von ihrer formalen und anschließend von ihrer materialen Seite erörtert. Die Gerechtigkeit basiert danach wie der kategorische Imperativ und die Vertragstheorie auf einer *formalen Bestimmung*. In seiner Begründung des Gerechtigkeitsbegriffs verzichtete Kant auf eine materiale Bestimmung des Rechts und greift wegen der damit verbundenen Interessenkonflikte und fehlenden universellen Anwendbarkeit stattdessen auf das formale Prinzip des *kategorischen Imperativs* zurück. Auch eine Vereinbarung durch einen formalen Vertrag, den die Vertragspartner aus eigenem Interesse und aus freiem Willen eingehen, vermeidet die mit der materialen Rechtsorientierung verbundenen Probleme. Da der in der *Vertragstheorie* fiktiv angenommene natürliche Urzustand in der gesellschaftlichen Realität die Koexistenz mit anderen Individuen gefährden würde, bietet sich als Lösung der Abschluss eines Gesellschaftsvertrags an. John Rawls geht in seiner Gerechtigkeitstheorie von zwei Gerechtigkeitsgrundsätzen aus. Aus sozialethischer und politischer Sicht wurde der darin zum Ausdruck kommenden *vertragstheoretisch* ausgerichteten *Gleichheitssicht* der Vorzug gegenüber bestehenden Ungleichheiten gegeben.

Im Gerechtigkeitskontext wurde eine Strukturierung in einzelne *Grundsätze* vorgenommen: Bei allen sozialen Interaktionen zielt *Gerechtigkeit* auf die Zuteilung und Sicherstellung dessen, was einem zukommt. Als Gerechtigkeitsprinzip *„jedem das Seine" (suum cuique)* stellt es eine Grundforderung der Sozialethik dar, die sich in ihrer Reziprozität unmittelbar zur ethischen Fundierung von Rechtsbeziehungen anbietet. Im Unterschied hierzu zieht sich das den gesellschaftsbezogenen Gerechtigkeitsdiskurs dominierende *Gleichheitsprinzip* durch zahlreiche Gerechtigkeitsformen wie z. B. die Bedürfnis- und die Verteilungsgerechtigkeit. Dieses Prinzip geht aus einem Vergleich mit Ungleichem hervor und stellt die entscheidende Bestimmungsgröße für die Qualität sozialer Interaktionen und Institutionen dar. Bei der formalen Gleichheit, die sich auf das positive Recht bezieht und im Unterschied zur materialen Gleichheit die inhaltlichen Probleme und Konfliktpotenziale vermeidet, liegen die Verhältnisse einfacher. Die uneingeschränkte Anwendung der Gleichheit als *Egalitarismus* ist gesellschaftspolitisch nicht praktikabel. Im Rahmen der Aufklärung bildete sich eine im sozialrechtlichen Sinne formale Gleichheit ohne materiale Gleichheit heraus, an der bis heute festgehalten wird. Infolge krasser sozialer Ungleichheiten erlangte die konfliktträchtige materiale Gleichheit bei Auseinandersetzungen um die *soziale Frage* einen hohen Stellenwert. Die jedem Menschen als moralischer Eigenwert zukommende Menschenwürde entspricht einem inneren und äußeren Wert- und Achtungsanspruch. Aus dem *Prinzip Menschenwürde* leiten sich nach dem Naturrecht die Menschenrechte ab. Die in nationalen Verfassungen sowie international über die Vereinten Nationen geschützten Menschenrechte bilden einerseits die soziale Grundlage der staatlichen Gemeinschaft und stellen andererseits analog der Gerechtigkeit einen eindeutigen Qualitätsmaßstab für den Zustand einer Gesellschaft dar. Angesichts der Globalisierung wurde die Gerechtigkeit in einen universellen raumzeitlichen Zusammenhang gestellt: Die weltweit zu lösenden Nachhaltigkeitsdefizite erfordern ein neues Gerechtigkeitsverständnis, das von einer globalen intertemporalen Solidarität geprägt ist. Wichtige Grundlagen für das *Prinzip der Universalität* hat Kant bereits mit seinem kategorischen Imperativ und seinen Gedanken zu einer universellen Friedens- und Rechtsordnung gelegt, das hier der formalen Gerechtigkeit für die raumzeitlichen Anforderungen an eine nachhaltige Entwicklung zugrunde gelegt wurde.

Für die soziale Realität mit ihren konkreten Problemen liefern *materiale Gerechtigkeitskonzeptionen* eine entscheidende Orientierung. Im Unterschied zu den formalen Ansätzen besitzen sie jedoch keine universelle. Bei inhaltlichen Problemen kommt dem Gleichheitsprinzip auch in quantitativer Hinsicht eine besondere Bedeutung zu. Die Überwindung des Arm-Reich-Dilemmas erfordert im Rahmen eines *„New Deal"* eine gerechtere Verteilung von Einkommen, die anhand eines spieltheoretischen Experiments in einer Marktwirtschaft erörtert wurde. Nach dieser Modellbetrachtung könnte eine Umverteilung vorgenommen und ein Lösungsbeitrag durch mehr *Verteilungsgerechtigkeit* erreicht werden. Um vergleichbare Verteilungs- und Ausgleichsfragen geht es bei der sozialpolitisch relevanten und gleichzeitig wirtschaftspolitisch umstrittenen *sozialen Gerechtigkeit*, die vor dem nachhaltigkeitsethischen Hintergrund einen Schwerpunkt der gerechtigkeitsbezogenen Ausführungen darstellt. Bei ihr geht es um eine grundlegende Richtschnur sozialpolitischen Handelns im Rahmen der *Sozialstaatlichkeit*. In einem sozialen Rechtsstaat wird die soziale Gerechtigkeit zu einem leitenden Prinzip und Maßstab für gesellschaftliches Handeln. Soziale Gerechtigkeit erfordert eine annähernd gleiche Lastenverteilung und rückt damit in die Nähe der *Bedürfnisgerechtigkeit*, die für jeden Einzelnen eine Grundausstattung mit Gütern und Dienstleistungen für ein menschenwürdiges Dasein fordert. An diesem Punkt setzte auch die Brundtland-Kommission mit ihrer Definition der Nachhaltigkeit an. Wegen ihrer Zukunftsorientierung bleibt die *intergenerationelle Gerechtigkeit* bei gesellschaftlichen Anlässen nicht selten unberücksichtigt, so dass der Generationenzusammenhang institutionell abgesichert werden muss. Die *intragenerationelle Gerechtigkeit* wirkt sich hingegen für die Bürger lokal und global in sozioökonomischer Hinsicht spürbar aus und kann von ihnen gegebenenfalls eingefordert werden. Damit der Sozialstaat dem Gerechtigkeitspostulat strategisch nicht nur vorübergehend und auf die eigenen Grenzen bezogen Rechnung tragen kann, muss er sein soziales Leistungssystem von vornherein auf die Erfordernisse einer global zukunftsfähigen Entwicklung ausrichten. Mit diesen erweiterten Anforderungen befindet sich die soziale Gerechtigkeit tendenziell auf dem Weg zu einer intra- *und* intergenerationellen Gerechtigkeit. Auf längere Sicht würden die hierfür benötigten sozialpolitischen Weichenstellungen eine soziale Marktwirtschaft jedoch überfordern, so dass anstelle einer ordoliberalen eine ganzheitliche Ausrichtung unter Einbeziehung aller gesellschaftlichen Akteure in Form einer *nachhaltigen Marktwirtschaft* vorgeschlagen wird, die entsprechende Rahmenbedingungen und Abstimmungen im Rahmen eines Global-Governance-Prozesses erfordert.

Der dargestellte sozialethische Ansatz wurde in Analogie zu den umwelt- und wirtschaftsethischen Ansätzen durch *normative Integration* der *sozialen Rationalität* realisiert. Die soziale Rationalität wurde als zweckrationale Verfolgung eines *sozialen Zielsystems* definiert. Als wesentliche soziale Prinzipien wurden in diesem Zusammenhang die Solidarität, Subsidiarität und Gerechtigkeit gewählt. Eine unter dem Blickwinkel einer nachhaltigen Entwicklung auf dieses *dritte generelle Ziel* angelegte Sozialethik wurde als soziale Dimension der Nachhaltigkeitsethik eingestuft. Die Entwicklung des *integrativen Ansatzes der Sozialethik* erfolgte wieder in drei idealtypischen Schritten und mit methodischer Unterstützung durch die kommunikative Rationalität als dritter Rationalität. Vor dem Hintergrund des Verhältnisses Mensch-Mensch wurde auf diese Weise der Ansatz der Sozialethik als Ergebnis einer Integration von sozialer und ethischer Rationalität entwickelt. Diese bilden den gemeinsamen Kern einer Sozialethik, die für eine systemoffene soziale Gestaltung einer Gesamtgesellschaft steht.

**(6) Integration der fachspezifischen Einzelethiken**

Auf der strukturellen Basis der Umwelt-, Wirtschafts- und Sozialethik wurde mit Unterstützung durch die Diskursmethode und das konsensuale Konfliktlösungs- und Integrationskonzept eine *ganzheitliche Integration* durchgeführt (vgl. Kapitel 3.6.1), die zur Entwicklung des im Fokus der Gesamtarbeit stehenden *normativen Gestaltungsansatzes* führte, für den der Begriff *„Nachhaltigkeitsethik"* eingeführt wurde (vgl. Kapitel 3.6.2). Mit dieser Konzeptualisierung wurden die nachhaltigkeitsrelevanten Sachverhalte vollständig erfasst, unter eine ganzheitliche Ethikperspektive gestellt und die Voraussetzungen für eine interaktiv zu vermittelnde anwendungsbezogene Konkretisierung in den Nachhaltigkeitsdimensionen geschaffen.

Zur *methodischen Unterstützung der Integration* wurden das dialogische Konsensprinzip und der ethische Diskurs gewählt. Damit wird sowohl eine Objektivierung der normativen Ausrichtung als auch eine Akzeptanz der beabsichtigten Handlungsorientierung erreicht. Der an ethisch motivierte ganzheitliche Lösungen zu stellende Vernunftanspruch ist letztlich nur durch intersubjektive Verständigung einzulösen. Für die Integration der Einzelethiken wurde ein *konsensuales Lösungs- und Integrationskonzept* verwendet: Die Einzelethiken wurden analog den Dimensionen der Nachhaltigkeit als grundsätzlich gleichrangig eingestuft und unter Rückgriff auf das *Konfliktmodell* Tetraeder der Nachhaltigkeitsethik integriert, wobei die normative Korrektur- und Koordinierungsfunktion für die herzustellende Balance wichtig ist. Mit Unterstützung durch den ethischen Diskurs ergab sich das *konsensuale Lösungskonzept* schließlich als normative Genese eines Systems von interdependenten Zwecken. Hierin verkörpern die Einzelethiken jeweils die dauerhaft fachspezifischen Entwicklungen als Unterzwecke und die Nachhaltigkeitsethik eine global zukunftsfähige Entwicklung als Oberzweck. Für die Operationalisierung des Nachhaltigkeitsleitbilds müssen die umwelt-, wirtschafts- und sozialethischen Vorgaben schrittweise entwickelt, integrativ zusammengeführt und zustimmungs- sowie umsetzungsfähig formuliert werden. Dieses *konsensuale Integrationskonzept* setzt eine *Prinzipien basierte Regulierung* voraus, die mit klaren Regeln die Möglichkeiten der Selbstregulation unterstützt und auf raumzeitlich angelegte Rahmenbedingungen setzt, die nicht zu eng gefasst werden. In einer konstruktiv und diskursiv ausgerichteten Vorgehensweise wurde ein Ansatz mit vier Schritten vorgesehen. Für eine erfolgreiche Umsetzung in die gesellschaftliche Praxis muss außerdem im Hinblick auf das Gerechtigkeitsprinzip den ungleichen Voraussetzungen und im Hinblick auf die menschliche Doppelnatur ein Vernunft fernes Verhalten berücksichtigt werden. Die normativ ausgerichtete *Umsetzungsstrategie* muss auf diese empirischen Faktizitäten ebenso wie auf neue wissenschaftliche Erkenntnisse Rücksicht nehmen und für institutionell abgesicherte Rahmenbedingungen sorgen. Mit Rücksicht auf eine demokratische Konfliktbewältigung erfordert diese anspruchsvolle Aufgabe neben der Nutzung der Möglichkeiten des Rechts und einer Politik der Partizipation einen Forschungs- und Bildungsauftrag, der zu Wertorientierung und Abbau von nachhaltigkeitsbezogenen Informationsdefiziten beiträgt.

Zur Konzeptualisierung des normativen Gestaltungsansatzes für eine nachhaltige Entwicklung wurden nach einer Klärung der normativ-ethischen Grundlagen die Umwelt-, Wirtschafts- und Sozialethik als *fachspezifische Einzelethiken* entwickelt. Aus der anschließenden Integration ergab sich schließlich der ganzheitliche Ansatz der *Nachhaltigkeitsethik*. Der *Integrationsprozess* geht also von den Ansätzen der Einzelethiken aus, die ihrerseits jeweils auf einer normativen Integration der verschiedenen fachspezifischen Rationalitäten beruhen. Den ganzheitlichen Hintergrund für die integrative Zusammenführung der Einzelethiken bildet das aus anthropologischen Überlegungen entstandene *Dreiecksverhältnis Mensch-Natur-Mensch*. Dieses durch einen Subjekt- und Objektbezug gekennzeichnete Verhältnis ergibt sich einerseits aus dem durch die Dimensionen Wirtschaft und Soziales bestimmten Spannungsverhältnis Mensch-Mensch und andererseits aus dem durch die Dimensionen Wirtschaft und natürliche

Umwelt bestimmten Spannungsverhältnis Mensch-Natur. Trotz aller Unterschiede stellt das Dreiecksverhältnis Mensch-Natur-Mensch analog dem Spannungsdreieck der Nachhaltigkeit und dem Tetraeder der Nachhaltigkeitsethik ebenfalls ein *Konfliktmodell* dar. Für die dialogisch in einzelnen Schritten zu erfolgende Lösung der damit verbundenen Konflikte bietet sich ebenfalls das konsensuale Lösungskonzept an, das für die beabsichtigte weitergehende Anwendung um das konsensuale Integrationskonzept zu erweitern ist. Beide Konzepte ergänzen sich und bilden vor diesem Hintergrund *eine Einheit.* Aus der Erweiterung der fachspezifischen Zielsetzungen der Einzelethiken in Richtung einer global zukunftsfähigen Entwicklung ergab sich unter Beibehaltung der ethischen Fundierung und der Dialogmethode schließlich durch Integration der im Fokus der Gesamtarbeit stehende *ganzheitliche Ansatz der Nachhaltigkeitsethik.* Die Umsetzung des Nachhaltigkeitsleitbilds verbessert sich dabei mit einer Zunahme des Integrationsgrades und der ethischen Fundierung der Nachhaltigkeitsethik. Im Interesse eines ganzheitlichen Fortschritts bei der Umsetzung beschränkt sich die als Ergebnis des Integrationsprozesses erhaltene Nachhaltigkeitsethik auf einen *gemeinsamen Kernbereich*, der in der gesellschaftlichen Realität wegen einzugehender Kompromisse in fachspezifischer Hinsicht nicht so weit wie die Einzelethiken reicht. Sowohl bei den am Anfang des Integrationsprozesses stehenden Einzelethiken als auch bei der daraus entwickelten Nachhaltigkeitsethik, handelt es sich um integrative Ansätze innerhalb *eines ethischen Gesamtkonzepts.* Dieses abstrakte Konstrukt wurde anschließend auf der Unternehmensebene exemplarisch angewendet.

### 5.2.4 Ergebnisse Nachhaltigkeitsmanagement

Die Anwendung des normativen Gestaltungsansatzes Nachhaltigkeitsethik auf die Unternehmensebene erfolgte unter dem Ziel eines konkreten Beitrags zu einer global zukunftsfähigen Entwicklung in einem *gesellschaftsrelevanten Bereich.* Dafür wurden zunächst der ganzheitliche Wandel dargestellt, in dem sich die Wirtschaftsunternehmen befinden, und deren Bedeutung für eine nachhaltige Entwicklung vor dem Hintergrund von Globalisierung und Strukturwandel geklärt (vgl. Kapitel 4.1). Die anschließende Konkretisierung des Gestaltungsansatzes Nachhaltigkeitsethik führte zu einem *Konzept für eine nachhaltige Unternehmensentwicklung* mit einem universell anwendbaren Nachhaltigkeitsmanagement (vgl. Kapitel 4.2.1). Diese Konzeption wurde nach der Darstellung eines in der Praxis bereits bewährten unternehmensspezifischen Nachhaltigkeitsmanagements (vgl. Kapitel 4.2.2) der des gewählten Fallbeispiels 2 gegenübergestellt (vgl. Kapitel 4.2.3). Außerdem wurden Empfehlungen für die Anwendung in der Unternehmenspraxis gegeben (vgl. Kapitel 4.2.4).

#### (1) Wirtschaftsunternehmen und ihre Akteure im ganzheitlichen Wandel

Wirtschaftsunternehmen und ihre Akteure innerhalb und außerhalb der Unternehmensebene unterliegen einem *ganzheitlichen Wandel* mit strukturellen Veränderungen, die durch eine steigende Komplexität und Veränderungsdynamik gekennzeichnet sind. Die zentrale *Rolle der Privatwirtschaft* ist seit dem UN-Aktionsprogramm Agenda 21 bekannt. Vor diesem Hintergrund wurde die Notwendigkeit zur Einführung eines nachhaltigkeitsethischen Managementsystems und die vorgenommene Fokussierung auf Wirtschaftsunternehmen gesehen. Unternehmen werden als produktive, soziale Systeme zu einem eingeschränkt autonomen System der Gesamtgesellschaft. Als dynamisches, zielgerichtetes Akteurssystem lässt es sich auch als kybernetisches System einstufen, das sowohl durch Fremd- als auch Selbststeuerung geregelt werden kann. Entsprechend diesem *Systemzusammenhang* erreicht ein Unternehmen langfristig nur dann Akzeptanz und Bestand, wenn es den ökonomischen, ökologischen und sozialen Anforderungen innerhalb und außerhalb des Unternehmens gerecht wird. Die *Globalisierung* hat zu einer weltweiten Arbeitsteilung geführt. Aus ökonomischer Sicht verbirgt sich dahinter ein immanenter Zwang zur globalen Ausweitung einer kapitalistischen Produktionsweise. Zur Überwindung der aktuellen und Vermeidung künftiger Krisen müssen im Interesse dauerhaft menschlicher Lebensbedingungen neue Regeln und Rahmenbedingungen generiert und in einem *Global-Governance-Prozess* umgesetzt werden. Die Globalisierung bietet Wirtschaftsunternehmen einerseits neue Möglichkeiten mit einer zunehmenden Unabhängigkeit von Raum und Zeit. Andererseits stellt sie die Unternehmen vor neue Herausforderungen, die mit einem erheblichen Anpassungs- und Veränderungsdruck verbunden sind. Die Unternehmensführung muss darauf mit ganzheitlichem Denken, adaptiven Strategien, netzartigen Kooperationen und dem Aufbau eines *Wissen basierten integrativen Managementsystems* reagieren. Dazu gehört insbesondere eine stärkere Nutzung des neuen Produktionsfaktors Information und des Wissens der Unternehmensangehörigen. Wissen wird damit zu einem Wettbewerbsfaktor und rückt den *Menschen* immer mehr *in den Mittelpunkt*. Für *Wirtschaftsunternehmen* bedeutet Zukunftsfähigkeit eine langfristige Ausrichtung ihrer Tätigkeit, mit der sie den ökonomischen, ökologischen, sozialen und ethischen Anforderungen an eine nachhaltige Entwicklung über die gesamte Wertschöpfungskette ihres Unternehmens gerecht werden. Eine auf dauerhafte *Existenzsicherung* ausgerichtete Unternehmensstrategie erfordert neben einer geeigneten Organisation, der Nutzung von Managementwissen und Innovationspotenzialen vor allem einen konsensbildenden Dialog mit den internen und externen Stakeholdern vor dem Hintergrund einer passenden Unternehmenspolitik und -kultur.

### (2) Konzept für eine nachhaltige Unternehmensentwicklung

Ausgehend von dem universell ausgerichteten Gestaltungsansatz Nachhaltigkeitsethik wurde ein Konzept für eine *nachhaltige Unternehmensentwicklung* generiert, das sich auf einzelne Unternehmen anwenden lässt. Die beabsichtigte Anwendungsorientierung erforderte eine erfahrungsbezogene Auseinandersetzung mit der betriebswirtschaftlichen Managementtheorie, die *empirische Faktizitäten* nutzt und anstelle einer einseitig ökonomischen Ausrichtung von der eingenommenen nachhaltigkeitsethischen Perspektive ausgeht. Ethisches Handeln erfordert ein *Unternehmenshandeln*, das uneingeschränkte Zustimmung seitens der Gesellschaft und damit Glaubwürdigkeit erlangt. Für die ethische Reflexion des Handelns innerhalb und außerhalb des Unternehmens wurde eine Unterscheidung in drei interdependente Handlungsebenen entsprechend der Tragweite des Einflusses der Handlungsträger vorgenommen: die *Mikroebene* der internen sowie externen Stakeholder, die *Mesoebene* des Unternehmens sowie externer Organisationen und die *Makroebene* der nationalen sowie internationalen

Wirtschaftsordnung. Die für die Leistungserstellung eines Unternehmens wesentliche *Wertschöpfungskette* wurde hier aufgrund der vollständigen Erfassung der Tätigkeiten eines Unternehmens für eine systematische Veränderung der Organisation in Richtung Nachhaltigkeit genutzt. Für die Optimierung der Wertschöpfungskette bietet sich ein Prozessmanagement zur *kontinuierlichen Verbesserung* der Unternehmensprozesse an. Die Prozessorientierung dient angesichts der steigenden Komplexität auf dem globalen Markt der Erhöhung der Transparenz und ermöglicht den Einsatz von Systemen wie dem Total Quality Management für die effiziente Steuerung der Abläufe im Unternehmen.

Für die Konzeptualisierung wurde das *St. Galler Management-Modell* als Ausgangsbasis gewählt: Mit diesem Leerstellengerüst lassen sich Entscheidungsprobleme in verschiedene Dimensionen einordnen, um einen Ordnungsrahmen und ein Vorgehensmuster bereitzustellen. Das Management-Modell basiert auf einer *Interdependenz-Matrix*, die ein Beziehungsnetzwerk darstellt, das aus den drei horizontalen Dimensionen normatives, strategisches und operatives Management und den drei Aspekten Aktivitäten, Strukturen und Verhalten des Managements besteht. Die kritische *Beurteilung der Eignung* des Modells ergab, dass es einen konsistenten Ansatz für ein integriertes Management darstellt, der die für eine nachhaltige Unternehmensentwicklung wesentlichen Module enthält und diese mit seinen Interdependenzen erfasst. Der Abstraktionsgrad der Modellarchitektur kommt der beabsichtigten universellen Anwendung für Unternehmen entgegen. Die Umsetzung der gewählten Leitidee erforderte eine *nachhaltigkeitsethische Änderung der Modellbasis*, die eine Erfüllung der sich zusätzlich ergebenden Bedingungen ermöglicht. Ergänzend zu den hierarchischen Vorgaben ist ein Rückgriff auf die homöostatischen Eigenschaften des Unternehmens erforderlich, der zur Unterstützung des Nachhaltigkeitsmanagements die vorhandenen Selbststeuerungspotenziale nutzt und einen zielgerichteten Informationsaustausch mit allen Stakeholdern ermöglicht. Der für die Metasteuerung eines Unternehmens geeignete Ansatz Business Excellence basiert auf einer Selbstbewertung bestehender Potenziale und Ergebnisse. Die über das Unternehmen hinaus zu berücksichtigende Wertschöpfungskette erforderte eine *Erweiterung des Geltungsbereichs* der Interdependenz-Matrix des Modells über die Unternehmensgrenzen hinaus, mit der die externen Stakeholder mit ihren Bedürfnissen zusätzlich einbezogen werden. Die nachhaltigkeitsethisch erweiterten normativen Vorgaben erforderten sowohl eine *anthropozentrische Position*, die den Menschen in den Mittelpunkt stellt, als auch eine Berücksichtigung des erweiterten Wechselverhältnisses zu den *internen und externen Stakeholdern.* Für die notwendige Harmonisierung der unterschiedlichen Interessen ist eine offene und gleichberechtigte Kommunikation mit den Stakeholdern im Rahmen eines *Konsens orientierten Dialogs* auf ethischer Grundlage zu führen.

Unter Berücksichtigung der nachhaltigkeitsethischen Erweiterungen wurde auf der Grundlage des St. Galler Management-Modells der Weg vom normativen zum operativen Nachhaltigkeitsmanagement *in drei Schritten* dargestellt: *(1)* Das *normative Nachhaltigkeitsmanagement* trägt durch seine Vorgaben im Hinblick auf eine zukunftsfähige Unternehmensentwicklung maßgeblich zum Selbstverständnis und damit zur *Legitimität* des Unternehmens bei. Die Aspekte Unternehmenspolitik, -verfassung und -kultur werden auf die Sicherung der Existenz und Entwicklungsfähigkeit des

Unternehmens ausgerichtet. Aus der Konfrontation mit einer Leitidee leitet sich die *Unternehmenspolitik* als grundlegende Willensbekundung mit Auswirkungen auf alle Managementebenen her. Die Leitidee fungiert als unternehmensphilosophische Vorgabe für die *teleologische Ausrichtung* des Unternehmens und wurde als Ansatzpunkt der nachhaltigkeitsethischen Vorstellungen verwendet. Mit ihrer Orientierungsfunktion kann sie maßgeblich zur Sinn- und Identitätsstiftung bei den Unternehmensangehörigen beitragen. Eine nachhaltige Unternehmensentwicklung erfordert neben einer Reflexion der unternehmenspolitischen Weichenstellung einen offenen Dialog mit den internen und externen Stakeholdern. *(2)* Das *strategische Nachhaltigkeitsmanagement* sorgt dafür, dass die Ziele und normativen Vorgaben durch die Planung von Maßnahmenbündeln mit ausreichender *Effektivität* erreicht werden. Mit Hilfe der zu generierenden strategischen Programme müssen die Organisationsstrukturen und Managementsysteme mit dem Problemverhalten der Unternehmensangehörigen so verknüpft werden, dass daraus Aufträge an das operative Management hervorgehen. Die auf diese Weise zu schaffenden Erfolgspotenziale erfordern *Managementsysteme*, die die Implementierung der Unternehmensstrategie ermöglichen. Als Strategie unterstützendes Managementinstrument wurde die *Sustainability Balanced Scorecard* gewählt. Die erfolgskritischen Kernprozesse lassen sich damit durch fünf Perspektiven verknüpfen, die über Kennzahlen abgebildet und unter Nutzung der kommunikativen Potenziale ausbalanciert werden. Die Auseinandersetzung mit dem *Problemverhalten* zielt strategisch auf einen kontinuierlichen Veränderungsprozess, der die Konzeption der Programme und die operative Umsetzung der Aufträge unterstützt. *(3)* Aufgabe des *operativen Managements* ist es, die normativen und strategischen Vorgaben in Form von Operationen umzusetzen und lenkend in die Unternehmensentwicklung einzugreifen. Die *kontinuierliche Verbesserung* wurde hier auf die Entwicklung eines Nachhaltigkeitsmanagementsystems angewendet, das beim Durchlaufen einzelner Managementzyklen schrittweise zur angestrebten nachhaltigen Unternehmensentwicklung führen soll. Die Umsetzung der Aufgabenstellungen im operativen Vollzug ist *vorrangig auf Effizienz* ausgerichtet. Die in der Nachhaltigkeitsperspektive darüber hinaus unverzichtbare Effektivität spielt besonders in das Verhalten der Unternehmensangehörigen hinein. Für eine zukunftsfähige Unternehmensentwicklung müssen die Anforderungen, die sich einerseits entlang der *gesamten Wertschöpfungskette* aus den Dimensionen der Nachhaltigkeit und andererseits aus der Effizienz und Effektivität des Managements ergeben, miteinander in Einklang gebracht werden. Die nachhaltige Unternehmensentwicklung stellt letztlich das Resultat eines langjährigen kontinuierlichen Verbesserungs- und Veränderungsprozesses im Rahmen der Anwendung des aus den dargestellten drei Managementebenen bestehenden Nachhaltigkeitsmanagements dar.

Die *Konkretisierung des Gestaltungsansatzes Nachhaltigkeitsethik* erfordert auf allen drei Managementebenen eine konsequente Ausrichtung auf das angestrebte Ziel einer *nachhaltigen Unternehmensentwicklung* über einen größeren Zeitraum. Diese weitreichende Zielsetzung ist jedoch mit *Eingriffen* in Verhaltensweisen und Organisationsstrukturen verbunden, die auf den einzelnen Managementebenen zu laufenden Veränderungen und Konflikten führen. Die von Personen getragenen Austauschbeziehungen zwischen den Managementebenen und -aspekten müssen von den Akteuren des *integrativen Systems Nachhaltigkeitsmanagement* aufgegriffen und von den Beteiligten akzeptiert werden. Ferner müssen sie von ihnen für systematische Verbesserungen genutzt werden, indem insbesondere ein klarer, kooperativer Führungsstil im kommunikativen Austausch mit den internen und externen Stakeholdern im Sinne der Leitidee praktiziert wird. Auch kurzfristig auftretende Einzelprobleme im operativen Bereich und Umfeld des Unternehmens müssen durch *Problemlösungskompetenz* ganzheitlich bewältigt werden. Das erfordert auf der Systemebene eine Integration unter Einbeziehung des operativen in das normative und strategische Management und auf der Personenebene von allen Unternehmensangehörigen ein hohes Maß an *Pflicht* und *Verantwortung* in Bezug auf Unternehmen und Gesellschaft. Damit die Erwartungen der daran Beteiligten nicht enttäuscht werden, muss die Zielperspektive des Nachhaltigkeitsmanagements in ihrer *Langfristigkeit* im Vordergrund stehen und eine Anerkennung auch geringerer Erfolge sicherstellen. Eine nachhaltige Unternehmensentwicklung ist am ehesten mit Hilfe eines schrittweisen Vorgehens im Rahmen eines *kontinuierlichen Verbesserungsprozesses* zu erreichen, und zwar pro Zyklusdurchlauf mit einem für die Beteiligten wahrnehmbaren Verbesserungsschritt. Diese Überlegungen bleiben jedoch solange abstrakt wie es nicht gelingt, die das System Unternehmen letztlich tragenden *Unternehmensangehörigen* als Person zu sehen, ihrer Tätigkeit einen Sinn zu verleihen, sie umfassend zu beteiligen und auf dem langen, von Veränderungen geprägten Weg zu einer nachhaltigen Unternehmensentwicklung tatsächlich mitzunehmen.

Das anfangs behandelte *Fallbeispiel* eines Unternehmens *aus der Papierindustrie* hat sich inzwischen zu einem Global Player der Forstindustrie weiterentwickelt. Daran ließen sich einerseits der *ganzheitliche Wandel* von Wirtschaftsunternehmen unter den Bedingungen der Globalisierung und andererseits das auf dem Gestaltungsansatz Nachhaltigkeitsethik basierende universelle *Konzept für eine nachhaltige Unternehmensentwicklung* exemplarisch veranschaulichen. Das vorhandene integrierte Managementsystem für Qualität, Umweltschutz und Arbeitssicherheit wurde vom globalen Konzern inzwischen schrittweise in ein für seine Unternehmensstandorte global anwendbares *spezifisches Nachhaltigkeitsmanagement* überführt, das im Wesentlichen anhand von Geschäftsberichten überprüft und dargestellt wurde:

Die auf die *globalen Anforderungen* ausgerichtete Organisation und Politik des Unternehmens wird durch eine international abgestimmte *Kommunikation* unterstützt, die der Informationstechnologie und dem Dialog mit den jeweiligen Stakeholdern einen hohen Stellenwert einräumt. Die spezifischen Anforderungen beziehen sich auf der *ökologischen Ebene* vor allem auf eine mit Nachweissystemen abgesicherte internationale Holzbeschaffung und einen verstärkten Beitrag zur Lösung des Klimaproblems. Auf der *ökonomischen Ebene* besteht ein Trend zur Nutzung wirtschaftlicher Erfolgspotenziale durch mehr Nähe zu den Märkten und Kosteneinsparungen bei Sach- sowie Personalressourcen. Den strategischen, operativen, allgemeinen und finanziellen Risiken begegnet der Konzern mit unterschiedlichen Methoden und Instrumenten. Angesichts kultureller und gesellschaftlicher Unterschiede an den Standorten erfordert die *soziale Ebene* besondere organisatorische Vorkehrungen und einen standortspezifischen Einsatz des CSR-Managements. Den je nach Standort unterschiedlichen Auswirkungen auf die ökologische, ökonomische und soziale Ebene der Unternehmenstätigkeit trägt der Konzern durch ein global *einheitliches Erscheinungsbild* Rechnung. Dazu werden unter der Nachhaltigkeitsperspektive verbindliche Richtlinien für die Anwendung an allen Standorten vorgegeben und global geltende Prinzipien zu den Themen Menschenrechte, Arbeitsstandards, Umwelt und Antikorruption unterstützt. Die *Nachhaltigkeitspolitik* bildet die Grundlage der Nachhaltigkeitsarbeit des Konzerns und fordert zu Engagement für eine nachhaltige Führung und Entwicklung der Geschäftstätigkeit auf. Mit einer Nachhaltigkeitsleistung über die gesamte Wertschöpfungskette wird erreicht, dass auch Lieferanten, Abnehmer und sonstige Partner die Nachhaltigkeitspolitik und -prinzipien des Unternehmens umsetzen. Entsprechende Erwartungen richten sich insbesondere an die Unternehmensangehörigen als wesentliche Träger der Nachhaltigkeitsleistung. Für die *strategische Umsetzung* dieser Politik werden die Nachhaltigkeitsaspekte der Unternehmensführung in die Planung und Strategie integriert und dem Risikomanagement hohe Priorität eingeräumt. Einen wesentlichen Beitrag zur *operativen Umsetzung* liefern die Konzern weit eingeführten Managementsysteme, die durch weitere Instrumente unterstützt werden und die Einbeziehung aller Stakeholder ermöglichen. Die auf diese Weise in der Nachhaltigkeitsleistung erzielten Fortschritte tragen zur *Legitimität* des Unternehmenshandelns bei. Die Teilmanagementsysteme stellen wesentliche interdependente Teile des *integrierten Gesamtsystems Nachhaltigkeitsmanagement* dar. Mit diesem Gesamtsystem setzt der Konzern seine Unternehmenspolitik und -leitlinien an den Standorten um. Für die Gestaltung der Unternehmensentwicklung wird ein Konzern eigenes *Exzellenz-Modell* als primäres Managementprogramm eingesetzt: Darin werden im Verlauf einer Selbstbewertung die Geschäftslage analysiert, Stärken der Organisation geklärt und in den einzelnen Managementbereichen der Verbesserungsbedarf ermittelt. Die Selbstbewertung stellt einen wichtigen Schritt für die Verankerung des Nachhaltigkeitsmanagements in die Unternehmenstätigkeit dar. Auf dieser *Metaebene* werden die Dimensionen der Nachhaltigkeit ganzheitlich berücksichtigt. Weitere Aktivitäten zur Umsetzung und Integration der Nachhaltigkeitsanforderungen stellen Schulungen, Audits und Schwerpunktprojekte dar. *Ethische Gesichtspunkte* spielen in den Geschäftspraktiken eine besondere Rolle und führten zu internen Richtlinien mit einem Ethik-Kodex und einem Code of Conduct, der angesichts steigender Anforderungen an das Unternehmensverhalten neu eingeführt wurde.

Zusammengefasst hat sich der globale Forstindustriekonzern mit einem *Gesamtsystem* aus sich ergänzenden Einzelmanagementsystemen, den nachhaltigkeitsbezogenen Aktivitäten und der auf das Verhalten abstellenden ethischen Ergänzung inzwischen ein umfassendes *integratives Nachhaltigkeitsmanagement* geschaffen, mit dem die unterschiedlichen Nachhaltigkeitsanforderungen in einem kontinuierlichen Verbesserungsprozess Konzern weit in die Praxis umgesetzt werden können. Den damit verbundenen *Interessenkonflikten* begegnet der Konzern einerseits durch einen offenen Dialog mit seinen Stakeholdern und andererseits durch seine Kooperationen mit Regierungs- und Nichtregierungsorganisationen. Das Fallbeispiel 2 zeigt außerdem, dass sich die gesellschaftlich notwendige Ausrichtung auf eine nachhaltige Unternehmensentwicklung für Wirtschaftsunternehmen trotz der hohen Anforderungen längerfristig auszahlen kann. Nach einer über 10-jährigen Entwicklung ist in dem Unternehmen schließlich ein weitgehend konsistentes Nachhaltigkeitsmanagement entstanden, das *exemplarischen Charakter* hat und anderen Industrieunternehmen zu einer kritisch reflektierten Anwendung empfohlen wird. Aus der Beurteilung des dargestellten Fallbeispiels geht auch hervor, dass in einigen Punkten *Verbesserungsbedarf* besteht. Das betrifft insbesondere die konstatierte Präferenz für ökonomische Aspekte der Unternehmenstätigkeit, die im Falle des Arbeitsplatzabbaus und der Plantagenpolitik in Tropenländern bisher eine ausreichende Balance mit den ökologischen und sozialen Anforderungen vermissen lässt. Auch in der ethischen Ausrichtung des Unternehmens wurden Defizite festgestellt. Dass ein Nachhaltigkeitsmanagement dabei in der Entwicklung und Anwendung selbst einem kontinuierlichen Verbesserungsprozess unterliegt, entspricht dem hier vertretenen Verständnis von einer nachhaltigen Unternehmensentwicklung.

Die *Gegenüberstellung* von konkretisiertem Gestaltungsansatz und unternehmensspezifischem Nachhaltigkeitsmanagement des Fallbeispiels 2 ergab grundlegende *Unterschiede* in der Entstehung der Ansätze und ihrer Übertragbarkeit auf andere Unternehmen. Das konstruktiv entwickelte universelle Konzept ist mit dem historisch entstandenen unternehmensspezifischen Nachhaltigkeitsmanagement dieses Fallbeispiels nur bedingt vergleichbar. *Gemeinsamkeiten* ergaben sich in der Verwendung von Erfahrungen, Ausrichtung der Managementkonzepte, Nachhaltigkeitsmodell, Dialogprinzip, normativen Vorgaben und integrierten Managementsystemen. Aus dem Umgang mit Interessenkonflikten lässt sich folgern, dass beiden Ansätzen gedanklich ein konsensualer Konfliktlösungsansatz zugrunde liegt. Andererseits unterscheiden sich die Ansätze in Punkten wie der Management-Modellbasis und den ethischen Grundlagen. Als *Konsequenzen für die Anwendung in der Unternehmenspraxis* liefert das universelle Konzept das formale Gerüst für ein Nachhaltigkeitsmanagement für unterschiedliche Unternehmen und Hinweise über den für den Aufbau des Systems grundsätzlich zu beschreitenden Weg. Sobald in einem konkreten Anwendungsfall die unternehmensspezifischen Voraussetzungen und Anforderungen ergänzend berücksichtigt werden, bietet der universelle Ansatz die entsprechende Unterstützung. Die durchgeführte Konkretisierung des Gestaltungsansatzes Nachhaltigkeitsethik und die exemplarische Darstellung des Fallbeispiels ergänzen sich insofern. Der vorzunehmende *Aufbau* eines Managementsystems ist nicht in einem Durchgang zu erreichen, sondern in der Regel das *Ergebnis einer mehrjährigen Entwicklung* der Organisation im Rahmen eines kontinuierlichen Verbesserungsprozesses. Verbindliche Handlungsanweisungen für Aufbau und Anwendung des Nachhaltigkeitsmanagements können angesichts eines ganzheitlich und langfristig auszurichtenden Managementsystems mit spezifischen Anforderungen nicht gegeben werden. Stattdessen muss jedes Unternehmen seinen Weg zum individuell passenden Managementsystem erst finden und ihn dann selbst konsequent beschreiten. Das sollte weitgehend mit eigenen Kräften geschehen, die bei Bedarf durch externe Beratung zu unterstützen sind.

**Abschließende Bemerkung:** Die empirischen Sachverhalte der seit 2008 bestehenden globalen Finanz- und Wirtschaftskrise liefern zusätzliche Argumente für eine nachhaltige Unternehmensentwicklung als Beitrag zu einer global zukunftsfähigen Entwicklung: Wenn beispielsweise bei Kapitalgesellschaften unverhältnismäßig hohe Managergehälter, Abfindungen sowie Boni gezahlt und unverhältnismäßige Renditeziele in die Unternehmensstrategie aufgenommen werden, erwiesenes Missmanagement nicht sanktioniert wird und stattdessen zur Finanzierung derartiger Vergütungen und Strategien im großen Umfang Mitarbeiter entlassen oder Steuerzahler belastet werden, bleibt das nicht ohne Folgen. Denn einerseits wird dadurch das Gerechtigkeitsempfinden und die Motivation der Mitarbeiter zu einem konstruktiven Verhalten in den betreffenden Unternehmen beeinträchtigt, was analog auf die Bürger in ihrem Verhältnis zur Gesellschaft zutrifft und die Politikverdrossenheit fördert. Andererseits wird der soziale Zusammenhalt einer Gesellschaft gefährdet, mit nachteiligen Folgen für die Zukunftsfähigkeit. Weitere Fakten liefern die bereits diskutierten aktuellen Umwelt- und Sozialkrisen. Diese ungelösten Negativbeispiele können sich nachteilig auf die Vertrauensbasis und die Lebensgrundlagen der Betroffenen auswirken und die hier angestrebte Entwicklung nachhaltig behindern. Das Ziel einer global zukunftsfähigen Entwicklung erfordert hingegen grundlegende Verhaltensänderungen, die ohne eine Verringerung der ethischen und Vernunftdefizite nicht zu haben sind. Dafür soll der normative Gestaltungsansatz Nachhaltigkeitsethik gesellschaftlich anwendbares Orientierungswissen liefern. Die Konkretisierung dieses Gestaltungsansatzes im Anwendungsbereich der Wirtschaft soll darüber hinaus Anregungen für eine nachhaltige Unternehmensentwicklung liefern und die Einführung eines Nachhaltigkeitsmanagements konzeptionell unterstützen. Aufgabe der Politik bleibt es, für diese Vorstellungen institutionelle Rahmenbedingungen im Rahmen eines Global-Governance-Prozesses zu schaffen und umzusetzen, mit denen individuelles Vorteilsstreben auf Kosten der natürlichen und gesellschaftlichen Umwelt im Interesse der Zukunftsfähigkeit dauerhaft minimiert wird.

Im Anschluss an die Darstellung der Ergebnisse der vorliegenden Arbeit wird folgender Ausblick für das *weitere Vorgehen* gegeben:

## 5.3 Ausblick

In einem abschließenden Ausblick werden einige Schlussfolgerungen getroffen und Empfehlungen für anzuschließende Forschungen gegeben, die keinen Anspruch auf Vollständigkeit erheben. Sie hängen wesentlich vom jeweiligen Bedarfsfall und von den individuellen Vorstellungen ab. Durch Hervorhebungen der Schrift kann der Leser die einzelnen Aspekte den Kapiteln des hierfür maßgeblichen Textes zuordnen:

Die in der *Einleitung* dargestellte strukturelle Erfassung der nachhaltigen Entwicklung durch die Bestimmungsgrößen Raum und Zeit bietet sich auch für andere komplexe Gesellschaftsprobleme an, auf die in der vorliegenden Arbeit nicht eingegangen wurde. Der politisch-institutionelle Aspekt der Umsetzung der entwickelten Gestaltungsansätze wurde im Zusammenhang mit dem Global-Governance-Prozess zwar wiederholt angesprochen, sollte jedoch in weiteren Forschungen vertieft werden. Für die Analyse und zweifellos schwierige Bewältigung von globalen anthropogenen Krisen ist grundsätzlich von einer bipolaren Akteursstruktur auszugehen: Dabei kommt es neben den privaten Akteuren ebenso auf die Rolle des Staates an, die hier nicht vertieft wurde. Ein dauerhaft gesellschaftlicher Fortschritt erfordert technische, soziale und institutionelle Innovationen, die in einem anderen Forschungszusammenhang konkreter darzustellen sind. Im Rahmen der Vorklärungen wurde programmatisch von „Nachhaltigkeit *mit* Globalisierung“ gesprochen. Wie weit sie sich im Einzelnen tatsächlich ergänzen und die Globalisierung für eine nachhaltige Entwicklung genutzt werden kann, ist in weiteren

Untersuchungen zu klären. Das *Fallbeispiel 1* lieferte Erkenntnisse über die Rolle von externen Stakeholdern und die ökonomischen und sozialen Auswirkungen des ökologischen Umbaus einer gewählten Produktion, die sich nicht nur für den im Fallbeispiel 2 dargestellten Umbau eines Managementsystems eignen, sondern auch für weitergehende Untersuchungen im Unternehmensbereich anbieten. Derartige Fallbeispiele tragen zur Veranschaulichung theoretischer Darstellungen bei und liefern Vergleichsmöglichkeiten für entwickelte Konzepte. Eine konstruktivistische Vorgehensweise räumt der Theorie eine vor- und nachgeordnete Position ein, mit der die Realitätsnähe einer Konzeptualisierung verbessert werden kann. Die Klärung der handlungsleitenden Potenziale der *normativen Ethik*, die in Verbindung mit der *Diskursmethode* und eines konsensualen Konfliktmodells in der vorliegenden Arbeit die Konzeptualisierung des integrativen Gestaltungsansatzes Nachhaltigkeitsethik ermöglichte, wird auch für die Gestaltung anderer komplexer gesellschaftlicher Probleme vorgeschlagen. Für die Balance der dabei zu berücksichtigenden Interessenunterschiede kann ebenfalls auf ein dialogisches Konfliktlösungs- und Integrationskonzept zurückgegriffen werden, das auf den jeweiligen Anwendungsfall zugeschnitten werden muss. Die bei der Darstellung der Grundlagen der normativen Ethik festgestellte Relativierung der Autonomie des Willens aus der natur- und sozialwissenschaftlichen Seinsperspektive kann zwar die eingenommene Sollensperspektive nicht in Frage stellen. Dennoch sollte die weitere Entwicklung der diesbezüglichen Forschung im Hinblick auf die gesellschaftliche Bedeutung dieser Problematik kritisch verfolgt werden.

Die normative Ausrichtung des Gestaltungsansatzes Nachhaltigkeitsethik ist auf das fachspezifische Wissen der Nachhaltigkeitsdimensionen angewiesen. Die für die *Umweltethik* ausgewählten ökologischen Einzelprinzipien, die mit anderen Kriterien zu anderen Prinzipien hätten führen können, wurden zu einem integrativen Gesamtprinzip zusammengefasst. Die ökologische Rationalität wurde als zweckrationale Verfolgung des ökologischen Zielsystems normativ integriert, um anschließend als Umweltethik mit den übrigen nach analoger Vorgehensweise entwickelten Einzelethiken unter Rückgriff auf die kommunikative Rationalität zur Nachhaltigkeitsethik verknüpft zu werden. Im Hinblick auf die Entwicklung ganzheitlicher Gestaltungsansätze kommt es hierbei vor allem darauf an, dass die fachspezifischen Ansätze die jeweilige Thematik vollständig abdecken und systemoffen ausgerichtet werden. Der Ansatz *Wirtschaftsethik* verdeutlichte die Grenzen der heutigen Lebens- und Wirtschaftsweise, ohne damit eine abschließende Klärung im Rahmen weiterer Untersuchungen vorwegzunehmen. Die Belastung der natürlichen Umwelt durch die bisherige Form des Wirtschaftens stellt die Schnittstelle zur Umweltethik und die mit dieser Form verbundene Gerechtigkeitslücke die Schnittstelle zur Sozialethik dar. Angesichts der kaum noch zu beherrschenden Risiken globaler Wirtschaftskrisen wird empfohlen, ergänzend zur Technikfolgenabschätzung einen Forschungsschwerpunkt für die Wirtschaftsfolgenabschätzung einzurichten. Die im dargestellten Wirtschaftskontext zunächst zu kurz gekommene Unternehmensebene wurde im Rahmen der Konkretisierung des Gestaltungsansatzes Nachhaltigkeitsethik nachgeholt. In diesem Zusammenhang wurde die Unternehmensethik als Wirtschaftsethik der Mesoebene interpretiert. Für eine weitergehende Vertiefung wird auf den vorhandenen Forschungsschwerpunkt Unternehmensethik verwiesen. An die Klärung der ethischen Konzeption schließen sich die aus der Handlungsorientierung resultierenden gesellschaftspolitischen Restriktionen und deren Umsetzung an, deren Notwendigkeit sich mit jeder größeren Krise erneut bestätigt. Die in diesem Zusammenhang notwendige Institutionalisierung von Normen und Regeln bis hin zur globalen Ebene sollte in einem separaten Forschungsvorhaben unter politischem Schwerpunkt vertieft werden. Anlässlich des analog zur Umwelt- und Wirtschaftsethik entwickelten Ansatzes *Sozialethik* wurde der zentrale Stellenwert der Gerechtigkeit für die Gestaltung des Zusammenlebens dargestellt. Die sich tendenziell zu einer intra- und intergenerationellen Gerechtigkeit entwickelnde soziale Gerechtigkeit sollte im Rahmen gesellschaftsbezogener Forschungen vertieft werden. Mit den aus Nachhaltigkeitssicht erforderlichen sozialpolitischen Weichenstellungen wäre eine soziale Marktwirtschaft längerfristig überfordert, so dass die vorgeschlagene Transformation in eine nachhaltige Marktwirtschaft in einem weiteren Forschungsrahmen überprüft werden sollte.

Die auf der Grundlage der Umwelt-, Wirtschafts- und Sozialethik mit Unterstützung durch die Diskursmethode und das konsensuale Konfliktlösungs- und Integrationskonzept vorgenommene *Integration* führte zum normativen Gestaltungsansatz *Nachhaltigkeitsethik*, der sich für eine anwendungsbezogene Konkretisierung eignet. Die naheliegende Annahme, dass die Umsetzung des Nachhaltigkeitsleitbilds sich mit einer Zunahme des Integrationsgrades und der ethischen Fundierung der Nachhaltigkeitsethik verbessert, erfordert weitere Untersuchungen. Die nicht ganz unproblematische Ableitung einer Handlungsorientierung mit konkreten Regeln für die gesellschaftliche Anwendung erfordert ebenso wie eine praktische Umsetzung des normativen Gestaltungsansatzes Nachhaltigkeitsethik weitere Forschungen. Hierzu gehört insbesondere ein Nachweis der Praxistauglichkeit, der über die hier durchgeführte unternehmensbezogene Konkretisierung hinausgeht. Die Konkretisierung des Gestaltungsansatzes Nachhaltigkeitsethik im Bereich der Wirtschaft – die Bereiche natürliche Umwelt und Soziales bieten sich für weitere Untersuchungen an – hat zu einem universellen *Nachhaltigkeitsmanagement* geführt, das sich für unterschiedliche Unternehmen grundsätzlich anwenden lässt. Dieses universelle Konzept für eine nachhaltige Unternehmensentwicklung wurde dem spezifischen Nachhaltigkeitsmanagement eines globalen Industriekonzerns gegenübergestellt, das schon in die Unternehmenstätigkeit integriert ist. Wie weit der Konzern des Fallbeispiels 2 dabei die vertretene Nachhaltigkeitsperspektive in die Praxis umsetzt, können letztlich nur empirische Untersuchungen mit einer Befragung von Unternehmensangehörigen an verschiedenen Standorten klären. Als Ergebnis der vorgenommenen Gegenüberstellung empfiehlt sich eine transdisziplinäre Anwendung des konkretisierten Gestaltungsansatzes Nachhaltigkeitsethik auf vorrangig größere Wirtschaftsunternehmen, einschließlich der zugrunde liegenden ganzheitlichen Vorstellungen. Er kann damit nicht nur als Leitfaden für die Entwicklung und Neueinführung von unternehmensspezifischen Nachhaltigkeitsmanagementsystemen dienen, sondern auch Anregungen für die Optimierung bereits eingeführter Managementsysteme in sehr unterschiedlichen Unternehmen liefern. Außerdem wird im Hinblick auf den gesellschaftlichen Stellenwert eine Weiterentwicklung des normativen Gestaltungsansatzes und seiner Konkretisierung im Rahmen der Nachhaltigkeitsforschung empfohlen, die sowohl theoretisch anhand der Grundlagen und Methodik als auch empirisch durch eine Auseinandersetzung mit bereits in der Praxis eingeführten Konzeptionen erfolgen kann.

Das Thema Nachhaltigkeitsethik bleibt auf der Agenda.

# Literaturverzeichnis

Abwasserabgabengesetz – AbwAG in der Fassung der Bekanntmachung vom 03.11.1994, BGBl. I S. 3370 ff., zuletzt geändert am 25.08.98, BGBl. I S. 2455 ff.

Adorno, T. W. et al. (1972): Der Positivismusstreit in der deutschen Soziologie, Neuwied und Berlin

afp-Bericht (2003): Kanzler will Forschung anschieben – In Deutschland soll 2004 „neue Innovationskultur" entstehen. In: Die Rheinpfalz, 30.12.2003, Ludwigshafen

Almond, B. (2006): Pflicht. In: Düwell, M.; Hübenthal, C.; Werner, M. (Hrsg.): Handbuch Ethik, 2. Auflage, Stuttgart und Weimar, S. 464-470

Altmann, J. (2003): Volkswirtschaftslehre: einführende Theorie mit praktischen Bezügen, Stuttgart

Apel, K.-O. (1973): Das Apriori der Kommunikationsgemeinschaft und die Grundlagen der Philosophie. In: Transformation der Philosophie, Bd. 2, Frankfurt, S. 358-436

Apel, K.-O. (1984): Die Situation des Menschen als Herausforderung an die praktische Vernunft. In: Apel, K.-O. et al. (Hrsg.): Funkkolleg praktische Philosophie / Ethik, Studientexte Bd. 1, Weinheim und Basel, S. 13-41

Apel, K.-O. (1988): Diskurs und Verantwortung: Das Problem des Übergangs zur post-konventionellen Moral, Frankfurt am Main

Apel, K.-O. (1993): Transformation der Philosophie, Band 2: Das Apriori der Kommunikationsgemeinschaft, 5. Auflage, Frankfurt am Main

Arendt, H. (1967): Vita activa oder Vom tätigen Leben, München

Aristoteles (384-322 v. Chr.); Einführung und Übersetzung von Gijon, O. (1991): Die Nikomachische Ethik, München

Baehr, H. D. (1973): Thermodynamik: Eine Einführung in die Grundlagen und ihre technischen Anwendungen, Berlin et al.

Balik, M.; Frühwald, C. (2006): Nachhaltigkeitsmanagement: Mit Sustainability Management durch Innovation und Verantwortung langfristig Werte schaffen, Saarbrücken

Barduna, K.; Ettrich, F. (1999): Die Papierindustrie auf dem Weg zum integrierten Umweltschutz: Managementsysteme. In: Das Papier, Darmstadt, S. V79-V86.

BASF Aktiengesellschaft (Hrsg.) (2002): Gesellschaftliche Verantwortung 2001, Ludwigshafen

BASF Aktiengesellschaft (Hrsg.) (2003): Jahresbericht 2002 und Umwelt, Sicherheit, Gesundheit 2002, Ludwigshafen

BASF SE (Hrsg.) (2008): Zukunft gestalten: Bericht 2007, Finanz- und Nachhaltigkeitsbericht, Ludwigshafen

BASF SE (Hrsg.) (2009): Wir gestalten Zukunft: Bericht 2008, ökonomische, ökologische und gesellschaftliche Leistung, Ludwigshafen

Bauchmüller, M. (2009): In der Klimakrise. In: Süddeutsche Zeitung vom 21.12.09, München

Baumast, A.; Pape, J. (2009): Betriebliches Umweltmanagement: Nachhaltiges Wirtschaften im Unternehmen, 4. Auflage, Stuttgart

Baumgartner, H. M. (1988): Kants „Kritik der reinen Vernunft“: Anleitung zur Lektüre, München

Bayertz, K. (1995): Eine kurze Geschichte der Herkunft der Verantwortung. In: Bayertz, K. (Hrsg.):Verantwortung: Prinzip oder Problem?, Darmstadt, S. 3-71

Becher, G. et al. (1997): Nachhaltigkeit und technische Innovation. In: Rennings, K.; Hohmeyer, O. (Hrsg.): Nachhaltigkeit, ZEW Wirtschaftsanalysen Band 8, Baden-Baden, S. 221-260

Beck, U. (1997): Was ist Globalisierung? Irrtümer des Globalismus – Antworten auf Globalisierung, Frankfurt

Becke, G. (2003): Perspektiven soziologischer Beratung für eine nachhaltige Unternehmensentwicklung. In: Linne, G.; Schwarz, M. (Hrsg.): Handbuch Nachhaltige Entwicklung: Wie ist nachhaltiges Wirtschaften machbar?, Opladen, S. 533-541

Beiner, M. (1999): Wirtschaftsethik und Diskursprinzip: Zur Integration der Wirtschafts- in die Diskursethik. In: Nutzinger, H. G. und das Berliner Forum zur Wirtschafts- und Unternehmensethik, München und Mering, S. 103-116

Beise, M. (2006): Arm und Reich. In: Süddeutsche Zeitung vom 19.07.06, München

Beise, M.; Schäfer, U. (Hrsg.) (2008): Kapitalismus in der Krise: Wie es zur großen Krise kam, wie ernst die Gefahr wirklich ist und wie sich die Probleme lösen lassen. In: Süddeutsche Zeitung München

Bergbauer, M.; Eggert, C. (1995): Biologische Reinigung von Bleichereiabwasser aus der Zellstoffherstellung. In: Schriftenreihe des Sonderforschungsbereichs 193 der Technischen Universität Berlin „Biologische Behandlung industrieller und gewerblicher Abwässer“, Berlin, S. 127-133

Berghahn, V. R.; Vitols, S. (Hrsg.) (2006): Gibt es einen deutschen Kapitalismus? Tradition und globale Perspektiven der sozialen Marktwirtschaft, Frankfurt am Main und New York

Beschorner, T.; Pfriem, R. (Hrsg.) (2000): Evolutorische Ökonomik und Theorie der Unternehmung, Marburg

Bick, H. (1998): Grundzüge der Ökologie, Stuttgart et al.

Bieker, T. (2005): Normatives Nachhaltigkeitsmanagement: Die Bedeutung der Unternehmenskultur am Beispiel der F&E der Automobil- und Maschinenbaubranche, St. Gallen

Bieker, T.; Dyllick, T. et al. (2001): Management unternehmerischer Nachhaltigkeit mit einer Sustainable Balanced Scorecard. IWO-Diskussionsbeitrag Nr. 94, St. Gallen

Bird, X.; Stewart, X.; Lightfoot, Y. (2007): Transport Phenomena, Rev. Second Edition, New York et al.

Birnbacher, D. (1991): Mensch und Natur: Grundzüge einer ökologischen Ethik. In: Bayertz, K. (Hrsg.): Praktische Philosophie: Grundorientierungen angewandter Ethik, Reinbek bei Hamburg, S. 278-321

Birnbacher, D. (1995): Grenzen der Verantwortung. In: Bayertz, K. (Hrsg.): Verantwortung: Prinzip oder Problem?, Darmstadt, S. 143-183

Birnbacher, D. (Hrsg.) (1997): Ökophilosophie, Stuttgart

Birnbacher, D.; Hoerster, N. (Hrsg.) (2003): Texte zur Ethik, 12. Auflage, München

Birnbacher, D.; Schicha, C. (1996): Vorsorge statt Nachhaltigkeit – Ethische Grundlagen der Zukunftsethik. In: Kastenholz, H. G. et al. (Hrsg.): Nachhaltige Entwicklung – Zukunftschancen für Mensch und Umwelt, Berlin et al., S. 141-156

Bleicher, K. (1999a): Das Konzept Integriertes Management: Visionen – Missionen – Programme, 5. Auflage, Frankfurt am Main und New York

Bleicher, K. (1999b): Unternehmensphilosophie: Visionen und Missionen eines normativen Managements. In: Korff, W. (Hrsg.): Handbuch der Wirtschaftsethik, Band 3: Ethik wirtschaftlichen Handelns, Gütersloh, S. 165-188

Bloch, E. (1959): Das Prinzip Hoffnung, Frankfurt am Main

BMU (Bundesministerium für Umwelt, Naturschutz und Reaktorsicherheit) (Hrsg.) (1992): Konferenz der Vereinten Nationen für Umwelt und Entwicklung im Juni 1992 in Rio de Janeiro – Dokumente – Klimakonvention, Konvention über die biologische Vielfalt, Rio-Deklaration, Walderklärung, Bonn

BMU (Bundesministerium für Umwelt, Naturschutz und Reaktorsicherheit) (Hrsg.) (1997): Konferenz der Vereinten Nationen für Umwelt und Entwicklung im Juni 1992 in Rio de Janeiro – Dokumente – Agenda 21, 2. Auflage, Berlin

BMU (Bundesministerium für Umwelt, Naturschutz und Reaktorsicherheit); BDI (Bundesverband der Deutschen Industrie e. V.) (Hrsg.) (2002): Nachhaltigkeitsmanagement in Unternehmen: Konzepte und Instrumente zur nachhaltigen Unternehmensentwicklung, Bonn und Berlin

BMU (Bundesministerium für Umwelt, Naturschutz und Reaktorsicherheit); ecosense – Forum Nachhaltige Entwicklung der Deutschen Wirtschaft e. V. und CSM (Centre for Sustainability Management), Leuphana Universität Lüneburg (Hrsg.) (2007): Nachhaltigkeitsmanagement in Unternehmen: Von der Idee zur Praxis – Managementansätze zur Umsetzung von Corporate Social Responsibility and Corporate Sustainability, Berlin und Lüneburg

Böhler, D. (1984): Philosophischer Diskurs im Spannungsfeld von Theorie und Praxis. In: Apel, K.-O. et al. (Hrsg.): Funkkolleg praktische Philosophie / Ethik, Studientexte Bd. 2, Weinheim und Basel, S. 313-355

Bohlken, E. (2006): Wertethik. In: Handbuch Ethik, Stuttgart und Weimar, S. 108-121

Bohsem, G. (2009): Die dritte Phase der Krise. In: Süddeutsche Zeitung vom 15.04.09, München

Bohsem, G. (2010): Von Topf zu Topf. Wie Hilfspakete finanziert werden. In: Süddeutsche Zeitung vom 11.05.10, München

Boulding, K. (1966): The Economics of the Coming Spaceship Earth. In: Jarret, H. (Hrsg.): Environmental Quality in a Growing Economy, Essays from the Sixth RFF Forum on Environmental Quality, Baltimore

Bovensiepen, N. (2007): Appell an die Millionen-Verdiener: Kirchenvertreter, Politiker und Gewerkschafter rufen Manager zum Maßhalten auf / Wirtschaft wehrt sich gegen Vorwürfe. In: Süddeutsche Zeitung vom 24.-26.12.07, München

Brand, K.-W. (Hrsg.) (2002): Politik der Nachhaltigkeit, Berlin

Brandt, E.; Schaltegger, S. (Hrsg.) (2000): Studium der Umweltwissenschaften: Wirtschaftswissenschaften, Berlin et al.

Brenner, A. (1998): Ökologie-Ethik. In: Pieper, A.; Thurnherr, U. (Hrsg.).: Angewandte Ethik: eine Einführung, München, S. 37-55

Brockhaus – Die Enzyklopädie: in 24 Bänden, Bd. 1, Leipzig und Mannheim 1996

Brockhaus – Die Enzyklopädie: in 24 Bänden, Bd. 15, Leipzig und Mannheim 1998

Brockhaus – Die Enzyklopädie: in 24 Bänden, Bd. 22, Leipzig und Mannheim 1999

Buchanan; J. (1992): Die konstitutionelle Ökonomik der Ethik. In: Koslowski, P. (Hrsg.): Neuere Entwicklungen in der Wirtschaftsethik und Wirtschaftsphilosophie, Berlin und Heidelberg, S. 21-46

Budäus, D.; Steenbock, A. (1999): Ethische Aspekte wirtschaftlichen Handelns im Rahmen öffentlicher Einrichtungen. In: Korff, W. et al. (Hrsg.): Handbuch der Wirtschaftsethik, Bd. 3: Ethik wirtschaftlichen Handelns , Gütersloh, S. 574-613

BUND; Misereor (Hrsg.) (1997): Zukunftsfähiges Deutschland: ein Beitrag zu einer global nachhaltigen Entwicklung, Basel et al.

Bundesimmissionsschutzgesetz – BImSchG in der Fassung der Bekanntmachung vom 14. 05 1990, BGBl. I S. 880 ff., zuletzt geändert am 19.10.1998, BGBl. I S. 3178 ff.

Carnau, P. (1995): Reinigung von Abwässern der Papier- und Zellstoffindustrie vor und nach Umstellung der Faserstoffversorgung. In: Schriftenreihe des Sonderforschungsbereichs 193 der Technischen Universität Berlin „Biologische Behandlung industrieller und gewerblicher Abwässer“, Berlin, S. 89-110

Costanza, R. (Hrsg.) (1991): Ecological Economics. The Science and Management of Sustainability, New York

Czymmek, F. et al. (2009): Corporate Social Responsibility. In: Baumast, A.; Pape, J.: Betriebliches Umweltmanagement: Nachhaltiges Wirtschaften im Unternehmen, 4. Auflage, Stuttgart, S. 241-254

Daecke, S. M. (Hrsg.) (1995): Umweltethik als wirtschaftsethische Aufgabe: Philosophisch-theologische Anmerkungen zum Verhältnis von Ökonomie und Ökologie. In: dgl.: Ökonomie contra Ökologie? Wirtschaftsethische Beiträge zu Umweltfragen, S. 11-30

Daly, H. E. (1996): Beyond Growth: The Economics of Sustainability. Übersetzung von Blume, T. et al. (1999): Wirtschaft jenseits des Wachstums: die Volkswirtschaftslehre nachhaltiger Entwicklung, Salzburg und München

Deppert, W. (1998): Problemlösen durch Interdisziplinarität. Wissenschaftstheoretische Grundlagen Integrativer Umweltbewertung. In: Theobald, W. (Hrsg.): Integrative Umweltbewertung: Theorie und Beispiele aus der Praxis, Berlin et al., S. 35-64

Der Spiegel (1986): Chemiegifte aus deutschen Flüssen bedrohen das Ökosystem Nordsee, Heft Nr. 49, Hamburg, S. 37-43

Der Spiegel (2005): Das globale Job-Roulette. In: Spiegel-Serie Kapitalismus total global (I), Heft 17, Hamburg, S. 80-92

Descartes, R. (1637), übersetzt und herausgegeben von Gäbe, L. (1997): Von der Methode des richtigen Vernunftgebrauchs und der wissenschaftlichen Forschung, 2. Auflage, Hamburg

Deutsches Institut für Normung e. V. (Hrsg.) (1996): DIN EN ISO 14001: Umweltmanagementsysteme – Spezifikation mit Anleitung zur Anwendung, Berlin

Dillerup, R.; Stoi, R. (2008): Unternehmensführung, München

Dyllick, T. (1989): Management der Umweltbeziehungen: öffentliche Auseinandersetzungen als Herausforderung, Wiesbaden

Dyllick, T. (2000): Einführung: auf dem Weg zum Sustainability-Managementsystem. In: Hamschmidt, J.; Dyllick, T.: Nutzen Managementsysteme? Vom Umwelt- zum Sustainability-Managementsystem, IWÖ-Diskussionsbeitrag Nr. 82, St. Gallen, S. 1-4

E. Holtzmann & Cie. AG (1986): Holtzmann Umweltschutz, Weisenbachfabrik

Ebert, T. (2004): Die Stoa: Determinismus und Verantwortlichkeit. In: Beckermann, A.; Perler, D. (Hrsg.): Klassiker der Philosophie heute, S. 59-79, Stuttgart

EFQM (Hrsg.) (1996): The European Quality Award: Application Brochure, Brüssel

EFQM (Hrsg.) (2003): Excellence einführen, European Foundation of Quality Management, Brüssel

Eichhorn, F. J. (2003): Zurück nach vorn. In: Die Rheinpfalz vom 31.12.2003, Ludwigshafen

Einecke, H.; Hulverscheidt, C. (2009): IWF warnt vor sozialer Krise. Dem Arbeitsmarkt steht das Schlimmste noch bevor. Auch Europäische Zentralbank ist skeptisch. In: Süddeutsche Zeitung vom 05.09.09, München

Enderle, G. et al. (Hrsg.) (1993): Lexikon der Wirtschaftsethik, Freiburg et al.

Engels, E.-M. (2007): Charles Darwin, München

Enquete-Kommission „Schutz des Menschen und der Umwelt" des 12. Deutschen Bundestages (Hrsg.) (1994): Die Industriegesellschaft gestalten: Perspektiven für einen nachhaltigen Umgang mit Stoff- und Materialströmen, Bonn

Enquete-Kommission „Schutz des Menschen und der Umwelt" des 13. Deutschen Bundestages (Hrsg.) (1998): Konzept Nachhaltigkeit – Vom Leitbild zur Umsetzung, Bonn

Esslinger, D. (2009): Psychologie der Krise. In: Süddeutsche Zeitung vom 28./29.03.09, München

Fahrenholz, P. (2006): Es kann jeden Treffen: Heiner Geißler über den Missstand. In: Süddeutsche Zeitung vom 17.10.06, München

Fichter, K. (1998): Schritte zum nachhaltigen Unternehmen – Anforderungen und strategische Ansatzpunkte. In: Fichter, K.; Clausen, J.: Schritte zum nachhaltigen Unternehmen: zukunftsweisende Praxiskonzepte des Umweltmanagements, Berlin et al., S. 3-26

Frankena, W. K. (1963), Herausgabe und Übersetzung von Hoerster, N. (1972): Analytische Ethik: eine Einführung, München

Frankena, W. K. (1979): Ethics and the Environment. In: Goodpaster, K. E.; Sayre, K. M. (Hrsg.): Ethics and Problems of the 21st Century, Notre Dame (Ind.), S. 21-35

Frey, R. G. (1979): Rights, Interests, Desires and Beliefs. In: American Philosophical Quarterly 16, S. 233-239

Gammelin, C.; Völklein, M. (2009): Merkel stoppt Boni-Abgabe: Kanzlerin schließt Idee vorerst aus. Sie will die „Tobin“-Steuer. In: Süddeutsche Zeitung vom 12. und 13.12.09, München

Gareis, S. B.; Varwick, J. (2003): Die Vereinten Nationen: Aufgaben, Instrumente und Reformen, Opladen

Gehlen, A. (1950): Der Mensch: Seine Natur und seine Stellung in der Welt, Bonn

Gerhardt, V. (2007): Partizipation: Das Prinzip der Politik, München

German, H. et al. (1999): Messung der Globalisierung: ein Paradoxon. In: Steger, U. (Hrsg.): Facetten der Globalisierung: ökonomische, soziale und politische Aspekte, Berlin et al., S. 1-28

Gethmann, C. F.(1993): Langzeitverantwortung als ethisches Problem im Umweltstaat. In: Gethmann, C.F.; Kloepfer, M.; Nutzinger, H. G.: Langzeitverantwortung im Umweltstaat, Bonn, S. 1-21

Gethmann, C. F. et al. (2005): Gesundheit nach Maß? Eine transdisziplinäre Studie zu den Grundlagen eines dauerhaften Gesundheitssystems, Berlin

Gil, T. (1993): Ethik, Stuttgart und Weimar

Goldschmidt, N.; Zweynert, J. (2009): Gute alte Zauberformel: Der Begriff Ordnungspolitik ist aktueller denn je, doch die modernen Ökonomen halten ihn für überholt. Zu Unrecht, wie die Wirtschaftskrise zeigt. In: Süddeutsche Zeitung vom 09./10.05.09, München

Göllinger, T. (1997): Vom Additiven Umweltschutz zum Integrierten Umweltmanagement, löB-Arbeitspapier Nr. 20, Siegen

Göllinger, T. (1998): Grundzüge einer ökologischen Orientierung betrieblicher Grundfunktionen – Produktion und Reduktion, löB-Arbeitspapier Nr. 21, Siegen

Gorka, M. (1993): Biomonitoring durch in-situ-Hälterungen und makrozoobenthische Untersuchungen im Wirkungsbereich einer Papier- und Zellstoffeinleitung in den Rhein, Karlsruhe

Gorke, M. (2000): Die ethische Dimension des Artensterbens. In: Ott, K.; Gorke, M. (Hrsg.): Spektrum der Umweltethik, Marburg, S. 81-99

Görres-Gesellschaft (Hrsg.) (1986): Staatslexikon: Recht, Wirtschaft, Gesellschaft in 5 Bänden, Bd. 2, Freiburg

Görres-Gesellschaft (Hrsg.) (1987): Staatslexikon: Recht, Wirtschaft, Gesellschaft in 5 Bänden, Bd. 3, Freiburg

Görres-Gesellschaft (Hrsg.) (1988): Staatslexikon: Recht, Wirtschaft, Gesellschaft in 5 Bänden, Bd. 4, Freiburg

Görres-Gesellschaft (Hrsg.) (1989): Staatslexikon: Recht, Wirtschaft, Gesellschaft in 5 Bänden, Bd. 5, Freiburg

Grabner-Kräuter (1998): Die Ethisierung des Unternehmens: ein Beitrag zum wirtschaftsethischen Diskurs, Wiesbaden

Groll, F. (2004): Wie das Kapital die Wirtschaft ruiniert: Der Weg zur ökologisch-sozialen Gesellschaft, München

Grunwald, A. (Hrsg.) (1999): Rationale Technikfolgenbeurteilung: Konzeption und methodische Grundlagen, Berlin et al.

Grunwald, A. (Hrsg.) (2002): Technikgestaltung für eine nachhaltige Entwicklung – Von der Konzeption zur Umsetzung, Berlin

Grunwald, A.; Coenen, R. et al. (Hrsg.) (2001): Forschungswerkstatt Nachhaltigkeit: Wege zur Diagnose und Therapie von Nachhaltigkeitsdefiziten, Berlin

Grunwald, A.; Saupe, S. (Hrsg.) (1999): Ethik der Technikgestaltung: Praktische Relevanz und Legitimation, Berlin et al.

Haasis, H.-D. (2004): VDI-Richtlinie 4090: Zielsetzung, Vorgehensmodell, Themenbereiche und Instrumentenbox. In: VDI-Berichte 1822 – Prozessverbesserung und Umweltentlastung durch Systemtechnik, Düsseldorf, S. 7-13

Habermas, J. (1968): Technik und Wissenschaft als Ideologie, Frankfurt am Main

Habermas, J. (1983a): Diskursethik – Notizen zu einem Begründungsprogramm. In: dgl., Moralbewusstsein und kommunikatives Handeln, Frankfurt am Main, S. 53-125

Habermas, J. (1983b): Moralbewußtsein und kommunikatives Handeln, Frankfurt am Main

Habermas, J. (1984): Was heißt Universalpragmatik. In: Vorstudien und Ergänzungen zur Theorie des kommunikativen Handelns, Frankfurt, S. 353-440

Habermas, J. (1987a): Theorie des kommunikativen Handelns, Bd. 1, Handlungsrationalität und gesellschaftliche Rationalisierung, 4. durchgesehene Auflage, Frankfurt am Main

Habermas, J. (1987b): Theorie des kommunikativen Handelns, Bd. 2, Zur Kritik der funktionalistischen Vernunft, 4. durchgesehene Auflage, Frankfurt am Main

Habermas, J. (1991): Erläuterungen zur Diskursethik, Frankfurt am Main

Habermas, J. (1997): Die Herausforderung der ökologischen Ethik für eine anthropozentrisch ansetzende Konzeption. In: Krebs, A. (Hrsg.) (1997): Naturethik: Grundtexte der gegenwärtigen tier- und ökoethischen Diskussion, Frankfurt am Main, S. 92-99

Habermas, J. (1999): Wahrheit und Rechtfertigung: philosophische Aufsätze, Frankfurt am Main

Hagelüken, A. (2008): Weltwirtschaft am Abgrund. In: Süddeutsche Zeitung vom 01.10.08, München

Hampicke, U. (1992): Ökologische Ökonomie: Individuum und Natur in der Neoklassik, Natur in der ökonomischen Theorie Teil 4, Opladen

Hamschmidt, J. (2001): Wirksamkeit von Umweltmanagementsystemen: Stand der Praxis und Entwicklungsperspektiven, St. Gallen

Hamschmidt, J. (2002): Managementsysteme – vom Umwelt- zum Sustainability-Management? In: UmweltWirtschaftsForum, 10. Jg. H. 1, Heidelberg, S. 62-65

Harborth, H.-J. (1993): Dauerhafte Entwicklung statt globaler Selbstzerstörung: eine Einführung in das Konzept des „Sustainable Development", Berlin

Hare, R. M. (1981): Moral Thinking: Its Levels, Methods and Point, Oxford

Harremoes, P.; Gee, D. et al. (Hrsg.) (2002): The Precautionary Principle in the 20$^{th}$ Century: Late Lessons from Early Warnings, London und Sterling, VA

Hartmann, N. (1965): Grundzüge einer Metaphysik der Erkenntnis, 5. Auflage, Berlin

Hauff, V. (Hrsg.) (1987): Unsere gemeinsame Zukunft: Der Brundtland-Bericht der Weltkommission für Umwelt und Entwicklung, Greven

Hayek, F. A. von (1977): Demokratie, Gerechtigkeit und Sozialismus, Tübingen

Hayek, F. A. von (1981), Übersetzung von Suhr, M.: Recht, Gesetzgebung und Freiheit, Bd. 2: Die Illusion der sozialen Gerechtigkeit, Landsberg am Lech

Hediger, W. (1997): Elemente einer ökologischen Ökonomik nachhaltiger Entwicklung. In: Rennings, K.; Hohmeyer, O. (Hrsg.): Nachhaltigkeit, ZEW Wirtschaftsanalysen Band 8, Baden-Baden, S. 15-37

Heinrich, D.; Hergt, M. (1990): dtv-Atlas zur Ökologie, München

Heitmeyer, W.; Hüpping, S. (2006): Auf dem Weg in eine inhumane Gesellschaft: Die Abstiegsangst hat die Mittelschicht gepackt – mit gefährlichen Folgen für das soziale Klima, In: Süddeutsche Zeitung vom 21./22.10.06, München

Hengsbach, F. et al. (1993): Jenseits Katholischer Soziallehre. Neue Entwürfe christlicher Gesellschaftsethik, Düsseldorf

Herzig, C.; Pianowski, M. (2009): Nachhaltigkeitsberichterstattung. In: Baumast, A.; Pape, J.: Betriebliches Umweltmanagement: Nachhaltiges Wirtschaften im Unternehmen, 4. Auflage, Stuttgart, S. 217-232

Hesse, M. (2010): Gezähmte Vielfrasse: Vor fünf Jahren trat Franz Müntefering einen heftigen Streit um Finanzinvestoren los. Mittlerweile haben sie ihren Schrecken verloren. In: Süddeutsche Zeitung vom 31.03.10, München

Hesselberger, D. (2003): Das Grundgesetz: Kommentar für politische Bildung, Bonn

Hey, C.; Schleicher-Tappeser, R. (1998): Nachhaltigkeit trotz Globalisierung: Handlungsspielräume auf regionaler, nationaler und europäischer Ebene, Berlin et al.

Hildebrandt, E. (2003): Arbeit und Nachhaltigkeit. Wie geht das zusammen? In: Handbuch Nachhaltige Entwicklung: Wie ist nachhaltiges Wirtschaften machbar?, Opladen, S. 381-393

Hinterhuber, H. H. (1982): Wettbewerbsstrategie, Berlin und New York

Hinterhuber, H. H. (1989): Strategische Unternehmensführung. Band 1: Strategisches Denken, 4. Auflage, Berlin und New York

Höffe, O. (1992): Gerechtigkeit als Tausch? Ein ökonomisches Prinzip für die Ethik. In: Lenk, H.; Maring, M. (Hrsg.): Wirtschaft und Ethik, Stuttgart, S. 119-133

Höffe, O. (Hrsg.) (1997): Lexikon der Ethik, 5. Auflage, München

Höffe, O. (2004): Gerechtigkeit: Eine philosophische Einführung, München

Höffe, O. (2007): Lebenskunst und Moral oder: Macht Tugend glücklich?, München

Höffe, O. (Hrsg.) (2008): Lexikon der Ethik, 7. Auflage, München

Homann, K. (1996): Sustainability: Politikvorgaben oder regulative Idee? In: Gerken, L. (Hrsg.): Ordnungspolitische Grundfragen einer Politik der Nachhaltigkeit, Baden-Baden, S. 33-47

Homann, K. (1999): Die Relevanz der Ökonomik für die Implementation ethischer Zielsetzungen. In: Korff, W. et al. (Hrsg.): Handbuch der Wirtschaftsethik, Bd. 1: Verhältnisbestimmung von Wirtschaft und Ethik, Gütersloh, S. 322-343

Homann, K.; Blome-Drees, F. (1992): Wirtschafts- und Unternehmensethik, Göttingen

Honneth, A. (1989): Kritik der Macht: Reflexionsstufen einer kritischen Gesellschaftstheorie, Frankfurt am Main

Honneth, A. (2006): Das Ich und sein Gegenüber – Über das Prinzip der Anerkennung. In: Manuskript für die Rundfunksendung des SWR 2 vom 10.12.06 (abgerufen am 14.05.07 unter http://www.swr.de/swr2/programm/sendungen/wissen/-/id=660374/nid=660374/did=1...)

Hopfenbeck, W. (2000): Allgemeine Betriebswirtschafts- und Managementlehre: das Unternehmen im Spannungsfeld zwischen ökonomischen, sozialen und ökologischen Interessen, 13. Auflage, Landsberg/Lech

Horkheimer, M.; Adorno, T. W. (1969): Dialektik der Aufklärung: Philosophische Fragmente, Frankfurt am Main

Hübenthal, C. (2006): Teleologische Ansätze. In: Handbuch Ethik, Stuttgart und Weimar, S. 61-68

Huber, J. (1995): Nachhaltige Entwicklung durch Suffizienz, Effizienz und Konsistenz. In: Fritz, P.; Huber, J.; Levi, H. W. (Hrsg.): Nachhaltigkeit in naturwissenschaftlicher und sozialwissenschaftlicher Perspektive, Stuttgart, S. 31-46

Huber, J. (1999): Weltumweltpolitik zwischen Ökologie und Ökonomie. In: Schmidt, G.; Trinczek, R. (Hrsg.): Globalisierung: Ökonomische und soziale Herausforderungen am Ende des zwanzigsten Jahrhunderts, Baden-Baden, S. 193-212

Hubig, C. (2007): Die Kunst des Möglichen 02: Grundlinien einer dialektischen Philosophie der Technik, Band 2: Ethik der Technik als provisorische Moral, Bielefeld

Hügli, A.; Lübcke, P. (Hrsg.) (2001): Philosophielexikon, 4. Auflage, Reinbek bei Hamburg

Hulverscheidt, C. (2009): Spekulanten sollen Milliarden zahlen: Steinmeier und Steinbrück fordern neue Steuer, um Banken und Fonds an Kosten der Finanzkrise zu beteiligen. In: Süddeutsche Zeitung vom 11.09.09, München

Isenmann, R. (2002): Natur als Vorbild: Plädoyer für ein differenziertes und erweitertes Verständnis der Natur in der Ökonomie, Kaiserslautern

Jonas, H. (1979): Das Prinzip Verantwortung: Versuch einer Ethik für die technologische Zivilisation, Frankfurt am Main

Jonas, H. (1997): Prinzip Verantwortung: zur Grundlegung einer Zukunftsethik. In: Krebs, A. (Hrsg.): Naturethik: Grundtexte der gegenwärtigen tier- und ökoethischen Diskussion, Frankfurt am Main, S. 165-181

Kahlweit, C. (2006): Eine Klasse für sich. Ein alter Skandal, neu entdeckt: Das politische Berlin redet über die Nöte armer Menschen. In: Süddeutsche Zeitung vom 17.10.06, München

Kaiser, H. (1992): Die ethische Integration ökonomischer Rationalität: Grundelemente und Konkretion einer „modernen“ Wirtschaftsethik, Bern et al.

Kämpf, R.; Albrecht, F. (2008): Das E. F. Q. M. - Modell für Excellence (abgerufen am 02.12.09 unter http://www.ebz-beratungszentrum.de/organisation/efqm.html)

Kanning, H. (2009): Bedeutung des Nachhaltigkeitsleitbildes für das betriebliche Management. In: Baumast, A.; Pape, J.: Betriebliches Umweltmanagement: nachhaltiges Wirtschaften in Unternehmen, Stuttgart, S. 17-31

Kant, I. (1784): Beantwortung der Frage: Was ist Aufklärung? In: Gesammelte Schriften. Akademie-Ausgabe (1912/23), Bd. VIII, Berlin, S. 33-42

Kant, I. (1785): Grundlegung zur Metaphysik der Sitten. In: Gesammelte Schriften. Akademie-Ausgabe (1903/11), Bd. IV, Berlin, S. 385-464

Kant, I. (1787): Kritik der reinen Vernunft, zweite Auflage. In: Gesammelte Schriften. Akademie-Ausgabe (1911), Bd. III, Berlin, S. 1-552

Kant, I. (1788): Kritik der praktischen Vernunft. In: Gesammelte Schriften. Akademie-Ausgabe (1908/13), Bd. V, Berlin, S. 1-164

Kant, I. (1790): Kritik der Urteilskraft. In: Gesammelte Schriften. Akademie-Ausgabe (1908/13), Bd. V, Berlin, S. 165-486

Kant, I. (1795): Zum ewigen Frieden: Ein philosophischer Entwurf. In: Gesammelte Schriften. Akademie-Ausgabe (1912/23), Bd. VIII, Berlin, S. 341-386

Kant, I. (1797): Die Metaphysik der Sitten. In: Gesammelte Schriften. Akademie-Ausgabe (1907/14), Bd. VI, Berlin, S. 203-494

Kant, I. (1798): Anthropologie in pragmatischer Hinsicht. In: Gesammelte Schriften. Akademie-Ausgabe (1907/17), Bd. VII, Berlin, S. 117-334

Kaplan, R. S.; Norton, D. P. (1997): Balanced Scorecards: Strategien erfolgreich umsetzen, Stuttgart

Kapoor, S. (2009): Der Verschmutzer muss zahlen. So ist es in der Umweltpolitik, so sollte es auch in der Finanzwelt sein – die Zeit ist reif für eine Steuer auf Börsengeschäfte. In: Süddeutsche Zeitung vom 23.09.09, München

Karafyllis, N. C. (Hrsg.) (2003): Biofakte: Versuch über den Menschen zwischen Artefakt und Lebewesen, Paderborn

Kerber, W. (1998): Sozialethik: Grundkurs der Philosophie, Bd. 13, Stuttgart et al.

Kessler, W. (2003): Attac – ein Globalisierungsnetzwerk. In: Informationen zur politischen Bildung Nr. 280, S. 5

Klötzli, F. (1993): Ökosysteme: Aufbau, Funktionen, Störungen, Stuttgart und Jena

Koch, M. (2006): Soziale Gegensätze groß wie nie: Neue Studie zur Einkommensentwicklung. In: Süddeutsche Zeitung vom 17.07.06, München

Kopfmüller, J.; Brandl, V. et al. (2001): Nachhaltige Entwicklung integrativ betrachtet: konstitutive Elemente, Regeln, Indikatoren. Bd. 1 der Reihe „Global zukunftsfähige Entwicklung – Perspektiven für Deutschland, Berlin

Kopfmüller, J.; Lang, E. (2006): Unternehmen, Ordnungspolitik und Global Governance. In: Müller-Christ, G. (Hrsg.): Unternehmen und Nachhaltigkeit – Zwischen Selbst- und Fremdsteuerung, Bremen, S. 84-96

Koplin, J.; Müller, M. (2009): Nachhaltigkeit in Unternehmen – Konzepte zur Umsetzung. In: Baumast, A.; Pape, J.: Betriebliches Umweltmanagement: Nachhaltiges Wirtschaften im Unternehmen, 4. Auflage, Stuttgart, S. 33-46

Korff, W. (1999a): Die Rolle der Technik. In: Korff., W. et al. (Hrsg.): Handbuch der Wirtschaftsethik, Bd. 1: Verhältnisbestimmung von Wirtschaft und Ethik, Gütersloh, S. 99-119

Korff, W. (1999b): Individualethik, Sozialethik und Umweltethik in ihrer Differenz und Interdependenz. In: Korff, W. et al. (Hrsg.): Handbuch der Wirtschaftsethik, Bd. 1: Verhältnisbestimmung von Wirtschaft und Ethik, Gütersloh, S. 207-212

Koslowski, P. (1988): Prinzipien der Ethischen Ökonomie: Grundlegung der Wirtschaftsethik und der auf die Ökonomie bezogenen Ethik, Tübingen

Krebs, A. (1997): Naturethik im Überblick. In: Krebs, A. (Hrsg.): Naturethik: Grundtexte der gegenwärtigen tier- und ökoethischen Diskussion, Frankfurt am Main, S. 337-379

Krebs, A. (2002): Arbeit und Liebe: Die philosophischen Grundlagen sozialer Gerechtigkeit, Frankfurt am Main

Kreikebaum, H. (1993): Innovationsmanagement bei aktivem Umweltschutz in der chemischen Industrie – Bericht aus einem Forschungsprojekt. In: Seidel, E.; Strebel, H. (Hrsg.): Betriebliche Umweltökonomie: Reader zur ökologieorientierten Betriebswirtschaftslehre (1988-1991), Wiesbaden, S. 299-307

Kreikebaum, H. (1996): Grundlagen der Unternehmensethik, Stuttgart

Krohn, W.; Küppers, G. (Hrsg.) (1992): Emergenz: Die Entstehung von Ordnung, Organisation und Bedeutung, Frankfurt am Main

Küng, H. (1997): Weltethos für Weltpolitik und Weltwirtschaft, München und Zürich

Kurt, H.; Wehrspaun, M. (2001): Kultur: Der verdrängte Schwerpunkt des Nachhaltigkeits-Leitbildes, GAIA 10 no. 1, Zürich et al., S. 16-26

Kuttler, W. (Hrsg.) (1995): Handbuch zur Ökologie, Berlin

Lancaster, K. (1980), Übersetzung von v. Rabenau, G.; Ridder-Aab, C.-M. (1991): Moderne Mikroökonomie, Frankfurt/Main und New York

Landesanstalt für Umweltschutz Baden-Württemberg (1993): Untersuchungsbericht zum Thema Biomonitoring in Abwasserfahnen, Karlsruhe

Leitschuh-Fecht, H. (2002): Mit dem Stakeholder-Dialog zur Nachhaltigkeit: Was Unternehmen vom Dialog mit der Zivilgesellschaft haben. In: Umwelt-WirtschaftsForum, 10. J., H. 1, Heidelberg, S. 34-37

Leitschuh-Fecht, H.; Steger, U. (2003): Wie wird Nachhaltigkeit für Unternehmen attraktiv? Business Case für nachhaltige Unternehmensentwicklung. In: Linne, G.; Schwarz, M. (Hrsg.): Handbuch Nachhaltige Entwicklung: Wie ist nachhaltiges Wirtschaften machbar?, Opladen, S. 257-266

Lenk, H.; Maring, M. (Hrsg.) (1992): Wirtschaftsethik – ein Widerspruch in sich selbst? In: dgl.: Wirtschaft und Ethik, Stuttgart, S. 7-30

Lenk, H.; Maring, M. (Hrsg.) (1998): Einleitung: Technikethik und Wirtschaftsethik. In: dgl.: Technikethik und Wirtschaftsethik: Fragen der praktischen Philosophie, Opladen, S. 7-19

Libbert, E. (Hrsg.) (1991): Allgemeine Biologie, Jena

Liebrich, S. (2009): Gipfel der Hilflosen: Hunger lässt sich nicht mit Almosen bekämpfen. In: Süddeutsche Zeitung vom 16.11.09, München

Lorenzen, P.; Schwemmer, O. (1975): Konstruktive Logik, Ethik und Wissenschaftstheorie, 2. Auflage, Mannheim et al.

Loske, R. (1997): Innovation im Bereich Dienstleistungen – Eine zukunftsfähige Wirtschaft braucht eine bessere Infrastruktur. In: Rennings, K.; Hohmeyer, O. (Hrsg.): Nachhaltigkeit, ZEW Wirtschaftsanalysen Band 8, Baden-Baden, S. 261-294

Lovelock, J. E. (1979): A New Look at Life on Earth, New York

Luckenbach, H. (1994): Grundlagen der Volkswirtschaftslehre, München

Luhmann, N. (1994): Soziale Systeme: Grundriß einer allgemeinen Theorie, vierte Auflage, Frankfurt am Main

Lütterfelds, W.; Mohr, T. (Hrsg.) (1997): Eine Welt – eine Moral? Eine kontroverse Debatte, Darmstadt

Mack, E. (1994): Ökonomische Rationalität: Grundlage einer interdisziplinären Wirtschaftsethik? Berlin

Mahammadzadeh, M. (2009): Sustainability Balanced Scorecard. In: Baumast, A.; Pape, J.: Betriebliches Umweltmanagement: Nachhaltiges Wirtschaften im Unternehmen, 4. Auflage, Stuttgart, S. 177-190

Mahler, S. (2006): Konzerne: Spagat zwischen zwei Welten. In: Der Spiegel 52/2006, Hamburg, S. 48-51

Maier-Rigaud, G. (1999): Der neoliberale Grundwiderspruch zwischen Wirtschaftswachstum und Nachhaltigkeit, GAIA 8 no.3, Zürich et al., S. 169-175

Makowsky, A. (2006): Armut als Sprengsatz: Infratest-Chef Richard Hilmer über die Gefahren des sozialen Abstiegs und die neue Klassengesellschaft. In: Süddeutsche Zeitung vom 21./22.10.06, München

Malik, F. (1981): Managementsysteme: die Orientierung Nr. 78, Bern

Malik, F. (1992): Strategie des Managements komplexer Systeme: Ein Beitrag zur Management-Kybernetik evolutionärer Systeme, Bern et al.

Marx, K.; Engels, F. (1848): Manifest der Kommunistischen Partei, vierte autorisierte deutsche Ausgabe von 1890, 31. Auflage, Berlin, S. 41-83

Maslow, A. H. (1970), Übersetzung von Kruntorad, P. (1981): Motivation und Persönlichkeit, Reinbek bei Hamburg

Maturana, H. (1985): Erkennen: Die Organisation und Verkörperung von Wirklichkeit, Braunschweig und Wiesbaden

Mayntz, R.; Scharpf, F. W. (1995): Der Absatz des akteurzentrierten Institutionalismus. In: Mayntz, R.; Scharpf, F. W. (Hrsg.): Gesellschaftliche Selbstregelung und politische Steuerung, Frankfurt am Main et al., S. 39-72

Meadows, D. et al. (1972), Übersetzung von Heck, H.-D.: Die Grenzen des Wachstums: Bericht des Club of Rome zur Lage der Menschheit, Stuttgart

Meadows, D. et al. (1992): Die neuen Grenzen des Wachstums – Die Lage der Menschheit: Bedrohung und Zukunftschancen, Stuttgart

Meier, U.; Sill, B. (2008): Ethik ist ein Mauerblümchen: Die Entfremdeten. In: Süddeutsche Zeitung vom 01./02.03.08, München

Meran, J. (1992): Wirtschaftsethik: Über den Stand der Wiederentdeckung einer philosophischen Disziplin. In: Lenk, H.; Maring, M. (Hrsg.): Wirtschaft und Ethik, Stuttgart, S. 45-81

Messick, D. M.; Tenbrunsel, A. E. (Hrsg.) (1996): Codes of Conduct: Behavioral Research into Business Ethics, New York

Messner, D. (2003): Das „Global-Governance"-Konzept: Genese, Kernelemente und Forschungsperspektiven. In: Kopfmüller, J. (Hrsg.): Den globalen Wandel gestalten, Berlin, S. 243-267

Messner, D.; Nuscheler, F. (2003): Das Konzept Global Governance: Stand und Perspektiven, INEF Report, Heft 67, Duisburg

Meyer-Abich (Hrsg.) (1979): Frieden mit der Natur, Freiburg et al.

Minsch, J. (1997): Nachhaltigkeit und institutionelle Innovationen. In: Rennings, K.; Hohmeyer, O. (Hrsg.): Nachhaltigkeit, ZEW Wirtschaftsanalysen Band 8, Baden-Baden, S. 297-329

Minsch, J.; Feindt, P. et al. (1998): Institutionelle Reformen für eine Politik der Nachhaltigkeit, Berlin et al.

Mittelstraß, J. (Hrsg.) (1984): Enzyklopädie Philosophie und Wissenschaftstheorie, Bd. 2, Stuttgart

Mittelstraß, J. (Hrsg.) (1995): Enzyklopädie Philosophie und Wissenschaftstheorie, Bd. 1, Stuttgart und Weimar

Mittelstraß, J. (1998): Ökologie und Ethik – Zur philosophischen Verbindung zweier Leitbilder. In: Steinmann, H.; Wagner, G. H. (Hrsg.): Umwelt und Wirtschaftsethik, Stuttgart, S. 19-32

Mittelstraß, J. (1999): Regionalität versus Globalität: Zur Befindlichkeit des Denkens in einer Informations- und Innovationsgesellschaft. In: Steger, U. (Hrsg.): Facetten der Globalisierung: ökonomische, soziale und politische Aspekte, Berlin et al., S. 221-232

Möller, A. (2004): Stoffstrommanagement. In: VDI-Berichte 1822 – Prozessverbesserung und Umweltentlastung durch Systemtechnik, Düsseldorf, S. 51-59

Moser, F. (1989): Bewusstsein in Raum und Zeit: Die Grundlagen einer holistischen Weltauffassung auf wissenschaftlicher Basis, Graz

Müller, M.; Moutchnik, A.; Freier, I. (2009): Standards und Zertifikate im Umweltmanagement und im Sozialbereich. In: Baumast, A.; Pape, J.: Betriebliches Umweltmanagement: Nachhaltiges Wirtschaften im Unternehmen, 4. Auflage, Stuttgart, S. 47-63

Müller-Christ (Hrsg. für die Vereinigung für Ökologische Ökonomie) (2006): Unternehmen und Nachhaltigkeit: Zwischen Selbst- und Fremdsteuerung, Bremen

Munk, K. (Hrsg.) (2000): Grundstudium der Biologie: Biochemie, Zellbiologie, Ökologie, Evolution, Heidelberg

Naess, A. (1986): The Deep Ecological Movement: Some Philosophical Aspects. In: Philosophical Inquiry 8, S. 10-31

Nassehi, A. (2008): Nur eine Kopie sein: übers wahre Wesen des freien Willens. In: Süddeutsche Zeitung vom 22.08.08, München

Nationales Genomforschungsnetz NGFN (Hrsg.) (2006): Das nationale Genomforschungsnetz: Die Highlights, Bonn

Nell-Breuning, O. v. (1956-60): Wirtschaft und Gesellschaft heute, 3 Bände, Freiburg

Nentwig, W.; Bacher, S. et al. (2004): Ökologie, Heidelberg

Neubäumer, R.; Hewel, B. (Hrsg.) (1994): Volkswirtschaftslehre: Grundlagen der Volkswirtschaftstheorie und Volkswirtschaftspolitik, 1. Auflage, Wiesbaden

Neubäumer, R.; Hewel, B. (Hrsg.) (2001): Volkswirtschaftslehre: Grundlagen der Volkswirtschaftstheorie und Volkswirtschaftspolitik, 3. Auflage, Wiesbaden

Nida-Rümelin, J. (1995): Kritik des Konsequentialismus, München

Nida-Rümelin, J. (2008): Der Markt braucht Regeln – Man sieht es in den Favelas, man sieht es an der Finanzkrise: Ein ungebändigter Kapitalismus sprengt jede Gesellschaft. In: Süddeutsche Zeitung vom 22.10.08, München

Nuscheler, F. (2000a): „Ohne Frieden ist alles nichts!". In: Nuscheler, F. (Hrsg.): Entwicklung und Frieden im Zeichen der Globalisierung, Bonn, S. 15-26

Nuscheler, F. (2000b): Global Governance, Entwicklung und Frieden. Zur Interdependenz globaler Ordnungsstrukturen. In: Nuscheler, F. (Hrsg.): Entwicklung und Frieden im Zeichen der Globalisierung, Bonn, S. 239-262

Nussbaum, R. (1995): Umweltbewusstes Management und Unternehmensethik: umweltbewusstes Management als Ausdruck erfolgsstrategischer und ethischer Rationalität, Stuttgart und Wien

Odum, E. P. (1989), Übersetzung und Vorwort von Grein, S. und Overbeck, J. (1991): Prinzipien der Ökologie: Lebensräume, Stoffkreisläufe, Wachstumsgrenzen, Heidelberg

Ott, K. (1993): Ökologie und Ethik: Ein Versuch praktischer Philosophie, Tübingen

Ott, K.; Balser, M. (2006): Die Tage der Abrechnung: Ermittler entdecken bei Siemens ein dubioses Finanzsystem und vermuten die Drahtzieher im Management. In: Süddeutsche Zeitung vom 17.11.06, München

Ott, K.; Döring, R. (2004): Theorie und Praxis starker Nachhaltigkeit, Marburg

Paetzold, H. (2003): Der Mensch. In: Martens, E.; Schnädelbach, H. (Hrsg.): Philosophie: ein Grundkurs, Band 2, 7. Auflage, S. 427-466

Papel del Tucumán (Hrsg.) (1983): La importancia de un gran papel, Tucumán

Paschke, D. (2002): Grundlagen der Volkswirtschaftslehre anschaulich dargestellt, Heidenau

Pauen, M. (2008): Seelenfeuer: zur Zukunft der Hirnforschung. In: Süddeutsche Zeitung vom 09.08.08, München

Petschow, U. et al. (1997): Auswirkungen der Globalisierung auf eine nationale Politik der Nachhaltigkeit. In: Rennings, K.; Hohmeyer, O. (Hrsg.): Nachhaltigkeit, ZEW Wirtschaftsanalysen Band 8, Baden-Baden, S. 109-136

Petschow, U. et al. (1998): Nachhaltigkeit und Globalisierung: Herausforderungen und Handlungsansätze, Berlin et al.

Pfeiffer, J.; Walther, M (2003): Nachhaltige Unternehmensentwicklung durch Beteiligung: den Lernprozess der nachhaltigen Entwicklung durch Partizipation in Unternehmen gestalten. In: Linne, G.; Schwarz, M. (Hrsg.): Handbuch Nachhaltige Entwicklung: wie ist nachhaltiges Wirtschaften machbar? Opladen, S. 447-459

Pfriem, R. (1995): Unternehmenspolitik in sozialökologischen Perspektiven, Marburg

Pieper, A. (1988): Pflicht. In: Görres-Gesellschaft (Hrsg.): Staatslexikon: Recht, Wirtschaft und Gesellschaft in 5 Bänden, Bd. 4, Freiburg, S. 373-376

Pieper, A. (2007): Einführung in die Ethik, 6. Auflage, Tübingen und Basel

Pieper, A.; Thurnherr, U. (Hrsg.) (1998): Angewandte Ethik: eine Einführung, München

Pischon, A. (1999): Integrierte Managementsysteme für Qualität, Umweltschutz und Arbeitssicherheit, Berlin und Heidelberg

Plessner, H. (1975): Die Stufen des Organischen und der Mensch: Einleitung in die philosophische Anthropologie, Berlin und New York

Prantl, H. (2006a): Die neue alte soziale Frage. In: Süddeutsche Zeitung vom 16.10.06, München

Prantl, H. (2006b): Gerechtigkeit – über den Daumen gepeilt: Die Einstellung des Verfahrens gegen Geldauflage ist tägliches Geschäft bei den Strafgerichten, der Deal soll es werden. In: Süddeutsche Zeitung vom 29.11.06, München

Prantl, H. (2008a): Der antastbare Kandidat. In: Süddeutsche Zeitung vom 13.02.08, München

Prantl, H. (2008b): Mackie Messers Erkenntnis: Mit dem Strafrecht sind die Kapitaldelikte der Finanzwelt kaum zu packen. In: Süddeutsche Zeitung vom 08.10.08, München

Prechtl, P.; Burkard, F.-P. (Hrsg.) (1999): Metzler-Philosophie-Lexikon, Begriffe und Definitionen, 2. Auflage, Stuttgart

Prigogine, I. et al. (1972): Thermodynamics and Evolution. In: Physics Today 25/11, S. 23-38 und 25/12, S. 138-141

Probst, G. J. B.; Büchel, B. S. T. (1994): Organisationales Lernen: Wettbewerbsvorteile der Zukunft, Wiesbaden

Pümpin, C. (1980): Strategische Führung in der Unternehmenspraxis: die Orientierung Nr. 76, Bern

Pümpin, C. (1989): Das Dynamik-Prinzip: Zukunftsorientierungen für Unternehmer und Manager, Düsseldorf

Purves, W. K. et al. (2004), Übersetzung von Markl, J. (Hrsg.) (2006): Biologie, München

Rähme, B. (2006): Konsens. In: Düwel, M.; Hübenthal, C.; Werner, M. H. (Hrsg.): Handbuch Ethik, Stuttgart und Weimar, S. 420-426

Rat für Nachhaltige Entwicklung (Hrsg.) (2006): Unternehmerische Verantwortung in einer globalisierten Welt – Ein deutsches Profil der Corporate Social Responsibility: Empfehlungen des Rates für Nachhaltige Entwicklung, texte Nr. 17, Berlin

Rat für Nachhaltige Entwicklung (Hrsg.) (2009): Peer Review der deutschen Nachhaltigkeitspolitik, texte Nr. 28, Berlin

Rawls, J. (1971), Übersetzung von Vetter, H. (1979): Eine Theorie der Gerechtigkeit, Frankfurt am Main

Reese-Schäfer, W. (2001): Jürgen Habermas, 3. Auflage, Frankfurt am Main

Regan, T. (1986): Wie man Rechte für Tiere begründet. In: Singer, P. (Hrsg.): Verteidigt die Tiere, übersetzt von Kurt Simon, Frankfurt am Main, S. 28-47

Rehberg, K.-S. (1997): Institutionenwandel und die Funktionsveränderung des Symbolischen. In: Göhler, G. (Hrsg.): Institutionenwandel, Levithian Sonderheft 16, Opladen, S. 94-118

Remmert, H. (1984): Ökologie: ein Lehrbuch, Berlin et al.

Renn, O. (2002): Nachhaltige Entwicklung – Zur Notwendigkeit von Zieldiskursen. In: Brand, K.-W. (Hrsg.): Politik der Nachhaltigkeit, Berlin, S. 211-225

Rennings, K.; Hohmeyer, O. (Hrsg.) (1997): Nachhaltigkeit, ZEW Wirtschaftsanalysen Band 8, Baden-Baden

Rich, A. (1970): Aufrisse, Vorarbeiten zum sozialethischen Denken, Zürich

Rich, A. (1991): Wirtschaftsethik, Bd. 1: Grundlagen ein theologischer Perspektive, Gütersloh

Richter, R.; Furubotn, E. G., Übersetzung von Streissler, M. (2003): Neue Institutionenökonomik: Eine Einführung und kritische Würdigung, Tübingen

Ricken, F. (2003): Allgemeine Ethik: Grundkurs Philosophie, Bd. 4, 4. Auflage, Stuttgart

Roll, E. (2006): Die Gesellschaft besteht aus Teilen: Der eine ist zufällig Millionär, der andere zufällig Hartz-IV-Empfänger – beide haben etwas zu geben, was sich zu einem Ganzen zusammenfügen könnte. In: Süddeutsche Zeitung vom 09./10.12.06, München

Ross, D. (1930): The Right and the Good, Oxford

Roth, S. J. (2006): VWL für Einsteiger: Eine anwendungsorientierte Einführung, Stuttgart

Rüegg-Stürm, J. (2003): Das neue St. Galler Management-Modell: Grundkategorien einer integrierten Managementlehre, der HSG-Ansatz, 2. Auflage, Bern et al.

Sandkühler, H. J. (Hrsg.) (1990): Europäische Enzyklopädie zu Philosophie und Wissenschaften, Bd. 2, Hamburg

Schäfer, U. (2008): 1929 und 2008. In: Süddeutsche Zeitung vom 26.09.08, München

Schäfer, U. (2009): Größer als die Große Depression: Der heutige Absturz ist steiler als 1929, aber die Politik steuert härter dagegen. Doch reicht das? In: Süddeutsche Zeitung vom 24.06.09, München

Schäfer, W. (1997): Volkswirtschaftstheorie, München

Schaltegger, S. (2003): Nachhaltigkeitsmanagement im Spannungsfeld von inner- und außerbetrieblicher Interessenpolitik. In: Linne, G.; Schwarz, M. (Hrsg.): Handbuch Nachhaltige Entwicklung: Wie ist nachhaltiges Wirtschaften machbar?, Opladen, S. 147-158

Schaltegger, S. et al. (2003): Die „Werkzeuge" des Nachhaltigkeitsmanagements. Konzepte und Instrumente zur Umsetzung unternehmerischer Nachhaltigkeit. In: Linne, G.; Schwarz, M. (Hrsg.): Handbuch Nachhaltige Entwicklung: Wie ist nachhaltiges Wirtschaften machbar?, Opladen, S. 331-342

Schaltegger, S.; Dyllick, T. (Hrsg.) (2002): Nachhaltig managen mit der Balanced Scorecard, Wiesbaden

Schaltegger, S.; Wagner, M. (2006): Management unternehmerischer Nachhaltigkeitsleistung: Die Sustainability Balanced Scorecard zur Integration wirtschaftlicher, ökologischer und sozialer Verantwortung. In: Bausteine einer nachhaltigkeits-orientierten Betriebswirtschaftslehre, Marburg, S. 157-176

Scheer, A.-W. (2009): Verloren in der Welt der Modelle: Ökonomen lernen im Studium zu viel über Zahlen und zu wenig über Menschen – auch darum sind sie der Krise nicht gewachsen. In: Süddeutsche Zeitung vom 09./10.05.09, München

Scheler, M. (1928), Neuauflage der Schrift von Maria Scheler mit Ergänzungen nach dem Vortragsmanuskript (1949): Die Stellung des Menschen im Kosmos., München

Schlitt, M. (1992): Umweltethik: philosophisch-ethische Reflexionen – theologische Grundlagen – Kriterien, Paderborn et al.

Schmid, U. (1997): Verbesserung der Ressourcenproduktivität. In: io management, H. 4, Zürich

Schmidheiny, S. (1992): Kurswechsel: Globale unternehmerische Perspektiven für Entwicklung und Umwelt, München

Schmidt, G. (1999): "Globalisierung" – oder: Der gesellschaftliche Diskurs zur Sorge ums Weitermachen am Ende des 20. Jahrhunderts. In: Schmidt, G.; Trinczek, R. (Hrsg.): Globalisierung: Ökonomische und soziale Herausforderungen am Ende des zwanzigsten Jahrhunderts, Baden-Baden, S. 11-27

Schmidt, I.; Czymmek, F. (2009): Bewertung der Ökoeffizienz von Produkten und Verfahren. In: Baumast, A.; Pape, J. (Hrsg.): Betriebliches Umweltmanagement: nachhaltiges Wirtschaften in Unternehmen, Stuttgart, S. 133-146

Schmidt-Bleek, F. (1998): Das MIPS-Konzept. Weniger Naturverbrauch – mehr Lebensqualität durch Faktor 10, München

Schnädelbach, H. (1998): Philosophie. In: Martens, E.; Schnädelbach, H. (Hrsg.): Philosophie: Ein Grundkurs, überarbeitete und erweiterte Neuausgabe, Reinbeck bei Hamburg, S. 37-76

Schnädelbach, H. (1999): Rationalität. In: Prechtl, P.; Burkard, F.-P. (Hrsg.): Metzler Philosophie Lexikon, Stuttgart und Weimar, S. 488-490

Scholz, O. (2003): Gerechtigkeit und Solidarische Mitte im 21. Jahrhundert. In: Frankfurter Rundschau vom 07.08.03, Frankfurt

Schopenhauer, A. (1841): Grundlage der Moral. In: Sämtliche Werke (1988), Bd. 4, Mannheim

Schrader, C. (2007a): Die Katastrophe hat schon begonnen: Forscher belegen mit drastischen Zahlen, wie genau sie den globalen Wandel vorhersagen können. In: Süddeutsche Zeitung vom 03./04.02.07, München

Schrader, C. (2007b): Klimawandel könnte Tausende Menschenleben kosten: WWF-Studie berechnet die Folgen der Erderwärmung zum Ende des 21. Jahrhunderts. In: Süddeutsche Zeitung vom 07.02.07, München

Schumpeter, J. A. (1947): The Creative Response in Economic History. In: Journal of Economic History, 7. Jg., H.2, S. 149-159 [zit. nach Majer, H. (2002): Eingebettete Technik – Die Perspektive der ökologischen Ökonomik, S. 44. In: Grunwald, A. (Hrsg.): Technikgestaltung für eine nachhaltige Entwicklung – Von der Konzeption zur Umsetzung, Berlin, S. 37-63]

Schweiger, S. (2008): Deutschland, deine Rezessionen. Vom Ende des Wirtschaftswunders bis zur Internetblase: Bereits fünfmal geriet die Bundesrepublik in die Krise. In: Süddeutsche Zeitung vom 17.10.08, München

Schweitzer, A. (1919): Die Ehrfurcht vor dem Leben. In: Die Lehre von der Ehrfurcht vor dem Leben. Grundtexte aus fünf Jahrzehnten (1966), München

Schwemmer, O. (1971): Philosophie der Praxis: Versuch zur Grundlegung einer Lehre vom moralischen Argumentieren, Frankfurt am Main

Schwemmer, O. (1995a): Autonomie. In: Mittelstraß, J. (Hrsg.): Enzyklopädie Philosophie und Wissenschaftstheorie, Bd. 1, Stuttgart und Weimar, S. 232-234

Schwemmer, O. (1995b): Imperativ, kategorischer. In: Mittelstraß, J. (Hrsg.): Enzyklopädie Philosophie und Wissenschaftstheorie, Bd. 2, Stuttgart und Weimar, S. 205-208

Schwemmer, O. (1995c): Pflicht. In: Mittelstraß, J. (Hrsg.): Enzyklopädie Philosophie und Wissenschaftstheorie, Bd. 3, Stuttgart und Weimar, S. 109-111

Schwerdtle, H. (1999): Prozessintegriertes Management – PIM: Ein Modell für effizientes Qualitäts-, Umwelt- und Arbeitsschutzmanagement, Berlin et al.

Sen, A. (1973), erweiterte Auflage von Foster, J.; Sen, A. (1997): On Economic Inequality, Oxford

Sen, A. (1992): Inequality Reexamined, Oxford

Sen, A. (2000): Ökonomie für den Menschen. Wege zur Gerechtigkeit und Solidarität in der Marktwirtschaft, München

Seuring, S. (2004): Integrated chain management and supply chain management comparative analysis and illustrative cases. In: Journal of Cleaner Production 12 (2004), S. 1059-1071

Seuring, S.; Müller, M. (2009). Nachhaltiges Management von Wertschöpfungsketten. In: Baumast, A.; Pape, J.: Betriebliches Umweltmanagement: Nachhaltiges Wirtschaften im Unternehmen, 4. Auflage, Stuttgart, S. 165-175

Siebenhüner, B. (2006): Dancers of Change? Unternehmen im Governance-Prozess der Nachhaltigkeit. In: Müller-Christ, G. (Hrsg.): Unternehmen und Nachhaltigkeit zwischen Selbst- und Fremdsteuerung, Bremen, S. 15-35

Simonis, U. E. (2000): Architektur einer Weltorganisation für Umwelt und Entwicklung. In: Nuscheler, F. (Hrsg.): Entwicklung und Frieden im Zeichen der Globalisierung, Bonn, S. 209-221

Simonis, U. E. (2003): Institutionelle Innovationen für nachhaltige Entwicklung. Plädoyer für eine neue Weltorganisation. In: Linne, G.; Schwarz, M. (Hrsg.): Handbuch Nachhaltige Entwicklung: wie ist nachhaltiges Wirtschaften machbar?, Opladen, S. 83-87

Singer, P. (1976): All Animals are Equal. In: Regan, T.; Singer, P. (Hrsg.): Animal Rights and Human Obligations, Eaglewood Cliffs, S. 73-86

Singer, W. (2005): Selbsterfahrung und neurobiologische Fremdbestimmung. Zwei konfliktträchtige Erkenntnisquellen. In: Schmidinger, H.; Sedmark, C. (Hrsg.): Der Mensch ein freies Wesen?, Darmstadt, S. 135-160

Skinner, B. F. (1973): Jenseits von Freiheit und Würde, Reinbek

Skorupinski, B.; Ott, K. (2000): Technikfolgenabschätzung und Ethik, Zürich

Smith, A. (1759), Übersetzung und Einleitung von Eckstein, W. (1926): Theorie der ethischen Gefühle, 6. Auflage von 1790 mit einer erweiterten Bibliographie von 1994, Hamburg

Smith, A. (1789), Übersetzung und Einführung von Recktenwald, H. C. (1978): Der Wohlstand der Nationen: Eine Untersuchung seiner Natur und seiner Ursachen, München

Spaemann, R. (1984): Tierschutz und Menschenwürde. In: Händel, U. M. (Hrsg.): Tierschutz: Testfall unserer Menschlichkeit, Frankfurt am Main, S. 71-81

Steinbach, A.; Ehmsen, H. (2004): Stoffstrom- und Umweltmanagement mit BTC-System. In: VDI-Berichte 1822 – Prozessverbesserung und Umweltentlastung durch Systemtechnik, Düsseldorf, S. 23-39

Steinmann, H.; Löhr, A. (1994): Grundlagen der Unternehmensethik, 2. überarbeitete und erweiterte Auflage, Stuttgart

Steinvorth, U. (1998): Gerechtigkeit. In: Martens, E.; Schnädelbach, H. (Hrsg.): Philosophie: Ein Grundkurs, Bd. 1, S. 306-347

Stiglitz, J. E. (2009): Das Geheimnis der unsichtbaren Hand: Vom großen Irrtum des Adam Smith – und vier weiteren Lehren, die das Jahr 2009 bereithielt. In: Süddeutsche Zeitung vom 31.12.09/01.01.10, München

Stora Enso Oyj; Stora Enso AB (Hrsg.) (2004a): Geschäftsbericht 2003: Teilbericht Der Konzern, Helsinki und Stockholm

Stora Enso Oyj; Stora Enso AB (Hrsg.) (2004b): Geschäftsbericht 2003: Teilbericht Unternehmensverantwortung, Helsinki und Stockholm

Stora Enso Oyj; Stora Enso AB (Hrsg.) (2005a): Geschäftsbericht 2004: Teilbericht Der Konzern, Helsinki und Stockholm

Stora Enso Oyj; Stora Enso AB (Hrsg.) (2005b): Geschäftsbericht 2004: Teilbericht Unternehmensverantwortung, Helsinki und Stockholm

Stora Enso Oyj; Stora Enso AB (Hrsg.) (2006): Geschäftsbericht 2005: Teilbericht Unternehmensverantwortung, Helsinki und Stockholm

Stora Enso Oyj; Stora Enso AB (Hrsg.) (2007a): Geschäftsbericht 2006: Teilbericht Der Konzern, Helsinki und Stockholm

Stora Enso Oyj; Stora Enso AB (Hrsg.) (2007b): Geschäftsbericht 2006: Teilbericht Unternehmensverantwortung, Helsinki und Stockholm

Stora Enso Oyj; Stora Enso AB (Hrsg.) (2008a): Annual Report 2007: our Company, our choices, Helsinki und Stockholm

Stora Enso Oyj; Stora Enso AB (Hrsg.) (2008b): Older Annual Reports, (abgerufen am 17.11.08 unter http://www.storaenso.com/media-centre/publications/older-annual-reports/Pages/older... )

Stora Enso Oyj; Stora Enso AB (Hrsg.) (2008c): The sky is not a limit – there is lots of space above (abgerufen am 18.11.08 unter www.storaenso.com/about-us/strategy/business-excellence/Pages/the-sky-is-not... )

Stora Enso Oyi; Stora Enso AB (Hrsg.): (2008d): Sustainability as Stora Enso sees it (abgerufen am 18.11.08 unter www.storaenso.com/sustainability/our-approach/Pages/sustainability-as-stora-e... )

Stora Enso Oyj; Stora Enso AB (Hrsg.) (2009a): Annual Report 2008: a clear vision for a bright future, Helsinki und Stockholm

Stora Enso Oyj; Stora Enso AB (Hrsg.) (2009b): Sustainability Performance 2008: a clear vision for a bright future, Helsinki und Stockholm

Stora Enso Oyj; Stora Enso AB (Hrsg.) (2009c): Sustainability News 1/2009 – Stora Enso´s Newsletter for Stakeholders: Living the Code of Conduct, Helsinki und Stockholm

Stora Enso Oyj; Stora Enso AB (Hrsg.) (2009d): Our promise – values, vision and mission (abgerufen am 15.12.09 unter http://www.storaenso.com/about-us/our-promise/Pages/mission-vision-and-values.aspx )

Stora Enso Oyj; Stora Enso AB (Hrsg.) (2009e):Stora Enso's growth opportunities (abgerufen am 15.12.09 unter http://www.storaenso.com/about-us/strategy/Pages/strategy.aspx )

Stora Enso Oyj; Stora Enso AB (Hrsg.) (2010): The sky is not a limit – there is lots of space above (abgerufen am 15.01.10 unter www.storaenso.com/about-us/strategy/business-excellence/Pages/the-sky-is-not... )

Süddeutsche Zeitung (2007a): EU will Energie verbilligen: Deutsche Konzerne sollen Kontrolle über Netze verlieren. In: Süddeutsche Zeitung vom 08.01.07, München

Süddeutsche Zeitung (2007b): Klimawandel verursacht Milliardenschäden: Prognose des Instituts für Wirtschaftsforschung / Weiter Debatte über Tempolimit. In: Süddeutsche Zeitung vom 15.03.07, München

Taylor, P. W. (1986): Respect for Nature: a theory of environmental ethics, Princeton, New Jersey.

Thielemann, U. (2009): System Error: Warum der freie Markt zur Unfreiheit führt, Frankfurt am Main

Thommen, J.-P. unter Mitarbeit von Ergenzinger, R. et al. (1999): Lexikon der Betriebswirtschaft: Management-Kompetenz von A-Z, Zürich

Thommen, J.-P.; Achleitner, A-K. (1998): Allgemeine Betriebswirtschaftslehre: Umfassende Einführung aus managementorientierter Sicht, 2. erweiterte Auflage, Wiesbaden

Tischler, W. (1993): Einführung in die Ökologie, Stuttgart et al.

Tretter, F. (2008): Kein Gehirn ohne Körper: die Psychiatrie und das Ich-Erleben. In: Süddeutsche Zeitung vom 09.08.08, München

Trinczek, R. (1999): Es gibt sie, es gibt sie nicht, es gibt sie, es... – Die Globalisierung der Wirtschaft im aktuellen sozialwissenschaftlichen Diskurs. In: Schmidt, G.; Trinczek, R. (Hrsg.): Globalisierung: Ökonomische und soziale Herausforderungen am Ende des zwanzigsten Jahrhunderts, Baden-Baden, S. 55-78

Troeltsch, E. (1912): Die Soziallehren der christlichen Kirchen und Gruppen, Tübingen

Ulrich, H. (1984): Management, Bern und Stuttgart

Ulrich, H; Krieg, W. (1972): Das St. Galler Management-Modell, Bern

Ulrich, P.(1993): Transformation der ökonomischen Vernunft: Fortschrittsperspektiven der modernen Industriegesellschaft, Bern et al.

Ulrich, P.(1997): Integrative Wirtschaftsethik: Grundlagen einer lebensdienlichen Ökonomie, Bern et al.

Ulrich, P.; Fluri, E. (1995): Management – Eine konzentrierte Einführung, Bern und Stuttgart

Umweltbundesamt (1993): Umweltfreundliche Beschaffung, Berlin

Unmüßig, B.; Haas, J. (2003): Mehr als eine Handelsbeziehung. In: politische ökologie Nr. 85, September /Oktober, S. 11

Verband Deutscher Papierfabriken (2008): Papier 2008: ein Leistungsbericht, Bonn

Weber, K. (Hrsg.) (2000): Creifelds Rechtswörterbuch, Sechzehnte Auflage, München

Weber, M. (1919): Politik als Beruf. In: Fischer, K. H. (Hrsg.) (1994): Max Weber, Politik als Beruf, Schutterwald/Baden, S. 15-92

Weber, M. (1951): Gesammelte Aufsätze zur Wissenschaftslehre, Tübingen

Weise, P.; Brandes, W.; Eger, T.; Kraft, M. (2005): Neue Mikroökonomie, Heidelberg

Weizsäcker v., E. U.; Lovins, A.; Lovins, H. (1995): Faktor Vier. Doppelter Wohlstand – halbierter Naturverbrauch. Der neue Bericht an den Club of Rome, München

Werner, M. H. (2006): Deontologische Ansätze. In: Handbuch Ethik, Stuttgart und Weimar, S. 122-127

Westermann, U.; Merten, T.; Baur, A. (2003): Nachhaltige Prozessbewertung mittels des Sustainable Excellence Ansatzes. In: Linne, G.; Schwarz, M. (Hrsg.): Handbuch Nachhaltige Entwicklung: Wie ist nachhaltiges Wirtschaften machbar?, Opladen, S. 343-354

Wils, J.-P.; Hübenthal, C. (Hrsg.) (2006): Lexikon der Ethik, Paderborn et al.

Wimmer, R. (1995): Pflichtethik. In: Mittelstraß, J. (Hrsg.): Enzyklopädie Philosophie und Wissenschaftstheorie, Bd. 3, Stuttgart und Weimar, S. 111-112

Wissenschaftlicher Beirat der Bundesregierung Globale Umweltveränderungen (1999): Welt im Wandel: Umwelt und Ethik, Sondergutachten 1999, Marburg

Wolf, U. (1988): Haben wir moralische Verpflichtungen gegen Tiere? In: Zeitschrift für philosophische Forschung 42 Nr. 2, S. 222-246

Wolff, B. (1999): Organisationsökonomik. In: Korff, W. et al. (Hrsg.) (1999): Handbuch der Wirtschaftsethik, Bd. 3: Ethik des wirtschaftlichen Handelns, Gütersloh, S. 111-131

Woyke, W. (Hrsg.) (2000): Handwörterbuch Internationale Politik, Bonn

Wuchterl, K. (2003): Philosophische Arbeitsweisen und Forschungsprogramme. In: Martens, E.; Schnädelbach, H. (Hrsg.): Philosophie: Ein Grundkurs, 7. Auflage, Reinbeck bei Hamburg, S. 708-747

Zimmermann, K. (1993): Technologische Modernisierung der Produktion. In: Seidel, E.; Strebel, H. (Hrsg.): Betriebliche Umweltökonomie: Reader zur ökologieorientierten Betriebswirtschaftslehre (1988-1991), Wiesbaden, S. 309-329

Zukunftskommission der Friedrich-Ebert-Stiftung (1999): Wirtschaftliche Leistungsfähigkeit, sozialer Zusammenhalt, ökologische Nachhaltigkeit: Drei Ziele – ein Weg, Bonn